중국고고학

중국고고학

구석기시대 후기부터 청동기시대 전기까지

류리·천싱찬 지음

김정열 옮김

사회평론아카데미

한강문화재연구원 학술총서 9

중국고고학
구석기시대 후기부터 청동기시대 전기까지

2019년 11월 1일 초판 1쇄 인쇄
2019년 11월 7일 초판 1쇄 발행

지은이 류리·천싱찬
옮긴이 김정열
펴낸이 윤철호
펴낸곳 (주)사회평론아카데미
책임편집 고인욱
편집 고하영·장원정·최세정·임현규·정세민·김혜림·김다솜
표지·본문 디자인 김진운
본문 디자인 아바프레이즈
마케팅 최민규

등록번호 2013-000247(2013년 8월 23일)
전화 02-2191-1133
팩스 02-326-1626
주소 03978 서울특별시 마포구 월드컵북로12길 17(1층)

ISBN 979-11-89946-32-6 93910

서언

초기 중국문명의 발전은 세계사에서 독특한 위치를 차지하고 있다. 최근 수십 년 간의 새로운 고고학적 발견은 학술계와 대중들로 하여금 중국 고고학에 더욱 관심을 가지게 하였다. 비록 그렇다고는 해도 중국과 서구 사이에 가로놓인 이미 오랫동안 존 재해 온 언어, 문화 그리고 사회적 측면의 장애로 인해 특히 서양의 독자를 위해 영어 로 출판된 중국 고고학의 종합적인 연구 저서는 아직 출판된 적이 없다.

지금까지 영어로 된 중국 고고학 연구 저서 가운데 가장 널리 유포된 것은 이미 고 인이 된 장광즈(張光直) 교수의 『고대중국고고학(*The Archaeology of Ancient China*)』 이다. 이 책은 구석기시대부터 초기 왕조시대까지의 중국 역사를 다루고 있으며, 23년 동안 계속해서 수정되어 1963년, 1968년, 1977년, 1986년 등 모두 4개의 판본이 출판 되었다. 이 책은 중국 고고학에 흥미를 가지고 있는 연구자와 학생들의 중요 참고서이 기도 하다. 그러나 이 책의 최근 수정본도 이미 25년 이전에 출판된 것이므로, 상당히 많은 자료가 갱신되어야 한다. 우리는 장광즈 교수의 제자들로서 그가 엄청난 심혈을 기울인 이 작업을 계속 이어나가야 할 책임이 있다.

사실상 오래전부터 학계는 더욱 긴 시간적 범위의 초기 중국사를 다룬, 그리고 세 계 고고학계에서 일반적으로 논의되는 더욱 많은 주제를 다루는 책이 특히 더 필요했 다. 그것은 가장 기본적이며, 가장 신선한 중국 고고학 관련 자료를 소개할 뿐 아니라 중국의 초기 문명 발전과 관련된 몇 가지 기본적인 문제를 다루어야 하고, 또한 세계적 인 범위 내에서의 사회 진화를 이해하는 데 보탬이 되어야 한다. 이 책을 쓴 목적은 이 같은 목표를 달성하기 위한 것이다.

이 책에서 다루는 주요한 이론적인 문제는 현대 중국이라는 이 땅에서 농업 발전과 국가 형성이 사회복합화 과정에서 어떤 작용을 발휘했는가를 살펴보는 것이다. 이 책에서 주로 논의하는 것은 1만 년 전부터 시작된 고대의 역사이지만, 멀리 2만 4,000년 전의 문화 발전에 대한 간략한 몇몇 배경 자료에까지 미치기도 한다. 이것은 구석기시대 최후기의 수렵채집 집단에서부터 신석기시대의 농업 취락을 거쳐 청동기시대 상왕조까지의 변화 궤적을 포함한다. 이 책은 그 시기의 중국 고대 사회가 단순한 것부터 복잡한 것까지, 부락부터 도시까지, '야만'부터 '문명'까지, 간단한 각획부호(刻劃符號)[1] 사용부터 문자 발명까지 어떻게 변화했는지 그 과정을 보여 준다.

제1장에서 우리는 중국 고고학 발전의 역사를 회고하고, 20세기 초 이래 이 학문 분야가 발달한 사회적·정치적 배경을 소개했다. 제2장에서는 중국의 자연환경과 부단하게 변화한 생태 계통 그리고 인류와 환경의 상호관계에 대해 소개했다. 제3장에서는 갱신세(更新世)에서 전신세(全新世)까지 과도 단계를 탐구하는 데 집중했다. 전신세 전기 최후의 식량채집자는 유동성이 감소하는 상황에서 더욱 많은 식물성 음식을 획득하기 시작했다. 이와 같은 새로운 생존 전략은 마침내 정착농경의 발생으로 이어졌다. 현재 일부 고고학 문헌에서 토기 발명을 중국 신석기시대의 개시로 보는 관점과는 달리 우리는 '후구석기시대(後舊石器時代)'라는 용어를 사용해 아직 분명하게 순화(馴化)된 증거가 없는 전신세 전기 유적을 구분했다. 현재의 고고학 자료에 의하면 신석기혁명은 기원전 7000년 전후 혹은 그보다 조금 이른 시점에 발생한 것 같다. 제4장에서는 동식물 순화의 기원에 대해 논의했다. 몇몇 종(種)은 명백히 현지에서 순화된 것이며, 그 밖의 몇몇은 중국 이외의 지역에서 기원했다. 그러나 그들은 모두 경제적인 측면에서 매우 중요한 작용을 했다. 그리고 그것은 사회복합화 과정에서 매우 중요하다. 제5장에서 제7장까지는 각각 신석기시대의 전기, 중기, 후기를 다루었으며, 그 시간 범위는 대략 5,000년 동안 이어진다(BC 7000년에서 BC 2000년). 이 단계에 사회분화가 출현했으며, 전기 복합사회가 이곳저곳에서 발생했다. 인구는 때로 증가하고 감소했으며 판축 담장을 두른 취락이 세워지고 폐기되었다. 그럼에도 불구하고 이 혼란의 시기는 도리어 중국 초기국가 발전의 기반을 다졌다. 제8장에서는 최초의 국가 얼리터우(二里頭)와 얼리강(二里崗)의 형성에 대해 논의했다. 사회 전환은 초기국가의 핵

---

[1] [역주] 신석기시대 토기에 새겨진 문자와 유사한 각종 부호로 '도문(陶文)'이라고도 한다. 반포(半坡) 유적, 장자이(姜寨) 유적 등 양사오문화 유적에서 발견된 것이 대표적이다. 위성우(于省吾) 등 일부 연구자는 한자의 기원을 여기에서 구하려고 하나, 그 상관성은 지금까지 분명하게 밝혀지지 않았다.

심 지역인 중원(中原)[2]에서 발생했을 뿐만 아니라 주변 지역으로까지 파급되었다. 이것은 초기국가가 신속하게 주변으로 확장해 전략 자원을 획득하는 과정에서 중심과 주변의 밀접한 상호작용으로 나타났다. 제9장에서 우리는 시야를 북방지역의 청동기시대 문화로 돌렸다. 이 문화는 얼리터우 및 얼리강의 초기국가와 동일한 시대에 위치한다. 이 장은 우리가 더욱 넓은 범위의 사회 및 문화 변동을 이해하는 데, 그리고 이러한 변동이 어떻게 다시 중원지역의 초기국가 발생에 반작용했는지를 이해하는 데 도움이 된다. 제10장은 후기 상 왕조, 즉 최초의 문자 기록을 가진 국가에 초점을 맞추었다. 이 단계의 이야기는 우리의 연구가 이용할 수 있는 자료—문자 자료를 포함—가 증가함에 따라 더욱 편리하다. 상대 후기의 헤아릴 수 없을 만큼 풍부한 자료에 대해 이 장에서 충분히 논의할 수 없기 때문에 우리는 정치적 경관 그리고 상과 주변 국가의 지역 상호관계에 집중하고 이를 통해 이 심상치 않은 복합 왕조를 관찰할 것이다. 제11장은 이 책의 결론으로 중국문명의 몇몇 특수성 혹은 중국성(Chineseness)이라고 칭할 수 있는 것에 대해 논의했다. 다만 우리는 결코 그것을 일반적인 법칙으로 귀납하려는 시도를 하지 않았다.

이 책에서 우리는 빈번하게 '고고문화'라는 개념을 사용할 것인데, 예를 들면 양사오문화(仰韶文化), 룽산문화(龍山文化) 등과 같은 것이다. 이 개념은 중국의 고고학 문헌에서 물질 유존(遺存)을 묘사하기 위해 널리 사용된다. 이 용어의 성격은 서구 고고학 문헌의 'complexities'와 'horizons'에 가깝다. 고고문화는 하나의 공동체를 나타내는데, 이 공동체는 몇몇 공통된 특징을 가지고 여러 유적의 고고 유존 중에 공존하며 일정한 지역 범위 내에서 항상 관찰된다. 고고문화는 통상 이 문화 공동체가 처음 발견된 소지역의 지명으로 명명된다(夏鼐 1959). 그러나 이 책에서 사용된 '문화'라는 개념은 다만 통상적으로 말하는 시공적 의미의 고고학적 공동체를 표시할 따름이며, 그 물질 유존을 사용하는 어떤 족군(族群)이란 의미로는 확대되지 않는다.

우리는 최신의 고고학 자료를 제공하기 위해 주로 중국 문헌에 의거했다. 이 책은

2　[역주] 중토(中土), 중주(中州) 또는 화하(華夏)라고도 한다. 허난성 뤄양시(洛陽市)에서 카이펑시(開封市)까지의 황허강 중하류지역을 가리킨다. 대체로 보아 지금의 허난성에 해당한다. 중원이란 어휘는 『시경』 길일(吉日), 소완(小宛) 편 등에 처음 보이지만, 여기서는 지역을 가리키는 것이 아니라 원야(原野) 혹은 광야(廣野)를 의미하는 일반명사로 사용되었다. 이후 남조(南朝) 양(梁) 때에 편찬된 『문선(文選)』에서는 낙양 일원을 가리키는 지역 개념의 어휘로 사용되었으며, 원(元) 말에 편찬된 『송사(宋史)』 「이강전(李綱傳)」에서 비로소 황허강 중하류 일대를 가리키는, 지금과 같은 의미의 어휘로 정착되었다.

영문 독자를 위해 쓴 것이기 때문에 우리는 가능한 한 영문 문헌도 많이 사용하려고 노력했다. 방사성탄소(¹⁴C) 연대측정 수치의 경우 BP는 교정하지 않은 거금(距今, 1950년) 연대이고 cal.BP는 일력년(日歷年) 혹은 교정한 거금 연대를, BC는 교정을 거친 기원전 연대를 가리킨다. 우리는 관례에 따라 중국인의 인명을 병음으로 표시했으며, 중문으로 발표된 참고문헌을 사용할 때는 앞에 성(姓)을, 뒤에 이름을 병기했다(예를 들면 童恩正). 다만 원작이 영어로 발표되었을 때에는 서양의 선명후성(先名後姓) 인명 표기법을 채용했다(예를 들면 Kwang-chih Chang).

이 책의 저술에 도움을 준 많은 사람과 기관에 대해 진심으로 사의를 표한다. 이 책의 적지 않은 관점은 이전 여러 해 동안 수많은 뛰어난 연구자들과의 교류에서 형성된 것이다. 그들은 헨리 라이트(Henry Wright), 노먼 요피(Norman Yoffee), 데이비드 키이틀리(David Keightley), 피터 벨우드(Peter Bellwood), 리처드 메도(Richard Meadow), 아지타 파텔(Ajita Patel), 게리 크로퍼드(Gary Crawford), 팀 머리(Tim Murray), 알린 로즌(Arlene Rosen), 요한 웹(John Webb), 주디스 필드(Judith Field), 리처드 풀라거(Richard Fullagar), 이경아(Gyoung-Ah Lee), 리룬취안(李潤權), 한웨이(韓偉), 왕원젠(王文建), 자오즈쥔(趙志軍), 장쥐중(張居中), 장러핑(蔣樂平), 징즈춘(荊志淳), 탕지건(唐際根), 쉬훙(許宏), 류궈샹(劉國祥), 자오톈룽(焦天龍), 양둥야(楊東亞), 마샤오린(馬蕭林), 리신웨이(李新偉), 차오위(喬玉), 다이샹밍(戴向明), 쑨저우용(孫周勇), 쑨궈핑(孫國平), 정윈페이(鄭雲飛), 스진밍(石金鳴), 쑹옌화(宋艷花), 장즈룽(蔣志龍), 팡후이(方輝), 루안펑스(欒豊實), 자웨이밍(賈偉明), 거웨이(葛威), 셔넌 베슬(Sheahan Bestel) 그리고 덩컨 존스(Duncan Jones) 등이다. 토머스 바틀릿(Thomas Bartlett)과 빅토리아 바틀릿(Victoria Bartlett)는 심혈을 기울여 원고를 편집해 주었으며, 또한 토머스 바틀릿은 많은 건설적 의견을 제시하기도 했다. 웨이밍(魏明), 차오위, 정훙리(鄭紅麗), 푸융쉬(付永旭) 등은 컴퓨터 일러스트에 도움을 주었다. 왕타오(王濤)와 천치(陳起)는 색인을 작성했다. 이 책의 편찬과 관련된 연구는 오스트레일리아 국가재단, 장징궈재단(蔣經國基金會), 라트로브대학(La Trobe University), 스탠퍼드대학과 중국사회과학원 고고연구소의 지원을 받았다.

차례

그림 목록

14

표 목록

제1장 중국 고고학: 과거, 현재 그리고 미래

1928년부터 1937년 사이 …… 안양(安陽) 발굴에서 얻은 고고학 자료는 …… 중국 고대 역사를 심화 연구하는 데 새로운 기반을 제공했다.

— 리지(李濟), 『안양(安陽)』(Li, C. 1977: ix)

1928년 과학적인 고고학 발굴을 통해 안양에서 갑골문과 대량의 물질문화 유존(遺存)이 발견되었다. 이 발굴로 인해 비로소 논란의 여지없이 은상(殷商)¹시대 역사의 진실성이 입증되었다(Li, C. 1977: ix-xi). 때문에 이때의 발굴은 현대 중국 고고학의 탄생을 상징하는 사건이 되었다. 이로 인해 고고학은 중국 고대 역사의 베일을 벗길 수 있는 거대한 잠재력을 가진 것으로 인식되었다. 그로부터 반세기 이후 중국 고고학은 일찍이 없었던 그리고 세상의 주목을 받는 커다란 성과를 이루었다. 이것은 글린 다니엘(Glyn Daniel)이 "앞으로 수십 년 내에 중국의 중요성에 대한 새로운 인식이 장차 고고학의 중대한 진전 가운데 하나가 될 것이다"(Daniel 1981: 211)라고 믿게 하였다. 쑤빙치(蘇秉琦)가 "중국 고고학의 황금시대가 곧 도래할 것이다"(蘇秉琦 1994: 139-140)

---

1   [역주] 『사기』에 기록된 중국사상 두 번째 왕조국가를 가리킨다. 갑골문과 『고본죽서기년(古本竹書紀年)』 등의 초기 문헌 자료에서는 '상(商)'이라는 명칭으로 불렸고, 『상서(尚書)』, 『사기』 등에는 '은(殷)'이라는 이름으로 기록되어 '은'과 '상'이 혼용되었다. '은상(殷商)'이라는 명칭은 원명(元明)시대에 편집된 『금본죽서기년(今本竹書紀年)』에 비로소 출현한다. 과거 일본학계에서는 일반적으로 이 왕조국가를 '은'이라 표기하였으며, 우리 학계에서도 그 영향을 받았다. 그러나 지금까지 발견된 갑골문 기록 가운데는 '은'을 국가 명칭으로 사용한 사례가 없는 대신 이 국가의 도읍을 '대읍상(大邑商)'이라 일컬은 사례가 있다. 따라서 중국학계에서는 대부분 '상'이라는 명칭을 사용하고, 왕왕 '은상'이라 표기하는 경우도 있다. 여기에서도 '은상'이라고 썼지만, 이 책의 뒷부분에서는 '상'이라는 명칭을 사용하고 있다.

라고 했을 때 그런 열정은 곧 중국 고고학자들에 의해 공유되었다. 고고학은 최근 수십 년 동안 지속적인 성공을 거두었으며, 점차 중국의 사회과학 영역에서 신속하게 발전한 여러 학과(學科) 가운데 하나가 되었다.

브루스 트리거(Bruce Trigger)의 말처럼 고고학에는 전 세계적으로 민족주의 고고학, 식민주의 고고학, 제국주의 고고학 등 세 가지 기본 유형이 있다(Trigger 1984). 중국의 고고학은 명백히 첫 번째 유형에 속한다. 중국에서 고고학은 역사유물주의를 기초로 하여 오래된 물질문화 유존을 연구하고, 역사 진화의 법칙을 드러내는 역사학과의 하나로 정의된다(夏鼐, 王仲殊 1986: 1-3). 이러한 정의는 20세기 전기 이래 중국 고고학의 활동을 어느 정도 개괄할 수 있으며, 두 가지의 주요한 구성 부분을 포함한다. 즉 고고학은 한편으로 중국 민족사를 재건하는 증거를 제공하기 위한 것이었으며, 다른 한편으로 마르크스주의의 이론적 틀을 입증하는 것이었다. 특히 전자는 전체 중국 고고학의 기본 목적 가운데 하나였다(張光直 1999).

형성기(1920-1940년대)

중국의 현대 고고학은 1928년에 시작되었다. 이해에 중앙연구원(中央研究院) 역사어언연구소(歷史語言研究所)는 허난성(河南省) 안양의 샤오툰(小屯) 지역에서 상대(商代) 후기의 도성 은허(殷墟)를 발굴하였다. 당시의 발굴은 중국 국가 정부가 처음으로 시작한 고고학 사업이었다. 1928년부터 1937년까지 모두 15번의 시즌 동안 발굴이 진행되었으며, 중일전쟁이 발발하면서 중지되었다. 안양에서 전개된 이 일련의 발굴은 우연하게 진행된 것이 아니라 문화, 정치, 기술 등의 발전을 전제로 하였다. 이와 같은 요인은 고고학이라는 새로운 학문을 확립하기 위한 기반이 되었다.

중국 고고학의 역사적 배경

예부터 중국에는 고물(古物)을 연구하는 전통이 있었다. 매우 많은 고물들이 신성성을 가지고 있다고 여겨졌으며, 일부 청동 용기는 권력과 위신의 상징으로 간주되었다. 바로 이러한 전통은 사람들로 하여금 고대의 유물을 수집하고 기록하도록 장려했다. 이것은 19세기 말에 이르러 상대의 갑골복사를 발견하고 이를 해독할 수 있게 만들었다. 안양의 샤오툰 지역에서 갑골의 실제 출토지를 확인함으로써 이 유적이 바로 상대 후기의 도성, 은허임이 입증되었다(Li, C. 1977).

20세기 초기에 출현한 민족주의는 현대 고고학 발전의 중요한 정치적 촉진 요인이다. 청조 말에 이르러 많은 혁명 지식인은 현상에 불만을 느꼈으며, 청 왕조 통치하의 중국이 정치와 군사(軍事) 면에서 전반적으로 외국에 뒤쳐져 있음을 통감했다. 이와 같은 불만은 민족주의를 일깨웠다. 개혁가 량치차오(梁啓超)는 처음으로 중국의 민족주의 의식을 강조해 일본의 침략에 맞섰다. 1900년 량치차오는 신문에 글을 발표하여, 역사적으로 중국에서 살아온 사람들은 줄곧 자신의 국가에 항구불변의 명칭을 부여하지 않고 늘 자신을 어떤 통치 왕조의 백성으로 간주했으며, 이들 왕조는 때때로 한인(漢人)이 건립한 것이 아니었다는 견해를 피력했다. 따라서 량치차오는 '중국'이 "타족(他族) 사람들이 우리를 칭한 것이지 우리 나라 백성이 스스로 이름 지은 것이 아니다"라고 주장했다(梁啓超 1992: 67-68).

20세기 초기 민족주의 개념은 민족적으로는 한족(漢族)을 중심으로 한 것이다. 소수민족은 상당한 정도로 무시되었다(Dikotter 1992: 123-125; Townsend 1996). 이와 같은 한족중심주의적 민족주의는 쑨원(孫文, 孫中山)에 의해 확실하게 제기되었다. 그는 다음과 같이 말하였다. "중국은 하나의 국가로서 진한(秦漢) 이래 단일민족으로 구성되었다"(Sun. Y. 1943: 4). 쑨원에 의하면 중국인은 세계 다른 민족 구성원들과 명백히 다르지만 민족의 범위는 줄곧 중국 국경을 기준으로 구분되었다. 그 강역 내에는 다른 유사한 민족 구분은 존재하지 않는다. 만약 소수민족이 '중국인'이 되고자 한다면 그들의 신앙과 행위를 조정할 필요가 있다(Fitzgerald 1996: 69). 이처럼 중국이 하나의 광범위한 정체(整體)임을 강조하는 정치적 분위기 아래에서 중국의 많은 지식인은 더욱 큰 범위에 걸친 민족 공동체 의식을 끊임없이 제기했다. 이에 따라 중국문화의 기원을 찾는 일은 그들의 지식이 추구하는 하나의 중요한 구성 부분이 되기 시작했다. 고고학 연구의 원동력은 바로 이 문제와 밀접히 연관되어 있다.

주의해야 할 것은 1911년 신해혁명(辛亥革命) 이후 혁명가들이 정권을 장악하고 전체 국가를 통제함에 따라 중국의 민족주의는 민족을 중심으로 한 정위(定位)에서 국가를 기초로 한 정치실체론으로 방향을 바꾸었다는 점이다. 국민정부(國民政府)는 새로운 정책을 제정하여 장족(藏族), 몽골족(蒙古族), 만주족(滿洲族) 및 신장(新疆)과 한족 지역의 사람들을 오민족일체(五民族一體)의 한 성원이 되도록 함으로써[五族共和] 구심력과 단결력 그리고 국가와 중앙정부에 대한 지지를 증대시켰다(Chiang, K.-s. 1947: 10-13). 그런데 중국이 지배적 지위를 차지하는 의식 형태는 한족 문화의 우월성을 중심으로 하기 때문에 이 다민족민족주의(多民族民族主義)의 개념은 문화적 영역이 아닌 정치적 활동에 더욱 많이 응용된 듯하다. 전설시대 중국의 영도자인 황제(黃帝)는 점차 한족의 조상으로 격상되었으며, 나아가 민족 공동체 의식의 상징이 되었다(Leibold 2006; Liu, L. 1999). 1950년대에 이르러 다민족민족주의는 점차 고고학에 영향을 주기 시작했다. 전환의 증거는 중원을 강조하는 것에서 여러 구역의 공동 발전에 주목하는 것으로 방향을 바꾼 것이다. 따라서 초기에 중국 고고학자들이 발굴 지역을 선택하는 기준은 한족 본토(本土) 문화의 기원을 찾는 데에 있었으며, 이것은 전혀 이상한 일이 아니었다. 그 밖에 1919년 오사운동(五四運動)의 영향으로 인해 유가(儒家)의 전통적인 학습방법이 비판받고 서양의 자연과학과 현장 연구가 유행하기 시작했다(Li, C. 1977: 34-35; 夏鼐 1979). 구제강(顧頡剛, 1893-1980)을 대표로 하는 '의고파(疑古派)'의 젊은 역사학자들은 고사(古史)의 진실성에 대해 의심하기 시작했다. 그들의 목표는 과학적인 증거를 찾아 중국의 고대사를 다시 세우는 것이었다(Schneider 1971). '의고파'는 고고학을 이와 같은 목표를 달성할 수 있는 최상의 방법으로 여겼다.

20세기 초 중국에는 서양 학자들에 의해 현대 야외고고학이 도입되었는데, 그 연구자들 모두가 고고학자는 아니었다. 외국 연구자들의 주요 연구 사업은 리상(E. Licent)과 샤르뎅(P. Teilhard de Chardin)이 닝샤(寧夏)와 내몽골, 산시성(陝西省) 북부에서 시행한 구석기시대 유적 조사, 츠단스키(O. Zdansky), 블랙(D. Black), 바이덴라이히(J. F. Weidenreich)가 시행한 베이징(北京) 저우커우뎬(周口店)의 호모 에렉투스 유적 발굴, 안데르손(J. G. Andersson)이 시행한 허난성의 양사오촌(仰韶村) 신석기시대 유적 발굴 등이 있다(陳星燦 1997; Li, C. 1977).

저우커우뎬은 베이징에서 서남쪽으로 48km 떨어진 팡산구(房山區) 내의 석회암 구릉에 위치해 있다. 이곳의 몇몇 석회암 동굴에서 인류 화석이 발견된 뒤 세상에 이름이 알려지기 시작했다. 1918년 처음 발견된 이 유적은 현지 사람들에게 용골(龍骨)이라고 불리는 풍부한 화석 유존을 간직하고 있다. 이어 1927년 중국지질조사소(中國地質調査所)가 주관해 대규모 발굴 작업을 진행했다. 발굴 첫 해에 매우 잘 보존된 원시인의 하구치(下臼齒, 아래 어금니)가 발견되어 캐나다 해부학자 블랙은 이것을 '중국원인 베이징종(*Sinanthropus pekinensis*)' 또는 '북베이징인(Peking Man, 현재는 호모 에렉투스 베이징종으로 분류된다)'으로 명명했다. 1929년 중국의 과학자 페이원중(裴文中)은 처음으로 완전한 베이징원인의 두개골을 발견했다. 대규모 인력이 화석을 찾기 위해 동굴 내의 침적물을 채굴했는데, 1937년 제2차 세계대전으로 발굴이 중단될 때까지 50여 만 톤의 퇴적물을 채굴해 옮겼다(Jia, L. and Huang 1990; Wu, R. and Lin 1983). 1930년대 민족 단결과 민족 공동체가 주요 관심사였던 이 시기 베이징원인의 발견은 몇몇 연구자와 정부 관리들로 하여금 이들 화석이 중국인이 본토에서 기원했음을 입증하는 증거라는 주장을 하게 했다(Leibold 2006).

독일의 고생물학자 바이덴라이히는 일찍이 제2차 세계대전 이전에 발견되었으나 이어지는 혼란의 전쟁기(戰爭期)에 망실된 원인 화석에 대해 연구를 진행했다. 그는 베이징원인과 현대 동아시아인 두골(頭骨) 형태의 특징 12개 항목에 근거해 베이징원인의 몇몇 유전자는 그곳에서 생활한 몽골인종에 의해 계승되었다고 결론지었다(Weidenreich 1943). 이 견해는 논쟁의 여지가 있지만 여전히 많은 중국의 고고학자들에 의해 수용되어 다지역(多地域) 인류 기원설을 지지하는 데 활용되고 있다(Wu, R. and Olsen 1985; Wu, X. 2004).

같은 시기 중요한 또 다른 발견은 스웨덴의 지질학자 안데르손이 발견한 양사오문화(仰韶文化)이다. 1914년 안데르손은 중국 정부의 초청으로 지질 탐사를 수행했지만, 지질학의 성과보다 고고학의 업적이 훨씬 뛰어났다. 안데르손은 맨 처음 저우커우뎬의 초기 조사에 참여했다. 그러나 그를 유명하게 만든 것은 저우커우뎬이 아니라 허난성의 양사오촌이었다. 그는 그곳에서 중국의 신석기시대 유적을 발견하고 중국의 신석기시대 유적에 대한 발굴을 최초로 시행했으며, 이 마을의 이름을 따서 이 지역 최초의 신석기시대 물질문화인 양사오문화를 명명(命名)했다. 안데르손은 양사오문화의 물질 유존이 한족의 조상에 속한다고 공언했지만 양사오 토기는 서양에서 전해졌을 것이라고 추측했다. 왜냐하면 양사오 채도(彩陶)가 보여 주는 풍격의 특징이 중앙아시아의 아나우(Anau)문화, 러시아 남부의 트리폴례(Tripolje)문화와 매우 유사했기 때문이다(Andersson 1923). 그 결과 안데르손의 확산 가설은 수십 년간 계속 이어진 중국 문화와 문명 기원에 대한 논쟁의 서막이 되었다(陳星燦 1997; Fiskesjö and Chen 2004).

주의할 것은 중국에서 활동한 모든 외국 고찰단(考察團)이 과학적 야외고고학을 목적으로 한 것은 아니었다는 점이다. 1840년 아편전쟁 이후 중국은 개방을 강요받았고 매우 빠른 속도로 서방 열강의 각축장으로 전락했다. 유럽, 북아메리카, 일본에서 온 탐험가—스타인(Aurel Stein), 헤딘(Sven Hedin), 클레멘츠(D. Klementz)와 펠리오 (P. Pelliot)—등은 모두 극동, 특히 중국의 서북부 지역에서 정교하고 아름다운 고물(古物)을 수집했다(陳星燦 1997: 42-51; Hopkerk 1980). 이들의 활동은 중앙정부가 취약하고 지방 관리가 부패하며 무능한 시기에 시작되었다. 이들 보물 탐사자들은 아무 어려움 없이 대량의 중국 고물을 자신들의 나라로 가져갔다.

이들 보물 탐사자들의 각종 행위는 강한 민족주의 의식을 가진 중국인, 특히 역사학자와 고고학자들에게 치욕을 느끼게 했다(Brysac 1997). 나중에 중국 정부의 제지를 받게 된 이들의 활동은 고물의 외국 반출과 중국 내 외국인 단독 고고학 활동 금지를 포함해 문화재 처리와 고고학 발굴 등에 대한 국가 정책 수립에 지대한 영향을 끼쳤다.

현대 중국 고고학의 시작

중국의 연구자가 서양 고고학의 야외고고학적 방법에 계몽을 받았다고 할지라도 그들의 일반적인 연구 방향은 만족스럽지 않았다. 몇몇 중국의 연구자는 구석기시대와 신석기시대의 유존은 지나치게 오래되어 중국의 초기 역사, 특히 하상주시대(夏商周時代)와 직접적인 관계를 설정하기 어렵다고 생각했다(陳星燦 2009; 李濟 1990, 원문은 1968년에 발표). 안데르손이 양사오문화 채도가 근동에서 기원했다고 한 주장은 더더욱 어떤 매력도 가지지 못했다. 그것은 푸쓰녠(傅斯年)이 "중국에 있는 외국의 고고학자는 순수하게 중국문화를 대표하는 고물에는 관심을 기울이지 않는다. 그들이 주목하는 것은 중서문화(中西文化) 접촉의 산물뿐이다"라고 원망 섞인 목소리로 말한 것에서 단적으로 드러난다.

안양의 고고 발굴

1920년대 서양 대학에서 현대 고고학 교육을 받고 고도의 민족주의 정신을 갖춘 일군의 중국 연구자가 국가의 과학기술 발전을 위해 조국으로 돌아왔다. 첫 번째는 하버드대학에서 체질인류학 박사 학위를 받은 리지(李濟)로, 그는 다른 연구자들과 함께 1926년부터 일련의 고고학 연구 사업을 시작했다. 1928년부터 1937년까지 계속된 안양의 고고 발굴도 당시 중앙연구원 역사어언연구소에 임직(任職)한 리지에 의해 구성, 시행된 것이다. 이것은 중국인이 고고학을 통해 중국 본토 문화의 기원을 찾은 최초의 시도였다.

안양에서의 발굴을 통해 대량의 유물이 출토되었다. 여기에는 수백 점의 청동기와 약 2만 5,000편(片)의 갑골(甲骨), 청동기 제작 작업장, 궁전과 종묘의 기단 그리고 대형 지배층의 무덤 등이 포함되어 있다. 이 발견은 이들 유적이 상(商) 왕조 후기의 도성임을 증명했으며, 처음으로 고고학 증거를 통해 중국 고대 본토 문화의 존재를 입증하였다(Li, C. 1977).

안양의 고고 발굴은 중국학자가 이끈 현대 야외고고학의 시작을 상징할 뿐만 아니라 이를 통해 많은 중국 고고학자가 배출되었다. 리지가 안양에서 일할 때의 많은 동료들, 즉 둥쭤빈(董作賓), 량쓰융(梁思永), 가오취쉰(高去尋), 스장루(石璋如), 궈바오쥔(郭寶鈞), 인다(尹達), 샤나이(夏鼐) 등은 모두 중국의 1세대 고고학자가 되었으며, 이들은 수십 년 동안 중국과 타이완(臺灣)의 야외고고학 사업을 주도했다(Chang 1981b, 1986a).

안양에서의 고고학 사업은 거대한 성공을 거두었지만 물질문화 측면에서 보면 상과 양사오 신석기시대 문화 사이에는 여전히 공백이 있었다. 왜냐하면 후자는 당시에 근동에서 전파된 것으로 이해되었기 때문이다. 중국의 연구자들은 중국의 선사문화가 서방의 영향을 받았다는 견해에 대해 여전히 불만을 품고 있었다. 푸쓰녠(1934)은 외국학자가 중국 역사를 연구할 때 주로 중외관계에 관심을 가지므로 단지 '반한(半漢)'의 연구에 그친다고 생각했다. 그러나 그는 더욱 중요한 연구 과제는 마땅히 '전한(全漢)'이어야 하며, 이것은 곧 중국 역사의 기본적 틀을 구축하는 것이라고 생각했다.

룽산문화(龍山文化)의 발견

양사오와 안양의 상문화(商文化) 사이에 존재한 분명한 거리는 고고학자들로 하여금 상의 직접적인 원류를 찾도록 촉구했다. 고고학자와 역사학자 모두 가능성이 가장 높은 곳은 중원 동부의 연해안 지역일 것이라고 생각했다. 1930년 내전으로 안양 발굴이 잠시 중단된 뒤 발굴대(發掘隊)는 산둥성(山東省) 룽산진(龍山鎭) 청쯔야(城子崖)로 작업을 옮겼다. 이전에 우진딩(吳金鼎)이 이곳에서 시행한 초보적인 조사에서 약간의 가치 있는 발견이 있었기 때문이다(傅斯年 1934; 李濟 1990, 원문은 1934년에 발표; Wu,

C.-t 1938).

청쯔야에서의 발굴은 발굴자가 예상한 것보다 더욱 큰 성과를 거두었다. 청쯔야에서 출토된 흑도(黑陶)는 양사오문화의 채도와는 확실히 달랐으며, 안양의 허우강(後岡)에서 발견된 상문화 유적 바로 아래에 포개진 신석기시대 유존과 비교적 가까웠다. 청쯔야에서 발견된 무자갑골(無字甲骨)은 룽산과 상문화 사이에 더욱 직접적인 연관성을 제공했다. 동부지역의 룽산 흑도문화(본토를 대표하는 중국문화)는 이로 인해 서부의 양사오 채도문화(외래의 전파를 받은 결과로 생각된)에서 독립된 별개의 계통으로 간주되었다. 중국 고고학자는 다음과 같이 생각했다. "만약 우리가 청쯔야 흑도문화의 발전 서열과 그것이 미친 정확한 범위를 찾아낼 수 있다면 중국 여명기의 역사 태반을 해결할 수 있을 것이다"(李濟 1990, 원문은 1934년에 발표: 193). 따라서 리지가 한 걸음 더 나아가 지적한 것처럼 이 발견은 상문화 기원의 일부분을 식별할 수 있도록 했을 뿐만 아니라 중국문명의 기원을 연구하는 데도 크게 기여했다(陳星燦 2009).

산시성(陝西省) 더우지타이(鬪鷄臺) 발굴

리지가 이끄는 중앙연구원 고고대(考古隊)가 허난과 산둥에서 사업을 진행하고 있는 동안 국립 베이핑연구원(北平研究院) 고고대는 쉬쉬성(徐旭生)의 지도 아래 1934년부터 1937년까지 산시성 더우지타이에서 발굴을 진행했다. 이 사업의 목적은 문헌에 기록되기 이전 주대(周代)의 연원을 찾는 것이었다. 훗날 중국의 저명한 고고학자가 된 쑤빙치도 이 사업에 참여했다. 그는 주로 토력(土鬲)의 형식 변화를 중점적으로 연구했다. 이것은 그가 토기 유형학 연구 분야에서 이룬 초보적 성취였다(Falkenhausen 1999a; 蘇秉琦 1948). 쑤빙치는 력이라는 기종(器種)은 민족관계와 중국문화를 구분하는 표준기(標準器)의 가치를 지니고 있다고 생각했다. 중국에서 그의 연구는 고고학 방법론의 전범(典範)이 되었으며, 여러 세대의 중국 연구자들에게 영향을 미치기도 했다.

중국문화 서래설, 이원대립설과 본토기원설

중국문화의 기원을 연구하는 것은 중국 고고학에서 가장 민감한 주제 가운데 하나이다. 안데르손은 양사오문화를 발견했을 때 문화가 중국 서북지역에서 동방으로 전파된 노선을 찾기로 결정했다. 간쑤(甘肅) 지역의 발견을 기반으로 하여 안데르손은 토기 문화 서열을 수립했으며, 이것으로 그의 가설을 훌륭하게 지지했다. 이 서열에 근거해 양사오문화는 중국 서부의 치자문화(齊家文化)보다 늦게 발생한 것으로 이해되었으며, 더 나아가 양사오 토기는 훨씬 더 먼 서양에서 기원했다고 볼 수도 있게 되었다. 그러나 1930년대 발견된 룽산문화는 양사오문화의 토기에서 추론한 중국문화 서방기원설이라는 유일한 모델을 변화시켰다. 룽산문화는 흑도를 특징으로 하며 중국 동부 지역에서 성장한 중국문화의 대표이고, 그 시대는 서부의 양사오문화와 대체로 같으나 그와는 별개의 것이라 간주되었다. 이에 따라 중국문화의 기원에 대한 이원론(二元論)이 새롭게 제기되었다. 이원론은 양사오문화는 서쪽에서 동쪽으로 전파되었으며, 룽산문화는 동쪽에서 서쪽으로 발전했다는 견해이다. 이 2개의 문화전통은 모처에서 만나 융합되었으며 아울러 상문명의 선구(先驅)가 된 것으로 여겨졌는데(陳星燦 1997: 217-227), 이와 같은 견해가 1950년대에 이르기까지 중국 고고학계를 주도했다(陳星燦 2009: 69-74).

중일전쟁과 이어진 국공내전 기간 동안 중요한 고고학 사업은 모두 정지되었다. 몇몇 야외 작업이 변경지역에서 가끔 진행되었을 뿐이다. 샤나이는 중앙연구원이 서북지역에서 실시한 현지 조사에 참가했는데, 그가 발굴을 통해 얻은 지층 증거는 치자문화가 실제로는 양사오문화보다 늦다는 사실을 보여 주었다(夏鼐 2000, 원문은 1946년에 발표). 이 결론은 안데르손의 서북지역 선사문화 서열에 도전한 것으로서, 양사오문화 서래설을 뒤집었다. 이 문제에 대한 샤나이의 성공은 하나의 전설이 되어 수십 년 동안 중국의 고고학자들을 고무했다.

중국의 고고학자는 고고학 형성기에 두 가지의 주요 목표를 달성하기 위해 노력했다. 첫째는 중국문화가 밖에서 전파된 것이 아니라 본토에서 기원했다는 신념을 지키는 것이다. 둘째는 실물자료의 기반 위에서 신뢰할 수 있는 문화사를 중건(重建)하고, 문헌 기록이 비교적 모호한 시기의 역사를 규명하는 것이다. 후자는 '의고파'로 널리 알려진 급진적 역사수정주의자에 의해 관심을 받았다. 이들의 목표는 고고학의 성격을 결정했다. 고고학은 한족을 중심으로 한 민족주의와 밀접한 상관관계를 가진 사업이 되었다.

신중국 고고학의 발전(1950년부터 현재)

1949년 중국 공산당이 정권을 장악한 이후 중앙연구원 역사어언연구소의 고고학자들은 두 부류로 분열되었다. 리지와 그의 몇몇 동료들은 타이완으로 갔으며, 샤나이와 량쓰융은 대륙에 남았다. 결국 샤나이는 이 분야에서 국제적으로 가장 널리 인정받는 연구자가 되었다(Chang 1986b; Falkenhausen 1999b). 1950년대부터 고고학의 야외 작업, 연구와 훈련이 신속하게 전개되었다. 아울러 정치적인 풍조의 변화에 따라 급격한 기복이 발생했다. 고고학 사업은 문화대혁명 이전, 그 사이, 그 이후 등 세 시기로 나누어 살펴볼 수 있다.

문화대혁명 이전의 고고학

중화인민공화국이 성립된 지 얼마 지나지 않아 1950년대와 60년대 초에 대규모 사회 인프라 사업이 전개됨에 따라 국가는 야외고고학 사업을 긴급하게 진행해야 했다. 1950년 주로 샤나이의 영도하에 중국과학원은 고고연구소를 설립했다. 이것은 1977년 중국사회과학원 고고연구소로 이름을 바꾸었다. 이후 1952년 쑤빙치가 이끄는 베이징대학의 고고학 과정이 역사학과에 신설되었다. 이 시기에 새로 성립된 이 두 기구는 고고학 연구와 젊은 고고학 종사자의 양성을 주도하는 힘이 되었다. 여러 성(省)에서도 고고학 연구 기구 혹은 문물관리국(文物管理局)을 건립했는데, 그들의 가장 중요한 임무는 구제발굴을 진행하는 것이었다. 베이징대학을 제외한 그 밖의 2개 대학, 즉 시베이대학(西北大學)과 쓰촨대학(四川大學)에도 고고학 전공을 개설해 학생들을 양성했다. 전문 고고학 종사자의 수는 1949년 이전에는 손꼽을 수 있을 정도로 소수였지만 1965년에는 200명 이상으로 증가했다. 이외에도 1965년 중국과학원 고고연구소에 방사성탄소(^{14}C)실험실이 건립되었으며, 그 후 오래지 않아 베이징대학에도 설치되었다. 『고고학보(考古學報)』(새로운 명칭이 회복되기 전에 중단된 출판물), 『고고(考古)』, 『문물(文物)』 등을 포함하는 3개의 주요 고고학 학술지가 모두 베이징에서 간행되었다.

구석기시대 고고

구석기시대 고고학은 중국과학원 고척추동물 및 고인류연구소(古脊椎動物與古人類研究所)에서 담당했다. 저우커우뎬의 발굴은 1950년대에 다시 시작되었다. 지금까지 이 유적지에서는 지금으로부터 55만 년에서 25만 년 전의 인류화석 40여 개체, 10여 만 점의 석기와 대량의 포유동물 화석이 발견되었다. 이 밖에도 산시성(陝西省) 란톈(藍田)에서 70만 년 전의 호모 에렉투스 두개골이, 윈난성(雲南省) 위안머우(元謀)에서 약 170만 년 전의 호모 에렉투스 문치(門齒, 앞니) 2점이 발견되었다. 화북(華北)과 화남(華南)의 여러 지역에서 고지인(古智人, Archaic Homo sapiens)과 호모 사피엔스 화석 및 석기가 발견되었다(劉慶柱 2010; 呂遵諤 2004b; Wu, R. and Olsen 1985).

신석기시대 고고

1950년대 황허강(黃河) 유역에서 전개된 대부분의 야외고고학 작업은 수리 시설 건설에 보조를 맞춘 것이었다. 허난성 산현(陝縣)의 먀오디거우(廟底溝) 유적 발굴은 하나의 중요한 새로운 진전이었다. 이 발굴은 중국문명 기원 이원론의 관점을 완전히 바꾸어 놓았다. 고고학자들은 이곳에서 하나의 토기 조합을 발견하고 그것을 먀오디거우2기문화(廟底溝二期文化)라고 명명했는데, 이것은 양사오에서 룽산 사이의 과도기 문화를 대표한다(中國科學院考古研究所 1959). 이 발견은 양사오문화와 룽산문화의 관계가 앞뒤로 서로 이어지는 것이지 같은 시대의 것은 아니라는 점을 입증했다. 이로 인해 중국문명은 하나의 근원, 즉 중원지역의 양사오문화에서 발생했을지도 모른다는 생각을 하게 되었다(Chang 1963; 陳星燦 2009: 69-74).

가장 먼저 마르크스주의 모델로 중국 고대 역사를 해석하려는 시도는 궈모뤄(郭沫若)의 『중국고대사회연구(中國古代社會研究)』까지 거슬러 올라간다(郭沫若 1930). 궈모뤄는 이 책에서 엥겔스의 『가족, 사유재산과 국가의 기원』(Engels, F. 1972, 원서는 1884년에 출판)에서 묘사된 모건-엥겔스의 진화 이론을 소개하고, 그 가운데 모계사회(母系社會), 부계사회(父系社會) 등의 몇몇 개념을 중국의 선사시대 역사에 운용했다. 그 후 수십 년 동안 이 두 권의 중요한 책은 중국 고고학과 선사시대 역사 연구에 심원한 영향을 미쳤다. 공산당의 지도하에서 중국문화의 기원을 탐구하는 것 외에 마르크스주의를 지도 이념으로 하여 중국 역사를 해석하는 것이 고고학의 주요한 신사명(新使命)이 되었다. 고고학 작업 중에서 가장 먼저 이와 같은 진화 모델을 응용해 시안(西安) 부근의 양사오문화 반포(半坡) 유적을 분석했다. 스싱방(石興邦)이 주관한 반포 유적 발굴은 이 양사오문화의 취락을 넓은 면적에 걸쳐 노출시켰다. 무덤과 거주 모델을 근거로 하여 반포 신석기시대 촌락은 모계사회에 속하며, 여성이 매우 높은 지위를 향유하고 대우혼을 실행한 것으로 묘사되었다(中國科學院考古硏究所 1963). 이와 같은 설명은 급속하게 표준 모델이 되어 다량의 양사오시대 신석기시대 문화 유적의 해석에 응용되었다. 비록 그것이 이론적·실천적 측면에서 잘못되었다는 점이 일부 비평을 통해 증명되었지만(Pearson 1988; 童恩正 1998: 262-272; 汪寧生 1983; Wang, N. 1987), 고전진화론 모델은 당시 중국 고고학자들 사이에서 널리 받아들여졌으며, 여전히 영향력을 행사하고 있다. 다만 오늘날에는 시들해진 상태이다(中國社會科學院考古硏究所 2010: 204, 413, 652-653).

삼대(三代)[2] 고고

1949년 이후에도 상대 고고학은 여전히 중점 연구 분야였다. 안양은 거듭해서 중요한 고고 발굴의 중심지가 되었다. 이곳에서는 지배층의 무덤, 배장갱(陪葬坑), 수공업 공방과 갑골문이 발견되었다. 발굴은 이 유적의 구조를 이해하는 데 풍부한 자료를 제공했다(中國社會科學院考古硏究所 1994b). 1950년대 초 허난성 정저우(鄭州) 부근의 얼리강(二里崗)에서 안양 은허보다 이른 물질문화 유존이 처음 발견되었다. 이어 정저우에서 얼리강 시기에 속하는 성벽으로 둘러싸인 상대의 성지(城址)가 발견되었다. 거대한 규모의 판축 성벽(약 300만m²)과 수공업 공방, 궁전 기단 그리고 지배층 무덤 등의 풍부한 유적은 이것이 안양보다 이른 상대의 도성 가운데 하나일 수 있다는 점을 보여주었다(河南省文化局文物工作隊 1959). 이 발견은 고고학자들이 그보다 더 이른 시기의 하상(夏商) 왕조 유적을 찾도록 하는 자극제 역할을 했다. 노력은 많은 성과를 가져왔다. 왜냐하면 뒤이어 쉬쉬성이 이끄는 조사팀이 허난성 서부의 옌스현(偃師縣)에서 훨

---

2   [역주] 삼대(三代)는 중국사상 최초기의 왕조국가, 즉 하(夏), 상(商), 주(周) 등의 세 왕조를 통칭하는 것이다. 『논어』 「위령공(衛靈公)」편에 처음 출현했을 때는 동주시대(東周時代)를 제외한 명칭이었지만 진대(秦代) 이후에 동주를 포함하는 개념으로 변화해 오늘에까지 이르고 있다.

씬 이전의 대규모 얼리터우(二里頭) 유적을 발견했고, 이것이 초기 왕조의 한 도성이라 간주되었기 때문이다(徐旭生 1959).

얼리강과 얼리터우의 발견은 매우 많은 관건적 문제에 대한 논쟁을 야기했다. 예를 들면 얼리터우는 하 왕조의 도성인가 아니면 상 왕조의 도성인가, 얼리터우문화(二里頭文化)의 어떤 시기가 하문화(夏文化)에 속하는가 아니면 상문화에 속하는가, 얼리강과 얼리터우는 고대 문헌 기록 가운데 하상 시기의 어떤 도성에 대응하는가 등의 문제이다. 대다수의 논쟁은 모두 문헌 기록에 의거한 것이었는데, 이들 문헌 기록은 전설상의 하 왕조와 기록이 있는 상대 이후 1000년 심지어 더욱 긴 시간에 걸쳐 만들어진 것이며, 그 이후에 다시 매우 많은 후인(後人)들에 의해 해석된 것이다. 연구자들은 서로 다른 문헌을 인용해 자신의 관점을 입증했다. 이들 문헌의 내용에는 서로 모순이 있었으므로 논쟁은 수십 년 동안 계속되었지만 의견의 일치를 보기는 어려웠다(제8장 참조).

중원중심론

문화대혁명(이후 문혁으로 표기) 전의 일정한 시기 동안 고고학 연구는 주로 황허강 중류의 중원지역에 집중되었다. 이곳에는 양사오에서 룽산을 거쳐 삼대에 이르는 분명한 문화 발전의 맥락이 있었다. 중국의 남부지역에서도 많은 신석기시대 문화 유적이 발견되고 발굴되었다. 이를테면 난징(南京) 부근의 베이인양잉(北陰陽營), 저장성(浙江省)의 첸산양(錢山漾)과 후베이성(湖北省)의 취자링(屈家嶺) 등이다. 이들 유적에서 발견된 유물 조합은 양사오문화처럼 이른 시기까지 거슬러 올라간다고 생각되지 않았으며(양사오문화는 가장 오래된 신석기시대 문화로 간주되었다), 현지 문화 발전 맥락의 한 고리를 보여 준다고 생각되지도 않았다. 그들은 중원의 변방으로 간주되었으며, 중국문명 형성에 대한 작용도 매우 미미하다고 생각되었다. 이와 같은 고대 중국문화의 발전 모델은 중외 고고학자의 동의를 얻었다. 이것은 고고학적 발견의 한계로 인한 것이었을 뿐만 아니라 중국문명의 기원에 대한 전통적인 관념이 중원지역에 집중되어 있었기 때문이기도 했다.

문혁 기간의 고고학(1966-1977)

여타의 많은 학문 분야와 마찬가지로 고고학은 문혁 초기 정체기에 들어갔다. 연구와 교학(教學)은 각종 (정치적) 운동의 타격을 받았으며, 고고학 기관의 청년들과 대학의 학생들은 연로한 고고학자와 교수들을 비판하기에 바빴다. 그러나 계속해서 진행된 건설 사업은 구제발굴을 필요로 했기 때문에 발굴이 완전히 정지된 적은 없었다. 문혁 지도층은 고고학이 정치적 목적에 기여하는 선전 도구로 사용될 수 있다는 것을 빠르게 인식했다. 출토된 문물을 외국에 보내 전시하는 것은 중국의 국제관계를 개선하는 데 도움이 되고, 중국을 문명 고국(古國)의 국제적 형상으로 높이는 데 유익한 것으로 간주되었다. 고도로 발달한 고대의 문질문화 증거는 중국 국민의 민족적 자부심을 재확인하도록 할 수 있었으며, 지배층의 무덤에서 발견된 대량의 재부(財富)를 활용해 계급투쟁 측면에서 사회주의 교육을 진행할 수 있었다. 1973년 파리와 런던에서 처음으로 전시된 중국 출토 문물은 찬란한 중국의 고대 문명과 신중국의 고고학 성취를 보여 주었다(夏鼐 1973). 심혈을 기울여 제작된 고대 건축과 무덤 그리고 문물은 계급적 억압과 부자들의 빈민 착취를 입증하는 증거가 되었다.

새로운 요청에 부응하기 위해 세 종류의 주요 고고학 잡지, 즉 『고고』, 『고고학보』, 『문물』은 1966년 발행을 중단한 이후 1972년에 복간(復刊)되었다. 대다수 사회과학 분야의 학술 간행물이 정간(停刊)되었을 때 『문물』은 오히려 유행하는 잡지가 되었다. 1972년부터 1977년까지 산시대학(山西大學), 지린대학(吉林大學), 난징대학(南京大學), 샤먼대학(廈門大學), 산둥대학(山東大學), 정저우대학(鄭州大學), 중산대학(中山大學), 우한대학(武漢大學) 등 8개 대학에 고고학과가 신설되어 빠른 속도로 발전하는 고고학 사업을 위해 필요한 전문 인력을 신속히 양성했다.

신석기시대 유적 발굴이 산둥성 다원커우(大汶口), 허베이성(河北省) 츠산(磁山), 산시성(陝西省) 장자이(姜寨), 칭하이성(青海省) 류완(柳灣), 쓰촨성 다시(大溪), 후베이성 훙화타오(紅花套), 장쑤성(江蘇省) 차오셰산(草鞋山), 저장성 허무두(河姆渡), 후난성(湖南省) 싼위안궁(三元宮)과 광둥성(廣東省) 스샤(石峽) 등 많은 지역에서 전개되었다. 이들 유적은 각 지역의 선사문화 발전을 연구하기 위한 풍부한 자료를 제공했다. 이 밖에 1977년까지 고고연구소와 베이징대학의 ^{14}C실험실은 4세트의 ^{14}C 수치를 발표했다. 이것은 중원 이외의 신석기시대 유적에 대해 매우 이른 절대연대 수치를 제시함으로써 고고학 연구에 중대한 변혁을 가져왔다(夏鼐 1977).

중국 남부지역의 몇몇 신석기시대 유적 발견은 특히 중요하다. 양쯔강(揚子江) 하류의 허무두 유적에서는 중국에서 가장 이른 수도(水稻, 논벼) 재배의 증거가 발견되었는데, ¹⁴C 연대 측정치가 양사오문화와 같은 시기를 가리켰다. 허무두문화((河姆渡文化)는 마자방(馬家浜), 쑹쩌(松澤), 량주(良渚) 등의 신석시시대 문화로 계승된 듯하며, 이들 문화는 이 지역에서 일련의 연속된 문화 서열을 이루고 있다. 이와 같은 새로운 자료는 중원지역이 중국문명의 발전 과정에서 유일한 중심지였다는 전통적인 관념에 심각한 도전장을 낸 동시에, 중국 신석기시대 문화의 일원적 기원이라는 관점을 재고할 필요가 있다는 것을 처음으로 인식하게 했다(夏鼐 1977). 중국 동남부, 즉 양쯔강 하류와 인근 지역은 중국문명의 발전 과정에서 중요한 역할을 담당했다(蘇秉琦 1978a; 夏鼐 1977).

문혁 시기 보도에 나타난 수많은 고고학적 성과는 모두 우연히 발견된 지배층 무덤이었다. 이를테면 1976년 고고학 종사자는 안양에서 잘 보존된 상대 후기의 지배층 무덤, 즉 5호 묘를 발견했다. 무덤에서 발견된 청동기 명문에 따라 묘주는 부호(婦好)로 판명되었다. 그녀는 갑골문에 기록된 상왕(商王) 무정(武丁)의 배후자이다. 이 발견은 대량의 청동기와 옥기가 출토된 것 말고도 보다 중요한 역할을 했다. 그것은 바로 고고학 자료를 통해 갑골문에 기록된 인물이 처음으로 입증된 것이다(中國社會科學院考古研究所 1980).

매우 많은 새로운 발견이 있었음에도 불구하고 이론과 해석은 단조롭고 교조적이었다. 이와 같은 상황은 이 시기 정치적 환경의 영향을 불가피하게 받은 것이었다. 폐쇄 정책은 중국과 서구 사회의 정보 교류에 장애가 되었다. 이 시기의 이론적 틀로 마르크스주의와 마오쩌둥(毛澤東) 사상만이 남았다. 매우 많은 유적에서 획득한 상장(喪葬)과 취락 자료는 늘 모건-엥겔스 또는 마르크스-레닌 모델의 주장을 지지하는 데 활용되었다. 사유제 출현, 계급분화, 모계 혹은 부계 사회 조직의 실천과 국가의 형성 등이 모두 계급투쟁의 결과로 해석되었다. 순수하게 자료를 설명한 몇몇 출판물에는 마르크스주의와 마오쩌둥 사상의 구호가 기계적으로 삽입되었는데, 이것은 핵심과 관련이 없는 견강부회로 보인다. 새로운 이론과 방법론의 결핍은 고고학 종사자가 비판적인 토론에 참여하는 것을 가로막았다. 신속하게 축적되어 가는 고고학 자료는 연구자들로 하여금 물질문화의 분기(分期) 배열에 집중할 뿐 이론적인 사고를 할 수 있는 틈을 주지 않았다. 그에 따라 중국 고고학은 상당한 정도로 기물유형학 그리고 문헌을 중심으로 한 역사편찬학을 서로 결합하는 데 여전히 몰두하는 학문 분야로 남아 있었다.

문혁 후의 고고학(1978년 이래)

문혁 이후의 상대적으로 관대한 정치적 환경과 경제개혁의 철저한 집행은 중국 고고학 각 분야의 발전을 촉진했다. 경제 체계의 하급 권력 분산은 전국적인 범위에 걸쳐 토목건설을 다시 자극했으며, 지방 고고학 기구가 떠맡게 된 구제발굴이 고고학 사업의 중점이 되었다. 성급(省級) 고고학 연구 기구는 재정을 구제발굴 경비에 주로 의존했다. 더 많은 대학에 고고학 전공이 증설되기 시작해 매년 수백 명의 고고학 종사자를 배출했다. 이들 졸업생은 매우 빠른 속도로 지방 고고학 기구의 중견 세력으로 성장했다. 고고학 정기간행물도 문혁 이전의 몇몇(주로 3대 잡지)에서 현재의 140종에 달하는 고고학 관련 잡지로 발전했는데, 그 가운데 큰 비중을 차지하는 것은 지방에서 출판되고 있다(Falkenhausen 1992). 그 결과 성급 고고학 연구 기구는 관리, 학술 그리고 재정 등의 측면에서 점차 베이징의 중국사회과학원 고고연구소로부터 독립해 갔다(Falkenhausen 1995).

경제개혁은 중국의 문호를 세계에 더욱 활짝 열게 했다. 이로 인해 중국과 서구 사이의 학술 교류는 적극 장려되었으며, 서양 고고학의 이론과 방법도 소개되었다. 중국 고고학은 외부 세계의 새로운 도전에 직면하게 되었음을 발견했다. 1980년에서 1990년대에 덩샤오핑(鄧小平)이 중국을 중국적 특징의 사회주의국가로 이끌어 가고자 함에 따라 고고학자들도 중국적 특징을 가진 고고학을 교정하고 기획하고자 노력했다. 최근 각 영역의 중국 지식인 사이에서 민족주의적 정서가 증대되고 있는데, 이 부분은 중국과 다른 나라 사이의 신속하게 변화하는 관계에 대한 반응이다. 이에 따라 이 시기의 고고학도 여러 가지 민족주의 신개념의 영향을 받았다.

최근 수십 년 동안 각 시기의 고고학 자료가 대량으로 축적됨에 따라 세 가지 주요 화제가 중국 고고학 연구의 초점이 되었다. 그것은 초기 인류의 기원, 농업의 기원, 문명의 기원 등이다.

현재까지 중국에서 발견된 구석기시대 유적은 대략 1,000곳으로, 그 가운데 100여 곳만이 발굴되었다(呂遵諤 2004a). 세계 구석기시대 고고학이 '아프리카 기원설'(단

중심기원론)과 '다지역 발전론'의 두 학파 간에 진행된 현대 인류 기원에 대한 논쟁에 빠지게 됨에 따라 중국에서 나온 증거가 매우 중요하게 되었다. 일부 과학자들은 유전자 증거에 입각한 아프리카 기원 이론에 찬성하지만(예컨대 Jin, L. and Su 2000; Ke, Y. et al. 2001), 다수의 중국 고고학자와 고생물학자는 다지역 발전 모델을 지지하여 '연속 진화, 부수적 교배' 가설을 제기하고 있다. 즉 동아시아 지역에서 호모 에렉투스부터 호모 사피엔스까지의 진화 과정은 연속적인 것이며, 그 사이에 우연하게 외래인과 토착인 사이에 혼혈이 있었다는 것이다(Gao, X. 2010; Gao, X. and Wang 2010; Wu, X. 1997, 2004). 이 논쟁은 처음 두 가지 요인에서 시작되었다. 첫째, 1943년 바이덴라이히의 발표에 따르면 고생물학자는 동일한 지역의 동아시아 지역 인류화석과 현대인 사이에 공통된 형태 특징이 있다는 점을 계속해서 발견했다. 유전적 특징의 연속적인 변화는 중국에 대규모 인구 교체가 발생하지 않았음을 보여 준다(예컨대 Jin, C. et al. 2009; Shang, H. et al. 2007; Wu, X. 1997; 吳新智 1999). 둘째, 수십 년의 야외 작업을 통해 고고학 종사자는 중국의 구석기시대 석기 전통이 매우 강한 지역적 연속성을 보이고 있으며, 그것은 아프리카와 유럽의 석기 전통과 분명하게 구별된다는 사실을 점차 발견하게 되었다(高星, 侯亞梅 2002; 王幼平 2005; 張森水 1990). 고고학 자료는 명백히 이 지역에 연속적인 인류의 활동이 존재했으며, 큰 범위에 걸친 진화 중단의 증거가 없음을 보여 준다(Gao, X. 2010).

저우커우뎬의 베이징인 유적은 초기 중국 역사를 재건하는 데 중요한 역할을 담당했다. 빈포드(Binford)와 허촨쿤(何傳坤)은 베이징인이 불을 다스릴 줄 알았으며, 저우커우뎬 동굴은 그들의 집이라는 오랜 시간에 걸쳐 얻은 결론에 의문을 제기했다(Binford and Ho 1985). 중국의 많은 고고학자들은 이에 격노했다. 저우커우뎬 유적 발굴자 중 한 명인 자란포(賈蘭坡)는 베이징원인이 인류 진화사상 갖는 특수한 위치에 대한 최초의 이해를 강하게 변호했다(賈蘭坡 1991). 민족주의 감정이 고조되는 현재의 상황에서 이 문제를 보면 중국 고고학계의 강렬한 반응을 이해할 수 있다. 지역 진화 모델의 틀 안에서 베이징원인은 이미 중국인의 직접적인 먼 조상이 되어 있다.

식량 생산과 문명의 기원은 많은 중국 고고학자들이 가장 관심을 가지고 있는 화제이다. 이것은 아래에 이어지는 장절에서 상세하게 설명하겠다.

최근 수십 년 동안 수많은 고고학적 발견이 있었지만 그 대다수는 중원 이외의 지역에서 이루어졌다. 새로운 증거는 중국 남부지역이 현지에서 기원한 신석기시대 문화전통(최초의 수도와 토기)을 가지고 있었을 뿐만 아니라 중원지역과 거의 동시에 복합사회로 진화했고, 발전 수준이 매우 높은 청동기시대의 문화를 가지고 있었으며, 그 특징은 중원지역과 판이하게 다르다는 사실을 보여 준다. 이미 양쯔강 유역에서 성벽을 두른 취락 유적 몇 곳이 발견되었는데, 그 가운데 후난성에서 발견된 바스당(八十壋) 유적(BC 7000-BC 5800)은 중국에서 가장 이른 성곽 취락이다. 양쯔강 하류에서는 대량의 옥기(玉器)를 부장한 특징적인 지배층 묘장이 쑹쩌문화(崧澤文化)에서 출현해 (江蘇 張家港 東山村, 약 BC 3800)(周潤墾 등 2010) 이어지는 량주문화(良渚文化) 시기(BC 3200-BC 2000)에 유행하기 시작했다. 옥기 제작과 대형 무덤 건조에 반영된 높은 공예 수준은 일군의 고고학자들로 하여금 량주문화에 초기국가가 존재했다고 생각하게 했다. 양쯔강 상류의 쓰촨성 싼싱두이(三星堆)에서는 실제 사람과 같은 크기이거나 더 큰 청동 조상(雕像)이 대량으로 매장된 제사구덩이가 발견되었다. 이것은 중원지역의 초기 왕조와 같은 시기에 사람들에게 잘 알려지지 않은 고도로 발달된 청동기문화를 소유한 왕국이 그곳에 있었음을 시사한다.

동북지역의 경우 랴오닝성과 내몽골의 신석기시대 문화는 싱룽와문화(興隆窪文化, BC 6200-BC 5200)까지 거슬러 올라간다. 홍산문화(紅山文化) 후기, 특히 뉴허량(牛河梁) 유적을 대표로 하는 대형 공공 건축과 지배층의 무덤은 이 지역이 기원전 3500년 전후에 복합사회에 진입했을지도 모른다는 사실을 시사한다. 이들 놀라운 발견은 중원 이외의 지역이 야만적이며 미개한 곳이었다는 전통적인 견해를 완전히 바꾸어 놓았다.

산둥성과 장쑤성 북부를 포함하는 중국 동부지역에서는 산둥성 허우리(後李)에서 가장 이른 신석기시대의 문화 유존(BC 6200-BC 5600)이 고고학 종사자들에 의해 발견되었다. 이후 베이신(北辛), 다원커우와 룽산문화의 출현에 따라 또 다른 문화 발전의 지역적 전통이 형성되었다. 다원커우와 룽산문화 시기(BC 4100-BC 2000)에 속하는 세심하게 조성된 상당량의 지배층 무덤과 성곽을 두른 취락 10여 기가 발견되어 이 지역에서도 신석기시대에 국가 수준의 사회가 출현했다는 주장이 제기되고 있다.

주로 황허강 중류, 펀허강(汾河)과 웨이허강(渭河) 유역을 포함하는, 즉 전통적으로 중화 문명의 핵심 구역으로 인식된 중원지역에서 이루어진 신석기시대의 고고학적 발견은 그 문화전통이 '변경'지역에 비해 더욱 발달한 것으로 보이지 않게 한다. 다른 지역에서 발전한 지역 고대문화와 비슷하게 중원지역의 신석기시대 전통은 기원전 7000

년의 페이리강문화(裴李崗文化)까지 거슬러 올라갈 수 있다. 바로 그 뒤로는 양사오와 룽산문화가 전후로 이어진다. 옥기를 부장한 지배층의 무덤과 의례적인 목적에 사용된 대형 가옥은 기원전 3500년을 전후해 이미 황허강 중류지역에 출현했다(魏興濤, 李勝利 2003; 中國社會科學院考古研究所, 河南省文物考古研究所 2010). 그러나 이와 같은 특징이 유일무이한 것은 아니며 다른 지역의 유사한 현상보다 더욱 이른 것도 아니다.

이와 같은 새로운 자료에 근거해 다양한 지역 문화전통을 매우 쉽게 관찰할 수 있으며, 이것은 고고학자들로 하여금 중국문명의 기원에 대해 새로운 해석을 제시하도록 자극하고 있다.

해석

고고학적 발견에 대한 해석은 주로 두 가지 주요 주제에 관심을 가지고 있다. 그 하나는 물질문화 유존의 시공간 틀을 재건하는 것이고, 다른 하나는 국사(國史)를 재건하는 것이다.

중국문명의 다지역적 발전

'구계유형(區系類型)'으로 널리 알려진 연구 모델은 1980년대 초 쑤빙치에 의해 처음으로 제기되었다(蘇秉琦, 殷瑋璋 1981; Wang, T. 1997). 이것은 주로 토기 조합 연구에 기반을 둔 것으로 서로 다른 지역 문화전통의 독자적인 발전과 상호 영향을 강조했다. '구계유형' 개념은 중국 사전사(史前史)를 중건하는 데 하나의 방법론적 틀을 제공하기 위한 것이었다. 중국문명 발전 연구에 중점을 두어 말하자면 이것은 중심-변경 모델에서 다지역 발전 모델로의 전환을 의미한다. 쑤빙치는 1만 년 이래 상대적으로 안정적인 6개의 문화 구역(구계)이 나중 역사 시기의 중국 범위 내에 이미 형성되었다고 생각했다. 이 6종의 지역 문화는 나아가 다양한 지방 유형으로 다시 세분된다(蘇秉琦 1991). 쑤빙치의 견해에 따르면 중국문명 발전 과정에서 각각의 지역은 모두 자신의 문화 기원과 발전 서열을 가지고 있으며, 다른 지역과 영향을 주고받았다. 옌원밍(嚴文明) 또한 '중국 선사문화의 통일성과 다양성'에 초점을 두어 쑤빙치와 유사한 모델을 제기했다. 그는 중원지역을 꽃송이의 중심으로 간주하고, 주변 지역의 문화전통을 층층의 꽃잎으로 보았다(嚴文明 1987). 쑤빙치의 가설이 모든 지역의 문화를 동등한 지위에 놓은 것과 달리 옌원밍의 모델은 문명 진행 과정에서 중원지역의 선도작용에 더욱 주목하면서도 선사시대 변경지역에 문명의 요소가 존재했음을 인정했다.

팔켄하우젠(Lothar von Falkenhausen)은 중국문명이 하나의 중심에서 복수의 중심으로 전이해 가는 일반적인 추세에 주목했는데(Falkenhausen 1995: 198-199), 이 견해는 장광즈의 『고대중국고고학』 제4판에 반영되기도 했다. 이 책은 수십 년 동안 영어로 출판된 가장 종합적이며 권위 있는 중국 고고학 참고서이다. 1963년, 1968년 그리고 1977년에 출판된 처음의 3판 중에서 중원지역은 복합사회와 왕조 문명이 발생한 핵심 지역으로 여겨졌다. 이 견해는 1986년 제4판에서 '중국상호작용권(中國相互作用圈)'이라는 개념으로 대체되었다. 중국상호작용권의 공간 범위는 중원지역을 훨씬 뛰어넘으며, 삼대(三代) 문명의 발전에 더욱 광활한 기반을 제공했다(Chang 1986a: 234-242).

중국 고고학에서 이와 같은 모델의 변화는 중국 상고사를 중건하는 새로운 시각과 어울려 더욱더 돋보이는 듯하다.

국족사와 문명 기원

중국 고고학은 1928년 안양에서 탄생한 날부터 하나의 분명한 목표를 가지고 있었다. 그것은 국족사와 민족사를 중건하는 것이다(쑨중산에 의하면 중국에서 국족과 민족의 개념은 상통한다). 그런데 국족·민족의 개념, 거기에서 파생된 국족사(國族史)·민족사의 개념은 시간에 따라 수시로 변화했다. 그러므로 중건 작업은 불가피하게 새로운 국족사·민족사관의 영향을 받지 않을 수 없었다.

1950년대 이래 국가가 중국의 다민족 인구를 하나의 정체(政體)로 포섭하고자 시도함에 따라 중화민족은 이미 국가와 동일한 개념이 되었다. 페이샤오퉁(費孝通)이 제기한 '다원일체(多元一體)'는 이에 대한 가장 좋은 표현이다(費孝通 1989). 페이샤오퉁이 말한 바와 같이 중화민족은 하나의 자재(自在)한 민족[3]의 실체로서 수천 년 동안 점

3   [역주] 중국의 인류학자이자 민족학자인 페이샤오퉁의 중화민족 형성론을 구성하는 독특한 개념이다. 페

차 발전해 왔다. 이 형성 과정은 융합 과정이며 이는 화하(華夏), 즉 한족을 핵심으로 구성되었다. 그러나 화하-한족과 기타 족군(族群) 사이의 문화적 상호작용은 결코 일 방적인 전파가 아니었으며 상호간의 영향이었다. 페이샤오퉁의 견해에 따르면 이 민 족적 실체는 현재 중국의 영토 내에 거주하는 모든 민족(56개 민족)을 포함한다. 이 민 족 정체성[認同]의 새로운 개념과 고고학의 '구계유형' 모델은 서로 잘 어울리며, '통 일성과 다양성'의 가설과도 더욱 잘 들어맞는다. 명백히 민족사의 중건이라는 측면에 서 고고학과 사회학의 모델은 서로를 지지한다.

지역 고고학 지식의 증가에 따라 연구자들은 고고학 자료와 역사 기록이 서로 결 합된 기반 위에서 문화사를 중건하고자 하는 강렬한 욕구를 가지게 되었다. 지금은 고 고문화, 시기, 유적 심지어는 유물, 전설과 문헌 중의 어떤 고대 집단, 인물, 지방을 일 대일로 대응시키는 경향이 있다. 몇몇 청동기시대 성지(城址)의 역사적 귀속에 대한 지 속적 논쟁, 이를테면 얼리터우, 얼리강, 옌스상청(偃師商城) 및 정저우 인근의 샤오솽차 오(小雙橋) 유적 등은 이와 같은 시도의 가장 좋은 사례이다(제8장 참조). 비록 두 종류 의 정보—토기 유형과 족속—사이의 논리적 관계는 그다지 분명하지 않지만 이런 연 구를 통해 고고 유존(주로 토기 유형으로 구분된)은 역사적 의의를 가지기 시작했다.

중국에서는 보편적으로 '오천 년 문명'이라는 말을 사용해 중국 역사를 개괄하며, 고고학자는 그 기원을 추적하고 아울러 그 역사적 과정을 입증하기 위해 노력한다. 왜 냐하면 왕조의 역사는 후대에 추술(追述)한 것처럼 기원전 2070년(夏商周斷代工程專家 組 2000) 이전으로는 올라가지 않기 때문이다. 따라서 연구자들은 많은 노력을 기울여 지역 신석기문화 발전과 전왕조시대 전설 중의 왕과 성인의 활동을 연계하기를 희망 한다. 이를테면 이른바 오제(五帝, 영문에서는 일반적으로 '다섯 명의 황제'로 잘못 번역한 다)로 1천 년 동안의 공백을 메꾸고자 한다. 또한 연구자들은 몇몇 문화적 성과, 이를테 면 신석기시대까지 소급할 수 있는 옥기의 생산, 대형 의례성 건물의 건축과 문명의 서 광(曙光)을 연결하려는 시도를 하기도 했다. 그 결과 전설을 신사(信史)로 간주할 뿐만 아니라 이것을 활용해 신석기시대 유존을 해석하고, 중국문명을 메소포타미아나 이집

이샤오퉁은 중화민족은 독립적으로 존재하는 각 민족 단위들이 접촉, 혼잡, 연계, 융합을 거치는 동시에 분 열과 소멸을 거치면서 수천 년간의 과정을 통해 하나의 민족 실체를 형성해 왔다고 주장하고, 이것을 '자재 적(自在的) 민족'이라고 했다. 이에 대응하는 개념으로 '자각적(自覺的) 민족'이 있는데, 이것은 1840년 이 래 근 100년 동안의 반제국주의 투쟁을 통해서 민족의식을 뚜렷하게 갖춘 존재로서의 중화민족을 말한다.

트와 비견하기 위해 그 기원을 1천 년 혹은 그보다 더 이전으로 소급하기도 한다(蘇秉琦 1988, 1997). 20세기 초 '의고파'가 전래 문헌을 의심했을 때 그들은 고고학자가 야외에서 믿을 수 있는 고대 역사를 발견해 주기를 희망했다. 오늘날의 많은 고고학자에게 이러한 전설은 사전사를 중건하는 청사진으로 간주되고 있으며, '의고파'는 비판의 대상이 되었다(예컨대 李學勤 1997b).

1990년대 국가가 주도한 하상주단대공정(夏商周斷代工程)은 이러한 노력을 최고조로 이끌었다. 이집트를 방문했을 때 국무위원 쑹젠(宋健)은 이집트 왕조가 기원전 3100년에 시작된 것을 알리는 상세한 연표를 목격했다. 중국 왕조의 연표는 만족스럽지 못했다. 왜냐하면 중국 연표는 이집트보다 1천 년이 늦을 뿐만 아니라 너무 소략했기 때문이다. 이로 인해 쑹젠은 연구 과제를 설정해 더욱 정밀한 삼대연표(三代年表)를 중건함으로써 중국문명과 이집트 문명을 비견할 수 있도록 하자고 제안했다. 하상주단대공정이라 불린 이 연구 과제는 1996년 정식으로 시작되었다. 약 4년의 시간 동안 200여 명의 역사, 고고, 고문자, 천문학, 방사성탄소연대 측정 기술 분야의 전문가들이 참여한 이 프로젝트는 주로 9개의 과제 중심으로 진행되었으며, 이 과제들은 다시 144개의 세부 과제로 분할되었다. 이 과제는 이미 최초로 설정한 4개의 목표를 달성했다. ① 서주(西周) 공화(共和) 원년(BC 841) 이전, 서주 전기·중기·후기의 전반기에 해당하는 각 왕에게 비교적 정확한 연대를 부여했다. ② 상대 후기, 상왕 무정부터 주(紂)까지에 대해 비교적 정확한 연대를 확정했다. ③ 상대 전기에 비교적 상세한 연대적 틀을 제시했다. ④ 하대에 기본적인 연대적 틀을 제시했다. 이 프로젝트가 끝난 뒤 삼대의 연표는 이전보다 확실히 더 정확하고 상세해졌다(Lee, Y. 2002; 夏商周斷代工程專家組 2000). 그러나 이 프로젝트는 중국문명의 시간을 세계의 다른 오래된 문명들과 비견하도록 하지는 못했으며, 심지어 목표, 방법, 결과 등의 측면에 대한 수많은 의문을 불러일으켰다(蔣祖棣 2002; 劉起釪 2003; 劉緒 2001; Shaughnessy 2008).

아직 진행 중에 있는 프로젝트 결과의 세절(細節)에 대한 논쟁을 잠시 논외로 하고, 하상주단대공정은 다시 일련의 연구 항목의 탄생을 촉진했다. 바로 중화문명탐원공정이다. 이 프로젝트는 여러 학과에 걸친 연구 방법을 사용해 중국 초기 왕조의 기원과 가장 이른 신석기시대 문명을 드러내는 것에 목표를 두고 있다(王巍, 趙輝 2010; Yuan, J. and Campbell 2008).

중국의 국제협력 연구

1980년대부터 중국과 외국의 학술 교류가 급속히 증가했다. 이것은 국제학술회의를 통해 생각을 교류하는 것에서 야외 연구를 공동으로 진행하는 것으로 점차 발전했다. 1991년 국가문물국(国家文物局)은 고고학 분야의 중외공동연구를 위해 법규를 반포했으며(國家文物局 1992), 이로 인해 외국 고고학자가 중국에서 40여 년 간 중지되었던 고고학 연구를 다시 진행할 수 있게 문호를 개방했다. 최근 들어 매우 많은 공동 작업이 중국 내 여러 지역에서 진행되었다. 국제 학술 교류는 서양의 이론을 중국에 소개했으며, 어느 정도 연구 방향과 해석이 풍부해졌다. 새로운 방법과 기술이 야외 작업과 실험실 분석에 도입되었다. 예를 들면 부선법(浮選法)의 체계적 응용을 통한 대동물군(macrofaunal) 및 대식물군(macrofloral) 유존의 발견, 전면 구역조사, 구역조사와 지질고고학의 결합, 지리정보시스템(GIS)의 응용과 위성영상분석 등의 취락 형태 연구 분야 응용, 고옥기의 광물학 연구, 동물고고학, 식물고고학, 환경고고학 등과 같은 학제간 연구의 발전, 가속기질량정보시스템(AMS) 연대 측정 방법, 유전자 연구, 식물규산체 분석, 전분립 분석, 동위원소와 석기 미세흔 분석 등 선진적 실험실 기술의 응용 등이 그것이다. 이들 방법과 기술의 응용은 중국 고고학 연구를 새로운 수준으로 끌어올렸다.

1990년대 이후 북아메리카, 유럽, 오스트레일리아, 일본 등의 외국 대학에서 박사학위를 받은 새로운 세대의 중국 고고학자들 가운데 어떤 이는 중국으로 돌아와서, 어떤 이는 국외의 고고학 기관에 남아서 일하고 있다. 이들은 서양 고고학 이론과 방법의 최신 지식을 갖추고 공동 연구에서 새로운 사고를 수용하며 새로운 방법, 기술 등을 사용함으로써 중국 고고학에 중요한 공헌을 하고 있다. 이 황금시대의 중국 고고학은 이전의 어떤 시기보다도 더 국제화되어 있다.

흥미로운 것은 중외협력사업의 연구 목표는 몇몇 전통적인 모델을 따르고 있는 듯해 보인다는 점이다. 서양의 고고학자가 시작한 몇몇 항목은 구석기시대 유적과 신석기시대 유적에 주목하거나 혹은 주변 지역의 문화 등에 주목하는 대체로 국제화 성향의 연구 과제인 것에 반해 해외의 중국 고고학자가 설계한 항목은 왕왕 중원지역에 주목하고 중국문명의 발전 과정을 추적한다.

결론

20세기 초 현대 중국 고고학의 탄생은 서양의 과학적 방법 수용, 민족주의의 흥기, 민족문화 기원 탐색 등의 산물이다. 이 세 가지의 요소는 줄곧 고고학 발전에 영향을 주었으며, 그 결과 중국 고고학은 오랫동안 광의의 역사학 아래에 안정적으로 위치했다. 그 연구 목표와 해석은 항상 서로 다른 국가의 정치 강령—특히 몇몇 특정한 시기에 부단히 변화한 민족주의 개념—에 큰 영향을 받았다(張光直 1998).

혼란의 시기에 고고학자들은 자신들의 작업에 열중해 각종 경제적·사회적·정치적 어려움을 극복했으며, 고고학 영역에서 걸출한 공헌을 했다. 고대 중국에 대한 우리의 이해는 이러한 고고학의 성과로 인해 현저하게 향상되었다. 여러 가지 상황 아래에서 고고학은 같은 시기의 다민족민족주의 개념의 물결에 사로잡혔으며, 그것을 도구로 하여 어떤 이론적인 의제나 정치적인 강령을 평가하거나 검증하는 것이 아니라 지지했다. 또 다른 상황에서 그것은 새로운 모델을 창조하기 위해 독립된 자료를 제공함으로써 중국 국족사·민족사의 전통적인 관점을 변화시켰다. 국가가 창도한 민족주의는 확실히 학과의 발전 방향을 규정하는 등의 측면에서 중요한 역할을 감당했다. 많은 고고학자의 경우 국사의 건설에 참여함으로써 중국 국민의 존엄과 자부심을 체현했다.

고고학의 발생과 발전에서 사회, 정치 환경의 커다란 배경에서 벗어나기는 매우 어렵다. 많은 국가에서 민족주의는 고고학의 가설, 방법, 실천을 형성했다. 고고학의 조사와 연구 성과도 민족의 정체성을 구축하는 것과 관련된 사상에 영향을 주었다(예컨대 Diaz-Andreu 2001; Kohl and Fawcett 1995; Smith A. 2001; Trigger 1984). 트리거(Bruce G. Trigger)가 관찰한 것처럼 정치적인 위협이나 불안을 느낄 때 혹은 강권국가가 집단적인 권리를 박탈할 때 민족주의 고고학은 왕왕 매우 강성해진다(Trigger 1984: 360). 중국에서 고고학이 처음 탄생했을 때 명백히 이런 상황에 처해 있었다. 오늘날 중국의 정치가 안정적이고 경제가 번영함에도 불구하고 민족 정체성을 구축해야 할 필요는 여전히 줄어들지 않았다. 따라서 최근 수십 년 동안 서양 사상과 기술의 영향이 부단히 증가해 그것들이 매우 많은 영역에서 적극적으로 작용하고 있다고 해도 중국 고고학의 지배적 목표는 크게 변화하지 않았다. 고고학의 목표는 여전히 국사를 재건하는 것이다. 이런 사명은 아마도 계속될 것이다(蘇秉琦 1991). 그러나 마찬가지로 주목해야 할 것은 최근 들어 더욱 다양한 연구 방법이 출현했다는 점이다. 일부 고고학자들은 여전히 지역적 역사문제를 연구하고 있지만, 다른 일부 고고학자들은 이론 구축과 다문화 비교 연구에 종사해 고고학에 더욱 국제화된 전망을 부여하고 있다.

중국 고고학은 이미 우리들이 세계의 역사를 이해하는 데 중요한 공헌을 하고 있다. 미래를 전망하건대 중국 고고학의 황금시대는 아직 여러 해 더 지속될 것이다.

제2장 환경과 생태

무릇 백성의 일용 필수품을 필요에 따라 대비하는 일은 반드시 천지의 춥고 따뜻함과 건조하고 저습함과 넓은 골짜기와 큰 하천에 따라 그 제도를 달리하며, 그 사이에 살고 있는 백성들은 풍속을 달리한다.

- 『예기(禮記)』 「왕제(王制)」

중국의 영토는 광활해서 그 땅이 북위 3도 52분부터 53도 33분까지, 동경 135도 21분부터 73도 40분까지에 걸쳐 있다. 육지 총면적은 약 960만km²이다. 행정 구역은 23개의 성(省), 4개의 직할시와 2개의 특별행정구(特別行政區)를 포함하고 있으며, 56개 민족으로 구성되어 있다. 중국의 특징은 지리, 기후, 문화 그리고 민족의 다양성이다.

지리

지형을 크게 보면 중국은 자연 장벽으로 둘러싸여 있다. 그 북부와 서부 그리고 서남부에는 수림, 사막과 고산이 분포하며, 동부와 동남부에는 대해(大海)가 위치한다. 오랫동안 사람들은 이와 같은 폐쇄적인 자연환경 아래에서 중국 선사문화의 발전은 구대륙의 각 문명과 별반 직접적인 관련을 맺고 있지 않다고 생각했다(Murphey 1972; 嚴文明 1987). 그러나 주의해야 할 것은 중국의 북부 변경은 개방적이어서 동북부부터 서북부의 여러 산 사이에 매우 커다란 공간이 있고, 이것이 자고이래로 중국과 주변 지역을 연결하는 통로를 형성했다는 점이다. 그러므로 중국문명은 결코 고립적으로 발전한 것이 아니다. 2,000여 년 전에 고대 중국의 왕도(王都)와 로마제국을 연결한 국제 무역 노선(19세기 이래 '실크로드'라고 불렸다)이 개통되기 이전부터 중국과 주변 지역과의 교류는 이미 시작되었다.

지형으로 보면 중국의 지세는 서쪽이 높고 동쪽이 낮으며, 자연조건 및 농업 발전 조건과 현재의 성계(省界)에 근거해 7개의 생태 구역으로 분할할 수 있다. ① 황허강 중하류에 위치한 화북지역 ② 온대의 동북지역 ③ 내몽골의 대부분을 포함하는 건조한 서북지역 ④ 양쯔강 중하류에 위치한 화중지역 ⑤ 다습한 아열대·열대의 화남지역, ⑥ 다습한 아열대·열대의 서남지역 ⑦ 중국 최서부의 칭짱고원(靑藏高原) 등인데 (Zhao, S. 1994), 각 지역은 모두 독특한 지모(地貌) 특징을 갖는다.

서남지역의 일부분을 포함하는 서부지역은 모두 고산(高山)으로 격리된 고원으로 구성되어 있다. 서부지역에서 가장 주목되는 곳은 칭짱고원이다. 칭짱고원의 평균 해발고도는 3,500m가 넘으며 카라코람산맥, 파미르고원, 쿤룬산맥(崑崙山脈), 히말라야산맥 등의 산으로 둘러싸여 있다. 칭짱지역의 대부분은 건조하고 한랭한 고산과 사막으로 극소수의 저지대를 제외하면 모두 농경에는 적합하지 않다(Tregear 1965, 1980).

가장 서북부에 위치한 지역은 신장(新疆)이다. 신장 남부에는 타림분지가 있다. 이곳의 평균 해발고도는 800~1,300m이며, 서쪽은 파미르고원, 북쪽은 톈산산맥(天山山脈), 남쪽은 쿤룬산맥과 같은 거대한 산맥으로 둘러싸여 있다. 분지 중앙에는 타클라마칸사막이 있으며, 드물지만 주위의 고산에서 내려오는 빙천(冰川) 계곡은 사막의 북부와 남부 가장자리를 둘러싸고 있는 여러 오아시스를 지탱하는 주요한 수원이다. 타림분지의 동북쪽은 매우 건조한 것으로 유명한 투루판분지가 있으며, 그 최저점은 해수면보다 154m 낮다. 최북쪽은 삼각형의 중가리아분지인데, 그 최저점은 해발 189m이다. 주변은 여러 산으로 둘러싸여 있는데 남쪽은 톈산산맥, 동북쪽은 알타이산맥, 서북쪽은 타르바가타이산맥이다. 분지의 세 모서리는 상대적으로 개방되어 있다(Tregear 1965, 1980). 분지 내에 산포되어 있는 오아시스는 고대의 무역 노선, 즉 실크로드를 구성하고 있다. 지금으로부터 대략 2,100년 전 한 왕조가 허시주랑(河西走廊)[4]을 장악해 황허강 유역에 위치한 중국의 핵심 지역과 이 고대 무역 노선이 직접 연결되었으며, 중

---

4 [역주] 고대의 옹주(雍州)와 양주(凉州)를 가리킨다. 중국에서 서역(西域)으로 가는 통행로로 옹량지지(雍凉之地)라고도 한다.

앙아시아와 그 외의 먼 지역과도 연결되었다. 신장의 건조한 기후는 대량의 무덤과 유물을 보존하는 데 유리해 고고학자가 그곳에 거주한 고대인들의 생활방식을 연구하는 데 더할 나위 없는 기회를 제공한다.

신장 동쪽은 광활한 몽골초원으로 고비사막이 그 가운데를 관통하고 있다. 그 남쪽은 내몽골이며, 북쪽은 현재의 몽골인민공화국이다. 내몽골 대부분의 지역은 푸른 풀이 무성한 초원지대이다. 방목에 이상적인 지역으로 역사상 목축 그리고 나중의 목축-유목 경제의 기지(基地)이기도 하다(Tregear 1965, 1980). 초원지역 목축 경제의 발전은 항상 그 남쪽 농경민과의 상호관계에 수반되었다. 그 사이에는 무역도 있었으며 전쟁도 있었다. 전제국시대인 동주(東周)시대 후기에 중국 북방의 몇몇 제후국은 가장 먼저 유목민과 농경민을 격리하는 담장을 쌓았다. 통일제국 진한 왕조의 통치하에서 화이(華夷) 사이의 상호 투쟁과 방어관계가 본격적으로 형성되어, 보존된 북부의 담장이 더욱 강화되고 연장되어 판축으로 축성된 장성(長城)이 출현하였다. 장성은 후대에 부단히 중건되어 마지막 16세기에는 다시 돌로 축성되었다. 이것은 정주사회와 유목 사회 사이의 적대적인 관계가 오랫동안 순환, 반복되었음을 보여 준다.

내몽골 동부에는 동북평원(東北平原)이 자리 잡고 있다. 서쪽은 다싱안링(大興安嶺)이, 북쪽은 샤오싱안링(小興安嶺)이, 동쪽은 중국과 한국의 경계인 백두산(창바이산)이 있다. 동북평원의 북부는 겨울에 매우 한랭해 농경지역으로서는 한계가 있는 반면 남부지역, 특히 랴오허강(遼河) 유역은 겨울에 상대적으로 온난하다(Tregear 1965, 1980). 랴오허지역에서는 몇몇 신석기시대 전기 취락이 발견되었으며, 이들은 중국에서 가장 이른 정주 취락 가운데 하나이다.

중국의 핵심 지역은 일반적으로 3대 하천과 그곳에 인접한 평원으로 구성되어 있는데, 북부의 황허강, 중부의 양쯔강, 남부의 주강(珠江)이다. 화이허강(淮河)과 친링산맥(秦嶺山脈)이 화중과 화북의 경계선이며, 난링산맥(南嶺山脈)은 화중과 화남의 경계선이다. 이처럼 지리적으로 명확히 구별되는 삼분법 외에도 매우 영향력이 있는 또 다른 이분법이 늘 사용되는데, 그것은 화이허강과 친링산맥을 동서 축선으로 하여 아열대 남방과 온대 북방지역을 구별하는 것이다. 이와 같은 분계(分界)는 남방과 북방이 생태와 문화에서 보이는 일반적인 차이를 드러내며, 초기 역사시대까지 소급될 수 있다(龔勝生 1994; 王銀峰 1988; 于薇 2010). 이 책에서는 이 두 가지의 지리적 구분 체계가 모두 사용될 것이다. 왜냐하면 이것들은 연구자들이 서로 다른 맥락에서 사용하기 때문이다. 혼란을 피하기 위해 이하의 장절에서 '남방'과 '북방'은 일반적으로 위에서 말한 이분법을 가리키며, '화북', '화남' 그리고 '동북지역' 등은 통상 본장의 첫머리에서 묘사한 7개의 생태 구역 가운데 관련 지역을 가리킨다.

하천 체계

중국의 3대 하천 체계는 드넓은 충적평원을 형성해 농업에 적당하며 수운(水運)에 편리하다. 초기 중국문명의 주요 중심지는 바로 이들 하곡(河谷)과 충적평원에서 형성되었다.

황허강은 칭짱고원의 동쪽 비탈에서 발원해 동북쪽으로 구불구불 초원과 사막지대를 경유해 오르도스와 산시성(陝西省) 북부, 산시성(山西省)의 황토고원으로 진입해 거대한 '궤(几)' 자 모양을 형성한다. 여기에서 다시 화북평원(華北平原)과 산둥반도(山東半島)를 통과해 마지막에 대해(大海)로 흘러 들어간다.

비옥한 황토는 황허강 중상류지역 대부분에서 지배적인 지위를 차지한다. 어떤 지역은 그 두께가 400m에 달하기도 한다. 황토는 물과 바람에 매우 쉽게 침식되는데, 심지어는 완만한 경사지역에서도 그렇다. 황토고원 지역에서는 농업 활동이 수토(水土)의 유실을 더욱 격화시킨다(景可 등 1997; Quine et al. 1999). 따라서 황토고원을 경유하는 지류는 황허의 높은 함사량(含沙量)을 만들어 낸다(높게는 40%에 이른다). 황허강은 허난 중부의 평원에 진입한 이후 하도(河道)가 넓어지고 물살이 완만해져 모래와 돌이 침적되고 이것은 하상(河床)을 점차 높인다. 이와 같은 상황은 하도의 불안정과 경상적인 범람을 야기했다. 황허강은 선사시대와 역사시대에 여러 차례 물길을 바꾸었으며, 바다에 들어가는 곳도 산둥반도를 가운데에 두고 남북으로 흔들렸다((Murphey 1972; 王靑 1993). 기원전 4세기 하도의 안정을 보장하기 위해 황허강 하류에 대규모 제방을 쌓기 전 하류의 하도는 이미 여러 차례 바뀌었다(譚其驤 1981; 鄒逸麟 1990). 황허강 이북 화북평원의 넓은 지역에 기원전 2세기 이전의 취락이 매우 적은 것은 이와 같은 하도의 불안정한 상황과 연관되어 있다(國家文物局 1991). 황허강에서는 선사시대와 역사시대에 몇 년마다 다양한 규모의 범람이 일어나서 부근의 저지 마을을 궤멸적으로 파괴했다(駱承政, 樂嘉祥 1996: 137-182; 鄒逸麟 1990). 지난 100년 동안 기록된 가장 궤멸적인 범람 중 하나는 1933년에 일어났고, 50여 개 지점에서 제방이 붕괴되었다. 홍수로 황허강 중하류지역 85.3만km²의 토지가 침수되어 가옥 169만 칸이 파괴되고 1만 2,700명이 생명을 잃었으며 364만 명의 이재민이 발생했다(駱承政, 樂嘉祥 1996: 157-160). 이것은 생명을 불어넣는 이집트의 나일강과는 극명한 대조를 보인다. 황허강 유역의 범람은 재난의 원천이 되어 '중국지상(中國之殤)'[5]이라고 불린다.

그러나 다른 한편으로 황토의 장점은 부드러운 구조에 있다. 이것은 토양의 영양 성분이 표면에 도달할 때까지 지속되도록 하여 토양이 풍부한 비옥도를 갖도록 한다. 따라서 황토는 초기 한지농업에 편리한 조건을 제공했다. 황토지대의 몇몇 신석기시대 전기 유적에서 재배 조[粟]가 발견된 것(제4장 참조)이 이것을 입증한다. 중국에서 가장 이른 왕조가 바로 이 지역에서 출현했으며, 이 황토 대지에 정주한 거주민은 '황토의 자녀'라고 불렸다(Andersson 1973, 원문은 1934년에 발표).

황토층의 부단한 퇴적과 그에 상응하는 토양의 침식 과정은 모두 이 지역의 고고학 작업에 영향을 미쳤다. 왜냐하면 고대 유적을 포함하고 있는 황토층의 깊이와 수토유실의 과정이 유적 발견에 영향을 줄 수 있기 때문이다. 이를테면 허난성 서부의 이뤄(伊洛)지역[6]에서는 원래 지하 수 미터 깊이에 매장되어 있던 신석기시대 묘지가 토양의 침식과 집중적인 농경 활동으로 인해 부분적으로 표면에 노출되었으나, 다른 일부는 지하에 깊이 매장되어 사람들이 알지 못할 가능성이 크다. 이와 같은 지모상의 특수성은 고고학자들이 고대 취락의 분포와 규모를 판단하는 데 매우 큰 어려움을 야기한다(Liu, L. et al. 2002-2004).

양쯔강 역시 칭짱고원에서 발원해 동쪽으로 쓰촨성(四川省)의 홍토분지(紅土盆地)를 통과해 한수이강(漢水), 위안수이강(沅水), 샹강(湘江), 간강(贛江) 등 하천 유역의 충적평원을 경유한 뒤 마지막에는 양쯔강 삼각주에 이르러 동중국해로 흘러 들어간다.

---

5 [역주] 전국시대 초나라의 굴원이 지은 「국상(國殤)」에서 유래한 말이다. 「국상(國殤)」은 『구가(九歌)』 중의 한 편으로, 이 시는 국가를 위해 전사한 장사(將士)에게 바친 제가(祭歌)이다. 이후 국상은 국가의 재난이나 슬픔을 가리키는 어휘로 의미가 확대되었다. '중국지상(中國之殤)'은 곧 중국의 재난을 말한다.

6 [역주] 이뤄(伊洛)는 이락(伊雒)이라고도 한다. 원래 『국어(國語)』 주어(周語) 상(上) 등의 고대 문헌에서 이허강(伊河)과 뤄허강(洛河)를 가리키는 어휘였다. 뤄허강(洛河)은 산시성(陝西省) 웨이난시(渭南市)에서 발원하여 허난성(河南省) 서북부를 거쳐 황허강으로 흘러들어간다. 한편 이허강은 허난성 서북부의 슝얼산(熊耳山)에서 기원하여 푸뉴산(伏牛山) 북록과 허난성 뤄양(洛陽)을 경유, 뤄허강으로 들어간다. 이뤄지역은 바로 뤄허강과 이허강이 경유하여 회합하는 허난성 서북부 뤄양시 일대를 가리키는 술어로 널리 사용된다.

양쯔강 유역은 비옥한 토지와 강, 호수에서 나오는 풍부한 수원(水源)을 가지고 있으며, 가장 이른 수도 재배 지역이다.

양쯔강은 황허강에 비해 함사량이 적다. 그러나 역시 재난적인 범람을 피할 수는 없다. 왜냐하면 높은 강수량이 여름철 양쯔강의 수량을 급격히 끌어올리기 때문이다. 예를 들어 후베이성의 우한(武漢)에서는 양쯔강의 여름과 겨울 사이 평균 수위 차(差)가 14m에 달한다(Tregear 1965: 240). 역사 기록을 보면 양쯔강의 범람은 서로 다른 시기, 서로 다른 구간에서 모두 발생했지만 그래도 역시 주로 6월에서 7월에 집중되었다(駱承政, 樂嘉祥 1996: 237-295). 1931년 양쯔강 연안 350여 개 지점에서 제방이 터져 377.3만km²의 토지가 물에 잠겼으며, 14만 5,400명이 목숨을 잃고 178만 칸의 주택이 훼손되었다. 우한(이전의 武昌과 漢口)은 100여 일 동안 물에 잠겨 있었다(駱承政, 樂嘉祥 1996: 259-262). 고대의 범람은 당연히 발생하는 것이었다. 많은 신석기시대의 취락이 고지대에 건설되고 성장(城墻)으로 둘러쳐진 것은 홍수를 막기 위한 일종의 전략이었을 가능성이 높다(王紅星 2003).

주강은 중국 서남의 윈난성 고원지역에서 발원해 계속 동쪽으로 흐른다. 주강 유역의 크기는 훨씬 작다. 화남지역은 산지가 계속 이어지므로 주강 유역은 산지의 제약을 받아 충적평원과 삼각주가 황허강이나 양쯔강만큼 광활하지 않다. 이 지역은 중국의 남부 변경에 위치하고 있어 남아시아, 동남아시아 지역과의 문화 교류에서 중요한 역할을 했다(제6장과 제7장 참조).

이 세 하천은 모두 서쪽에서 동쪽으로 흘러 동서 문화 교류를 촉진하는 주요한 운송 노선을 형성했다. 이 밖에도 몇몇 남북향의 하천이 있다. 이를테면 서남의 누강(怒江), 란창강(瀾滄江), 위안강(元江) 등인데, 이들 하천은 중국과 동남아 지역의 상호관계를 촉진했다. 서남 실크로드의 발견이 명백한 증거이다.

생태 구획

중국은 2개의 주요한 문화-생태 구역으로 구분되기도 한다. 하나는 조밀한 인구와 농경에 적합한 비옥한 토지가 특징인 중국 내지 또는 중국 본토이다. 다른 하나는 중국의 변경지역이다. 즉 북부와 서부의 변경지역으로 인구가 희소하고, 사막과 고산

초원이 주를 이룬다. 이 두 생태 구역은 오랫동안 농업과 목축업이라는 서로 다른 두 가지 생태 적응 유형을 만들어 냈다(Murphey 1972). 이와 같은 구분은 일찍이 신석기 시대와 청동기시대부터 점차 출현하기 시작했으며, 전체 중국의 역사 시기를 관통한다. 주로 기후 변화의 영향으로 그 경계는 시대에 따라 변동했다. 이 두 지역에서 발전된 문화전통은 다양하고 심지어 대립되는 방식으로 영향을 주고받았는데, 침략과 약탈, 무역과 교환, 민족의 충돌, 통혼과 화친은 물론 정치적 협력, 독립과 자치 등이다(Di Cosmo 1999; 童恩正 1990; 嚴文明 1987).

고기후, 고환경과 인류의 적응

중국 지형의 다양성과 상응하는 것은 이 광대한 지역 내에 보이는 기후의 현저한 차이이다. 그 차이는 타림분지처럼 매우 덥고 건조한 환경부터 동북지역의 대륙성 온대 기후까지, 칭짱고원 서부의 고산 위 만년설에서 남부 해안의 다습한 열대 기후까지 현격하다. 현재 중국은 3개의 분명한 기후, 토양, 식피(植被) 구역으로 구분된다. 그것은 서부, 중북부의 건조 초원지역, 중서부와 서남부 지역의 초원지역, 동남 연해 평원과 동남 및 남부의 산림지역이다. 중국 동부의 식물생장 유형은 최동북지역의 한대 침엽수림부터 동남지역의 열대우림 식물까지 다양하다(Winkler and Wang 1993)(그림 2.1-D).

최근 몇 년 간의 많은 연구들은 마지막 최대 빙하기(Last Glacial Maximum, LGM) 이래의 고환경 변화에 주목하고 있다. 연구자들은 현대 중국을 포함하는 차대륙지역 기후의 장기 파동의 일반 모델을 개괄했다. 지금부터 1만 8,000년 전 대다수의 육지는 한랭하고 건조했으며, 해수 평면 고도는 지금보다 120m 낮았다. 운삼(雲杉)과 냉삼림(冷杉林)이 확장되고 한랭한 건조 초원이 북부의 대부분 지역을 뒤덮었다. 지금으로부터 1만 2,000년 전 북부, 동북부와 중부의 부분 지역에서 습도가 증가하고 남방에서는 온난대 삼림이 성장했으며, 호박(湖泊)의 평면이 상승했다(그림 2.1-A). 이들 변화는 아마도 북방 대륙의 한랭한 고기압이 약해지고 해양에서 온 동아시아 계절풍이 강해진 것에 영향을 받았을 것이다. 지금으로부터 9,000년 전 빙하작용은 차대륙의 대부분 지역에서 종결되었으며, 기온은 현재에 비해 섭씨 1-3도 높았다. 계절풍 기후가 더욱 강

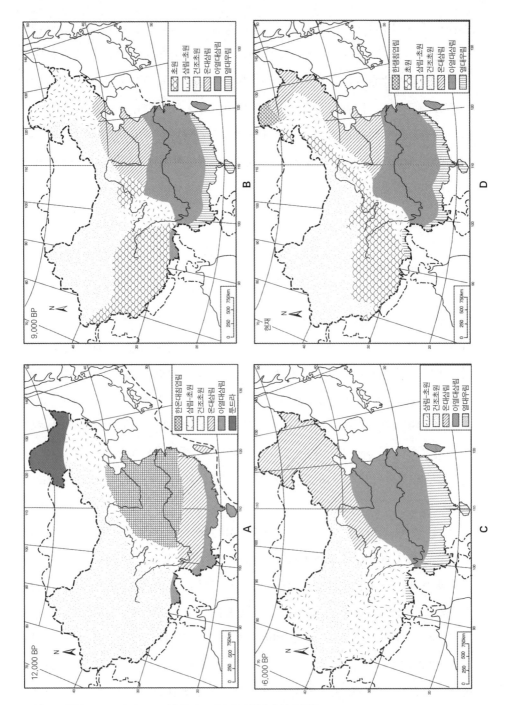

그림 2.1 중국, 12,000년 전, 9,000년 전, 6,000년 전과 현재의 식피 상황

해졌으며, 호박 평면은 이전보다 더욱 높아졌다. 서부, 남부, 동북부의 식피는 희소하고 건조하거나 한랭한 기후의 유형에서 따뜻한 기후를 좋아하고 중생성(中生性)인 식물로 전화했다(그림 2.1-B). 온난 습윤 기후의 절정기, 즉 전신세 중기(Mid-Holocene) 기후최적기는 지금으로부터 8,000년에서 3,000년 전에 현재의 차대륙 모두에서 출현했다. 이때 계절적인 차이가 감소하고 동식물의 분포 범위도 확대되었으며(그림 2.1-C), 취락은 더욱 넓은 지역에 분포하였다. 지금부터 3,000년 전 이후 전체 차대륙 지역의 기후는 다시 한랭해졌다(Winkler and Wang 1993).

앞에서 설명한 것은 단지 기후 변화의 대체적인 추세를 묘사한 것이다. 그러나 분석 시간의 폭이 아직 세분화되어 있지 않고(현재 대략 3,000년을 하나의 시간 척도로 삼고 있다), 나이테 교정을 거친 거금 연대(BP)가 없으므로 이들 자료를 이용해 고고학적 비교 분석을 진행하기에는 충분하지 않다. 이를 나위 없이 우리는 세분화된 시간 척도를 필요로 하며, 나이테 교정 방사성탄소연대 측정의 기초 위에서 각 지역의 기후 변동에 대해 더욱 세밀한 분석을 해야 한다. 아래의 논의에서 우리는 필요할 경우 인터넷상의 CalPal 루틴(68%의 확률)을 이용해 거금 연대를 교정할 것이다. 만약 원 보고에 연대의 표준 편차가 제시되지 않았을 때 ±80년을 교정의 오차 범위로 사용한다.

계절풍체계의 변화

지형, 위도, 고도 및 해양과의 거리 등 많은 요인이 기후 변화를 가져올 수 있다. 그러나 가장 기본적인 요소는 역시 광활한 아시아 대륙 계절풍의 빈도에서 찾을 수 있다. 아시아 계절풍의 체계는 인도양 계절풍, 동아시아 계절풍, 고원 계절풍 등 3개의 상대적으로 독립된 하위 체계를 가지고 있다. 고원 계절풍(겨울 계절풍이라고도 한다)은 매년 11월을 전후하여 시베리아와 몽골에서 생성된 차가운 고기압이 동남쪽으로 이동해 중국에 겨울을 몰고 온다. 이와 반대로 인도양 계절풍과 동아시아 계절풍(여름 계절풍이라고도 한다)은 각각 인도양과 태평양에서 형성되어 북부로 이동하면서 여름을 몰고 온다(Tregear 1980: 14-18; Winkler and Wang 1993: 249-254).

동아시아 계절풍은 5월에 중국 동남 해안에 도착한 뒤 띠 모양으로 확장해 중국 서북지역의 동부, 전체 북방과 동북의 대부분 생태 구역을 뒤덮는다. 동아시아 계절풍의 선단(先端)과 북방의 차가운 고기압이 일으키는 상호작용은 계절풍의 선단에 따라

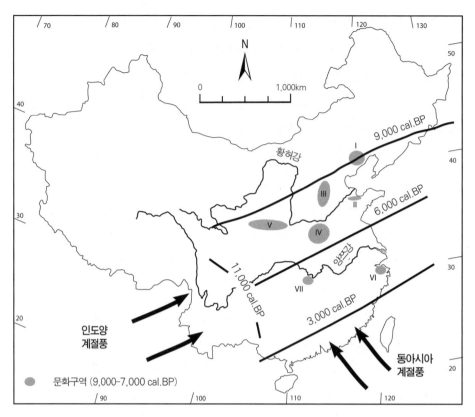

그림 2.2 9,000년 전, 6,000년 전과 3,000년 전(cal.BP) 동아시아 계절풍이 도달한 가장 먼 위치의 변화와 최초기 신석기시대 문화 관련 제 유적(An et al. 2000에 의거, 재작성)

Ⅰ. 싱룽와, Ⅱ. 허우리, Ⅲ. 츠산, Ⅳ. 페이리강, Ⅴ. 라오관타이와 다디완, Ⅵ. 샤오황산과 콰후차오, Ⅶ. 펑터우산

움직이는 강우대를 만들어 선단의 전진에 따라 서로 다른 지역에서 서로 다른 시간에 비를 뿌린다. 전신세 전체에서 지구 공전 계수의 변화로 말미암아 일조량이 변화하고 동아시아 계절풍 역시 이로 인해 체계적인 변화를 일으켰다. 또한 계절풍의 변화는 매우 많은 다른 요소의 제약을 받는데, 이를테면 서로 다른 해륙(海陸) 구조, 칭짱고원의 상승, 고위도 고해발 빙설(氷雪)의 분포, 해양 표면의 온도 등이다. 중국 중부와 동부에서 계절풍의 강도는 강수량에 영향을 주는 결정적인 요소이며, 이로 인해 호박의 수위, 식피, 홍수와 인류가 채택하는 생태 적응방식에 영향을 주는 가장 중요한 요소의 하나가 된다(An, Z. et al. 2000; Tregear 1980: 5-36).

약 1만 2,000년 전(cal.BP) 중국 차대륙의 서남부에는 강수량의 절정기가 출현했다. 이것은 아마도 열대 인도양 계절풍의 강화와 관련이 있을 것이다. 약 1만 1,000년에서 1만 년 전(cal.BP)에는 동아시아 계절풍의 최북단이 북쪽으로 이동해 현재의 건조·반건조 지역까지 올라왔다. 동아시아 계절풍이 강화되면서 중국 동부 대부분 지역의 강수량은 계속 증가해 9,000년 전(cal.BP)에 절정기에 달했다. 약 6,000년 전(cal.BP)에는 여름 계절풍이 약화됨에 따라 그 선단이 남쪽으로 후퇴했다. 최대 강우대는 양쯔강 중하류 유역에 집중되었으며, 3,000년 전(cal.BP)에 이르러 지역 강수량의 최고봉은 이미 화남지역으로 이동했다(An, Z. et al. 2000)(그림 2.2).

계절풍 체계의 변화는 이 지역 인류의 적응 생존방식에 매우 커다란 영향을 주었다. 약 9,000년 전(cal.BP) 중국 북방으로 깊게 들어온 계절풍의 정점은 랴오허강과 황허강 중하류지역의 신석기시대 전기 취락 번영에 이상적인 조건을 제공했다. 싱룽와(興隆窪), 허우리, 페이리강(裴李崗), 츠산, 라오관타이(老官臺), 다디완(大地灣) 등과 같은 고고문화가 이때 출현했다(그림 2.2 참조). 그리고 6,000년에서 3,000년 전(cal.BP) 계절풍의 정점이 남쪽으로 후퇴해 양쯔강 유역에 머물게 되자 북부와 서북부는 나날이 한랭하고 건조해졌으며, 남방은 습윤기에 들어갔다. 이 같은 변화는 아마도 신석기시대 거주민들로 하여금 각종 방법을 동원해 환경의 악화에 대응하게 했을 것이며, 몇몇 지역에서는 취락이 방기되고 인구가 감소하기도 했다. 5,000년 전(cal.BP) 랴오허강 유역 훙산문화의 쇠퇴가 그 하나의 사례이다. 그리고 그 밖의 지역에서도 홍수를 막기 위해 취락 주변에 담장을 쌓기 시작했는데, 이것은 양쯔강 유역의 다시, 취자링, 스자허(石家河)와 량주문화(良渚文化, 6,000~4,000 cal.BP)에서 모두 확인할 수 있다(제6장과 제7장 참조). 쇠락은 한 사회가 이미 확립된 사회적·정치적 복합화를 빠르게 그리고 현저하게 상실하는 사건으로 정의될 수 있다(Tainter 1988: 4).

해수 평면의 파동

중국의 해안선은 매우 길어 중국과 베트남의 변경에 해당하는 중국 남해에서 중국과 한국 변경에 해당하는 랴오둥반도(遼東半島)의 압록강 하구까지 이어진다. 마지막 최대 빙하기부터 해수 평면의 변화는 연해지역의 지모를 변화시키고 나아가 거주민의 생존 적응에 근본적인 영향을 주었다.

먼저 후빙기 중국 동해의 해수 평면 고도에 일정한 파동(波動)이 있었다(그림 2.3). 이 파동은 해안 지역의 지모에 변화를 가져왔다. 북부의 발해만(渤海灣)지역은 8,000~

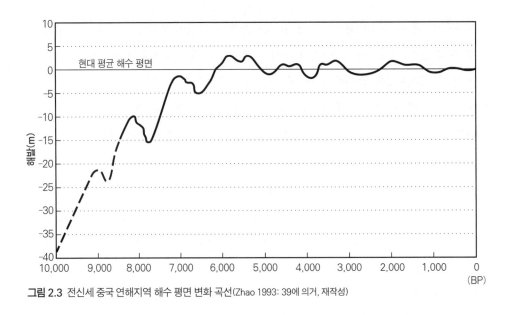

그림 2.3 전신세 중국 연해지역 해수 평면 변화 곡선(Zhao 1993: 39에 의거, 재작성)

7,500년 전의 해안선과 현재의 것이 대체로 비슷했다. 그렇지만 7,000년 전과 6,000-5,500년 전에는 최고의 해수면이 출현해 현재보다 3-5m 높았으며, 해안선도 서쪽으로 약 30-100km가량 이동했다. 6,000-5,000년 전 해수 평면은 현재보다 1-3m가량 높았다. 5,000년 전 이후에는 해수 평면이 전체적으로 하강하는 추세에 있었으나 대략 4,000년 전경에 다시 최고 해수 평면이 출현했다. 발해만처럼 해수 평면이 변화하는 상황은 중국의 다른 해안선에서도 나타난다(趙希濤 1996: 44-83). 이와 같은 변화는 해안지역 지모의 거대한 변화를 야기했으며, 반복된 거대한 변화는 이들 지역의 인구 이동을 촉발했다(Stanley et al. 1999; Stanley and Chen 1996; 王靑, 李慧竹 1992; 吳建民 1990; 趙希濤 1984: 178-194; Zhao, X 1993; 趙希濤 1996: 44-100)(그림 2.4). 항저우만(杭州灣) 주위의 몇몇 신석기시대 문화―예컨대 콰후차오문화(跨湖橋文化)와 허무두문화(河姆渡文化)―의 번영과 쇠락은 해수 평면의 변화와 밀접한 관계가 있다(제5장과 제6장 참조).

중국 동남부의 해수 평면 또한 유사한 변화 모델을 보여 준다. 약 7,500년 전에 급속하게 상승해 6,000-4,500년 전에 최고 수준에 도달했다(Chen, Y. and Liu 1996; Winkler and Wang 1993; Zheng, Z. and Li 2000). 해수 평면의 변화는 인구가 대륙에서 태평양 도서로 이동하는 데 직접적인 영향을 주었다. 해수 평면은 갱신세 후기에 지금

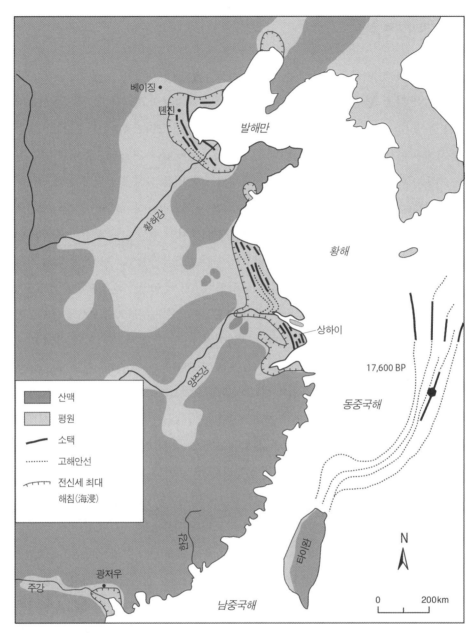

그림 2.4 지질 기록 중 중국 동남부 선사 각 시기 해안선 변화(Zhao 1993: 93에 의거, 재작성)

보다 120m 낮아 구석기시대 사람들은 도보로 타이완해협(臺灣海峽)을 건널 수 있었지만, 기원전 5000년기에 대륙에서 타이완으로 건너간 신석기시대 거주민은 이미 능숙한 항해 기술을 갖추고 있었다(Chang and Goodenough 1996; Rolett et al. 2002).

후빙기 기후 돌변

전신세에 전 지구의 기후에 천 년을 단위로 하는 일련의 변화가 일어났는데, 그것은 돌연한 건조·한랭 사건으로 표현된다(Bond el al. 1997). 최근의 고기후 연구에 따르면 후빙기의, 1만 2,800년 전, 8,200년 전, 5,200년 전 그리고 4,200년 전(cal.BP) 등 네 차례에 걸쳐 전 세계적으로 돌연한 기후 변화가 발생했다. 건조하고 한랭한 이와 같은 기후는 매번 수백 년 혹은 그 이상 지속되었으며, 인류 사회에 심원한 영향을 주어 각종 사회 변화를 불러일으켰다(Weiss 2000; Weiss and Raymond 2001). 중국에서도 몇 차례에 걸친 전신세 기후 파동의 증거가 발견되었지만, 이와 같은 사건이 일어난 연대는 지역마다 그 차이가 매우 크다(그림 2.5). 예컨대 스야펑(施雅風) 등은 전국의 자료를 종합해 기후 파동이 전신세 기후최적기 동안 8,700-8,500년 전, 7,300년 전, 5,500년 전, 4,000년 전 등 네 시기에 걸쳐 발생했다고 주장했다(施雅風 등 1992). 쿵자오천(孔昭宸) 등은 전신세 시기 중국 북방에서 일어난 건조·한랭 사건은 일곱 차례 발생했다고 측정했는데, 그 시간은 각각 9,000년 전, 8,300년 전, 7,200년 전, 4,800년 전, 3,400년 전, 2,000년 전, 700년 전 등이다(孔昭宸 등 1992). 저우상저(周尙哲) 등은 대륙 빙하는 대략 지금으로부터 8,300년 전, 5,700년 전, 4,000년 전, 400년 전 중국 서부에서 나타나 확장되었다고 주장했다(Zhou, S. et al. 1991). 장후차이(張虎才) 등은 8,500-3,000년 전(cal.BP)의 시간 범위 내에서 일련의 기후 악화 사건이 일어났으며, 여기에는 6,380-5,950년 전, 5,340-5,290년 전, 5,070-4,670년 전, 4,300-3,740년 전, 3,410-3,230년 전(cal.BP) 중국 북부의 황토고원과 사막 경계지대에서 기후가 하강한 사건이 포함되었음을 보여 주었다(Zhang, H. et al. 2000). 이 밖에 이상헌(李相憲) 등도 4,500-2,700년 전과 2,300-1,700년 전(cal.BP) 황허강 삼각주지역에서 발생한 기후 하강 사건을 보고했다(Yi, S. et al. 2003a). 이들 각각의 연구가 연대 측정에서 보여 준 차이, 심지어는 거기에 나타난 모순은 환경 변화와 문화 변동의 관계를 이해하고자 하는 연구자들에게 커다란 곤혹감을 안겨 준다. 중국의 지형, 지모에 거대한 지역적 차이가 있다는 점, 여름 계절풍 선단의 영향에 대한 민감도에 차이가 있다는 점을 고려하면, 중국 차대륙의 각 지역에서 관찰되는 이들 기후 변화는 지역적이고 전 세계적인 지리적 요인과 기후 요인이 함께 만들어 낸 것이다. 그러나 지역적인 원인과 전 지구적인 원인이 상호작용하는 가운데 그 각각이 차지하는 비중은 여전히 불명료하다. 그렇지

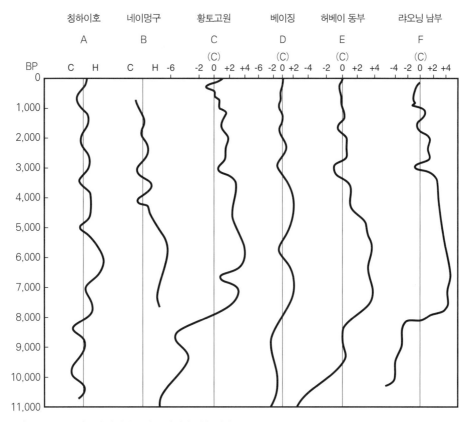

그림 2.5 중국 북방 6개 지점에 보이는 전신세 기후 변화(施雅風 등 1992: 圖 2에 의거, 재작성)

만 중국의 몇몇 사건은 세계 기후의 파동과 서로 대비될 수 있으며, 어느 정도 세계 다른 지역의 사회, 문화 변동과도 밀접한 관련이 있다(Wu, W. and Liu 2004).

제1차 기후 돌변, 즉 영거 드라이아스 충돌 사건(Younger Dryas interval)은 1만 2,900-1만 1,600년 전(cal.BP) 또는 1만 1,000-1만 년 전에 발생했으며(Rind et al. 1986), 이것은 서아시아에서 수렵채집 경제가 농업 경제로 변화하는 것을 촉발했다 (Bar-Yosef 2002; Weiss and Raymond 2001). 중국에서 이 사건에 해당하는 건조·한랭기는 1만 2,800-1만 500년 전 중국 남부에서(Jiang, Q. and Pipermo 1999), 1만 1,200-1만 년 전에는 중국 북방의 중부지역에서(Li, Xiaoqiang et al. 2003), 1만 1,400-1만 1,000년 전에는 중국 북부와 동북 지역에서(Liu, K. 1988) 각각 발생했다. 이들 사건이 양쯔강 유역과 황허강 유역의 수도 및 조 재배의 기원에 중요한 영향을 미쳤는지에 대해서는 아직 심화 연구가 필요하다.

제2차 후빙기 기후 변화는 8,200년 전(cal.BP)(BC 6400-BC 6000)에 발생했는데, 이때에는 대서양 북부와 북미주, 아프리카, 아시아에서 가뭄과 강온(降溫) 현상이 돌연히 발생했다. 예를 들면 중동지역에서 200년 동안 계속된 가뭄은 지중해 동부의 레반트와 메소포타미아 북부지역에서 농업 취락의 폐기를 초래했으며, 뒤이어 찾아온 온난습윤기는 메소포타미아 남부지역 초기 관개농업의 발전을 촉진했다(Weiss 2000; Weiss and Raymond 2001). 이 지속적인 한랭기후는 중국에도 만연했을 것으로 보이며, 이것은 스야펑 등이 확정한 7,300년 전(CalPal 교정 후는 8,201-8,039년 전)의 그 기후 파동에 해당한다(施雅風 등 1992). 8,000년 전(cal.BP)의 몇몇 신석기시대 유적이 가장 적당한 지역에서 출현한 것은 이때의 기후 변화를 충분히 입증하고 있는데, 여기에는 랴오허강 유역의 싱룽와 유적, 황화이평원(黃淮平原)의 페이리강 전기 유적과 양쯔강 유역의 샤오황산(小黃山) 유적 및 펑터우산(彭頭山) 유적 등이 포함된다. 이 사건 이후 기후는 온난하고 습윤해졌으며, 앞에서 언급했듯이 동아시아 계절풍의 영향도 절정에 달했다(제5장 참조).

제3차 전 지구적 후빙기 기후 악화는 약 5,200년 전(cal.BP)(BC 3200-BC 3000)에 일어났는데, 이때는 바로 몇몇 복합사회-문화의 변동이 일어난 것과 같은 시기이다. 메소포타미아지역에서는 남부에서 우르크시대의 도시화 과정이 말기로 진입하고, 북부에서 취락들 사이에 중심핵이 형성되었다(Weiss 2000: 77; Weiss and Raymond 2001). 이것은 중국 북부 미디완(糜地灣)의 자료가 나타내는 5,340-5,290년 전 그리고 5,070-4,670년 전(cal.BP)의 간헐적인 건조·한랭 사건(Li, X. 2008)과 비교할 수 있다. 고고학적 자료 역시 5,000년 전(cal.BP)을 전후해 중국 북부와 동북부 지역에서 현저한 사회 변화가 일어났음을 보여 준다. 예를 들면 랴오허강 유역에서 정미(精美)한 옥기와 대형 의례용 건물을 특징으로 하는, 고도로 발달한 훙산문화가 쇠락했다(Li, X. 2008; Nelson 1995). 황허강 유역의 양사오문화 역시 쇠락기에 접어들었는데, 이는 부족 사이의 밀집과 충돌 그리고 전쟁을 특징으로 하는 룽산문화로 대체되었다(Liu, L. 1996b; Underhill 1994).

약 4,200년 전(cal.BP)(BC 2200-BC 1900) 발생한 네 번째의 기후 돌변은 세계 각지의 연구자에게 가장 많은 관심을 불러일으켰다. 왜냐하면 이것은 이집트, 메소포타미아, 인더스강 등 중요 문명의 몰락과 같은 시기에 발생했기 때문이다(Weiss 2000; Weiss and Raymond 2001). 중국의 많은 지역에서도 4,000년 전(cal.BP) 전후의 기후 파동 자료가 발견되었다. 동시에 계절풍이 약해지고 그 선단이 남쪽으로 물러나면서 중국 서부와 동북부에서는 가뭄이 발생했지만 중원지역과 양쯔강 유역에서는 홍수와 침수가 출현했다(Wu, W. and Liu 2004). 많은 연구에 따르면 4,000년 전(cal.BP) 전후의 중국 신석기시대 말기에 중요한 사회 변혁이 일어나서 양쯔강 중하류지역의 량주문화와 스자허문화(石家河文化)가 쇠락하고(Stanley el al. 1999; 張弛 2003: 224-229), 황허강 유역의 룽산문화가 쇠퇴했다(Liu, L. 1996b, 2000b). 중국 서부의 경우에는 농업이 목축업으로 전환되었으며(李非 등 1993; 水濤 2001a, b), 이 사건이 발생한 지 얼마 되지 않아 중원지역에서 첫 번째 국가급(級) 사회—얼리터우문화—가 흥기했다(Liu, L. and Chen 2003).

　　중국 각지의 자료에 따르면 전신세 중기 기후최적기는 4,000-3,000년 전(cal.BP)을 전후해 종결되고, 기후는 점차 한랭하고 건조해졌다(Feng, Z.-D. et al. 2004; Feng, Z.-D. et al. 2006; Winkler and Wang 1993). 이에 대응하는 것은 중원지역의 상대(商代) 후기와 서주 전기 문화의 번영 그리고 더욱 엄혹해져 가는 가뭄이 조성한 서부와 서북부 변경지역의 목축 경제 발전이다. 이와 같은 환경은 중국 서북부 유목민들의 적응, 생존과 관련된 초식동물 사육을 촉진했다. 고고학적 자료에서 이것은 쓰와(寺窪), 사징(沙井), 카웨문화(卡約文化)의 이동성이 점차 증가하고, 분산된 소규모 집단이 발전하는 것으로 나타난다(李非 등 1993; 水濤 2001a, b). 내몽골과 중국 동북지역에서 이 한랭·건조 사건은 더욱 심각한 영향을 미친 듯하다. 이를테면 내몽골 중남부의 다이하이(岱海)지역에서 주카이거우문화(朱開溝文化) 농업 집단이 쇠퇴하고 이어 약 천 년에 가까운 물질문화 공백기가 찾아왔다(3,500-2,600 cal.BP). 이 공백기는 오르도스 청동기를 특징으로 하는 유목문화에 속하는 마오칭거우유형(毛慶溝類型)이 출현할 때까지 이어졌다(田廣金, 唐曉峰 2001). 마찬가지로 중국 동북부의 츠펑(赤峰)지역에서는 샤자뎬하층문화(夏家店下層文化)(4,200-3,600 cal.BP)의 농업 경제가 강렬한 유목적 요소를 특징으로 하는 샤자뎬상층문화(夏家店上層文化)(3,100-2,600 cal.BP)로 전화되기 전 약 500년의 공백기가 존재한다(Shelach 2001b). 생태 적응방식의 변화는 중국 본토의 농업 정주민과 부단히 성장하는 북부와 서부 변경 유목민족 사이에 복잡한 관계가 발전하는 양상을 조성했다. 이와 같은 사회적·정치적 주제는 이어지는 2,000여 년 동안 중국 역사를 주도했다(Di Cosmo 1999; 王明珂 2001).

인위적 환경 악화

오랜 역사를 가진 중국의 세작(細作)농업은 지형과 지모에 거대한 변화를 가져왔으며, 신석기시대 중기에는 생태 환경의 악화가 나타나기 시작했을 가능성이 있다. 전신세 화분과 식피 분포에 대한 최근의 연구는 전신세 식피에 현저한 변화가 일어났음을 보여 준다. 양쯔강 이북의 동남부 대부분 지역의 수목 종류와 삼림식피대는 6,000-4,000년 전(cal.BP)까지 계속 확장되었으나 그 이후 전신세 후기에 들어 감소했다. 삼림의 쇠퇴는 황토고원 동남부, 타이항산(太行山) 남부, 화북평원 서부에서 시작된 뒤 끊임없이 확대되었다. 이들 지역은 당시에 농업 취락이 가장 밀집 분포된 지역으로 양사오문화와 룽산문화의 본고장이다. 이와 같은 삼림 퇴화 모델은 그것을 이끌어 낸 가능성이 가장 높은 원인이 과도한 농업 활동과 관련되어 있었음을 시사한다(Ren, G. and Beug 2002). 삼림 퇴화는 나중에 다른 지역에서도 발생했다. 황허 삼각주에서는 화분 단면을 통해 낙엽활엽수림(참나무속)이 전체 소목 중에서 차지하는 비중이 큰 폭으로 감소했고, 이어 약 4,000년 전(cal.BP)을 전후해 침엽수림(소나무속)이 증가했으며 1,300년 전(cal.BP)에는 처음으로 메밀류(*Fagopyrum*) 화분이 출현했음을 알 수 있다. 이와 같은 변화는 어쩌면 인류의 영향을 나타내고 있는지도 모르는데, 거기에는 황허강 하류지역에서의 삼림 벌채와 광범위한 개간 등이 포함된다(Yi, S. et al. 2003a). 선사시대와 역사시대 인류의 삼림 벌채는 수토의 유실을 가속화하고 빈번한 홍수를 초래했는데, 이는 황허강 유역에서 특히 심했다(Quine et al. 1999; 鄒逸麟 1990).

이와 같은 모든 자연적, 사회적 요인은 생태 시스템에 심원한 영향을 주었으며, 인류 사회도 끊임없이 변화하는 환경에 다양하게 대응했다. 각각의 인류 사회가 특수한 지리와 자연환경 조건에 대응해 어떻게 진화했는지는 고고학자들의 호기심을 지속적으로 자극하는 과제이다.

지리적 배경하의 교류

의심할 여지없이 중국 고대문화와 문명의 발전은 지리적 요인의 영향을 받았다. 산맥이 천연적인 장벽이 되어 각 지역의 문화 유형을 만들어 냈다고 해도 충적평원의 복잡한 강과 호수 체계는 수로 운수에 편리하기 때문에 지역 간의 교류를 가능하게 했다. 이와 같은 상황은 신석기시대 전기 중국 남방과 북방의 수상 항운 기술의 발전을 촉진했다. 항운이 발전한 것에 대한 유력한 증거에는 저장성 콰후차오 유적에서 발견된 8,000년 전의 독목주(獨木舟)(Jiang, L. and Liu 2005), 후난성 평터우산 유적의 다시문화(大溪文化)(7,000-5,300 cal.BP)에서 발견된 노와 키(湖北省文物考古研究所 2007: 486) 그리고 산시성(陝西省) 베이서우링(北首嶺, 6,800-6,100 cal.BP)에서 발견된 선형(船形) 토기(中國社會科學院考古研究所 1983: 圖版 II, I) 등이 포함된다. 이런 발견은 매우 많은 신석기시대 취락이 이미 선박과 수로를 통해 연계되어 있었을 가능성을 시사한다. 전체 역사 시기에 중국 남방과 북방의 교류에서 하류 체계에 의지하는 비중이 매우 높았으며, 매우 많은 노선이 고대 문헌에 기록되어 있다(예컨대 陳公柔 1995; 王文楚 1996; 王子今 1994). 그 가운데 일부는 고고학적 발견에 근거해 다시 복원할 수 있다(Liu, L. and Chen 2003: 50-54).

결론

고대 중국은 지형, 기후, 생태 그리고 인류의 환경 적응방식 등에서의 다양성을 특징으로 한다. 전체 선사와 역사 시대에 자연적 힘과 인위적 힘은 모두 중국의 지모를 크게 바꾸었다. 그리고 인류의 지속적인 환경 변화에 대한 대응도 다양한 문화전통을 형성하는 데 도움이 되었다.

중국의 지모가 마치 폐쇄적인 지리 환경을 형성하고 있는 것 같아도 중국문명은 절대 고립적으로 발전하지 않았다. 중국 내 각각의 인간 공동체 사이에, 중국과 세계 다른 지역 사람들 사이의 상호관계 및 이들 상호관계를 통해 중국에 도입된 기술은 모두 중국 복합사회의 발전과 초기국가의 형성 과정에서 중요한 작용을 했다. 이것은 아래 각 장에서 상세히 입증될 것이다.

제3장 갱신세와 전신세 사이의 포리저와 콜렉터[7](24,000-9,000 cal.BP)

옛날에는 금수(禽獸)가 많고 사람이 적었기 때문에 백성들은 모두 둥지에 살면서 금수를 피했다. 낮에는 도토리와 밤을 주웠으며 저녁에는 나무 위에서 잠들었다. 그래서 그들을 유소씨(有巢氏)의 사람들이라고 했다.

– 『장자(莊子)』「도척(盜跖)」

갱신세가 전신세로 변화하는 시기(약 1만 BP 혹은 1만 1,700 cal.BP)에 기후, 환경, 지모, 기술, 취락 형태, 식량 획득 방법, 의식 형태와 사회관계 등에서 모두 변화가 일어났다. 이 전환기에 중국에 나타난 발전 추세는 세계 다른 지역과 매우 유사했다. 여기에는 정주 생활의 발전, 토기 사용, 세석기의 번영, 마제석기 공예의 출현, 식물 식량의 심도 있는 개발 그리고 최초의 곡물 재배 등이 포함된다. 이들 현상은 각 지역과 전 지구 등 두 가지 시각에서 해석되어야 한다. 이 장에서 우리는 먼저 자연환경과 중요한 고고학적 발견 등에 대해 전반적으로 소개하고, 그 이후 다시 이 전환 과정과 관련된 주요 문제를 살펴볼 것이다. 〈그림 3.1〉에 이 장에서 다루게 될 중요 유적을 표기했다.

---

7   [역주] 이 역서의 저본이 되는 중문판에는 각각 '채식자(采食者)'와 '집식자(集食者)'로 되어 있으나, 영문판에는 포리저(Foragers)와 콜렉터(Collectors)라고 쓰여 있다. 포리저와 콜렉터는 빈포드가 수렵채집민의 주거 체제에 나타나는 다양성을 설명하기 위해 사용한 용어이다. 포리저는 본거지를 이동해 소비자를 직접 식량 자원으로 옮기는 전략을 채용하며, 콜렉터는 주요 지점으로 본거지를 옮긴 다음 조달 활동을 통해 식량을 야영지로 가져오는 전략을 채택한다. 국내에서는 '이동형 수렵채집민'과 '정주저장형 수렵채집민'으로 번역한 사례가 있지만 빈포드의 원의가 제대로 구현되었는지 판단하기 어렵고, 번역어로도 다소 길어 채용하지 않았다. 포리저와 콜렉터에 대해서는 로버트 켈리, 성춘택 옮김, 『수렵채집사회―고고학과 인류학』, 사회평론아카데미, 2014, 174-175쪽을 참조하라.

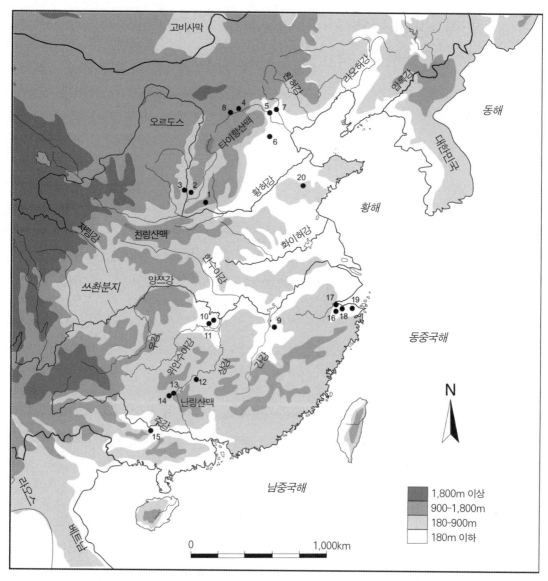

그림 3.1 제3장에서 언급되는 주요 유적

1. 샤촨, 2. 스쯔탄, 3. 룽왕찬, 4. 후터우량, 5. 둥후린, 6. 난좡터우, 7. 좐녠, 8. 위자거우, 9. 셴런둥, 10. 바스당, 11. 펑터우산,
12. 위찬옌, 13. 쩡피옌, 먀오옌, 14. 다옌, 15. 딩스산, 16. 상산, 17. 콰후차오, 18. 샤오황산, 19. 허무두, 20. 볜볜둥

자연환경과 인류의 적응

이미 많은 연구가 표명하고 있듯이 갱신세 후기와 전신세 전기에, 갱신세 후기의 마지막 최대 빙하기가 끝나고 온난한 전신세 전기가 도래한 것을 표지로 하여 전 지구적으로 현저한 기후와 환경의 변화가 일어났다. 중국에서 마지막 최대 빙하기의 저온과 강우량 감소는 식피와 지모에 심각한 영향을 미쳤다. 낙엽림대는 남쪽으로 후퇴했고 초원이 주요한 경관이 되었다. 화북지역의 연평균 온도는 현재보다 섭씨 6-9도 낮았으며, 양쯔강 유역의 경우는 섭씨 4-5도 낮았다. 해수면은 현재보다 130-155m 낮았다. 마지막 최대 빙하기가 끝난 후 전체적으로 기후는 온난, 습윤하게 변했지만 때에 따라 파동이 일어났다(Lu, T. 1999, 2006의 총설 참조).

황허강 중류에 위치한 스쯔탄(柿子灘) 유적 부근의 포분 단면은 3만 5,000-9,400년 전 이곳에 초본식물 식피가 우세했음을 보여 준다. 1만 7,000년 전부터 이 지역은 빙하용해기로 접어들어 온화하고 건조하거나 또는 반건조한 초원이 되었다. 포분으로 보면 초본식물이 79.2-100%를 점유했으며, 목본식물은 가장 많을 때도 겨우 24.3%를 점유했다. 1만 1,000-1만 500년 전에는 건조·한랭한 빙하기로 접어들어 낙엽과 활엽식물은 매우 희소해졌다. 전신세 전기(1만 500-9,400 BP) 이 지역은 온난해지기 시작해 온대 초원 환경에 속하게 되었다. 이 시기 후반기에는 수목의 포분이 풍부해지고 낙엽과 활엽 수종—예컨대 자작나무, 떡갈나무 그리고 단풍나무—이 증가했다. 초본식물의 포분이 76.4-90.4%를 점유했는데, 물쑥속(*Artemisia*) 식물이 절대적인 우세를 차지했고, 그다음은 명아주과(*Chenopodiaceae*) 그다음은 화본과(*Poaceae*) 식물이 차지했다. 온대 초원식물에는 콩과(*Fabaceae*) 식물(이전에는 *Leguminosae*라고 칭했다) 등도 포함된다(Xia, Z. et al. 2002). 포분 단면은 1만 2,000년 전(cal.BP) 황허강 삼각주 지역에 단기간의 기후 악화가 있었고, 1만 1,000-9,800년 전(cal.BP) 다시 온난화되었음을 보여 준다(Yi, S. et al. 2003a). 양쯔강 유역의 포분 단면 역시 유사한 변화 모델을 보여 준다. 1만 2,900-1만 300년 전(cal.BP)은 건조·한랭기였으며, 1만 300-9,000년 전(cal.BP)의 기후는 온난하게 변화했다(Yi, S. et al. 2003a). 1만 2,000년 전(cal.BP) 전후의 건조·한랭기는 영거 드라이아스 충돌 사건에 해당하며, 그 후의 온난기 역시 전신세 전기 전 지구적인 기후 조건 개선과 궤를 같이한다.

이와 같은 기후 변화는 근본적으로 고고학적 자료에서 관찰할 수 있는 인류의 생존방식에 영향을 미쳤다. 취락 형태, 도구 유형, 동식물 유존은 모두 일종의 이동적 수렵채집 활동을 보여 주는데, 수렵은 빠른 속도로 달리는 중형동물을 중요한 식량원으로 했으며, 현지의 식물류 식량을 채집하는 것으로써 그것을 보완했다(Lu, T. 1999). 이와 같은 창조적인 경제방식은 이후 전신세 전기 정착 생활의 발전과 동식물의 심층적인 개발에 기초가 되었으며, 결국 신석기시대 식량 생산의 출현으로 이어졌다.

문제와 용어

식량채집에서 생산으로의 전환은 지구상 매우 많은 지역에서 일어났기 때문에 고고학자들은 각종 이론 모델을 제기해 이와 같은 인류의 행위를 보편적으로 해석하고자 시도했으며, 그중 매우 많은 연구가 특히 생업 전략에 주목했다. 베팅거(Robert L. Bettinger)가 총결했듯이 세계의 매우 많은 지역에서 이 변화는 갱신세와 전신세 교체기에 두 종류의 서로 다른 수렵채집 전략이 존재했던 것으로 표현된다(Bettinger 2001). 문화생태적 관점에서 보면 갱신세 후기 기후가 급격히 변화함에 따라 수렵채집자들은 공간적 차이가 아닌 시간적 환경 차이에 더 많은 대응을 했다. 이와 같은 대응은 고도의 이동성을 갖춘 일종의 미소 서식환경 추적자(niche chasers)식의 식량채집 전략을 형성했다. 사람들은 대지에서 신속하게 이동해 기후 변화에 발맞추었다. 반대로 전신세 전기의 수렵채집자들은 풍부하고 안정적인 자원을 제공하는 환경에서 생활하면서 보다 다양하고 전문화된 기술과 전략을 발전시켜 더욱 현지화되고 다양화된 자원을 획득함과 동시에 더욱 많은 종류의 식물에 의존했다. 이와 같은 주장은 우리가 여기서 논의할 것에 출발점이 된다. 다만 식량 획득 전략의 변화 과정을 묘사할 때에는 영성한 고고 자료를 연결해 더욱 세밀한 분석을 가해야 한다.

빈포드가 제기한 '포리저-콜렉터' 모델은 우리가 생태인류학 측면에서 수렵채집자의 대응 전략을 분석하는 데 도움이 된다(Binford 1980). 이 모델에 따르면 만약 일년 내내 서로 다른 지점에서 적당한 수량의 자원을 획득할 수 있으면 수렵채집자들은 항상 거주 캠프를 바꾸려는 경향이 있어 한 지점의 자원이 고갈된 뒤 또 다른 지점으로 옮겨간다. 이것이 바로 상대적으로 간단한 '포리저 전략'이다. 이 전략의 특징은 거주지의 높은 이동성, 깊이 있는 자원 획득의 결여, 상대적으로 간단하고 일반적인 획득

기술 그리고 저장 시설의 결여 등이다. 이와 반대로 자원의 계절성이 매우 강해 때때로 드물거나 심지어 획득하기 어려운 경우라면 수렵채집자들은 더욱 복잡한 전략을 채택할 것이다. 소규모 팀을 만들어 식량 자원을 수집해 그것을 캠프에 가져온 다음 저장하고 그것으로 식량이 부족한 계절을 넘기는 것이다. 이것이 더욱 복잡한 '콜렉터 전략'인데, 그 특징으로는 상대적으로 안정된 거주 캠프, 거주지 이외 지역에서의 저장을 목적으로 한 식량채집, 더욱 복잡하고 전문화된 채집 기술 그리고 식량 저장 시설의 출현 등이 있다. 빈포드에 따르면 이와 같은 포리저 전략과 콜렉터 전략은 '생업-취락' 계통의 양극(兩極)에 위치한 두 가지 유형으로 간주되어서는 안 되며, 간단한 것에서 복잡한 것으로 넘어가는 하나의 서열로 간주되어야 한다(Binford 1980: 12). 동아시아 고고학 연구에서 이 모델은 참으로 건설적인 의미를 지닌다(Habu 2004; Lu, T. 1999: 124-126). 이 장에서 우리는 이 '포리저-콜렉터' 모델을 사용해 서로 다른 시공적 조건 아래 중국에서 조성된 문화-생태의 차이, 특히 정주(定住)와 토기 사용의 배후에 숨어 있는 동인(動因)들을 귀납할 것이다.

이 과도기에 대한 연구는 구석기시대에서 신석기시대로의 변화를 포괄하고 있으므로 이와 대응하는 고고학 연구 방법도 더욱 다원적이다. 그러므로 우리는 반드시 각각의 물질 유존을 분석하고 묘사하는 데 사용되는 일련의 용어와 개념을 먼저 선택해야 한다. 수십 년 전 갱신세 후기의 구석기시대 후기와 전신세 중기의 신석기시대 전기 유존의 고고학적 기록 사이에 수천 년의 커다란 시간적 간극이 발견되었다. 전자의 특징은 타제석기 그리고/또는 세석엽(細石葉, 좀돌날) 기술, 이동성이 매우 높은 취락 형태이며, 후자의 경우에는 정주 취락, 식물과 동물의 순화, 토기와 마제석기를 포함하는 일련의 새로운 생계 전략이 이미 형성된 듯하다. 근년에 들어서는 과도기에 속하는 유적이 대량으로 발견됨으로써 이 자료상의 간극이 이미 점점 메워지고 있다. 이들 유적은 기본적으로 구석기시대의 특징을 가지고 있지만 동시에 토기, 마제석기, 석마반(石磨盤, 갈판) 등 신석기시대의 요소도 포함하고 있다. 이들 물질 유존의 출현은 전통적인 신석기시대 개념에 이의를 제기한다. 비록 일군의 연구자는 '후구석기시대(Epi-paleolithic)'라는 용어를 사용해 이들 유존을 설명하고 있지만(예컨대 MacNeish and Libby 1995) 최근의 고고학계는 중국에서 '신석기화(Neolithization)'가 구석기시대 말기에 시작되었으며, 그 두드러진 상징은 일찍감치 1만 8,000년 전(cal.BP)(Boaretto et al. 2009) 토기가 출현한 것이라고 생각하는 추세이다(Kuzmin 2003a; Wu, X. and Zhao

2003).

　용어의 적절한 사용은 우리가 관련 자료에 대해 개념적인 묘사를 하는 데 유익하고, 세계 다른 문화지역과 의미 있는 비교를 하는 데 편리하다. '신석기시대'라는 개념은 구대륙 고고학—특히 근동, 유럽과 아프리카 고고학—이 사용하는 개념으로서 과거에는 일반적으로 마제석기, 토기, 동식물 순화(馴化)와 정주를 포함하는 몇몇 물질문화 특징을 갖추고 있는 것으로 생각되었다. 그러나 하나의 복잡한 개념을 특정한 문화 요소 목록으로 간략화하는 것은 어떤 유존이 이들 요소를 갖추면 그것을 곧 신석기시대라고 정의할 수 있는 것처럼 보이므로 이것은 항상 위험을 수반한다. 왜냐하면 일련의 통일적인 특징 없이 어디에 적용해도 모두 적용될 수 있기 때문이다. 그러므로 전 지구를 배경으로 한 신석기시대 개념에 대한 새로운 응용 가운데 더욱 주목받는 것은 경제 과정, 즉 식량의 생산방식이지 어떤 특정한 기술적 발명이 아니다(Karega-Munene 2003; Thomas 1999). 이와 같은 신석기시대 개념의 새로운 인식을 참조해 우리가 여기에서 말하는 중국의 '신석기시대'는 일종의 경제적 변혁을 가리킨다. 그것은 곧 인간이 수렵채집 집단과는 다른 식량 획득 방법을 채택하기 시작한 것으로 여기에는 특히 식물과 동물의 순화가 포함된다. 이와 같은 새로운 경제방식은 도구 기술, 취락 형태와 사회 조직 분야 등 일련의 변화를 수반한다. 이 장에서 다루고자 하는 과도기는 여전히 두드러진 수렵채집 경제의 특징을 가지고 있으며, 식물과 동물의 순화가 이미 중요한 식량 공급원이 되었다는 증거를 거의 볼 수 없다. 그러므로 우리는 '후구석기시대'라는 용어를 사용해 중국 경내(境內), 갱신세에서 전신세에 이르는 과도기의 물질 유존을 묘사하는 것이 더 좋다고 생각한다.

화북지역 갱신세 말기의 포리저

　화북지역에서 갱신세 말기의 문화는 4곳의 전형적인 유적/문화를 대표로 한다. 그것은 샤촨(下川), 스쯔탄, 룽왕찬(龍王辿), 후터우량(虎頭梁 또는 于家溝)인데, 이곳은 모두 산구분지(山區盆地)의 하안대지에 위치하고 있다(그림 3.1). 모든 유적은 10여 개의 소형 계절적 캠프를 포함하고 있는데, 이것은 이들이 이동성이 매우 높은 생업 전략을 가지고 있음을 드러낸다. 이것은 격지 도구와 소량의 중량도구(heavy-duty tool)를 위주로 하며 세석엽이 결핍된 많은 구석기시대 후기 유적과 다르다. 그러므로 이 4곳의 유적은 일종의 신기술 조합의 출현과 성행을 대표하는데, 이 조합은 세석엽, 격지와 중량도구 등 3대 유형의 석기를 주요한 특징으로 한다. 또한 이들 유적은 채집과 가공식물류 식량(견과류와 야생 곡물)과 관련된 활동이 증가했음을 드러내기도 한다. 마반과 마봉(磨棒, 갈돌)의 발견이 바로 그 증거이다(Lu, T. 1999: 60-61).

샤찬

샤찬 유적군은 대략 16개 지점을 포함하고 있으며, 산시성(山西省) 샤찬분지 내(약 93km²)에 산포되어 있는 전형적인 갱신세 후기(2만 3,900-1만 6,400 BP) 유존이다. 이 유적은 식물류 식량 개발의 강화라는 일종의 새로운 생업 전략의 출현을 보여 준다. 샤찬의 석기 조합은 전형적인 3대 유형 전통으로, 가장 주요한 것은 격지(77.7%)이지만 세석엽(19.8%)과 중량도구(2.4%)도 존재한다(그림 3.2-B). 격지에는 첨두기(尖頭器), 촉(鏃), 긁개, 새기개, 돌날, 돌날 천공기, 석거(石鋸, 톱날석기) 등이 포함된다. 초보적인 미세 사용 흔적은 몇몇 격지가 초본식물의 이삭을 자르는 데 사용된 것을 보여 준다(Lu, T. 2006: 135). 세석엽은 두 번째로 큰 비중을 차지하는 석기로서, 연질의 재료로 제작된 몸통의 홈에 끼워 사용된 복합 공구의 날 부분이다. 세석엽은 북아시아와 동아시아 지역에서 널리 유행한 높은 효율의 식량채집 도구이다. 중국에서 이런 도구의 가장 오래된 표본은 1만 1,000-9,000년 전(cal.BP)의 둥후린(東胡林) 유적에서 발견되었는데, 그것은 세석엽을 끼운 골병(骨柄) 석도이다. 중량도구는 대형 격지와 자갈로 제작되었으며 부(斧, 도끼), 분(錛, 자귀), 연마용 도구 등을 포함한다. 연마용 도구는 현재 중국에서 발견된 가장 오래된 마반과 마봉이다(陳哲英 1996; Lu, T. 1999: 28-31; 王建 등 1978). 뤼례단(呂烈丹)의 관찰에 의하면 연마 도구의 사용 흔적은 네 종류로 나눌 수 있는데, 각각 다른 연마 활동으로 형성된 것이다. 그 가운데 하나는 길고 얇은 연마흔으로 오스트레일리아에서 발견된 씨앗을 습식 가공한 마석(磨石, 갈돌) 상의 낟알 습식분쇄 흔적과 유사하다. 뤼례단은 샤찬의 일부 석편의 날에는 낫광택[鎌刀光澤]이 있으며, 이것은 초본식물의 이삭을 베었을 때 남은 흔적일 가능성이 있다고 주장했다(Lu, T. 1999: 28-32). 따라서 낟알 가공은 샤찬의 생존방식 가운데 일부분이었지만, 우리가 당시의 식단에서 곡물이 어느 정도의 비중을 차지했는지 계량화하기는 매우 어렵다.

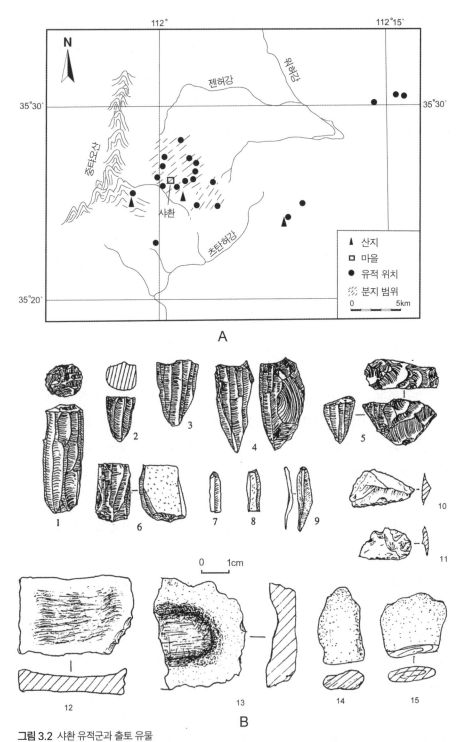

그림 3.2 샤촨 유적군과 출토 유물

A. 샤촨분지 구석기 유적점, B. 샤촨 출토 유물(부분): 1~6. 세석핵(細石核), 7~9. 세석엽, 10·11. 격지 석겸(石鎌), 12·13. 석마반 , 14·15. 석마봉(Lu 1999: 圖 4-2, 4-4와 4-5에 의거, 재작성)

룽왕찬

룽왕찬 유적(2만-1만 5,000 BP)은 산시성(陝西省) 이촨현(宜川縣) 황허강 서안(西岸)의 산기슭 아래에 위치하고 있다. 그 연대는 샤촨과 거의 같다. 발굴된 40m²의 범위 내에서 20개의 화덕과 2만 여 점의 석기 그리고 약간의 동물 뼈 조각이 발견되었다. 석기 유존에는 대량의 세석엽과 세석핵이 포함되어 있는데, 그 원료는 대부분 석영과 수석이다. 대형 도구에는 첨두기, 찍개, 석추(石錘, 망치), 석침(石砧, 모루), 숫돌[礪石]과 석마반 등이 포함되어 있다. 이 유적에서 중국에서 가장 오래된 날을 세운 석기가 출토되었는데, 그 가운데 하나는 혈암(頁巖)으로 제작된 날 끝이 연마된 삽날형 석기[鏟形器]이다(그림 3.3-2). 유적에서 출토된 조개껍데기 장식품은 중국 구석기시대 유존 가운데서도 보기 드문 물건이다(그림 3.3-3). 이 유적에서는 석침과 석기 폐품 그리고 대량의 돌부스러기가 집중 출토되었으며, 그것이 화덕과 공반되므로 석기 제작 지점으로 간주된다. 이 밖에도 룽왕찬 부근에는 19곳의 구석기 지점이 있는데, 모두 후이뤄거우허강(惠落溝河) 연안에 분포해(尹申平, 王小慶 2007) 이동하는 수렵채집인 집단이 점거한 취락 체계를 형성한다. 룽왕찬은 석기 제작을 전문적으로 수행한 계절적 캠프인 듯하다. 마반, 특히 국부가 마연된 삽날형 석기가 발견된 것은 식물류 식량에 대한 개발을 표명하는 것일 수 있다. 출토 유물과 토양 분석이 진행 중에 있기 때문에 야생 속서류(粟黍類) 곡물이 이미 당시 식단의 일부분을 차지했는지는 아직 확인할 수 없다.

스쯔탄

스쯔탄 유적군(2만 1,000-8,500 cal.BP)은 산시성(山西省) 지현(吉縣) 경내의 황허강 동안에 위치하며, 룽왕찬에서 약 20km 떨어져 있다. 이 유적군은 대략 25개 지점을 포함하고 있는데, 칭수이허강(淸水河) 연안 약 15km의 범위 내에 분포한다(그림 3.3-1). 이들 지점은 룽왕찬, 샤촨과 대체로 같은 시기로서, 세 유적은 물질문화 측면에서 약간의 공통점을 드러낸다. 이들 유적 모두에서 화덕, 불에 탄 뼛조각, 대량의 세석엽과 소량의 연마용 석기 등이 발견되었다(그림 3.3-4·5). 연마용 석기에는 마반과 마봉이 포함되는데, 시간의 흐름과 함께 그 형태가 점차 가지런해지고 개체가 커져 그것이 경제생활에서 차지한 중요성을 보여 준다. 동물 뼈는 모두 잘게 부수어진 파편이며 대

그림 3.3 산시성(陝西省) 룽왕찬과 산시성(山西省) 스쯔탄 구석기시대 후기 유적과 출토 유물
1. 산시 스쯔탄 제9지점의 위치(石金鳴·宋艶花 2010: 圖版 1에 근거), 2·3. 산시 룽왕찬 유적에서 출토된 연마된 날이 있는 삽날 형 석기(길이 12.7, 폭 9.2, 두께 0.8cm)와 방기(蚌器, 길이 3.7, 폭 1.6cm)(尹申平·王小慶 2007: 圖版 2.4, 2.5), 4·5. 산시 스쯔탄 유적 출토 석마반, 석마봉(石金鳴·宋艶花 2010: 圖版 2)

부분 불에 탔다. 확인할 수 있는 종류에는 영양, 멧돼지, 사슴, 소, 쥐가 있다. 회토(灰土) 와 유물의 분포 형태로 보면 몇몇 지점은 짧은 시간 동안만 사용된 것 같다(國家文物局 2004a; 石金鳴, 宋艶花 2010; 解希恭 등 1989). 앞에서 소개한 두 유적군과 마찬가지로 스 쯔탄 유존은 일종의 이동성 수렵채집 생업 전략 그리고 식물류 식량을 개발해 어느 정 도 그것을 보충한 것을 분명하게 보여 준다.

스쯔탄 제9지점에서 출토된 연마용 석기의 전분 잔류물과 사용 흔적 분석은 갱 신세와 전신세의 과도 단계(1만 2,700-1만 1,600 cal.BP)에 이미 매우 많은 종류의 식물류 식량을 가공했음을 보여 준다. 거기에는 도토리(*Quercus* sp.), 화본류[기장아과(*Panicoideae*)와 포아풀아과(*Pooideae*)], 두류[아마도 광저기속(*Vigna* sp.)], 괴경류[마속(*Dioscorea* sp.)] 등이 포함된다(Liu L. et al. 2011). 이들 잔류물은 속서(粟黍, 조와 기장)의 야생 조본(祖本)이 포함된 식용 가치가 있는 각종 식물이 순화되기 이전에 이미 수렵채집자에 의해 수천 년 동안 개발, 이용되었음을 알려 준다.

후터우량

후터우량 유적군(1만 6300~1만 4700 cal.BP, 토기편 측정)(Yasuda 2002: 127)은 10개 지점을 포함하고 있다. 이들은 같은 시기의 지층에 위치하며 유사한 물질 유존을 포함하고 있다. 이들 지점은 허베이성 서북부 니허완(泥河灣)분지 쌍간허강(桑幹河) 하안의 이급대지(二級臺地)[8] 위에 위치한다. 석기 유존에는 세석엽, 격지와 중량도구가 포함되어 있다. 출토 동물 유존에는 여우, 타조, 쥐, 늑대, 야생마, 야생 당나귀, 사슴, 소, 가젤, 멧돼지 등이 있다. 이들 동물 조합과 대응하는 것은 일종의 건조하고 한랭한 온대 초원의 생태 환경이다. 포분 조합은 초본식물과 관목을 위주로 하며(78~98%), 이것이 가리키는 것은 건조하고 한랭한 기후하에서의 건조 초원 식피이다. 사람들이 제작하고 사용한 특수한 도구, 이를테면 첨두기와 자귀형 석기[錛狀器]는 변화하고 있는 기후 환경에 적응하기 위한 것이었다. 각 지점 간의 현저한 차이에서 볼 때 후터우량의 거주민은 이동하는 수렵채집인 집단이었음이 분명하다. 고고학자들은 유물에 대한 분석에 근거해 서로 다른 지점의 상이한 기능을 확인했다. 거기에는 캠프와 도구 제작 지점 그리고 도살 지점 등이 포함되어 있다(Guo R. and Li 2002; Lu, T. 1999: 34).

후터우량 발굴 가운데 토기편 몇 개가 발견되었으며, 이것이 이미 알려진 것 가운데 가장 오랜 토기로 인정된다. 이들 토기는 재질이 무르고 모래가 섞여 있으며 소성온도도 낮다. 유물은 편평한 바닥의 관형기(罐形器, 항아리형 그릇)로 표면이 불에 그을린 흔적은 없다(Guo R. and Li 2002). 명백히 화북지역에서 토기는 수렵채집을 배경으로

---

8   [역주] 대지(臺地)는 주변보다 고도가 높고 넓은 면적의 평탄한 표면을 가지고 있는 지형을 가리킨다. 중국 고고학에서 보편적으로 사용되는 어휘로서, 일급(一級), 이급, 삼급 등으로 구분하여 사용하기도 한다. 일급 대지(一級臺地)는 통상 하천에 가장 가까운 고평지를 가리키며, 이급대지는 일급대지에 상대되는 술어로 일급대지에 비해 지세가 더욱 높은 고평지를 말한다. 고대 유적은 통상 일급대지와 이급대지 위에서 발견된다.

하여 최초로 출현한 것은 분명하다. 세계의 다른 많은 지역에서도 마찬가지이다(Rice 1999: 28-29).

화북지역 갱신세의 수렵채집인 집단은 고도의 이동성을 가진 미소 서식환경 추적자이다(Bettinger R. 2001). 또한 갑작스러운 기후 변동의 영향을 받은 최후 빙하기의 환경에 적응하고 있었음이 분명하다. 그들은 주로 비교적 간단한 '포리저 전략'(빈포드의 용어, Binford, L. R. 1980)을 차용했다. 항상 캠프를 이동했으며, 한 지점에서 자원이 다 고갈되면 다른 지점으로 이동해 자원을 보충했다. 그러나 빈포드가 말하는 '콜렉터 전략'도 어느 정도 채용되기 시작했다. 즉 샤찬, 스쯔탄, 후터우량 지역의 집단은 이미 식량을 저장하였으며 자원 채집자들의 이동 모델을 채용해 정주성이 날로 강화되었다. 이와 관련된 증거는 계절적으로 성장하는 야생식물의 개발과 이용, 토기 제작, 거주 캠프 중시와 동시에 특정한 작업 지점 이용 등을 들 수 있다(Lu, T. 1999: 124-126). 그러나 이들 유적 가운데 어느 곳에도 저장 시설과 주거에 사용된 건축 유적은 발견되지 않았다.

화북지역 전신세 전기의 콜렉터

화북지역에서 5개 지점의 전신세 초기 유적이 발견되었는데, 여기에는 베이징 부근의 둥후린과 좐녠(轉年), 허베이성 난좡터우(南莊頭), 허난성(河南省) 신미현(新密縣)의 리자거우(李家溝)(王幼平 등 2011) 그리고 산둥성 이위안(沂源)의 볜볜둥(扁扁洞) 동굴 유적(孫波, 崔聖寬 2008) 등이 포함된다. 이들 전신세 전기의 집단은 그들의 갱신세 선배들과 마찬가지로 두드러진 수렵채집 전통을 보여 준다. 그러나 약간의 현저한 변화도 일어났는데, 식물류 식량에 대한 더욱 집중적인 채집이나 더욱 빈번한 토기의 출현, 점차 강화되는 정주 정도이다.

둥후린과 좐녠

베이징 먼더우거우(門頭溝)의 둥후린 유적(1만 1,000-9,000 cal.BP)(趙朝洪 2006; 周國興, 尤玉柱 1972)과 화이러우(懷柔)의 좐녠 유적(약 1만 BP)(郁金城 등 1998)은 취

락의 위치와 물질 유존의 측면에서 유사하다. 두 유적은 모두 산간 분지의 하안대지에 위치한다. 둥후린의 포분 단면이 보여 주는 것에 따르면 목본식물은 전신세 전기(약 1만-8,000 BP) 포분 유존에서 상당히 큰 비율을 차지한다(최대 55%에 달함). 거기에는 침엽수도 있고 활엽수도 있는데, 후자에는 주로 참나무속(Quercus)과 호두나무속(Juglans)이 포함된다. 초본류 식물은 주로 쑥속(蒿屬), 명아주과, 사초과(莎草科)와 콩과 식물이며, 이 시기의 후단(後段)에는 화본과 식물의 비례가 증가했다. 육생 달팽이의 수량과 종류에 대한 연구도 전신세 전기에 기후가 온난했으며 간간히 건조하고 한랭한 시기가 있었음을 보여 준다. 전체적으로 말하자면 둥후린 유적이 위치한 지역은 전형적인 삼림 초원 혼합 식피로 연평균 온도는 현재보다 섭씨 2-3도 높았다(郝守剛 등 2002). 이 생태 환경은 인류에게 새로운 식물류 식량, 특히 견과류를 제공했다.

둥후린은 1960년대 이래 여러 차례에 걸쳐 발굴되었다. 이 유적은 칭수이허강 북안의 삼급대지에 위치하며, 이곳은 화북평원이 황토고원으로 점이(漸移)하는 산악지역이다(그림 3.4-1). 유적의 잔존 부분은 대략 3,000m²로 현재의 칭수이허강보다 25m 높다. 그러나 옛날의 하도는 지금보다 더 높았으며, 유적에 좀 더 가까웠다. 발굴을 통해 무덤, 화덕, 재구덩이[灰坑]⁹와 대량의 유물이 발견되었다. 유물에는 석기, 골기, 방기(蚌器) 및 동식물 유존이 포함되어 있다.

일부 무덤에는 묘광의 흔적이 없으며, 몇몇은 수혈이 있어 중국에서 가장 오래된 수혈묘(竪穴墓)에 속한다. 장식(葬式)에는 단인장(單人葬)도 있고, 다인이차장(多人二次葬)도 있다. 무덤 가운데 몇몇은 소형의 마제석부(磨製石斧)와 달팽이 껍데기, 말조개 껍데기[蚌殼]로 제작한 장식품이 부장되어 있다. 화덕은 원형 구덩이 형태로 지름이 0.5-1m, 깊이는 0.2-0.3m이며, 내부에는 불에 탄 다양한 크기의 돌과 불에 탄 동물의 뼈 그리고 재가 채워져 있다. 화덕 바닥 층의 돌은 원권형(圓圈形)으로, 위층의 돌은 불규칙한 형태로 배열되었다(그림 3.4-3). 발굴자는 이들 화덕이 계절적으로 사용된 것이며 사용된 뒤에는 폐기되었다고 주장했다(趙朝洪 2006; 周國興, 尤玉柱 1972). 이 밖에도 약간의 구덩이가 발견되었지만 저장을 위해 사용된 것인지는 확인할 수 없다.

---

9 [역주] 같은 시기 또는 서로 다른 시기의 사람들이 의식적 또는 무의식적으로 남겨 놓은 폐기물을 포함하고 있는 구덩이 형태의 유구를 널리 가리키는 중국 고고학의 습용(習用) 용어이다. 중국의 고고학 연구자가 이런 종류의 유구를 발견했을 때 구덩이 내부의 퇴적이 회색을 띠고 있었으므로 '회갱(灰坑)'이라고 칭했다. 이 책에서는 '재구덩이'로 번역한다.

석기는 주로 타제석기이지만 세석엽과 연마용 석기(마반과 다양한 형태의 마봉)도 있으며, 그 밖에 소량의 마제석부와 석분도 있다. 일종의 특수한 복합 공구로 동물의 뼈로 만든 골병도가 있다. 자루에는 기하학적 도안이 있으며, 측면에 홈을 내어 그 안에 세석엽을 끼워 날로 사용했다. 전체 도구 유존 가운데 연마용 석기가 상당히 큰 비중을 차지하고 있다. 전분립(澱粉粒)과 사용 흔적 분석은 그것이 주로 도토리와 규질을 풍부하게 포함한 규질 식물 등 식물류 식량을 가공하는 데 사용되었음을 알려 준다(Liu, L. et al. 2010b). 포분 분석에 따르면 전신세 전기에 이들 식물은 이 지역에 매우 풍부했다. 토기는 바닥이 편평한 분(盆, 동이), 관(罐, 항아리) 그리고 발(鉢, 사발)이다. 이들 토기의 파편은 대략 60개 개체에서 나온 것으로 매우 주목할 만하다. 토기의 재질은 무르고 갈색을 띠고 모래를 함유하고 있으며 소성온도가 낮다. 토기는 권상법과 윤적법으로 제작되었다. 이 가운데 일부에는 찍어 누른 문양이 장식되어 있다(그림 3.4-6). 보도에 의하면 동물 유존은 주로 사슴이며, 그다음은 돼지와 오소리이다. 말조개도 매우 풍부하다(趙朝洪 2006; 周國興, 尤玉柱 1972). 무덤 1기에서 두 종류의 가공하지 않은 나무(Celtis bungeana Bl.과 C. cf. koraiensis Nakai)가 발견되었다(郝守剛 등 2008). 포분과 고고학 자료는 모두 현지에 풍부한 몇 가지 종류의 견과가 있었으며, 어쩌면 그 밖에도 식용할 수 있는 초본식물 씨앗이 있어 당시에 이미 식량으로 채집되었음을 보여 준다.

둥후린은 갱신세 시기와는 다른 새로운 취락 형태와 생업 전략이 출현했음을 상징적으로 보여 준다. 이 유적은 면적이 크고 사용 시간이 길다. 정규의 무덤, 특히 다인이차장은 사자(死者)를 수습해 장례를 거행했음을 보여 준다. 때문에 이 유적은 상대적인 정주 취락일 것이다. 이와 같은 상황은 많은 민족학 연구에서 그 예증(例證)을 찾을 수 있다(Watanabe 1986 참조, 더욱 많은 사례를 찾을 수 있다). 다양한 종류의 모래를 함유한 기벽이 두꺼운 토기(분, 관, 발)가 출현한 것은 위찬옌(玉蟾巖) 유적에서 출토된 최초의 토기와 비교했을 때 제도 기술이 크게 제고되었음을 나타낸다. 상대적으로 복잡한 구조의 화덕은 그것을 만들었을 때 더욱 많은 인력이 소모되었음을 알 수 있는데, 이것은 명백히 같은 지점에서 생활하는 시간이 길어짐에 따라 필요해진 것이다. 석마반과 석마봉은 야생식물류 식량—특히 가을에 매우 풍부한 견과와 곡식—에 대한 심층적 개발을 의미한다. 마제 석부와 석분은 아마도 목공 공구였을 것인데, 아직 고고학적 기록 가운데 주택에 관한 증거는 부족하지만 주로 은신할 곳을 만드는 데 사용되었

그림 3.4 둥후린 유적 및 주요 발견

1. 둥후린 발굴(劉莉 촬영), 2. 무덤, 3. 화덕, 4. 세석엽을 끼워 넣은 골병도, 5. 석마반과 석마봉, 6. 토기편, 7. 마제석기(趙朝洪 2006: 圖版 1, 2)

을 것으로 추정된다.

고고학적 자료는 이 유적이 아마도 말조개를 채집하고 사슴을 사냥하며 식물류 식량을 채집하는 데 사용되었을 것임을 시사한다. 이 광역적 생존 전략, 이와 더불어 이동성의 감소는 정주 생활로 넘어가는 가장 오래된 단계와 서로 부합된다. 이런 특징은 세계 다른 지역의 전신세 수렵채집자들이 채용한 비교적 복잡한 '콜렉터 전략'에 비견된다.

난좡터우

난좡터우 유적(약 1만 510-9,690 BP 또는 1만 2,408-1만 1,018 cal.BP)의 면적은 약 2만m²이며, 허베이성 쉬수이현(徐水縣)에 위치한다. 이곳은 바이양뎬(白洋澱) 이서 약 35km, 타이항산 이동 15km 지점에 해당한다. 현재 발견된 화북지역의 같은 시기 유적 중 충적평원이 아니라 산간 하류의 단구에서 발견된 첫 번째 유적이다. 포분 기록은 초본식물을 위주로 하며(평균 70% 초과), 목본식물은 20%가 채 되지 않는다. 활엽수 중에서 참나무가 가장 많다(原思訓 등 1992; 李月叢 등 2000).

1980년에서 1990년대 이 유적에 대한 세 차례의 발굴이 있었으며, 노출된 유구에는 봇도랑[溝], 재구덩이와 화덕 등이 있다. 집중적으로 퇴적된 나무 재와 썩은 나무 흔적이 발견되었으며, 여기에서는 흩어지고 끊어진 동물의 뼈, 사슴뿔, 석괴와 인공품(人工品) 등이 함께 반출되었다. 출토된 유물에는 토기편, 석마반, 석마봉, 격지, 골추(骨錐)와 골촉(骨鏃) 그리고 절단된 흔적이 있는 사슴뿔이 포함되어 있다(그림 3.5). 화북지역의 기타 전신세 전기 유적과 다르게 난좡터우의 석기 유존에는 세석기가 없다(Guo, R. and Li 2002; 李珺 등 2010; 徐浩生 등 1992).

다수의 토기편은 용기 파편으로, 이들 용기에는 바닥이 편평한 관과 발이 포함되어 있다. 이것들은 재질이 무르고 회색 혹은 황갈색을 띠며, 말조개 껍데기 또는 석영가루를 함유하고 있다. 일부는 경부(頸部)에 부가퇴문(附加堆文, 돌대)과 같은 간단한 장식이 있다. 매우 많은 토기편에 불에 그을렸거나 훈연(燻煙)된 흔적이 있으며, 몇몇의 내벽(內壁)에는 탄화된 물질이 있다(Guo, R. and Li 2002). 이것은 토제 용기가 취사 도구로 사용되었음을 보여 준다.

동물 유존 가운데 분별할 수 있는 종류에는 닭, 새, 토끼, 이리, 개, 물소, 여러 종류

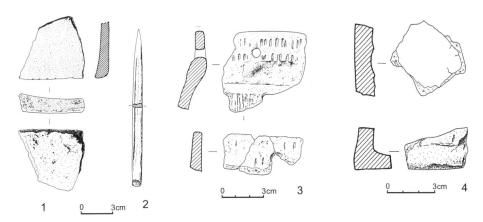

그림 3.5 허베이성 쉬수이현 난좡터우 유적 출토 유물(李珺 2010: 圖 16-4, 16-7, 17-8, 17-11, 18-1, 20-1)
1. 석마반, 2. 골추, 3. 토기 구연, 4. 토기 몸통과 바닥 파편

의 사슴, 거북, 물고기와 패류가 있다(袁靖, 李珺 2010; 周本雄 1992). 동물 중에서 개는 감정 결과 사육된 것으로(袁靖, 李珺 2010), 중국에서 최초로 순화된 동물의 증거이다. 불행하게도 발굴 중 부선법이 사용되지 않았으므로 고고학 자료에서 식물 유존은 결실되고 말았다.

난좡터우의 자료는 상대적으로 장기간에 걸쳐 단속적으로 사용된 거주지를 보여 준다. 이와 관련된 증거는 화덕 내부에 두껍게 퇴적된 소토(燒土)와 여러 종류의 토기가 등장하는 것이다. 비록 고고학적인 방법을 통해 주거 건축이 확인되지는 않았지만 발굴 중에 발견된 부패한 목주(木柱)는 아마도 간단한 주택을 건조하는 데 사용되었을 것이다. 둥후린이나 좐녠 유적과 마찬가지로 난좡터우 유적에서 출토된 연마용 도구와 토기도 역시 식물류 식량이 개발, 이용된 표지이다. 재구덩이의 기능은 분명하지 않지만 이후의 연구를 통해 어쩌면 그것이 저장 시설로 사용되었는지의 여부를 분명하게 알 수 있게 될 것이다. 난좡터우에서 출토된 물질 유존과 둥후린의 그것은 자못 일치되는 점이 많은데, 이것들은 식물에 대한 더욱 심도 있는 개발, 이용이 진행되었으며 거주지의 이동성이 감소했음을 보여 주는, 일종의 분명한 '콜렉터 전략'의 수렵채집 생업방식을 보여 준다.

리자거우와 벤벤둥

이 두 유적은 비교적 늦게 발견되었으며, 자료도 아직 충분히 발표되지 않았다. 리자거우 유적은 허난성 중부 신미현 춘반허강(椿板河, 溱河 상류)의 이급대지에서 발견되었다. 연대는 1만 500-8,600년 전(cal.BP)이다. 유적의 문화 퇴적은 세석기 유존의 연속적인 발전을 보여 주며, 상층(上層) 퇴적에서는 토기편과 석마반이 발견되었다. 토기는 주로 통형(筒形)이며, 장식 문양에는 승문(繩文)과 각획문(刻劃文)이 있다. 유물은 집중되어 출토되는 경우가 많은데, 석괴, 석마반, 석침, 불에 탄 쇄석괴, 토기편, 동물뼈 등이 있다. 이와 같은 유물 조합은 상대적으로 안정적인 주거 생활의 흔적일 것이다(王幼平 등 2011). 신미현 역시 신석기시대 전기 페이리강문화(9,000/8,500-7,000 cal.BP)의 핵심적인 분포 지역인데, 이 문화의 발전은 리자거우 유적과 서로 이어진다(제5장 참조). 리자거우의 유존은 이 지역 갱신세 후기의 세석기 전통과 신석기 전기 문화 사이의 시간적인 연계를 제공한다. 다만 리자거우 토기의 풍격은 페이리강문화의 그것과 현저한 차이가 있다. 향후의 연구가 필요한 흥미로운 현상이다.

산둥성 이위안현의 벤벤둥은 동굴 유적으로, 연대는 약 1만 1,000-9,600년 전(cal.BP)이다. 같은 시기의 다른 유적과 마찬가지로 벤벤둥에서는 동물 뼈와 재층[灰層], 토기편과 연마용 석기가 발견되었다. 이 밖에 4개의 재구덩이가 발견되었는데, 무덤 또는 화덕으로 사용된 듯하다. 토기는 모두 모래를 함유하고 있으며 무르다. 발과 부(釜, 솥) 등 두 종류의 기형을 복원할 수 있는데, 신석기시대 타이이(泰沂) 산지(山地)에 분포한 허우리문화(8,500-7,500 cal.BP)의 동류기(同類器)와 유사하다(제5장 참조). 이 발견 역시 산둥지역 갱신세 후기의 세석기 문화전통과 신석기시대 문화 사이의 공백을 메워준다(孫波, 崔聖寬 2008).

요약

화북지역의 갱신세에서 전신세 과도기는 아래와 같은 몇 가지 측면에서 이해할 수 있다. 첫째, 연마용 석기의 잔류물 분석과 사용 흔적 분석 결과 그리고 취사도구로 사용된 토기의 출현 등은 모두 식물류 식량에 대한 의존이 나날이 증가하고 있었음을 보여 준다. 식물에는 곡물, 두류, 괴경(塊莖)류 식물과 견과류가 포함된다. 이런 특징을 가진 유적은 전체적으로 신석기시대 전기 문화(츠산, 페이리강, 허우리)가 탄생한 지역에 위치한다. 이 모든 신석기시대 전기 문화는 8,000년 전을 전후한 때 조를 재배한 증거를 제공한다(제4장 참조). 그러므로 우리는 이들 전신세 전기의 취락 중에서 조 재배최초 단계의 증거를 기대해 볼 수 있다. 이것은 신석기시대 전기 조 재배의 선구(先驅)가 될 것이다.

둘째, 전신세가 도래할 때를 즈음해 기후 조건이 개선되고 몇몇 자연 자원—예컨대 견과류와 패류—이 특정한 계절에 상당히 풍부해질 수 있었다. 그러므로 수렵채집자들은 더욱 효과적으로 '콜렉터 전략'을 채택할 수 있었으며, 계획적으로 채집 지점을 옮겨서 식량을 획득하고 그것을 주요 캠프로 가지고 왔다. 그로 인해 주요 캠프의정주성이 증가되었다. 둥후린, 난좡터우, 리자거우의 고고학적 자료는 모두 이런 추세를 입증할 수 있다. 이와 관련된 증거에는 유적 면적의 확대, 무덤의 출현, 식량 가공과조리에 사용된 연마용 석기와 토기의 사용, 그리고 장기간 사용되고 세심하게 만들어진 화덕의 출현 등이 있다.

셋째, 사람들이 견과류(특히 도토리)를 채집해 식량으로 사용했음이 분명하다. 도토리는 전분과 지방을 풍부하게 함유하고 있어 영양가가 매우 높으며 장기간 보존할수 있다. 일본의 야요이문화(繩文文化) 분포 지역이나 북아메리카 지역 등 세계의 매우많은 지역(Habu 2004; Kobayashi 2004; Mason 1992, 1996)에서 도토리의 대량 채집과저장은 모두 복합적인 생활을 영위한 수렵채집인 집단이 정주 생활을 하게 된 중요한요소이다. 도토리는 목제 창고 건물에 보관할 수 있지만, 그와 같은 지상 건축은 보존되기 매우 어렵다. 북아메리카에서도 상황은 마찬가지이다(Ortiz 1991). 그러므로 중국전신세 전기의 수혈식 저장갱이 존재하지 않는 것은 결코 식량 저장 행위가 없었음을입증하는 충분한 증거가 될 수 없다.

화중과 화남의 갱신세 포리저

화중과 화남의 갱신세-전신세 과도기에 대한 우리의 이해는 주로 양쯔강 중하류와 광시성(廣西省)에서 발견된 몇몇 동굴 유적에 기반을 두고 있다. 이 유적들은 모두갱신세 말기에서 전신세 전기에 걸친 오랜 시간 동안의 퇴적을 보여 주고 있다. 이 유적들에는 장시성(江西省) 완녠(萬年) 셴런둥(仙人洞)과 댜오퉁환(吊桶環)(郭遠謂, 李家和 1963; 李家和 1976; MacNeish et al. 1998; MacNeish and Libby 1995), 후난성 다오현(道縣) 위찬옌(Yuan, Jiarong 2002), 광시성 융닝(邕寧) 딩스산(頂螄山)(傅憲國 등 1998), 구이린 (桂林) 쩡피옌(甑皮巖)(中國社會科學院考古研究所 2003a)과 먀오옌(廟巖)(諶世龍 1999), 린구이(臨桂) 다옌(大巖)(傅憲國 등 2001) 등이 포함된다. 뒤에 열거한 세 곳은 모두 광 시성에 위치한다(中國社會科學院考古研究所 2010)(그림 3.1 참조). 이들 동굴 유적 가운 데 위찬옌과 쩡피옌에 대해서는 상세한 자료가 발표되어 있다.

위찬옌

위찬옌 동굴은 석회암 산의 하부에 위치하며, 현대 지면보다 5m 높다. 동굴 입구 는 남쪽을 향하며 탁 트인 평원을 마주하고 있다(그림 3.6-1). 동굴 입구 안쪽은 널찍 한 공간으로 폭 12-15m, 길이 6-8m, 높이 5m이며, 발굴 구역에서 문화 퇴적층이 가 장 두꺼운 곳은 1.8m에 달한다. 연대는 1만 8,000-1만 4,000년 전(cal.BP)이다(Yasuda 2002: 119-120). 고고학자들은 46m²의 발굴 구역 안에서 서로 다른 크기의 불을 사용 한 유구를 발견했는데, 여기에서는 항상 불에 탄 동물의 뼈와 목탄이 공반된다. 이 밖 에 수백 점의 타제석기도 출토되었는데, 주요한 것은 자갈로 제작한 찍개이다. 일부 괭이형 석기도 있는데, 이것은 굴토 용구였을 것이다(그림 3.6-2). 이외에도 골제 삽 날형 석기와 끌형 석기[鑿形器] 그리고 각제(角制) 삽날형 석기도 출토되었는데, 이것 들 역시 굴토에 사용되었을 것이다. 마제 방기는 절단 공구였을 것이다(Yuan, Jiarong 2002).

동물 유존에는 28종의 포유동물이 포함되어 있다. 가장 많은 것은 사슴이며, 그 밖 에 소량의 육식동물도 있다. 조류는 전체 동물 유존의 30%를 차지하며 27개의 종속(種 屬)이 있다. 권패류(卷貝類)는 모두 집중 출토되었으며 26종을 식별할 수 있다. 부선 작 업을 통해 40종의 식물 종자를 발견했는데, 감정을 거친 17종의 식물 가운데 4종은 식 용할 수 있는 것이다. 문화 퇴적 가운데 수도의 식물규산체(phytolith)가 발견되었다 (Yuan, Jiarong 2002). 위찬옌인(人)은 분명히 동식물 자원이 풍부한 환경에서 생활했 으며, 광범위한 수렵과 채집이 생업 전략이었다. 이미 수도가 채집되었으나 그것은 야 생종이었던 것 같으며 아마도 식량 가운데 중요한 위치를 차지하지는 못했을 것이다.

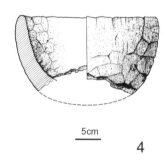

그림 3.6 위찬옌 유적의 지모(地貌)와 위찬옌, 쩡피옌 유적 출토 유물

1. 위찬옌 동굴 유적, 2. 위찬옌 출토 괭이형 석기, 3. 위찬옌 출토 토기(구경 31, 높이 29cm)(Yuan 2002: 圖 1, 3, 7), 4. 쩡피옌
출토 토기(中國社會科學院考古硏究所 2003: 圖 27)

문화층 가운데서 작은 토기편이 몇 군데에 집중되어 있는 것이 발견되었다. 연대
는 1만 8,300−1만 5,430년 전(cal.BP)이다. 이것은 세계에서 가장 오래된 토제 용기이
다(Boaretto et al. 2009). 태토 가운데 탄(炭)과 굵은 모래가 첨가물[羼和料]로 사용되
었으며 재질이 무르고 투박하다. 기벽은 가장 두꺼운 곳이 2cm에 달하지만 두께가 일
정하지 않다. 토기는 두 가지 기형으로 복원될 수 있는데, 그 가운데 하나는 승문이 장
식된 뾰족한 바닥의 관[尖底罐]이다(Yuan, Jiarong 2002)(그림 3.6-3). 몇몇 갱신세 동
굴 유적에서 토기는 모두 수도 유존과 공반되기 때문에 야생 수도를 조리하는 과정에
서의 필요 때문에 토기가 등장하게 되었다고 주장하는 연구자도 있다(Higham and Lu

1998; Lu, T. 1999: 124).

쩡피옌

쩡피옌은 광시 구이린 남쪽 9km의 석회암 산 두산(獨山) 위의 동굴에 위치한다. 유적의 총 면적은 약 240m²이다. 1970년대 이래 몇 단계의 발굴이 진행되었으며, 노출된 면적은 약 100m²이다. 문화 퇴적이 가장 두꺼운 곳은 3.2m에 달하며, 무덤과 화덕, 재구덩이 등의 유구와 대량의 인공품 및 동식물 유존이 발견되었다. 문화 퇴적은 5기로 구분되며, 그 가운데 제1기부터 제5기까지(1만 2,000-8,000 cal.BP)는 구석기시대에서 신석기시대로 향하는 과도기적 특징을 보인다. 고고학자들은 제1기 퇴적(1만 2,000-1만 1,000 cal.BP) 중에서 토기편과 석제, 골제, 방제 도구를 발견했다. 석기는 타제석기 위주로, 화남지역 갱신세 후기에 성행한 타제석기 전통을 계승했다. 석기 유존에는 대량의 자갈, 반제품, 격지와 폐료(廢料)가 포함되어 있다. 일부 격지는 접합할 수 있으므로 석기가 이 유적에서 제작된 것임을 알 수 있다. 석기의 원료는 주로 부근에 있는 리강(漓江)에서 구한 것이다. 복원할 수 있는 토기 1점은 재질이 무른 둥근 바닥의 부[圜底釜]로 소성온도는 섭씨 250도를 넘지 않는다(그림 3.6-4). 태토에는 굵은 석영 과립이 섞여 있으며 윤적법으로 제작되었다. 제작 공예가 조악하고, 표면에는 대부분 장식이 보이지 않는다. 제2기에서 제4기까지 타제석기의 전통은 여전히 유지되며 석부와 석분 등의 마제석기가 출현하고 그 비중도 점차 높아진다. 토기는 비교적 큰 둥근 바닥의 관 위주이고 태토에는 숯 부스러기가 섞여 있다. 주로 윤적법으로 제작되었고 장식 문양에는 승문과 각획문 그리고 찍어 새긴 문양이 있다(中國社會科學院考古研究所 2003a).

어류, 패류, 조류와 포유동물 등 대량의 동물 유존이 출토되었다. 그중 우렁이(*Cipangopaludina*)가 특히 풍부하다. 포유동물은 주로 몇몇 종속의 사슴, 멧돼지, 물소 등이다. 식물 유존은 매우 적으며 수도는 발견되지 않았다. 아마도 괴경류 식물이 중요한 식량이었을 것이다. 왜냐하면 부선 중에 탄화된 괴경식물이 발견되었고, 석제와 골제 절단 도구 날 부분의 전분립 분석 중에서 토란 전분립이 발견되었기 때문이다. 쩡피옌인은 명백히 광범위한 생업 경제를 채택해 동물을 사냥하고, 패류와 괴경류 식물 및 기타 식물을 채집했다. 쩡피옌인의 치아는 매우 심하게 손상되었는데 그것은 항상 모래가 포함된 우렁이를 섭취했기 때문일 것이다. 우렁이에서 살을 취하는 가장 좋은 방법은 익히는 것이었기 때문에 토기는 다른 식량을 조리하는 것뿐만 아니라 우렁이를 삶는 데도 사용되었을 것이다(中國社會科學院考古硏究所 2003a).

위찬옌과 쩡피옌은 계절적 캠프인 것 같으나 거주 시간은 아마도 상대적으로 길었을 것이다. 왜냐하면 토기 제작은 거주 시간 연장을 필요로 하기 때문이다. 이들 후구석기시대 유적의 점용자는 아마도 식량 획득 활동을 더욱 잘 조직할 수 있는 수렵채집자로 그 거주 형태의 이동성은 이미 감소했을 것이다(이 장의 '중국에서의 정주 생활 출현' 참조).

화중의 전신세 콜렉터

앞에서 언급한 몇몇 갱신세 동굴 유적 가운데 전신세 전기의 퇴적이 있다 할지라도 동굴 유적은 과도기 취락 형태의 전모를 반영하지 않으며 야외 유적은 최근 몇 해에서야 비로소 발견되었다. 다행인 것은 최근 저장성 푸강(浦江)의 상산(上山) 유적(약 1만 1,000-9,000 cal.BP) 발굴에서 충적평야의 유적 한 곳이 노출되었고, 이것은 전신세 전기 양쯔강 하류지역 취락과 생업 전략에 관한 많은 새로운 정보를 제공했다는 점이다.

상산

상산 유적(2만m²)은 푸양강(浦陽江) 상류의 작은 분지 안에 위치하며 사주(四周)가 낮은 산으로 둘러싸여 있다. 유적은 주위의 평원보다 3-5m 정도 높은 2개의 작은 대지 위에 분포하는데, 현대에 개착된 수로로 인해 분리되어 있다. 발굴 면적은 총 1,800m²이다(蔣樂平 2007; Jiang, L. and Liu 2006)(그림 3.7-2). 지질 단면은 이 유적이 고대에 건조하고 습윤한 일련의 순환적 기후 변화를 거쳤음을 보여 준다(Mao, L. et al. 2008). 그 결과 유적에서 유기 유물이 잘 보존되지 못했고, 토양 가운데 포분이 부족하며 인골과 동물 뼈 역시 매우 적은 양만 보존되었다.

양쯔강 하류지역은 아열대 북부에 위치한다. 이 지역의 기후는 여름철과 겨울철 계절풍 체계의 매우 큰 영향을 받는데, 이것은 분명한 계절 변화로 나타난다(Winkler and Wang 1993). 지금으로부터 1만 3,000-1만 1,670년(cal.BP) 이 지역은 상대적으로 한랭하고 건조한 시기를 거쳤으며 이것은 영거 드라이아스 충돌 사건과 서로 일치한다(Yi, S. and Satio 2004). 이어지는 전신세 전기와 중기는 간혹 한랭하고 건조한 시기가 있는 온난습윤기였지만 기후 파동이 아열대에 속하는 이 지역의 전체적인 상황을 바꾸어 놓지는 않았다. 식피는 주로 상록활엽림과 낙엽활엽림이었으며, 전형적인 수종에는 참나무속, 가시나무속(Cyclobalanopsis), 모밀잣밤나무속(Castanopsis), 돌참나무속(Lithocarpus), 개암나무속(Corylus), 새우나무속(Ostrya) 등이 포함된다. 이 가운데 상당수는 견과를 결실한다. 이 밖에도 몇몇 비목본식물과 습지초본식물도 있는데, 그중에는 화본과, 사초과, 부들과(Typha) 식물이 가장 많다(Atahan et al. 2008; YI, S. et al. 2003b; Zong, Y. et al. 2007). 이 지역의 견과류 수목과 그 밖의 각종 경제 식물의 번영기는 전신세 전기와 중기 상산 취락, 그리고 그 후의 신석기시대 취락이 출현한 시기와 일치한다.

상산 유적의 퇴적은 8층으로 구분할 수 있다. 가장 이른 시기의 퇴적(제5-8층)은 전신세 전기에 속하며 상산기(上山期)라고 칭해진다. 연대는 1만 1,400-8,600년 전(cal.BP)이다(蔣樂平 2007). 부선 표본에 대한 초보적인 분석에 의하면 상산기 퇴적 중에는 약간의 유기물 유존이 있는데, 여기에는 수도립(水稻粒), 소량의 탄화된 견과 껍질 조각 그리고 아직 분석되지 않은 동물 뼈가 포함되어 있다.

석기 유존은 주로 격지이지만 약간의 연마석기도 있으며(400점이 넘는 마반과 마봉), 소량의 마연된 석부와 석분도 발견되었다. 연마용 석기의 형상은 다양해서 원형, 방형, 장방형도 있으므로 연마는 물론 절구질에도 사용된 듯하다(그림 3.7-7). 절대다수의 토기(대략 80%)는 편평한 바닥의 분[平底盆]이며, 약간의 관과 반(盤, 받침) 그리고 발이 있다. 후기의 몇몇 유물에는 투공이 있는 권족(圈足, 굽다리)이 있는데, 이런 종류의 유물은 확실히 이동 생활방식을 위해 설계된 것은 아니다. 이것은 정주성의 강화를 나타낸다(蔣樂平 2007)(그림 3.7-8).

상산 유적의 재구덩이에는 세 가지 종류가 있다. ① 특별히 만든 소형 구덩이로 완전한 토기를 두어 장래의 사용에 대비한 것이다. 일종의 이동적·간헐적 주거 생활방식을 드러내는 것으로 떠난 다음 다시 돌아왔을 때를 대비한 것이다. ② 방형 혹은 원형의 수혈(竪穴)로 깊이가 70cm를 넘는 것인데, 폐기되기 이전 아마도 식량을 저장하

그림 3.7 저장성 상산 유적의 유구와 출토 유물

1. 상산 유적, 2. 발굴 구역, 3. 저장구덩이, 4. 7점의 토기가 출토된 소형 구덩이 H121, 5. 환상 파수를 가진 토제 분, 6. 석기,
7. 연마용 석기(마반과 마구[磨球]), 8. 상산 후기의 투공 권족(1~6 蔣樂平 제공, 7·8 劉莉 촬영)

는 데 사용되었을 것이다(그림 3.7-3·4). ③ 이차 폐기물이 퇴적된 구덩이로, 이것은 정
주 취락 안에서 이루어진 생활 쓰레기의 처리를 보여 준다. 첫 번째 종류의 구덩이와
다르게 두 번째, 세 번째 종류의 구덩이는 일종의 장기 거주 경향을 보여 준다. 다양한
종류의 구덩이가 존재하는 것은 일종의 혼합적인 주거 형식을 의미한다. 즉 계절적으
로 또는 해에 따라 이동하는 간헐적 주거가 있는가 하면 상대적으로 안정적인 장기적
주거도 있는 것이다. 그러나 정주 시간이 도대체 얼마나 길었는지는 여전히 분명하지
않다.

주동(柱洞)의 분포는 대개 규칙적이지 않다. 그러나 상산 유적 남부의 상층(上層)
에서 세 줄로 배열된 주동이 발견되었다. 각 줄에는 10-11개의 주동이 있으며, 전체 점
유 면적은 길이 14m, 폭 6m로 아마도 난간식 건물의 유존일 것이다(蔣樂平 2007). 이

것은 정주성의 강화를 나타낸다(제5장의 정주 이론에 대한 더욱 많은 논의를 참조).

연마석기에서 채취한 샘플에 대한 전분립과 식물규산체에 대한 분석이 나타내는 것에 의하면 이들 도구는 도곡(稻穀)을 탈곡하는 데 사용된 것이 아니라 도토리를 가공하는 데 사용되었거나 다른 야생 전분류 식량, 이를테면 율무(Coix lacryma-jobi), 괴경류 식물(아마도 마속, Dioscorea sp.) 또는 마름(Trapa sp.) 등을 가공하는 데 사용되었다. 토기 제작에 사용된 식물류 첨가물로 사용되었을 수도 있다(Liu, L. et al. 2010c). 전분 분석을 통해 얻은 이들 식물 유존의 종류와 이 지역의 습지류 신석기시대 유적 (예컨대 跨湖橋 유적, 浙江省文物考古研究所, 蕭山博物館 2004: 270-277을 참조)에 보존된 식물 유존은 매우 유사하다. 도토리 전분립의 발견 역시 포분 분석 결과로도 검증된다. 포분 분석에 따르면 전신세 전기 몇 종류의 도토리나무가 양쯔강 하류에서 널리 성장했다.

토기의 주요 기형은 편평한 바닥의 분으로 구연의 지름은 30-50cm, 높이 9.5-12.5cm, 바닥 부분의 지름은 10.5-24cm이며, 이 가운데 몇몇은 외벽 중간 부분에 고리형 손잡이[環狀耳]를 가지고 있다. 토기 소성온도는 낮으며 기벽은 두껍고(때로 2cm를 초과한다), 내외 표면에는 모두 홍색의 도의(陶衣)가 있다. 토기는 윤적법으로 제작되었으며, 하층의 다수는 태토에 식물류의 첨가물을 넣었지만(보고에서는 일반적으로 夾炭陶라고 부른다) 시간이 지날수록 사질 토기의 비율이 점차 증가했다. 토기 가운데 어떤 것도 취사기라고 단정할 수 없는데, 어느 것에서도 표면에 그을음을 볼 수 없기 때문이다. 아직 검증되지는 않았지만 유적에서 대량의 작은 돌이 발견되었으므로 대량의 대형 협탄도는 석자법(石煮法, stone-boiling)에 사용되었을 것으로 추정된다(劉莉 2006). 이와 같은 취사 방법은 북아메리카 민족학과 고고학에 확실한 자료가 있다(Sassaman 1993). 중국의 몇몇 소수민족, 이를테면 허저족(赫哲族), 어원커족(鄂溫克族), 어룬춘족(鄂倫春族)도 일찍이 이 방법을 사용한 바 있다(凌純聲 1934: 65; 宋兆麟 1998).

상산 유적은 중국 전신세에서 가장 이른, 주택과 장기 저장 시설, 의사(疑似) 무덤, 토기, 마제석기 그리고 대량의 식물류 식량 소비 증거를 동시에 갖춘 유적이다. 이들의 흔적, 특히 주거지와 저장 시설은 민족학(Hitchcock 1987)과 고고학에서 모두 정주성이 증가한 표지로 인식된다. 명백히 상산 유적은 상대적인 정주 취락이며, 상산의 주민은 주거 캠프와 주변 곳곳에서 식량을 채집한 콜렉터이다. 그러나 우리는 아직 이들이 일 년 내내 정주한 것인지 아니면 그에 가까운 주거 형태를 가진 것인지 분명히 알지 못한다.

요약

갱신세에 화중과 화남 지역에서 이동하면서 수렵채집 경제를 영위한 자들은 광범위한 동물과 식물 자원을 개발했다. 같은 시기의 야외 유적이 없으므로 구역 범위에서 보았을 때 그들의 주거방식은 아직 불투명하다. 단지 사람들은 일 년 중 동굴에서 더욱 많은 시간을 거주하기 시작했을 것이며, 적어도 토기를 제작할 수 있을 정도로 성장했다.

전신세 전기에 양쯔강 유역에서 비로소 비교적 높은 수준의 정주가 출현하는데, 상산이 그 하나의 사례이다. 이 유적의 주민은 수렵채집자이며 복잡한 콜렉터 전략을 채택해 식량 획득 능력을 최대화했다. 그들은 생활 중에 여러 유형의 식물(수도를 포함해서)을 이용해서 식량을 삼거나 토기 제작 원료로 사용했다. 그러나 구역적 취락 생업 형태에 관한 자료가 없어 그들의 이동 생존 전략이 어떻게 실행되었는지에 대해 우리가 아는 것은 아직 매우 적다.

중국 토기의 기원

토기는 중국 갱신세-전신세 과도기의 표지적인 경제적, 기술적 발명이다. 일찍이 1만 8,300-1만 4,000년 전(cal.BP)의 최후 빙하기에 화남과 화중 지역에서 토기가 출현했지만(위찬엔과 후터우량), 이 새로운 기술이 당시에 수렵채집을 위주로 한 경제 모델에 어떠한 영향을 주었는지는 아직 분명하지 않다. 토기는 전신세 전기에 광범위하게 전파되었다(그림 3.8)(이 밖에 Lu, T. 2010의 초기 토기에 대한 종합적 서술 참조). 토기는 생존적응 전략의 중요한 구성 부분이며, 이동성 감소와 어류와 패류의 채집 및 식물류 식량(견과, 곡물과 괴경류 식물을 포함하는)에 대한 의존도 증가를 보여 준다.

중국에서 출토된 초기 토기는 몇몇 원시적 단계의 기술적 특징, 이를테면 소성온도가 낮고, 기벽이 두꺼우며 기형과 제작 기술이 간단한 것 등을 보여 준다. 많은 연구

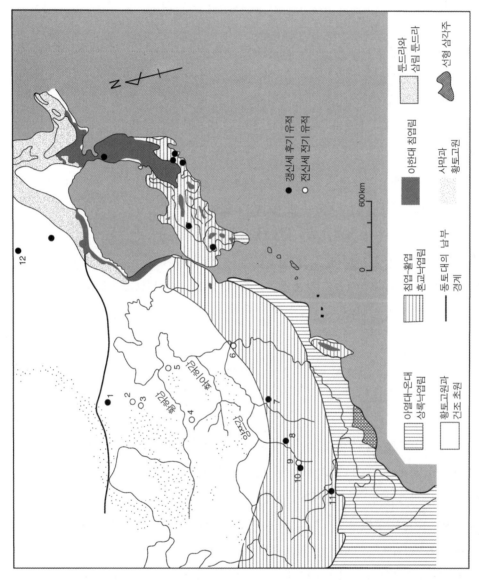

그림 3.8 2만 1,000~1만 5,000년 전 최후 빙하기 동아시아 해안선과 식물 지리 구역의 중건(重建) 및 중국, 일본과 러시아 극동지역 초기 토기 유적의 분포

1. 후타무챵, 2. 촨벤, 3. 난좡터우, 4. 리자거우, 5. 벤벤둥, 6. 상산, 7. 셴런둥, 8. 위찬얜, 9. 쩡피얜, 10. 마오옌, 11. 딩쓰산, 12. 가샤(일본과 러시아)아 극동지역 토기 출토 유적 위치는 Tsutsumi 2002: 圖 7; 圖 1에 의거, 재작성)

자는 이미 초기 토기의 주요한 기능이 취사에 있음을 지적했다(Lu, T. 1999: 124, 2010; Wu, X. and Zhao 2003). 앞에서 언급한 바와 같이 과도기에 대량으로 획득할 수 있는 식량은 소형 동물, 어류, 패류, 견과류, 괴경식물과 곡물이다. 이것들 가운데 상당수는 취사를 해야 비로소 식용할 수 있는데, 도토리, 곡물, 패류는 특히 그렇다. 토기 사용은 새로운 식량 종류가 대량으로 개발된 것으로 인해 출현했을 것이다. 이런 상황에서 특정한 취사방식은 특정한 취사도구를 필요로 했다. 초기 토기에는 형태, 태토 중의 첨가물, 표면의 그을음 등에서 몇몇 지역적 차이가 존재한다. 왜냐하면 토기 제작자들이 의식적으로 특정한 형태로 토기를 설계하고 특정한 첨가물을 선택해 그 사용 기능을 제고했기 때문이다. 이로 인해 토기의 형태와 태토의 차이는 토기의 기능과 긴밀한 관련을 맺는다(Schiffer and Skibo 1987; Skibo et al. 1989).

화북지역에서 발굴된 전신세 전기의 토기는 주로 바닥이 편평한 통형의 물건으로 고고학에서는 대개 '우형기(盂形器, 바리형 그릇)'라고 불린다. 토기에는 대개 모래가 포함되어 있지만 때때로 조개껍데기 분말을 첨가물로 사용하기도 했다. 이들 토기는 아마도 불과 직접 접촉했을 것이며, 그 결과 표면에서 항상 그을음을 볼 수 있다. 이런 통형의 취사기는 일종의 지역적 전통을 형성했으며 전체 화북평원과 산동지역의 신석기시대 전기 유적에서 지속적으로 사용되었다(제5장 참조).

양쯔강 하류, 상산 유적에서 가장 오래된 토기가 발견되었다. 주요한 기형은 식물 첨가물을 넣은 아가리가 넓은 분[敞口盆]이며, 홍색의 도의(陶衣)가 있고 일부에는 손잡이도 달려 있다. 상산 유적의 토기에서는 모두 그을음의 흔적이 발견되지 않았으나 그중 일부는 아마도 취사기였을 것이다. 이때 채용된 방법은 석자법이다. 즉 물을 채우고 물 안에 가열된 돌을 넣는 것이다. 그러므로 토기의 외표에는 그을음이 없다.

태토 내에 서로 다른 첨가물을 넣는 것의 기술적 효과에 대한 실험고고학 연구에 근거해 제임스 스키보(James M. Skibo) 등은 식물류 첨가물이 있는 토기는 쉽게 제작할 수 있으며 또 이동하기에도 편리할 뿐만 아니라 산열률(散熱率)도 떨어뜨릴 수 있다고 주장했다(Skibo et al. 1989). 식물을 첨가물로 사용한 토기는 모래를 함유한 토기보다 훨씬 가볍고 단열과 열전도 방지에 더욱 효과적이다. 만약 토기에 다시 도의를 입힌다면 단열성은 더욱 강해질 수 있다. 식물을 첨가물로 사용한 토기가 갖는 이러한 특징은 석자법에 가장 적합하며, 기본적 경제 형태가 수렵채집이며 거주 형태가 반정주인 사회에 더할 나위 없이 적합하다. 케네스 리드(Kenneth C. Reid)의 연구에 따르면 석자법에 적합한 토기의 설계 특징은 다음과 같다. 기벽은 두껍고 구멍[孔]이 많아 단열과 열전도를 막는 데 효과적이며, 방수가 되는 내벽이 있다. 또한 두껍고 편평하며 안정된 바닥을 가지고 있어 투입된 열석(熱石)이 뿜어내는 열량을 흡수하면서 그 충격을 버틸 수 있다. 기벽이 곧고 아가리가 넓어 표면의 거품을 걷어 내고 음식물을 꺼내기 편리하다(Reid 1989: 173-175). 이 같은 측면에서 살펴보면 상산 유적의 토분은 위에서 언급한 석자법 토기의 특징을 모두 갖추고 있으며, 이것을 우연의 일치로 볼 수는 없다.

주목할 만한 점은 캘리포니아의 토착 아메리카인이 도토리를 주식으로 먹었다는 점이다. 이들은 먼저 마석으로 도토리 가루를 낸 다음 식용으로 충당하고, 돌을 가열하는 방법으로 조리했다(Driver 1961: 68-69; Fagan 2000: 209). 이를 통해 볼 때 상산 유적의 식물 첨가물이 있는 일부 토분은 아마도 석자법으로 도토리 죽을 끓이는 데 사용되었을 것이다.

양쯔강 하류에서는 신석기시대 문화의 각종 요소가 발전함에 따라 식물을 첨가물로 사용한 토기가 결국 광물을 첨가물로 사용한 토기로 대체되었다. 그러나 이 토기 성분 변화가 기형의 신속한 변화를 야기한 것 같지는 않다. 상산에서 동북쪽으로 80km 떨어진 샤오황산(9,000-8,000 cal.BP)에서는 상산과 유사한 창구직벽분(敞口直壁盆)이 토기 중에서 여전히 주도적인 지위를 차지하지만 그 전부가 사질 토기이다(張恒, 王海明 2005). 이런 차이는 아마도 토기의 성분에 기술적인 변화가 생겨도 석자법으로 음식을 조리하는 방법은 변화하지 않았음을 의미할 것이다. 식물 첨가물을 사용한 토기도 점차 사라져, 콰후차오나 허무두 유적(8,000-6,000 cal.BP)에서는 여전히 등장하지만 이후의 유존에서는 보이지 않는다. 양쯔강 유역에서 식물 첨가물 토기가 광물 첨가물 토기로 대체되는 것은 바로 음식물에서 재배도(栽培稻)가 더욱 중요해지는 것과 동시에 발생했다. 이와 같은 상황은 북아메리카 동남부의 고고학적 자료가 보여 주는 것과 같다. 그곳에서 토기 제작 기술의 변화, 특히 식물 첨가물이 광물 첨가물로 변화하는 것은 생업 경제의 발달과 밀접한 상관관계를 가진다. 그곳에서는 광물 첨가물 토기가 유행했을 때 재배 곡물은 이미 주요한 식량이 되었으며, 그에 따른 조리법의 변화가 있었다(Schiffer and Skibo 1987: 602).

양쯔강 중류지역과 화남지역 갱신세 후기와 전신세 전기 유적 중에서 약간의 토기편이 발견되었다. 그 유적에는 위찬옌, 셴런둥, 쩡피옌, 딩스산, 다옌 등이 포함된다. 복원할 수 있는 기형에는 첨저 혹은 환저기가 있으며, 태토에는 모래, 방해석(方解石)

또는 석영 과립이 포함되어 있고, 일부 유물에는 표면에 그을음이 있다(예컨대 다옌의 유물). 고고학자들은 이들 유물이 취사기이며, 곡물과 패류를 조리하는 데 사용되었을 것이라고 주장한다(Lu, T. 1999: 124, 2010; 中國社會科學院考古硏究所 2003a: 452).

견과류, 곡물 그리고 패류 채집은 토기를 사용하기 전에도 있었을 것이다. 이들 식량은 토기가 발명되기 이전 수천 년 동안 다른 방법으로 조리되었을 것임이 분명하다. 이런 측면에서 토기의 발명은 구석기시대 후기의 지속적인 식량 시스템하에서 조리방법에 진보가 이루어진 것으로 볼 수 있다. 대체적으로 토기의 형태와 제작 기술에 보이는 지역적 차이는 토기의 기능과 관련되어 있을 것이다. 그러나 우리는 이것이 어떤 식량과 관련되어 있는지를 설명하기 위해서 단순하게 기술기능이론에 의거해 추측할 수는 없으며, 잔류물 분석을 진행함으로써 초기 토기의 기능에 대한 가설을 검토해야 한다.

세계적인 범위 안에서 토기의 기원에 관한 다양한 이론이 제시되어 왔다. 첫째는 '건축 가설'인데, 이것은 토기 제작이 초기의 건축과 동시에 시작되었다고 주장한다. 둘째는 '주방 가설'인데, 이것은 토기가 주방에서 음식을 담기 위한 용기로 발명된 것이라고 주장한다. 셋째는 '자원 이용 강화 가설'이다. 이것은 토기의 출현이 적응적 생업 전략의 하나로서, 갱신세 후기에서 전신세 전기의 과도기에 발생한 환경과 식량 자원 변화에 대응하기 위한 것이라고 주장한다(Rice 1999의 종합적 서술 참조). 중국 고고학 유존의 토기 유존은 둘째와 셋째 가설을 지지하는 듯하다.

동아시아지역의 토기 기원

중국의 토기 기원은 동아시아라고 하는 거대한 지역 범위 내에서 발생한 사회 기술 변혁의 일부분이다. 동아시아의 범위는 중국, 일본 그리고 러시아의 극동지역을 포함한다. 최후 빙하기에 해수면 고도는 지금보다 140m 낮았으며, 일본열도는 하나의 정체로서 그 북부(사할린과 시베리아를 통해)와 어쩌면 그 남부(한반도를 통해서)도 아시아 대륙과 하나로 연결되어 있었을 것이다(Aikens and Akazawa 1996; Cohen 2002: figure 1; Ikawa-Smith 1986: 203). 오늘날에 비해 더 큰 동아시아 대륙에서 이동성이 강한 수렵채집 집단과 그들의 기술에는 분명히 상당한 교류가 있었을 것이며, 지역 간의 상호작용도 항상 발생했을 것이다. 바로 이런 배경에서 가장 오래된 토기 제작 기술은 모두 1만 6,000년 전(cal.BP)을 전후해 혹은 더 일찍 동아시아의 몇몇 지역에서 출현했다(그림 3.8 참조).

일본에서 가장 오래된 토기의 출현은 구석기시대에서 초기 조몬시대(繩文時代, 1만 2,800-1만 500 BP)로의 전환을 상징한다. 가장 오래된 토기는 모두 작은 파편이며, 혼슈(本州) 북부 아오모리(靑森)의 오다이야마모토(大平山元)I 유적(약 1만 6,500 cal. BP)과 규슈(九州) 남부 도서에 위치한 후쿠이(福井) 유적 등 동굴 유적에서만 출토되었다(Habu 2004: 26-32; Tsutsumi 2002). 가장 오래된 이들 토기는 모두 문양이 없고 일부에는 식물 첨가물이 사용되었다. 대부분의 경우 기형을 복원할 수 없으나 일부는 평저기임이 분명하다(Keally et al. 2003: 5; Kidder 1957: 7). 일반적으로 일본 최초의 토기는 음식을 조리하는 데 사용된 것으로 여겨진다(명백히 외부가열법을 사용했다). 왜냐하면 무문양 토기의 외표에 그을음이 있고, 탄화된 음식 잔류물이 남아 있기 때문이다(Kobayashi 2004: 19-20; Tsutsumi 2002: 249).

이들 초기 토기의 파편은 미코시바유형(神子柴類型)의 석기와 함께 출토되었다. 이 유형의 석기에는 마인석부(磨刃石斧)와 대형 첨두기가 포함되는데, 러시아 극동지역과 시베리아 및 인접 지역에서 기원한 것이다(Habu 2004: 26-32; Tsutsumi 2002). 초기 조몬문화의 일부 취락은 예를 들면 안정적인 수혈식 가옥, 돌로 쌓은 화덕, 식량 저장 시설, 불구덩이[燒火坑] 등에서 정주 생활방식을 보여 준다. 이것은 모두 장시간 사용된 거주 시설의 증거이다. 초기 조몬문화의 석기 유존에는 타제 첨두기, 긁개, 반월형기, 모두(矛頭, 창끝) 등이 있다. 타제와 마제 석부도 있는데, 아마도 목제 가공에 사용되었을 것이다. 그리고 식물과 동물류 식량을 가공하는 데 사용된 연마용 석기가 있다(Habu 2004: 57-78; Kobayashi 2004: 7-17). 이 물질 유존들은 중국 갱신세 말기의 유존과 매우 유사하다.

조몬인은 온난하고 풍부한 온대 환경에서 생활하고 여러 종류의 식량에 의지해 생존하여 담수어류와 밤, 호두와 도토리 등 견과류 식량에 대한 의존도가 점차 증가했다(Kobayashi 2004; Tsutsumi 2002). 정주의 정도는 시간과 공간에 따라 크게 다르다. 일부 유적은 어쩌면 이미 완전한 정주의 수준으로 발전했으며, 그 밖은 계절적인 정주 캠프에 지나지 않았던 것 같다(Habu 2004: 79-134; Pearson 2006). 조몬인에게 식량 생산이 중요한 역할을 하고 있었다는 것은 학술계에서 점차 많은 동의를 얻고 있지만(Crawford 2008), 일반적으로 조몬시대 경제의 기초적인 특징은 역시 발달한 이동식 식량 획득과 생태 환경에서의 각종 자원 획득이라고 여겨진다. 이러한 상황은 포리저에서 콜렉터로 변화하는 과정에서 조몬인은 콜렉터 쪽에 더욱 가까웠음을 보여 준다(Habu 2004: 63). 이와 같은 조몬인의 생업-취락 전략은 전신세 초기 중국에서도 마찬가지로 존재했다.

러시아 극동지역에서 가장 오래된 토기는 아무르강(黑龍江) 하류지역에서 출현했는데, 대표적인 유적은 가샤(Gasya)와 홈미(Khummy)이며, 유적의 연대는 1만 6,500–1만 4,500년 전이다(Kuzmin 2003b: 22; Kuzmin and Orlova 2000: 359). 토기 표본의 재질은 취약해 소성온도가 섭씨 600도를 넘을 수 없는 것으로 추정된다. 이들 초기 토기는 평저기이며 태토에는 두 가지 종류가 있다. 그 하나는 천연의 점토로서 첨가물이 들어 있지 않으며, 다른 하나는 식물 첨가물이 섞여 있다(Zhushchikhovskaya 1997). 성형 방법은 진흙덩이를 틀이 되는 광주리의 안 혹은 밖에 붙이는 것이다(Zhushchikhovskaya 2005: 23).

이들 최초의 토기들과 함께 출토된 석기 유존은 중석기 전통의 특징을 보여 준다. 가샤 유적의 포분 자료는 가장 오래된 토기가 발전한 시기의 환경이 매우 한랭하여 주요 식피는 소량의 소나무와 낙엽침엽림 그리고 크게 펼쳐진 초지였음을 보여 준다. 이 지역에서 가장 오래된 토기가 출현한 것은 아마도 식용 견과류와 어류에 대한 깊이 있는 개발과 관련이 있을 것이다(Kuzmin 2003b). 가샤 유적에서 출토된 몇몇 토기의 표면에서 발견된 잔류물은 토기가 취사 기능을 가지고 있었다는 주장을 뒷받침한다(Zhushchikhovskaya 2005: 29). 어떤 연구자는 이들 최초의 토기는 정주와 함께 출현했다고 주장하는데, 이는 홈미 유적에서 가옥 유구가 발견되었기 때문이다(Kuzmin 2003b). 아울러 전체 지역 내의 갱신세-전신세 과도기 유적은 모두 하나의 지점에서 장기 거주한 증거를 가지고 있다(Zhushchikhovskaya 2005: 28).

이들 자료는 러시아 극동지역에서 최초의 토기를 제작한 집단의 생업 경제가 기본적으로 여러 가지 식량을 획득할 수 있는 환경 속에서 수렵과 어로, 채집에 의존하는 전략이었음을 보여 준다. 이들 집단은 계절적 캠프에서 상당히 긴 시간을 지냈을 것으로 추정되며, 충분한 시간을 가지고 토기를 제작했을 것이다. 이런 상황은 화북지역에서 가장 오래된 토기가 발견된 후터우량 유적과 유사한 것으로 추정된다.

러시아 극동지역에서 가장 오래된 토기는 광주리 틀을 이용해 제작한 것일 뿐만 아니라 이후 신석기시대 토기의 표면 문양 역시 광주리 문양을 모방했다(Zhushchik-hovskaya 2005:62-71). 주목할 것은 화북지역 둥후린과 난좡터우 유적의 최초 토기 구연부 파편에도 편직기(編織機)의 테두리를 모방한 것이 있다는 점이다(그림 3.5-3 참조). 이와 같은 현상은 광주리와 토기 두 종류 용기의 유사성을 두드러지게 나타낸다. 양자는 유사한 기술적 설계와 아이디어를 갖추고 있을 뿐만 아니라 어떤 기능적인 일치성도 가지고 있다. 이러한 유사성은 광주리와 초기 토기가 모두 석자법에 사용된 물건이라는 가설을 뒷받침한다. 더욱 중요한 것은 러시아 연구자가 주목한 것처럼 러시아 극동지역, 중국 화북지역, 한반도와 일본열도를 포함하는 동아시아 지역의 초기 토기 제작자가 모두 토기에 편직물의 형태와 문양을 복제했다는 점이다(Zhushchikhovskaya 2005: 71). 물론 오늘날까지도 이들 유사성이 어느 정도까지 지역 상호간 상호작용의 결과이고, 어느 정도까지 독립적으로 발전, 형성된 우연의 일치인지는 분명하게 알지 못한다.

중국에서의 정주 생활 출현

중국에서 정주가 발전한 과정은 아직 체계적으로 연구되지 않았으며, 단지 화남지역 채집 집단의 정주 정도에 대한 소량의 분석이 있을 뿐이다. 뤼례단은 셴런둥 동굴 유적에서 발견된 야생도(野生稻)와 출토된 녹각 및 두골(頭骨)이 서로 연결된 현상 등에 근거해 이 동굴에 거주한 계절은 가을부터 이듬해 봄까지일 것이라고 주장했다(Lu, T. 1999: 97). 반대로 야스다 요시노리(安田喜憲)는 토기의 출현에 근거해 최후 빙하기의 최후 단계에 동아시아에 '정주혁명'이 일어났으며, 1만 6,500년 전(cal.BP)을 전후해 광범위하게 확산되었다고 추정했다. 그러나 그는 당시의 정주 정도가 얼마나 높았는지에 대해서는 설명하지 않았다(Yasuda 2002). 현재의 자료에 의하면 전신세 전기에 몇몇 지역에서 비교적 높은 정도의 정주가 출현했으며, 상산이 그 대표적인 사례이다.

상산 유적은 아열대 환경에 위치해 자연 자원의 계절성이 매우 강함에도 불구하고 상당히 풍부하다. 식량은 여름과 가을에는 풍족하지만 겨울에는 궁핍하다. 취락의 규모에서 보면 전신세 전기 상산의 인구밀도는 갱신세 후기와 비교해 매우 높다(Lu, T. 1999). 이들 유적의 고고학적 자료는 일종의 혼합식 주거 모델을 보여 주는데, 그 두드러진 특징은 콜렉터 전략 가운데 계절/연도에 따른 이동을 실행함과 동시에 정주성이 점차 강해진 것이다. 식물류 식량이 개발되었는데 특히 도토리가 그렇다.

세계 매우 많은 지역의 집단에서 도토리는 기본 식량이었다(Mason 1992, 1996). 도토리에는 타닌산이 풍부하게 함유되어 있는데, 참나무속에 속하는 15종의 도토리에는 그 함유량이 2.21%에서 22.74%까지 다양하다(莢恒龍, 周瑞芳 1991). 가시나무아속에 속하는 4종의 도토리에는 그 함유량이 2.21%에서 15.75%까지 다양하고(端木炘 1995), 돌참나무속에 속하는 8종의 도토리는 그 함유량이 0.63%에서 3.31%까지에 걸쳐 있다(端木炘 1997). 도토리는 식용 전에 산을 제거해야 한다(연마와 여과를 포함한다). 그 순서는 상당히 복잡하고 많은 시간을 필요로 하는데, 그 이후에야 비로소 식용할 수 있는 정도가 된다(Bettinger et al. 1997; Mason 1992, 1996). 지금 중국에서 도토리는 주로 사료로 가공되거나 술을 빚는 데 사용되며 또는 공업 전분으로 제작되지만(莢恒龍, 周瑞芳 1991; 楊萍 등 2005), 식용되기도 한다. 기근이 든 시대에는 특히 그렇다. 지역마다 가공 방법은 서로 다르지만 기본적인 순서는 불리기, 갈기, 껍질 제거하기, 체질하기, 여과하기, 말리기 등이며, 전체적인 과정에 여러 날이 소요된다(白坤 등 2000; 莢恒龍, 周瑞芳 1991). 도토리는 반드시 연마 과정을 거쳐야만 식용할 수 있기 때문에 전신세 전기 유적에서 발견되는 대량의 연마용 석기와 그와 관련된 잔류물 분석을 통해 도토리가 전신세 전기에 이미 성인 식단의 중요한 식량이 되었음을 알 수 있다.

수렵채집 사회에서 집중 저장과 정주의 밀접한 상관관계가 이미 파악된 바 있다(예컨대 Testart 1982). 그러나 모든 저장방식이 정주를 초래하는 것은 아니다(Soffer 1989). 이동하는 수렵채집 집단도 유효 기간이 짧은 식량을 저장할 수 있으며(예컨대 냉동이나 건조 혹은 염장한 육류식품), 정주하는 수렵채집 집단도 유효 기간 내에 있거나 사회생활에서 장기적으로 식용할 수 있는 식품을 저장할 수 있다(예컨대 견과류나 곡물). 따라서 저장된 자원의 성격은 정주와 그것이 최종적으로 이끌어 내는 식량 정밀 가공의 출현을 촉진하는 중요한 동력이다(Hitchcock 1987; Soffer 1989). 도토리는 가을에 어렵지 않게 대량으로 채집되고 매우 긴 시간 동안 저장할 수 있다. 중국의 전통적인 도토리 저장 방법은 가옥 내에 걸어 두거나, 구덩이에 놓아두는 것, 광주리 속에 담아 흐르는 물속에 놓아두는 것 등이다(不具名 1975).

도토리는 매년 생산량이 안정적이지 않기 때문에 믿음직스럽지 않은 식량 자원이다(Gardner 1997). 만약 한 무리의 사람들이 도토리를 기본 식량으로 삼는다면 그들은 아마도 현지의 식량 자원이 다 소모되었을 때 자원이 더욱 풍부한 곳으로 이동할 것이다. 이러한 이동은 아마도 계절적인 것이며, 또한 수년에 한 차례 일어날 것이다. 이동 시간의 간격 차이는 왜 상산 유적에 임시로 사용된 유물 저장구덩이도 있고, 동시에 더욱 오랜 시간에 걸쳐 사용된 주거 시설도 있는지를 설명해 줄 수 있을지도 모른다.

종합해 보면 도토리를 채집하고 가공하는 각종 요소—예컨대 충분한 계절적 생산량, 장시간 저장, 이와 더불어 시간과 인력이 소모되는 가공—는 모두 더욱 안정적인 주거방식을 촉진할 수 있으며, 이와 같은 상황은 적어도 집단 가운데 일부 사람들에게 적용된다. 동시에 연도에 따른 참나무의 생산량 변화도 주거지 이동을 야기했을 것인데, 상산에서도 유사한 상황이 있었을 것이다. 우리는 지역 내 취락 분포, 인구밀도와 도토리 및 다른 식량 자원의 채집 행위에 대해 더욱 많은 연구를 진행해야 한다. 그래야만 해당 지역의 취락-생업 모델에 대한 인식을 더욱 심화할 수 있다.

브루스 스미스(Bruce Smith)는 일찍이 양쯔강 유역 수도 경작 집단의 선배는 수생 자원과 풍부한 야생도에 의존한 정주사회일 것이라고 추측했다(Smith 1995: 212). 현재의 자료는 양쯔강 하류지역의 정주사회는 확실히 자원이 풍부한 환경에서 출현했음을 보여 준다(Smith 1995 참조). 그러나 그곳의 주요한 식량은 야생도가 아닌 다른 전분류 식물, 특히 현지에서 풍부하게 생산되는 도토리와 같은 견과류였다. 도토리의 대량 채집, 전분류 식량의 연마 가공 기술 발전 그리고 이처럼 보관하기 쉬운 식량을 저장하는 시설 건설 등 모든 요소들이 한데 결합해 발달한 도작 농업이 출현하기 전 정주성이 나날이 강해지는 현상을 야기했다.

상산 유적에서 야생도와 재배도의 이삭줄기가 모두 발견되므로(Liu, L. et al. 2007; 鄭雲飛, 蔣樂平 2007) 유적 주위에서 대량의 야생도를 획득할 수 있었으며, 사람들이 이미 그것을 재배하려고 시도했을지도 모른다고 추측할 수 있다. 생태학적 관점에서 보면 수도는 저장성이 강하며 궁핍한 계절에 일종의 이상적인 대체 식량이 될 수 있었다. 사회적 관점에서 보면 도곡을 경작하는 매우 많은 집단에서 수도는 연회와 의례 활동 가운데 중요한 식량이었다(Hayden 2003). 우리가 지금 알고 있는 중국에서 가장 오래된 양조 음료 역시 수도로 제작한 것이다(McGovern et al. 2004, 2005). 따라서 수도는 일찍이 일종의 사치식품으로서 의례 활동에서 중요한 역할을 담당했을 것이다. 수도가 가진 이와 같은 측면에서의 가치는 사람들로 하여금 그것을 순화하도록 강한 동기를 부여했을 것이다. 그러나 상산 유적의 생업 경제는 수렵채집을 기본 특징으로 한 것이었을 가능성이 더욱 크며, 단지 제한적인 수도 채집과 어쩌면 제한적인 경작만이 있었을 것이다.

이런 단서들을 놓고 볼 때 우리는 다음과 같은 결론에 이를 수 있다. 상산의 생업경제는 '광역적 전략(broad-spectrum strategy)'을 특징으로 하여 수렵·어로와 야생식물 채집에 의존했다. 포리저 전략과 콜렉터 전략을 양극으로 하는 발전 과정에서 상산은 콜렉터 쪽의 종점에 위치할 수 있다. 바꾸어 말하면 상산인은 아마도 반(半)정주, 심지어는 거의 완전히 정주 촌락의 수렵채집 집단이었을 것이다. 이 지역의 풍부하고 다양한 식량 자원은 병참식의 식량 획득 방식을 촉진했다. 즉 소규모의 기동대가 거주 캠프에서 멀리 떨어진 여러 지점으로 이동해 다양한 종류의 식량을 채취한 것이다. 자원의 계절적 불균형은 어쩌면 겨울과 이른 봄에 식량 부족을 야기해 식량 비축을 필수적인 과제로 만들었다. 만약 견과류, 특히 도토리가 이 지역에 풍부했다고 하면 유효 기간이 길기 때문에 저장하기에 가장 적합한 식량이 되었을 것이다. 견과류를 식용할 수 있게 하기 위해서는 복잡하고 시간이 걸리는 탈산(脫酸) 과정이 필요한데, 이것 역시 더욱 높은 수준의 정주를 촉진했을 수 있다. 필요한 식량 가공 방법을 발전시키고 견과류의 저장 환경을 개선해 보존 기간을 늘리는 일은 환경상의 준비뿐만 아니라 기술상의 발명도 필요하다. 이는 모두 상산이 병참식의 식량 보급 정주 생활을 발전시킨 필요조건이었다. 식물 첨가제를 포함한 경질의 토분(土盆)은 아마도 이들 조직적 콜렉터를 위해 설계된 것이었을 것이다.

상산 유적에서 나타나는 매우 많은 특징은 생존 적응의 측면에서 조몬문화와 유사하다. 두 문화는 모두 타제석기와 마제석기를 가지고 있으며, 토기를 사용하고 병참식의 이동 집식방식을 채택했으며 집중 저장을 채용해 풍부한 자연환경에서 광역적 동식물 자원을 개발했다. 이들 유사성은 아마도 두 지역의 유사한 생태 환경에 의해 조성되었을 것이다. 또한 구석기시대 후기에 두 지역이 육교 혹은 선박을 통해 모종의 문화 교류를 진행했다고 생각할 수도 있다(Ikawa-Smith 1986). 두 지역 사이에 상산보다 이른 그러나 현재에는 중국의 동해 속에 완전히 매몰된 고대 취락이 존재했을 가능성도 충분히 있다(그림 3.8 참조). 이들 가상의 유적은 동아시아 지역의 광범위한 문화 발전에 존재하는 시간적 공백을 보완할 수도 있을 것이다. 이렇게 보면 양쯔강 하류의 상산 유적이 보여 주는 물질 유존의 독특한 성격은 어쩌면 이미 바다 밑에 매몰된 문화 전통과 밀접한 관계를 가진 그리고 내륙의 다른 문화와는 명확히 구별되는 문화전통과의 분명한 관계를 의미하고 있을 수도 있다.

중국 기타 지역에서의 이행

지적해야 할 것은 중국의 모든 지역에서 갱신세-전신세 과도기 생업 전략의 변화 증거가 발견되는 것은 아니라는 점이다. 몇몇 집단은 명백히 전신세에도 후구석기 시대 전통을 계속해 여전히 수렵·어로와 채집에 의존했다. 이들 수렵채집 집단은 화북지역의 건조 및 반건조 지역에서(Bettinger et al. 1994), 중국의 서북부와 서남부의 고해발 지역에서(Bettinger et al. 1994; Huang, W. and Hou 1998; Madsen et al. 1996; Rhode et al. 2007), 화남지역의 몇몇 동굴 유적(예컨대 쩡피엔)과 열대에 속하는 중국 동남부 및 타이완 지역에서(Zhang, S. 2000) 모두 발견되었다. 이들 지역의 지체된 생업 경제-취락의 변화는 어쩌면 계절적으로 풍부한 자연 자원을 갖춘 적당한 생태 시스템이 아마도 중국 갱신세-전신세 과도기에 발생한 기술과 사회 변화의 필요 환경 조건이었을 것이라는 점을 드러내 주는 것 같다.

결론

중국 갱신세-전신세 과도기의 현저한 특징은 각 지역이 서로 다른 발전의 궤적을 보인다는 점이다. 이들 상호간에는 유사한 점도 있지만 물질문화에서는 명백한 지방적 전통이 드러나고 있다. 황허강과 양쯔강 유역에서 토기의 발명, 마제석기의 생산, 식물류 식량 개발의 지속적인 강화와 저장 시설 사용을 포함하는 몇몇 주요한 기술 발명과 사회 발전이 출현했는데, 이러한 모든 것이 정주 생활방식의 출현과 현저한 인구 증가를 다시 야기했다.

이러한 발전은 생업 경제-취락 시스템의 측면에서 이해할 필요가 있으며, 이 밖에도 환경과 생태 배경까지 고려해야 한다. 과도기는 포리저의 경향이 더 강한 갱신세 후기 집단에서 콜렉터의 경향이 더 강한 집단으로 변화되어 가는 전체적인 추세를 입증한다. 포리저의 경우 사람들은 항상 식량을 획득할 수 있는 지점으로 거주 캠프를 옮겼는데, 화북지역의 샤촨, 스쯔탄, 후터우량 유적군이 바로 그 사례이다. 콜렉터의 경우 사람들은 식량 획득을 위한 기동대를 조직해 캠프에서 멀리 떨어진 지역으로 이동해 식량을 획득했으며, 상대적으로 내구성이 있는 식량을 저장해 거주 캠프의 거주 시간을 늘렸다. 이와 같은 상황의 가장 좋은 사례는 상산 유적이지만, 비록 그 정도가 다소 약하다고 해도 둥후린, 난좡터우, 리자거우에서도 볼 수 있다. 이러한 변화가 발생하는 데 필요한 조건은 다음의 세 가지 요인을 포함한다. ① 온난한 온대와 아열대 환경이 풍부한 종류의 식량 자원을 제공할 수 있으며, 이들 자원은 계절적 풍요와 결핍을 규칙적으로 보인다. ② 특히 견과류와 곡물 같은 보관하기 쉬운 식량을 획득할 수 있어 정주 생활방식이 가능해졌다. ③ 이를테면 토기를 사용해 음식을 조리하는 것과 같은 식량 이용 기술의 진보가 사람들로 하여금 환경의 변화에 적응할 수 있게 했다. 그 결과는 정주, 인구의 증가이며 어쩌면 최초의 곡물 경작이 모두 과도기에 출현해 우리가 다음 장에서 논의하고자 하는 9,000년 전(cal.BP) 이후 신석기시대의 진일보한 사회와 경제 발전을 이끌어 낸 것도 여기에 포함될 수 있을 것이다.

유소씨(有巢氏), 즉 이 장의 첫머리에서 인용한 고대 문헌 기록에 실린 둥지를 짓고 그곳에 거주하는 집단은 대체로 원고시대 거주민의 오래된 기억에 대한 신화적 표현으로 이해할 수 있을 것이다. 그들 거주민은 수렵채집 경제에 의존하는 동시에 정주성이 더욱 강한 생활을 시작했다.

제4장 동식물의 순화

왕자(王者)는 백성을 하늘로 여기고, 백성은 먹을 것을 하늘로 여긴다.

– 『한서(漢書)』 「역이기전(酈食其傳)」

중국은 세계에서 동식물의 순화와 농업 기원의 몇 안 되는 주요 지역 가운데 하나이다(Bellwood 2005; Smith 1998). 자고이래 중국은 농업을 근본으로 여겼으며, 세계다른 지역과 마찬가지로 농업이 중국문명 기원의 경제적 기초였다. 초기 중국에서 가장 중요한 농작물과 가축(수도, 조·기장, 대두, 돼지, 개 그리고 아마도 닭)은 모두 본토에서 순화된 것이며, 밀, 보리, 염소, 면양, 말 등은 다른 지역에서 순화된 이후 들여온 것이다. 순화된 황소와 물소의 기원은 지금도 분명하지 않다. 이 종들은 서로 다른 시간과 장소에서 각각 순화된 것일 텐데 이 종의 전화(transformation)가 발생한 구체적인 시공관계는 아직도 알 수 없다. 이 장에서는 앞에서 언급한 각 종의 순화 과정을 순서에 따라 각각 소개할 것인데 다른 장절과는 달리 시공의 순서에 따라 고고학 자료를 나열하지는 않을 것이다. 이렇게 하는 목적은 뒤의 각 장에서 논의하게 될 내용을 쉽게 검색할 수 있는 자료 색인을 제공하려는 데 있다.

식물의 순화

체계적인 부선법이 중국 고고학에서 사용되기 이전(趙志軍 2004d) 발굴 과정에서 육안으로 볼 수 있는 식물 유존의 수집은 체계적이지 않았으며, 부선은 우연히 행해졌을 뿐이다. 식물 유존에 대한 연구는 주로 식물학자가 그것의 종속을 판정하는 것이었다. 최근 식물고고학 연구가 빠르게 발전해 점차 다수의 고고학 연구 테마가 부선법과 정량분석을 사용하기 시작했으며, 이들 연구 성과는 중국의 식물 순화에 대한 우리의 인식을 크게 심화시켰다. 이 절에서 우리는 주로 고대 중국의 주요 작물—수도, 조·기장, 대두, 밀, 보리 및 귀리의 순화 과정에 대한 현재의 인식을 논의하고자 한다. 연구자들은 이들 순화 곡물 가운데 수도에 대해 가장 큰 관심을 가지고 있다.

수도

아시아의 순화 수도(*Oryza sativa*)는 두 종류의 아종, 즉 인디카(*O. sativa Indica*, 籼稻)와 자포니카(*O. sativa japonica*, 粳稻)를 포함한다. 보통 아시아의 순화 수도는 일반적인 야생 수도(*Oryza rufipogon*)에서 유래했다고 생각한다. 수도가 언제, 어디서, 어떻게 순화되었는지의 문제는 오랜 시간에 걸쳐 논쟁이 끊이지 않았다. 〈그림 4.1〉은 이 절에서 살펴보는 수도와 관련된 유적을 표시한 것이다.

어디에서? | 최초의 견해는 히말라야 산록, 즉 인도 동북의 아샘-메갈라야부터 동남아시아와 중국 서남지역의 산맥지대를 포함하는 곳에서 수도의 순화가 발생했다는 것이다(Chang, T. 1976). 그러나 이러한 견해를 뒷받침하는 증거는 제한적이며 신뢰할 수 없다. 특히 고고학적 자료는 동남아시아와 중국 서남지역에서 발견된 수도 유존이 양쯔강 유역에서 발견된 것보다 훨씬 늦다는 사실을 알려 준다. 옌원밍은 1970년대에 지금으로부터 7,000년 전(cal.BP) 전후의 신석기시대 수도 재배 유적(예컨대 허무두, 뤄자자오, 차오셰산 유적)이 일부 발견됨에 따라 양쯔강 하류가 수도 순화의 주요한 중심지라고 주장했다(嚴文明 1982). 1980년에서 1990년대 장시성의 셴런둥과 후난성의 위찬옌, 펑터우산, 바스당 등의 유적에서 8,000년 전(cal.BP) 혹은 그보다 더 오래된 수도 생산 유적이 새로 발견되었다. 이로 인해 고고학자들은 다시 양쯔강 중류지역으로 관심을 돌려 그곳에서 수도 순화의 기원을 찾기 시작했다(MacNeish et al. 1998; Pei, 1998; Yuan, Jiarong 2002; Zhao, Z. 1998). 21세기 들어 양쯔강 하류지역의 세 유적—상산(Jiang, L. and Liu 2006), 샤오황산(張恒, 王海明 2005), 콰후차오(浙江省文物考古研究所, 蕭山博物館 2004)—에서도 1만 1,000-7,000년 전(cal.BP)의 수도 유존이 발견되었다. 이들 발견은 다시 한번 수도 순화의 기원에 대한 논쟁을 촉발했다. 몇몇 연구자

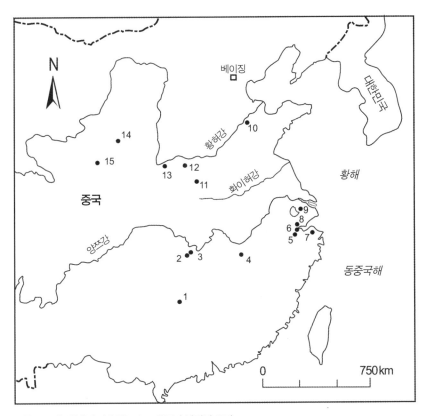

그림 4.1 제4장에서 서술하는 수도 유존과 관련된 유적
1. 위찬옌, 2. 펑터우산, 3. 바스당, 4. 셴런둥-댜오퉁환, 5. 상산, 6. 콰후차오, 7. 허무두, 톈뤄산, 8. 뤄자자오, 9. 차오셰산, 10. 웨좡, 11. 자후, 12. 후이쭈이(灰嘴), 13. 난자오커우, 14. 칭양, 15. 시산핑

는 화이허강(淮河) 상류 또한 수도 순화의 기원지 가운데 하나라고 주장했지만(張居中 등 1996), 대다수는 수도의 순화가 양쯔강 중하류 일대에서 처음 발생했다고 생각한다 (Bellwood 2005; Crawford 2006; Crawford and Shen 1998; Higham and Lu 1998; Yan, W. 2002). 장시성의 셴런둥과 댜오퉁환 유적(Zhao, Z. 1998)의 갱신세 후기 퇴적과 저장성의 몇몇 후구석기시대 및 신석기시대 전기 유적(鄭雲飛 등 2007; 鄭雲飛, 蔣樂平 2007)에서 발견된 야생 수도 유존은 양쯔강 유역이 야생 수도의 자연 분포 지역임을 입증하며, 이것은 수도의 순화가 이 지역에서 기원했다는 견해를 더욱 합리화한다.

언제? | 수도가 언제부터 순화되기 시작되었는지 또한 오랫동안 논쟁이 되어 온 문제이다. 이것은 대개 연구자들이 야생 수도와 순화 수도를 구분할 때 각기 다른 방법과 표준을 사용한 것에서 비롯되었다. 중국에서는 통상 세 가지 방법이 사용된다. 첫

번째 방법이 의거하는 것은 곡물의 형상이다. 곡물의 길이/폭 비례를 측량해 야생 수도(길이/폭＞3.2)와 순화 수도—인디카(길이/폭＝2.3-3.2)와 자포니카(길이/폭＝1.6-2.3)—를 구분한다. 이 방법에 의거해 혹자는 인류가 최초로 수도의 생장주기에 간여한 행위는 갱신세 후기에 발생했으며, 위찬옌 동굴 유적(Yuan, Jiarong 2002)이 전형적인 증거라고 주장한다. 또 혹자는 수도 농업이 9,000년 전(cal.BP)에 개시되었으며, 비록 당시의 재배 수도가 생존 경제에서 주도적인 지위를 차지하지 못했다고 해도 펑터우산, 바스당 그리고 자후(賈湖) 유적에서 발견된 수도 유존이 그 명백한 증거라고 주장한다(Pei 2002; 張居中, 王象坤 1998). 그렇지만 매우 많은 연구자들은 직접적인 연대 측정 수치가 없는 위찬옌 유적 수도의 원시성에 대해 신중한 태도를 취하고 있다. 크로퍼드와 선천은 순화 혹은 비순화 형태의 이삭줄기가 있는지의 여부를 알지 못하는 상황에서 바스당 유적의 수도가 순화되었는지 여부를 단언하는 것은 설득력이 없다고 단언했다(Crawford and Shen 1998: 864-865).

현재의 순화 수도와 야생 수도는 크기와 비례에서 매우 큰 차이가 있기 때문에 고도(古稻)를 현생의 어떤 도종(陶種)으로 분류하기는 매우 어렵다. 따라서 길이/폭 비례법은 실천 과정에서 효과를 거두기 어려울 수 있다(Fuller et al. 2007). 그리고 이 방법은 인디카와 자포니카 등 2개의 아종은 수도가 순화된 뒤에 비로소 출현했다는 가설 위에 성립된 것 같다. 따라서 2개의 아종이 만약 수도 유존에서 동시에 출현한다면 그것은 곧 수도가 이미 순화된 것을 의미한다. 그러나 이 가설은 문제가 있는 것으로 보인다. 일반 야생 수도의 제한 효소(restriction enzyme)에 의한 핵심 유전자 분자 단편 길이 다중 모드 분석에 근거해 쑨촨칭(孫傳淸) 등은 중국의 일반 야생 수도에 원시형, 유사 인디카형, 유사 자포니카형 등 유전자의 다양성이 존재한다고 지적했다(孫傳淸 등 1997). 이 유전자 분석 결과에 입각해 사토 요이치로(佐藤洋一郎)는 인디카-자포니카의 분이(分異)가 순화도(*sativa*) 도종군(稻種群)이 성립되기 이전에 이미 출현했다고 주장했다(Sato 2002). 중국 고고 유존의 수도립 28립에 대한 그의 연구는 모든 종자가 자포니카의 유전자 특징을 가지고 있음을 보여 주었다. 오카 히코이치(岡彦一)와 모리시마 게이코(森島啓子)가 실시한 야생 수도 실험 재배에서 야생 수도(*perennis*)는 순화도와 (순종생장이 아니라) 교잡(交雜) 성장하며, 순화의 특징이 빠른 속도로 증가하는 것으로 나타났다. 시간적으로 보면 인디카-자포니카와 같은 종군 구별은 더더욱 수도가 완전히 순화된 후의 이차적 결과인 것 같다. 재배 초기에 수도의 종군에는 일차 순화와 이차 순화의 서로 다른 특징을 포함해 고도의 유전자 차이가 존재했을 가능성이 매우 높다(Oka and Morishima 1971). 이들 연구에 의하면 초기의 수도 유존 가운데 존재하는 곡물 개체의 형태 차이는 그 가운데 포함된 야생 수도, 초급 순화 수도 그리고 교잡 수도 등의 각종 품종이 포함되어 있기 때문일 것이다.

순화 수도인지를 확정하는 두 번째의 방법은 식물규산체 연구이다. 그러나 각 연구자가 얻은 결론은 오히려 현저하게 다르다. 자오즈쥔(趙志軍)은 장시 야오퉁환 동굴 유적에서 출토된 수도 도각의 쌍봉 유돌 식물규산체에 대한 분석을 진행했는데, 그 결과 후기 갱신세(1만 2,000-1만 1,000 BP)에 야생 수도의 채집이 시작되고, 그 후 1만-8,000년 전에는 채집된 야생 수도와 수확된 초기 순화 수도가 공존했으며, 마지막으로 7,000년 전을 전후해 순화도가 주체가 되었음이 드러났다(Zhao, Z. 1998). 장원쉬(張文緖)는 고대와 현대 수도의 쌍봉 유돌 규산체를 비교해 수도 재배의 최초 단계는 갱신세 후기 혹은 전신세 전기까지 소급될 수 있다고 주장했다(Zhang 2002). 정원페이(鄭雲飛) 등의 식물 운동 세포 규산체 연구에 의하면 상산 수도(1만 1,000-9,000 BP)의 식물규산체 형태는 아열대의 자포니카와 유사하며, 이것은 수도 재배가 전신세 전기에 시작되었음을 의미한다(鄭雲飛 등 2007). 이와 반대로 푸다오렌(傅稻鎌) 등은 양쯔강 하류지역 수도 유존의 선형 식물규산체를 분석해 순화도는 쑹저와 량주문화(6,000 cal. BP 이후) 시기에 비로소 출현했다고 주장했다(Fuller et al. 2007).

순화 수도를 확인하는 세 번째 방법은 주로 이삭줄기의 형태 연구에 착안한 것이다. 야생 곡물/수도의 이삭줄기는 매우 연약해서 성숙한 종자가 자연적으로 떨어지기 쉽다. 그런데 순화된 곡물/수도의 이삭줄기는 매우 단단해서 종자가 자연적으로 잘 떨어지지 않으며, 따라서 계획적인 수확에 도움이 된다. 그러므로 인공적으로 곡물을 수확한 후에 순화된 수도의 도각 위에는 항상 상징적으로 절단된 이삭줄기의 잔여 부분이 남게 된다(Hillman and Davis 1999; Sato 2002). 상산의 수도 유존(1만 1,000-9,000 cal.BP)에 대한 연구 역시 초기 수도 재배의 가능성을 시사한다. 도각 이삭줄기에 대한 현미경 관찰을 통해 야생 수도와 순화 수도의 특징을 가진 도각이 공존했으며, 이 가운데 순화도와 자포니카가 비교적 유사하다는 것을 발견했다(鄭雲飛, 蔣樂平 2007).

정원페이 등의 연구에 따르면 콰후차오 유적에서 발견된 120개의 도각 가운데 42%는 이삭줄기에 잔류 부분이 남아 있는 재배 자포니카였으며, 58%는 이삭줄기에 매끈한 상처가 있었는데, 이것은 야생 수도의 특징이다. 허무두 유적과 같은 시기의 뤄자자오(羅家角)와 톈뤄산(田螺山) 유적에서 수집된 451개 도각 가운데 51%에는 재배 수도의 단단한 이삭줄기가 있었으며, 49%에는 야생 수도의 그것처럼 부드러운 이삭 줄기가 있었다. 콰후차오와 뤄자자오-톈뤄산의 수도 유존을 비교하면 재배 수도의 비율은 42%에서 51로 증가했다. 즉 8,000-7,500년 전(cal.BP)의 500년 동안 모두 9%가 증가했다. 만약 이 수치를 평균적 순화율이라고 볼 수 있다면 가장 이른 순화는 1만 년(cal.BP) 전에 발생했을 것이다(鄭雲飛 등 2007). 또한 이 수치는 수도의 최초 순화(0%에 가까운 재배종)에서 완전 순화(100%에 가까운 재배종)까지 아마도 5,000년이 넘는 시간이 필요했음을 알려 준다. 정원페이 등이 제기한 이 논점은 아직 더 많은 유적과 더 많은 양의 표본으로 검증될 필요가 있다. 이를테면 최근 톈뤄산 유적의 수도 이삭줄기에 대한 연구는 자연 탈락되지 않은 순화형 수도 이삭줄기의 비례가 300년 동안(6,900-6,600 cal.BP) 27%에서 39%로 증가했음을 보여 주는데(Fuller et al. 2009), 이것은 앞에서 제기한 변화 속도보다 훨씬 낮다. 모든 연구는 수도의 최초 재배/인공 간섭으로부터 완전 순화까지 매우 긴 시간이 필요했음을 보여 준다. 이 과정에서 수도의 종군(種群)은 야생도, 순화도 그리고 교잡도가 서로 혼합된 특징을 가지고 있었을 것이다(Liu, L. et al. 2007b). 수도의 순화는 연속된 과정이다. 우리는 영원히 고고 유존에서 야생 재배도와 재배 순화도 사이에 분명한 경계선을 그릴 수 없을 것이다.

요컨대 위찬옌과 댜오퉁환의 갱신세 후기 수도 유존은 채집 야생도의 단계를 대표할 것이며, 전신세 전기 상산 유적의 수도 유존은 초기 수도의 순화를 탐구하는 초점이 될 것이다. 화이허강 유역 자후 유적이 보여 주는 바는 9,000년 전(cal.BP) 화북지역의 거주민이 이전보다 더 많이 야생과 순화가 서로 섞였을 가능성이 높은 수도에 의존했다는 점이다(河南省文物考古研究所 1999a; 趙志軍, 張居中 2009). 산둥성 웨좡(月莊) 유적의 자료는 8,000년 전(cal.BP) 수도가 북쪽으로 황허강 하류지역까지 확장되었음을 보여 주며(蓋瑞·克勞福德 등 2006), 허난성 난자오커우(南交口) 유적(魏興濤 등 2000)과 후이쭈이(灰嘴) 유적(Lee, G. and Bestel 2007; Lee, G. et al. 2007)의 발견은 6,000-5,500년 전(cal.BP) 수도가 황허강 중류지역까지 도달했음을 보여 주고, 간쑤성 칭양(慶陽) 유적(張文緖, 王輝 2000)과 톈수이(天水) 시산핑(西山坪) 유적(Li, X. et al. 2007)의 발견은 5,500-5,000년 전(cal.BP) 수도가 다시 더욱 먼 황허강 상류까지 전파되었음을 보여 준다(그림 4.1 참조). 자후와 콰후차오의 자료는 9,000-8,000년 전(cal.BP) 수도의 순화가 중국의 남방과 북방에서 아마도 동시에 발전했을 가능성이 있음을 시사한다(Liu, L.

et al. 2007b).

고고학자들은 수도가 언제 주요한 식량으로 변화했는지에 대해서 공통된 인식을 거의 갖고 있지 않다. 몇몇 연구자는 허무두의 수도 생산량이 많으므로 수도를 기본 작물로 한 서경(鋤耕) 농업이 이미 출현했다고 믿고 있다(예컨대 黃渭金 1998; 嚴文明 1982). 그러나 다른 연구자는 양쯔강 유역에서는 재배도뿐만 아니라 야생도와 기타 야생식물도 중요했음을 강조한다(예컨대 Crawford 2006; Crawford and Shen 1998). 특히 장광즈는 허무두와 마자방문화의 선민(先民)들은 부유한 채집자였는데, 그들은 풍부한 야생 동식물 자원을 개발하면서 동시에 수도를 재배했다고 주장했다(Chang 1981a). 차이바오취안(蔡保全)은 "허무두에서 대량으로 발견된 골산(骨鏟)은 서경 농업이 이미 출현했음을 보여 준다"는 추론에 대해 의문을 제기했다. 그는 이 골산은 저장갱과 주동(柱洞)을 파는 데 사용되었으며, 수전(水田) 경작에 사용되지 않았을 가능성이 더욱 큰데, 왜냐하면 몇몇 구덩이 벽면에 남겨진 굴착 흔적과 이 골산의 폭이 일치하기 때문이라고 지적했다. 그는 출토 유물에 근거해 한 걸음 더 나아가 채집과 수렵은 허무두 생업 경제의 주요한 구성 부분이며, 재배도는 단지 그다음의 역할을 담당했을 뿐이라고 주장했다(蔡保全 2006). 다른 연구자들(예컨대 fuller et al. 2007) 또한 비슷한 견해를 피력했다. 골산의 기능에 대한 상이한 이들 견해는 공구의 사용흔에 대한 분석을 통해 검증되어야 한다. 그러나 현재의 자료는 화남지역에서 수도를 기초로 하는 농업이 확립된 것은 수천 년 동안 지속된 점진적인 진보 과정이었음을 보여 준다.

어떻게? | 야생도 채집에서부터 완전 순화에 이르기까지의 진화 선택 과정을 촉진한 요소는 무엇인가? 찰스 하이엄(Charles Higham)은 대맥과 소맥의 순화 과정과 유사하게(Hillman and Davies 1999) 수도 재배로의 전환 역시 몇 가지의 조건을 필요로 한다고 주장했다(Higham 1995). 첫째, 채집자의 수확 방법이 배를 타고 야생도가 생장하는 수역에 들어가 성숙한 종자를 두드려 선실 또는 용기에 담는 간단한 방법이라면, 이런 방법은 수도의 순화로 이어지지 않는다. 초기 재배도 경작자는 수확 때 줄기를 잘라내야 했으며, 그런 다음 수전에 새로운 수도를 심었다. 매년 이와 같은 노동과정이 반복되어야만 비로소 견고한 이삭줄기를 가진 성숙한 도곡 선택이 촉진된다. 둘째, 수확, 종자 선택, 종식(種植), 불 지르기로 이어지는 파괴, 통제, 재생성 활동에 종사하는 사람들은 이 새로운 실천이 그들의 종교와 문화 가치에 부합한다고 생각해야만 한다. 셋째, 정주 생활방식이 완전히 확립되어 있어야 한다. 이러한 상황하에서만

그것이 기본적인 경제적 전략이 될 수 있다. 그리고 이러한 전략이 일단 채택되면 도리어 장기적인 정주를 더욱 강화할 수 있고, 이를 통해 이미 투입된 상당한 인력과 물력의 재배 성과를 보호할 수 있다. 그런데 고고학적 자료에서 이들 요소를 확인하는 것은 결코 간단하지 않으며 직접적으로 이루어질 수 있는 일이 아니다.

오카 히코이치와 모리시마 게이코는 실험 연구를 기반으로 하여 다음과 같은 결론을 얻었다. 만약 경작지 한 곳에서 칼[刀]을 이용해 수확하고 파종한 지 다섯 시즌이 되면, 실험 표본을 통해 중량 및 이삭줄기 수량의 증가와 낙립(落粒) 비례 감소의 상황을 파악할 수 있다. 이것은 불락립(不落粒) 유전자 선택의 결과이다(Oka and Morisima 1971). 힐먼과 데이비스는 대맥과 소맥 재배에 대한 실험 연구를 통해 유사한 결론을 얻었다(Hillman and Davies 1999). 이들 연구는 모두 통제할 수 있는 상황에서 곡물(수도를 포함해) 형태가 이른바 '재배 압력'하에서 상당히 빠른 속도로 변화할 수 있음을 보여 준다. 그런데 현실적으로 최초 순화 과정 중의 매우 많은 요소에 대해 알지 못하기 때문에 수도가 순화되는 데 필요한 시간이 실험 중에 나타난 시간보다 훨씬 더 길었을 수 있다.

갱신세 말기 양쯔강 유역의 수도가 어떻게 수확되었는지도 여전히 분명하지 않다. 뤼레단의 연구에 따르면 후난성 위찬옌에서 발견된 날카로운 날이 있는 천공패각(穿孔貝殼)은 아마도 절단용 공구였을 것이며, 다오퉁환에서 발견된 소량의 수석제 석편은 가장자리에 연마된 흔적이 있으므로 아마도 곡물을 수확하기 위해 제작되었을 것이다. 그러나 이런 주장은 아직 정론이 아니다(Lu, T. 1999: 87, 94). 자오즈쥔의 다오퉁환 토양에 대한 식물규산체 분석은 도속(稻屬) 잎의 규산체는 매우 적지만 도속의 이삭껍질[穎殼] 세포는 오히려 매우 많다는 점을 보여 주었다. 이것은 취락으로 가져온 것은 주로 도립(稻粒)이며 볏짚은 수확되지 않았음을 의미한다(Zhao, Z. 1998: 891-892).

중국 남방에서 볏짚까지 수확한 수도의 가장 오래된 흔적은 상산 유적까지 거슬러 올라갈 수 있다. 이 유적의 소토(燒土)와 토기 중에는 등겨와 잎이 대량으로 섞여 있다. 그러나 도구를 사용해 볏짚을 수확한 것인지 아니면 손으로 뽑은 것인지는 분명하게 알 수 없다. 이 유적에서 석도와 같은 절단 공구가 발견되었으나 아직까지 사용 흔적 분석을 통해 그 기능을 확인하지 못했다(蔣樂平 2007). 콰후차오 중층(7,700-7,300 cal.BP)에서 십수 개의 이삭이 달린 볏짚이 발견되었으나(浙江省文物考古研究所, 蕭山博物館 2004: 325) 뿌리는 발견되지 않았다. 이것은 수도가 볏짚을 절단하는 방식을 통해 수확되었음을 의미한다. 그러나 콰후차호 유적에서는 아직까지 낫이나 칼이 발견되지 않았다. 중국 북방에서는 자후 유적에서 가장 오래된 수확 도구가 발견되었다. 이 유적에서는 상당히 많은 수량의 마제 낫이 출토되었는데(45개), 이것은 마제석기 총 수량의 16%에 해당한다. 일반적으로 이 가운데 몇몇 개의 낫, 특히 치상(齒狀) 테두리를 가진 낫은 수도를 수확하는 데 사용된 것으로 간주된다(河南省文物考古硏究所 1999a). 그러나 이들 도구의 기능은 사용 흔적 분석을 통해 확인할 필요가 있다. 이들 자료를 종합해 살펴볼 때 사람들이 의식적 혹은 무의식적으로 수도의 생장주기에 간섭한 확실한 시간, 즉 수도의 순화를 이끌어 낸 최종 시점을 입증할 수 있는 분명한 증거는 아직 발견되지 않았다.

순화 초기라고 해도 도전(稻田)의 관리는 상당한 노동력의 소모를 필요로 했을 것이다. 저장성 톈뤄산 유적(BC 5000-BC 2500)(Zheng, Y. et al. 2009), 후난성 청터우산(城頭山) 유적(BC 4500-BC 4300)(何介鈞 1999)과 장쑤성 차오셰산 유적(약 BC 4000)(鄒厚本 등 2000)에서는 모두 초기 도전과 이와 관련된 관개 시스템이 발견되었는데, 이것은 7,000년 전에 양쯔강 유역의 수도 생산이 이미 정교화되었음을 시사한다. 초기 농업 단계에서 건기에 초목을 태워 도전을 정리하는 것은 경작지 관리의 보편적인 방법이었을 것이다. 톈뤄산 유적의 도전 퇴적에서 미소 탄립(炭粒)이 다량으로 발견된 것이 바로 그 증거이다(Fuller and Qin 2009; Zheng, Y. et al. 2009).

콰후차오 유적 퇴적 중에서 채취한 화분, 해조(海藻), 진균포자와 미소 탄립에 대해 진행한 실험실 분석은 7,700년 전(cal.BP) 전후 콰후차오 지역의 신석기시대 주민이 이미 여러 가지 방법을 통해 그들의 취락을 건설하고 수도 재배에 종사했음을 보여 준다. 다시 말하면 그들은 불 지르기를 통해 토지를 정리했고 저습지에 수도를 심었으며, 계절적 홍수와 불 지르기 그리고 시비를 통제함으로써 도전을 유지했고 나아가 수도를 재배하는 가운데 생산량을 높였다(Zong, Y. et al. 2007). 그런데 이와 같은 추측은 콰후차오 유적 발굴자의 비판에 직면하게 되었다. 그들은 상술한 실험 연구의 샘플이 사실 유적의 주거지역에서 채취한 것이므로 당시 주민의 생활 폐기물 상황을 반영할 수 있을 뿐이며 도전의 상황을 추측할 수 있는 증거가 될 수 없다는 점을 지적했다(蔣樂平 2008).

수도가 순화되는 과정은 현재 진행 중인 연구 과제이며, 해결을 기다리는 문제가 해답을 구한 문제보다 많다(Crawford 2011의 결론을 참조). 그러나 지금 절대다수의 연구자들은 다음과 같이 생각한다. 즉 갱신세 말기 야생도 채집의 출현부터 전신세 전기·중기 수도의 완전 순화까지 수천 년의 시간이 필요했다면, 사람들이 직면한 생존 선택의 압력은 그다지 긴박한 것이 아니었고, 수도는 신석기시대와 구석기시대 과도기의 광역적 생존 경제 중에서 부차적인 역할을 담당했을 뿐이다(예컨대 趙志軍, 張居中 2009).

조와 기장

일반적으로 두 종류의 좁쌀[10]이 중국에서 순화되었다고 여겨진다. 즉 조(粟, *Setaria italica*)와 기장(黍, *Panicum miliaceum*)이 그것이다. 조의 야생 조본은 강아지풀(*Setaria viridis*)로서 중국의 대부분 지역에 광범위하게 분포하는 일종의 일년생 초본식물이고, 기장의 야생 조본은 아직 확정되지 않았다(Gao, M. and Chen 1988; Lu, T. 1999).

어디에서 언제? | 산시성 샤촨 유적(약 2만 3,900-1만 6,400 BP)과 스쯔탄 유적 제9지점(약 1만 2,700-1만 1,600 cal.BP)에서 출토된 석기의 잔존물 분석과 사용 흔적 분석에 따르면 갱신세 말기 곡물을 포함한 야생식물의 채집은 이미 광역적 생산 경제의 일부분이 되었다(Liu, L. et al. 2011; Lu, T. 1999: 28-32)(제3장 참조). 그 결과 2만 년 전 중국 북방의 인류가 야생 초본식물을 채집하고 가공하기 시작했으며, 그중 일부는 조와 기장, 기타 곡물류 식물의 야생 조본이었을 것임을 시사한다.

지금까지도 야생 조와 기장이 순화된 과정에 대한 연구는 부족하다. 재배 조나 기장의 최초 단계는 8,200년에서 7,000년 전 사이인데, 이와 관련된 고고학적 자료는 동북의 랴오허강 유역부터 서북의 황허강 상류까지 중국 북방을 가로질러 광범위하게 분포하고 있다. 가장 이른 순화 조·기장 표본은 네이멍구 츠펑 싱룽거우(興隆溝) 유적 (8,200-7,500 cal.BP)(趙志軍 2004a), 산둥성 웨좡 유적(약 8,000 cal.BP)(蓋瑞·克勞福德

---

10 [역주] 영문판에는 millet으로, 중국어판에는 샤오미(小米)로 되어 있다. 샤오미는 원래 조[粟]를 가리키지만 본문에서는 조와 기장[黍]을 통칭하는 술어로 사용되었다. 본 역서에서는 '좁쌀'이라 번역하여 '조', '기장'과 구분하도록 한다. 영문에서는 조를 'Italian millet'이라 하고 기장을 'proso millet' 또는 'common millet'이라 하여 모두 millet에 포함시킨다. 영문판에 millet이라 쓴 것도 조와 기장을 모두 포함하는 의미인 것으로 생각된다. 조와 기장은 모두 벼목 벼과 기장아과에 속하는 한해살이풀이다.

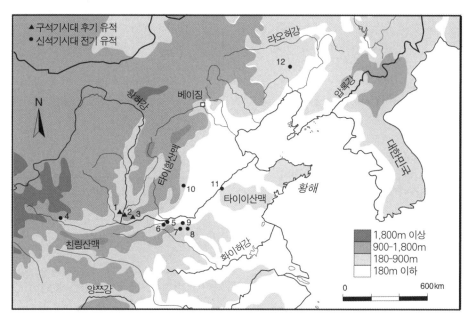

그림 4.2 좁쌀 재배 과정에 대한 논의와 관련된 유적

구석기시대 후기 유적: 1. 룽왕찬, 2. 스쯔탄, 3. 샤촨

신석기시대 전기 유적: 4. 다디완, 5. 우뤄시포, 6. 푸뎬, 7. 어거우, 8. 페이리강, 9. 사워리, 10. 츠산, 11. 웨쫭, 12. 싱룽거우

등 2006), 간쑤성 친안 다디완 유적(7,800-7,350 cal.BP)(劉長江 2006), 허베이성 우안 츠산 유적(7,400-7,200 cal.BP)(孫德海 등 1981) 및 궁이(巩義) 푸뎬(府店)과 우뤄시포(塢羅西坡)(Lee, G. et al. 2007) 유적 그리고 신정(新鄭)의 페이리강과 사워리(沙窩李) 유적(王吉懷 1983; 鄭乃武 1984) 등을 포함하는 허난성의 몇몇 페이리강문화 유적에서 출현한다. 최근의 연구에 따르면 허난성 페이리강문화의 어거우(莪溝) 유적에서 출토된 몇몇 연마용 석기 잔류물에서 좁쌀 전분이 발견되었는데, 이것은 이전 대식물군(macro-botanic)의 연구 결과를 뒷받침한다(Liu, L. et al. 2010a)(그림 4.2). 싱룽거우, 웨쫭, 다디완에서 출토된 대다수는 기장이다. 싱룽거우 기장의 크기는 현대 재배 기장과 야생 기장 사이이며, 그 형태는 야생에 비해 둥근 것으로 감정되었다. 이것은 순화의 초기 단계를 대표한다(趙志軍 2004a). 기장의 야생 조본을 아직 모르기 때문에 순화된 기장과 그 야생 조본을 비교했을 때 어떤 변화가 일어났는지를 말하기는 매우 어렵다. 일반적으로 랴오허강 유역(趙志軍 2004a)과 황허강 유역(蓋瑞·克勞福德 등 2006; Lee, G. et al. 2007; 劉長江 2006)의 몇몇 유적에서 조·기장 유존의 두 가지 추세를 관찰할 수 있다. 첫째는 곡물의 크기가 시간의 흐름과 함께 부단히 증가했으며(그림 4.3), 둘째는 비율

그림 4.3 신석기시대 전기부터 청동기시대의 서립(黍粒) 크기
1. 다디완, 2. 싱룽거우(BC 7000–BC 5000), 3. 다디완 양사오문화 후기(BC 3500–BC 3000), 4. 반촌(班村) 룽산문화 전기(BC 3000–BC 2500), 5. 싱룽거우 샤자뎬하층문화(BC 2000–BC 1500)

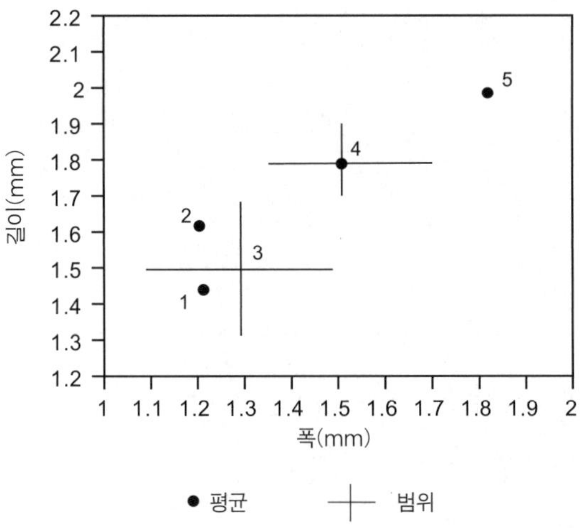

의 측면에서 보았을 때 신석기시대에서 청동기시대 전기까지 조의 수량은 부단히 증가한 반면 기장은 부단히 감소한 것으로 보인다.

츠산 유적에서는 매우 두꺼운 양식(조) 퇴적이 있는 구덩이가 80개 발견되었는데(孫德海 등 1981), 혹자는 이 구덩이에 모두 5만kg을 담을 수 있다고 추정하였으며(佟偉華 1984), 이에 따라 그것은 속작 생산 발전의 예증으로 해석되었다. 그런데 탄화된 속립(粟粒)은 보존되지 않았으며, 조의 존재는 식물규산체와 전분립 분석을 통해 확인된 것이다(黃其煦 1982; Lu, H. et al. 2009; Yang, X. et al. 2012). 이 밖에 몇몇 구덩이의 식량 퇴적층 아래에서 돼지와 개의 뼈도 발견되었는데, 이것은 식량 저장에 불리한 조건이다. 때문에 츠산 유적 '식량 저장구덩이'의 성격과 조 유존의 수량은 오랫동안 해결되지 않은 현안이 되었다(제5장 참조).

유적 중 5개의 재구덩이에서 채취한 토양 샘플에 대한 최근의 식물규산체 분석은 츠산에서 가장 먼저 순화된 좁쌀은 기장이며 그 연대는 1만 300년 전(cal.BP)이고, 조는 지금으로부터 8,700년 전(cal.BP) 이후에야 비로소 출현하는 것을 보여 주었다(Lu, H. et al. 2009). 이것이 현재까지의 가장 체계적인 연구로서 우리가 식물규산체 분석을 통해 두 종류의 순화된 좁쌀을 야생의 조·기장류 잡초와 구별할 수 있게 해 준다. 그러나 이 중요한 발견은 중국 고고학자의 비판을 받았다. 특히 순화된 조·기장의 너무 이른 연대와 연구자의 샘플 채취방식에 대한 의문이 제기되었다. 토양 샘플은 체계적인 조사 혹은 발굴을 통해 채취된 것이 아니며, 또 가속기질량분석시스템(AMS)의 연대도 탄화 씨앗에서 얻은 것이 아니다. 보다 진전된 조사와 연구만이 우리에게 츠산 취락의

보다 전체적인 경관을 제공해 줄 것이다.

전기 신석기시대 주민의 음식에서 조·기장이 차지하는 비중은 매우 적었던 것 같다. 이를테면 싱룽거우 유적의 싱룽와문화 시기 퇴적에서 조·기장은 부선된 낟알 총량의 15%를 차지하는 데 그쳤다. 같은 유적의 청동기시대 샤자뎬하층문화(4,000~3,500 cal.BP)의 퇴적에서 조·기장은 오히려 부선된 낟알 총량의 99%를 차지했다(趙志軍 2004a). 어거우 유적 출토 연마용 석기의 잔류물 분석 결과 역시 좁쌀 전분립의 비례는 매우 낮은 수준에 그쳤다(Liu, L. et al. 2010a). 황허강 유역에서는 양사오문화 시기에 비로소 조·기장을 위주로 한 생업 경제가 형성되었을 것이다. 인골과 동물 뼈에 대한 동위원소 분석은 조·기장이 산시성(陝西省) 장자이와 스자 유적(6,900~6,000 cal.BP)에서 주민 음식의 75~85%를 차지했으며, 허난성 시포(西坡) 유적(6,000~5,500 cal.BP)에서 돼지와 개의 음식물 구성에서 90%를 점유하고 있었음을 보여 준다(Pechenkina, E. et al. 2005). 이뤄지역에서는 양사오문화 후기(5,500~5,000 cal.BP)에 식물 유존 조합에서 조·기장이 주도적인 위치를 차지하기 시작했다(Lee, G. et al. 2007).

어떻게? | 조와 기장이 처음 어떻게 순화되었는지는 아직 분명하지 않다. 뤼례단(Lu, T. 1998, 2002)은 강아지풀 종식과 수확 실험을 진행한 후 조의 조본-강아지풀은 사람의 보살핌이 없어도 매우 잘 성장하며 따라서 파종 후 관리가 필요하지 않다는 점을 지적했다. 강아지풀의 생산량은 매우 낮으므로 촌락 주민은 단지 이것에만 의존해서는 생존할 수 없었을 것이다. 뤼례단은 최초의 농민은 유동하는 채집자로서 그들이 의식적으로 곡물을 재배했을 수 있지만, 이와 같은 최초기의 재배는 그들의 생업 경제 전략에 어떤 변화를 가져오지는 않았을 것임을 이 실험 결과가 보여 준다고 주장했다(Lu, T. 1998, 2002).

비교적 낮은 수준의 속작 생산은 아주 많은 경지 관리를 필요로 하지 않는다. 그러므로 우리는 이것이 물질 유존 측면의 현저한 변화를 야기했을 것으로 기대할 수 없으며, 고고학적 자료에서도 이들 경작 재배 활동의 유적을 발견하기가 매우 어렵다. 우리는 최초의 재배가 종자의 형태에 어느 정도의 변화를 가져왔는지 알지 못하며, 이것은 초기 조·기장 재배의 증거를 확인하는 데에도 어려움을 준다. 속작 기원의 종적을 찾기 위해 중국 고고학은 반드시 체계적이며 엄격한 자료 수집 방법, 이를테면 부선법이나 도구 미세 흔적 분석 등과 같은 방법을 보편적으로 활용해야 한다. 구석기시대 후기와 후구석기시대 유존에서의 고고학 작업에서도 마땅히 그렇게 해야 한다.

콩

콩(*Glycine max* subsp. *max*)은 현재 세계에서 가장 광범위하게 재배되는 작물 가운데 하나이다. 그러나 이것이 기원한 지리적 위치와 시간은 아직 해결되지 않은 문제이다. 순화된 콩은 아마도 야생 돌콩(*Glycine max* subsp. *soja*)에서 기원했을 것이다. 이것은 칭하이성(青海省), 신장과 하이난(海南)을 제외한 중국 대륙의 대부분 지역과 타이완 및 한국, 일본과 러시아 극동지역에 광범위하게 분포한다(郭文韜 2004; Hymowitz 1970; Hymowitz and Singh 1986). 야생 콩과 순화된 콩은 잡교할 수 있으며, 유사한 형태, 분포 지역, 동질 효소 밴드 모델과 유전자 다형(多形)을 가진다(Hancock 1992: 231). 이러한 요인으로 인해 순화종과 야생종의 차이를 구별하기는 매우 어렵다(Lee, G. et al. 2011).

식물학과 역사학 그리고 고고학 등 각기 다른 학과의 연구자들이 모두 콩의 기원에 대한 연구를 시도하고 있으며, 아울러 아래와 같은 다섯 종류의 가설을 제기했다. ① 중국 서북 기원설, ② 황허강 유역 기원설, ③ 황허강 유역과 동북지역 쌍(雙) 중심 기원설, ④ 중국 남방 기원설, ⑤ 중국 경내와 경외 다원 기원설(崔德卿 2004; 趙團結, 蓋鈞鎰 2004). 이들 주장에 나타나는 차이는 연구자들이 연구 방법을 구사하는 측면에서 보편적인 몇 가지 문제를 가지고 있음을 보여 준다. 적지 않은 연구가 현대 야생 콩 또는 재배 콩의 유전자 다양성 중심(center)의 확인을 통해 재배 콩의 기원을 추정하고 있다. 그러나 현대의 유전자 다양성 중심은 기원 중심과는 별다른 상관관계를 가지고 있지 않을 수 있으며, 기원의 시점이 아닌 현대 시점의 상황을 가장 잘 드러낼 수 있다(趙團結, 蓋鈞鎰 2004: 958). 더욱 중요한 것은 다수의 식물학과 유전학 연구가 최근의 고고학적 발견을 고려하지 않았다는 점이다.

콩 순화의 기원을 더욱 잘 이해하기 위해 민족지와 고고학 그리고 생물학 등 다양한 측면의 단서를 정리해 조정할 필요가 있다.

민족지 자료ㅣ 콩을 기록한 최초의 사서는 기원전 1000년에서 기원전 600년에 기록된 『시경(詩經)』이다(Loewe 1993). 콩은 '숙(菽)', '임숙(荏菽)'이라고도 불렸다. 이 작물은 그것과 연관된 각종 사회 활동에 집중되어 몇 편의 시에서 반복적으로 언급되었다. 2개의 동사 '채(采)'와 '확(穫)'은 콩의 채집을 묘사할 때 사용되었다. 몇몇 연구자는 '채'는 야생 콩을 채집하는 것을 가리키며, '확'은 재배 콩을 수확하는 것을 가리킨다고 주장했다(郭文韜 1996).

숙(菽, 대두)은 『대대례기(大戴禮記)』의 「하소정(夏小正)」에도 등장한다(Riegel 1993). 「하소정」은 농업과 의례의 기능을 겸비한 역법(曆法)으로, 전하는 바에 의하면 하대(夏代, BC 2100 – BC 1600)에 가장 먼저 출현했으며, 이후 기원전 1세기를 전후해 『대대례기』에 편집되어 수록되었다고 한다. 「하소정」에는 콩과 기장이 동시에 출현하며('種黍菽糜') 모두 하력(夏曆) 5월에 파종한다고 되어 있다(朱堯倫 2003). 하력 5월은 오늘날의 음력 6월 초(王安安 2006) 혹은 양력 7월 초에 해당한다. 이 내용은 기원전 3000년기 후기와 2000년기 초기에, 전통적으로 하의 기원지로 간주된 황허강 유역에서 콩이 여름철에 이미 재배되었음을 시사한다.

기원전 3세기에서 기원전 1세기에 성서(成書)된 『일주서(逸周書)』 「왕회해(王會解)」는 중국 동북지역의 대두에 대해 처음으로 언급했다(Shaughnessy 1993). 이 책에는 서주가 상을 멸망시킨(약 BC 1046) 후 대규모로 제후와 사이(四夷)를 소집했을 때 각지의 백성이 주왕(周王)에게 진헌한 공품(貢品)이 나열되어 있는데, 여기에 산융(山戎)의 '융숙(戎菽)'이 나온다. 일반적으로 산융은 중국 동북지역에 거주한 주민으로 간주된다(郭文韜 1996). 허빙티(何炳棣)는 이 기록이 콩이 재배된 지리적 기원과 그 민족적 배경(원시 통구스)을 나타낸다고 주장했다(Ho, P. 1975: 77-81). 만약 「하소정」에서 언급한 것처럼 '숙'이 기원전 1000년에 황허강 유역에서 출현했다고 하면, '융숙'은 주 왕조에 도입된 또 다른 콩의 품종으로 간주할 수 있다.

기원전 5세기에서 기원전 1세기에 편찬된 치국(治國) 경전인 『관자(管子)』 「융(戎)」에도 "산융을 북벌하였다. (산융에서는) 총(葱)과 융숙이 나는데, (이 일로 말미암아) 천하에 퍼졌다"는 '융숙'과 관련된 기록이 나온다(Rickett 1993). 이 글에는 산둥지역의 제 환공(桓公)이 산융을 북벌해 비로소 '융숙'이 전리품 형식으로 수입되었으며, 뒤이어 천하에 퍼졌다고 기록되어 있다. 이 기록을 통해 동북지역이 원산인 일종의 콩이 기원전 7세기 이후 다른 지역으로 널리 퍼졌다고 생각할 수 있다.

고고학 자료 | 일반적으로 재배 콩은 세 가지 특징을 가지고 있다. ① 성숙 후에 콩 꼬투리가 터지지 않는다. ② 낟알의 껍질이 얇다. ③ 낟알의 크기가 크다(Butler 1989). 앞의 두 가지 특징은 고고학 자료에서 쉽게 식별되지 않으므로 고고학자가 의지할 수 있는 유일한 부분은 낟알의 크기이다. 고고학적 기록에서 시간의 흐름과 함께 부단히 커져 가는 낟알의 크기가 재배 콩 여부를 판정하는 매우 좋은 지표임에도 불구하고

(Lee, G. et al. 2011), 낟알의 크기를 재배 콩 여부를 변별하는 유일한 지표로 간주해서는 안 된다(Crawford and Lee 2003).

중국에서는 이미 30여 개의 유적에서 콩 유존이 발견되었으며, 그 연대는 페이리강문화부터 한대(漢代)까지(BC 7000-AD 220) 걸쳐 있다(그림 4.4). 중국 북부에서는 허난성 자후 유적(BC 7000-BC 5500)(趙志軍, 張居中 2009), 반촌(班村) 유적(약 BC 5500)(孔昭宸 등 1999b) 그리고 산둥성 웨좡 유적(약 BC 6000)(蓋瑞·克勞福德 등 2006)에서 모두 야생으로 감정된 가장 이른 시기의 콩 유존이 발견되었다. 자후 유적에서 출토된 야생 콩 종자의 총계는 모두 581립(粒)이며, 출토된 식물 종자의 14%를 차지한다. 이들 야생 콩은 형태상에서 상대적으로 일치하지만(길이 3.28±0.47mm, 폭 2.33±0.35mm), 안후이성(安徽省)에서 채집된 현대의 야생 콩에 비하면(길이 3.81±0.49mm, 폭 2.77±0.33mm) 아직 작다. 자후에서 출토된 콩의 수량이 상당히 많은 것을 고려하면 이는 인위적으로 채집된 식량이었음이 분명하다(趙志軍, 張居中 2009). 중국 남부에서는 후난성 바스당 유적(BC 7000-BC 5800)이 신석기시대와 청동기시대에 걸쳐 콩의 종자가 발견된 유일한 유적이다(湖南省文物考古研究所 2006: 525). 이것은 이곳이 콩 기원의 중심지였을 가능성이 크지 않다는 것을 의미한다.

황허강 유역의 몇몇 유적에서는 모두 양사오문화 후기(BC 3500-BC 3000)의 콩 유존이 발견되었다. 그 가운데 출토 양이 가장 많은 곳은 허난성 정저우의 다허촌(大河村) 유적(그림 4.4)이다(Lee, G. et al. 2011; 劉莉 등 2012). 다허촌의 종자 유존은 처음에는 고량(高粱)으로 오인되었는데(李璠 2001), 발굴 중에 주거지 F2 지면의 토관에서 발견되었다(鄭州市文物考古研究所 2001: 169-170). 비록 이들 콩이 순화되었는지의 여부는 아직 분명하지 않지만 이것이 신석기시대 주민이 대량의 콩을 채집하고 저장한 가장 오래된 증거이다.

양사오문화 시기와 비교해서 신석기시대 후기인 룽산문화 유적에서 발견된 콩의 종자는 더욱 많으며, 분포 범위도 더욱 넓어 산둥성, 허난성 그리고 산시성(陝西省) 등 황허강 중하류지역에 두루 미친다. 산둥성 좡리시(莊里西) 유적에서 발견된 종자는 비교적 작고 야생종으로 감정되었다(孔昭宸 등 1999a). 다만 다른 유적에서 발견된 것들은 보편적으로 야생종보다는 크나 현대의 재배종에 비하면 여전히 작다(Crawford et al. 2005; 趙志軍 2004b; 趙志軍, 徐良高 2004). 산둥성 자오창푸(敎場鋪) 유적에서 발견된 대두 유존이 가장 풍부해 270개의 부선 샘플 중에서 모두 1만 립에 가까운 종자가 발

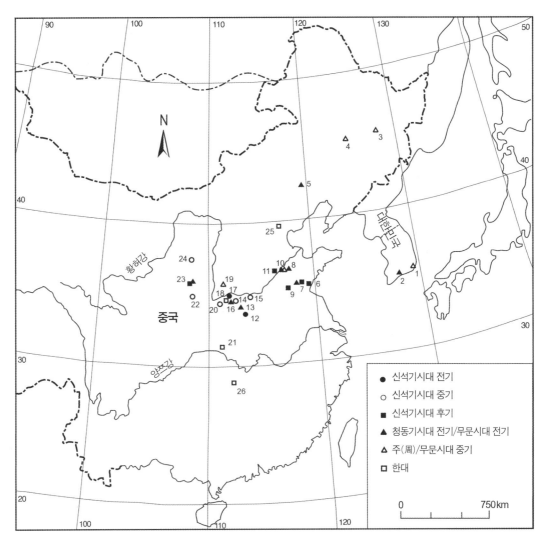

그림 4.4 제4장에서 언급하는 중국과 한국의 콩 유존 출토 유적

1. 다운동, 2. 남강 유역 유적군(南江流域遺跡群), 3. 다무단툰(大牧丹屯)과 뉴창(牛場), 4. 다하이밍과 우라제(烏拉街), 5. 싱룽거우, 6. 량청진, 7. 쥐현(莒縣)의 룽산문화 유적 2개와 웨스문화(嶽石文化) 유적 3개, 8. 마안(馬安), 9. 쫭리시, 10. 다신쫭과 탕예(唐冶), 11. 자오창푸, 12. 자후, 13. 신자이(新砦), 14. 후이쭈이, 15. 다허춘, 16. 짜오자오수(皂角樹), 17. 반춘(班村), 18. 뤄양시자오(洛陽西郊), 19. 뉴춘구청(牛村古城), 20. 시포, 21. 핑황산, 22. 양관자이(楊官寨), 23. 왕자쭈이(王家嘴), 24. 우쫭궈량(五莊果墚), 25. 라오산, 26. 마왕두이

견되었다(趙志軍 2004b). 이뤄분지에서 발견된 콩 종자의 배아줄기와 배꼽은 현대의 재배종과 대체로 같다(Lee, G. et al. 2007).

룽산문화 유적 콩 종자의 크기는 변화가 매우 커서 크로퍼드 등은 산둥 량청진(兩

城鎭)에서 발견된 룽산문화 후기의 종자는 지금까지 알려진 한국에서 처음으로 발견된 다운동(茶雲洞) 무문토기문화 중기(BC 760-BC 600) 유적의 재배 콩보다 확실히 작다고 생각했다(Crawford and Lee 2003). 따라서 이들은 황허강 유역 신석기시대 유적에서 발견된 낟알이 작은 콩 종자는 역시 야생종일 것이라고 주장했다(Crawford 2006: 81). 반면 자오즈쥔은 몇몇 룽산문화 유적에서 발견된 콩 종자는 비록 현대의 재배 콩보다는 작지만 형태나 규격이 상당히 일치하므로 재배종의 특징으로 볼 수 있다고 주장했다. 이 밖에도 자오창푸 유적에서 발견된 대량의 콩 유존은 룽산문화 시기에 콩이 사람들의 식량 구조 속에서 중요한 식료였음을 입증하며, 그 생장 과정에 이미 어느 정도의 인위적인 간섭(관리 혹은 재배)이 있었을 것이라고 여겨진다(趙志軍 2004b; 趙志軍, 徐良高 2004). 그런데 이뤄분지의 콩 샘플의 크기는 아주 균일하지 않아(Lee, G. et al. 2007), 자오즈쥔의 주장과는 모순된다. 이와 같은 모순된 자료는 각 지역의 콩 품종이 잡다했으며, 여기에는 야생과 재배의 서로 다른 유형이 포함되어 있었을 것임을 시사한다.

청동기시대 전기(BC 2000-BC 1000)에 콩 유존과 관련된 유적 10여 곳이 발견되었다. 이는 황허강 중하류지역뿐만 아니라 동북의 랴오허강 유역에도 있다(그림 4.4 참조). 싱룽거우 유적의 샤자뎬하층문화 퇴적(BC 2000-BC 1500)에서 발견된 콩 유존은 동북지역에서 대두가 재배된 것을 입증하는 가장 이른 증거이다. 이 지역은 후대의 문헌에서 전하는 바에 의하면 이미 '융숙' 콩의 재배를 시작한 산융인의 고향일 것이다. 싱룽거우 유적의 신석기시대 전기 퇴적(BC 6000-BC 5500)에는 조·기장 유존이 있었을 뿐인데, 청동기시대에는 조·기장과 콩 유존이 모두 발견되어 4,500년에 걸친 이 지역 농업 발전의 윤곽이 그려진다(趙志軍 2004a).

이뤄지역의 몇몇 얼리터우문화 유적에서(Lee, G. et al. 2007; 洛陽市文物工作隊 2002) 발견된 콩은 신석기시대의 유적에서 발견된 낟알의 형태보다 현저하게 크고, 그 일부는 한반도 역사시대 전기 유적에서 발견된 낟알이 다소 작은 재배 콩의 크기와 비슷하다(Lee, G. et al. 2011). 산둥성 다신좡(大辛莊) 상대 유적에서 발견된 콩은 그 크기의 감정에 따르면 야생종과 재배종이 모두 포함되어 있다. 재배 콩으로 감정된 것은 매우 적으며(수량은 7개로, 콩 종자 총량의 0.1%를 차지한다), 낟알의 형태는 황허강 유역 룽산문화와 얼리터우문화 유적에서 출토된 것과 비슷하지만(평균 4.91×3.21×2.36mm) 현대의 재배 콩보다는 작다(陳雪香, 方輝 2008).

황허강 하류와 동북 지역의 6개 유적 중에서 주대(BC 1045-BC 221)의 콩 유존이 발견되었다(그림 4.4 참조). 이 가운데 지린성(吉林省) 다하이멍(大海猛) 유적에서 발견된 콩(5.81×4.38mm)(2,655±120 cal.BP 또는 BC 700)은 현대의 소형 재배 콩과 유사하며, 각각 베이징 라오산(老山) 한묘(漢墓)와 후난성 마왕두이(馬王堆)에서 출토된 콩(6-7×3-4.5mm, 6.52×5.02mm)과 비슷하거나 약간 작다(孔昭宸 등 2011; 劉世民 등 1987). 이 시기 황허강 유역의 유적 가운데는 보편적으로 콩 유존이 결여되어 있다. 이것은 주로 생활 유적이 아닌 무덤 발굴이 주도적인 위치를 차지하여 식물고고학 연구가 현저히 부족하기 때문이다.

진한 시기(BC 221-AD 220)에 콩의 지리적 분포가 최고조에 달해 중국의 남방과 북방에서 광범위하게 재배되었다. 무덤에서 나온 토기상의 제기(題記)나(陳久恒, 葉小燕 1963) 후난성 마왕두이(陳文華 1994: 55-56) 또는 후베이성 펑황산(鳳凰山)(紀南城鳳凰山一六八號漢墓發掘整理組 1975)과 같은 침수된 무덤에서 발견된 콩 유존을 통해서 한대에 이르면 콩이 상장의식(喪葬儀式)에서 보편적으로 사용된 부장품이 된 것을 볼 수 있다. 마왕두이 1호 한묘에서 발견된 콩은 현재 중국 국내에서 보고된 가장 큰 종자 샘플로 현대의 재배종과 같은 크기이다.

어디에서 언제? | 앞에서 기록한 고고학적 자료는 작은 낟알을 특징으로 하는 야생 콩이 중국에서 최초로 이용된 증거가 기원전 7000년에 나타났음을 보여 준다. 신석기시대 초기의 콩은 전체 황허강 중하류지역에 분포했다. 낟알의 형태가 작기 때문에 황허강 유역의 신석기시대 콩의 순화 정도는 여전히 논쟁이 되고 있는 문제이다. 기원전 2000년기 초기에 이뤄지역의 얼리터우문화 유적에서 각종 규격의 콩 샘플이 보편적으로 발견된 것, 그리고 「하소정」에 이 시기 (이뤄지역을 포함하는) 황허강 중류에서 기원한 하대 주민의 농작물로 기록되어 있는 것을 보면 일종의 소립형 재배 콩이 당시에 출현했을 가능성이 있다(Lee, G. et al. 2011).

중국 동북지역에서 최초의 콩 유존은 샤자뎬하층문화(BC 2000-BC 1500)에서 나타나기 시작하지만, 콩의 규격과 크기는 아직 발표되지 않았다. 동북지역에서 지금까지 알려진 대립형의 재배 콩은 기원전 700년 전후에 출현해 한반도에서 발견된 것과 시대가 비슷하다.

한반도에서 식물학적 감정을 받은 최초의 콩은 무문토기시대 전기(BC 1400-BC 800)에 출현하는데, 그 낟알의 길이/폭 비율 범위가 매우 크다. 무문토기시대 중기(BC 800-BC 400)에 이르러 콩은 주요 작물로 성장해 몇몇 유적(예컨대 다운동 유적)에 밀집 분포한다. 이것은 콩이 농업 경제에서 차지한 중요성을 보여 준다(Lee, G. 2003). 중국 동북지역과 한반도에서 가장 오래된 재배 콩 샘플은 그 크기가 현대의 소립형 콩과 비슷하지만 황허강 유역에서 발견된 재배종보다는 현저히 크다. 일본에서는 일찍이 기원전 5000년 이전에 야생 콩이 인류에게 이용되었다. 이것은 인류에게 선택된 대립형 콩이 기원전 3000년에 출현했음을 나타낸다. 이런 현상은 콩이 최초에 여러 중심지에서 각각 순화되었을 가능성이 높다는 것을 시사한다. 거기에는 황허강 유역, 한반도, 일본 등이 포함된다(Lee, G. et al. 2011).

『관자』에는 융숙이 기원전 7세기 북방에서 산둥지역으로 수입되었으며, 이로 인해 널리 퍼졌다고 기록되어 있다. 이것이 현재까지 고고학을 통해 입증하지 못한 '동북대두(東北大豆)'인데, 이것은 동주시대와 전한시대에 중국의 다른 지역으로 확산되었을 것이다. 이와 같은 남방지역으로의 확산은 명백히 한대의 행정력과 경제력 확산에 의해 촉진되었으며, 이민으로 인해 남방 인구가 급격히 증가한 것도 영향을 준 것으로 보인다. 그러므로 후난성 마왕두이 한묘에서 발견된 콩 종자와 그곳에서 멀리 떨어진 동북지역 콩 종자의 크기에서 나타나는 유사성이 사람들의 관심을 불러일으킨다. 이것은 고고학적 자료와 문헌 기록이 여기에서 서로 일치하는 것임을 의미한다. 그러나 아직 하나의 중요한 문제가 남아 있다. 황허강 유역에서 수천 년 동안 생존한 현지의 소립형 콩이 동북지역에서 수입된 대립형 콩에 의해 대체되었는가? 현재 황허강 유역에는 이 관건적인 시기(BC 700-AD 200)에 속하는 콩 유존의 형태학적 자료가 결여되어 있기 때문에 아직까지 이 문제는 대답을 기다리고 있다.

괴경류 식물

중국의 전통적인 괴경류 작물에는 마(*Dioscorea opposita*), 토란(*Colocasia esculenta*), 연근(rhizomes of *Nelumbo nucifera*), 벗풀(*Sagittaria sagittifolia* L.) 등과(趙志軍 2005a) 갈근(*Pueraria lobata*의 뿌리)이 있다. 이들 괴경류 작물의 이용은 구석기시대 후기까지 거슬러 올라간다.

마속(*Dioscorea* sp.)으로 감정된, 일부는 아마도 마의 전분립에 속했을 것이 산시성(山西省) 스쯔탄 제9지점(1만 2,700-1만 1,600 cal.BP)(Liu, L. et al. 2011), 저장성 상산(1만 1,000-9,000 cal.BP)(Liu, L. et al. 2010c), 허난성 어거우(8,500-7,000 cal.BP)(Liu, L.

et al. 2010a)의 마반과 간쑤성 리현(李縣) 시산(西山) 유적의 서주시대 토기(葛威 2010)에서 발견되었다. 그러나 마가 처음 어느 시점에 재배되기 시작했는지는 아직 분명하지 않다.

구이린 쩡피옌 유적에 대한 식물고고학 연구에서 부선 샘플 가운데 괴경류 식물유존이 발견되었다. 석기에서 토란의 전분립이 발견되었는데, 그 연대는 유적의 모든 문화 단계에 걸쳐 있다. 쩡피옌 부근에서 시행된 야생 수도 수확 실험은 괴경류 식물채취가 야생 수도 채집에 비해 더 효율적임을 입증했으며, 구이린지역은 토란의 생장에 매우 적합하다(中國社會科學院考古研究所 2003a: 341-343). 화남지역의 주민이 인접한 양쯔강 유역 사회와의 교류를 통해 수도 재배에 관한 지식을 알고 있었던 것 같지만 그들은 여전히 주로 괴경류 식물에 의존해 전분류 식량을 획득했다. 괴경류 식물이 곡물에 비해 보다 쉽게 재배할 수 있는 것을 고려하면, 그에 대한 장기간에 걸친 깊이 있는 이용은 화남지역에서 결국 괴경류 식물 재배가 출현하는 것으로 이어졌을 것이다(趙志軍 2005a). 괴경류 식물이 언제, 어떻게 재배되었는지에 대해서는 더욱 깊이 있는 연구가 필요하다. 구이린의 몇몇 유적, 예컨대 샤오진(曉錦)과 딩스산의 기원전 4000년 이전 퇴적에서 어떠한 수도 유존도 발견되지 않은 것은 괴경류 식물이 주요한 전분류 식량이었음을 뜻한다. 도작 농업은 지금으로부터 6,000년 전후 양쯔강 유역에서 화남지역으로 전파되었다.

이상의 발견은 중국에서 갱신세 후기부터 전신세 전 시기에 걸쳐 괴경류 식물이 매우 광범위하게 이용된 역사를 가지고 있었음을 보여 준다. 괴경류 식물은 고고 유존 중에서 보존되기 매우 어렵기 때문에 전분립 분석은 괴경 유존을 발견하기 위한 가장 효과적인 방법이다. 이제부터라도 고대 유물의 잔류물 분석을 강화함으로써 괴경류 식물 개발에 대한 인식을 제고해야 한다.

밀, 보리 그리고 귀리

고고학적 자료에 의하면 중국에는 밀, 보리, 귀리의 재배 과정에 관련된 증거가 없다. 이 세 종류의 작물은 다른 지역에서 전파되었을 가능성이 가장 높다. 밀(*Triticum* sp.)은 기원전 3000년기 중엽에 황허강 유역에서 처음 출현했다(靳桂雲 2007). 기원전 1700년 이전으로 편년되는 최초의 밀 출토 유적이 간쑤성에서 산둥성에 이르는 6개 지역에 분포되어 있다. 이들 유적에는 간쑤성 톈수이 시산핑(약 BC 1700)(Li, X. et al. 2007), 산시성(陝西省) 저우위안(周原)(趙志軍, 徐良高 2004), 허난성 시진청(西金城)(약 BC 2300)(陳雪香 등 2010)과 와뎬(瓦店)(劉昶, 方燕明 2010) 및 산둥성 량청진, 자오창푸 와 자오자좡(趙家莊, BC 2600-BC 1900)(Crawford et al. 2005; 靳桂雲 2007) 등이 포함된 다. 기원전 3000년기 말기 혹은 2000년기 전기에 푸젠성(福建省) 샤푸(霞浦) 황과산(黃瓜山) 유적(BC 2480/2200-BC 1880/1620)에서 발견된 밀의 낟알과 식물규산체는 밀 재배가 이미 동남 연해지역까지 도달했음을 의미한다(Jiao 2007)(그림 4.5).

기원전 2000년기에 이르러 밀 유존의 분포 범위는 더욱 넓어지고 유적에서 더욱 빈번하게 출현하며, 관련 유적이 멀리 서부의 신장(古墓溝 혹은 孔雀河) 유적과 시짱(昌果溝 유적)에서 최동부의 산둥성까지 이어진다(靳桂雲 2007). 중원지역의 경우, 밀 유존은 다수의 얼리터우문화 유적에서 발견되었다(北京大學考古文博學院, 河南省文物考古研究所 2007; Lee, G. and Bestel 2007; Lee, G. et al. 2007). 이뤄지역에서는 얼리강문화 시기(BC 1600-BC 1300)에 밀과 조·기장, 수도가 함께 중요한 작물로 성장했다(Lee, G. et al. 2007). 산시성(陝西省) 저우위안의 선주(先周) 시기 부선 샘플에서는 밀이 종자 총수의 8% 가까이를 차지했다(趙志軍, 徐良高 2004).

시기가 가장 이른 보리(Hordeum vulgare)는 시산핑 유적(약 BC 2600)(Li, X. et al. 2007)과 산시성(山西省) 타오쓰(陶寺) 유적(BC 2500-BC 1900)(趙志軍 2005b)에서 모두 발견되었다. 기원전 2000년기에는 일반적으로 밀과 공존하며, 관련 유적 대부분은 칭하이(互助 豊臺 유적), 간쑤성(民樂 東灰山 유적)과 허난성(洛陽 皀角樹 유적) 등지에 분포한다(靳桂雲 2007). 보리는 특히 서북의 고해발 지역에 거주하는 사람들이 애용했다. 펑타이(豊臺, 卡約文化 유적)에서 출토된 보리 낟알(모두 1,487개)은 부선 곡물 총량의 92%를 차지한다(趙志軍 2004c). 보리 낟알은 푸젠성 황과산 유적에서도 발견되었는데, 이것 역시 밀과 함께 출토되었다(Jiao 2007). 이 두 종류의 곡물이 이 시기에 동남 연해 지역에 출현하는 것은 특별한 현상으로 보인다. 어쩌면 해로를 따라 운송되어 온 것으로 해석할 수도 있을 것이다.

시기가 가장 이른 귀리(Avena sp.) 유존은 보리, 밀과 함께 중국의 서북지역에서 발견되었다. 그 하나는 5,070년 전(cal.BP, AMS 측량 수치)의 간쑤성 시산핑 유적(Li, X. et al. 2007)이며, 다른 하나는 칭하이의 펑타이 유적(BC 1600-BC 700)이다. 귀리는 경작지에서 늘 볼 수 있는 잡초이기 때문에 앞에서 언급한 귀리가 의식적으로 재배된 것

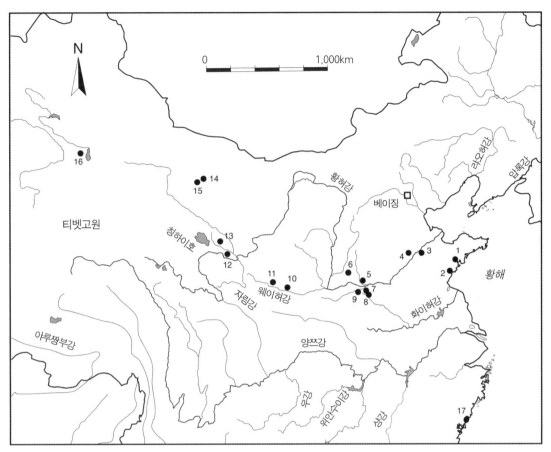

그림 4.5 기원전 3000년기에서 기원전 2000년기 초기의 밀, 보리, 귀리와 관련된 주요 유적

1. 자오자좡, 2. 량청진, 3. 다신좡, 4. 자오창푸, 5. 시진청, 6. 타오쓰, 7. 톈포수이쿠(天坡水庫), 펑자이(馮寨), 8. 와뎬, 9. 짜오자오수(皂角樹), 10. 저우위안, 11. 시산, 12. 둥후이산(東灰山), 13. 펑타이, 14. 훠스량(火石梁), 15. 강강와(缸缸窪), 16. 구무거우(古墓溝), 17. 황과산

인지는 아직 분명하지 않다(趙志軍 2004c). 보리와 귀리는 중국 동부지역에서는 소량 발견될 뿐이다.

현재의 고고학적 발견은 밀, 보리, 귀리가 어떻게 중국에 수입되었는지를 탐색할 수 있을 만큼 충분한 정보를 제공해 주고 있지 않다. 이들이 북방의 광활한 지역에서 거의 동시에 출현하고 있기 때문이다. 많은 연구자는 밀이 신장과 허시주랑을 거쳐 수입되었다고 추정한다(그림 4.5 참조). 이 노선은 나중에 중국과 서방을 연결하는 주요한 무역로가 되었으며, 19세기 후기 이래 '실크로드'라는 이름으로 세상에 알려졌다. 그런데 신장 눕 노르의 구무거우 유적에서 발견된 가장 오래된 밀 유존의 연대는 기원전 2000에서 기원전 1500년으로(王炳華 2001b: 35, 42) 황허강 유역에서 발견된 밀보다 늦다. 이러한 작물들은 어쩌면 여러 노선을 통해 중국에 수입되었을 것이며, 기원지는 북방의 유라시아 대초원일 것이다. 기원전 6000년 중앙아시아 서부지역에서 농목업(밀과 보리를 경작하고 동시에 면양과 염소를 사육했다)이 시작되었다(Harris 2010: 73-91). 어떤 연구자는 만리장성을 따라 동서로 서로 이어져 분포하는 북방문화의 주민이 유라시아 대초원의 청동기문화에서 황허강 유역으로 이들 농작물의 전파를 촉진했을 것이라는 주장을 제기했다(趙志軍 2009a)(제9장의 북방문화에 관한 논의 참조).

다작물 농업 체계의 발전

사람들은 갱신세 후기에 수도, 조·기장, 콩 그리고 각종 괴경류 식물 등과 같은 현지의 야생 작물을 개발하고 이용하기 시작했다. 이러한 식물 재배는 장기적인 과정에 걸쳐 진행되었다. 신석기시대 중기(BC 5000-BC 3000) 몇몇 지역에서는 그보다 더 늦게 농업이 생업 경제의 주요한 구성 부분이 되었다. 현재의 자료에 근거해 양쯔강 중하류에서 수도가 재배되는 과정을 증명할 수 있는데, 수도는 점차 그곳의 주요한 농작물이 되었다. 랴오허강과 황허강 유역은 속작 식물 재배 기원의 중심지로서, 밀이 그것을 대체하기 수천 년 전에 조·기장은 줄곧 주요한 농작물이었다. 양쯔강과 황허강 유역 사이의 지역은 속작과 도작의 혼합 재배를 특징으로 한다(趙志軍 2006). 화남에서는 기원전 4000년경 수도가 수입되기 이전 수천 년 동안 괴경류 식물이 계속 주요한 전분류 식량이었다(趙志軍 2005a). 쩡피옌 유적이 그 사례이다(中國社會科學院考古研究所 2003a). 기원전 3000년기와 2000년기에 황허강 유역은 문화와 경제 융합의 변혁 과정을 거쳤다. 몇몇 외래의 곡물, 주로 밀과 보리가 현지의 다작물 체계에 매우 잘 융합되었다. 앞에서 언급한 작물 중에서 조·기장, 수도, 밀과 콩은 고대 전적(典籍)에서 항상 전통 농작물 체계 중의 '오곡(五穀)'이라 불렸다.

농작물 체계의 시간적 변화는 허난성의 이뤄지역에 분명하게 남아 있다(Liu, L. et al. 2002-2004). 이곳에서 발견된 가장 이른 재배 작물은 조이며, 그 연대는 페이리강문화 시기(BC 6000-BC 5000)이다. 조·기장은 우리의 연구에서 다룬 전체 6,000년 동안 줄곧 곡물 식량에서 주도적인 지위를 차지한다. 수도는 양사오문화 후기(BC 3500-BC 3000)에 이르러 이 지역에 수입되었으며, 이후 얼리터우문화(BC 1900-BC 1500) 혹은 그보다 약간 이른 시기에 보리와 밀이 연이어 수입되었다. 콩은 양사오문화 후기의 퇴적에서 가장 처음 발견되었지만, 식물 유존 가운데 매우 적은 부분을 차지한다. 얼리강문화 시기(BC 1600-BC 1300)에 이르러 밀의 비율은 조에 버금가서 두 번째 위치를 차지하게 되었는데, 이들은 모두 이 지역의 한지 농업에 더욱 적합했다(Lee, G. and Bestel 2007; Lee, G. et al. 2007). 중원의 다른 지역에서도 이와 유사한 다작물 농업 발전의 경향이 발견된다(趙志軍 2009b).

농작물이 더욱 광활한 지역으로 부단히 전파된 데는 기후 변화, 인구 이동, 인간 집단 간의 상호작용 및 정치적 요구 등 다양한 원인이 있다. 예를 들면 간쑤성 톈수이 시산핑 유적에서는 밀, 보리와 귀리(모두 서부 또는 서북에서 수용) 그리고 수도(동부에서 수용), 조·기장, 콩(현지산)이 이 유적의 사용 기간(BC 3300-BC 2350)에 하나하나 이용되기 시작했으며, 특히 기원전 2700년에서 기원전 2350년을 전후해 발전했다. 이것은 기원전 2650년을 전후한 침엽수림의 소실, 밤나무 분포 지역의 확장, 온난하고 습윤한 기후의 출현과 일치하는 현상이다. 여기에서 적당한 기후 조건과 문화/인구 교류가 새로운 작물의 수용 과정에서 중요하게 작용했다(Li, X. et al. 2007). 이에 반해 이뤄지역은 얼리터우문화 시기(BC 1900-BC 1500)에 건조하고 한랭한 기후를 맞이했는데, 이때 선사시대에서 다른 예를 볼 수 없는 사회 변혁과 초기국가의 성립이 동시에 발생했다. 얼리터우문화 시기에 밀과 보리가 수입된 것은 건조한 환경에 적응하기 위해 채택한 경제 전략으로 해석할 수 있다. 그러나 사회 지배층(elite)의 음식물 수요, 이를테면 의례적인 연회를 위한 양조(釀造) 등을 충족하기 위해 수도 재배는 부분적으로 지속되었다(Lee, G. and Bestel 2007; Lee, G. et al. 2007; Rosen 2007a).

동물 사육

1950년대부터 중국 고고학에서 시작된 동물 유존 연구는 두 단계로 나눌 수 있다. 초창기(1950-1970년대)에는 주로 출토 동물 유존의 종속(種屬) 감정과 동물군(群)에서 추정되는 당시의 기후 조건에 주목했다. 이어 형성기(1980년대-현재)에는 서양의 동물 고고학 방법과 이론을 수용하고 운용하기 시작했다(Yuan, Jing 2002). 이와 같은 변화는 동물 사육 연구에 분명하게 반영되어 있다. 최근 들어 체계적 분석 방법을 운용해

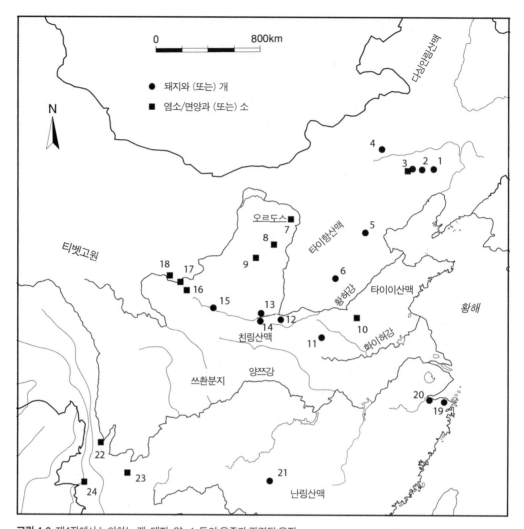

그림 4.6 제4장에서 논의하는 개, 돼지, 양, 소 등의 유존과 관련된 유적

1. 싱룽와, 싱룽거우, 2. 자오바오거우, 3. 홍산허우, 4. 바이인창한, 5. 난좡터우, 6. 츠산, 7. 주카이거우(朱開溝), 8. 훠스량, 9. 우좡궈량, 10. 산타이쓰, 11. 자후, 12. 시포, 13. 캉자, 14. 장자이, 15. 다디완, 16. 마자야오, 17. 마자완, 18. 둥후이산, 19. 허무두, 20. 콰후차오, 21. 쩡피옌, 22. 하이먼커우, 23. 스자이산, 24. 창위안

동물 유존을 기록하고 해석하는 출판물이 대량으로 출현한 것이 그 사례이다. 이와 같은 연구 방향의 변화는 한편으로 기록 방법과 동물 골격 정보 보도 측면에서 과거에 출판된 동물고고학 보고와의 수준 차이가 매우 크다는 것을 의미하기도 한다. 그러므로 상당히 많은 경우 체계적이며 계통적인 분석 또는 지역 간 비교 연구를 수행하기가 매우 어렵다. 자료의 수준이 일정하지 않은 것이 초래하는 문제를 극복해야 하는 난점

이 있지만, 현재 의지할 수 있는 자료들은 여전히 우리의 연구를 위해 약간의 해답을 제공할 수 있다.

신석기시대와 청동기시대의 고고학 보고 중에서 항상 논의되는 사육 동물은 개, 돼지, 면양, 염소, 황소, 물소, 말, 닭이다. 〈그림 4.6〉에는 이 책에서 논의하는 동물 유존과 관련된 주요한 유적이 표시되어 있다.

개

개는 가장 먼저 사육된 동물로, 사냥을 돕는 데 사용되었으며 전 세계적으로 복수의 모계(母系) 기원을 갖는다(Vila et al. 1997). 구대륙의 다른 지역, 즉 벨기에와 시베리아 같은 곳에서는 3만 여 년 이전까지 개 사육의 증거가 소급된다(Germonpré et al. 2009; Ovodov et al. 2011). 중국에서 개의 순화는 가축의 순화 과정 중 알려진 것이 가장 적다. 일반적으로 중국의 개(*Canis familiaris*)는 늑대(*Canis lupus chanco*)에서 변화한 것이라고 생각하지만(Olsen and Olsen 1977), 이 과정의 발생 시간은 아직까지 분명하지 않다. 가장 이른 순화 개는 허베이성 난좡터우 유적에서 발견되었다. 그 증거는 감정을 거친 개과[犬科] 동물의 하악골 1개인데, 그 치열(齒列)의 길이가 늑대보다 짧다. 이것으로 추정컨대 중국에서 최초의 개 순화 단계는 난좡터우 유적보다 이를 것이다(袁靖, 李珺 2010).

순화된 초기 개에 관한 더욱 많은 자료는 허난성 자후 유적(약 BC 7000)(河南省文物考古研究所 1999a), 허베이성 츠산 유적(약 BC 6000)(孫德海 등 1981)과 간쑤성 다디완 유적(약 BC 6000)(祁國琴 등 2006)에서 나왔다. 자후 유적의 묘지와 주거지 부근 그리고 츠산 유적의 몇몇 재구덩이 바닥에서 의식적으로 매장된, 완정한 개의 뼈대가 발견되었다. 이들 신석기시대 취락에서 대량의 수렵 도구가 발견된 것은 수렵이 여전히 생산 경제에서 중요한 비중을 차지한 부분이었음을 보여 준다. 이 유적들에서 개가 의례적으로 매장된 것은 개와 인류 사이의 밀접한 관계를 보여 주는 것 같다. 개는 아마도 인류가 사냥할 때 조력자가 되었을 것이다.

매우 많은 신석기시대 유적에서 개 유존이 발견되었다. 대부분의 경우 개는 식육으로 소비되어 단백질의 공급원이 되었다. 가정 폐기물에서 다른 동물의 뼈와 함께 혼재된 개의 골격이 자주 발견되는 것이 매우 좋은 증거이다. 다디완 유적에서 불에 그을린 흔적이 있는 견골이 발견된 적이 있으며(祁國琴 등 2006), 캉자(康家) 유적에서는 견골이 심하게 부서진 상태로 발견되었는데 이것은 식용 후에 남은 뼈 조각임이 분명하다(劉莉 등 2001). 신석기시대 후기에 개는 인류 무덤의 제물로 사용되었는데, 이 습속은 특히 황허강 하류지역에서 유행했다. 이후 개는 상대의 종교 의식에서 더욱 일상적으로 희생되었다(高廣仁, 邵望平 1986; Yuan, J. and Flad 2005).

현재의 고고학적 자료에서 보면 구석기시대의 원시적인 견류(犬類)와 신석기시대의 완전히 순화된 개 사이에는 아직까지 매우 많은 간극이 있다. 갱신세 말기와 전신세 전기 견류 유존에 관한 연구는 향후 순화 개의 기원에 대해 더욱 많은 증거를 제공해 줄 것이다.

돼지

돼지(*Sus domesticus*)의 기원은 중국에서 여러 학과가 중점적으로 연구하는 주요 연구 과제이다. 최근의 유전자 연구는 돼지가 유라시아 대륙 여러 지역에서 순화되었고, 중국도 그 가운데 하나라는 것을 알려 준다(Larson et al. 2005). 구석기시대의 매우 많은 유적에서 돼지 유존이 발견되었으며, 신석기시대 유적에서는 더 일상적으로 보이는 물종(物種) 가운데 하나가 돼지이다(羅運兵 2007). 멧돼지(*Sus scrofa*)는 현재 중국에도 널리 분포하며, 10개의 지방 유형으로 구분된다(馮祚建 등 1986: 160-165; 羅運兵 3-4; 中國猪品種志編委會 1986: 7-8). 고생물학자는 매우 일찍 갱신세의 화석 돼지와 현대 멧돼지의 유사성을 인식해, 세계 각 지역의 돼지는 현지의 멧돼지에서 진화했다고 추측했다(Olsen and Olsen 1980). 최근 현대 돼지에 대한 형태학, 염색체, 혈청단백 및 유전자 연구도 중국 돼지의 다원적 기원을 증명한다(羅運兵 2007의 결론을 참조할 것). 비록 그렇다고는 하나 돼지가 처음 순화된 정확한 시간과 지점은 아직 분명하지 않다. 이러한 문제를 해결할 수 있는 열쇠는 어쩌면 고고학자의 수중에 있을 것이다.

중국 고고학에서는 아래와 같은 여섯 가지 표준을 돼지를 감정하는 주요 근거로 삼는다.

(1) 형태 변화. 이것은 치아의 크기(하악골 제3구치의 길이 40mm를 표준으로 멧돼지와 돼지를 구분한다)와 치아 교합선(咬合線)의 기형적 변화(치아 교합선의 기형적 변

화가 나타나는 이유는 돼지 순화 초기에 하악이 짧아졌지만 치아가 그에 대응해 일정한 비례로 축소되지 않았기 때문이다)로 나타난다.

(2) 연령 구조. 대부분의 돼지는 1-2세에 도살된다.

(3) 어떤 동물 유존 조합에서 돼지가 매우 높은 비율을 차지한다.

(4) 문화 요소. 돼지 뼈가 사람의 무덤에서 발견된다(中國社會科學院考古硏究所 2003a: 337-341).

(5) 병리학 현상. 세계 다른 지역에서는 이미 돼지의 치관선성(齒冠線性) 법랑질의 발육 부전 현상이 순화의 결과라는 사실이 입증되었다(凱斯·道伯涅 등 2006).

(6) 안정성 동위원소 자료는 취락에서 사람과 돼지 사이에 매우 밀접한 먹이사슬 관계가 있다는 것을 보여 준다.

이러한 표준에 의하면 가장 이른 돼지 유존은 기원전 7000년에서 기원전 5000년에 허난성 자후, 허베이성 츠산, 간쑤성 다디완과 저장성 콰후차오 유적에서 이미 출현했다.

황허강과 화이허강 유역 | 기원전 7000년 화이허강 유역에서 돼지가 순화되었다는 사실이 여러 가지 현상을 통해 밝혀졌다. 자후 유적이 그 증거이다. 유적에서 발견된 3개체의 돼지 샘플에서 치아 교합선에 기형적 변화가 보이며, 제3구치의 길이 범위가 돼지와 멧돼지 사이(36.39-46.66mm)에 위치하는 것이 확인되었다(그림 4.7). 유적 거주민의 식육 27%는 돼지에서 왔으며, 80%의 돼지가 3세 이전에 도살되었다. 또한 돼지 뼈는 인류의 무덤에서 출토되었으며, 치관선성 법랑질의 발육 부전 발생 상황이 멧돼지보다 높다(그림 4.8). 이 밖에 안정성 동위원소 분석 결과는 검측된 대다수 돼지 샘플의 음식 구성이 인류의 음식 구성과 밀접한 관계를 맺고 있으며, 이것은 돼지가 순화된 것임을 보여 준다. 소수의 돼지 샘플은 동위원소 분석표에서 단독 집단을 구성하고 있는데, 이것은 아마도 멧돼지일 것이다(羅運兵 2007의 결론을 참조할 것).

다디완의 돼지(BC 5800-BC 2800)도 자후와 마찬가지로 3세 이전에 사망했는데, 유적의 가장 이른 단계에 속하는 돼지 역시 그렇다. 또 돼지의 제3구치 크기도 돼지와 멧돼지 사이의 범위(30.8-46mm)에 속한다(祁國琴 2006). 이외에도 돼지의 하악골이 무덤에서 출토된 바 있다(甘肅省文物考古硏究所 2006). 그런데 다디완 제1기 저골(猪骨)의 동위원소 분석에 의하면 모든 돼지는 야생으로, 음식물은 C3를 포함하는 식물 위주

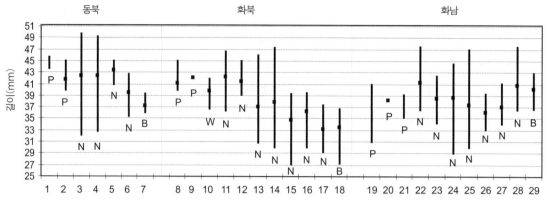

P=구석기시대 N=신석기시대 W=현대 멧돼지 B=청동기시대

■ 평균 또는 단일 측량 보고　　　　　——— 범위

그림 4.7 구석기시대, 신석기시대, 청동기시대 각 지역 출토 돼지와 현대 멧돼지 제3구치 크기 비교
기후 환경 혹은 순화의 영향으로 발생한 변화를 나타냄

1. 옌자강, 2. 진뉴산(金牛山), 3. 싱룽거우, 4. 싱룽와, 5. 자오바오거우(趙寶溝), 6. 스후산(石虎山) 제1지점, 7. 다롄쯔, 8. 저우커우뎬 제1지점, 9. 저우커우뎬 산딩둥(山頂洞), 10. 허난 현대 멧돼지, 11. 자후, 12. 츠산, 13. 다디완, 14. 시수이포(西水坡), 15. 시포, 16. 웨이츠쓰(尉遲寺), 17. 산타이쓰(山臺寺), 18. 얼리터우, 19. 옌징거우, 20. 다룽탄(大龍潭), 21. 구이룽옌(桂龍巖), 22. 펑피옌, 23. 콰후차오, 24. 사쭈이(沙嘴), 25.사이둔(塞墩), 26. 댜오룽베이(雕龍碑)Ⅲ, 27. 싼싱촌(三星村), 28. 웨이둔(圩墩), 29. 마차오(馬橋)(羅運兵 2007: 附錄 1, 2)

로 먹었다(탄소 고정 후 가장 먼저 형성된 화합물 중에 3개의 탄소 원자를 가지는 식물, 예컨대 견과류, 괴경류 식물, 콩과 수도). 이것은 인류의 음식물 구조와 다른 것으로 추정된다(Barton et al. 2009). 이와 같은 결론은 앞에서 언급한 다른 동물고고학 분석과 서로 모순되는데, 아마도 사용된 저골 샘플이 다소 적고(4개) 인골 동위원소 분석과의 비교가 결여되었기 때문일 것이다.

츠산 유적의 순화 돼지에 관한 증거는 충분하지 않다. 그것은 주로 몇몇 재구덩이 바닥 부분에서 발견된 몇 개의 완정한 작은 돼지 뼈이므로 자료에 한계가 있다. 아울러 제3구치에 대한 측량은 그 크기의 범위(39.2-45mm)가 멧돼지에 더욱 근접하는 것을 보여 준다(Yuan, J. and Flad 2002; 周本雄 1981).

양쯔강 유역과 중국 남방 ┃ 양쯔강 유역에서 가장 이른 돼지는 콰후차오 유적에서 발견되었다. 돼지 세 마리의 하악에 치아 교합선의 기형적인 변화가 있고, 제3구치의 크기도 전기에서 후기로 가면서 감소되는 추세를 보인다. 제3구치 크기의 범위(34.29-42.37mm)는 돼지와 멧돼지 사이에 위치한다(袁靖, 楊夢菲 2004). 이와 같은 현상은 자

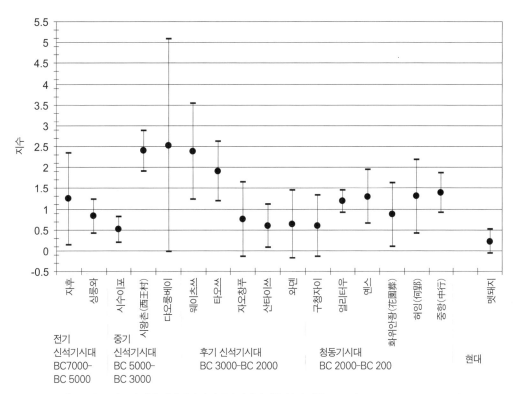

그림 4.8 출토 자료와 현대 멧돼지의 치관선성 법랑질 발육 부전 비율(LEH) 비교(羅運兵 2007: 圖 2-7-3에 의거, 수정)

후 유적, 다디완 유적에서 출토된 돼지 구치의 상황과 유사하다.

구이린 쩡피엔 유적의 돼지 순화 문제는 오랜 시간 동안 논쟁이 되고 있지만(李有恒, 韓德芬 1978; 袁靖, 楊夢菲 2003), 치관선성 법랑질 발육 부전이 출현하는 비율은 쩡피엔의 돼지가 가축에 속한다는 생각을 더욱 뒷받침한다(凱斯·道伯涅 등 2006). 주의해야 할 것은 쩡피엔 유적의 사용 기간이 대략 5000년가량 이어지며(BC 1만-BC 5000), 돼지 유존의 대다수는 1970년대의 초기 발굴 때 출토된 것으로서 분석을 위해 분류만 되었을 뿐 편년은 이루어지지 않았다는 점이다. 돼지들의 제3구치 크기(36.57-47.46mm)에도 커다란 차이가 존재하며, 돼지와 멧돼지의 범위에 속하는 것이 모두 있다(그림 4.7 참조). 출토된 돼지 유존에는 돼지는 물론 멧돼지도 포함되었을 가능성이 매우 높지만, 순화가 최초로 출현한 시점이 언제인지를 정확하게 판단할 수 없다.

중국 동북부 | 돼지 유존은 싱룽와, 싱룽거우, 바이인창한(白音長汗) 등 여러 싱룽와문화(BC 6200-BC 5200) 유적에서 발견되었는데, 이들 유적은 모두 랴오허강 유역

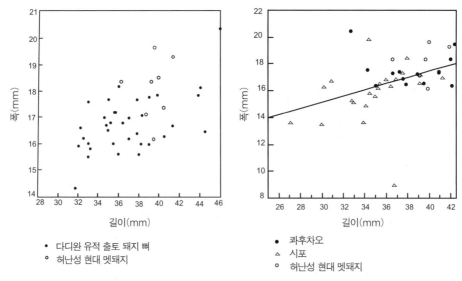

다디완 유적 출토 돼지 뼈
허난성 현대 멧돼지

콰후차오
시포
허난성 현대 멧돼지

그림 4.9 콰후차오, 다디완, 시포 유적 출토 멧돼지와 현대 멧돼지 하악골 제3구치 비교
고고 유존에서 출토되는 멧돼지 종군(種群)의 거대한 변화를 보여 줌(Ma, X. 2005; 祁國琴 등 2006: 884; 袁靖, 楊夢菲 2004)

에 위치한다(羅運兵 2007). 이들 신석기시대 전기 취락에서 발견된 돼지는 (치아 측량을 통해 판단컨대) 모두 비교적 크며, 이런 형태는 멧돼지의 표지로 간주된다(湯卓煒 등 2004b). 그렇지만 싱룽와 유적 돼지의 제3구치 길이는 전형적인 순화 돼지의 범위에 들고(그림 4.7), 치관선성 법랑질 발육 부전 출현 비율은 전형적인 멧돼지보다 높다(그림 4.9). 이 두 가지 요소는 모두 순화 돼지의 표준에 해당한다(羅運兵 2007). 자후, 다디완 유적에서 발견된 돼지 유존과 마찬가지로 싱룽와문화 유적에서 출토된 돼지에는 돼지와 멧돼지가 모두 포함되었을 것이다.

몇몇 문화적 현상 역시 싱룽와문화 시기에 돼지 순화가 진행되고 있었음을 보여 준다. 이를테면 싱룽와 유적 무덤에서 발견된 2구의 완정한 성년 돼지 뼈는 한 마리가 암컷, 한 마리가 수컷인데, 무덤에 넣기 전에 다리를 함께 묶은 것 같다(楊虎, 劉國祥 1997). 이것은 무덤에서 발견된 가장 이른 돼지의 뼈이다. 이처럼 돼지를 희생해 부장한 현상은 나중에 중국 북방의 신석기시대에서 광범위하게 유행했다. 이처럼 사람과 돼지가 합장되는 현상에 대해 연구자들은 서로 다른 견해를 제기했다. 어떤 사람은 멧돼지가 토템으로 숭배된 것이라고 주장했으며(楊虎, 劉國祥 1997), 어떤 사람은 이것이 돼지와 사람 사이의 일종의 특수한 관계를 반영하는 것으로서, 사람들의 사고에서 돼지와 다른 야생동물이 구별된 것을 보여 주는 것이라고 주장한다(羅運兵 2007; 袁靖, 楊夢菲 출판 예정).

돼지 순화의 다원적 중심 | 고고학적 자료는 상대적으로 돼지가 복수의 중심지에서 순화되었다는 이론을 지지한다. 적어도 자후와 콰후차오는 각각 화북과 화동(華東)지역의 개별적 두 중심지를 대표하며(羅運兵 2007), 중국 동북지역은 그와는 별개의 또 다른 중심지일 것이다. 랴오허강 유역의 비교적 늦은 시기의 돼지도 황허강 유역의 같은 시기 것보다 크기 때문에 싱룽와 유적에서 출토된 돼지의 비교적 큰 크기는 아마도 현지 고유의 품종을 반영할 것이다. 아오한(敖漢) 자오바오거우(趙寶溝) 유적에서 출토된 돼지(BC 5200-BC 4500)의 제3구치 길이(41-45mm)는 양사오문화 전기의 돼지보다 크고, 마찬가지로 츠펑 다뎬쯔(大甸子, BC 2000-BC 1500) 유적 돼지의 크기도 얼리터우문화 유적의 것에 비해 크다(그림 4.7 참조).

돼지 골격의 크기는 연령, 성별과 개체 변이의 영향을 받을 수 있으며(Payne and Bull 1988), 환경 온도(environmental temperature) 역시 일부 포유동물 신체의 크기에 영향을 줄 수 있다. 시몬 데이비스(Simon L. M. Davis)의 연구는 멧돼지가 한랭한 지역에서 조금 더 커질 수 있다는 것을 보여 주었다(Davis 1987: 70-71). 이 요인은 중국 동북지역에서 돼지나 멧돼지를 가리지 않고 그 개체가 다소 커지도록 했을 수 있다. 왜냐하면 이 지역의 기후는 황허강 유역과 양쯔강 유역보다 모두 한랭하기 때문이다. 갱신세, 신석기시대와 현대 중국 북방 및 남방 돼지의 제3구치 길이(그림 4.7 참조) 비교를 통해 다음과 같은 세 가지 현상을 발견할 수 있다. 첫째, 갱신세 돼지에 비해 작은 현대 멧돼지 개체는 온난한 전신세 기후의 영향을 받은 결과이며, 신석기시대 돼지의 개체가 비교적 큰 것은 순화의 결과이다. 둘째, 베이징 저우커우뎬, 헤이룽장성 옌자강(閻家崗)에서 발견된 갱신세 돼지는 쓰촨성 옌징거우(鹽井溝)의 것보다 훨씬 큰데, 이것은 멧돼지 개체의 크기가 남방과 북방의 서로 다른 기후 조건의 영향을 받았음을 의미한다. 셋째, 중국 동북부 신석기시대의 돼지는 집돼지와 멧돼지를 막론하고 모두 남방의 대다수 돼지 개체보다 큰데, 이 역시 환경 온도의 영향을 받은 것이다. 나아가 이러한 현상은 중국 동북지역의 돼지가 현지 멧돼지에서 순화되어 나온 것이며, 중국 북부와 중부 지역의 돼지 순화는 동시에 개별적으로 발생한 것임을 입증한다.

돼지의 순화 과정 | 동물의 순화는 연속적인 과정이다. '순화'와 '야생'이라는 술어는 순화 과정 양 끝의 상황을 묘사하는 데 쓰일 뿐이다. 순화된 종군은 인류가 그 생존과 재생산 및 영양을 완전히 통제할 수 있는 것을 특징으로 한다. 그러나 고고학에서 발견되는 돼지의 개체는 항상 야생, 순화, 야생 사육, 유전자 교잡 등 서로 다른 종류를

포함한다. 순화 초기 단계에서는 이와 같은 현상이 더욱 일상적으로 나타나며, 이때 동물에 대한 통제는 아마도 매우 느슨하며 돼지의 몸에 드러나는 유전적·외재적인 변화는 모두 매우 작다(Allebarella et al. 2006; Hongo and Meadow 1998). 그러므로 돼지 순화 여부를 판정하기는 매우 어렵다.

이를테면 자후 유적(湖南省文物考古研究所 1999a)이나 허무두 유적(魏豊 등 1990) 등 일부 신석기시대 유존에서 모두 순화 돼지와 멧돼지가 공존하는 현상이 발견된다. 이와 같은 복잡한 상황은 다른 신석기시대 유적에도 존재한다. 〈그림 4.9〉는 순화 초기 단계(콰후차오와 다디완 유적), 순화 성숙기(BC 4000-BC 3500의 시포 유적) 그리고 현대 허난성 멧돼지의 제3구치 크기를 비교한 것이다. 이들 고고학 표본의 크기와 현대 허난성 멧돼지는 부분적으로 중첩되지만 대다수의 고고학 표본은 모두 멧돼지에 비해 작다. 변이계수(CV, 평균값과 표본 오차의 백분율) 비교 역시 잡종 돼지의 존재를 측정하는 방법이다(Payne and Bull 1988). 중국과 터키의 멧돼지 제3구치 변이계수 값을 신석기시대 유적 세 곳에서 발견된 돼지 유존과 비교하면 신석기 유존의 차이성(8.1-9.8)이 현대 멧돼지의 차이성(3과 3.8)보다 현저하게 크다는 것을 발견할 수 있다(표 4.1 참조). 이것은 각각의 유존 중에 1개 이상의 종군이 포함되어 있음을 의미한다.

이런 현상을 통해 우리는 세 가지 추론을 얻을 수 있다. ① 이들 유존에는 야생종군과 순화종군이 모두 포함되어 있다. 사람들은 멧돼지를 사냥했으며, 그와 동시에 취락에서 순화된 돼지를 사육했다. ② 신석기시대 전기 유적 중 몇몇 돼지의 종군은 순화 초기 단계에 있었으며, 그로 인해 형태상에서 멧돼지와 더욱 많은 유사성을 지녔다. ③ 일부 샘플은 교잡 품종에 속한다.

표 4.1 신석기시대 유적 출토 돼지와 현대 멧돼지 제3구치 변이 계수치의 비교

	터키 멧돼지[a]	허난성 멧돼지[b]	콰후차오	싱룽와	시포
평균수	41.1	39.82	38.24	42.32	34.97
표준편차	1.3	1.53	3.11	3.447	3.42
최소치	39.7	36.65	32.78	32.87	27
최대치	42.8	41.87	42.37	49.27	41.25
수량	5	8	13	74	22
변이계수	3	3.8	8.1	8.1	9.8

주: a자료는 Payne and Bull 1988에서 인용. b자료는 마쑤린(馬蕭林)과의 개인적 대화에서 획득

돼지 사육업의 발전은 중국 각 지역에서 동시에 진행되지 않았다(羅運兵 2007). 예컨대 중원지역에서는 기원전 5000년기에 이르러 집돼지가 생업 경제에서 매우 중요한 위치를 차지했다. 시포 유적 양사오문화 중기(BC 4000-BC 3500)의 동물 유존 중에서 84%의 동물 유골이 돼지 뼈이며, 이는 주로 사육 돼지였다. 돼지 사육은 대개 사회단체 사이에 권력과 위세를 경쟁하기 위해 거행된 의식적 연회에서 사용할 목적으로 이루어졌다. 이와 같은 기능의 중요성은 거꾸로 다시 돼지 사육업의 발전을 촉진했다(Ma, X. 2005). 그런데 주목할 만한 것은 이와 같은 부단히 증가하는 돼지 사육에 대한 의존이 모든 지역에서 연속적으로 진행된 것이 아니었다는 점이다. 웨이허강 하류지역 몇몇 유적의 동물 유존은 신석기시대에 돼지가 동물 유존 가운데서 점유하는 비율이 점차 감소하는 반면, 야생동물 뼈의 비율이 점차 증가하는 것을 보여 준다. 장자이와 캉자 유적이 모두 그러한 사례이다(劉莉 등 2001; 祁國琴 1988). 그 밖에도 초식동물이 수용되고 목축업이 번성한 지역에서는 청동기시대에 들어 돼지 사육업이 하강하는 추세를 보인다(羅運兵 2007).

면양과 염소

세계적으로, 순화 면양(*Ovis* sp.)과 염소(*Capra* sp.)의 종계(種系) 발생에 관한 최근의 연구는 그들 각각이 복수의 순화 계보를 가지는 것을 인정한다. 이것은 그들이 여러 문명 지역에서 여러 차례 순화된 것을 의미한다. 유전자 연구는 이 두 종류의 동물이 처음 순화된 것은 아시아 서부의 비옥한 초승달 지역이었음을 밝혔다. 이 결론과 고고학 자료는 서로 일치한다(Zeder et al. 2006). 면양과 염소가 중국에 수입된 것은 어느 정도 밀과 보리가 동쪽으로 확산된 것과 평행한 것처럼 보이지만, 이 전파 사건이 발생한 구체적인 시간과 노선은 분명하지 않다.

미토콘드리아DNA(mtDNA) 분석에 따르면 현대 중국에서 번식되는 면양은 주로 혈통 A와 혈통 B이며, 그 밖에 소수의 혈통이 있다. 이 가운데 혈통 B는 근동지역에서 기원했다(Guo, J. et al. 2005). 중국 북방의 4개 유적(약 BC 2500-BC 1500)에서 채취한 22개 면양 뼈 샘플에 대한 고대 미토콘드리아DNA 검측은 혈통 A가 95.5%를 점유해 주도적인 위치를 차지하며, 혈통 B는 단지 1개의 샘플에 불과하다는 것을 보여 주었다. 유라시아 대륙 각 지역의 모든 면양 미토콘드리아DNA 혈통과 비교하면 혈통 A가 동아시아지역에서 출현하는 빈도가 가장 높다는 것을 발견할 수 있다. 이 면양 종군은 아마도 현재에는 이미 절멸한 고대 혈통에서 기원했을 것이며, 그 지리적 기원지는 분명하지 않다. 중국 고대 북방에서 혈통 B가 출현한 것은 일찍이 근동에서 면양이 수입되었음을 의미하지만, 혈통 A야말로 중국에서 면양이 순화된 기원을 이해하는 데 관건이 된다(Cai, D. et al. 2007; Cai, D. et al. 2011).

중국의 염소 종류에 대한 분석은 이미 4개의 미토콘드리아DNA 혈통(A-D)을 확정했다. 이 가운데 혈통 A가 주도적인 지위를 차지한다. 이것은 순화된 염소의 모계 기원이 다원적이었음을 의미한다(Chen, S. et al. 2005). 그러나 고고학적으로 발견된 염소 유존에 대한 고(古)유전자 측정이 이루어지지 않았기 때문에 중국에서의 염소 기원에 대해서는 아는 바가 매우 적다.

신석기시대의 면양과 염소 뼈는 여러 차례 발견되었다. 신석기시대 전기 유적에서 출현한 양골(羊骨)은 일찍이 순화된 것으로 인식되었으나 지금 보기에는 야생종에 가까운 듯하다. 보고에 의하면 가장 이른 순화 면양 유존은 기원전 4000년기의 것으로 네이멍구 츠펑 훙산허우(紅山後), 간쑤성 융징(永靖) 마자완(馬家灣)과 린타오(臨洮) 마자야오(馬家窯) 등 서부와 북부 지역의 유적에서 발견되었다(周本雄 1984). 룽산문화 전기에 황허강 유역의 중하류지역에서 면양과 염소가 발견되기 시작했으며, 룽산문화 후기와 청동기시대에 널리 확산되기 시작했다(Flad et al. 2007; Liu, L. 2004: 59의 결론 참조).

면양과 염소의 수입은 전신세 중기 기후최적기의 종료와 관련이 있을 것이다. 이때 중국 북방은 보편적으로 더욱 한랭하고 건조한 기후로 바뀌어 목축업에 적합한 환경이 조성되었으며, 서북지역은 더욱 그러했다. 유라시아 대륙 대초원지대의 유목민과 초기 중국 농민 사이에 부단히 증가한 상호작용도 중국에 새로운 동물과 식물의 출현을 촉진했다(제9장 참조). 이것은 기존의 생업 경제에 보충적인 식량 자원을 제공했다. 이와 같은 상황은 간쑤성 민러(民樂) 둥후이산(東灰山) 유적(BC 2000~BC 1500)에서 분명한 증거를 찾을 수 있다. 둥후이산 유적의 동물 유존은 돼지 뼈와 사슴 뼈 위주이지만 동시에 소량의 면양과 개 유존도 발견되었다(祁國琴 1998). 아울러 수도, 밀, 보리와 호밀을 포함한 각종 곡물도 발견되었는데, 이것은 앞에서 이미 언급했다(甘肅省文物考古研究所, 吉林大學北方考古研究室 1998: 140). 반대로 산시성(陝西省) 위린(楡林) 휘스량(火石梁) 유적(BC 2150~BC 1900) 주민의 주요 식량은 명백하게 면양과 염소였으며(감정된 샘플 수량은 1,111점인데, 염소와 면양이 59.22%를 차지한다), 이 밖에 돼지(12.62%), 황소(8.74%) 그리고 약간의 야생동물(19.42%)도 있었다(胡松梅 등 2008). 이 같은 발견은 기원전 3000년기 말 오르도스지역에서는 이미 초식동물 사육을 위주로 하는 성숙한 농목업 경제가 수립되었음을 의미한다. 기원전 2000년기 전기에 이르면 농목 생태 경제 전략이 중국 북방에서 출현해 현지와 수입산의 곡물 및 동물을 생산했다.

중원지역에서는 전통적인 돼지 순장과 더불어 먼저 면양이 허난성 옌스상청에서 (BC 1600-BC 1300) 순장 의례의 구성 부분이 되었다. 이와 같은 방식은 상대 후기의 도성인 안양 은허에서는 더욱 일상적인 것으로 변화한다(Yuan, J. and Flad 2005).

소

연구자들은 황소(*Bos taurus*)와 혹소(*Bos Indicus*)가 개별적으로 순화되었다고 생각한다. 고고학과 유전학 자료에 따르면 순화된 황소의 기원은 기원전 8000년기의 근동지역까지 거슬러 올라갈 수 있으며, 혹소의 순화는 기원전 7000년 인더스강 유역에서 출현했다(Bradley and Magee 2006). 현대 중국의 황소는 그 지리적 분포, 형태적 특징, 성(性)염색체의 다양성에 근거해 3개의 주요 종군으로 구분할 수 있다. 중국 북방의 북부종군과 황허강 중하류의 중부종군 그리고 중국 남방의 남부종군이 그것이다. 동식물 종류사 분석에서는 남방종군은 혹소의 미토콘드리아DNA가 지배적이고, 북방종군은 황소 미토콘드리아DNA가 지배적인 것으로 나타났다. 중원지역은 황소-혹소 교잡종의 지리적 구역이다(Cai, X. et al. 2007). 이러한 자료는 중국의 황소와 혹소가 북방과 남방의 서로 다른 두 노선을 통해 수입되었음을 보여 주는 유력한 증거이다.

유럽원우(*Bos primigenius*)는 황소의 조상으로 갱신세에 중국에 널리 분포했다. 순화된 황소의 유존으로 간주되는 것이 신석기시대의 많은 유적에 존재하는 것으로 이미 보도된 바 있다. 그런데 황소로 간주된 신석기시대 전기, 중기의 많은 유존은 모두 의문을 낳고 있으며(Flad et al. 2007; 黃蘊平 2003), 황소의 순화 과정이 당시 이미 중국에서 출현했음을 증명하는 증거는 아직 없다. 중국의 고고학자들은 들소를 순화된 황소와 구분하는 체계적인 연구를 아직 진행하지 않았다.

뤼펑(呂鵬)은 신석기시대 황소 유존에 대해 초보적인 연구를 수행해(呂鵬 2010) 소의 뼈 형태, 체구의 크기, 도살 모델이 모두 시간에 따라 변화되었음을 입증했다. 그

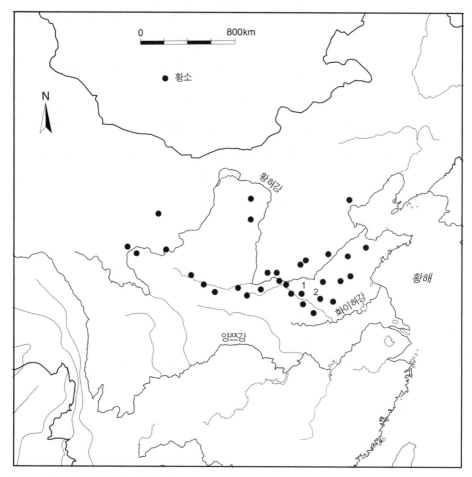

그림 4.10 중국 북방 사육 황소 관련 유적
구청자이(古城寨, 1)와 산타이쓰(山臺寺, 2)에서 감정할 수 있는 동물 표본이 가장 많이 출토되었다(呂鵬 2010: 圖 4에 근거, 수정)

의 연구에 따르면 전신세 시기를 통틀어 중국 북방에서는 단지 5개 유적에서만 기원전 5000년 이전의 들소 뼈가 발견되었다. 기원전 5000년에서 기원전 3000년에 황소의 뼈가 출토된 유적의 수량은 20개 전후로 증가하는데, 샘플 수량이 가장 많은 곳은 산시성(陝西省)의 장자이 유적이다(이 중 감정할 수 있는 표본은 84개이다). 이들 뼈는 모두 비교적 커서 아직 들소에 속했을 가능성이 매우 높다. 대략 30개 유적에서 기원전 3000년기의 황소 뼈가 발견되었는데, 주로 룽산문화 후기와 치자문화(BC 2500-BC 1900) 유적이다(그림 4.10). 이때의 황소 유존은 이를테면 체격이 작게 변했고, 유년기에 도살되는 등 순화의 특징을 보이므로 대부분 사육된 황소(*Bos domestica*)로 감정된다. 몇몇 유적에서 감정할 수 있는 샘플의 숫자도 현저하게 증가한다. 허난성 저청(柘

140

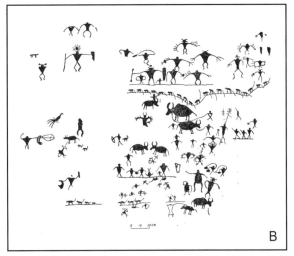

그림 4.11 윈난성 고대 예술작품에 보이는 동물

A. 스자이산 청동 저패기(貯貝器)에 표현된 혹소와 사람의 기마 형상, B. 창위안 암각화에 표현된 야생 및 사육 혹소와 물소 형상
(張增祺 1998: 彩版 31; 汪寧生 1985: 圖 14)

城) 산타이쓰(山臺寺) 유적(감정할 수 있는 샘플 790개)과 신미 구청자이(古城寨) 유적은
매우 좋은 사례이다(呂鵬 2010). 산타이쓰 유적의 한 제사구덩이에서 9개의 황소 뼈가
발견되었으며, 이것은 황소를 제물로 사용한 제사의 기원으로 간주된다. 이와 같은 의
례 활동은 나중에 상대에 보편적으로 진행되었다(Murowchick and Cohen 2001; Yuan,
J. and Flad 2005).

전체적으로 보아 중국 북방의 순화 황소는 기원전 3000년기 후기에 이르러 비로
소 이 지역의 고고학적 기록에 나타나기 시작한다. 이들은 전체 황허강 유역을 따라 분
포하며 항상 염소/면양과 공존해 목축 생업 형태의 일부분이 되었다. 오르도스와 황허
강 상류지역에서 특히 그렇기 때문에 유라시아 대륙 초원지대의 영향이었을 것임을
알 수 있다.

중국 남방의 경우 최초의 사육 혹소에 대한 고고학적 자료는 거의 알려지지 않았
다. 우골(牛骨) 유존은 윈난성 젠촨(劍川) 하이먼커우(海門口) 유적(BC 3300-BC 500)
의 신석기시대와 청동기시대 퇴적 가운데서 발견되었지만, 상세한 감정은 아직 완료
되지 않았다(閔銳 2009). 윈난성 스자이산(石寨山) 유적(BC 3세기-AD 1세기)에서 발견
된 청동 소조(塑造)에 혹소가 의례, 제사, 외양간에 출현하는 장면이 묘사되어 있다. 이
들은 대다수 순화된 것처럼 보인다(張增祺 1998)(그림 4.11-A). 윈난성 창위안(滄源) 암

각화(AD 1-5세기) 중에 사람들이 혹소(물소도 있을 수 있다. 둘의 차이는 혹소의 등에는 혹[峰]이 있는 것이다)를 수렵하는 화면이 있는데, 이것은 혹소들이 야생인 것을 보여 준다. 다른 소들은 줄에 묶여 견인되고 있으므로 순화된 것이 분명하다(汪寧生 1985)(그림 4.11-B). 이러한 예술작품이 재현하는 바에 따르면 혹소가 중국 서남부에 수입된 시기는 기원전 3세기보다 늦지 않다고 추정할 수 있다.

물소

현대의 사육 물소(*Bubalus bubalis*)는 그 형태, 습성과 핵형(核型)에 근거해 대개 2개의 주요 유형으로 나눌 수 있다. 그 하나는 하류형 물소로 인도 아대륙, 중동, 유럽 동부 등에서 발견되며, 다른 하나는 소택형 물소로 중국, 방글라데시, 동남아와 인도 동북지역에 분포한다(Cockrill 1981). 최근에 이루어진 인도 현대 물소 미토콘드리아DNA 연구에 의하면 이 두 가지 유형은 하나의 공통된 야생 조상(*Bubalus arnee*)을 가진 2개의 종군으로, 각각 개별적으로 순화된 것이라고 한다(Kumar et al. 2007). 남아시아 고대 물소 유존에 대한 형태학 연구는 하라파 문명(BC 3300-BC 1300) 형성 전에 물소(하류형 물소일 가능성이 매우 높음)가 남아시아 서북부에서 먼저 사육되었음을 보여 준다(Patel 1997; Patel and Meadow 1998). 대조적으로 동남아시아 구석기시대 유존에서 야생 물소가 발견되었지만(Patel and Meadow 2007) 이들이 소택형인지는 분명하지 않다. 현재까지 야생 물소의 유전자 서열을 획득하기 어렵다.

중국 본토의 모든 물소 유존은 소택형 물소로 감정된다. 갱신세 퇴적 중에서 8개 품종이 발견되었으며, 전신세 퇴적 중에서는 하나의 품종, 즉 성수우(*Bubalus mephistopheles*)만이 발견되었다(薛祥煦, 李曉晨 2000). 이전에는 물소가 신석기시대 양쯔강 유역에서 처음 순화되었다고 여겨졌다. 이는 기원전 5000년 전후 수도를 재배한 저장성 허무두 유적에서 발견된 물소 유존에 근거한다(Bellwood 2005: 125; Chang 1986a; Chen, Y. and Li 1989; Han 1988). 성수우는 신석기시대 중국에서 발견된 유일한 품종이었기 때문에 이전에는 중국의 현대 소택형 물소는 본토의 성수우에서 처음 순화되었다고 추정되었다. 그러나 미토콘드리아DNA 검사 결과는 중국 현대 물소가 주로 동남아시아에 분포하는 소택형 물소(*B. bubalis*)에 속한다는 점을 보여 주었다(Lei, C. et al. 2007). 따라서 그것은 중국 본토의 야생 물소에서 기원한 것일 수 없다.

최근의 중국 신석기시대와 청동기시대 유적의 성수우 유존에 대한 동물고고학 연구(체격의 크기와 도살 모델 연구)는 중국 본토의 물소 유존 중에는 순화 과정의 증거가 없다는 사실을 보여 준다(Liu, L. et al. 2004; 劉莉 2006). 기원전 6000년에서 기원전 1600년 웨이허강 유역의 몇몇 유존에서 성수우로 확정된 유해에 대해 진행한 고유전자 연구는 이 고대 물소와 현대에 사육되는 소택형 물소에 명확한 차이가 있음을 보여주는데, 이것은 중국 본토의 성수우가 소택형 물소의 순화와 관련이 없다는 것을 의미한다(Yang, D. et al. 2008). 이 발견은 물소의 순화가 신석기시대 양쯔강 유역의 수도 재배와 밀접한 관련이 있다는 가설에 대해 이의를 제기한다.

소택형 물소의 순화종은 야생 소택형 물소(*B. arnee*)가 분포한 지역에서 처음 출현한 것이 분명한데, 그것은 아마도 동남아시아 지역이었을 것이다. 태국의 끄라비(Krabi)에 위치한 랑 롱리엔(Lang Rongrien) 동굴 유적에서 가장 이른 야생 소택형 물소 유존이 발견되었는데, 그 연대는 갱신세이다(Mudar and Anderson 2007). 순화된 물소 유존은 기원전 300년의 반 치앙(Ban Chiang) 유적에서 확인되었다(Higham et al. 1981). 중국 서남부의 윈난성에서 물소 뼈는 적어도 2개의 전신세 전기와 중기 유적에서 발견되었으며(張興永 1981), 그 가운데 하나인 바오산(保山) 푸퍄오(蒲縹) 유적(약 BC 6000)의 두개골은 성수우로 감정되었다(宗冠福, 黃學詩 1985). 그러나 중국에서는 아직 고고학적으로 야생 소택형 물소의 유존이 발견된 바 없다. 현재 중국 남방에서 가장 이른 사육 물소의 증거는 예술품에 나타나 있다. 윈난성 창위안 암각화(AD 1-5세기)에 출현한 몇몇 소의 모습은 물소라고 해석되는데, 수렵된 것(즉 야생)과 순양된 것의 형식으로 나타나 있다(汪寧生 1985)(그림 4.11-B 참조). 창위안 암각화에 보이는 물소 화면은 중국의 사육 물소(*B. bubalis*) 또는 그것의 야생 조상-야생 소택형 물소와 유사한데, 소뿔의 형상으로 보면 성수우와는 다르다. 이것은 윈난성이 사육 물소의 야생 조상이 분포한 지역 중 하나였을 수 있음을 나타낸다. 다만 암각화 중의 물소 형상은 상당히 간략해 믿을 만한 증거로 채택할 수 없다. 그 밖의 사육 물소 조형은 동고(銅鼓) 상의 조소나 무덤 중의 소조 모형에 나타나며, 그 연대는 2세기 혹은 그보다 더 늦은 시기이다(劉莉 2006).

지금까지 소택형 물소가 처음 순화된 시간과 장소를 확정할 수 없다는 점이 아쉽다. 윈난성에서 인류는 물소를 야생의 것에서 사육하기까지 매우 긴 역사를 가지고 있다. 그러나 지금 윈난성이 물소 순화가 시작된 지역인지 아닌지를 확정할 수 없다. 물소가 순화된 시간과 장소에 대해 더욱 잘 이해하려면 더욱 많은 물소 유존 발견과 동물고고학 분석, 그리고 중국 서남 및 그 주변 지역의 유존에서 출토된 물소의 유전자 측정에 의존하지 않을 수 없다.

말

말(*Equus caballus*)의 기원은 수십 년 동안 여러 학과의 연구 초점이었으나 결론에는 아직도 논란의 여지가 있다. 말 뼈 유존에 대한 연구는 최초의 순화 말이 5,000년 전 중앙아시아의 한 특정한 지역에서 출현했다고 추정했다(Levine et al. 2003; Mashkour 2006). 대다수의 고고학자와 역사학자는 말이 기원전 2000년기 후기 초원지역에서 중국으로 수입되었다고 생각한다(Flad et al. 2007; Linduff 2003; Mair 2003; Yuan, J. and Flad 2003, 2006)

그러나 유전학 연구는 더욱 복잡한 화면을 제공한다. 지금으로부터 2,800년 전 시베리아에서 온 사육 수말은 수컷 유전 Y염색체의 다양성을 보여 준다. 그러나 전신세의 현대 말은 순화 과정의 영향으로 인해 이미 Y염색체에 서열의 차이가 존재하지 않는다(Lippold et al. 2011). 반대로 말은 암컷 유전의 미토콘드리아DNA 중에서 다량의 유전자 차이를 드러내는데(Jansen et al. 2002; McGahern et al. 2006; Vila et al. 2009), 여기에는 중국의 현대와 고대 말도 포함된다. 미토콘드리아DNA의 결과는 많은 단독 세계(世系)로부터 온 암말이 현대 유전자 풀에 공헌했다고 해석될 수 있다. 마샤 러바인(Marsha Levine)은 최초의 사육 마군(馬群)이 발전하는 과정 중에 야생 마군의 암말이 우연히 순양된 마군으로 들어옴으로써 미토콘드리아DNA의 다양성이 형성되었다고 주장했다(Levine 2006). 문제는 중국에 본토 야생말의 순화 또는 본토 야생 암말이 순화 마군에 들어온 것을 표명하는 고고학적 자료가 있는지의 여부이다. 이 문제를 해결하기 위해서는 중국 본토 야생마의 분포에서부터 이야기를 시작해야 한다.

중국에는 적어도 33개의 갱신세 유적에서 7종의 마속(*Equus*) 동물이 발견되었는데, 유적 대다수는 북방에 위치한다. 갱신세 후기에 가장 널리 보이는 것은 프셰발스키 야생마(*Equus przewalskii*)이다(Olsen 1988; 祁國琴 1989). 이 동물은 사냥과 환경 악화로 인해 대략 100년 전에 원생지에서 절멸했고, 세계 각지의 동물원에 소량만이 생존해 있다. 그 이전 전 세계에 걸쳐 이 말들은 줄곧 야외에서 생활했다. 일부 생존해 우리에서 사육된 프셰발스키 야생마는 한 세기 전 마지막으로 살았던 지역인 준가르분지에 1985년부터 다시 수용되었다(Ryder 1993).

약 십수 개의 갱신세 후기 유적에서 프셰발스키 야생마 유존이 발견되었으며(祁國琴 1989), 이 가운데 산시성(山西省) 북부 쉬현(朔縣) 즈위(峙峪) 유적에서 발견된 수량이 가장 많다(최소 개체 수는 120필)(賈蘭坡 등 1972). 중국 북방의 신석기시대 및 청동기시대 전기 유적에서도 마골이 발견되었는데, 동쪽의 랴오둥반도에서 시작해 서부의 칭하이지역까지 두루 분포되어 있다(Linduff 2003)(그림 4.12). 이 가운데 산시성(陝西省)의 관타오위안(關桃園, 양사오문화 후기와 서주시대), 반포(양사오문화기), 네이멍구의 먀오쯔거우(廟子溝), 다바거우(大壩溝, 양사오문화 후기), 허난성의 은허(상대 후기) 등 5개 유적에서 출토된 마골이 종속(種屬) 감정을 받았는데, 모든 마골이 프셰발스키 야생마에 속했다(부록에 자세한 내용이 있다).

특별히 강조할 만한 것은 야생마와 순화된 말의 골격 형태가 극히 유사하며, 이와 같은 유사성은 순화 초기 단계에서 더욱 분명하다는 점이다. 따라서 순화된 말과 그들의 야생 조상을 구별하는 것은 결코 간단한 일이 아니어서 연구자들은 종종 다양한 방법을 사용한다(Olsen, Sandra 2006; Olsen, Stanley 1988). 스탠리 올센(Stanley Olsen)이 지적한 바와 같이 마골 유존이 순화와 절대적으로 관련된 유물과 동시에 발견되지 않는다면 그것이 도대체 야생에 속하는지, 순복(馴服)된 것 또는 순화된 것에 속하는지를 원만하게 판별하기는 매우 어렵다(Olsen 1988: 162). 사실 연구자들은 이란 중부 고원의 마골 유존에 대한 연구에서 프셰발스키 야생마와 사육 말을 구별하는 것이 확실히 어려운 일임을 알게 되었다. 따라서 그들은 프셰발스키 야생마 유존이 전체 동물 유존에서 비교적 낮은 비율을 차지하는 현상에 근거해서 그것을 야생마라고 감정할 수밖에 없었다(Mashkour 2003).

양사오문화에서 마골 유존이 나오는 유적은 모두 수렵을 보조로 하는 농업 경제 형태를 띠며, 초식동물 사육 증거는 발견되지 않았다. 동물 유존에서 마골은 매우 드물게 나타나며 대부분 야생종에 속한다. 먀오쯔거우에서 발견된 마골은 모두 절단되거나 불에 그을린 흔적이 있는데, 이것은 이 동물들이 식량으로 수렵, 도살된 것을 나타낸다(黃蘊平 2003). 룽산문화 후기와 치자문화 시기(BC 2500-BC 1800)의 유적에서부터 마골은 면양/염소, 황소의 뼈와 함께 발굴되었다. 예컨대 간쑤성 다허좡(大河莊) 유적의 무덤에서는 말 하악골 3개가 부장품으로 발견되었다. 유적에서는 돼지와 양의 하

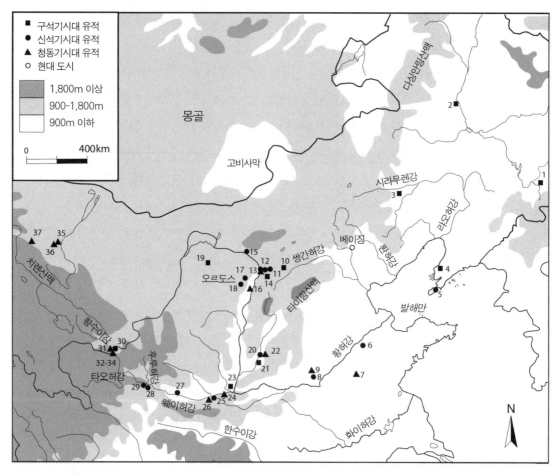

그림 4.12 프세발스키 야생마(*Equus Przewalskii*) 관련 구석기시대 유적, 마골(馬骨) 유존이 출토된 신석기시대와 청동기시대 유적

오르도스지역은 마골 출토 유적이 가장 밀집된 지역임을 보여 줌

1. 안투(安圖), 2. 칭산터우(靑山頭), 3. 우얼지(烏爾吉), 4. 샤오구산(小孤山), 5. 베이우툰(北吳屯), 6. 청쯔야(青子崖), 7. 첸장다, 8. 바이잉(白營), 9. 은허, 10. 쉬자야오(許家窯), 11. 먀오쯔거우, 12. 다바거우, 13. 시차, 14. 즈위, 15. 좐룽짱(轉龍藏), 16. 리자야, 17. 휘스량과 시하이쯔(西海子), 18. 우좡궈량(五莊果墚), 19. 싸라우쑤(薩拉烏蘇), 20. 가오두이(高堆), 21. 딩촌(丁村), 22. 차오베이, 23. 다리(大荔), 24. 난사촌(南沙村), 25. 반포(半坡), 26. 라오뉴포 27. 관타오위안(關桃園), 28. 스자오촌(師趙村), 29. 시산핑, 30. 마자완, 31. 지자촨(姬家川), 32. 다허좡, 33. 장자쭈이(張家咀), 34. 친웨이자(秦魏家), 35. 휘스량(甘肅), 36. 강강와(缸缸窪), 37. 훠사오거우(火燒溝)

악골도 의례 활동에 사용되었다(中國科學院考古硏究所甘肅工作隊 1974)(부록 참조). 이와 같은 종류의 마골이 발견된 유존은 매우 많지만, 어떤 유적의 동물 유존 중에서도 마골은 아주 작은 비율을 차지하기 때문에 이 말들이 사육된 말에 속하는지의 여부를 놓고 논쟁이 일어났다. 유적에서 마골이 잘 보이지 않으므로 매우 많은 연구자들은 그

것이 야생종에 속한다고 생각하지만(Linduff 2003) 반면에 다른 사람들은 순화종의 가능성을 인정하려고 한다. 그 증거는 유적에서 이들이 빈번하게 출현하는 것이다(Yuan, J. and Flad 2006). 현재 이들이 사육 말에 속한다는 것을 입증할 확실한 증거는 없다. 그런데 린두프(Katheryn M. Linduff)가 주목한 바와 같이 서북지역 말 유존을 고고학적 맥락에서 보면 인류는 말을 주로 식용이나 부장품 등에 제한적으로 사용하였으며, 그것은 상대의 중원지역에서 발견되는 환경과는 다르다.

상대 후기에서는 마골 출토 유적이 더욱 많이 발견된다. 마골 유존은 두 종류의 유존에서 발견된다. 하나는 의식류인데, 말은 주로 제사에서 희생물로 사용되고 대개 수레와 함께 무덤에서 발견된다. 이와 같은 상황은 일반적으로 은허, 라오뉴포(老牛坡), 차오베이(橋北)와 첸장다(前掌大) 유적과 같은 커다란 정치적 중심지에서 발생했다(부록 참조). 일반적으로 제물로 희생된 이 말들은 외래의 순화 말이라고 생각한다. 상대의 도성, 은허 유적에서 대량의 말이 수레와 함께 출토되었는데, 이들은 고급 순장품에 속한다. 일반적으로 왕실이나 종묘/궁전 부근에 위치하나(그림 10.9-4 참조) 주거 구역의 재구덩이에서는 거의 보이지 않으므로, 외부에서 상왕에게 헌납된 귀중한 선물이었음이 분명하다고 생각된다(石璋如 1953). 현재 은허의 마골 유존에 대한 체계적인 골격 형태학 분석은 아직 진행되지 않았다. 현재 가지고 있는 수치는 2매의 치아에서 나온 것인데, 그 크기가 비교적 작다. 샤르뎅과 양중젠(楊鍾健)은 이에 의거해 이 은허의 소형 말은 아마도 프셰발스키 야생마에서 순화되어 나온 품종일 것이라고 생각했다(Teilhard de Chardin and Young 1936: 19). 은허에서 출토된 다른 말 유존이 프셰발스키 야생마에서 순화되어 나온 것인지는 분명하지 않으나, 적어도 은허의 일부 말은 프셰발스키 야생마에서 기원했을 것이다.

상대 후기 말 유존의 두 번째 고고학적 배경은 가거류(家居類)로서, 거주 구역에서 발견되며 가정 폐기물의 한 부분에 속한다. 이 유형에 속하는 유적은 리자야(李家崖)와 시차(西岔) 유적과 같이 주로 오르도스지역에서 발견되었다(그림 4.12 참조, 이 밖에 부록 참조). 이 유형의 유적은 중국의 말 순화 문제를 해결하는 열쇠가 될 것이다. 네이멍구 중남부 칭수이허현(清水河縣) 시차 유적의 사용 시간은 양사오문화에서 상주시대 후기까지 이어지는데, 마골은 룽산문화와 상주시대의 문화 퇴적에서 발견되었다. 룽산문화의 동물 유존 수량은 매우 적으며(감정할 수 있는 샘플 37개), 마골(감정할 수 있는 샘플 4개)은 동물 유존 총수의 10.8%를 차지할 뿐이다. 이 유적의 상주문화 유존 면적은

120만m²까지 확장되며 풍부한 주거 유존이 포함되어 있다. 이 시기의 마골은 동물 유존 총수의 9.1%(감정할 수 있는 마골 샘플은 531개, 감정할 수 있는 전체 동물 샘플은 5,835개)를 차지한다. 동물 유존에는 주로 돼지, 염소, 면양, 황소 유존이 있으며, 이 밖에 소량의 야생동물도 포함되어 있다. 모든 동물 유존이 주거 구역에서 발견되었으며 뼈는 어지러이 분포되어 있다. 매우 많은 마골이 공구를 제작하는 원료로 사용되었으며, 일부에는 표면에 홍색 안료가 묻어 있어 의례 기능을 갖춘 것으로 추정된다(楊春 2007). 당시의 말은 명백히 주로 식용과 제사에 사용되었으며, 현지의 농목업 경제에서 중요하게 기능했다. 사람과 말의 이러한 관계는 치자문화 및 유라시아 대륙 초원지대의 전통과 일치한다.

시차 유적의 마골 종속에 대한 감정은 이루어지지 않았으나, 동물 유존 중에서 말이 상대적으로 많이 출현하며 상주시대의 퇴적 가운데서는 특히 그러하다. 이것은 다른 지역의 유적에서 마골 유존이 매우 희소한 상황과 선명한 대비를 이룬다. 이와 같은 말에 대한 집약적인 사용은 말이 이미 순화된 결과일 것이다. 그런데 관건적인 문제는 이것이 현지의 야생마가 현지에서 순화된 것인가이다.

전체적으로 보아 거의 모든 갱신세의 프셰발스키 야생마 유존은 모두 동북과 서북 지역의 유적에서 발견되었다(祁國琴 1989). 이것은 대다수의 신석기시대 및 청동기시대 전기 마골 유존의 분포와 일치한다. 모든 분류 감정에서 신석기시대와 상대의 샘플은 모두 프셰발스키 야생마로 확인되고 있다. 신석기시대와 청동기시대에 마골이 가장 집중적으로 출현한 유적은 모두 오르도스와 그 주변 지역에 있다. 여기에는 세석기 유적 1곳, 양사오문화 후기 유적 3곳, 룽산문화 후기 유적 3곳, 상대 후기 유적 2곳이 포함된다(부록 참조). 주목해야 할 것은 갱신세 유적 가운데 가장 많은 프셰발스키 야생마 유존이 발견된 즈위 유적 역시 이 지역에 위치한다는 점이다(그림 4.12 참조).

역사상 오르도스 주변 지역의 식피 유형은 삼림-초원과 반건조 초원 사이에서 변화하며(湯卓煒 등 2004a), 중국에서 말이 야생 단계에서 순양되기까지 존재 과정을 가장 오랜 시간에 걸쳐 지속적으로 보여 준다. 올센은 중국 북방에서 사람과 말이 아주 오랜 시간 동안 밀접한 관계를 가지고 있었기 때문에 중국에서 초기 사육과 최종적인 순화가 이루어졌을 가능성이 매우 높다고 생각했다(Olsen 1988: 161). 다른 또 하나의 가능한 그림은 유라시아 초원의 반유목민과 그들이 순화한 초식동물(말을 포함)이 함께 동아시아로 확산되어 중국 북방에 도착했을 때, 프셰발스키 야생마의 암말이 이미 순화된 마군(馬群)에 속했을 가능성이다. 그러나 현대 프셰발스키 야생마가 보여 주는 유전자 단상형은 순화된 말(현대와 고대의 것을 모두 포함해)에서 나타나지 않는다는 것이 발견되었음에 주의해야 한다. 따라서 전자가 후자의 조상이 되었는지는 아직 분명하지 않다(Cai, D. et al. 2009; Lippold et al.2011). 그런데 현대 프셰발스키 야생마가 유전자 측면에서 고대의 것과 같지 않을 수도 있다. 왜냐하면 이 물종이 엄중한 유전자 정체기를 겪어(100년 전에 거의 절멸했다) 그 유전자의 다양성이 감소되었기 때문이다. 앞으로는 고대 프셰발스키 야생마의 유전자에 대한 대량의 분석을 통해 어쩌면 이미 절멸된 잠재되어 있는 혈통을 검측해야 할 필요가 있다(Cai, D. et al. 2009). 실제로 산시성(陝西省) 북부에서는 사육형 프셰발스키 야생마를 모델로 한 상대 후기 청동 소상(塑像)이 발견되었다(제9장 참조). 더욱 많은 생물분류학과 고유전자 연구를 통해 중국 북방 현지의 야생마와 신석기시대 및 청동기시대 말의 관계를 분명히 해야 할 필요가 있다.

닭

닭(*Gallus gallus domesticus*)의 가장 가능성 높은 야생 조상은 적색야계(*Gallus gallus*)이나 닭이 순화된 지역에 대해서는 아직까지 의견이 분분하다. 유라시아 대륙의 닭 834마리와 동남아시아·중국의 적색야계 66마리에 대해 진행된 미토콘드리아 DNA 분석 결과는 닭에 복합적인 모계 기원이 존재하며, 그 순화는 중국 남부와 서남 및 그 주변 지역, 인도 아대륙 등 적어도 남아시아와 동남아시아의 세 지역에서 발생했음을 보여 준다(Liu, Y.-P et al. 2006).

고고학적으로 중국에서 닭이 처음 순화된 시간과 장소에 대해서는 알려진 것이 거의 없다. 이미 많은 신석기시대 유적에서 닭 유존이 발견되었으며, 가금(家禽)으로 감정되었다. 이러한 유존은 허베이성 츠산 유적에서 가장 먼저 출현했는데, 그 연대는 기원전 6000년 전후이다(周本雄 1981). 그러나 이러한 주장은 아직 많은 고고학자들에 의해 수용되고 있지 않다. 산시성(陝西省) 캉자 유적(BC 2500-BC 2000)에서 출토된 닭 뼈는 감정을 통해 계측된 크기가 현대의 닭과 비슷하다(劉莉 등 2001). 스자허문화 유적(BC 2500-BC 2000) 중 일부에서도 의례 활동에 사용된 토계(土鷄)가 다른 토제 동물과 함께 출토되었다. 이것은 후베이성의 덩자완(鄧家灣) 유적에서 더욱 풍부하게 출토되었는데, 작은 닭과 암탉 그리고 수탉으로 구별된다(石家河考古隊 2003)(그림 7.15-2

참조). 닭의 순화는 기원전 3000년기의 후반기에 발생했을 것이나 지금까지 신석기시대 고고 자료 중에서 야생 닭과 닭을 구별하는 고고학 연구는 부족하다.

가축의 2차 산품

구대륙의 다른 지역과 마찬가지로 중국의 가축은 처음 대부분 식용으로 사용되었다. 엔드류 셰럿(Andrew Sherratt)은 가축의 '2차 산품'인 유제품, 모제품(毛製品), 기승(騎乘), 수레 견인, 쟁기질, 운송 등과 같은 용도의 개발은 나중에 발전된 것이라고 했다(Sherratt 1981).

중국에서 동물고고학 자료에 근거해 진행된 동물의 2차 산품 관련 연구는 그리 많지 않다. 브런슨(Katherine Brunson)이 최근 진행한 산시성(山西省) 타오쓰 룽산문화 후기 유적(BC 2500-BC 1900) 동물 유존에 대한 연구에 근거해서, 면양의 도살 연령으로 볼 때 면양 사육이 양모 산품의 획득을 위해 이루어졌을 것임을 알 수 있다(Brunson 2008). 유물이 비교적 잘 보존되어 있는 신장(新疆)에서는 소와 양 목축업이 경제의 중요한 부분이었으며, 기원전 2000년기에는 유제품과 양모를 이용한 흔적이 나타난다(제9장 참조).

중국의 농업을 위주로 한 지역에서 동물의 2차 산품은 주로 소의 축력을 이용하는 것과 관련이 있다. 비록 동물고고학 자료는 부족하지만 몇몇 역사학자들은 문헌 자료에 의거해 매우 많은 논의를 전개했다. 주요한 문제는 고대 중국의 우경(牛耕) 기술이 언제, 어디에서 발전되어 나왔는지에 대한 것이다. 몇몇 연구자는 물소를 이용한 경작 기술이 신석기시대에 이미 사용되었다고 하고, 쑹쩌문화와 량주문화의, 예컨대 저장성 평후(平湖) 좡차오펀(莊橋墳)과 같은 일부 유적에서 발견된 석제 이형기(犁形器)가 그 증거라고 주장한다(徐新民, 程杰 2005). 그러나 이들 문화의 동물 유존 중에는 물소가 순화된 증거가 결여되어 있다(劉莉 등 2006). 저장성 피산(崑山)의 쑹쩌문화 유적(BC 4000-BC 3300)에서 출토된 이형기 수점의 사용 미세흔에 대한 초보적 분석 결과는 이 유물들이 여러 가지 기능을 가지고 있으나 쟁기와 같은 사용 흔적은 가지고 있지 않았음을 보여 준다(Liu and Chen 2011). 신석기시대 유물에 대해 더욱 많은 사용 흔적 분석을 통해 그 기능을 분석할 필요가 있다.

상당수의 연구자들은 최초의 우경은 동주시대에 이르러 비로소 황허강 유역에서 출현했으며, 그것은 철(鐵)이 농기구 제작에 사용된 결과라고 생각한다(陳文華 1991: 131; 楊直民 1995). 기원전 4세기에서 기원전 5세기에 편찬된『국어(國語)』「진어(晉語)」권9에는 황허강 중류지역에 위치한 진국(晉國)에서 "종묘의 희생물이 토지 경작에 사용되었다(宗廟之犧爲畎畝之勤)"는 기록이 있다. 즉 처음에는 종묘 제사의 제물로 사용되었던 소가 경작 노동에 사용되기 시작했다는 기록이 있다. 엔스상청과 안양 은허 유적(BC 1600-BC 1046)에서는 소의 희생이 대량으로 발견되었는데, 이것이 소가 의례 활동에 사용된 유력한 증거이다(Yuan, J. and Flad 2005).

동물 2차 산품에 관련된 동물고고학의 증거가 부족한 것은 청동기시대 후기 유적에 대한 발굴이 주로 무덤에 집중되어 있어 대체로 동물 유존이 빈약하기 때문이다. 그러므로 철제 쟁기[犁] 실물과 예술품상의 우경 장면에 대한 예술적 표현 등을 포함한 다른 증거에 의존해 최초의 우경 기술을 추적할 수밖에 없다. 현재의 자료를 통해 알 수 있는 것은 철제 쟁기 생산은 전국시대(BC 475-BC 221)에 분명하게 발전하기 시작했으며, 한대에 중국 북방 특히 황허강 유역의 한지 농업에서 광범위하게 응용되었다는 점이다(陳文華 1991: 190-195; 錢小康 2002a, b).

물소의 예술적 형상은 이 동물이 운송에 사용되었을 뿐만 아니라 썰매와 수레 견인에도 사용되었음을 보여 준다. 중국 남방과 서남부에서 발견된 서기 2세기 이후의 동고와 무덤에 부장된 토제 모형 중에 나타나는 물소 조상이 그 예증이다. 물소를 이용한 토지 경작과 관련된 확실한 증거는 그보다 더 늦게 출현한다. 우경 기술은 북방에서 남방으로 이주한 사람들이 가져왔을 것이지만, 그것이 최초로 발생한 정확한 시점은 아직 분명하지 않다.

요약

가축으로서의 개가 출현한 최초의 흔적은 기원전 8000년까지(난좡터우 유적), 돼지는 기원전 7000년까지(자후 유적) 소급되지만, 이들 동물의 순화를 처음으로 시도한 행위는 더욱 일찍 시작되었을 것이다. 면양, 염소, 황소는 기원전 3000년기 후반에 중국에 수입되었다. 면양, 염소, 황소가 중국의 서북지역에 수입된 것에 이어 말도 일상적인 동물이 되었다. 일반적으로 이들 초식동물은 유적에서 공존하는데, 이것은 이 동물들이 농목업 경제의 구성 부분으로서 함께 수용되었음을 나타낸다. 비록 동물 유존

중에서 말의 수량은 많지 않으나 이 말들 역시 순화된 물종에 속했을 것이다. 기원전 2000년기 후기에 말은 중국 북방 각지에 광범위하게 확산되었으며, 사회 상층문화(지배층 문화)의 일부분이 되었다. 이 동물들이 어떻게 중국에 들어왔는지는 계속 논쟁 중인 문제이다. 신장은 중서(中西) 교류를 가장 잘 보여 줄 수 있는 지리적 위치에 자리한 것으로 간주된다. 그러나 가축의 측면에서는 신장에서 황소, 면양, 말과 관련된 가장 오래된 자료가 황허강 유역의 자료보다 이르지 않다. 따라서 이들 순화된 초식동물은 여러 가지 상황에서 약간의 노선을 통해 유라시아 대륙 초원에서 중국 북방의 광대한 지역으로 전파되었을 것이다. 이 노선에는 서부의 실크로드, 북부의 중국 북방과 몽골을 연결하는 수많은 노선과 같은 역사시대 교류 노선의 전신이 포함된다.

순화된 물소와 혹소가 중국에서 출현하는 과정은 중국 서부지역과 그 주변 지역 간의 상호 교류와 관련이 있을 것이다. 한대에 중국 서부지역과 미얀마, 인도를 연결한 서남 실크로드의 발전이 각 지역 간의 교역을 장려하고, 어쩌면 소의 전파도 촉진했을 것이다. 이와 같은 상호 교류는 한대 이전에 이미 오랫동안 존재했다. 장래의 연구는 이들 소과[牛科] 동물의 기원을 연구할 수 있는, 더욱 이른 시기로 소급되는 증거를 제공할 수 있을 것이다.

순화의 동력

식량 생산 경제 배후의 동력에는 두 가지 대립적인 이론이 있다. 그 하나는 문화 생태의 입장을 취해 일반적으로 농업이 생태의 경계 지역에서 출현했음을 강조한다. 그곳의 열악한 기후 변화가 사람들로 하여금 부득불 새로운 식량 자원을 찾도록 압박한다는 것이다(Watson 1995). 이 모델은 이미 중국 수도의 순화를 해석하는 데 사용되었다. 갱신세 말기 양쯔강 유역은 온대와 한온대 사이에 위치해 사계(四季)가 분명했기 때문에 야생 수도가 아주 충분하지는 않았으며, 겨울에는 식량 부족에 직면했을 것이다. 야생 수도의 부족은 그들의 재배를 통해 생산량을 늘리고자 하는 갈망을 유발했다(Highham 1995; Lu, T. 1999: 139-140). 그러므로 환경 변화와 야생 수도 분포 지역의 경계 지역에 위치한 양쯔강 유역의 지리적 특징이 이 지역에서 수도 재배가 시작된 주요한 원인 가운데 하나이다(Lu, T. 1999: 139-140; Yan, W. 1999). 그러나 현재의 자료를 가지고 볼 때 갱신세 후기에 수도가 주식으로 사용되었는지는 역시 의문이다. 따라서 수도 재배가 식량 부족과 인구 압력 문제를 해결하기 위한 것이었는지를 증명하기는 매우 어렵다. 사실상 수도 재배가 갱신세 후기에 기원했다는 것을 확인할 수 있는 명확한 증거가 없는 현 상황에서 가장 이른 수도 재배가 전신세 전기에 발생했다고 생각할 수 있다. 이때에는 기후가 개선되고 야생 수도는 여유 있는 자연 자원의 하나였다. 간단히 말해서 수도 순화 문제에서 문화 생태 모델에는 아직 추가로 설명해야 할 여지가 남아 있다.

마찬가지로 동물의 순화도 식량 부족을 해결하는 방법으로 일찍부터 해석되었다. 위안징(袁靖)과 플래드(Flad)는 돼지 순화의 네 가지 전제 조건을 제시했다. ① 전통적인 수렵을 통해 얻은 식육이 불충분해 새로운 단백질 자원을 획득해야 할 필요가 있을 것, ② 취락 부근에 멧돼지 자원이 있을 것, ③ 이미 성공적으로 어떤 곡물 재배에 성공해 사람들이 어떤 동물의 순화를 진행하도록 장려할 것, ④ 경작 곡물에 잉여가 생겨 곡물의 부산품으로 동물을 사육하는 것이 가능해질 것 등이다(Yuan, J. and Flad 2002). 그러나 이 전제 조건은 콰후차오, 자후, 싱룽와 유적 등 돼지 유존이 출토된 유적의 상황과는 부합되지 않는다. 이 유적 모두는 풍부한 자연 자원을 가졌으며, 사람들은 명백히 광범위한 생업 경제에 의지해 농경은 단지 그 가운데 아주 작은 일부에 지나지 않았다. 현재 이들 유적에서 인류의 음식에 육식이 결여된 것을 보여 주는 증거는 찾을 수 없으며, 돼지가 주로 곡물의 부산품에 의존해 생존한 것을 보여 주는 어떤 증거도 없다. 더욱 많은 연구를 통해 초기 동물 순화 과정을 잘 이해할 필요가 있다.

두 번째 이론은 사회정치적 시각을 채택해 순화가 시작된 동기에 대한 해석을 제시한다. 이것은 벤더(B. Bender)의 논의에서 시작되었다. 즉 서로 인접한 사회 집단 사이에는 지역의 통제권을 획득하기 위해 사회 집단 연회를 개최하는 방식을 통해 경쟁하는데, 이것이 식량 생산 배후에 존재하는 동력이라는 것이다(Bender 1978). 이런 연회의 동기는 부단하게 증가하는 생업 자원의 지원을 필요로 하며, 나아가 식량 생산 과정의 강화를 촉진한다. 이와 같은 시각은 최근 수년 동안 계속해서 지지를 얻고 있으며, 상당수의 고고학자가 세계 각지에서 증거를 수집해 유목적적으로 순화 산품을 쌓아 가는 것은 개인의 명예를 추구하는 '과시자(aggrandizers)'의 행위이며 일반인의 생존을 위한 필요는 아니라는 것을 증명했다(Clack and Blake 1994; Hayden 1995, 2003). 헤이든(Brain Hayden)은 많은 지역에서 가장 먼저 순화된 것은 식용할 수 없는 식물이나 마(麻), 표주박, 고추, 육두구(肉豆蔻)와 같은 조미료라고 주장했다(Hayden 1995). 이것은 초기에 순화된 식용 식물은 사치품 또는 고급 식료이며, 생활필수품이 아니었다는 점과 부를 과시하는 연회가 농업 경제로 변화하는 동력이었음을 나타낸다. 헤이든의 견해에 따르면 사회적 지위의 차별과 사회경제의 불평등이 사회에서 출현하기 시작할 때 순화가 발생한다. "사람들이 권력, 재부, 지위를 다투어 '식량 전쟁'을 개시했을 때, 노동집약형 식량이 위세(威勢)를 구축하는 구성 부분으로서 발전하기 시작한다"(Hayden 1995: 282). 이 견해에 따르면 순화, 연회, 사회불평등은 긴밀하게 관련된 요소이다. 헤이든은 동남아시아 일부 부족의 민족지 자료에 근거해 수도가 처음에는 일종의 사치 식량으로 순화되어 연회에 주로 사용되었으며, 지금도 이런 부족이 여전히 존재한다고 주장했다(Hayden 2003, 2011).

통상 '사회경제적 경쟁 모델' 또는 '식량전 이론(food-fight theory)'으로 불리는 이 견해(이론)가 모든 고고학자에게 수용되는 것은 아니다. 이것이 가지고 있는 문제는 다음과 같다. 첫째, 실질적으로 매우 많은, 이를테면 조·기장, 보리, 콩, 물소, 황소, 돼지와 같은 물종은 순화를 전후해 모두 생업 식량이었음을 발견하기가 어렵지 않다. 사실상 세계 어떤 지역에서도 사회 계층 분화의 시작과 최초의 순화 사이에 상호 관련이 있음을 보여 주는 충분한 증거는 없다(Smith 2001b).

그러나 수도가 처음에는 사치성 식량으로 중국에서 순화되었다는 헤이든이 제기한 주장은 참으로 더 깊이 연구할 만한 가치가 있다. 동남아시아 부족에서 나온 수도 경작과 식용에 관한 민족지 자료가 전신세 전기 양쯔강 유역의 상황을 대변할 수 없는 것이라고 해도, 재배 초기에 수도가 연회에 사용된 사치성 식량이 아니라거나 정치적인 동기와 아무런 연관이 없다고 말할 수는 없다. 이를테면 헤이든도 주목한 바로 그것처럼(Hayden 2011) 자후 유적에서는 초기 수도 유존이 발견되었음과 동시에 사회 분화가 출현하기 시작했다는 증거도 발견되었다(河南省文物考古研究所 1999a). 아울러 고대 토기 표면에 흡착된 유기물에 대한 화학 분석은 자후 유적의 수도가 양조에 사용되었음을 보여 주는데, 술은 사회 계층을 공고히 하는 의식 가운데서 중요하게 작용했을 것이다(McGovern et al. 2004). 그러므로 초기의 수도가 적어도 어떤 상황에서는 몇몇 과시자가 권력을 장악하기 위해 사용한 위신재(威信材)였을 수 있다. 그런데 앞에서 언급한 것과 같이 수도가 순화된 최초의 단계는 아직 분명하지 않으며, 자후 유적의 수도와 의례 활동의 상관성이 수도 순화의 최초 동기를 의미한다고 단정지을 수도 없다.

마찬가지로 만약 돼지가 식량 자원이 풍부한 지역에서 처음 순화되었다면, 연회에서 맛있는 요리로 돼지고기가 다른 고기보다 더 환영받았거나 적어도 때때로 그러했을 가능성을 배제할 수 없다. 이런 상황은 돼지를 순화해야겠다는 사람들의 생각을 자극했을 수도 있다.

이상의 두 가지 이론 모델은 어느 정도 식량 생산을 해석하는 데 인위적인 그리고 자연적인 요인이 모두 유용하다는 것을 보여 준다. 다만 각각 특정한 이론적 틀(과정주의와 후과정주의의 방법)의 영향을 받아 편견이 존재한다. 이와 반대로 다른 하나의 견해는 식물 순화가 사람과 식물 사이의 양성적(良性的) 선택 관계의 자연적 결과이며, 환경의 압력에 대응하기 위해 고안된 교정 방법은 아니라는 주장이다(Rindos 1980, 1984, 1989). 사실 최근의 매우 많은 연구는 이미 농업은 언제나 자원이 상대적으로 풍부한 지역에서 기원했음을 보여 주었다(Price and Gebauer 1995). 중국의 초기 순화와 관련된 모든 유적이 자연 자원이 풍부한 지역에 위치하며, 순화된 이들 품종이 전체 생업 경제 중에서 차지하는 작용이 미미해도 더욱 발달한 농업이 형성되기 전까지 매우 오랜 시간 동안 현지 인류의 음식에서 안정적인 지위를 차지한 구성 부분이었음을 쉽게 찾아볼 수 있다. 이와 같은 발전 과정에서 순화된 물종은 일상생활에서 사용되면서도 동시에 과시적 소비 중의 사치성 음식이기도 했다. 따라서 순화 동기는 생태학적이면서도 사회학적이다.

결론

세계의 다른 많은 지역과 마찬가지로 중국 대지에서 식량을 구한 사람들의 탐색, 수렵, 수확, 가공과 식량 소비의 일상적이면서도 필수적인 활동 중에서 의식적 또는 무의식적으로 최초의 순화 활동이 시작됐다. 최초로 순화된 물종에는 수도, 조·기장, 콩, 개와 돼지 등이 있다. 이들은 처음 수천 년 동안에는 아주 부차적인 역할을 담당했을 뿐이며, 신석기시대 중기(BC 5000-BC 3000) 심지어는 더욱 늦게 생업 경제에서 식량의 주요한 출처가 되었다.

기원전 3000년기와 기원전 2000년기에 밀, 보리, 귀리, 황소, 면양, 염소, 말 등 몇몇 새로운 순화 산품이 중국 북방에 수입되었다. 이들 가축이 중국에 출현한 것은 여러 가지 원인이 작용한 결과이다. 예컨대 전신세 중기 기후최적기 후의 환경 변화가 중국 북방을 목축업 생산에 더욱 적합하도록 만들었고, 또 유라시아 대초원에서 중국 북방으로의 인구 이동도 경제적 가치가 있는 생산 기술의 전파를 촉진했다.

여러 종류의 괴경류 식물(토란과 마)은 구석기시대부터 중국 북방과 남방 인류의 식량 가운데서 중요한 역할을 담당했다. 그러나 관련된 고고학적 자료가 부족해 그 순화 과정을 추적하기가 매우 어렵다. 전분립 분석이 괴경류 식물 유존의 발견에 매우 큰 가능성을 부여했지만, 고고학 연구에서 이 방법의 운용은 여전히 초보적인 단계에 머물러 있다.

현재 중국 남방에서 가장 처음 순화된 물소와 혹소에 관련된 증거의 시대는 매우 늦은데, 이것은 이 지역의 동물고고학 연구가 부족한 것에서 말미암았을 것이다. 어쨌든 한대에 중국 서남지역과 동남아시아, 남아시아 사이에서 부단히 강화된 문화 교류가 이 시기의 예술품에 묘사된 그것처럼 두 동물에 대한 사람들의 이용을 촉진했을 것이다.

순화된 동물과 식물은 생업 경제에서 매우 중요한 역할을 담당했을 뿐만 아니라 각종 의례에서 제물로 사용되어 권력 획득을 촉진했다. 본토에서 순화된 물종은 신석기시대에 복합사회 출현의 경제적인 기반을 형성했으며, 수입된 순화 물종은 청동기시대 초기에 사회·정치 변혁을 가속화하는 데 공헌해 중국 북방의 초기국가 혹은 문명의 형성을 이끌었다. 식물 재배와 동물 사육의 부단한 수준 향상은 청동기시대 사회와 경제의 혁신을 지탱했는데, 여기에는 다종 작물의 복합 재배, 부단히 증가하는 인구를 만족시키기 위해 출현한 새로운 단백질 자원, 정교하게 다듬어진 의례용 희생과 전례(典禮) 등이 포함된다. 이와 같은 주제는 뒤의 장절에서 논의할 것이다.

제5장 신석기시대로: 신석기시대 전기의 정주와 식량 생산(BC 7000-BC 5000)

포희씨가 죽고 신농씨가 일어났다. 나무를 잘라 보습을 만들고 나무를 구부려 가래를 만들었다. 농경의 이익을 천하에 가르쳤다.

– 『주역(周易)』 「계사(繫辭)」 하(下)

중국 신석기시대 문화 발전은 전신세 중기 기후최적기의 도래와 함께 시작되었다. 온난하고 습윤한 기후 환경은 대량의 소형 취락 발생을 촉진했고, 이들 취락은 중국 남북의 각 대하(大河) 유역에 두루 펴졌다. 이들 취락의 전형적인 유적은 주거지, 구덩이 [窖穴], 무덤, 때때로 환호(環濠) 또는 위장(圍墻)을 포함한다. 동식물의 순화는 이미 분명해졌고, 무덤과 공예품에 의례 활동이 투영되어 있다. 토기가 보편적으로 사용되었고 마제석기의 비율도 증가했지만, 타제석기와 세석기도 아직 사용되었다. 연마용 석기(마반, 마봉, 절구와 절굿공이)는 일반적으로 세트를 구성해 공존한다. 발굴 중에 마반과 마봉은 항상 함께 출토되는데, 특히 화북과 동북 지역의 유적에서는 도구 세트의 표지적 조합이 되었다.

중국 고고학에서 기원전 7000년에서 기원전 5000년 단계 신석기시대 제(諸) 고고문화의 요소는 일반적으로 정주 취락, 농업, 토기와 마제석기라고 여겨진다. 이런 인식은 주로 주거지 유존, 순화 작물 그리고 아마도 농업적 기능을 갖추었을 도구 유형에 반영된 배경 정보에 기초하고 있다(An, Z. 1989; Chang 1981a, 1986a: 87-95; Shi, X. 1992). 과도하게 강조된 이 시기의 농업 발전 수준에 대해 신중한 태도를 가진 일부 연구자도 있다(Shi, X. 1992; 吳加安 1989). '농업'이라는 단어는 식량 생산 유존이 출토된 고고문화를 널리 가리키는 말에 불과하지만, 이들 고고문화의 식량 생산 수준에 대해서는 아직 연구가 부족하다. 신석기시대 전기의 정착 정도에 대한 연구도 충분하지는 않다.

세계 선사시대의 시각에서 보면 통상 신석기시대 문화로 간주되는 모든 전형적 특징은 독립적으로 탄생한 것 같다. 그리고 각 지역의 문화 요소 조합 방식도 서로 동일하지 않다(Marshall 2006). 중국 역시 예외는 아니다. 이 점에 대해서는 제3장에서 이미 언급한 바 있다. 수렵채집에서 농업으로의 이행은 하나의 연속되는 점변(漸變) 과정으로 '낮은 수준의 식량 생산' 단계에서 시작된다. 이른바 농업은 대개 순화 동식물이 연간 제공하는 칼로리가 식단에서 차지하는 비중이 30-50%에 달하는 것으로 해석된다(Smith 2001a: 17-18). 명백히 일종의 정착과 농업을 겸유한 경제방식을 건립하는 일은 하루아침에 이루어지지 않았다. 정착의 출현과 농업으로의 전변 사이에는 필연적인 관계가 있는 것으로 보이지 않는다. 만약 가능하다면 양자의 발전 과정에 대해 정량적 분석을 진행할 필요가 있다. 이 장의 목표는 바로 신석기시대 전기 약 2,000년 동안 취락-생업 체계의 형성을 연구하는 것이다. 인류의 식단에서 순화 동식물이 제공하는 칼로리의 정도를 확정하는 것은 구체적인 분석을 요하기 때문에 이 장에서는 '식량 생산'으로 '농업'이라는 단어를 대신한다. 정착방식과 식량 생산의 지역적 다양성이 중점적으로 논의될 것이며, 동시에 전기 신석기시대 문화의 그 밖의 전형적인 특징 상호 간의 관계도 논의하고자 한다.

이 장에서는 기원전 7000년에서 기원전 5000년 중국의 주요 고고문화를 다루는데, 지역을 기준으로 세 그룹으로 분할하여 논의할 것이다. 첫 번째 그룹은 중국 북부이다. 이곳에는 랴오허강 유역, 황허강 유역, 화이허강 유역과 한수이강(漢水) 상류지역이 포함된다. 두 번째 그룹은 양쯔강 유역이다(문화 면모가 웨이허강 유역과 유사한 한수이강 상류는 제외된다). 이것은 중국 중부의 가장 주요한 대하 유역이다. 세 번째 그룹은 중국 남부로서, 주로 주강 유역을 가리킨다. 〈그림 5.1〉은 제(諸) 고고문화의 분포 위치를 표시하며, 〈그림 5.2〉는 그들의 기본 연대 틀을 보여 준다. 아래에서는 먼저 간단하게 정착의 판정 기준을 논의하고, 이를 이용해 생업 모델의 자료를 확정한 다음 정착-생업 체계의 지역적 다양성을 논증할 것이다. 이 밖에 사회복합화의 발전도 살펴보고자 하는데, 이것은 보통 의례 활동에서 나타난다.

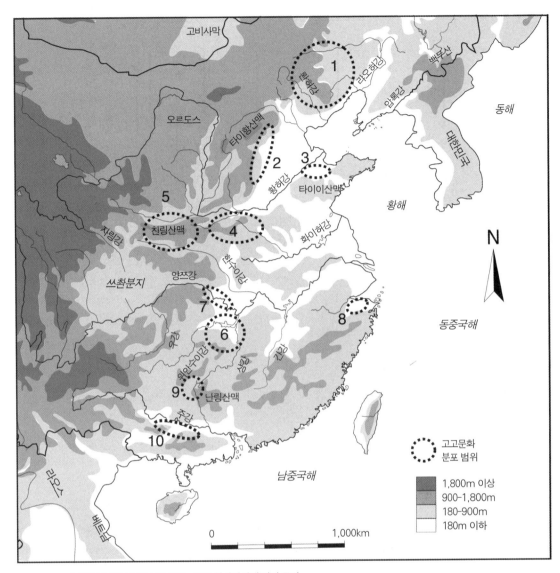

그림 5.1 제5장에서 언급하는 중국 신석기시대 전기 문화

1. 싱룽와문화, 2. 츠산-베이푸디문화, 3. 허우리문화, 4. 페이리강문화, 5. 바이자(白家)-다디완문화, 6. 펑터우산-짜오스하 층문화, 7. 청베이시문화, 8. 샤오황산-콰후차오문화(跨湖橋文化), 9. 광시성(廣西省) 북부 동굴 유적, 10. 딩스산 조개무지 유적

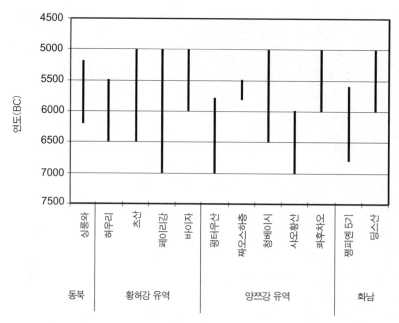

그림 5.2 중국 신석기시대 문화 전기 제 고고문화의 연대

정주와 생업 전략 확정

로버트 켈리(Robert Kelly)는 이른바 정주라고 하는 것은 적어도 일부 인구가 오랜 시간에 걸쳐 동일한 지점에 고정적으로 거주하는 일종의 취락 시스템을 가리킨다고 정의했다(Kelly 1992: 49). 이 책에서는 켈리의 정의를 따른다. 그런데 고고학적 기록에서 어떻게 정주 행위를 판별할 것인지는 매우 어려운 문제이다. 왜냐하면 어디에 놓아도 모두 만족할 만한 표준이 없기 때문이다. 그러나 정주의 표준이라고 볼 수 있는 몇몇 보편적 요소는 세계 각지의 고고학적 기록에서 반복해 출현한다.

정주 행위의 가장 일상적인 고고학적 증거는 다음과 같다. ① 건축물에 높은 수준의 인력과 재력 투입, ② 튼튼한 물질문화, 특히 늘 사용해서 닳은 흔적이 생긴 연마용 석기, ③ 저장갱, ④ 묘지, ⑤ 인류에 동반되는 동물의 빈번한 출현, 특히 쥐와 참새, ⑥ 일 년 내내 진행된 수렵의 증거, ⑦ 사람이 점거한 시간이 길고 인구밀도가 높은 것을 시사하는 두꺼운 문화 퇴적층(Belfer-Cohen and Bar-Yosef 2000; Boyd 2006; Marshall 2006), ⑧ 순화 동식물의 빈번한 출현(Rosenswig 2006), ⑨ 외형 설계상 휴대성을 크게 고려하지 않은, 특수한 기능을 갖춘 물건의 지속적 증가 (Rosenswig 2006). 이와 상반되게 수렵 집단이 제작한 토기의 형태는 일반적으로 하나의 물건에 여러 기능이 있으며 휴대하기 편리한 특징이 있음(Arnold 1999), ⑩ 이차 폐기물(secondary refuse)의 빈번한 출현. 이것은 주거 환경의 청결을 유지하기 위해 폐기물을 적극 처리한 것에서 야기된 것으로, 그 목적은 장기적인 정주 생활의 필요에 적응하기 위한 것임. 주거 지역에서 일차 폐기물(primary refuse) 퇴적과 물건 매장갱(caches)이 많이 발견되는 것은 상반된 현상인데, 이것은 단기적 거류와 예정된 귀환의 지표임(Hardy-Smith and Edwards 2004).

정주는 문제를 분석하기 위한 개념으로, 하나의 동태적 과정을 의미하며 각기 다른 지역의 고고학적 기록은 매우 다양하다. 사실상 어떤 한 요소의 출현도 정주를 인정할 수 있는 권위적 표지로 볼 수 없다. 중국 고고학에서 앞에서 나열한 표준 모두를 적용할 수 있는 것은 아니다. 왜냐하면 동물고고학 연구에서 어떤 유형의 자료(예컨대 인류에 동반되는 동물, 수렵의 계절성 등)는 아직 획득할 수 없기 때문이다. 아울러 토기, 마제석기, 연마용 도구 등과 같은 일부 요소는 갱신세 말기의 유동적 수렵채집 무리에서도 이미 출현했다(제3장 참조). 식량 생산이 없어도 정착이 가능할 수 있다는 것은 명백하다.

그러므로 여기서는 정주의 존재 여부를 판정하려고 하지 않으며, 정주의 정도, 집단의 서로 다른 활동방식 그리고 각각의 집단과 자연환경 사이의 각종 관계에 나타나는 특징을 연구하고자 한다. 현재 가지고 있는 자료의 성격에 기초해 이 장에서 정착을 판단하기 위해, 모두 정량화할 수 있는 것은 아니지만, 아래와 같은 기준을 채택한다.

(1) 투입이 큰 건축 시설, 예컨대 대형 건축물, 정교하게 가공된 담장과 바닥

(2) 저장구덩이의 빈번한 출현

(3) 세심하게 설계된 취락 공간 배치, 예컨대 무덤, 거주지역과 취락 주변의 방어 시설 기획

(4) 문화 퇴적의 두께와 밀도 증가

(5) 순화 동식물의 빈번한 출현, 특히 돼지와 곡물

(6) 특수 기능의 물건 증가, 휴대성은 크게 고려하지 않음

(7) 유동적 무리가 머무는 장소는 다음과 같은 것으로 표현된다. 주택 안에 늘 보이는 일차 폐기물, 폐치물(廢置物, de facto refuse)이라고도 하는 활동 구역에서

늘 볼 수 있는 이동 때 남겨진 사용 가능한 물건, 특히 나중에 다시 돌아왔을 때 사용의 편리를 도모한 물건 매장 구덩이. 이와 상반되게 장기에 걸쳐 정주하는 무리가 머무는 장소는 거주지역의 폐기물이 일정한 구역(예컨대 주택 부근의 쓰레기 매장 구덩이)에 집중된다. 이것은 이차 폐기물이라고 불리는데, 생활 지역의 거주성을 유지하기 위한 것이다.

뒤에서는 다양한 방법을 활용해 생계 전략을 연구할 것이다. 자연 자원의 상황과 관련된 취락 분포와 취락 유적의 동식물 유존 연구를 통해 식량 획득 방법을 이해할 수 있다. 인골에 대한 병리학과 동위원소 분석은 인류의 경제 활동과 식단에 관련된 귀중한 정보를 제공할 수 있다. 도구 구성 분석은 생계 활동과 관련된 유형을 보여 줄 것이며, 인공 제품의 잔류물과 미세 사용 흔적 분석은 도구의 기능 및 식량의 종류를 보여 줄 것이다.

중국 동북과 북방 지역

중국의 동북과 북방 중부 지역은 대략 9,000년 전(cal.BP)에 온난다습한 시기를 맞이하기 시작했다(An, Z. et al. 2000). 온난다습한 환경은 원래 반건조지역이었던 이들 지역에서 온대활엽림의 출현을 이끌었다. 현재 이 지역에서 이미 수백 곳의 신석기시대 전기 유적이 발견되었다. 유적의 규모는 수천에서 수만m²까지로 대개는 매우 작다. 대다수 유적은 산간 분지 또는 산록충적면에 위치한다. 유적들은 몇 지역에 분포되어 있다. 이를테면 랴오허강 유역의 싱룽와문화, 타이항산 동록의 츠산-베이푸디문화(北福地文化), 타이이산맥 북측의 허우리문화(後李文化), 허난성 중서부의 페이리강문화 그리고 웨이허강과 한수이강 유역의 바이자-다디완문화(大地灣文化) 등이 여기에 해당한다.

인류가 이상과 같은 환경을 선택해 거주한 것은 자연 자원과 곡물 경작지에 근접하려는 생각에서 기인한 것임이 명백하다. 주목할 만한 것은 중국 북방지역에서 온대활엽림이 출현한 것은 특히 산지 주변에서 참나무속(도토리나무)이 증가한 것으로 나타나며(Ren, G. and Beug 2002), 이런 곳은 신석기시대 취락 분포가 집중된 지역이기

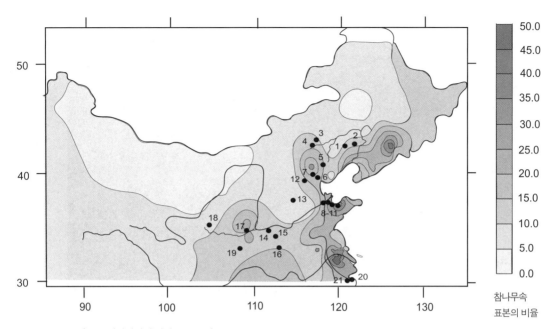

그림 5.3 신석기시대 전기 주요 유적 분포(약 9,000~7,000 cal.BP)
참나무속의 집중 분포 지역과 일치함(포분분포도는 Rem and Beug 2000: 圖 10, 수정)
(약 8,000~6,000 BP 또는 8,871~6,847 cal.BP)
싱룽와문화: 1. 싱룽와, 싱룽거우, 2. 차하이, 3. 바이인창한, 4. 난타이쯔(南臺子), 5. 시자이(西寨), 둥자이(東寨), 6. 멍거좡(孟
　　　各莊), 7. 상자이(上宅), 베이녠터우(北埝頭)
허우리문화: 8~11. 모두 12개 유적, 타이이산맥 북측에 위치
츠산-베이푸디문화: 12. 베이푸디, 13. 츠산
페이리강문화: 14. 톄성거우, 15. 페이리강, 16. 자후
바이자-다디완문화: 17. 바이자, 18. 다디완, 19. 리자촌
양쯔강 하류: 20. 샤오황산, 21. 콰후차오

도 하다(그림 5.3). 취락 분포 모델은 전분과 지방을 풍부하게 함유한 식물 열매인 도토
리가 신석기시대 전기 인류가 이용한 주요 자원의 하나였을 것임을 나타낸다. 몇몇 신
석기시대 전기 유적에서 출토된 연마용 석기에 대한 전분립과 미세 사용 흔적 분석 결
과는 이와 같은 생각을 뒷받침한다. 연마석기는 각종 전분류 식물을 가공한 것으로서
여기에는 도토리, 콩류, 괴경식물과 조·기장 등이 포함되고, 그 가운데 도토리의 수량
이 비교적 두드러진다(Liu, L. et al. 2010a; Yang, X. et al. 2009). 이를 통해 이 지역의 자
원 이용 전모(全貌)와 식량 생산 활동 수준을 연구하는 것이 매우 중요함을 알 수 있다.

주거지

저장구덩이

환호

그림 5.4 싱룽와 유적의 취락 배치(楊虎, 劉國祥 1997: 圖版 1)

싱룽와문화

싱룽와문화는 중국 동북지역 신석기시대 문화 발전의 전기 단계를 대표한다. 이 문화 유적은 이미 대략 100곳 정도 발견되었는데, 주로 산이 많은 랴오시(遼西)지역과 네이멍구 동남부 및 허베이성 북부에 분포한다. 현재 대략 10여 곳의 유적을 발굴했으며, 가장 유명한 유적으로는 네이멍구 아오한기(敖漢旗) 싱룽거우와 싱룽와, 린시현(林西縣) 바이인창한과 랴오닝(遼寧) 푸신(阜新) 차하이(査海) 유적 등이 있다(Li, X. 2008). 싱룽와문화 유적의 특징은 가지런히 배열된 장방형의 수혈식 주거지이며, 이 문화의 일부 취락은 환호를 갖추고 있다(그림 5.4). 대다수 주택의 면적은 50-80m²이며, 그 가운데 일부는 100m²에 이르기도 한다. 구덩이는 주거지 안팎에서 모두 확인되었다. 주거지 지면 아래에서 무덤이 왕왕 발견되며, 지면에서는 늘 대량의 파손된 유물이 발견되었다. 유물은 공구, 토기, 토기편 등이며, 때때로 인골도 보인다. 토기의 형태는 간단해 원통형 관[筒形罐]을 위주로 한다. 통형관은 갈색의 사질도로서 권상법으로 성형되었다. 공구로는 타제의 석서(石鋤), 석산(石鏟), 석도, 마반과 마봉 등의 연마용 도구, 절구와 절굿공이, 마제석부와 석분(石錛) 등이 있다. 세석기도 대량 발견되었는데, 골제의 자루에 끼워 넣거나 또는 골제 작살의 날로 사용되었다(Li, X. 2008)(그림 5.5).

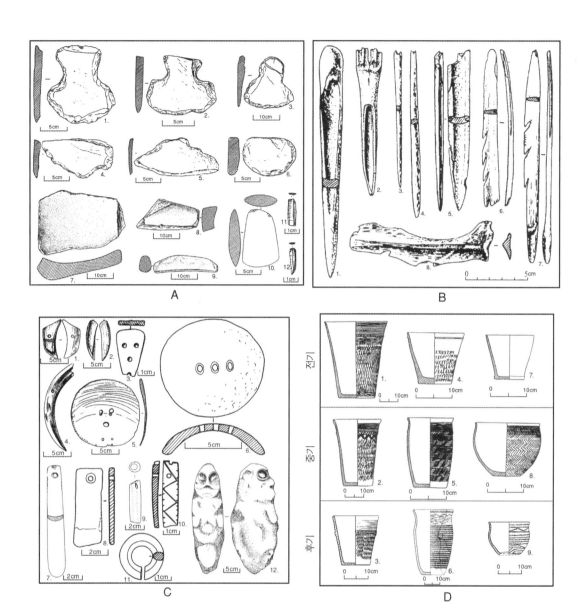

그림 5.5 싱룽와문화의 인공 제품(Li, X. 2008: 圖 3.2~3.5)

A. 석기: 1~3. 유견석서(有肩石鋤), 4·5. 석도, 6. 반상기(盤狀器), 7. 마반, 8. 마석, 9. 마봉, 10. 석부, 11·12. 세석엽(이상 모두 싱룽와 유적 출토),

B. 골기: 1·2. 골추, 3·4. 골침, 5. 세석엽을 끼운 골병도, 6·7. 세석엽을 끼운 골제 작살, 8. 골도(이상 모두 싱룽와 유적 출토)

C. 장식품과 조상: 1·2·4. 아식(牙飾), 3. 인면형 석조, 5·10. 방식(蚌飾), 6. 천공된 사람 두개골, 7. 옥제 장식품, 8. 석제 장식품, 9. 옥관(玉管), 11. 옥결(玉玦), 12. 인형 조상(1~5·10·11. 싱룽와 유적 출토, 6·8. 난타이쯔 유적 출토, 7·9. 차하이 유적 출토, 12. 바이인창한 유적 출토)

D. 토기: 1~6. 관, 7~9. 발(1·2·4·5·7·8. 싱룽와 유적 출토, 3·9. 바이인창한 유적 출토, 6. 차하이 유적 출토)

싱룽와 유적이 미 문화의 전형적인 유적으로 그 면적은 3만m²에 달하며 환호가 있는 취락이다. 낮은 산 가까운 곳에 위치하며 주변 평지보다 약 20m가량 높다. 유적 옆에 샘물이 있으며, 하천에서는 1.5km 떨어져 있다. 발굴을 통해 주거지 170기를 노출했는데, 이들 주거지는 유적의 전체 사용 시간에 걸쳐 있어 3기로 나눌 수 있다. 제1기의 주거지는 모두 8줄로 배열되어 있는데, 각각의 줄에 10기 이상이 있다. 그 밖에 환호가 있으며 폭은 2m, 길이는 1m이다. 대부분의 주거지는 주택이지만, 일부는 의례 활동에 사용된 것 같다. 출토된 동물의 두개골(주로 사슴과 돼지)이 이를 나타낸다. 이들 두개골은 천공되어 있으며 지면에 집중해 방치되어 있다. 구덩이는 통상 주거지 밖에 위치해 있다. 주거지 안에서 무덤 10기가 발견되었다. 이들 가옥장 중 M118은 성인 남성의 무덤인데, 이곳에서 돼지 2마리(제4장 참조)와 다량의 토기, 석기, 골기, 방기와 옥기 등 특별한 부장품이 출토되었다. 석기 중에는 세석엽이 대다수를 차지해 모두 715점에 달한다. 싱룽와문화에서 가옥장은 일상적으로 볼 수 있는 매장 방식은 아니며 소수의 사례가 발견되었을 뿐이다. 그러므로 이 매장방식을 채택한 묘주는 집단 내에서 특별한 지위를 가지고 있었을 가능성이 있다. 그러나 전체적으로 보면 모든 주거지와 무덤 사이에서 사회 분화를 나타내는 현저한 차별이 존재하지는 않는다(劉國祥 2001; 楊虎, 劉國祥 1997; 朱延平 1985).

주거지 지면에 있는 대다수 유물은 일종의 훼손 의례에 따른 생성물로서(Li, X. 2008), 당시의 일상생활을 이해하는 데 큰 도움을 준다. 대다수 주거지에서 연마용 석기는 도구 조합의 중요한 구성 부분이다. 싱룽와 유적에서 출토된 인골에 대한 체질인류학 연구에 따르면 젊은 여성들이 관절 기형을 앓은 것으로 파악된다. 아마도 연마용 석기로 식량을 가공할 때 오랜 시간 꿇어앉아 생긴 질병일 것이다(Smith B. L. 2005).

일부 연구자는 연마용 석기가 야생식물을 가공하는 데 사용된 것이라고 주장한다(劉國祥 2004). 바이인창한과 싱룽거우에서 출토된 연마용 석기의 잔류물 분석은 이들 도구가 확실히 여러 종류의 식물을 가공하는 데 사용되었음을 보여 준다. 식별 가능한 식물에는 마, 도토리 그리고 각종 화본과 식물(기장족과 밀족), 순화된 조·기장 등이 있다. 이들 가공된 식량의 대다수는 야생일 것이다(Liu, L. et al. 2015). 싱룽와 유적에서는 탄화된 야생 호두도 출토되었다(Kong, Z. and Du 1985).

싱룽와 석기 조합에서 수확 도구가 확인되지 않았으나(王小慶 2008) 순화된 조·기장은 인류 식단의 일부분이었음이 분명하다. 싱룽와 유적에서는 전체 식물 가운데서 단지 작은 한 부분을 차지하고 있는 것에 불과하지만 조와 기장 유존이 발견된 것은 확실하다(趙志軍 2004a). 싱룽와에서 출토된 인골 7구에 대한 동위원소 분석에 따르면 그들의 식단 가운데서 C4류 식량(탄소고정 물품 각 분자마다 탄소 원자 4개가 있는 식물로, 조·기장, 옥수수, 고량 등과 같은 것)이 차지하는 비중이 85%에 달했는데, 이것은 아마도 부분적으로 순화된 조에서 나왔을 것이다(張雪蓮 2003). 돼지 사육도 이미 시작되었다(제4장 참조). 사슴, 소, 말, 멧돼지 등 수렵한 야생동물의 종류도 매우 많은데, 바이인창한에서 출토된 동물 유존이 그 증거이다(湯卓煒 등 2004a). 싱룽와에서 출토된 인골 연구에 의하면 노년 남성은 무릎과 복사뼈 등에 대부분 퇴행성관절염을 앓았는데, 이것은 그들이 늘 장거리의 수렵채집 활동에 종사한 것과 관련이 있을 것이다(Smith, B. L. 2005). 종합해 보면 현재의 자료로 알 수 있는 것은 광역적 생계 전략으로, 수렵채집 생활을 위주로 하고 식량 생산은 작은 한 부분을 차지했다는 사실이다.

싱룽와문화는 이 지역에서 처음으로 조상(彫像)을 사용한 의례 활동이 출현했음을 입증한다. 싱룽거우와 바이인창한의 주거지 내 퇴적과 무덤에서 모두 상징적 의의를 가진 각종 유물이 출토되었다. 그 가운데 포함되어 있는 토제 인형과 석조 인형은 여성의 신체적 특징을 뚜렷하게 보여 준다. 이 밖에도 옥과 돌로 조각된 매미와 곰 등의 형태를 띠고 있는 제품 그리고 조개껍데기, 석괴와 사람의 두개골로 만든 면구(面具)도 있다(그림 5.5-C 참조). 예를 들면 싱룽거우의 재구덩이에서 출토된 높이 5.2cm의 토제 인형은 3명의 여성이 함께 포옹하며 앉아 있는 형상이다. 바이인창한에서 출토된 여성 석상 1점(높이 35.5cm)은 발견되었을 때 주거지 내 화덕 옆의 지면에 끼여 있었다(그림 5.5-C-12). 이들 여성 조상, 면구 그리고 자연주의적 풍격의 동물 형태 등은 일상생활의 한 부분에 속해 있었음이 분명하다(Liu, l. 2007).

랴오시지역의 정착 생활방식이 처음 어떻게 발생했는지 아직 분명하지 않다. 왜냐하면 싱룽와 이전의 세석기 단계의 고고학적 기록 가운데서 과도 단계의 증거를 찾을 수 없기 때문이다. 소형의 유동적 수렵채집 무리가 커다란 정착 집단으로 발전하는 데서 발생한 거대한 변화를 고려하면, 싱룽와인(人)은 거대한 사회적·정치적·경제적 도전을 거쳤음이 분명하다. 이러한 도전에는 영지(領地) 쟁탈, 자원 경쟁 그리고 집단 내외의 충돌 등이 포함된다. 이와 같은 근본적인 변혁은 일상생활 유존 가운데에도 반영되는 것 같다. 이들 초기 취락에서 주택은 가계 소비와 의례 활동의 중심지였던 듯하다. 이것은 실내 저장 시설과 거실장에서 체현되었으며, 실내에 방치된 조상도 이와 같은 사실을 입증한다(Liu, L. 2007). 주택과 그 주변에서 발견된 인형 조상과 장식품은 가정 내 의례 활동 용품이었을 것이다(Li, X. 2008). 주의해야 할 것은 이 지역 최초의 조상이 여성의 번식 능력에서 기원한 의례와 관련되어 있다는 점이다. 다만 그것이 신령 또는 조상을 상징하는지, 아니면 양자의 기능을 겸유한 것인지는 확정하기 어렵다. 어쨌든 주택에 집중된 이런 종류의 의례 활동은 당시에 집단 규모의 변화와 경제적 압력에 대응하는 일종의 사회적 반응이었을 것이다.

츠산-베이푸디문화(약 BC 6500-BC 5000)

타이항산 동록 군산(群山) 아래의 하안대지에서 수십 곳의 유적이 발견되어 츠산문화(磁山文化)와 베이푸디문화라고 불린다(그림 5.1 참조). 편의를 위해서 여기에서 함께 다루기로 하겠다. 이들 유적의 유존은 이 지역 전신세 전기의 문화전통(둥후린과 난좡터우)과 분명한 연관관계를 보여 준다. 세석기, 연마용 석기, 평저관 등이 그 증거이다(제3장 참조). 이 밖에도 이들 유적에서는 새로운 문화 요소가 대량으로 출현했다. 이를테면 토기는 사질도 위주이고, 주요 기종은 편평한 바닥의 우(盂, 바리)와 지각(支脚, 받침대)으로서 양자가 결합해 취사도구로 사용되었다. 석기 조합에서는 마제석기의 비율이 증가해 있다(그림 5.6). 야생 및 순화된 동식물이 고고학적 기록에서 모두 출현한다. 유적 가운데 허베이성 우안의 츠산 유적과 이현(易縣)의 베이푸디 유적이 생업 경제의 변혁을 연구하는 데 가장 좋은 사례를 제공한다.

츠산 | 이 유적은 대지 위에 입지한다. 대지의 남측은 밍허강(洺河)이며, 남측은 구산(鼓山)이다. 유적은 하안보다 25m 높지만 8,000년 전의 하상(河床)은 지금보다 훨씬 높았을 것이다. 유적의 크기는 보도되지 않았다. 발굴된 면적은 2,579m²로, 하나의 취락이 노출되었다. 재구덩이 474기, 주거지 2기, 대략 2,000점에 이르는 인공 제품, 다량의 동식물 유존이 발견되었다. 토기 조합은 평저우와 지각 위주이며, 소량의 관(罐), 반(盤), 배(杯, 잔)와 삼족기(三足器) 등이 있다. 공구 세트에는 석기, 골기, 방기 등이 포함되는데, 예컨대 목공에 사용된 부(斧), 분(錛)과 착(鑿), 굴토에 사용된 산(鏟), 어로와 수렵에 사용된 족(鏃)과 차(叉, 갈퀴) 등이 있으며, 곡물을 수확하는 데 사용된 겸(鎌)도 있었을 것이다. 대략 110점에 달하는 석제 마반과 마봉(그림 5.6-1)이 출토되어 석기 총수(880점)의 12.5%를 차지한다(孫德海 등 1981).

그림 5.6 츠산-베이푸디문화의 인공 제품
1. 츠산의 마반과 마봉, 2. 츠산의 우와 지각, 3·4. 베이푸디의 석기와 토기, 5. 베이푸디 발굴 현장, 6. 베이푸디의 토제 면구
(1·2 저자 촬영; 3~6 段宏振 2007: 彩版 6·10·12)

논란이 있기는 하지만 츠산 유적은 오랫동안 속작 농업 생산이 강화된 예로 이해 되어 왔다. 이와 같은 생각은 조 유존이 두껍게 매장된 80기의 구덩이가 보고된 것에 기인한 것이다(佟偉華 1984). 최근의 츠산 유적 토양의 식물규산체 분석을 보면 속류 (粟類)가 순화된 연대는 더욱 이른 시기까지 소급되어, 다시 한번 이 유적에 대한 흥미 를 불러일으켰다(Lu, H. et al. 2009). 그러나 이 분석 결과에 대한 의문도 있으므로 더욱 깊은 연구가 필요하다(제4장 참조).

츠산문화의 생업 경제를 복원하려면 더욱 전면적인 시각에서 고고학적 유존을 관찰해야 한다. 석기 조합 가운데 곡물 수확에 사용될 수 있는 겸은 매우 드물게 출토되어(6점), 석기 총수의 0.6%를 차지하는 데 불과하다. 이것은 강화된 속작 농업이 존재했다는 견해를 의심스럽게 만든다. 매우 중요한 하나의 사실은 츠산 유적의 재구덩이 속에서 견과 유존이 발견되었다는 점인데, 식별할 수 있는 것으로는 호두, 개암, 팽나무(Celtis bungeana) 씨앗이 있다(孫德海 등 1981). 유적에서 출토된 대량의 연마용 석기는 식용 견과라는 해석을 뒷받침하는 것 같다. 마반과 마봉은 항상 평저의 취사기 및 지각과 함께 출토되며, 때로는 석부, 석산과 공존하기도 한다. 모두 합치면 이와 같은 공구 조합은 모두 45례 발견되었으며, 유적 내 넓은 지역 곳곳에 무리지어 분포한다. 각 무리에서 이와 같은 공구 조합은 3세트에서 12세트까지 다양하다(孫德海 등 1981). 오스트레일리아 토착문화에 대한 연구에 의하면 마반과 마봉을 이용해 야생 채집물을 가는 일은 보통 부녀자가 담당했으며, 여러 사람이 하나의 공공장소에서 진행했다(Pedley 1992: 39). 츠산 유물 조합도 일종의 집단적 식량 가공 활동으로 생각되는데, 가공 대상은 견과류와 곡물을 포함할 것이다.

어로·수렵 도구가 공구 총수에서 차지하는 비율도 상당한 정도이며, 이것은 동물 유존 가운데 야생동물의 비율이 높은 상황과 잘 들어맞는다. 23종의 동물이 감정되었는데 여기에는 6종류의 사슴류, 돼지, 개, 닭, 물고기와 패류(貝類)가 포함되어 있다. 그 가운데서 돼지와 개만이 가축으로 감정되었다(周本雄 1981).

츠산 유적의 몇몇 현상은 정착 정도가 비교적 높은 특징을 나타낸다. 이러한 현상에는 대부분 저장용으로 사용되었을 구덩이, 풍부한 토기, 연마용 석기와 마제석기, 돼지와 개의 존재 등이 포함된다. 삼족기의 수량은 매우 적다. 이것은 갑자기 출현한 기종으로 안정적인 정착 생활에 적당하다. 왜냐하면 토기에 다리가 있으면 휴대하기 불편하므로 이동 생활에는 매우 적당하지 않기 때문이다. 이와 반대되는 것이 우와 지각으로 구성된 복합 취사기로, 이것은 해체해 휴대하기 편리하다. 이와 같은 표준화 설계는 구석기시대 이래 내려온 전통[平底罐]을 계승하고 거기에 신석기시대의 발명[支脚]을 덧붙인 것이다. 츠산 유적은 이미 오랜 시간에 걸쳐 거주한 정주 취락이었던 것 같다. 사람들은 일종의 광역적인 경제생활을 영위했는데, 여기에는 수렵, 어로, 견과 채집, 동물 사육과 속류 재배 등이 포함되었다. 이러한 생계 전략은 상당한 정도의 사람들이 수렵과 식량채집에 종사함으로써 비로소 가능했다. 이것이 일정 정도 유동적 물

그림 5.7 베이푸디 유적 전경(段宏振 2007: 彩板 1)

자 제공 기능(logistic mobility)을 충당했다.

　베이푸디 I　이 유적은 중이수이강(中易水)의 한 작은 하곡의 대지 위에 위치하며, 주변에는 구릉과 산지가 있다(그림 5.7). 현존하는 유적은 약 3,000㎡이며, 약 2,000㎡ 가 발굴되었다. 최후 두 시즌의 발굴(1,200㎡)만이 상세하게 보도되었으며, 아래에서 설명하는 내용의 자료를 제공한다. 문화 퇴적은 3기로 구분되며, 제1기의 연대는 기원 전 6000년에서 기원전 5000년이다(段宏振 2007).

　발굴 지역은 두 구역으로 나뉜다. 제1구는 거주 구역으로, 주거지 14기와 재구덩 이가 발견되었다. 대다수의 주거지는 방형 혹은 장방형이며, 면적은 6.5-15㎡이다. 주 거지의 지상 퇴적은 매우 두꺼우며 항상 풍부한 유물을 포함하고 있는데, 그 수량은 수 십에서 수천까지 일정하지 않다(표 5.1). 유물 가운데서 자갈과 석기 폐기품이 절대다 수를 차지한다. 이 밖에 석기, 토기편, 견과의 잔해도 보인다. 주거지 수기에서 토제 면 구의 파편이 발견되었는데 면구의 크기는 사람 얼굴과 비슷해 쓰기에 적당하며, 눈 부 분에 구멍이 나 있어서 이를 쓴 사람은 이곳을 통해 밖을 볼 수 있다(그림 5.6-6 참조).

표 5.1 허베이성 베이푸디 유적의 주거지 퇴적 출토 유물

주거지	주거지 유존 면적(m²)	유물 총수	토기편	자갈 폐기품	석기 (대부분 파손)	석기	세석기	식물
F1	15	2706	374	1503	562	110	247	야생 호두
			13.4%	53.8%	20.1%	3.9%	8.8%	
F2	15	1245	193	44	906	71	31	야생 호두
			15.5%	3.5%	72.8%	5.7%	2.5%	
F3	7	49	2	17	21	8	1	
			4%	35%	43%	16%	2%	
F7	8	169	100	4	64	1	-	
			59.2%	2.4%	37.9%	0.6%		
F8	6.5	72	17	4	48	3	-	
			23.6%	5.6%	66.7%	4.2%		
F10	8	78	23	14	41	-	-	
			29.5%	17.9%	52.6%			
F12	14.6	776	219	63	476	8	10	야생 호두
			28.2%	8.1%	61.3%	1%	1.3%	
F15	11	74	15	9	48	2	-	
			20.2%	12.1%	64.9%	2.7%		
F16	10	305	73	11	212	9	-	
			23.9%	3.6%	69.5%	3%		

이 면구는 거주 구역 내에서 진행된 의례 활동 때 사용된 것으로 추정할 수 있다. 재구덩이에서 출토된 유물은 주거지의 퇴적과 유사하며 더욱 심하게 파손되었을 뿐이다. 공구는 부(斧), 산(鏟)과 연마용 석기 위주이다(段宏振 2007). 기형으로 볼 때 촉과 작살 같은 어로 및 수렵 공구는 발견되지 않았다.

제2구는 탁 트인 광장으로, 면적이 약 90m²이다. 여기에서는 9개의 얕고 작은 재구덩이와 1개의 대형 재구덩이가 노출되었다. 재구덩이에서 출토된 유물은 11개 그룹으로 나눌 수 있으며, 연마용 석기, 부, 산, 토기, 장식품 등이 포함되어 있다. 대다수의 유물은 지면에서 출토되었지만, 일부는 작은 재구덩이의 바닥 혹은 충전토에서 발견된 것도 있다. 주거 구역에서 출토된 인공 제품이 산산조각 나 있는 것과 달리 광장에서 출토된 석기와 토기의 대다수는 완정하다. 토기는 관을 위주로 하는데, 기벽이 두꺼우며 곧다. 유적에서 다량의 야생 호두와 도토리가 출토되었지만 동물의 뼈나 곡물의

씨앗은 발견되지 않았다(段宏振 2007).

폐기 형태에 대한 시퍼(Michael B. Schiffer)의 이론은 폐기물을 '일차(primary)'와 '이차(secondary)' 그리고 폐치(de facto) 등 세 종류로 구분한다(Schiffer 1976: 30-33). 이 이론에 근거해서 베이푸디 유적의 유물은 출토 배경에 따라 세 종류로 구분할 수 있다. 주거지의 지면에서 출토된 유물 대다수는 일차 폐기물이다. 이것들은 사용 수명이 다하거나 장차 다하려고 하여 형성된 것으로서 원래 사용되었을 때의 위치에 남겨져 있다. 주거지 부근의 재구덩이에서 출토된 인공 제품은 이차 폐기물로 볼 수 있는데, 이것들은 더 이상 유용하지 않은 물건으로 원래 사용되던 곳이 아닌 곳에 의도적으로 버려진 것이다. 이와 상반되게 폐치 폐기물은 여전히 사용할 수 있는 물건으로, 주인이 떠날 때 원래 사용되던 실내 혹은 활동 구역 내에 남겨 둔 것이다. 세 번째 유형은 베이푸디 광장의 얕은 구덩이에서 발견된 인공 제품에 적용된다. 이들은 종류에 따라 무리를 이루고 있고, 일정한 질서에 따라 놓여 있으며, 작은 구덩이 안에 집중적으로 배치되어 있다. 이것은 베이푸디 광장이 사람들이 모여 식량을 가공한 장소이며, 이들 공구는 사용되지 않을 때 이 구덩이에 매장되었을 가능성이 매우 높다는 것을 의미한다. 유물의 구성은 앞에서 언급한 츠산 유적의 재구덩이에서 발견된 도구와 일치하는데, 이것은 츠산 유적에서도 유사한 상황이 발생했음을 시사한다.

시퍼의 폐치 형태 이론을 사용해 중동 및 세계의 다른 지역에 대해 문화 간 비교 연구를 진행한 결과 서로 다른 정도의 각종 정착에 대해 더 깊은 인식을 가질 수 있게 되었다(Hardy-Smith and Edwards 2004). 연구에 따르면 일차 폐기물은 유동하는 수렵채집자 및 단기 거류 행위와 특별한 관계가 있다. 거처에 남겨진 대량의 일차 폐기물은 사람들이 아직 가정 위생을 통해 장기적인 주거 생활의 필요에 적응하지 않았음을 의미한다. 그리고 대량의 폐치 폐기물은 여러 가지 매장 물품을 포함하고 있는데, 이것은 의도적인 매장 그리고 장차 다시 돌아와 계속 사용하려고 한 것에 의한 결과일 것이다.

이차 폐기물은 장기 거주 의도와 관계가 있다(Hardy-Smith and Edwards 2004). 베이푸디 재구덩이 가운데 이차 폐기물은 장기적인 주거 추세를 드러내지만, 여전히 유동 생활이 존재했음을 많은 증거가 보여 준다. 주거지에서 발견된 대량의 일차 폐기물은 거주자의 행위 전통이 이동하는 수렵채집인 무리와 유사했음을 나타낸다. 그리고 대량의 폐치 폐기물, 예컨대 매장된 물품은 후일 다시 돌아오겠다는 의도를 나타내는데, 이것 역시 이동 집단의 특징이다.

이동 거주 전략은 토기의 기형(器型)에도 나타난다. 간단한 기형의 소형 토관은 취사, 저장과 성식(盛食) 등 다양한 기능을 겸유했을 것이다. 지각은 의도적으로 하나하나 낱개로 제작되었다. 이것은 취사기 아래에서 받침대로 사용되는 것인데, 낱개로 제작된 것은 휴대의 편리성을 위해서이다. 동물 유존과 재배 곡물은 보이지 않지만 대량의 야생 호두와 도토리가 보이는 점은 그 지점이 어쩌면 오로지 견과류를 채집하기 위해 형성되었을 가능성이 있음을 의미한다. 마반, 마봉, 절구와 절굿공이는 석기 총수의 11.1%를 차지한다(모두 37점). 이것은 견과류 가공이 이 지역 생업 활동의 중요한 구성 부분이었음을 더욱 뚜렷하게 나타낸다. 이상의 발견은 베이푸디 광장이 견과류를 가공하는 집단 활동 장소의 하나라는 가설을 지지한다. 베이푸디는 계절적 숙영지로서, 어떤 특정 집단이 주변 지역의 풍부한 견과류를 수확하기 위해 정기적으로 이곳에 왔을 것이다.

요약 | 츠산과 베이푸디는 이 지역에 보이는 두 가지 유형의 유적을 대표한다. 전자는 정주 취락이며, 후자는 계절적 숙영지로서 전기 신석기시대에 공존했다. 유적의 서로 다른 생계 전략은 전체적인 생계-취락 체계를 구성하는 각각의 요소이다. 츠산인 일부는 계절에 따라 숙영지에서 식량을 구했으며, 집단의 다른 일부분은 영구적 취락에 거주했다. 베이푸디인은 더욱 큰 하나의 취락에서 왔을 것이며, 그들은 계절에 따라 이곳에 와서 모종의 식량을 채집했다. 주거방식과 식량 채취 전략의 다양성은 명백히 서로 다른 환경적 배경과 자연 자원의 영향을 받아 형성된 것이다.

허우리문화(약 BC 6500-BC 5500)

산둥성 경내 타이이산맥의 충적평원에서 대략 12곳의 허우리문화 유적이 발견되었다(그림 5.1 참조). 이들 유적 가운데 린쯔(臨淄) 허우리, 장추(章丘) 샤오징산(小荆山)과 시허(西河), 웨이팡(濰坊) 첸부샤(前埠下) 유적은 이미 발굴되었다(山東省文物考古硏究所 2005). 이들 유적의 주요 유구는 주거지, 재구덩이, 토기 가마와 무덤이다. 취락 면적은 비교적 큰데, 샤오징산과 시허 유적은 모두 10만m²를 초과한다. 다만 어떤 특정한 시기 유적이 점유한 실제 면적은 현재 유적의 전체 범위보다는 훨씬 작을 것이다. 이렇게 추정하는 이유는 대다수 유적에서 각각의 시기에 형성된 문화 퇴적은 분명하게 구별되고 유적의 서로 다른 구역에 위치하며, 후대의 유구가 앞선 시기의 지층을 파

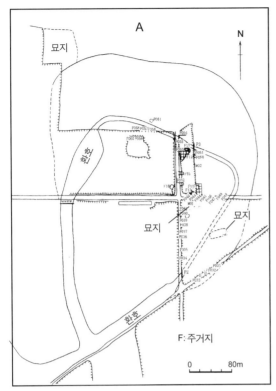
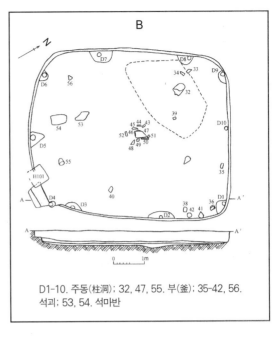

D1-10. 주동(柱洞); 32, 47, 55. 부(釜); 35-42, 56. 석괴; 53, 54. 석마반

그림 5.8 허우리문화 샤오징산 유적의 취락과 주거지

A. 샤오징산 유적 취락, B. 샤오징산 유적 주거지(王守功, 寧蔭棠 2003: 圖 2, 7)

괴한 현상을 볼 수 없기 때문이다(孫波 2005).

　유적 가운데 샤오징산은 환호를 두른 유일한 취락으로 면적은 약 12만m²이다. 이곳에서 최소 40기의 주거지가 확인되었고, 약 30기의 무덤이 발견되었다. 무덤은 3개의 그룹으로 구분되며 환호의 내외에 분포한다(王守功, 寧蔭棠 2003)(그림 5.8-A) 전체적으로 보아 주거지 면적의 차이가 매우 크며, 주거지 지면에서 때때로 대량의 유물이 발견되었다. 예컨대 시허 유적에서는 두 가지 유형의 주거지 19기가 발굴되었다. 대형 주거지(일반적으로 25-50m²)의 건축 수준은 양호하며, 벽과 지면을 특수하게 가공했다. 화덕이 여러 개 있으며, 지면에는 아직도 다량의 완정한 토기와 도구가 남아 있었다(그림 5.8-B). 소형 주거지(대부분 10-20m²)의 벽과 지면은 특수하게 가공되지 않았고 화덕이 없으며, 일부 주거지의 지면에서는 토기편이 발견되었다(劉延常 등 2000). 취락 배치는 정기적인 주거의 의도를 드러내는 것 같으나 주거지 내부에서 발견되는 대량의

표 5.2 허우리문화 두 유적에서 출토된 석기 조합 중 연마석기의 수량과 백분율

유적	마반	마봉	기타 연마기	숫돌	석구 (石球)	석부	석분	석추	기타	총수
웨챵	67	69	0	15	11	5	3	1	6	177
	38%	39%	0%	8%	6%	3%	2%	1%	3%	
	연마기 77%			기타 석기 23%						
샤오징산	22	7	17	1	0	15	2	3	13	79
	28%	9%	20%	1%	0%	19%	3%	4%	16%	
	연마기 57%			기타 석기 43%						

일차 폐기물은 유동적인 경향을 드러내기도 한다. 이와 같은 혼합은 정착으로 변화해 가는 초기 단계의 상황을 반영하는 것일 수 있으며, 츠산-베이푸디문화의 상황과도 유사하다.

일부 유적의 석기 조합은 주로 마반과 마봉 등 연마용 석기를 위주로 한다(그림 5.9). 웨챵과 샤오징산 유적에서 연마용 석기는 각각 석기 총수의 77%(136점)와 57%(46점)를 차지하는데, 이것은 〈표 5.2〉에 자세히 나타나 있다. 이 밖에 목공 공구(석부와 석분)와 골제 어로·수렵 도구(촉과 차)도 있다. 몇몇 유적에서 출토된 약간의 도구는 외형적으로 보면 일부 농업적 기능을 갖추었을 수도 있다(석과 같은 것, 〈그림 5.9-6〉 참조)(寧蔭棠, 王方 1994; 王建華 등 2006; 王守功, 寧蔭棠 1996).

전형적인 토기 조합은 부(釜), 호(壺, 단지), 관(罐), 완(碗, 주발), 분(盆), 기개(器蓋, 뚜껑)와 지각 등으로 구분되는 둥근 바닥 혹은 편평한 바닥의 용기이다(欒豊實 1997)(그림 5.9의 관련 유물 참조). 삼족기는 보이지 않는다. 츠산-베이푸디문화와 마찬가지로 지각(대부분 석제)과 토관이 조합되어 취사기로 사용되었다. 토기 기형 설계의 일반적인 관념에서 보면 그것이 유동성에 대한 고려에서 나온 것임에 틀림없다.

특히 재미있는 것은 웨챵에서 출토된 탄화 조와 수도이다. 수도는 겨우 몇 알이 발견되었지만 황허강 유역에서는 연대가 가장 이른 유존으로, 그 형태는 이 지역에서 후대에 재배된 수도와 차이가 없다(蓋瑞·克勞福德 등 2006). 샤오징산에서 출토된 인골의 안정성 동위원소 분석에 의하면 C4 작물인 조는 단지 전체 식단의 약 25%만을 기여했다(Hu, Y. et al. 2006). 허우리문화의 도구 세트에서 농업 도구가 결여된 것을 고려하면 속작과 도작 농업이 경제생활에서 중요한 역할을 담당했을 가능성은 없다.

요약 | 허우리문화 유적은 츠산-베이푸디문화 유적과 매우 많은 공통점을 가지고

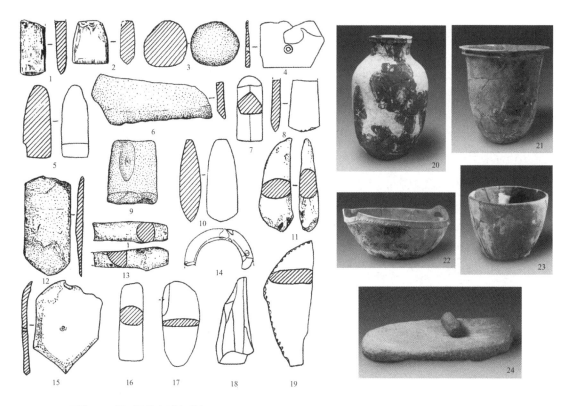

그림 5.9 허우리문화의 인공 제품

1·2. 옥착(玉鑿), 3. 석구, 4·17. 마반, 5·7. 연마용 석기, 6. 석겸, 8·10. 석부, 9. 석추, 11·18·19. 지각, 12. 석산, 13·16. 마봉, 14. 장식기, 15. 이형기(犁形器), 20. 호, 21. 부, 22. 이(匜), 23. 관, 24. 마반과 마봉(1~19·24는 석기, 20-23은 토기) (山東省文物考古研究所 2005: 圖 21, 彩版 2, 3)

있다. 모두 산록지대에 위치하고, 토기는 둥근 바닥 혹은 편평한 바닥의 관이 절대다수를 차지한다. 도구 가운데 연마용 석기가 매우 큰 비율을 차지하고, 일부 유적에서는 순화된 작물도 나타난다. 이들 공통점은 동일한 유형의 자연환경에 대한 일종의 유사한 적응방식을 보여 주는 것일 가능성이 높다. 그 전형적인 특징은 수렵, 어로, 채집과 낮은 수준의 식량 생산이다. 츠산-베이푸디문화의 도구 조합과 비교하면 허우리문화 유적의 연마용 석기 비율이 훨씬 높은데, 이것은 견과에 대한 소비 수준이 더욱 높았음을 보여 주는 것일 수 있다. 이런 현상은 참나무속 화분의 분포와 일치하는데, 타이이산지가 타이항산 산지보다 더욱 높은 비율의 참나무 수림을 가지고 있었음을 나타낸다. 허우리문화의 정착 정도는 이미 높은 수준이었을 것이지만, 채집 전략의 필요에 따라 여전히 물자 제공을 위한 유동적 거주방식을 채택했다.

페이리강문화(약 BC 7000-BC 5000)

페이리강문화는 황허강 중하류와 허난성 경내의 넓은 지역에 분포한다(그림 5.1 참조). 지금까지 120여 곳의 유적이 발견되었는데, 그 다수는 하류 부근의 낮은 산지에 위치한다. 유적의 규모는 수천에서 수만m² 정도로 다양하지만 대체로 작은 편이다. 그러나 충적평원 위에는 문화 퇴적이 매우 두꺼운 몇몇 대형 취락이 있다. 예컨대 5만m² 규모의 우양(舞陽) 자후 유적(河南省文物考古硏究所 1999a)과 30만m² 규모의 신정 탕

표 5.3 허난 경내 페이리강문화 주요 유적 출토 석기 조합과 식물 유존

유적	연마용 도구	석겸	석기총수	재배작물		식물	참고 문헌
자후	186	45	1031	수도		야생 수도 도토리(참나무속)	KG 2009.8
	18%	4%				마름 괴경 연근 호두	
						야생 포도 콩	
페이리강	88	23	337	의사속 (疑似粟)	호두 자두 대추		KG 1978.2
	26%	7%					KG 1979.3
							KGXB 1984.1
사워리	8	7	83	의사속류	호두 대추		KG 1983.12
	10%	8%					
어거우	27	6	133			도토리(상수리속) 호두 대추	KGXJK 1981
	20%	5%					
스구	11	3	78			개암 호두 대추	HKKG 1987.1
	14%	4%				느릅나무 열매	
수이취안	62	15	230			도토리(코르크나무속)	KGXB 1995.1
	27%	7%				호두(가래나무속)	
						대추(대추속)	
톄성거우	61	7	156			과일 견과	HWTX 1980.2
	39%	4%					WW 1980.5
							KG 1986.3
우뤄시포				속		견과 강아지풀	
						천심련/육절보리풀	
푸뎬				속			

KG=『考古』 KGXJK=『考古學集刊』 HXKG=『華夏考古』 HWTX=『河南文物通訊』 WW=『文物』

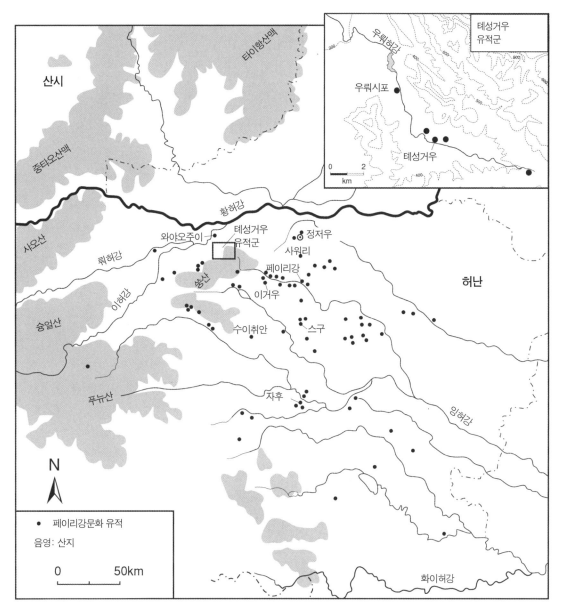

그림 5.10 페이리강문화 유적 분포

후(唐戶) 유적(張松林 등 2008)은 오랫동안 거주한 유적일 가능성이 높다(그림 5.10). 전
형적인 토기의 유형이 매우 많고 취사나 성식, 보존 등 기능도 다양하다. 매우 많은 토
기에 3개의 다리가 붙어 있으며, 이것은 관습적으로 삼족기라 불린다. 석기도 타제와
마제가 있으며, 후자는 기형에 따라 부(斧), 분(錛), 착(鑿), 산(鏟), 겸(鎌), 도(刀)로 구분

된다. 톄성거우(鐵生溝)와 같이 산지에 가까운 유적에서는 세석기가 발견되기도 한다. 마반과 마봉은 늘 여성의 무덤에서 발견되었다(그림 5.11-3).

페이리강문화 유적에서는 치인겸도(齒刃鐮刀)와 연마용 석기가 보편적으로 발견되며, 후자가 상당히 높은 비율(14-39%)을 차지한다(표 5.3). 이 두 석기는 보통 곡물 수확과 가공에 사용된 도구로서, 농업의 존재를 나타낸다고 간주된다(An, Z. 1989: 648; Chang 1986a: 91; Smith 1998: 134-135). 그러나 최근의 연구를 통해 이들 도구가 다양한 기능을 가지고 있었음이 밝혀졌다. 자후와 스구(石固) 유적에서 출토된 치인겸도에 대해 진행된 미세 흔적과 잔류물 분석은 이것들이 갈대와 풀(아마도 조·기장류 식물이 포함되었을)을 베는 동시에 나무에서 과일과 견과를 채집하는 데 사용되었을 것이라는 사실을 보여 주었다(Fullagar, R. et al. 2012). 어거우 유적에서 출토된 연마석기에 대한 전분립 및 미세 흔적 분석 결과는 이것이 주로 도토리를 가공하거나 소량의 콩류, 괴경과 조·기장을 처리하는 데 사용되었음을 시사한다(Liu, L. et al. 2010a). 이 결과는 상산, 둥후린, 스쯔탄에서 출토된 전신세 전기의 연마용 석기에 대한 잔류물 분석 결과와 일치한다. 후자의 연마용 석기는 다양한 용도가 있었으며, 도토리 전분이 잔류물 샘플에서 중요한 성분을 차지한다(Liu, L et al. 2010b, c, 2011)(제3장 참조). 전신세 전기와 중기 중국 북방의 넓은 지역에서 오랫동안 견과류 자원의 획득을 포함하는 일종의 경제 적응방식이 널리 존재했음이 분명하다.

페이리강문화 유적에서 출토된 식물 유존에서 야생식물(대두, 도토리, 호두, 개암, 대추, 오얏과 마름)이 재배 작물(수도와 조·기장)을 훨씬 초과한다(표 5.3 참조). 물론 이 수치상의 차이는 각 유물의 보존 상황의 차이에 의해 영향을 받은 것일 수 있으며, 대다수 유적의 발굴에서 부선법이 사용되지도 않았다. 개와 돼지(제4장 참조)는 가축이며, 고인(古人)들은 각종 야생동물을 사냥하기도 했다(河南城文物考古研究所 1999a). 오랫동안 페이리강문화는 농업 분야에서 고도의 발전을 성취한 것으로 생각되었으나 고고학적 기록은 그들이 명백히 광역적인 생업 전략을 실행했고, 식량 생산은 경제 체계에서 극히 일부분을 차지했음을 보여 준다.

페이리강문화 유적은 배경 환경에 따라 충적평원 유적과 산지 유적 등 두 가지 유형으로 구분할 수 있다. 전자는 일반적으로 면적이 비교적 크고 퇴적이 두꺼우며 유물 조합이 더 복잡하다. 이와 반대로 후자는 일반적으로 면적이 작고 퇴적이 얇으며 인공 제품의 종류가 비교적 적다. 그리고 토기 기형이 간단하고 조악하게 제작되었다. 이

그림 5.11 페이리강문화 무덤

1. 묘지, 2. M344, 묘주는 남성이며, 머리가 없는 대신 거북 껍데기로 그것을 대신했다. 몸통의 오른쪽에는 2매의 골제 피리가 놓여 있고, 다리 옆에는 다량의 수렵 도구가 있다. 3. M371, 묘주는 여성이며, 연마용 석기 한 세트가 부장되었다(자후 유적 출토)(河南省文物考古研究所 1999a: 彩版 2-2, 7-32, 7-3).

처럼 판연히 다른 물질 유존은 생업-주거 전략의 차이와 사회복합도의 차이를 반영할 것이다. 충적평원 유적은 정착 정도가 더욱 높고 사회 조직이 더욱 복잡하지만, 산지 유적은 계절적인 숙영지 또는 소형 취락이라고 생각된다. 뒤에서 2개의 사례—충적평원상의 자후 유적과 쑹산(嵩山) 산지의 톄성거우 유적군—를 들어 살펴보고자 한다.

우양 자후 유적 | 이 유적은 하나의 호수와 2개의 강 사이에 있는 충적평원에 위치한다. 문화 퇴적은 3기로 구분되며, 연대는 기원전 7000년에서 기원전 5500년이다. 발굴 면적은 2,359m²로, 주거지 45기, 재구덩이 370기, 무덤 349기와 토기 가마 9기가 노출되었다. 유구는 빽빽하게 분포되어 있고 전기의 주거지와 무덤은 후기의 유존에 의해 파괴되거나 교란되었으므로 취락에 인구가 밀집되었고 거주 시간도 매우 길었음을 알 수 있다(그림 5.11-1). 주거지, 무덤과 재구덩이는 몇 개의 그룹으로 구분되어 시간의 추이에 따라 취락 배치가 점점 더 규칙화되었음을 보여 준다. 주거지 면적의 차이는 매우 커서 2m²에서 40m²까지 다양한데, 대다수(69%)는 10m² 이내이다. 다수의 주거지는 원형 수혈식이고 지면에 매우 두껍게 흙을 깔았으며 다량의 문화 유물이 포함되어 있다. 주거지 지면 퇴적에서 출토된 유물 대다수는 토기편과 공구 및 식물 유존 등 일차 폐기물에 속한다. 예컨대 F17(24m²)에서는 1,884점의 토기편(39kg), 다양한 종류의 석기와 골기, 석기 반제품과 석편, 거북 껍데기, 짐승의 이빨, 사슴뿔과 수도 과립 등이 출토되었다. 주거지 옆의 재구덩이에서도 이차 폐기물에 속하는 같은 유형의 유물이 출토되었다(河南省文物考古硏究所 1999a). 일상 폐기물을 처리하는 다양한 방식은 이곳이 옛 전통인 이동 생활과 새로운 시도인 정착 생활의 결합체로서 베이푸디 유적의 상황과 유사했음을 보여 준다.

자후 유적의 도구 세트에는 다양한 종류의 석기, 골기와 토기 등이 포함된다. 이것은 건축, 경작, 수렵, 어로와 일상생활에 사용된 30여 개의 유형으로 구분할 수 있다. 생산 도구의 유형 구조 분석에 따르면 석산, 석겸, 석도와 골서(骨鋤)류의 도구는 제1기에 6.8%, 제2기에 11.4%, 제3기에 53.4%를 차지한다. 이와 같은 변화는 전기 단계에 식량 생산은 제한적이었으나, 1,500년 동안 계속된 자후 유적의 주거 시간 내에 그 비중이 점차 상승했음을 보여 준다(河南省文物考古硏究所 1999a; 來茵 등 2009). 자후에서는 최근 묘지 3곳이 발굴되었는데, 각 묘지의 부장품에는 각자의 특수한 풍격이 있다. 그 가운데 한 묘지에서는 주로 농업 도구가 출토되었고, 다른 2곳에서는 어로 및 수렵 도구가 출토되었다(張居中, 潘偉彬 2002). 이 현상이 사회 집단 사이에 전문화된 분업이 존재했음을 의미하는 것인지 아직 분명히 알 수는 없지만, 적어도 자후의 생업 경제에서 야생 식량 획득이 매우 중요한 위치를 차지하고 있었음을 알 수 있다.

토기는 매우 다양한 기형을 가진 취사기와 성식기, 저장기와 음기(飲器) 등 기능의 특수화가 나타난다(河南省文物考古研究所 1999a). 이 중 취사기로 사용된 삼족정(鼎, 세 발솥)은 족부(足部)가 가늘어 확실히 이동 생활방식에는 적합하지 않다.

자후 유적에서는 이미 다수의 학제 간 연구가 이루어졌다. 부선법을 통해 얻은 대 식물군 유존(Macrobotanic remains)에는 수도, 대두, 콩류, 괴경식물, 도토리, 호두 등 여러 종류가 포함되어 있다. 수도는 감별 결과 재배종이며, 식물 유존의 10%를 차지하는 데 불과하다. 이것은 자후인이 주로 야생식물에 의존했음을 나타낸다(趙志軍, 張居中 2009). 인골의 안정성 동위원소 분석에 따르면 자후인의 식량 내원은 주로 C3 식물과 C3 식물을 먹은 동물이다(Hu, Y. et al. 2006). 수도와 견과(이를테면 도토리)는 모두 C3 식물에 속하므로, 자후인의 식단에서는 주식이었을 것이다. 자후 유적에서 출토된 토호(土壺) 잔류물에 대한 화학 분석 결과는 당시에 쌀, 꿀, 과일을 성분으로 한 일종의 혼합 발효 음료를 양조했음을 보여 준다(McGovern et al. 2004). 자후 유적의 인골에 관한 연구는 젊은 개체(16-35세), 특히 남성이 팔목과 복사뼈에 퇴행성관절염을 많이 앓았음을 보여 주는데, 그 원인의 일부는 무거운 석산을 사용해 경작했기 때문일 것이다. 수명과 충치, 빈혈, 골질에서 발생한 발병률에 근거해 보면 자후인의 일반적인 건강 상황은 싱룽와인만 못했지만 농업 집단인 양사오문화의 스자인(약 BC 4300-BC 4000)보다는 좋았다(Smith B. L. 2005).

자후 유적은 정주 취락에 속했고, 식량 생산이 경제 활동에서 차지하는 비중은 상당했을 것이다. 그러나 인구의 상당수는 여전히 수렵과 채집 활동에 종사했다고 생각된다. 사람들의 건강 상태가 악화된 것은 농업과 정착 생활방식의 도입으로 인한 선택의 압력을 나타낸다.

자후 유적에서는 주목할 만한 복잡한 물질문화가 드러났다. 가장 유명한 발견은 몇몇 무덤에 작은 돌이 들어 있는 거북 껍데기와 단정학(丹頂鶴, 두루미)의 척골(尺骨)로 만든 골적(骨笛)이다. 거북 껍데기는 일종의 타악기이며, 골적은 지금까지 발견된 것 가운데 가장 이른 다음계의 악기이다. 거북 껍데기와 골적은 의례 활동에 사용된 악기일 것이며, 이것이 부장된 묘의 주인은 아마도 의례 활동에 종사한 성직자였을 것이다(陳星燦, 李潤權 2004; Zhang, J. et al. 2004). 일부 거북 껍데기 위에는 부호가 새겨져 있

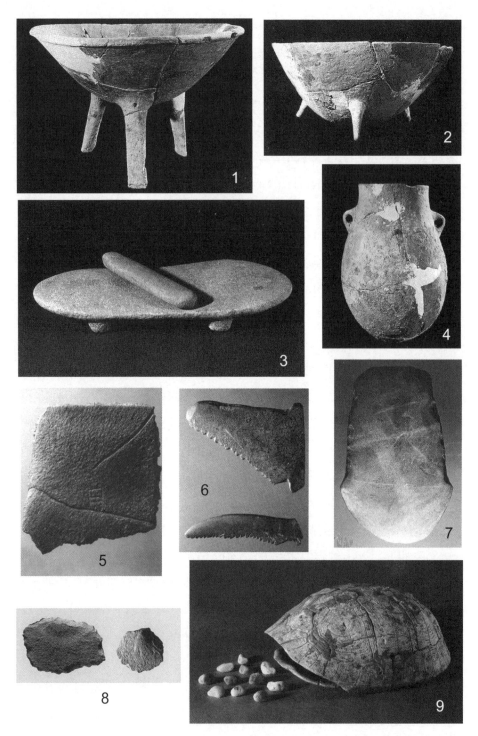

그림 5.12 페이리강문화의 인공 제품

1. 정, 2. 삼족발, 3. 석제 마반과 마봉, 4. 호, 5. 문양이 새겨진 거북 껍데기[刻紋龜甲], 6. 석겸, 7. 석산, 8. 타제석도, 9. 작은 돌이 들어 있는 거북 껍데기(모두 자후 유적 출토, 河南省文物考古研究所 1999a: 圖版 52-2, 108-6, 18-5, 60-3, 158-7, 8, 彩版 18-1, 2, 3, 43-1, 48-5)

는데, 이들 부호가 아직 진정한 문자는 아니었다고 해도 몇몇 부호는 후대의 상대 후기 갑골문과 대체로 유사하다(Li, Xueqin et al. 2003)(그림 5.12-9).

부장품에서는 생업 활동 중의 노동 분업이 드러난다. 예컨대 대량의 어로·수렵 도구는 일반적으로 남성의 무덤에서 나오며, 여성의 무덤에서는 늘 연마용 석기가 출토된다(그림 5.11-3)(張震 2009). 의례 용기(거북 껍데기와 골적)가 출토되는 무덤은 대개 규모가 크고 부장품이 풍부한데(그림 5.11-2), 이것은 의례를 장악한 자가 특수한 사회적 지위를 가지고 있었음을 보여 준다. 그러나 전체적으로 보아 전체 유적의 무덤 자료는 당시 사회 분화의 수준이 매우 낮았음을 나타낸다. 그러므로 자후 사회는 실제로는 평등사회이되, 몇몇 개인이 그들의 특수한 능력으로 인해 높은 사회적 명망을 획득한 것 같다(Liu, L. 2004: 126-128). 자후는 현재까지 알려진 신석기시대 전기의 가장 복합화된 정착 집단의 하나이다. 그 우월한 지리적 위치, 풍부하고 다양한 자연 자원은 정착의 발전, 동식물의 순화와 사회복합화에 이상적인 조건을 제공했다.

톄성거우 유적군 | 이 유적군은 우뤄허강(塢羅河) 상류 연안에 위치한다. 우뤄허강은 허난성 서부 이뤄허강(伊洛河)의 지류로 쑹산에서 발원해 산지를 관통한다. 하곡이 좁고, 특히 상류 구간에는 아주 작은 평지만이 농경에 적합하다. 고고학자들이 이곳에서 전면적으로 구역조사를 진행해 페이리강문화 후기(약 BC 5500-BC 5000)의 유적 5곳을 발견했는데, 이들 유적은 약 16km에 걸쳐 뻗어 있다. 유적의 규모는 모두 매우 작고, 퇴적도 얇다. 이 가운데서 규모가 가장 큰 유적은 톄성거우와 우뤄시포로서 그 면적은 각각 1만m²와 2만m²이다. 석기에는 마제석부, 석산, 석겸, 마반, 마봉과 세석기가 있다. 재구덩이와 주거지에서는 동물 유해와 감정되지 않은 과일 및 견과 껍질이 출토되었다. 대부분의 토기는 홍도(紅陶)이고 재질이 무르며 소성온도는 현저히 낮다. 기형은 매우 작으며, 기종에는 불룩한 몸통의 호[鼓腹壺], 발과 삼족기가 있다. 이들 토기는 경도가 매우 낮아 출토 당시에는 모두 파편 상태였으며, 완형은 매우 드물게 발견되었다. 톄성거우 유적에서 소형 반수혈식 주거지(6.6m²) 1기와 재구덩이 4기가 발견되었으며, 50점이 넘는 석제 마반과 마봉이 출토되었지만, 대부분은 조각난 상태였다(傅永魁 1980; 李友謀 1980; Liu, L. et al. 2002-2004; 趙玉安 1992; 鄭乃武 1986). 부선법을 사용해 우뤄시포에서 탄화된 조를 발견했지만 수량은 매우 적다(Lee, G. et al. 2007).

전체적으로 우뤄허강의 페이리강문화 유적에서는 일종의 수렵채집과 속작 농업이 혼합된 생업 전략을 보여 준다. 쉽게 부서지는 토기는 이것이 장기 사용을 위해 제작된 것이 아님을 나타낸다. 소형 고복호와 같은 일부 토기의 기형은 휴대하기 편리한 특징을 보인다.

산지에 위치한 톄성거우 유적군은 이동적 주거의 특징을 나타낸다. 몇몇 유적은 이 지역의 특수한 식량 자원, 이를테면 곡물, 과일, 견과와 동물 등을 이용하기 위해 계절적으로만 점유되었을 것이다. 우뤄시포 유적의 일부는 충적평원에 위치하지만, 대부분 강물이 범람하지 않은 상대적으로 건조한 계절에 거주할 수 있었을 것이다. 유적의 모든 연대는 페이리강문화 후기이며, 각 유적은 아마도 모두 간헐적인 계절적 숙영지로서 오랜 시간 동안 동일한 집단에 의해 반복적으로 사용되었을 것이다(Liu, L et al. 2002-2004).

톄성거우 유적군의 상황과 다르게 이뤄허강 유역 충적평원상의 와야오쭈이(瓦窯嘴) 유적(톄성거우 서북 약 20km 지점에 위치, 그림 5.10 참조)에서는 상당히 다른 양상의 물질 조합이 보인다. 이곳에서는 연마용 석기와 세석기가 없고 소성온도가 매우 높고 기벽이 매우 얇은 흑도를 포함한 수종의 고품질 토기가 출토되었다(廖永民, 劉洪森 1997). 아주 작은 구역 내에 위치하는 같은 시기의 유적 가운데서 이처럼 뚜렷한 차이가 나타나는 것은 서로 다른 생태 환경에서 유적의 기능에 매우 큰 차이가 있을 수 있음을 보여 준다.

요약 | 페이리강문화의 취락-생업 체계는 시공간상에서 명백한 다양성을 드러낸다. 적응방식의 측면에서 자후와 톄성거우 유적군은 두 가지 유형을 대표한다. 충적평원상의 취락은 높은 수준의 정착과 복잡한 물질문화 그리고 의례 행위를 보여 주는 한편, 산지의 소형 취락은 아마도 매우 작은 취락이거나 특별한 임무를 맡은 유동성이 매우 강한 집단의 거주지에 불과했을 것이다. 페이리강문화의 모든 유적은 그 정착의 정도와 취락의 규모를 막론하고 고고학적 기록 가운데 곡물 순화의 증거를 보여 준다. 다만 수렵채집 활동과 비교해 보면 식량 생산은 단지 생업 체계의 작은 부분에 불과했던 것 같다.

바이자-다디완문화(약 BC 6000-BC 5000)

웨이허강 유역과 한수이강 상류에 매우 많은 신석기시대 전기 유적이 분포되어 있으며, 바이자-다디완문화라고 불린다(그림 5.1 참조). 유적은 이미 약 40곳이 발견되

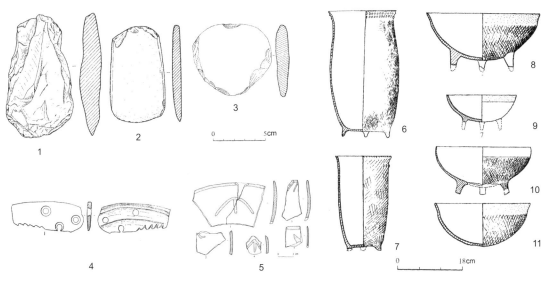

그림 5.13 바이자-다디완문화의 인공 제품

1. 석부, 2. 석산, 3. 찍개, 4. 방겸(蚌鎌), 5. 토기 각획부호, 6·7. 삼족관, 8~10. 삼족발, 11. 발(1~3은 석기, 4는 방기[蚌器], 5~11은 토기. 방겸을 제외한 모든 유물은 다디완 유적 출토)(甘肅省文物考古硏究所 2006: 圖31, 50, 53; 中國社會科學院考古硏究所 1994a: 圖 19)

었으며, 대부분은 웨이허강 중류와 하류에 집중되어 있다(甘肅省文物考古硏究所 2006; 國家文物局 1999) 한수이강 유역에서 발견된 유적은 왕왕 리자촌유형(李家村類型)이라고 불린다(陝西省考古硏究所, 陝西省安康水電站庫區考古隊 1994). 이들 유적에서는 일군의 소형 수혈식 주거지, 재구덩이와 무덤 등이 발견되는데, 가장 일반적으로 보이는 토기는 발(鉢), 관(罐), 옹(瓮, 항아리), 배(杯) 등이다. 일부 발, 관, 옹에는 작은 삼족이 붙어 있다(그림 5.13). 가장 자세한 자료가 발표된 유적은 산시성(陝西省) 린퉁(臨潼) 바이자촌(白家村)과 간쑤성 톈수이 다디완이다.

바이자촌 유적 | 웨이허강 북안의 대지 위에 위치한다. 면적은 약 12만m²이며, 그 가운데 1,366m²가 발굴되어 주거지 2기, 재구덩이 49기, 무덤 36기가 노출되었다. 토기편이 대량으로 발견되었으며, 석기, 방기, 골기 등 약 200점의 도구와 대량의 동물 뼈가 출토되었다. 석기(92점) 조합에는 타제석기(34%, 찍개와 긁개 위주), 마제석기(44%, 석산과 석부 위주), 연마용 도구(22%, 마반, 마봉과 절굿공이 위주) 등이 포함된다. 치인방겸(齒刃蚌鎌) 16점이 출토되었는데, 곡물을 수확하는 데 사용되었을 것이다(그림 5.13). 다만 식물에 관한 보고는 보이지 않는다. 감정을 거친 동물 유존으로는 12종이 있다. 개와 돼지는 가축이며, 감정할 수 있는 돼지 뼈의 표본 수(NISP)가 가장 높은 비

율(35%)을 차지한다. 야생 물소는 성수우로서(Yang, D. et al. 2008), 감정할 수 있는 표본 수의 제2위를 차지하고, 그다음은 두 종류의 사슴이 위치한다. 주목할 만한 점은 매우 많은 토발에 채색 문양이 있는 것으로, 홍색의 띠가 구연을 한 바퀴 두르고 있다. 이것은 중국 북방지역에서 지금까지 알려진 가장 이른 채도이다(中國社會科學院考古研究所 1994a). 바이자촌의 물질 조합은 그 생업방식이 광역적 경제에 속해 수렵채집과 동시에 생산 활동에 종사했음을 보여 준다. 집단의 정착 정도가 매우 높은 것은 돼지의 존재가 그것을 입증한다. 그러나 식량 생산 수준은 여전히 높지 않았을 것이다.

다디완 유적 | 다디완 유적은 복수의 부분으로 구성되며, 웨이허강 지류 칭수이허강의 이급대지 위에 위치한다. 퇴적 연대는 신석기시대 전기부터 청동기시대까지 연속된다. 가장 아랫부분의 문화층, 즉 제1기의 연대는 기원전 5800년에서 기원전 5300년이다. 제1기의 거주 면적은 작고(0.8만m²), 퇴적도 얇다(0.15-0.25m). 소형 수혈식 주거지 4기(면적은 모두 6.6m² 이하), 재구덩이 17기, 무덤 15기가 노출되었으며, 403점의 인공 제품이 출토되었다(甘肅省文物考古研究所 2006).

토기의 유형은 웨이허강 유역의 다른 같은 시기 유적 출토품과 유사하다. 23점의 토기편에서 13종의 기하형 도문(陶文)[11]이 발견되었다. 각각의 파편마다 홍색 혹은 백색의 안료로 그려진 하나의 도문이 있는데, 그 위치는 대개 토기의 구연부에 가깝다(그림 5.13-5). 외형이 십자 혹은 화살촉과 유사한 이 각획부호는 이 지역의 양사오문화에서 토기 구연부에 도공의 기호를 새겨 넣는 전통에 선행한다(제6장 참조). 석기는 47점이 발견되었는데, 타제석기 위주이다. 석도, 석부와 석산 등 일부는 인부가 마연되었다. 찍개, 석도, 긁개(그림 5.13-1~3)가 석기 조합에서 가장 많은 수량을 차지한다(甘肅省文物考古研究所 2006).

한 재구덩이의 바닥 부분에서 기장과 유채 씨앗(Brassica)이 발견되었다(甘肅省文物考古研究所 2006: 60; 劉長江 2006). 이것은 농업이 생산 경제의 일부를 차지하고 있었음을 나타낸다. 동물 유존(최소 개체 수는 748개) 가운데서 14종속의 동물이 감정되었는데, 수량이 가장 많은 것(최소 개체 수 기준)은 수종의 사슴류(47%)이고, 그다음은 돼

11 [역주] 토기상에 새겨지거나 그려진 문자이다. 신석기시대에 출현했으며, 삼대(三代)에도 널리 사용되어 수량이 풍부하다. 가오밍(高明)의 『고도문회편(古陶文匯編)』에는 1,800여 자가 수록되어 있다. 내용은 인명, 관명, 지명, 기명(器銘) 등이다. 중국의 문자 기원과 성씨, 지리, 공관제도(工官制度)를 연구하는 데 중요한 자료로 활용된다.

표 5.4 바이자–다디완 문화 유적 4곳의 석기 도구 세트 구성

유적	타제석기(찍개, 긁개 등)	마제·반마제 석기와 반성품(石坯) (석산, 석도, 석부, 석분, 석착 등)	연마석기 (마반, 마봉, 절구 절굿공이 등)	총수
리자촌	117(47.6%)	106(43.1%)	23(9.5%)	246
바이자	31(33.7%)	41(45.7%)	20(21.7%)	92
관타오위안	55(74.3%)	10(13.5%)	9(12%)	74
다디완	36(76.6%)	9(19%)	1(2%)	46

지와 멧돼지를 포함한 돼지(21%)이다(祁國琴 등 2006)(제4장 참조). 돼지의 하악골은 부장품으로 사용되었는데, 이것은 나중에 중국 북방의 신석기시대에 유행한 장속(葬俗)의 기원이 된다.

요약 | 웨이허강 유역과 한수이강 유역의 신석기시대 전기 유적은 다른 지역의 동류(同類) 유적과 매우 큰 유사성을 보여 준다. 취락의 정착 정도는 높다. 이것은 규칙적인 묘지, 정미(精美)한 토기, 속작과 돼지 등 대량의 영구적 주거 유존으로 입증할 수 있다. 그러나 물질 유존은 여전히 식량 생산이 아닌 수렵과 채집에 더욱 의지하는 생계 전략을 나타내는 것 같다. 이와 같은 추정은 많은 유적에서 출토된 석기 조합의 지지를 얻을 수 있다. 도구 세트 가운데서 타제석기가 매우 큰 비율을 차지하며(표 5.4), 이것은 주로 야생식물을 가공하는 연마용 도구로 사용되었을 것이다. 특히 웨이허강 하류와 한수이강 유역의 유적에서 출토되는 수량이 많은데, 이 지역에는 참나무속 화분의 비율도 매우 높다(그림 5.3 참조).

양쯔강 유역

양쯔강 유역은 아열대지역의 북부에 위치하며, 풍부한 동식물 자원을 가지고 있다. 이 지역은 지리적으로 다양한 경관을 가지고 있어 충적평원부터 산지까지 그 변화가 무궁무진하다. 신석기시대 전기의 유적은 갖가지 환경 중에 분포되어 있고, 생계 전략 역시 차이가 현저하다. 몇몇 집단은 일정 정도 도작 농업을 채택했지만, 다른 몇몇 집단은 수천 년 동안 이어진 수렵채집 생활방식을 여전히 지속했다.

양쯔강 중류지역

양쯔강 중류에서 가장 이른 신석기시대 유존은 펑터우산문화(彭頭山文化, 약 BC 7000~BC 5800) 후난성의 둥팅호(洞庭湖) 지역에 분포한다. 현재 대략 15개 유적이 발견되었는데, 펑수이강(澧水) 북안의 충적평원에 집중 분포한다. 그들이 처한 지리적 위치는 혹자는 낮은 산, 혹자는 평원으로, 각각 펑현(澧縣)의 펑터우산과 바스당 유적을 대표로 한다(湖南省文物考古研究所 2006). 펑터우산문화의 뒤를 잇는 것은 짜오스하층문화(皂市下層文化)(약 BC 5800~BC 5500)로, 이 유적은 둥팅호 부근에 집중되어 있으며 분포 범위가 매우 넓다. 이 밖에 청베이시문화(城背溪文化)가 있는데(약 BC 6500~BC 5000), 대략 10곳의 유적이 양쯔강 중류를 따라 분포되어 있다(裴安平 1996; 楊權喜 1991)(그림 5.1, 5.14 참조).

펑터우산 유적ㅣ면적은 3만m²이며, 주변 평지보다 8m 높은 작은 산 위에 위치한다. 400m²가 발굴되었는데, 주거지 6기(지상 건축과 수혈식 건축 등 2종), 재구덩이 15기, 무덤 21기가 노출되었다. 문화 유존의 분포에서 의식적인 공간 규획은 거의 볼 수 없다. 펑터우산 유적은 협탄(夾炭) 토기 가운데서 탄화 도립이 발견되어 유명해졌지만, 산성 토양이기 때문에 유적에 유기질 유물이 거의 남지 않았다(湖南省文物考古研究所 2006).

바스당 유적ㅣ면적은 3만 7,000m²이고, 한 하천이 유적의 서쪽과 북면을 두르고 있다. 동쪽과 남쪽은 성벽과 해자가 둘러싸고 있다. 현재 남아 있는 성벽의 높이는 1m가 채 되지 않으며, 기초부의 너비는 6m를 넘지 않는다. 해자 유구인 8호 봇도랑[溝]의 가장 깊은 곳은 1.7m, 9호 봇도랑의 가장 넓은 곳은 5.7m이다. 성벽은 판축되지 않았고, 간단하게 해자를 판 흙을 쌓아 올려 완성했다. 해자-성벽 시설은 오랜 시간에 걸쳐 건설되었고 여러 차례 중건을 거쳤다. 따라서 그 규모는 때에 따라 다르다. 이들 시설이 방어 측면에서 어떤 작용을 하기는 거의 어려우며, 아마도 홍수 방지를 위해 건설되었을 것이다. 발굴 구역 1,200m²에서 주거지 24기(주로 난간식과 지상 주택), 이차장(二次葬) 무덤 98기, 재구덩이 80기가 발견되었다. 물이 풍부한 자연환경으로 인해 바스당 유적에서는 풍부한 유기질 유물이 출토되었는데, 나무, 갈대, 대나무 그리고 등나무 편직과 마직품 등이 여기에 포함된다. 약 67종의 식물이 감정되었는데, 대략 1만 개에 달하는 수도 과립을 제외하고 마름(마름속), 가시연밥(가시연속), 콩류 및 수종의 과소

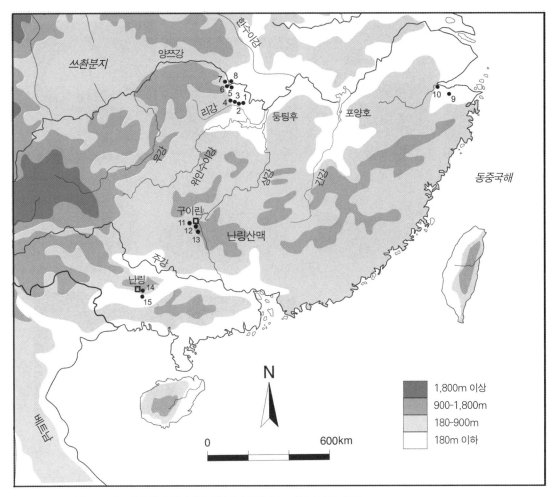

그림 5.14 양쯔강 유역과 화남지역 신석기시대 전기 고고문화의 주요 유적
1. 바스당, 2. 펑터우산, 3. 후자우창, 4. 짜오스(皂市), 5. 진쯔산, 6. 즈청베이, 7. 청베이시, 8. 칭룽산, 9. 샤오황산, 10. 콰후차오, 11. 다옌, 12. 쩡피옌, 13. 먀오옌, 14. 바오쯔터우, 15. 딩스산

(果蔬)와 같은 야생식물이 대량으로 발견되었다. 동물 유존도 7개의 종속이 감정되었으며, 여기에는 조류, 물소, 돼지, 사슴과 물고기 등이 포함된다. 다만 순화된 포유동물이 있는지는 입증할 수 없다(湖南省文物考古研究所 2006). 비록 이삭줄기의 특징에 근거한 것은 아니지만 수도 과립은 순화종으로 간주된다. 따라서 앞으로 도각 형태에 대한 심화 연구를 통해 이런 시각의 정확성을 검증해 볼 필요가 있다(Crawford and Shen 1998). 아무튼 유적에서 출토된 식물 유존은 바스당인이 당시에 여러 종류의 식물을 이용했지만 수도가 주식이 아니었을 것임을 나타낸다.

그림 5.15 펑터우산문화(1~5), 짜오스하층문화(6~8)와 청베이시문화(9~12)의 전형적 토기
1. 쌍이관, 2·8·9. 관, 3·4. 지각, 5. 반, 6·10. 권족반, 7. 기개(器蓋), 11. 정(鼎), 12. 지각(湖南省文物考古硏究所 1999: 21,
2006: 彩版 4-1, 8-1, 3, 5, 25-4; 湖北省文物考古硏究所 2001b: 彩版 4-2, 7-2, 8-2, 圖版 33-4)

    펑터우산과 바스당의 토기는 주로 고복관, 발, 반과 지각으로 그 기형이 간단하다
(그림 5.15-1~5). 제작도 조악해 주로 윤적법으로 성형했으며, 기벽의 두께도 일정치
않고 대부분 협탄도(夾炭陶)이다. 토기의 외형은 제작자가 휴대의 편리성에 대한 고려
에 치중했음을 보여 주는 것 같다. 두 유적에서 출토된 석기 도구 세트는 주로 하천의
자갈로 제작한 찍개(70.8%)이며, 그다음은 각종 기형의 수석(燧石) 석기(21%)이다. 마
제석기는 단지 1.4%를 차지하고 있을 뿐이다(湖南省文物考古硏究所 2006)(그림 5.16).
이와 같은 석기 조합은 구석기시대 후기 이 지역의 찍개 전통의 연속성을 분명하게 보
여 준다(裴安平 1996; 王幼平 1997). 토기와 석기의 기술 그리고 동식물 조합은 주로 수
렵채집 경제에 기초한 사회를 나타낸다. 풍부한 식용 자원을 가진 환경에서 식량 생산

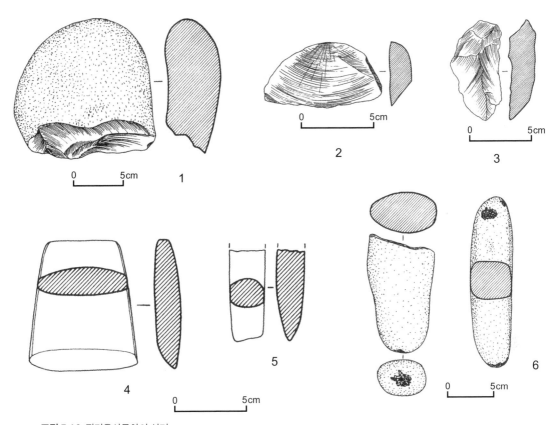

그림 5.16 펑터우산문화의 석기

1. 찍개, 2. 긁개, 3. 새기개, 4. 부, 5. 분, 6. 절굿공이(湖南省文物考古研究所 2006: 圖 74-1, 77-5, 78-9, 99-1, 11, 72-1, 3에 근거해, 재작성)

의 수준은 매우 낮았다. 바스당의 성벽-해자 시설은 지금까지 알려진 중국 고대의 가장 이른 방어 시설을 대표한다. 이와 같은 공공 건축은 바스당의 정착 정도가 매우 높았음을 보여 주며, 우계(雨季)의 홍수와 같은 자연의 도전에 대응하는 유력한 사회적 대응 능력을 갖추고 있었음을 시사한다.

짜오스하층문화 | 몇 곳의 주거지, 무덤과 재구덩이가 발견되었다. 후자우창(胡家屋場)의 주거지 지면은 소토(燒土), 모래, 쇄석(碎石)과 잘게 부순 토기 파편 등으로 층층이 다졌다. 펑터우산문화 시기와 비교해서 짜오스하층문화의 토기 유형은 다양하다. 일부 반은 높은 권족(圈足, 굽다리)을 달았으며 정미한 각획문을 장식했다. 대다수의 토기는 여전히 탄을 함유하고 있으며, 윤적법을 채용했다. 몇몇 토기의 기벽은 비교적 얇으며 백채(白彩)를 장식하거나 백도(白陶)를 만들기도 했다(그림 5.15). 석기 조합은 역

시 찍개 위주이며(짜오스와 후자우창에서 각각 70%와 80%를 점유한다), 마제석기는 주로 목공 공구로서 비교적 적다. 일부 유적에서 탄화도가 발견되었으며, 후자우창에서는 연근, 자두, 산도(山桃), 앵두와 감 유존도 출토되었다. 후자우창의 동물 유존은 당시 사람들이 여러 종류의 동물을 이용했음을 나타내는데, 여기에는 포유동물, 조류, 어류와 패류 그리고 사육한 돼지가 포함된다(王文建, 張春龍, 1993; 尹檢順 1996).

청베이시문화ㅣ 후베이성 서부의 샤강(峽江)지역에 위치하며, 유적 규모는 비교적 작다(그림 5.1, 5.14-7 참조). 이 지역에는 높은 산이 우뚝 서 있으며 경작지는 매우 적다. 유적은 서로 다른 지리 구조 단원에 위치하고 있다. 청베이시, 즈청베이(枝城北) 등과 같은 일부는 해발이 비교적 낮은 양쯔강 주변에 위치해 우기가 되면 항상 물에 잠긴다. 약간의 주거지와 물소, 사슴류, 수종의 어류와 패류 등 동물 유존이 발견되었다. 이들 유적은 아마도 양쯔강의 수위가 내려갔을 때 수생동물과 기타 자원을 획득하는 계절적 숙영지였을 것이다. 다른 유적들은 산 위에 위치하며 일부는 주위 평지보다 15-20m가량 높다. 이와 같은 유적으로는 칭룽산(青龍山)과 진쯔산(金子山)이 대표적인데, 아마도 홍수가 발생하는 계절의 취락이었을 것이다(湖北省文物考古研究所 2001b; 楊權喜 1991).

청베이시문화의 토기는 전기 단계의 고복관, 지각, 발과 반 위주이다. 관은 다양한 용도를 갖추고 있는데, 음식의 조리와 저장에 사용될 수 있었다. 후기 단계의 토기는 권족반이나 채도, 연마 흑도 등과 같이 그 종류가 더욱 다양해졌다(그림 5.15-9~12). 토기는 첩소법[12]을 사용했으며, 배합료로 사력토, 조개껍데기와 볏짚을 포함한 초류(草類)를 혼합했다. 석기는 주로 자갈로 만든 타제석기로 기형에는 부, 분, 착, 긁개, 망추(網錘, 어망추), 찍개, 석구(石球) 등이 있으며, 일부는 부분적으로 연마되었다. 공구의 유형은 주요 용도가 목공, 수렵, 어로에 있었음을 나타낸다(楊權喜 1991). 인공 제품의 형태로 보면 유동적인 집단에 비교적 적합한 물건이다. 청베이시문화 유적은 수렵과 채집을 위주로 한 생계 전략을 드러내며, 이동성이 강한 물자 조달형의 채집을 포함한다. 옌원밍은 일찍이 토기의 태토 중에 도류(稻類) 유물이 섞여 있지만 이들 토기는 다른 곳의 농업 집단에서 왔을 것이라고 주장한 바 있다(嚴文明 2001).

---

12   [역주] 첩소법(貼塑法, slab-mold technique)은 다수의 점토 조각을 주무르거나 때리거나 또는 눌러서
      서로 이어붙이는 과정을 통해 기체(器體)를 만드는 토기 성형 방법을 가리킨다.

요약 | 양쯔강 중류 전기 신석기시대 문화의 문질문화 요소는 약간의 공통점을 가지고 있다. 타제석기의 비율이 높고, 토기에 탄이 함유되어 있으며, 전기 단계에는 토관과 지각 조합이 취사기로 사용되고, 후기 단계의 토기에 권족이 출현하는 등이다. 모든 집단이 광역적인 생계 전략을 채용했지만, 취락-생업 적응방식의 지역적인 차이도 매우 분명하다. 둥팅호 충적평원상의 인류는 수도를 경작했고 영구적 취락을 건설했으나, 샤장지역의 거주민은 수렵채집의 생활방식을 유지했고 많은 인구가 계절 변화에 따라 거처를 옮겼다.

어떤 고고학자는 이 지역 주변의 많은 유적이 펑터우산과 짜오스하층문화로부터 영향을 받았다고 지적했다(尹檢順 1999). 화이허강 유역의 자후 유적과 펑터우산은 비슷한 점을 매우 많이 가지고 있다. 이를테면 모두 고복호를 부장품으로 사용했으며, 토기 제작에 윤적법을 채용하고 태토에 식물성 섬유를 배합했다(河南省文物考古研究所 1999a: 532-533). 양쯔강 하류의 콰후차오 유적에서도 짜오스하층문화 풍격과 유사한 토기가 발견되었다(焦天龍 2006). 짜오스하층문화의 동점(東漸)은 학자에 따라서는 도작문화의 발전과 인구 확장으로 해석되기도 한다(焦天龍 2006). 고고학적 기록에 나타나는 유적의 증가량과 확장 범위에서 볼 때 기원전 6000년기에 양쯔강 중류지역에서 인구 증가로 인한 인적 집단의 확장이라는 상황이 발생했던 것 같다. 그런데 인구 증가의 원인은 수도의 재배보다 광역적인 생계 전략하에서 정주가 발전한 것에 기인한 바가 더 큰 듯하다. 물론 도작 농업은 일종의 경제적 기술로 인류의 이동을 따라 전파되었고, 시간의 흐름과 함께 점차 강화되어 새로운 개척 지역에서 인구가 더욱 증가하는 데 기여했음은 의심할 여지가 없다.

양쯔강 하류지역

과거 상당 시간 동안 허무두문화(약 BC 5000-BC 3000) 이전 양쯔강 하류지역 전기 신석기시대의 상황에 대해 알려진 것은 매우 적었다. 저장성지역 고고학자들의 근면함으로 인해 최근 일련의 새로운 발견이 이루어졌다. 즉 샤오황산과 콰후차오(약 BC 7000-BC 5000)를 포함하는 전기 신석기시대의 많은 중요 유적이 세상에 알려지게 되었다(그림 5.1, 5.14-9·10 참조).

샤오황산 유적(약 BC 7000-BC 6000) | 성저우(嵊州)에 위치하며, 낮은 산이 휘두

른 분지에 입지해 있다. 유적의 토양이 산성이기 때문에 고고학적 기록 중에서는 유기 물질이 거의 발견되지 않았다. 문화 퇴적은 3기로 구분된다. 제1기 유존은 상산(上山) 유적과 매우 많은 공통점을 지니고(제3장 참조), 제2기와 제3기의 석기와 토기는 훨씬 더 다양한 유형을 보여 주며, 일부의 기형은 콰후차오 유적과 일정한 유사성이 있다. 저장구덩이가 많으며 형태는 방형 혹은 원형으로 규칙적이다. 석기 조합에 연마용 도 구(마반과 마봉)가 많으며 소량의 석추, 용도가 분명하지 않은 천공용 도구, 석구와 마 제의 목공 도구 등이 있다. 전형적인 토기에는 아가리가 크게 벌어진 분[大敞口盆], 환 저관, 반 등이 있다. 지층 퇴적에서는 수도가 발견되었다(張恒, 王海明 2005). 연마용 도 구의 전분립 분석에 의하면 샤오황산인은 율무, 콩류, 밤, 도토리, 괴경식물, 수도 등의 광범위한 야생식물을 채집했다(Liu, L. et al. 2010c; Yao, L. 2009).

콰후차오 유적(약 BC 6000-BC 5000) | 항저우시(杭州市) 부근의 샤오산(蕭山)에 위치한다. 이 유적의 해발은 해수 평면보다 약 1m 낮으며, 현재는 첸탕강(錢塘江) 하구 남안에 위치해 항저우만을 바라보고 있다. 고인(古人)이 거주했을 때 유적의 서북쪽에 는 산이, 동남쪽으로는 담수가 둘러져 있었다. 현재 유적의 퇴적 위에 두께가 3-4m에 달하는 조상대(潮上帶)와 조간대(潮間帶) 침적물이 있다. 이와 같은 퇴적은 유적의 폐 기 원인이 해수 평면의 상승으로 인한 해침에 있었음을 알려 준다. 1990년 이래 이곳 에서 3차에 걸친 발굴이 진행되었으며, 그 면적은 1,080m²에 달한다(浙江省文物考古研 究所, 蕭山博物館 2004)(그림 5.17-1).

물이 풍족한 유적의 환경으로 인해 대량의 인공 제품과 유기질 유존이 보존될 수 있었다. 주택은 난간식 건축인데, 남아 있는 목질 구조물과 하중을 지탱하는 흙 담장 이 이와 같은 사실을 알려 준다. 일부 목제에는 도리-장부 기술이 사용되었음을 볼 수 있고, 또 일부는 사다리 모양으로 되어 있는데 이것은 명백히 난간 위로 올라가기 위 해 사용된 것이다. 일부 저장구덩이는 목제 틀로 만들어져 있으며, 그 안에는 도토리가 저장되었다(그림 5.18). 토기는 매우 풍부한 특징을 가지고 있으며, 그 기형에는 부, 관, 반, 두(豆, 굽다리접시), 발 등이 있다. 채도도 대량 발견되었다. 많은 토기는 기벽이 매우 얇고 두께도 일정하며 정미하게 제작되었다(그림 5.17 참조). 토기 제작 기술은 같은 시 기 중국의 고고학문화 중에서 공전(空前)의 수준에 도달했다. 흥미로운 점은 58%의 토 기(다수는 비취사기)가 협탄도라는 점이다. 그러나 이 전통은 샤오황산 유적의 토기 조 합에서 이미 쇠락했다(浙江省文物考古研究所, 蕭山博物館 2004). 콰후차오에서 협탄도가

그림 5.17 콰후차오 유적 및 출토 유물

1. 콰후차오 유적 발굴 원경, 2. 흑도관, 3. 채도관, 4. 두, 5. 목병(木柄, 아마도 骨鏟의 자루), 6. 골산, 7. 석분, 8. 목병(아마도 석분의 자루), 9. 독목주, 10. 노(蔣樂平 제공)

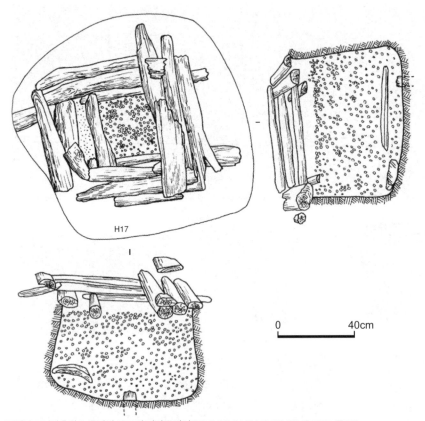

그림 5.18 콰후차오 유적의 도토리 저장구덩이(浙江省文物考古硏究所·蕭山博物館 2004: 圖 16)

출현한 것은 아마도 양쯔강 중류 짜오스하층문화의 이주민 때문이었을 것이다(焦天龍 2006). 당시의 짜오스하층문화에서 이 기술이 일상적으로 관찰된다.

　콰후차오에서는 5,000여 점의 동물 뼈 표본이 출토되었다. 감정 결과 32종이 확인되었는데, 게, 거북, 악어, 백조, 왜가리, 돌고래, 개, 오소리, 너구리, 돼지, 호랑이, 표범, 코뿔소, 꽃사슴, 물소 등이 포함되어 있다. 이들 동물 가운데 돼지와 개는 가축이지만 야생 포유동물(사슴과 물소)과 비교하면 그 수량은 주요한 위치를 차지하지 않는다. 식물 유존은 대부분 야생종으로 마름, 도토리, 밤과 가시연밥 등이 포함된다. 발굴된 수도의 낟알 1,000여 개는 순화종과 야생종의 특징을 함께 지니고 있다. 이 밖에 동물의 견갑골로 만든 골산이 발견되었는데(그림 5.17-6), 이것은 나무 자루에 부착해 경작에 사용되었을 것이다(浙江省文物考古硏究所, 蕭山博物館 2004; 鄭雲飛, 蔣樂平 2007). 콰후차오의 생업 경제는 수렵채집을 위주로 했으며 동시에 도작 농업도 이미 시작됐다. 콰후차오인은 일종의 완전한 정주 생활을 영위했다.

콰후차오 유적의 또 다른 중요 발견은 파손된 독목주(獨木舟) 1척이다. 이것은 소나무로 제작되었으며 연대는 기원전 6000년이다. 잔장 560cm, 두께 2.5cm이다. 유적 중에서 노 3개가 출토되었다. 독목주 옆에서는 숫돌, 석분(石錛), 목제 분병(錛柄) 그리고 석분의 파편이 발견되었다. 이들 모든 유물은 이 유적은 취락 유적이며 독목주를 제작하고 수리하는 기능을 아울러 가지고 있었음을 말해 준다. 콰후차오의 독목주는 매우 좁고 얕아 대개 강과 호수에서만 항행할 수 있었으며 바다로는 나갈 수 없었을 것이다. 그러나 이 독목주는 중국 동남부의 가장 이른 수운 교통 기술을 대표할 것이다 (Jiang, L. and Liu 2005).

양쯔강 하류지역의 지모는 전신세 전기에는 매우 불안정했는데, 그 부분적 원인은 해수면 파동의 영향이었다. 콰후차오인은 해수면이 낮은 시기에 이 취락에 거주했으며, 이 유적은 결국 해침에 의해 파괴되었다(浙江省文物考古研究所, 蕭山博物館 2004). 이 지역에는 콰후차오와 같은 시기의 다른 유적이 존재했겠지만 오늘날에는 모두 항저우만 아래로 가라앉고 말았다.

화남지역

난링(南嶺)지역, 장시성 다후탕(大湖塘)의 포분 자료는 전신세 전기와 중기에 중국 남방 열대지역에 온난기(약 1만 400-6,000 cal.BP)가 있었음을 보여 준다. 메밀잣밤나무/돌참나무 비례의 최고치는 30%에 달했고, 초본 화분의 비례는 다소 낮았다(10% 미만). 평균 강수량은 1,800mm 전후였으며, 평균 기온은 현재보다 섭씨 1-2도 높았다 (Zhou, W. et al. 2004).

화남지역의 전기 신석기시대 문화(약 BC 6000-BC 5000)에는 조개더미 유적과 동굴 유적 등 두 종류의 전형적인 취락이 있으나, 대부분 연대는 알 수 없다. 광시성의 몇몇 유적에 대한 보고가 비교적 상세하다. 광시성 남부 난닝(南寧)지역에는 융닝 딩스산 유적(傅憲國 등 1998)과 난닝 바오쯔터우(豹子頭) 유적(張龍 2003)과 같은 적지 않은 조개더미 유적이 있는데, 이 유적들을 딩스산문화(頂螄山文化)라고 한다. 이들 유적은 쭤강(左江), 유강(右江), 융강(邕江) 등의 일급대지 위에 위치하며 산지에 가깝다(그림 5.1, 5.14-

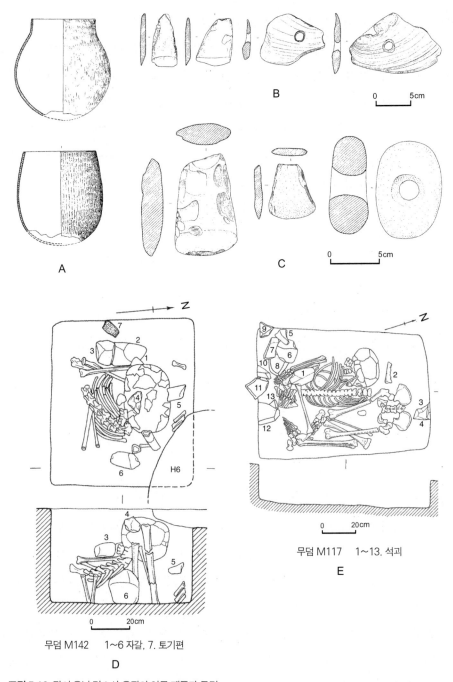

그림 5.19 광시 융닝 딩스산 유적의 인공 제품과 무덤

A. 관, B. 골분(骨錛)과 방도(蚌刀), C. 석부와 천공용 석기, D. 준거장, E. 지해장(傅憲國 등 1998: 圖 13~15, 20, 21, 26에 의거, 수정)

14·15). 고인들은 이곳에서 간단한 형태의 토기를 제작했는데, 대부분은 사질의 환저관이다. 방기가 많고, 타제석기에는 찍개와 천공용 석기, 마제석기에는 석부와 석분이 있다. 사자(死者)의 장식(葬式)에는 굴지장(屈肢葬), 준거장(蹲踞葬), 지해장(肢解葬) 등 여러 종류가 있다(그림 5.19-D·E). 동물 유존에는 소과 동물, 사슴, 돼지와 여러 종류의 패류가 있어, 이곳의 주민들이 주로 수렵과 패류 채집에 의지해 생존했음을 알 수 있다.

동굴 유적은 40여 곳이 있다. 대부분 구석기시대 후기부터 신석기시대까지 연속되었으며 광시성과 광둥성의 석회암지역에 위치한다. 동굴은 일반적으로 남쪽을 향하고, 동굴 앞에 넓은 공지가 있으며, 하천 가까이에 위치해 있다. 문화 퇴적에서 늘 대량의 소라 껍데기를 볼 수 있다(焦天龍 1994). 구이린 쩡피옌과 먀오옌, 린구이의 다옌과 같은 광시성 북부의 몇몇 유적에서는 매우 긴 문화 서열과 풍부한 유물이 조사되었다. 사람들은 각종 형태와 문양의 토기, 타제와 마제 석기 등을 제작했으며 야생식물과 패류를 채집하는 동시에 동물을 사냥했다. 흥미로운 것은 화남지역 동굴 유적에는 기원전 5000년 이후 다시 사람이 거주하지 않게 되었다는 점이다. 이것은 이 지역의 생업-취락 전략에 근본적인 변화가 일어나게 되었음을 의미하는데, 이에 대해서는 앞으로 연구가 필요하다(陳遠璋 2003; 傅憲國 등 2001; 中國社會科學院考古研究所 2003a).

화남지역의 전기 신석기시대 유적에서 도작 농업의 증거는 발견되지 않았다. 그러나 쩡피옌 유적에서는 토란과 전분립 유존이 발견되었다(中國社會科學院考古研究所 2003a). 화남지역 전기 신석기시대의 사람들은 아마도 양쯔강 유역의 이웃들을 통해 수도 재배에 대해 이해했을 것이다. 그러나 그들은 여전히 수렵채집의 생활방식을 지속해 괴경식물, 어류, 패류와 야생동물을 주식으로 삼았다. 괴경식물 자원이 풍부해 오랫동안 인류에게 이용되었으며, 이와 같은 특징은 화남지역에서 괴경류 작물이 순화되는 계기가 되었을 것이다(趙志軍 2005a). 조개무지와 동굴 유적에서 도달한 정착의 정도는 현재 연구가 부족해 아직까지 명료하지 않다.

토의

중국 남방과 북방의 전기 신석기시대 문화에 대한 관찰을 통해 시간적으로나 공간적으로 취락의 형태, 생업 적응과 사회복합화 등의 측면에서 폭넓은 다양성이 나타나는 것을 발견할 수 있었다. 시간의 흐름과 함께 정주와 식량 생산이 뚜렷하게 강화되는 추세가 보이지만, 모든 지역에서 수렵과 채집은 여전히 각종 방식으로 지속되었다. 이것은 식량 보급을 위해 이동하는 콜렉터 전략(공동체의 일부가 항구적인 거주지를 떠나 특정 지점으로 이동해 계절적인 식량 자원을 획득하는 것, 제3장 참조)을 보여 주며, 이런 상황에서 계절적 식량(견과류, 괴경식물, 어류와 패류 같은)은 계속해서 사람들의 식단을 구성하는 주요한 부분이 되었다. 이제 이 장에서 논의한 주요 관점을 정리해 보자.

취락의 형태, 유적의 기능, 생업 전략에 나타나는 다양성

도구의 조합과 동식물 유존 자료는 생업 경제 형태를 이해하는 데 매우 중요한 정보를 제공해 줄 수 있다. 대식물군 유존과 석기 잔류물 분석은 사람들이 견과류, 콩류, 곡물, 괴경식물과 같은 야생 식량을 광범위하게 이용했음을 나타낸다. 신석기시대 전기 랴오허강, 황허강, 양쯔강 하류지역의 도구 조합에서는 연마용 석기가 매우 높은 비율을 차지한다. 이것은 넓은 지리적 범위에 걸쳐 보편적으로 야생식물의 이용이 강화되었음을 의미한다. 이들 지역은 온대삼림과 아열대삼림 구역으로 분명한 계절적 변화라는 공통의 특징을 가지고 있다. 그것은 여름과 가을의 자연환경은 풍부한 동식물 자원을 제공하지만, 겨울과 초봄에는 식량 자원이 현저하게 감소할 수 있음을 의미한다. 만약 1년 중에 어쨌든 식량이 부족한 계절이 있게 된다면 전분류 식량을 채집하고 보관하는 것이 환경의 도전에 대응하는 가장 좋은 방법일 것이다. 저장구덩이가 신석기시대 전기의 모든 유적에서 나타나는 것은 이와 같은 가설을 더욱 지지한다.

식량 생산의 중대한 진보는 랴오허강, 황허강 그리고 양쯔강 유역의 많은 유적에서 순화된 곡물이 출토됨으로써 입증되었다(제4장 참조). 경작지가 희소한 지역의 사람들은 바로 샤강 지역의 청베이시 유적처럼 수렵채집 생활방식을 유지하려고 했다. 주목할 만한 것은 타이항산 부근의 베이푸디와 같은 일부 산록 유적은 아마도 계절적 숙영지로서 사람들은 이곳에서 견과를 전문적으로 채취했다는 것이다.

정주방식의 다양성

중국에서 정주 정도와 식량 생산 수준은 직접적인 관계가 없다. 식량 생산 수준이 낮았을 때 오히려 매우 많은 지역에서 정주가 안정화되는 상황이 늘 일어났다. 이것은 전분류 식량(이를테면 견과류와 괴경식물)을 처리하고 저장하는 기술과 밀접한 관련을 맺고 있다.

이 장의 첫머리에서 언급한 정착 표준에 부합되지 않은 자료들을 살펴보면 정주는 하나의 장기적인 발전 과정이고, 중국 각지의 유적은 시·공간상에서 현저한 다양성을 보이고 있음을 알 수 있다. 건축 시설의 투자 수준에 매우 큰 차이가 있어 10m²가 채 되지 않는 소형 수혈식 가옥이 있는가 하면, 면적이 100m²를 넘는 대형 주택(이를테면 싱룽와)도 있다. 모든 유적마다 명백한 공간 계획이 나타나는 것은 아니지만, 해자와 성벽을 가지고 있는 유적(예컨대 싱룽와, 샤오징산, 자후, 바스당)의 경우 장기적 주거 전략 아래 거대한 인력과 물력이 투입됐다는 사실은 의심할 여지가 없다. 고고학적 배경에는 항상 재구덩이가 발견되는데, 이 가운데 많은 수가 한 번은 저장 시설로 사용되었을 것이다. 유적에서 무덤이 늘 관찰되며 자후 유적에서 보는 것처럼 일부 무덤은 의식적으로 집 근처에 안치된 것 같다. 이것은 장례 행위가 혈연관계의 영향을 받았음을 의미한다. 베이푸디와 같은 일부 유적은 장기간 거주한 취락이 아니었을 수도 있지만, 문화 퇴적이 매우 두꺼운 유적이 많다.

돼지와 개는 가축이다. 특히 돼지 사육은 정주 생활방식의 가장 훌륭한 증거일 것이다. 조·기장 및 수도 재배의 전파대(帶)는 광범위하게 분포해 랴오허강 유역에서 남쪽으로 난링산맥의 북쪽까지 이르렀다. 갱신세 후기 이래 중국의 남북에서 토란, 마와 기타 괴경식물이 이용되었던 것을 고려하면 괴경식물은 이미 순화되었을 가능성이 높다(제4장 참조).

토기 조합에서는 명백한 추세가 나타난다. 특수한 기능의 물건이 차지하는 비중이 증가하고, 휴대의 편리성을 설계에서 더 이상 고려하지 않게 되었다. 이와 같은 변화를 보여 주는 매우 좋은 사례가 있다. 시간의 흐름에 따라 처음에는 기벽이 두꺼우며 환저와 평저기 위주였던 기형이었지만, 나중에는 가는 다리의 삼족기(북방에서)와 고권족기(高圈足器)(남방에서)가 일반적인 기형이 되었다.

베이푸디와 자후 같은 매우 많은 유적에서 일차 폐기물과 폐치물(특히 물건 매장 구덩이)이 발견되었다. 이런 상황은 이동적인 주거방식의 표현으로 간주되어야 할 것이다. 그러나 같은 유적, 특히 자후 같은 곳에서는 주거 구역에서 이차 폐기물(예컨대 주택 옆의 쓰레기 구덩이)이 빈번하게 발견되었다. 이것은 정주성이 증가했을 때 나타나는 특징이다. 이처럼 혼합적인 주거 특징은 과도기적 표현일 것이다. 이때 구석기시대의 전통은 여전히 연속되었지만, 장기 거주에 적합한 위생 유지 행위를 포함하는 새로운 주거-생업 체계가 점점 사람들의 생활방식에 영향을 주고 있었다.

이상의 모든 현상은 당시의 복잡한 상황을 나타낸다. 매우 많은 취락은 사람들이 장시간에 걸쳐 거주한 곳이지만, 일부 집단의 인구 중 일부는 여전히 보급식의 콜렉터 전략을 실행했다. 이런 전략은 아주 많은 유적에서 나타난다. 예컨대 양쯔강 주변의 청베이시 유적, 타이항산 기슭의 베이푸디와 쑹산 아랫자락의 톄성거우 유적군 등이다.

식량 생산 발전의 다양성

자오즈쥔(趙志軍)은 일찍이 중국의 농업 기원 문제를 서로 다른 지역에서 발전한 3종의 형태로 설명할 수 있다고 했다. 제1종 형태는 중국 북방의 한지 농업으로 주로 조·기장을 경작했다. 제2종 형태는 화이허강 이남, 난링산맥 이북의 도작 농업이다. 제3종 형태는 괴경 작물로서 주로 난링산맥 이남의 주강 중하류지역에 분포한다(趙志軍 2005a). 이와 같은 경제 형태의 지리적 분계선은 그렇게 명확하지 않다. 황허강 이남, 양쯔강 이북 지역에도 수도·조 혼작 농업이 존재하고(趙志軍 2006), 중국 북방에서도 괴경 작물을 경작했다. 마찬가지로 양쯔강 하류와 황화이평원의 사람들도 수도, 괴경 작물과 수생(水生) 전분 식물을 이용했다.

최근 학계는 곡물 농업 기원에 대한 깊이 있는 연구를 진행해 지금은 아무도 수도와 조의 순화가 신석기시대 전기에 발생했다는 사실에 반대하지 않는다. 그러나 괴경 식물의 순화는 최근에서야, 특히 화남지역의 쩡피옌 유적이 발굴된 이후 새롭게 제기된 과제이다(趙志軍 2005a; 中國社會科學院考古硏究所 2003a). 이들 자료는 화남지역의 생업 체계가 화북과는 상당히 다르며, 동남아시아와 뉴기니 섬에서 쉽게 볼 수 있는 것과 매우 많은 공통점을 가지고 있었음을 알려 준다. 이들은 모두 괴경과 과일류 식물을 광범위하게 이용했다(Bellwood 2005: 134-145).

동식물 유존에서 야생종이 차지하는 비율의 절대적인 우세와 연마용 석기(각종 야생식물을 처리하는 데 사용)의 비례가 매우 높으며 낫(곡물과 기타 식물을 수확할 때 사용되나, 반드시 순화 작물만 수확하지는 않음)의 비례가 비교적 낮은 것 등과 같은 도구 조합의 차이를 고려하면, 이들 전기 신석기시대 문화를 농업 사회에 포함시킬 수 있을 것인지의 여부는 아직 확정할 수 없다(표준은 식단에서 순화 동식물의 비율이 30-50%에 도달)(표 5.3 참조).

견과 채집과 과수 재배의 위치

지금은 신석기시대 전기 황허강 유역과 양쯔강 하류지역의 견과 채집이 차지한 중요한 위치에 대해 비교적 깊은 이해가 생겼다. 전신세의 기후가 점차 온난하고 습윤해지면서 견과류 수목, 특히 참나무가 중국 남북 각지에서 번성하기 시작했다. 그 결과 여러 지방의 사람들이 영양소를 풍부하게 함유한 이 식물을 이용하고, 일종의 견과 채집을 포함한 경제를 형성하기 시작했다. 이와 같은 새로운 적용방식은 왜 대다수의 전신세 유적이 하천 부근의 산록지대에 위치하는지를 설명해 준다. 산록 환경 가운데의 수많은 식량 자원(곡물을 포함하는)에 대해 말하자면, 대다수의 견과 수목이 통상 삼림의 가장자리와 개활지에 분포하고 있다는 점에 주의해야 한다(Crawford 1997; Gardner 1997). 그리고 도토리를 처리할 때는 흐르는 수원(水源)이 필요하다. 따라서 물자 보급의 측면에서 생각하면 취락을 하천과 산지 부근에 위치시키는 것이 매우 합리적이다. 이렇게 해야 중요 자원을 획득하기 편리하다. 시야를 전체 동아시아로 넓혀 보면 이와 같은 생업 모델은 일본 조몬시대의 정착 수렵채집문화와도 일치한다(Habu 2004; Kobayashi 2004; Pearson 2006).

이와 같은 현상은 새로운 문제를 제기한다. 신석기시대 사람들은 나무를 심는 경제수목 관리를 시작했는데 이와 함께 수목 재배업이 출현했는가? 아니면 그들은 단지 간단하게 야생 자원을 이용했는가? 민족학과 고고학의 문헌 가운데서 세계의 여러 지방에서 경제수목의 관리 역시 식물성 식량 이용을 강화하는 일종의 방식임을 볼 수 있다. 그 사례로는 남캘리포니아에서 참나무를 이식한 것(Shipek 1989), 유럽 지중해지역에서 참나무와 기타 견과 수목을 심은 것(Harrison 1996), 뉴기니에서 여러 종의 본토 과수를 순화한 것(Denham 2004), 조몬시대의 일본에서 밤나무를 취락 옆에 심은 것(Kobayashi 2004: 85-86) 등을 꼽을 수 있다. 중국 신석기시대 전기에는 견과를 처리하는 데 사용된 연마용 석기가 생태 환경이 다른 매우 많은 유적에서 출현한다. 이들 유적은 바이인창한과 베이푸디처럼 산 주변에 위치하기도 하고, 황화이평원상의 페이리강문화 제 유적처럼 평원에 위치하기도 한다. 산지에서 야생 견과나무는 사람들이 채집하는 중요한 목표가 되었지만, 충적평원 지대의 사람들도 이미 상당히 높은 수준의 수림 재배업을 발전시켜 과실의 생산량을 제고했을 가능성도 매우 충분하다. 만약 이것이 사실이라면 신석기시대 전기 사람들의 식량 생산 수준을 다시 평가해야 한다. 이 가설은 미래의 연구를 통해 검증받아야 할 필요가 있다.

의례 행위와 사회복합화의 다양성

신석기시대 전기 사람들은 경계의 쟁탈이나, 자원 경쟁 그리고 집단 내외 관계의 충돌과 같은 중대한 사회, 정치 그리고 경제적 변혁을 거쳤음이 분명하다. 이와 같은 측면에 관련된 물질 유존으로 두 가지 유형의 의례 행위를 고고학적 기록 가운데서 관찰할 수 있다. 그 하나는 싱룽와문화를 대표하는 것으로서, 가정이 의례 활동의 중심이었던 듯하다. 그것은 가옥장과 실내에 인형 조상을 두는 것으로 표현되었다(Li, X. 2008: 50). 이와 같은 가정 지향의 의례 활동은 당시의 계층적, 경제적 압력에 대한 일종의 사회적 반응이었을 것이다. 베이푸디 주거 구역에서 출토된 동물 형상의 토제 면구 역시 가정의례 모델과 밀접한 관련을 지닌다.

두 번째 의례 행위의 중심은 상장(喪葬)으로, 자후가 그 사례이다. 집단 가운데서 소수의 일부 사람들은 다른 성원에 비해 더욱 정미한 부장품(의례 용품)을 향유했다. 이러한 상장 형태는 의례를 관리하고 위신을 향유하는 사람들이 더욱 높은 사회적 지위를 갖추었음을 나타낸다(Liu, L. 2004: 127-128). 전기 신석기시대 문화는 본질적으로 상당히 평등했던 것 같다. 그러나 개인의 특수한 능력과 성취의 차이에 따라 집단 성원의 지위에는 차이가 있었다.

결론

스싱방은 일찍이 황허강 유역의 구석기시대 후기에서 신석기시대로의 과도기를 세 발전 단계로 나눌 수 있다고 지적한 바 있다. 그것은 ① 산지의 임지문화(林地文化), 식량채집을 위주로 하며 산시성(山西省) 남부의 샤촨 유적을 대표로 한다. ② 산록문화(山麓文化), 식량 생산의 시작 단계이다. ③ 하곡문화(河谷文化), 식량 생산의 초보적 수립 단계로서 신석기시대 전기의 전(前)양사오문화를 대표로 한다(Shi, X. 1992). 스싱방은 취락-생업 모델 발전의 일반적인 추세를 정확하게 짚어 냈다. 그러나 이상의 분석을 통해서 황허강 유역에서 이와 같은 전환은 직선적으로 이루어지지 않았으며, 더욱 넓은 지역으로 확대해 보아도 역시 매우 강한 다양성을 드러낸다는 것을 알 수 있었다.

전기 신석기시대 문화의 전형적인 특징은 낮은 수준의 식량 생산을 수반하는 광역적 생업 전략이다. 여기에는 야생 자원 채집과 동물(개, 돼지) 및 식물(조·기장 및 수도) 순화가 포함된다. 정주의 정도는 지역마다 차이가 있는데, 장기적인 정주 취락에서 계절적인 숙영지까지 모두 있다. 정주의 출현은 자원 관리와 식량 저장 기술의 발전에 의한 것인데, 그 중점은 전분을 풍부하게 함유한 식량, 예컨대 견과류, 괴경류, 수생 식물과 곡물을 개발한 것이다. 물질문화의 지역적 차이, 이를테면 토기의 형태, 도구의 유형과 취락 형태는 각 지역의 식량 자원이 가진 다양성과 밀접한 관계를 가지고 있으며, 현지 사람들이 식량을 획득하는 다양한 방법과 일치한다.

이제 다음 장에서 살펴보게 되듯이 신석기시대 중기에 이르러 중국의 매우 많은 지역에서 농업의 강화가 이루어진다. 앞으로 연구해야 할 과제는 중국에서 이처럼 오랫동안 유지되었으며 동시에 효과적이었던 낮은 수준의 식량 생산 시스템이 왜, 그리고 어떻게 농업이 강화된 경제 형태로 전환되었는지를 살펴보는 것이다.

제6장 사회 불평등의 출현: 신석기시대 중기(BC 5000-BC 3000)

옛날의 장례는 섶나무로 두껍게 수의를 입히고 들판에 장사지냈으며 봉토도 만들지 않고 나무도 심지 않았으며 일정한 상기(喪期)도 없었다. 후세에 성인이 관(棺)과 곽(槨)으로 바꿨다.

-『주역』「계사」하

기원전 5000년기와 4000년기의 대부분 시간 동안 충분하게 발전한 신석기시대 사회 집단이 중국의 대부분 지역에 널리 퍼졌다. 취락의 수량이 급속히 증가하고, 더욱 광활하고 다양한 지역으로 퍼져 나갔는데, 이것은 인구가 급속하게 증가했음을 나타낸다. 전신세 중기 기후최적기라고 불리는 이 온난하고 습윤한 기후의 시기는 이와 같은 발전과 밀접한 상관관계를 가지고 있다. 이 기간에 계절풍의 순환이 강화되어 100년 단위로 기온이 급격히 따뜻해졌다. 연평균 기온은 지금에 비해 대략 화남지역에서는 섭씨 1도가 높았고, 양쯔강 유역에서는 섭씨 2도가 높았으며, 중국 북방과 동북 지방에서는 섭씨 3도가 높았다(Shi, Y. et al. 1993). 중국 서북지역의 상승 폭이 가장 커서 7,290-6,380년 전(cal.BP)에 텅거리(騰格里) 사막 일대의 기온은 지금보다 섭씨 3-4도 높았다(Zhang, H. C. et al. 2000). 그러나 기후최적기 지속 시간의 길이와 진폭(振幅) 및 시작과 종결 시간은 중국 각지에서 동일하지 않았으며, 기후최적기 이후의 강온과 가뭄이 발생한 것도 지역마다 달랐다(An, C.-B. et al. 2006; An, Z. et al. 2000; He, Y. et al. 2004). 다수의 연구에서 이 기후 악화 사건이 중국 북방 각지에서 발생한 시기는 대략 5,000년 전(cal.BP)이었을 것이라고 한다(An, C.-B. et al. 2006; Li, Xiaoqiang 2003; Schettler et al. 2006). 이상이 신석기시대 집단이 내린 각종 경제적·사회적 결정의 환경적 배경이다.

신석기시대 중기에는 몇몇 중대한 사회 변혁이 일어났다. 첫째, 적당한 기후 조건에서 농업이 중국 남북 각지의 사람들에게 가장 주요한 식량 공급원이 되었다. 인구가 안정적으로 증가하고 촌락의 규모가 확대되었으며, 사회 조직 역시 더욱 복합화되었다. 둘째, 농업 지역의 인구압이 증가하여 농업 집단이 주변의 개간 가능한 지역으로 확산되고, 이로 인해 중국 신석기 유존이 더욱 광범위하게 분포하게 되었다. 셋째, 기원전 4000년기에 사회 계층화 현상이 현저하게 나타났다. 중국 남북 각지에서 모두 성벽을 두른 취락이 건설되기 시작하였으며 거대한 대형 의례용 건축물이 출현하여 보통의 취락과는 분명하게 구별되었다. 지배층은 호화로운 무덤에 매장되었고 정미한 옥기와 그 밖의 위신재가 부장되었다. 넷째, 사회 변혁은 각각의 지방에서 서로 다른 형식으로 발생하였으나, 공통의 특징은 지배층이 출현하였다는 점인데, 그들의 지위는 의심할 나위 없이 그들이 장악한 신권(神權)과 관련이 있다. 다섯째, 초기 복합사회의 흥기는 지역 간 문화 상호작용의 물결과 직접적인 관련을 맺고 있다. 이 시기의 후단(後段)에는 일부 유물의 풍격이 광범위하게 유행하여, 각지에서 보편적으로 '룽산형성기(龍山形成期)'가 출현하였다(Chang 1986a: 234-242). 여섯째, 이 시기 말에 농업활동이 삼림 벌채 등으로 환경을 파괴하고, 거기에 기후 파동이 일어나 생태체계가 악화되었으며, 사람들은 부득이하게 자신의 사회 생업 전략을 수정하도록 요구받았다. 몇몇 지방에서는 더욱 계층화된 사회 조직이 출현했으며, 일부 지역에서는 사회 체계가 붕괴의 길로 접어들었다.

이 장에서는 먼저 랴오허강, 황허강, 양쯔강 유역 및 화남지역 각 수계(水系) 등 여러 대하(大河) 유역의 몇몇 지역에서 발전한 고고문화가 보여 주는 물질 유존의 개황을 설명할 것이다(中國社會科學院考古研究所 1984, 2010). 그다음 사회·정치 복합화의 발전, 지역 간의 상호작용, 정신 관념의 작용 및 인구의 확산 같은 몇 가지 주요 문제에 대해 논의할 것이다. 〈그림 6.1〉은 이 장에서 서술하는 주요 고고문화의 분포 위치를 표시하며, 〈그림 6.2〉는 해당 시기의 기본적인 연대 틀을 보여 준다.

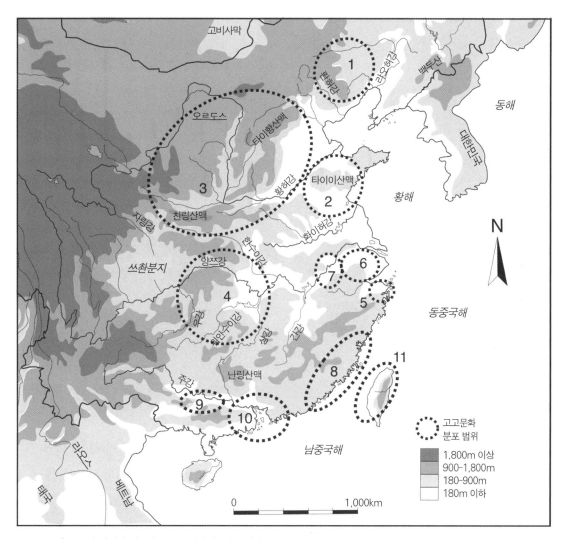

그림 6.1 제6장에서 서술하는 중국 신석기시대 중기의 고고문화

1. 자오바오거우–홍산문화, 2. 베이신–다원커우문화, 3. 양사오문화, 4. 다시문화, 5. 허무두문화, 6. 마자방–쑹쩌문화, 7. 링자탄–베이인양잉문화, 8. 조개무지류 유형, 9. 딩스산 제4기 문화, 10. 셴터우링문화, 11. 다번컹문화

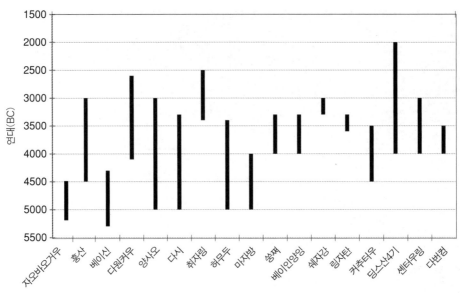

그림 6.2 신석기시대 중기 주요 고고문화의 연대

랴오허강 유역

중국 동북지역에서 신석기시대 전기의 싱룽와문화를 뒤이은 것은 자오바오거우
문화(趙寶溝文化)(약 BC 5200-BC 4500)와 홍산문화(약 BC 4500-BC 3000)로서, 이들은
랴오허강 수계의 넓은 지역에 분포해 있다(그림 6.1, 6.3 참조). 이미 보고된 자오바오거
우문화 유적은 100곳에 가깝고, 홍산문화 유적은 500여 곳에 달하지만 발굴된 유적은
수십 곳에 불과하다. 수차례의 구역조사 사업 결과는 싱룽와문화에서 자오바오거우문
화 시기까지 인구는 완만하게 증가했으며, 홍산문화 시기에 이르러 인구가 신속하게
증가하다가 샤오허옌문화(小河沿文化) 시기(약 BC 3000-BC 2200)에 다시 급격하게 감
소했다(赤峰考古隊 2002; LI, X. 2008; 劉國祥 2006; The Chifeng 2003).

토기와 석기의 풍격으로 보면 싱룽와문화부터 자오바오거우문화에 이르기까지
물질 유존에서 분명한 연속성을 볼 수 있지만, 자오바오거우의 토기는 더욱 정미해졌
으며, 마제석기도 더욱 많아졌다. 자오바오거우기에는 수렵, 채집 그리고 비교적 낮은
수준의 식량 생산을 포함한 일종의 혼합 경제가 이루어졌다(Li, X. 2008; Linduff et al.
2002-2004; Shelach 2006). 자오바오거우 세석엽의 미세 흔적 분석에서 재배 곡물을

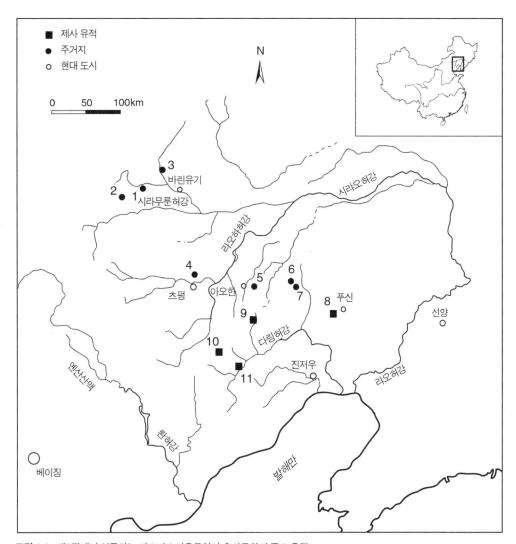

그림 6.3 제6장에서 언급하는 자오바오거우문화와 홍산문화의 주요 유적

1. 바이인창한, 2. 난타이쯔(南臺子), 3. 얼다오량(二道梁), 4. 시수이취안, 5. 자오바오거우, 6. 싱룽거우, 7. 싱룽와, 8. 후터우
거우, 9. 라오후산허강 제사 건축물군, 10. 뉴허량, 11. 둥산쭈이

수확한 흔적이 발견되었다(王小慶 2008). 그러나 지금까지 도(刀)나 겸(鎌)과 같은 전형
적인 농업 수확 도구는 발견되지 않았다. 의례 행위는 전체적으로 보면 동물 및 여성의
다산 숭배과 관련된 지역적 전통이 지속된 것으로 보이며, 이것은 특히 토제 소조상,
작은 조각상, 옥기와 토기 장식 등에 표현되었다(Li, X. 2008; Liu, L. 2007; Nelson 1995;
沈軍山 1994)(그림 6.4). 집단 내부에 계층이 출현해 이를테면 소수의 가정이 더욱 정미

한 토기를 소유하고, 공공 의례 및 연회와 귀중품의 원거리 교환을 관리했다. 자오바오거우문화에서는 처음으로 집단의 의례 활동에 사용되는 기념적 공공 건축물이 출현하기도 했는데, 자오바오거우 유적 근처의 석조 제단과 같은 것이 그것이다. 이러한 새로운 형식의 건축물은 의례 행위에 중대한 변화가 나타났음을 의미하는데, 이것은 홍산문화 시기에 더욱 발전했다(Li, X. 2008: 51-71).

뒤를 잇는 홍산문화는 중국 동북지역에서 출현한 첫 번째 복합사회로서 놀랄 만한 의례용 공공 건축물을 건설했다. 지배층이 출현했는데, 그들이 생전에 향유한 사회적 지위는 사망 이후 무덤의 옥기를 통해 표출되었다. 1970년대 이래 많은 새로운 발견이 있어 홍산문화는 중국 복합사회의 기원을 연구하는 주요한 초점의 하나가 되었다. 홍산문화는 취락의 형태와 물질 유존 측면에서 몇몇 현저한 변화를 드러낸다. 첫째, 유적의 수량에 비약적인 증가가 있었다. 유적의 수량은 자오바오거우문화 시기의 다섯 배를 넘는다. 둘째, 토기의 유형과 문양에서 상당히 커다란 변화가 일어났다. 지역적 전통은 여전히 보존되었지만 아주 많은 새로운 토기 유형이 발생했고, 일부 기형과 채도는 황허강 유역의 출토물과 유사하다. 셋째, 대다수의 전통적인 석기는 여전히 유행했으나 두 가지의 중요한 변화가 나타났다. 그것은 석산(石鏟)의 유형이 다양화되었으며, 유엽형(柳葉形)과 장방형의 석도(그림 6.5-5·6)가 출현하기 시작한 것이다. 후자는 일반적으로 곡물을 수확하는 데 사용된 것으로 간주된다. 넷째, 주택은 수혈식으로 대개의 경우 출입구와 화덕이 직선으로 이어지는데, 이것은 황허강 유역의 양사오문화 주거지와 유사하다. 지역 문화는 연속적인 발전을 지속했으나 중대한 변화가 일어났다. 이것은 황허강 유역과 주변 문화의 영향을 크게 받은 것임이 분명하다(Li, X. 2008: 73-82).

홍산문화의 생업 경제

고고학계에서는 대체로 홍산문화가 농업문화라고 생각한다. 이러한 생각은 다음과 같은 이유에 근거한 것이다. ① 홍산문화의 취락 밀도는 매우 높아서 강화된 농업 경제만이 지탱할 수 있다. ② 많은 유적에서 돼지와 재배 조·기장이 출토되었다. ③ 유엽형과 장방형 석도의 출현은 일반적으로 곡물 수확의 증거로 간주된다. ④ 황허강 유역의 전통적인 농업지역과의 교류가 현저하게 증가해 홍산문화와 황허강 유역의 농업

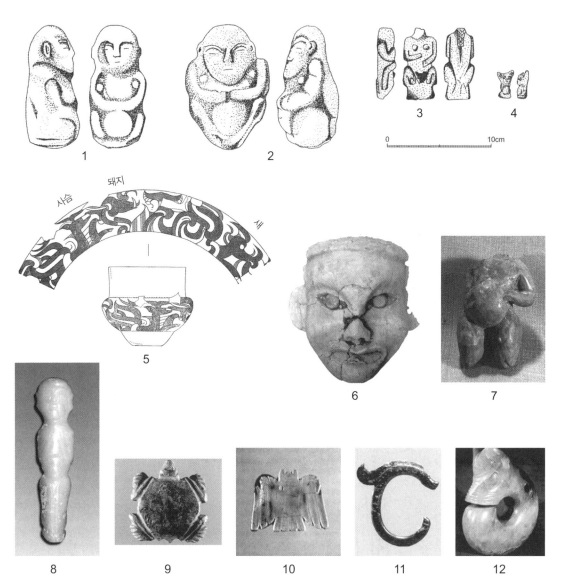

그림 6.4 랴오허강 지역에서 출토된 전형적 예술품
1~4. 인형 조각상 시리즈, 각각 임신, 출생과 영아를 대표(허우타이쯔[後臺子] 출토), 5. 토준(土尊) 상의 동물 도안(小山 출토),
6. '여신' 두상(뉴허량 출토), 7. 여성 조각상(둥산쭈이 출토), 8~12. 옥인(玉人), 옥구(玉龜), 옥조(玉鳥)와 옥저룡(뉴허량 출토)
(1~5. 자오바오거우문화 유물, 6~12. 훙산문화 유물)(1~4. 沈軍山 1994: 圖 13; 5. Li, X. 2008: 圖 4.17; 8. 國家文物局 2004b:
21; 6, 7, 9~12. 遼寧省文物考古研究所 1997: 彩版 2, 4, 28, 39, 71, 88)

문화 사이에는 주택 건축과 토기 풍격 측면에서 명확한 유사성이 있다. ⑤ 일종의 새로
운 정신 관념이 이미 수립되었는데, 그 우주관은 농업 집단에서 기원해 곡물의 풍성한
수확을 간구하는 데 집중되었다(Li, X. 2008: 76-82).

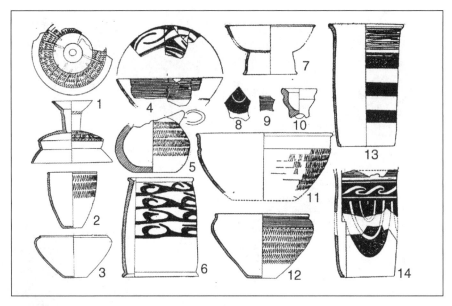

A

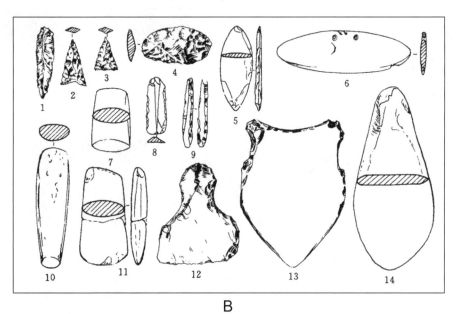

B

그림 6.5 홍산문화의 토기와 석기(Li, X. 2008: 圖 5.2, 5.5 수정)

A. 홍산문화 후기의 토기: 1. 기개, 2·12. 관, 3. 완, 4·11. 분, 5. 호, 6·13·14. 통형관, 7. 두, 8·9. 채도 파편, 10. 삼족배

B. 도구 조합: 1. 추, 2·3. 촉, 4. 긁개, 5·6. 도, 7·11. 부, 8·9. 석엽, 10. 착, 12~14. 산

의심할 여지없이 홍산문화의 생업 경제에서 농업 활동의 비중이 증가했다. 그러나 아직도 생업 경제에서 농산물이 주요 식량이었는지는 분명하지 않다. 고고학적 자료가 보여 주는 것은 역시 혼합 경제의 경관이다. 싱룽거우 홍산문화 퇴적의 부선 샘플에 대한 정량 분석을 보면 식물 조합은 도토리[참나무속(*Querqus* sp.)], 개암[개암나무(*Corylus heterophulla*)]과 산호두[가래나무(*Juglans mandshurica*)] 등 견과와 과실이 주를 이룬다(趙志軍 2004a). 그 전의 싱룽와문화와 자오바오거우문화 유적과 마찬가지로 홍산문화 유적에서도 세석기가 대량으로 출토되었다. 이것은 수렵채집 생활방식이 여전히 중요한 위치를 차지하고 있었음을 나타낸다. 연마용 석기가 많이 보이지만 각 유적의 도구 조합에서 차지하는 비중의 차이가 매우 크다(통계 수치에는 세석기가 포함되지 않는다). 유적 7곳의 통계 중에서 츠펑 시수이취안(西水泉) 유적이 가장 낮아 5%에 불과하며, 린시 바이인창한 유적의 경우에는 가장 높은 57%를 차지한다(표 6.1 참조). 연마용 도구의 존재 자체가 야생식물(견과, 괴경식물 혹은 소량의 곡물)이 주요한 가공 대상이었음을 알려 준다면, 제3장과 제5장에서 설명한 것처럼 유적에서 서로 다른 도구의 사용 빈도에 나타나는 차이는 취락 공동체의 생업 적응방식에 보이는 다양성을 나타낸다. 재미있는 것은 출토 연마용 도구의 비례가 가장 낮은 시수이취안 유적에서 엽형(葉形) 석기 및 수확 도구와 비슷한 석도의 비율이 가장 높고(23%), 반대로 바이인

표 6.1 홍산문화 유적(7곳) 출토 석기 조합

유적	석기 총수	세석기 수량(%)	타제석기와 마제석기	연마석기 수량(%)	석도 수량(%)	문헌
바이인창한	134	62(46%)	72	41(57%)	4(6%)	白音長汗 2004
난타이쯔	31	13(42%)	18	5(28%)	0	NWKW(2) 1997: 53-77
시수이취안	278	221(79%)	57	3(5%)	13(23%)	KGXB 1982.2: 183-198
가차	24	2(8%)	22	4(18%)	1(5%)	KG 2002.8: 91-96
뉴허량	387	377(97%)	10	4(40%)	0	KG 2001.8: 15-30
수이취안	36	20(56%)	16	7(44%)	2(13%)	KG 2005.11: 19-29
얼다오량	67	14(21%)	53	18(34%)	5(9%)	NWKW(1) 1994: 96-113

※ NWKW=『內蒙古文物考古文集』, KGXB=『考古學報』, KG=『考古』

창한 유적에서는 연마용 도구의 비율이 가장 높지만 석도류 도구의 비율은 가장 낮은 편에 속한다는 점이다(표 6.1 참조). 이와 같은 도구 사용률의 선명한 대비는 일부 홍산문화 취락의 농업 강화 정도는 상대적으로 높지만, 그 밖의 홍산문화 취락은 계속해서 전통적인 수렵채집 생활방식에 의존했음을 나타낸다.

싱룽와 유적에서 출토된 인골 7구에 대한 안정성 동위원소 분석을 보면 신석기시대 전기의 싱룽와인 식단에서 C3 식물(견과와 괴경식물, 제4장 참조)이 차지한 비율은 평균 14.7%였다. 그중 일부는 견과 또는 C3 식물을 먹은 동물에서 왔을 것이다. 반대로 그보다 늦은 두 시기의 동일 유적 출토 샘플에 대한 소량의 분석에서 인류 식단 가운데 C3 식량이 차지한 비율의 하강률은 0%였다. 이것은 신석기시대 중기의 홍산문화(인골 표본의 수는 1)나 청동기시대의 샤자덴하층문화(인골 표본의 수는 2)를 막론하고 모두 동일하다. 이것은 기장류 농업이 조성한 C4 식량(이를테면 기장류, 제4장 참조) 섭취량이 보편적으로 상승했음을 의미한다(張雪蓮 등 2003). 그러나 홍산문화와 샤자덴하층문화 시기의 샘플이 너무 적다. 따라서 싱룽와 유적에 대한 이 분석 결과도 전체 랴오허강 유역의 취락 내부 혹은 취락 간의 식단 변화를 충분하게 반영하지 못할 수도 있다. 마지막으로 도구 조합의 현저한 차이와 기타 홍산문화 유적의 식물 유존 가운데 야생 종류가 차지하는 높은 비례를 감안하면 홍산문화 각 유적의 생업 적응방식은 동일하지 않았다고 추정할 수 있다.

이 지역에서 농업이 미증유의 중요한 역할을 담당했다고 해도 홍산인이 의존할 수 있던 것은 광역적 생업 전략이었다. 홍산문화 각 취락의 생업 경제에도 매우 커다란 차이가 존재했을 것이다. 이 차이가 생태 조건의 영향을 받은 것인지 아니면 사회적 요인에 의해 야기된 것인지는 앞으로 연구해야 할 과제이다. 인공 제품과 치아상의 잔류물에 대한 심화 분석, 서로 다른 생태 환경에 처한 많은 유적에서 더욱 많은 샘플을 채취하고, 여기에 부선법과 인골 동위원소 분석을 결합하면 홍산문화의 생업 경제를 이해할 수 있는 더욱 많은 세부 사항을 알게 될 것이다.

홍산문화의 취락 형태와 의례적 경관

홍산문화의 전형적인 유적에는 두 종류가 있다. 하나는 각종 공공 건축물로 구성된 의례 중심(center)이고, 다른 하나는 보통의 취락이다. 의례 중심 유적은 다링허강

(大凌河) 유역에서만 4곳이 발견되었고, 취락 유적은 많은 수량이 랴오허강 지역의 여러 하곡에 분산되어 있다(그림 6.3 참조)(Li, X. 2008: 82-94).

현재 홍산문화 일반 취락의 형태에 대해 아는 것은 매우 제한적인데, 그것은 발굴된 유적이 너무 적기 때문이다. 전체적으로 보면 홍산문화 소형 취락의 전형적인 특징은 가지런히 배열된 수혈식 주거지이며, 주거지들은 때때로 몇 개의 그룹을 형성한다. 묘지는 취락 옆에 있으며, 소량의 무덤만이 석판(石板)으로 구축된 관(棺)이나 부장 옥기를 가지고 있다. 과거 수십 년 동안 홍산문화 유적에 대한 발굴은 주로 제단, 적석총, 지배층 무덤 등 대형 의례용 건축물에 집중되었다. 현재까지 앞에서 언급한 유구를 가지고 있는 유적 혹은 유적군 4곳이 발견되었는데, 그것은 뉴허량, 둥산쭈이(東山嘴), 후터우거우(虎頭溝), 라오후산허강(老虎山河) 상류의 최소 7개 지점이다(그림 6.3 참조). 이들 유적은 모두 다링허강 유역의 산지에 위치하는데, 각 유적의 분포 범위는 모두 매우 크다. 유적의 핵심 지역은 몇 기의 의례용 건축물군이며, 주로 제사 활동을 거행하는 데 사용되었다(Barnes and Guo 1996: Li, X. 2008). 이들 유적 가운데 랴오닝성 젠핑현(建平縣)의 뉴허량과 카줘현(喀左縣)의 둥산쭈이는 가장 양질의 정보를 제공한다.

뉴허량 | 16개 제사 지점을 위주로 구성된 유적군이다. 각 지점마다 모두 적석총, 제단 혹은 기타 기념적 건축물이 있으며, 50km² 산지에 분포되어 있다. 이곳이 지금까지 발견된 최대 규모의 의례용 건축물군이다. 유적은 홍산문화 후기(약 BC 3650-BC 3150)에 건설되었으며, 웅장한 의례적 경관을 형성하고 있다. 적석총에는 원형과 방형이 있는데, 대부분 지배층의 무덤으로서(그림 6.6) 인형과 동물형 조각을 포함한 옥기가 대량으로 출토되었다. 의례용 건축물 부근의 무덤과 재구덩이에서 흙으로 빚은 소형 조상이 발견되었는데, 부분적으로 여성의 특징을 갖추고 있다. 가장 널리 알려진 유적은 '여신묘(女神廟)'로 뉴허량 구역 중심부의 산꼭대기에 위치한다. 크고 작은 2기의 수혈식 건축물로 구성되었으며, 큰 것은 길이 18.4m, 폭 6.9m이다. 여기에서 각종 토우(土偶)의 파편이 발견되었으며 사람 또는 동물 소상에서 나온 것이다. 인체의 파편에는 손, 귀, 어깨, 팔, 가슴과 다른 부위가 포함되어 있으며, 모두 7개 개체에서 나온 것이다. 여성의 특징(예컨대 가슴)만이 확인되기 때문에 이들 인형은 여성을 대표한다고 간주된다. 이것이 '여신묘'의 유래이다. 인형의 크기는 제각각이어서 귀만 해도 정상인과 같은 크기의 것부터 정상인의 세 배에 달하는 것까지 서로 다른 크기의 3종이 발견되

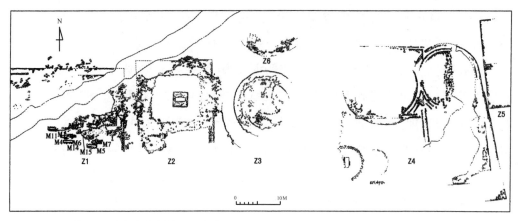

그림 6.6 뉴허량 제II지점의 홍산문화 제단과 지배층의 무덤(郭大順 1997: 圖 18)

었다. 정상인 크기의 인면상은 안와(眼窩) 속에 녹색의 옥구슬을 박아 넣었는데, 이것
은 이전까지 없었던 중요한 발견이다(그림 6.4-6 참조). 동물 형상에는 새의 발톱과 저
룡(豬龍)[13]의 파편이 있으며, 하악골 및 몸통의 일부가 연결되어 있는 동물의 머리 부분
도 있다(方殿春, 魏凡 1986; 遼寧省文物考古硏究所 1997; Liu, L. 2007).

둥산쭈이 | 다링허강 부근 대지 위에 위치한 홍산문화 후기 유적(5,485±110 cal.
BP)이다. 유적은 3면이 황토의 산으로 둘러싸여 있다. 유적은 오랫동안 사용되었다.
처음에는 무덤 1기와 주택 1기로 구성되어 있었을 가능성이 높으며, 이후에 차츰 석
축 건축물이 들어섰다. 석축 건축물은 의례용의 제단이었을 것이다. 2,400m² 범위 내
에서 석축 건축물군이 발굴되었는데, 그 중심은 각각 방형과 원형의 기단 2기이다. 그
양측에는 대칭을 이룬 석장(石墻)의 기단이 있다. 일찍이 원형 기단 부근에서 토우 파
편 20여 점이 발견된 바 있으며, 그 일부는 임산부의 형상으로 간주된다(郭大順, 張克擧
1984; 嚴文明 1984).

다링허강 유역 제사 중심지의 자연 경관은 고산과 저산 구릉이며, 경작지는 매우
적다. 이 가운데서도 뉴허량 건축물군은 홍산인의 의례 세계에서 아마도 가장 숭고한
지위를 차지했을 것이다. 의례 측면에서의 중요성은 뉴허량 유적 주변 100km² 범위
내에서 주거지가 발견되지 않는 상황으로 나타난다(郭大順 1997). 다시 말하면 이 지역

13 [역주] 홍산문화 옥기 중 C자형 결식(玦飾)을 가리킨다. 이 결식의 한쪽 끝에 표현된 동물은 그 머리 모양
이 돼지와 유사하고, 몸통은 장조형(長條形)으로 처리되어 저룡(豬龍)이란 명칭을 얻었다. 최근에는 웅룡
(熊龍)이라고 쓰기도 한다.

은 홍산인이 오직 의례 활동을 거행하기 위한 목적으로 개발한 성지일 것이다.

홍산문화 옥기

홍산문화는 옥기로 세상에 널리 알려졌으며, 이것에 관한 많은 연구가 이루어졌다(席永杰, 劉國祥 2006: 247-502). 홍산문화 옥기는 주로 의례 공간에 있는 적석 제단의 지배층 무덤에서 출토되었다. 현재까지 약 30곳의 유적에서 250여 점의 옥기가 출토되거나 수집되었다. 이 밖에 약 100점이 세계 각지의 박물관이나 소장가에 의해 보관되고 있다. 홍산문화 옥기의 기형에는 주로 동물(용, 저룡, 거북, 새), 인물, 벽(璧), 부(斧), 분(錛), 추(錐), 결(玦), 구운형기(勾雲形器),[14] 옥관(玉管)과 옥주(玉珠) 등이 있다(崔嚴勤 2006; Li, X. 2008: 74, 79). 뉴허량 제16지점의 가장 큰 무덤에서 소형 옥조(玉彫) 인형(그림 6.4-8)이 묘주의 골반 옆에서 출토되었다. 높이는 18.5cm이고, 뒷면에 3개의 구멍이 있어서 펜던트인 것으로 추정된다(國家文物局 2004b). 이 인형은 서 있는 모습이며 두 팔을 들어 가슴 앞에서 한데 모았는데, 이 형상은 모종의 종교적 의미를 내포하고 있는 것 같다. 이와 같이 서 있는 모습의 형상은 남쪽으로 1,000km 떨어져 있는 링자탄(凌家灘) 유적에서 출토된 옥인(玉人) 가운데서도 나타난다.

홍산문화의 옥기 제작은 고도로 전문화된 수공업으로서, 생산 수량과 질에서 모두 획기적인 성장이 있었다. 홍산문화 옥기의 재료(연옥)가 어디에서 온 것인지에 대해서는 이미 수십 년 동안 논란이 되었다. 최근의 연구는 질, 색깔, 광택에 근거해 홍산문화의 옥 대다수가 랴오둥반도의 슈옌옥(岫巖玉)에 가깝다는 것을 증명했다. 슈옌은 뉴허량 동쪽 300km에 있으며, 이 광산은 신석기시대 전기부터 개발되기 시작해 중국 동북지방과 산둥성의 넓은 지역에 걸쳐 분포한 매우 많은 신석기시대 문화 중에서 슈옌옥으로 만든 제품을 볼 수 있다(王時麒 등 2007). 이와 같은 현상은 홍산의 옥기 장인이 지역 간 교환 체계를 통해 슈옌옥 원료를 획득할 수 있었을 것이라는 점을 시사한다. 옥료의 희소성과 옥기 가공 기술의 전문성을 고려하면 옥기 생산은 전문화된 사람들에 의해 장악되어 있었을 것이다. 높은 품질의 옥기가 대량으로 출토된 것은 홍산문화 옥

---

14   [역주] 판상(版狀)의 옥료(玉料)에 이른바 '구운(勾雲)'을 조각한 일종의 패식(佩飾)이다. '구운'이 무엇을 형상한 것인지에 대해서는 다양한 의견이 있지만, 최근에는 신조(神鳥) 혹은 올빼미나 매 등 맹금류를 표현한 것이라는 견해가 우세하다.

기 공업이 매우 전문화된 높은 수준에 도달했을 것임을 표명한다. 뉴허량 적석총(國家 文物局 2004b)과 의례용 건축물 부근의 재구덩이(方殿春, 魏凡 1986: 14-15)에서 옥기 를 제작하는 데 사용되었을 것으로 보이는 찬(鑽), 긁개 등과 같은 수석 도구가 발견되 었다. 이것은 지배층이 어느 정도 옥기 생산에 참여했음을 암시하지만(Liu, L. 2003), 이 가설은 아직 더욱더 많은 증거로 입증되어야 할 필요가 있다.

홍산문화의 사회복합화

홍산문화 사회의 복합화는 몇 가지 측면에서 나타난다. 첫째, 취락의 계층화인데, 유역 중심 지역에서는 몇몇 대형 유적이 발전했고, 다수의 소형 취락이 그 주변을 둘러 싸고 있다. 그러나 전체 랴오허강 지역을 통치하는 집권 정체(政體)가 존재했음을 드러 내는 증거는 없다. 둘째, 뉴허량과 둥산쭈이를 대표하는 의례용 건축물군의 출현은 각 각의 유적에 명확한 기능적 구분이 있었음을 시사한다(陳星燦 1990). 이와 같은 변화는 홍산 사회가 의례 행위의 작용을 강화하고 있었음을 나타내는데, 이런 추세는 홍산문 화 후기에 들어서면서 더욱 급격하게 진행되었다. 셋째, 적석총, 제단, '여신묘' 등 다 수의 대형 기념적 건축물이 건설되었다. 이들 대형 건축물은 노동 집약의 산물이며, 많 은 집단의 참여와 건설 활동을 조직하고 운용할 수 있는 능력을 필요로 한다. 넷째, 의 례 용품 제작이 하나의 전문적 수공업이 되었는데, 특히 옥기 조각은 매우 높은 수준에 도달했다. 옥기 생산의 전체 과정은 원거리의 원료 획득, 특정 형태의 옥기 제작, 지배 층 집단 사이의 제품 분배 등을 포함한다. 이들 활동은 모두 지식과 기술의 통제와 같 은 매우 강력한 조직 관리 능력을 필요로 한다. 따라서 전체적인 생산-분배의 과정은 적어도 일정 정도는 지배층에 의해 장악되었을 가능성이 매우 높다. 다섯째, 몇몇 전통 적인 의례 용구의 크기가 증대되었으며, 사회적인 내용이 증가했다. 동물과 여성 조각 및 면구는 이 지역의 독특한 문화/의례 전통으로서 신석기시대 전기의 싱룽와문화와 자오바오거우문화에서 기원했지만, 이때는 모두 소형 조각으로 가정의 주거 공간에서 발견되었다. 그런데 홍산문화 시기에 이르러서는 조각상의 크기가 현저하게 커졌으며, 공공 의례용 건축물의 중요한 구성 부분이 되었다. 이 변화는 의례 행위의 사회 활동 단위가 가정에서 전체 지역으로 확대되었음을 나타낸다(陳星燦 1990; Li, X. 2008: 83- 91; Shelach 1999).

이상의 사회적·종교적 특징은 홍산 복합사회의 독특성을 나타내며, 기원전 4000년기의 중국에서 이에 비견할 만한 것은 없다. 그러나 이와 같은 대규모의 의례 경관 건설을 추진한 지역 사회 정치 조직의 면모가 도대체 어떤 것이었는지는 아직까지 여전히 분명하지 않다.

홍산 복합사회의 붕괴

홍산문화는 기원전 4000년기 후기 전성기에 접어들었지만, 대략 기원전 3000년을 전후해 붕괴되었다. 왜 이처럼 신속하게 붕괴가 진행되었는지는 아직 명확하지 않다. 다만 고고학적 기록에 의거하면 뒤를 이은 샤오허옌문화(약 BC 3000-BC 2200)의 사회복합도는 하락했다. 그것은 여러 가지 측면에서 나타나는데, 예컨대 인구가 급격하게 감소하고 목축업이 농업을 대신했으며, 주거의 유동성이 증대되고 대형 제사 유적이 모두 폐기되어 다시는 공공 건축물이 건설되지 않았으며, 옥기 제작이 중단되었다(Li, X. 2008).

홍산문화의 붕괴는 기후의 급격한 악화와 관련이 있다. 대략 기원전 3000년경 여름 계절풍이 약화되었다(An, Z. et al. 2000). 쓰하이룽완(四海龍灣) 마르(maar)의 침적 기록에 의하면 중국 동북지역에서 대략 기원전 2950년경 여름 계절풍의 강수량이 최저치에 도달했다(Schettler et al. 2006). 중국 동북지역의 다른 지점에서도 기원전 3000년기 전기에 아주 오래 계속된 건조·한랭사건이 있었던 것이 분명히 나타난다. 따라서 많은 연구자들이 홍산문화의 붕괴를 이 건조·한랭사건과 연결시켰다(靳桂雲 2004; Li, X. 2008). 이 밖에 쑹위친(宋豫秦)은 과도한 개간이 생태 환경 취약 지역의 사막화를 조성했고, 이것은 농업 생산량의 하강을 이끌었다고 주장했다(宋豫秦 2002). 홍산문화의 생업방식이 속작 농업에 고도로 의존했기 때문에 장기적인 건조·한랭은 농업 경제의 파산을 이끌었을 수 있다. 만약 견과류가 여전히 홍산문화인의 중요 식량원의 하나였다면 기후 변화가 참나무와 기타 견과류 나무의 생산량에도 영향을 주었을 수 있다. 리신웨이는 홍산문화 사회와 정치의 붕괴는 부분적으로 지배층의 환경 압력 대응방식에서 비롯되었다고 주장했다(Li, X. 2008). 그의 연구는 홍산문화 후기 단계에는 건조한 기후가 지속되어 이미 생업 경제에 크게 영향을 미쳤음을 보여 주었다. 그러나 지배층은 기술을 발전시켜 농업 생산을 촉진하지 않고 오히려 종교에 의존했다. 이와 같은 상황은 그들이 의례용 공공 건축물 건설을 매우 중시하고, 옥 예기(禮器)[15]의 제작과 사용에 푹 빠져 있었던 것에서 나타난다(LI, X. 2008: 119-132). 전체적으로 보면 홍산 복합사회의 붕괴는 기후 파동, 토지의 과도한 개간, 외부의 도전에 대한 사회의 부적절한 대응과 같은 여러 종류의 원인과 관련이 있을 것이다. 대량의 기념비적 건축물 및 옥기와 같은 세 번째 요인은 문명을 상징하는 물질적 성취로 간주된다. 그러나 그것은 사실 변화가 심한 대자연에 대응하기 위한 응급조처로서, 홍산 복합사회의 최종적인 붕괴가 임박했음을 예고한 것이다.

황허강 유역

현재 황허강 유역 신석기시대 중기 문화에 대한 인식은 하류지역의 베이신과 다원커우문화, 그리고 중류지역의 양사오문화 여러 유적의 정착과 농업 생활방식에 관련된 대량의 유존에 기반을 두고 있다. 황허강 상류지역은 전신세 이래 세석기 기술을 사용한 비농업 집단에 의해 점유되어 기원전 4000년기 말엽 신석기시대 성격을 가진 마자야오문화(馬家窯文化)가 출현할 때까지 이어졌다(Rhode et al. 2007). 아래에서는 황허강 중류와 하류 지역의 상황에 주목할 것이다.

황허강 하류지역의 신석기시대 유존은 허우리문화 및 그 이후의 베이신문화(北辛文化)(약 BC 5300-BC 4300)와 다원커우문화(BC 4300-BC 2600)로 대표된다. 베이신문화는 산둥성의 부분 지역에 제한적으로 분포하지만, 다원커우문화의 분포 지역은 그보다 훨씬 크다(그림 6.1-2) 다원커우문화는 약 1,700년간 지속되었으며, 전기 및 중기와 비교하면 후기에 들어서 고도의 사회복합성을 드러내기에 이르렀다. 여기에서는 다원커우문화의 전·중기 단계(약 BC 4300-BC 3000)만을 다루고자 하는데, 이는 다른 지역의 같은 시대 문화와 편리하게 비교하기 위해서이다.

15 [역주] 고대 지배층이 제사, 향연, 정벌 또는 장례 등의 의례에서 사용자의 신분, 계층, 권력을 나타내기 위해 사용한 물건을 말한다. 신석기시대 후기에 지배층이 본격적으로 형성되면서 사용되기 시작하고, 상주시대 이후에 크게 발전하여 예치(禮治)의 상징이 되었다. 이때의 예기에는 옥기, 청동용기와 복식 등이 포함된다. 옥기에는 벽(璧), 종(琮), 규(圭), 장(璋) 등이 있으며, 청동용기의 종류는 자못 다양하다. 특히 청동용기가 가장 중요한 예기로 정착되었는데, 정(鼎)이나 궤(簋) 등의 식기(食器), 고(觚), 작(爵), 준(尊), 호(壺) 등의 주기(酒器), 반(盤), 이(匜) 등의 수기(水器), 뇨(鐃), 종(鐘) 등의 악기(樂器)가 이에 해당된다.

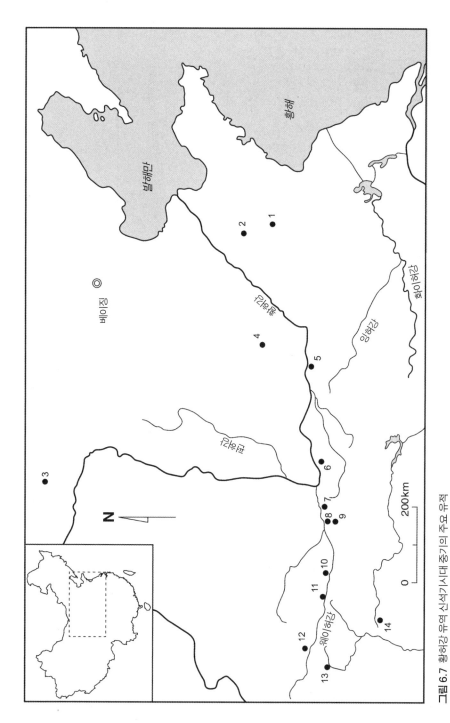

그림 6.7 황허강 유역 신석기시대 중기의 주요 유적
1. 베이신, 2. 다원커우, 3. 스후산(石虎山), 4. 시수이포, 5. 시산, 6. 시포, 7. 스쟈, 8. 장자이, 9. 반포, 10. 얜뻔, 11. 베이서우링, 12. 디디완, 13. 가오쓰터우, 14. 룽강쓰

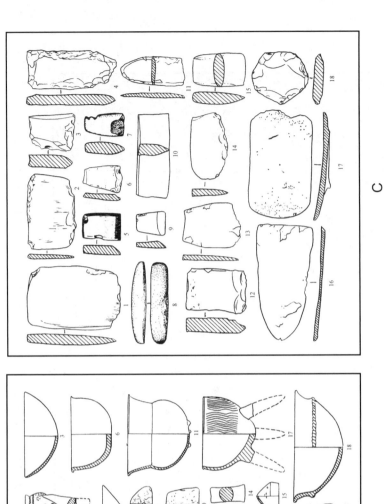

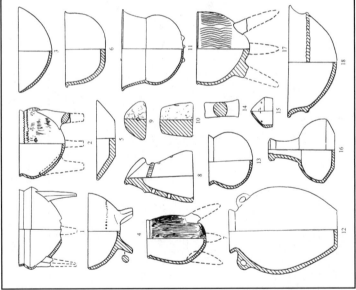

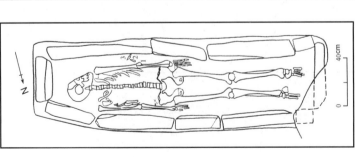

C

B

A

그림 6.8 베이신촌화 무덤, 토기와 석기(山東省文物考古研究所 2005: 圖 34, 38, 40)

A. 다윈커우 유적 M1011: 1~3. 이촉(牙鏃)

B. 전형적 토기: 1·2·7·17. 정, 3·4. 발 5. 반, 6. 우, 8~10·14. 지각, 11·13. 부, 12. 15. 준, 16. 호, 18. 분

C. 전형적 석기: 1~4. 13. 산, 5·9. 분, 6·7·12·15. 부, 8. 마봉, 10~14. 도, 11. 모, 16·17. 미반, 18. 찍개

B. 전형적 토기: 1·2·7·17. 정, 3·4. 발 5. 반, 6. 우, 8~10·14. 지각, 11·13. 부, 12. 15. 준, 16. 호, 18. 분

C. 전형적 석기: 1~4·13. 산, 5·9. 분, 6·7·12·15. 부, 8. 마봉, 10~14. 도, 11. 모, 16·17. 미반(尖刱器), 18. 찍개

베이신문화

산둥성 텅현(滕縣) 베이신 유적(그림 6.7-1)은 1960년대에 발견되었다. 그 이후 베이신문화 유적 약 100곳이 계속 발견되었는데, 대다수는 타이이산맥 북쪽과 서북쪽 산록지대의 충적평원상에 위치한다. 대략 12곳의 유적이 발굴되었는데, 대다수의 취락은 정착 취락(최대 면적은 10만m²에 달한다)이다. 유구에는 소형 주거지, 재구덩이, 토기 가마와 무덤(그림 6.8-A)이 있다(山東省文物考古研究所 2005: 84-125).

베이신문화는 여전히 타제석기를 사용하기는 했지만 산(鏟), 도(刀), 겸(鐮), 부(斧), 분(錛), 착(鑿) 등 마제석기가 더욱 보편화되었다(그림 6.8-C). 일부 도구, 예컨대 추(錐), 착, 모(矛), 촉(鏃)과 겸은 뼈[骨], 뿔[角] 그리고 조개껍데기를 사용해 제작하기도 했다. 토기 대부분은 황갈색이며, 주요한 기형에는 정(鼎), 부(釜), 관(罐), 발(鉢), 지각(支脚) 등이 있다(그림 6.8-B). 정과 부는 취사기이고, 부와 지각의 조합은 일종의 전통적인 사용 방법으로 신석기시대 전기의 황허강 하류지역에서 널리 보인다. 제5장에서 언급한 것처럼 이것은 아마도 병참식의 유동적 콜렉터 전략(항구적인 주거지 밖의 특정 지점에서 계절적인 식량 자원을 수집하는 것)을 대표할 것이다. 베이신 유적의 도와 겸은 곡물 수확에 사용되었을 것이며, 조·기장 유존도 이미 발견되었다. 가축에는 돼지와 개가 있다(山東省文物考古研究所 2005: 84-125). 최소 17개 유적에서 연마용 도구가 발견되었다. 미세 흔적 분석과 초보적인 전분립 분석은 이들 도구가 주로 견과류와 곡물을 가공하는 데 사용되었을 것임을 시사한다(王强 2008). 무덤은 극히 소수만 발견되었는데, 남성의 인골에는 일반적으로 촉, 모 또는 기타 도구가, 여성의 경우는 토기 또는 골추(骨錐)가 부장되었다(山東省文物考古研究所 2005: 123-124). 베이신인은 명백히 광역적 생업 전략을 채택해 수렵채집 활동과 동식물 순화가 공존했다. 그러나 사회에 분명한 계층 분화가 있었음을 보여 주는 증거는 없다. 노동 분업은 주로 성별에 따라 정해졌다.

다원커우문화

베이신문화와 비교해 다원커우문화의 사회복합화 정도는 훨씬 높다. 다원커우문화 전기 유적은 타이이산맥 주변에 분포하고 있지만, 후기에 이르러서는 점차 산둥성, 장쑤성 북부, 안후이성 북부와 허난성 동부를 포함하는 넓은 지역으로 확산되었다. 이

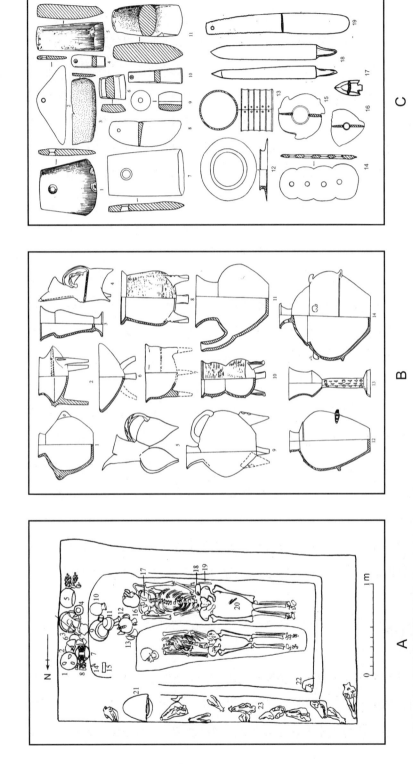

그림 6.9 다원커우문화의 무덤과 유물(山東省文物考古研究所 2005: 圖 56, 58~61)

A. 다원커우 유적 M13(다원커우문화 중기): 1~13 · 15 · 21 · 22. 토기, 14. 골계(骨笄), 16 · 17. 상아 종형기(鍾形器), 18. 석산, 19. 골도 2점, 20. 골차(骨叉), 23. 돼지 머리

B. 전형적 토기: 1. 호, 2 · 7 · 8. 정, 3. 병(瓶), 4 · 5 · 9. 규(鬶), 6. 발, 10. 언(甗), 11. 화(盉), 12. 옹(瓮), 13. 고병배, 14. 관

C. 석기 등: 1 · 11. 석부, 2 · 3. 석도, 4 · 8 · 10. 석제 펜던트, 5 · 6. 석분, 7. 석산, 9. 석주(石珠), 12 · 13. 상아기, 14~16 · 18. 옥기, 17. 이촉, 19. 골도

것은 시간의 흐름과 함께 인구가 현저하게 증가했으며, 특히 다원커우문화 후기(약 BC 3000-BC 2600)에 이르러서는 몇몇 지역에서 인구가 폭발적으로 증가했음을 보여 준다. 산둥성에서 대략 550곳의 다원커우문화 유적이 발견되었으며, 이 가운데 20여 곳이 발굴되었다(山東省文物考古研究所 2005: 132-133; Underhill et al. 2008).

이 시기의 농업은 이미 성숙한 단계에 접어들었는데, 그것은 다음과 같은 측면에서 나타난다. 더 많은 도구 조합에서 수확에 사용된 도와 겸이 출토된다(그림 6.9-C). 문화 퇴적 중에 조·기장, 수도와 대두 유존이 더욱 보편적으로 나타난다. 가축은 주로 돼지와 개이며, 돼지 머리와 하악이 부장품으로 항상 사용된다(山東省文物考古研究所 2005: 182-189). 최소 21곳의 유적에서 주로 견과류와 곡물을 가공하는 데 사용되었을 연마용 도구가 발견되었는데, 이들 유적은 주로 자오둥반도(膠東半島)의 조개무지 유적과 타이이산맥 부근의 유적이다(王强 2008: 그림 4.3). 이들 자료는 몇몇 산지 유적에서 견과 채집이 여전히 생업 전략의 주요 구성 부분이었지만, 농업에 적합한 지역에서는 농업이 이미 주도적인 위치를 점유하고 있었음을 나타낸다.

발굴된 다원커우문화 유적은 대부분 묘지이다. 이로 인해 고고학 연구는 주로 상장 형태에 집중되어 있다. 매우 많은 다원커우문화의 묘지에서 무덤은 줄을 이루며 그룹을 지어 분포하고 있는데, 이것은 아마도 서로 다른 가족을 대표할 것이다. 타이안(泰安) 다원커우의 묘지는 전형적인 유적으로서, 전기에 무덤의 규모는 작고 부장품은 빈약했지만 후기에 이르면 무덤에 사회 계층이 드러나기 시작하여, 소수의 무덤(소년의 무덤을 포함해)은 다른 무덤과 비교할 때 규모도 크고 부장품도 더욱 정미하다. 상당수의 대형 무덤에서는 100-200점의 부장품이 출토되었지만, 소형 무덤의 경우에는 부장품이 몇 개 없다. 부장품 가운데 높은 등급의 사회적 지위 혹은 의례적 기능과 관련되었을 물건에는 구갑(龜甲), 골아조통(骨牙雕筒), 옥기, 흑도 고병배(高柄杯)와 돼지 하악골이 있다. 이것은 주로 부장품이 풍부한 무덤에서 발견되었다(그림 6.9-A). 전체 다원커우문화 시기에, 상징적인 의미가 있는 부장품을 가진 무덤의 수량이 전체적으로 늘어나고, 다원커우문화 후기 무덤은 무덤 건설에 투입된 노동력과 귀중품 보유 규모에서 차이가 증가한다. 일반적으로 말하면 소수의 예외를 제외하고 남성이 여성보다 더욱 높은 사회적 지위를 향유했다. 동일한 묘지의 서로 다른 묘군(墓群)은 장례에서 서로 다른 대우를 받았는데, 여기에서 사회 계층의 존재를 알 수 있다. 상장제도와 혈연을 기반으로 형성된 집단 내부의 계층화 출현은 밀접한 상관관계를 갖는다(Fung,

C. 2000; Liu, L. 2004: 138-141; Underhill 2000).

　　다원커우문화는 복합사회의 존재를 나타내는데, 전형적인 표현은 사회 계층이 약간의 혈연 집단 사이에서도 나타나고, 동일 혈연 집단 내부의 성원 사이에서도 나타나는 것이다. 상장 형태는 사치스럽고 복잡한 장의(葬儀)가 주로 개인의 조상, 특히 남성 조상을 대상으로 했음을 보여 준다. 이와 같은 의례 행위는 사회 계층화의 발전을 더욱 촉진하고, 몇몇 개인과 가족의 사회적 지위를 제고했을 것이다. 이 개인 지향의 의례 행위는 아래에서 서술할 황허강 중류지역 양사오문화의 상황과는 정반대이다.

양사오문화

　　양사오문화(약 BC 5000-BC 3000)는 황허강 중류지역 신석기시대 농업 취락의 번영기를 대표한다. 이에 선행하는 신석기시대 전기의 유적은 수량이 적고, 규모도 작으며 주로 중원지역과 웨이허강 유역의 산록지대에 분포한다. 양사오문화 유적은 그에 비해 몇몇 새로운 면모를 드러냈다. 유적의 수량이 격증하고, 분포 지역은 북쪽으로 황토고원과 네이멍구지역까지 확장되었다. 취락 간 규모의 차이도 매우 커서 수천m²에서 100만m²에 이르는 것까지 있다. 1990년대 말까지 발견된 양사오문화 유적은 5,000여 곳에 이르며, 이 가운데 100여 곳이 발굴되었다(任式楠, 吳耀利 1999). 유적의 분포 범위는 오늘날의 허베이성, 허난성, 산시성(陝西省), 산시성(山西省) 그리고 네이멍구의 일부 지역까지 포함된다(그림 6.1-3, 6.7). 정착 농업 사회는 이미 안정적으로 구축되어 순화된 식물(조·기장과 수도)과 동물(돼지와 개) 유존이 항상 발견된다. 주택은 수혈식이거나 지상식이며, 목골니장(木骨泥墻)[16]의 형태도 다양하다. 일부는 다칸 구조이다. 성인은 일반적으로 정연하게 배치된 묘지에 매장되었고, 일차장과 이차장이 모두 유행했다(그림 6.10-A). 시기와 지역에 따라 장속에 차이가 있다. 토기 형태는 다양하다. 대부분 홍도이며 기하형 혹은 동물형 문양을 그린 것이 자주 보인다. 몇몇 유적에서 발견된 토기에 각획부호가 보이지만(그림 6.10-D), 이것의 정확한 함의는 아직 연구가 필요하다. 석기 조합은 마제석기 위주이며, 곡물 수확에 사용된 석도와 토도(土刀)가 가

16　[역주] 유구의 한 형태로, 고대인의 건축 방식을 가리키는 고고학적 술어이다. 주택을 건설할 때 사주에 기초를 파고, 기초 내부에 주동(柱洞)을 만들어 나무기둥을 세운 다음, 기둥과 기둥 사이를 대나무 또는 나뭇가지로 얽고 나서 그 위에 풀이 섞인 점토를 바르고, 마지막에 불을 질러 경도를 높인 벽면을 가리킨다.

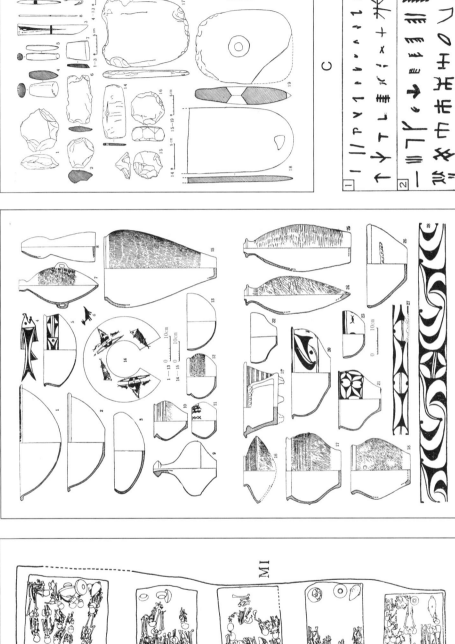

그림 6.10 양사오문화의 무덤과 유물

A. 이차장: 산시(陝西) 화현(華縣) 유적 M1(양사오문화 전기에 속함)

B. 반포기(1~15)와 마오디거우기(16~28) 단계의 토기: 1·2·5. 분, 3·13. 발, 4·6·14. 동물 및 인형 문양, 7. 첨저병(尖底甁), 8·9. 호, 10~12·17·18. 관, 15. 옹, 16. 부, 19. 조(竈), 20·21·26. 분, 22·23. 완, 24·25. 병, 27·28. 기하형 문양.

C. 공구: 1. 찍개, 2. 긁개, 3. 긁도, 4·19. 부, 5. 분, 6·14. 도, 7. 착, 8. 긁침, 9·11·12. 긁족, 10. 어구(魚鉤), 13. 어차(魚叉), 15·16. 반상기(盤狀器), 17·18·21. 산, 20. 도좌(陶座).

D. 반포(1)와 장자이(2) 유적 출토 귀획부호(中國社會科學院考古硏究所 1984: 圖 12−17~19)

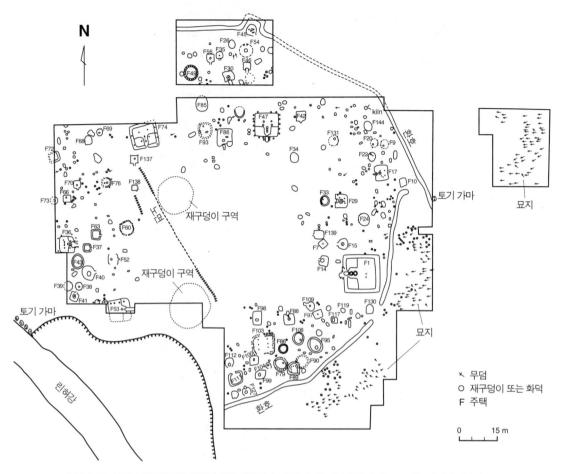

그림 6.11 산시성 린퉁 장자이 유적의 취락 배치(양사오문화 전기)(西安半坡博物館 등 1988: 圖 6에 의거, 재작성)

장 자주 보이는 도구(그림 6.10-C)이다(嚴文明 1989c). 연마용 도구는 매우 소량만 발견
되었다. 이것은 이전 시기에 비해 사람들이 견과 채집에 훨씬 덜 의존하게 되었음을 나
타낸다. 네이멍구 다이하이지역의 몇몇 유적(예컨대 스후산)의 석기 조합 가운데는 연
마용 도구의 비율이 비교적 높다(楊澤蒙 2001). 이것은 양사오인이 이곳에 도달했을 때
자연환경이 기본적으로 아직 원시 상태를 유지했음을 보여 준다. 양사오문화는 광활
한 분포 범위를 가지고 있으며, 취락 형태와 사회 조직은 시간과 공간에 따라 매우 커
다란 차이를 보인다.

양사오문화 전기(약 BC 5000–BC 4000) | 반포기(半坡期)라고도 불린다. 이 시기
의 취락은 보통 중등 규모이다. 예를 들면 많은 연구가 진행된 웨이허강 지역의 몇몇

232

유적의 면적은 5만-6만m²이다. 대규모로 발굴된 유적에는 린퉁 장자이 유적(西安半坡博物館 등 1988), 시안 반포 유적(中國社會科學院考古硏究所 1963), 바오지(寶鷄) 베이서우링 유적(中國社會科學院考古硏究所 1983)과 친안 다디완 유적(趙建龍 2003) 등이 있다(그림 6.7-8 · 9 · 11 · 12). 양사오문화 주민은 고도의 자급자족적 생활방식을 형성했던 것 같다. 대다수의 생활필수품은 순화된 동식물, 이를테면 곡물, 돼지, 개 등에서 나왔다. 그들은 그와 동시에 녹류(鹿類), 조류 및 기타 야생동물을 사냥하고 담수 어패류를 잡았으며, 야생식물을 채집하고 토기와 석기를 제작하는 등 이전부터 오랫동안 해 오던 활동도 계속해서 이어 갔다. 유적들은 공간 배치와 문화 요소 등의 측면에서 현저한 유사성을 띠는데, 장자이 유적이 바로 가장 좋은 사례이다.

장자이 유적은 리산(驪山) 산록의 강 근처 하안대지에 위치한다. 제1기 유적의 면적은 5만m²이며, 연대는 양사오문화 전기이다. 취락의 중심은 광장이며, 광장 주변을 주택이 한 바퀴 둘렀다. 주택의 출입문은 모두 중심 광장을 향해 나 있다. 주거 구역 전체 면적은 약 2만m²이며, 환호가 이를 둘러싸고 있다. 환호의 바깥은 묘지인데, 몇 개의 그룹으로 나뉘어 있다. 환호 내의 주택은 5개 그룹 또는 5개 주거 단원(單元)으로 구성되었으며, 각 그룹은 몇 기의 중소형 주택과 대형 주택 1기를 포함하고 있다(그림 6.11). 요절한 아동은 옹관을 이용해 주택 주변에 묻었으며, 성인 사자(死者)는 환호 밖의 묘지에 매장했다. 무덤은 친족 세계(世系)의 관계에 따라 배치해 각각의 묘지는 모두 환호 내의 어떤 거주군(群)과 공간상의 연계를 가지고 있는 것 같다. 부장품은 주로 일상적인 토기와 도구이다. 무덤 사이에 분명한 차별은 없는데, 이것은 상대적으로 평등한 사회를 나타낸다(西安半坡博物館 1988). 장자이의 인구는 취락 자료에 근거해 계산해 보면 75-125명, 무덤 자료에 근거해 계산해 보면 85-100명이다(趙春靑 1995, 1998). 이상의 계산에 따르면 평균 인구수는 80-112.5명이며, 평균 인구밀도는 1만m² 당 53.5명이다.

과거 중국의 연구자는 장자이가 모계 씨족사회로서 대우혼을 실행했다고 보았다. 아울러 중소형 주택은 씨족 성원이 사용했으며 대형 주택은 수령(首領) 혹은 비밀 동맹 성원의 주거지로 간주했다(西安半坡博物館 등 1988: 352-357; 嚴文明 1989b). 그러나 리룬취안(李潤權)은 장자이 취락 형태에 대한 공간 분석을 통해 거주 단원이 되는 분구(分區)는 이 집단이 분절 조직(segmentary organization)을 기본 사회 단위로 하였음을 나타내며, 장자이의 사회 조직은 서로 다른 층위의 친족 집단으로 구성되었는데 그 각각은 작은 것에서 큰 것 순으로 핵심 가정, 가족, 가족군(혈족 또는 씨족)에서 취락 집단까지라고 주장했다. 아울러 그는 이와 같은 취락 배치는 분절 조직의 규칙을 나타내는데, 이것은 부족 사회에 늘 보이는 것으로서 기원전 5000년기 웨이허강 유역의 상당수 양사오문화 전기 취락에서 사회 조직의 기초를 구성하고 있었던 것 같다고 생각했다(Lee, Y. 1993).

양사오문화 중기(약 BC 4000-BC 3500) | 이 시기는 먀오디거우기(廟底溝期)라고도 불린다. 이 기간에 양사오문화 취락은 전면적으로 확장되어, 이전에 세석기문화에 의해 점거된 북방과 서방의 많은 주변 지역이 이제는 양사오문화 취락의 천하가 되었다(戴向明 1998). 양사오문화 토기의 풍격은 홍산문화와 다원커우문화 같은 주변의 고고문화에 영향을 주었으나, 이와 같은 영향의 사회적 함의는 분명하지 않다. 고고학적 기록은 구역 취락의 계층화에 발전이 있었음을 보여 준다.

허난성 서부 링바오(靈寶)지역의 고고학적 조사와 발굴은 이와 같은 사회 변화의 증거를 분명하게 제공했다(馬蕭林 등 1999; 魏興濤, 李勝利 2003; 魏興濤 등 2002). 점점 더 많은 유적이 선명한 취락 집중화 추세를 보여 주며, 양사오문화 전기에서 중기까지 취락 계층화의 정도는 점점 더 높아졌다. 주딩위안(鑄鼎原)에 대한 체계적인 구역조사는 일부 대형 유적(면적 40만-90만m²)은 분명하게 구역의 중심적 위치에 자리하고 있으며, 구역의 취락 형태는 3등급 체계를 나타내는 것을 보여 주었다. 이상의 취락 형태 자료는 인구가 급속히 증가했으며 구역 사회가 더욱 일체화되었음을 암시한다(Ma, X. 2005: 11-28).

시포 유적(면적 40만m²) | 이 유적은 주딩위안의 구역 중심 가운데 하나로서(그림 6.7-6), 그 배치 구조는 양사오문화 전기의 취락과는 분명히 다르다. 여전히 환호가 취락을 두르고 있지만 그 거대한 규모는 인구의 대량 증가를 나타낸다. 유적에서 중심지대 가까이 있는 것은 한 무리의 대형 및 중형 주택인데, 목골니장의 수혈식 주거지 위에 건설되었다. 각각의 주택은 모두 좁고 긴 출입문을 가지고 있으며, 일부는 지면에 붉은색 안료(주사)를 도포했고, 또 일부에서는 주사를 가공한 연마용 도구가 출토되었다(Ma, X. 2005: 29-50).

중형 주택 옆에서는 일상생활 폐기물이 발견되었는데, 폐기물 가운데 동물 유존은 돼지의 유해가 주를 이룬다. 취락에서는 이미 성숙한 양돈업이 존재했던 것 같다. 돼지가 대량으로 도살되고, 매우 많은 수량이 주택 부근에서 소비되었다. 대량의 양돈은 의례 연회의 수요를 충족하기 위해 이루어졌을 것인데, 연회는 중형 주택 부근에서 진행되었다. 중형 주택에 거주하는 가족은 의례 용품을 생산하는 일을 책임지고, 부를 과시하는 연회를 개최해 명망과 지위를 경쟁했다. 그들은 상승 중에 있던 지배층 가정에 속했다(Ma, X. 2005: 74-99).

최대의 건축물은 F105로 전체 면적은 516m², 실내 면적은 204m²에 달하며, 출입문의 길이는 8.75m이다. 이것을 건축하기 위해서는 대량의 노동력이 필요했을 것으로 추정되며, 몇몇 취락이 힘을 합쳤음이 분명하다. 그 기능은 아마도 의례 활동을 거행하는 데 있었을 것이며, 일반 가정의 주거용은 아니었을 것이다(Ma, X. 2005: 34-37). 그 이유는 이것이 하나의 중형 주택 위에 건설되었기 때문이다. 이 건축물의 건설 과정은 아마도 집단 내부 파벌의 경쟁을 거쳐 몇몇 지배층 집단이 통치 지위를 수립한 것을 나타낼 것이다.

환호 밖에서는 묘지 1곳이 발견되었으며, 이곳에서 34기의 무덤이 발굴되었다. 모든 무덤의 형태는 양측에 이층대(二層臺)[17]를 가진 장방형의 토광묘로 동일하며, 단지 크기와 부장품에 차이가 있을 뿐이다. 부장품에는 토기, 옥기, 석기와 골기가 있다. 옥기에는 월(鉞)과 환(環) 등 두 종류가 있는데, 남성과 여성, 아동의 무덤에서 모두 출토되었다. 무덤의 크기 및 부장품의 질과 양은 절대적인 상관관계가 없다. 예컨대 가장 큰 무덤 2기 M27과 M29에서는 옥기와 상아기(象牙器)가 보이지 않고, 아동의 묘 1기(M11)에서 옥기가 가장 많이 출토되었다(玉鉞 3점). 그러나 전체적으로 보면 비교적 큰 무덤에 부장품이 조금 더 많고, 작은 무덤에서는 일반적으로 부장품을 볼 수 없다(中國社會科學院考古研究所, 河南省文物考古研究所 2010).

시포 유적의 거주와 상장 형태는 모두 사회 계층의 출현을 의미한다. 이것은 양사오문화 가운데 가장 이른 복합사회이다. 앞으로 발굴이 더욱 진척된다면 이 집단의 사회 조직 형식을 보다 잘 이해하는 데 보탬이 될 것이다.

양사오문화 후기(약 BC 3500-BC 3000) | 양사오문화 후기는 중기의 상황과 완전히 다르다. 중기 때 계층화된 취락 형태는 단지 몇몇 지역에서 고립적으로 출현했지만,

---

17 [역주] 토광 수혈묘의 바닥 가까이 네 벽에 잇대어 설치된 계단형의 시설을 가리킨다. 토광을 굴착할 때 의식적으로 남겨 둔 것은 '생토이층대(生土二層臺)', 곽(槨)을 설치하거나 관(棺)을 하장한 후 토광의 사벽과 관·곽 사이에 판축해 시설한 것은 '숙토이층대(熟土二層臺)'라고 한다. 이층대는 일반적으로 부장품이나 순장인 등을 두는 데 사용한다.

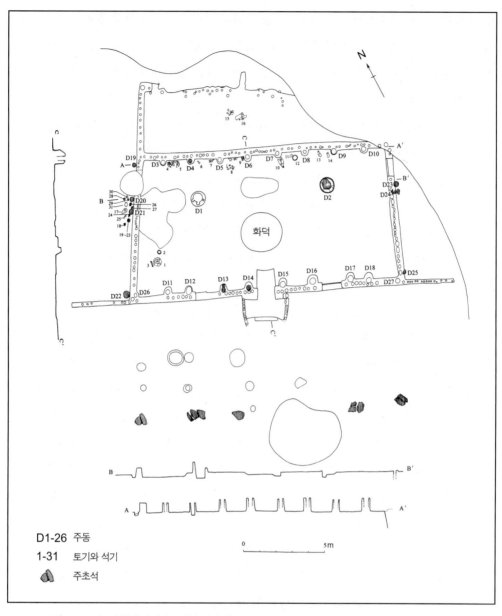

그림 6.12 간쑤성 친안 다디완 유적의 대형 건물지 F901 평면도와 단면도(양사오문화 후기)(郎樹德 1986: 圖 2에 근거, 재작성)

후기에 이르면 지역적 복합사회 체계가 황허강 유역의 여러 지역에서 번영하기 시작한다. 두 종류의 취락 체계가 출현한 것이 이와 같은 발전 과정을 입증한다. 첫 번째 유형은 웨이허강 유역의 몇몇 대형(100만m²에 달하는) 지역적 중심(regional center)으로, 여

236

기에는 간쑤성 다디완과 가오터우쓰(高頭寺) 및 산시성(陝西省) 안반(案板) 유적 등이 포함된다. 각각의 유적에는 모두 취락의 중심 위치에 대형 공공 건축물 1기가 있으며, 이들 유적은 주변 취락 체계의 지역적 중심이기도 하다(郞樹德 1986; 郞樹德 등 1983; 西北大學文博學院 2000; 趙建龍 1990). 두 번째 유형은 허난성 중부의 시산 유적(그림 6.7-5)을 대표로 하는데, 이 유적은 판축 성벽이 유적을 에워싸고 있다(張玉石 등 1999). 웨이허강 유역에 있는 대형 지역적 중심의 가장 좋은 사례는 간쑤성 친안의 다디완 유적이다.

다디완 유적은 칭수이허강 근처의 산비탈에 위치한다. 기원전 5800년에 처음으로 형성되었으며, 작은 취락으로 시작했으나 나중에 규모가 점점 커져서 양사오문화 후기에는 면적이 50만m²에 달했다. 주거지가 대량 발견되었는데, 면적과 구조에 따라 3개의 등급으로 구분할 수 있다. 대형 주택 3기가 취락의 중심에 위치하고 그 주변에 중소형 주택이 몇 개의 그룹으로 분명히 구분되어 있다. 가장 큰 주택(F901)은 다칸 구조이고, 면적은 290m²이다. 부속 건축물까지 포함하면 전체 면적은 420m²에 달한다(그림 6.12). 평면 구조는 중간에 가장 큰 방이 있고 그 양측과 후면에 몇 개의 작은 방이 있다. 주거지 앞쪽으로 두 줄의 주동(柱洞)이 있고, 그 한 줄은 돌로 초석을 두었으므로 그곳에 원래 매우 큰 복도가 있었음을 알 수 있다. 같은 시기의 다른 건축물은 발견되지 않았지만, 이 건물지 전면에서 면적이 대략 1,000m²에 이르는 밟아 다져진 경토층(硬土層)이 발견되었다. 이것은 아마도 이곳이 공공 활동이 거행된 대형 광장이었을 것임을 보여 준다. 건물지 내에서 출토된 토기에는 저장용 옹(瓮, 항아리) 등의 용기가 있다. 일부 토기는 측량 결과 그 용량이 비례를 이루며 체감하는 것을 알 수 있었는데, 이것은 곡물의 양을 측정하는 데 사용되었을 것이다. 이 밖에 한 무더기의 발(鉢)도 발견되었다. 가장 큰 방의 중심에는 지름이 2.51~2.67m의 아주 큰 화덕이 설치되었다. F901은 지역적인 공동체 활동을 거행한 중심 장소로서(甘肅省文物考古硏究所 2006) 그 활동에는 연회와 재분배가 포함되었을 것이다. 이 장의 앞쪽에서 설명한 취락 형태에 의하면 이 지역의 사회 조직은 점차 통합되고 그 통솔 범위는 다디완 취락 자체 집단을 넘어섰을 것이며, 통솔 전략은 주로 집단 내외의 협력에 집중되었을 가능성이 매우 높다(Liu, L. 2004: 85-88).

웨이허강 유역의 발견과 반대로 양사오문화 후기의 두 번째 발전 유형은 일종의 정치체 간 충돌을 특징으로 하는 취락 체계이다. 이 취락 체계는 허난성의 정저우지역에서 발견되었다. 이 지역에는 몇몇 중등 규모의 중심 유적이 등거리상에 분포되어 있다. 그 가운데 하나가 성벽을 두른 시산 취락 유적이다. 이 유적의 면적은 약 25만m²로, 강 옆 대지에 위치한다. 이 취락은 폭력적 손상을 경험한 것으로 보인다. 몇몇 재구덩이에서는 뒤틀린 형상의 인골이 동물 유해와 함께 매장된 것이 발견되었다. 시산의 일부 토기는 현지의 풍격이 아닌 산둥성 다원커우문화와 후베이성 취자링문화에 가깝다. 이질적인 문화 요소의 출현은 다른 지역으로부터의 이민에서 비롯된 것이다(張玉石 등 1999). 외부로부터의 영향과 판축 성벽 건설이 동시에 발생한 것은 취락 형태의 발전에서 집단 사이의 충돌이 중요하게 작용했음을 나타낸다(Liu, L. 2004: 166-168).

중국의 고고학자들은 중국 선사시대의 역사에서 성곽 취락이 출현한 것을 문화 발전 과정 중에서 매우 중요한 이정표로 간주한다. 그것은 기술, 사회 조직과 통솔이 일정한 수준에 도달했을 때 비로소 얻을 수 있는 성취를 의미한다. 이후 성벽은 고대 중국에서 도시 계획의 중요한 구성 부분이 되었다. 그러나 이 시기에 성지가 출현한 사례는 이것이 유일하다. 룽산문화 후기에 들어 비로소 성벽 건설이 널리 유행했다.

의례의 위력

의례 행위와 신앙 체계의 재구성은 주로 상징의 형태와 예술적 부호에 의존한다. 황허강 유역 제 신석기시대 문화의 의례 행위에는 시간과 공간상 모두에 고도의 차별성이 존재한다. 많은 연구자들이 신석기시대의 주요한 종교 형식에 조상 숭배와 샤머니즘(혹은 중국의 전통적인 개념인 '무[巫]')이 있다고 생각한다(Chang 1995; Keightley 1985; Liu, L. 2000a). 그러나 몇몇 사례에서 단지 고고학적 증거에 의존해 이 두 가지 형식을 구별해 내는 것은 매우 어려운 일이다.

장례에서 조상에게 제의를 올리는 행위가 진행되었음이 관찰된다. 양사오문화 전기 집단의 사자는 일반적으로 묘지에 단독으로 매장되거나 합장되었으며, 일차장 또는 이차장이 실행되었다. 사자는 집단적 제의를 받았지만 고고학적으로는 부장품에 현저한 빈부의 차이를 볼 수 없다. 이와 같은 형태의 사례로는 산시성(陝西省) 남부의 양사오문화 전기 유적인 룽강쓰(龍崗寺) 유적을 꼽을 수 있다. 이 유적의 묘지는 제사 구덩이가 빙 둘러싸고 있지만, 어떤 사자가 다른 사람에 비해 제의상에서 특별한 우대를 받은 흔적은 볼 수 없다. 이와 같은 형태는 당시에 집단 지향적인 조상 숭배 의례가 시행되었으며, 전체 공동체의 이익을 중시해 신석기시대 전기의 전통(이를테면 페

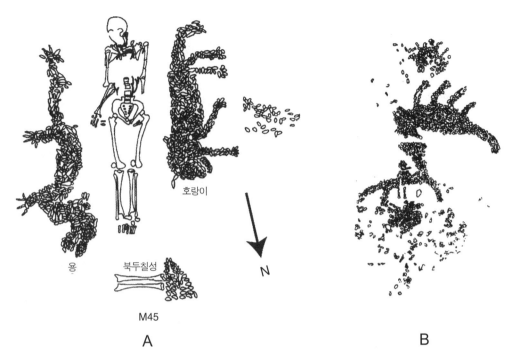

그림 6.13 허난성 푸양 시수이포 유적의 무덤에서 보이는 방각(蚌殻) 도안(양사오문화)
A. M45, 남성 유골 1구, 방각으로 만든 용 1마리, 호랑이 1마리, 북두칠성과 함께, B. 사람이 용을 탄 모습, 방각으로 만든 새 1마리, 호랑이 1마리 및 기타 동물(孫德萱 등 1988: 圖 5; 丁淸賢, 張相海 1989: 圖 4)

이리강문화의 수이취안 유적)을 계속 유지했음을 나타낸다(Lee, Y. and Zhu 2002; Liu, L. 2000a).

집단 지향적인 조상 숭배 의례는 매우 많은 양사오문화 중기 묘지에서도 나타난다. 이곳에서는 이차장이 유행했다(그림 6.10-A). 예컨대 산시성(陝西省) 스자 유적에서 가정 내지 동일 부계의 집단 성원을 포함하는 동족(同族)의 사자는 동일한 묘혈에 매장되었다. 그러나 사자의 성별 비율은 매우 불균형해서 여성이 적은데, 특히 중년과 노년의 경우에는 정도가 더욱 심하다. 이것은 매우 많은 여성이 다른 집단에 출가한 이후 다시 그 출생 족군(族群)으로 돌아와 매장되지 못했음을 의미한다(Gao, Q. and Lee 1993). 비록 사자는 집단 단위로 제사를 받았지만 이 가운데 여성 조상의 수는 비교적 적다. 친정의 친족 집단에서 여성은 이미 경제적·정치적 중요성을 상실했을 것이다. 이런 현상은 사회 변화의 한 시작점을 나타내는 고고학적 기록이다. 이 시기의 사람들은 그들의 사회가 본질적으로 여전히 평등사회였다고 해도 장례에서 죽은 조상을 구별해 대우하기 시작했다(Liu, L. 2000a).

양사오문화의 대부분 지역에서 집단 지향의 조상 숭배 의례가 널리 유행했던 것과는 달리 시포 유적의 묘지에서는 그와는 다른 종류의 조상 숭배방식이 나타난다. 그것은 개인을 더욱 중시하는 것이다. 이런 상장 형태는 다원커우문화의 무덤과 비슷한 점이 있는 것으로서, 더욱 높은 정도의 계층화 특징을 보여 준다.

샤머니즘 혹은 '무'를 특징으로 하는 종교 행위는 허난성 푸양(濮陽) 시수이포(西水坡) 유적의 M45에서 출현한다. 이 무덤에서 신장이 1.84m에 달하는 남성 인골이 출토되었는데, 이것은 아마도 양사오문화 성직자의 유해일 것이다. M45에서는 또 조개껍데기를 모아서 만든 대형 도안 3세트(그림 6.13)가 발견되었으며, 용, 호랑이, 사슴, 거미, 새와 용을 탄 사람 등의 모습을 식별해 낼 수 있다(丁清賢, 張相海 1989; 孫德萱 등 1988). 사자는 머리를 남쪽으로 두고, 3세트의 도안 가운데에 누워 있다. 용은 동쪽에, 호랑이는 서쪽에 있고, 북쪽에는 북두칠성(사람의 경골과 방각으로 구성되었다)이 있다(그림 6.13-A). 이런 배열은 이십팔수(二十八宿)의 한 초기 형식으로 간주되는데, 이를 통해 M45의 묘주가 일정한 천문 지식을 가지고 있었다고 추정할 수 있다(馮時 1990). 이 사람은 무당 혹은 샤먼일 것이며, 도안에 보이는 동물은 샤먼이 상계(上界)와 소통할 때 사용한 조수로 여겨진다(張光直 1988). 이상의 두 가지 해석 가운데 전자는 과학적인 의미를 가지고 있고, 후자는 마술적·종교적 색채로 가득 차 있지만 모순되지는 않는다. 왜냐하면 일반적으로 무당은 초자연 세계를 넘나드는 이성과 지식을 갖추고 있는 것으로 생각되기 때문이다. 주목할 만한 것은 무덤의 형태가 아름답고 복잡하다고 해도 개인의 재부 혹은 경제적 특권을 상징하는 어떤 물건도 없었다는 점이다. 이 사례는 생전에 신권을 장악한 개인이 집단에서 특수한 경제적 지위를 획득하거나 그것이 사후에 표출되지 않았다는 점을 나타낸다.

다원커우문화와 양사오문화에서는 모두 사회 불평등 현상이 나타난다. 그러나 다원커우문화에서는 더욱 복잡한 장례가 발전하고 이를 통해 그들의 특수한 사회적 지위를 표명했던 것에 반해, 양사오문화 집단은 상대적으로 낮은 수준의 장례를 채택했으며, 개인의 물질적 재부도 크게 드러내지 않았다. 이 두 지역에 나타나는 이와 같은 일반적 차이는 신석기시대 후기에도 일정 정도 지속된다.

양쯔강 유역

양쯔강 유역의 고고학적 자료는 신석기시대 농업 집단의 충분한 발전과 인구밀도의 신속한 증가를 증명한다. 도작 농업은 이미 안정적으로 정착되었다. 이것은 수전과 대량의 수도 유존 발견으로 설명할 수 있다. 돼지와 개는 주요한 가축이었다. 동시에 아열대지역의 풍부한 야생동식물은 여전히 인류 식단의 중요한 구성 부분이었다. 여러 곳의 침수 유적에서 보존 상태가 좋은 유존이 대량으로 출토되어 양쯔강 중하류지역의 사회와 경제 발전을 이해하는 데 풍부한 자료를 제공한다. 〈그림 6.14〉는 이 절에서 논의하는 주요 유적을 나타낸다.

양쯔강 중류지역

양쯔강 중류지역의 유존은 다시문화(약 BC 5000-BC 3300)라고 불리는데, 충칭(重慶) 부근 우산(巫山)에서 발견된 전형적 유적, '다시'에서 이 이름을 따왔다(그림 6.14-1). 이 문화는 산샤(三峽), 장한평원(江漢平原)과 둥팅호를 포함하는 넓은 지역에 걸쳐 있다. 다시문화는 다시 몇 개의 지방 유형으로 구분할 수 있다. 이를테면 북부의 관먀오산유형(關廟山類型) 과 남부의 탕자강유형(湯家崗類型)인데, 이것은 모두 앞선 시기의 지역 문화전통과 밀접한 관계를 맺고 있다(그림 6.1-4, 6.14-2·4). 수백 곳의 유적이 발견되었으며, 그 면적은 대부분 5만-15만m²이다. 석기 조합은 마제석기 위주이며, 찍개와 긁개 같은 소량의 타제석기도 있다. 토기는 홍도 위주이며 채도도 보인다. 태토에는 통상 탄이나 모래가 포함되어 있다. 흑도의 비례가 점차 상승하며, 후난성 탕자강과 가오먀오(高廟) 유적에서는 아름다운 백도도 출현했다(그림 6.15-B·C). 몇몇 취락에는 환호가 있는데, 이것은 앞선 시기 바스당 유적의 전통(제5장 참조)을 계승한 것이다(張弛 2003: 39-47; 中國社會科學院考古研究所 2010: 414-418).

후난성 평양평원(澧陽平原)은 신석기시대 유적이 가장 조밀하게 분포된 지역 가운데 하나이다. 이 지역에는 하천이 많으며, 모두 46곳의 다시문화 유적이 발견되었다. 이 수치는 앞선 시기 짜오스하층문화 유적(17곳)에 비하면 수량과 규모에서 모두 분명한 성장세를 나타내는 것으로, 인구가 신속하게 증가했음을 보여 준다(裴安平 2004). 이들 유적 가운데 평현(澧縣) 청터우산 유적(그림 6.14-3)의 발굴 면적이 비교적 크다.

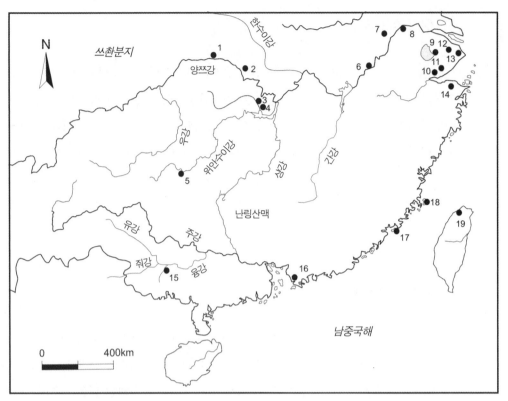

그림 6.14 제6장에서 서술하는 중국 남부 신석기시대 중기의 유적

1. 다시, 2. 관먀오산, 3. 청터우산, 4. 탕자강, 5. 가오먀오, 6. 베이인양, 7. 링자탄, 8. 쉐자강, 9. 청후, 차오셰산, 10. 마자방), 11. 뤄자자오, 12. 춰둔, 13. 쑹쩌, 14. 허무두, 톈뤄산, 15. 딩스산, 16. 셴터우링, 17. 푸궈둔, 진구이산, 18. 커추터우, 19. 다번컹

청터우산 유적(그림 6.16) | 이 유적은 주변 평지보다 약 2m 높은 평탄한 흙무지 위에 위치해 있다(何介鈞 1999). 대략 기원전 4500년경에 사람들이 이곳에 거주하기 시작했으며, 취락 주변에 환호를 개착했다. 기원전 4000년을 전후해 다시 성벽을 수건하고 해자를 개착했다. 유적 면적은 약 8만m²이다. 이후 다시문화와 취자링문화 기간에 성벽과 해자는 여러 차례 중건되었다. 환호와 유적의 동쪽은 하천과 연결되는데, 이것은 수상 교통의 편리를 감안한 조처이다. 유적에서 노 1매가 발견되어 이런 추정을 뒷받침한다. 다시문화 전기 퇴적 가운데서 수도 및 이와 관련된 관개(灌漑) 체계가 발견되었는데, 그 연대는 대략 기원전 4500년이다. 침수된 퇴적 가운데 특히 환호에서 유기물질이 대량으로 발견되었다. 성 내에서는 많은 수량의 주거지, 무덤과 토기 가마가 발견되었다. 취락 동부에는 제단 1기가 있다. 면적은 약 200m²인데, 순정한 황토로 만

242

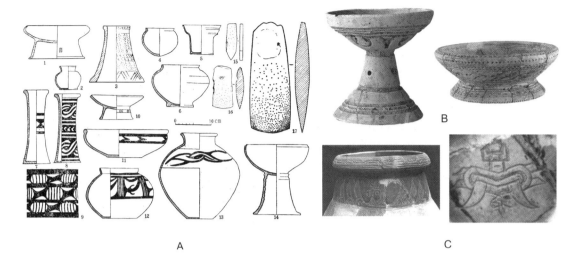

그림 6.15 다시문화 토기

A. 다시문화 유적의 전형적 토기, B. 탕자강 유적 출토 백도, C. 가오먀오 유적 백도 문양(中國社會科學院考古硏究所 1984: 圖 41; 湖南省文物考古硏究所 1999: 22, 28)

들었다. 제단과 그 주변에는 상당한 수량의 재구덩이가 있는데, 이곳에서 인골, 소토, 재, 토기편, 짐승 뼈와 수도 유물이 발견되었다. 대다수의 무덤에는 부장품이 없으나 M678은 다소 다르다. 이 무덤의 주인은 성인 남성인데, 몸 위에 주사를 뿌렸으며 옥제 장식품 2점과 토기 27점 그리고 아동의 두골(頭骨) 1매가 부장되었다(湖南省文物考古 硏究所 2007). 청터우산인은 복잡한 제의를 거행했음이 분명하고, 사람들의 사회적 지위에 차별이 생겼을 것이다. 성벽은 여러 가지 기능의 군사적 방어와 홍수 저지 시설일 수 있다.

청터우산 유적에서 중국에서 가장 이른 도전 가운데 하나가 발견되었다(그림 6.16 참조). 그 연대는 탕자강유형 시기(약 BC 4600)까지 올라간다. 27종의 식물 유존이 감정되었는데, 수도가 가장 자주 확인되었다. 이 밖에도 마름, 율무, 가시연밥, 차조기, 동과(冬瓜), 밤, 복숭아, 자두 등 기타 식용 식물 등도 발견되었다. 이 가운데 어느 정도가 순화된 식물인지는 알 수 없지만 청터우산인이 보유한 식량의 종류는 매우 많았음을 알 수 있다. 동물 유존에는 약 20개 종속이 포함되어 있는데, 그 가운데 돼지가 가축인 것은 분명하다. 야생동물에는 코끼리, 물소, 사향고양이가 있는 것으로 보아 이 지역에 수원이 풍부하고 삼림이 무성했다는 것을 알 수 있다(湖南省文物考古硏究所, 國際日本文化硏究中心 2007). 청터우산인의 식단 가운데는 여러 종류의 야생종이 포함되어 있었던 것 같지만, 그들은 의심할 여지없이 정착 생활을 영위한 농업 집단이다.

평양평원의 유적 분포 조밀도로 보아 양쯔강 중류 다시문화 취락의 인구밀도는 상당히 높았다(裴安平 2004). 정착 생활방식과 도작 농업은 이 지역 인구의 증가를 야기했으며, 남쪽으로의 이민도 촉발했을 것이다. 몇몇 고고학자는 환주강(環珠江) 삼각주 지역(홍콩, 마카오와 기타 도서지역도 포함하는)에 다시문화 유형과 비슷한 채도와 백도가 출현하고, 그 연대도 기원전 4000년기인 것에 주목해서 이는 다시문화의 전파에 의한 것이라고 주장했다. 이동 노선에는 여러 갈래가 있는 바, 아마도 위안수이강을 거쳐 시강(西江)으로 진입한 다음 주강에 도달하는 것이었거나(何介鈞 1996; 鄧聰 2007), 샹강을 거쳐 북상해 난링산맥을 넘어 링난(嶺南)지역에 도달하는 것(卜工 1999)이라고 생각된다.

양쯔강 하류지역

이 지역을 대표하는 고고문화에는 닝사오평원(寧紹平原)의 허무두문화(약 BC 5500-BC 3300), 환타이후(環太湖)지역의 마자방문화(馬家浜文化)(약 BC 5000-BC 4000), 쑹쩌문화(약 BC 4000-BC 3300), 양쯔강 하류 서부의 베이인양잉문화(北陰陽營文化)(약 BC 4000-BC 3300), 쉐자강문화(薛家崗文化)(?-BC 3300)(그림 6.1-5~7) 등이 있다. 도작 농업이 급속히 발전해 허무두, 톈뤄산, 뤄자자오와 같은 침수 유적 가운데서 대량의 도립과 도각 유물이 출토되었는데, 이것은 이삭줄기의 형태로 보아 순화된 수도인 것을 알 수 있다(鄭雲飛 등 2007). 4개의 유적에서 도전(稻田)이 발견되었다. 가장 이른 도전은 톈뤄산(BC 5000-BC 4500)에서 발견되었는데, 도전이라고 판단하는 이유는 그 퇴적에 도각의 파편, 이삭줄기 받침, 고밀도의 선형(扇形) 수도 식물규산체 그리고 높은 비율의 지름이 38미크론을 넘는 화본과 식물 화분이 대량으로 출토되었기 때문이다. 도전에서 숯 부스러기가 발견되어 당시 사람들이 화전의 경작방식으로 도전을 관리했음을 알 수 있다(Zheng, Y. et al. 2009). 다른 3곳은 장쑤성의 우현(吳縣) 차오세산 유적, 쑤저우(蘇州) 청후(澄湖) 유적, 쿤산(昆山) 춰둔(綽墩) 유적으로, 연대는 기원전 4000년에서 기원전 3200년이다(그림 6.14-9·12). 도전의 면적과 형상은 일정하지 않으며, 보통 연못이나 우물 근처에 위치한다. 여기에서 관개 체계(이를테면 도랑)를 통해 물을 확보했다(丁金龍, 張鐵軍 2004; Li, C. et al. 2007; 鄒厚本 2000).

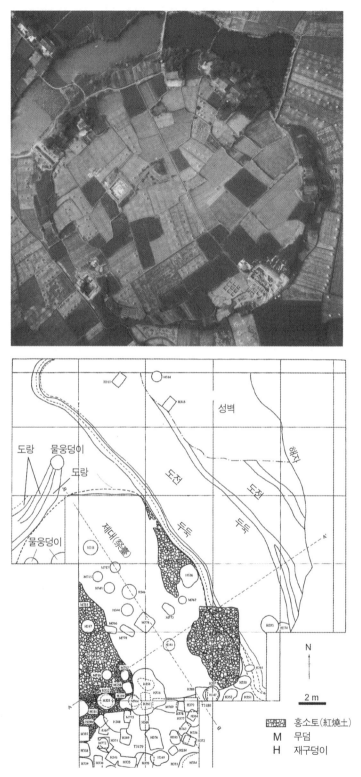

그림 6.16 청터우산 성지와 고(古) 도전 유구(湖南省文物考古硏究所 2007: 彩版 1, 圖 109)

많은 유적에서 출토되는 정미한 옥기를 통해 수공업이 고도로 전문화되었음을 알 수 있다. 옥 예기는 일반적으로 풍부한 부장품을 가진 소수의 대묘(大墓)에서 출토되는데, 이것은 지배층이 의례에서 권력을 장악했음을 알려 준다. 모든 고고학적 발굴 가운데서 허무두문화와 링자탄 유적이 이 지역 문화 발전의 전체적 면모를 이해하기 위한 가장 좋은 사례이다.

허무두문화는 주로 동부 연해지역에 분포하며, 야오강(姚江) 연안에 특히 집중되어 있다. 2곳의 침수 유적이 발굴되었는데, 위야오(餘姚)의 허무두 유적과 텐뤄산 유적이 그것이다(그림 6.17). 이들 유적은 야오강 연안에 위치하며, 약 7km의 거리를 두고 떨어져 있다. 연대는 일부 중첩된다. 주택은 난간식 구조이며, 목재 유존에서 도리와 장부 구조가 분명하게 나타난다. 문화 퇴적은 매우 두껍고, 동식물과 인골 유존이 대량으로 포함되어 있다. 토기는 흑회도(黑灰陶) 위주이고, 탄과 모래가 섞여 있다. 일부에는 동식물 문양이 장식되어 있다. 노가 여러 점 출토되어 양쯔강 유역에 매우 오래된 항운의 역사가 있는 것이 입증되었다. 대형동물의 견갑골로 제작된 골산은 농경 기술의 발전을 보여 준다. 도작 유존이 대량으로 출토되었는데, 야생도가 있는가 하면 재배도도 있다(제4장 참조). 수도는 허무두인의 중요한 식량이었지만 동시에 도토리, 마름, 야생 대추, 가시연밥과 율무 등 야생식물도 이용했다(孫國平, 黃渭金 2007; 浙江省文物考古研究所 2003). 동물 유존 가운데는 수생동물의 수량이 가장 많은데 특히 물고기, 조개, 거북 등 몇몇은 바다에서 잡은 것이다. 여러 종류의 육상동물 가운데는 녹류(鹿類)의 수량이 가장 많다. 가축에는 돼지와 개가 있다(魏豊 등 1990). 허무두에서 발견된 물소는 한때 가축으로 생각되었으나 최근 동물고고학과 고유전자 연구 결과에 따르면 그렇지 않다(제4장 참조)(Liu, L. et al. 2004; Yang, D. et al. 2008). 이 시기에 동식물의 순화가 이미 성숙한 단계에 접어들었다고 해도 허무두인들은 주로 야생의 식량 자원에 의존해 생계를 꾸렸을 것이다. 같은 시기 양쯔강 중류지역의 상황도 이와 유사하다.

허무두문화는 본질적으로 매우 평등한 사회로서, 물질 유존 가운데서 사회 계층의 증거를 발견할 수 없다. 최근 장쑤성 장자강(張家港) 둥산촌(東山村) 쑹쩌문화 유적(약 BC 3800)에 대한 발굴이 진행되었는데, 이곳의 무덤 자료에서 사회 분화의 증거를 분명하게 발견했다. 이 유적의 거주 구역은 중심부에 위치하고, 동쪽과 서쪽에 각각 묘지 1곳이 있다. 동쪽의 묘지에서는 소묘(小墓) 27기가 발견되었으며, 모두 140여 점의 부장품이 출토되었다. 서쪽의 묘지에서는 대묘 9기가 발견되었고, 각 무덤의 부장품은

그림 6.17 저장성 허무두문화
1. 텐뤄산 유적 전경, 2. 텐뤄산 유적 발굴 현장, 3. 돼지 도안을 장식한 토기(허무두 유적 출토), 4. 골산(허무두 유적 출토), 5. 노(텐뤄산 유적 출토)(1. 孫國平 선생 제공, 2. 저자 촬영, 3·4. 浙江省文物考古研究所 2003: 彩版 14-2, 26-1, 5. 孫國平, 黃渭金 2007: 圖 17)

모두 30점 이상이었다. 이 가운데 가장 큰 M90의 부장품은 67점에 달했으며, 옥기와 토기, 석기가 포함되었다. 둥산촌의 빈부 무덤을 분리한 공간 배치는 현재까지 알려진 중국 신석기시대 사회 계층 분화의 가장 오래된 증거이다(周潤墾 등 2010).

허무두문화 전기(약 BC 5000-BC 3900)의 퇴적은 야오강 연안의 유적 4곳에서 발견되었다. 허무두문화 후기(약 BC 3900-BC 3300) 유적은 약 40곳이 발견되었는데, 그 분포 지역이 넓다. 이와 같은 변화는 기원전 4000년기 인구가 급속하게 증가하고, 물질문화가 동남 연해를 따라 도서지역으로 확산되었음을 보여 준다. 후자는 푸젠성 평탄도(平潭島) 조개무지 유적의 발견을 통해 입증할 수 있다(그림 6.14-18). 허무두인의 이주는 다음과 같은 요인에 의한 것이다. 첫째, 기원전 4000년 해수 평면의 상승으로 생태 환경이 악화되어 허무두인으로 하여금 다른 지역으로 이동해 새로운 자원을 찾도록 했다. 둘째, 내하(內河)를 운행하는 선박 건조와 담수 생물자원을 이용한 유구한 전통은 허무두인으로 하여금 바다를 건너 이주하도록 격려했다. 이 이민은 인류가 바다를 건너 이주하는 기원이 되었으며, 이후 오스트로네시아어족이 확산되는 최초의 맹아가 되었다.

링자탄 유적(약 BC 3600-BC 3300) | 이 유적은 안후이성 한산현(含山縣)에 위치하며, 남북 길이 약 5km, 동서 폭 약 200m로, 면적은 160만m²이다. 유적이 위치한 지역은 타이후산(太湖山)의 북부 여맥(餘脈)에 해당하는 저산(低山) 지형이다. 산의 남쪽은 위시허강(裕溪河)으로 서쪽에서 동쪽으로 흘러 나간다. 유적 중심의 제고점은 묘지인데, 여기에는 면적이 1,200m²에 달하는 흙과 자갈로 한 층씩 쌓아 올려 만든 대형 평대(平臺) 1기와 원형 또는 장방형의 석축 제단 수 기, 토기가 매장된 제사구덩이 그리고 상당수의 무덤이 포함되어 있다. 50여 기의 무덤이 발굴되어 대량의 옥기와 석기가 출토되었다. 다만 산성 토양이므로 유기물은 발견되지 않았다. 예컨대 07M23호 무덤에서는 부장품 330점이 출토되었고, 이 가운데 옥기가 200점 포함되어 있다(그림 6.18)(安徽省文物考古研究所 2006; 張敬國 2008).

무덤은 그룹을 이루어 배열되어 있으며, 부장품의 질과 양에서 나타나는 차이가 커서 현저한 계층 차별이 있었음을 알 수 있다. 몇몇 옥기묘(玉器墓)에서 사암(砂巖)으로 만든 송곳과 대량의 옥기 폐료 등 옥기를 제작한 증거가 발견되었는데, 이것은 지배층 개인도 옥기 제작에 참여한 것을 말해 준다. 가장 정미하고 많은 수량의 부장품을 가진 무덤군(아마도 고급 지배층의)은 묘지의 남부에 위치하며, 가장 많은 양의 옥기 폐료가 출토된 무덤(아마도 장인의)은 서북부에 집중되어 있다. 반면 북부의 무덤에는 부장품이 매우 적다(묘주의 지위는 아마도 낮았을 것이다). 링자탄 유적의 옥기 제작 구역은 아직 발굴되지 않았다. 그러나 옥기는 전문적으로 제작된 것으로 보인다. 제작 기술은 사람들의 감탄을 자아낸다. 한 옥인(玉人) 위에 있는 구멍의 지름은 0.17mm에 불과해 이를 통해 많은 옥기 제작에 회전 숫돌이 사용되었음을 알 수 있다. 생산 집약화의 정도는 비교적 높아서 98M20호 무덤에서는 옥심(玉芯) 111점이 발견되었다. 이것은 천공 후에 남은 옥기의 폐료일 것이다(安徽省文物考古研究所 2006).

링자탄 유적 옥(석)기의 기형은 다양한데 월(鉞), 벽(璧), 황(璜), 결(玦)과 소량의 인형 혹은 동물상 등이 있다. 옥인은 6점(높이 7.7-9.9cm)이 발견되었다. 입상인 경우도

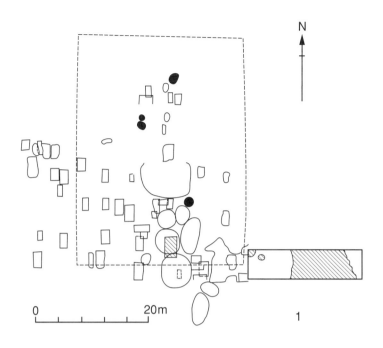

그림 6.18 링자탄 유적의 묘지와 출토 옥기

1. 링자탄 유적의 무덤 분포도, 2. 옥인, 3. 옥룡, 4. 옥판, 5. 저두형(猪頭形) 날개 옥조, 6. 옥구갑(安徽省文物考古研究所 2006:
彩版 20-1, 21-1, 157-2, 199-2, 201)

있고 좌상인 경우도 있으며, 두 팔은 가슴 앞에서 구부려 안은 형태이다(그림 6.18-2). 날개를 활짝 편 옥조(玉鳥) 1점의 흉부에는 아마도 태양을 상징하는 것으로 보이는 팔각성문(八角星文)이 있는데, 날개 끝은 돼지의 형상이다(그림 6.18-5). 옥룡(玉龍) 1점은 머리와 꼬리가 연결되어 신체가 환형을 이룬다. 중심에는 구멍이 있고 등 위에는 갈기가 있는데, 지름은 4.4×3.9cm이다(그림 6.18-3). 옥구(玉龜) 1점은 옥료 두 조각으로 각각 복갑(腹甲)과 배갑(背甲)을 만들었다. 구갑(龜甲) 사이에 길이 11cm의 옥판 1매를 삽입했다. 옥판은 완만한 아치형으로 그 중심에는 복잡한 기하형의 팔각성 도안이 새겨져 있다(그림 6.18-4·6). 편원형기(扁圓形器) 3점은 단면 타원형으로, 안쪽에 각각 1-2매의 옥봉(玉棒)이 들어가 있다. 거북을 모방한 것으로 점복에 사용되었다고 생각된다. 다른 동물 형상으로는 새, 매미, 토끼, 돼지, 호랑이가 있는데, 대다수가 사의적(寫意的)[18] 풍격을 보인다(安徽省文物考古硏究所 2000, 2006; 張敬國 2008).

많은 논저에서 링자탄 유적에서 출토된 옥기의 함의에 대한 해석이 시도되었다(예컨대 安徽省文物考古硏究所 2000; 張敬國 2006). 다수의 학자는 동물형 조각상과 옥기의 기하형 도안은 옛 사람들의 우주관을 반영한다고 믿는다. 그러므로 옥봉을 물고 있는 구형 옥기는 점복 도구로, 옥인은 무사(巫師)의 형상을 묘사했다고 해석된다. 옥구판은 특히 많은 연구자가 관심을 가지고 있다. 이를테면 리신웨이(李新偉)는 호형 옥판은 하늘[天穹]을 상징하고, 팔각성(태양 혹은 북극성을 상징하는)과 같은 옥판상의 도안은 신석기시대의 인류가 이해한 우주를 상징한다고 주장했다(李新偉 2004). 이들 옥기는 지배층이 의례 용품으로 사용했을 가능성이 높은데, 이런 상황은 같은 시대 랴오허강 유역 홍산문화에서 보이는 자료와 유사하다(Liu, L. 2007의 결론 참조).

링자탄 유적의 토기 조합은 매우 독특하다. 비록 몇몇 문화 요소는 다른 유적과 같지만, 토기의 풍격은 같은 시대의 주변 문화와 비슷한 점이 없다. 그런데 링자탄 유적의 황, 결 등 옥기류 장식품은 양쯔강 유역의 고고학적 기록 가운데서 자주 발견된다(安徽省文物考古硏究所 2006). 그러므로 링자탄 유적의 옥기는 교환 네트워크를 통해 다른 공동체로 교환되어 갔을 가능성이 높다.

이 지역에서 링자탄이 특별한 위치를 차지하는 것은 분명하다. 그것은 옥기 제작

---

18   [역주] 사의(寫意)란 사실(寫實)과 상대되는 의미이다. 형태의 외재적인 사실성을 추구하지 않고 내재적인
      정신적 실질을 강조하는 창작의 경향이나 수법을 가리킨다.

과 의례 활동의 중심지로, 지배층은 초자연적 영역과 소통하는 신력(神力)을 소유했다. 옥기는 소통의 중심적 매개임이 분명하며, 지배층 무사는 이것으로 신의 경계에 도달했다. 지금까지의 발굴은 묘지에 국한되었으므로 링자탄 유적의 거주 구역과 이 지역의 취락 형태에 대한 지식은 매우 미미하다. 그렇지만 이것은 링자탄 취락과 더 큰 구역 내의 사회 조직 형태를 이해하는 데 더없이 중요하다.

의례의 위력

링자탄 유적의 묘지는 의례 활동 및 관련 인공 제품이 우주 만물에 대한 사람들의 인식을 드러내는 것을 여실히 보여 준다. 이것은 농업 발전과 밀접한 관련을 지니고 있을 것이다. 왜냐하면 농업 활동은 사람들이 천상(天象)에 대해 세밀한 관찰을 수행할 것과 천문학에 대해 다소나마 이해할 것을 요구하기 때문이다. 홍산문화와 양사오문화는 모두 유사한 특징을 보인다.

옥 조각상의 일부 특징은 양쯔강 하류와 랴오허강 유역의 유사한 유물에서도 나타난다. 링자탄 유적의 옥인 입상은 뉴허량의 동종 유물과 매우 유사해 두 팔을 가슴 앞에서 구부려 안고 서 있는 자세를 취하고 있다. 옥조(대개는 부엉이)와 옥구도 두 지역에서 항상 나타난다. 천원지방(天圓地方)과 같은 우주에 관한 관념은 홍산문화 제사유적의 적석총과 제단에서도 표현되는 바 있으며, 링자탕 유적의 옥구와 옥판에서도 보인다(李新偉 2004).

이와 같은 현상은 기원전 4000년기 후기에 두 지역 사이에 직접 혹은 간접적인 문화적 연계가 발생했음을 암시한다. 이와 같은 연계와 그 물질적 표현은 선사시대 중국 각 지역 사이에서 우주에 관한 지식과 지배층이 행한 특정한 행위가 확산되는 데 매개체로 작용했다.

화남지역

화남지역 신석기시대 문화 발전을 대변하는 것은 광시성 남부의 딩스산 제4기, 푸젠성 연안의 커추터우(殼丘頭), 주강 삼각주 셴터우링(咸頭嶺), 타이완의 다번컹(大坌

坑)과 같은 몇몇 지역의 문화(그림 6.14-15·16·18·19)이다(Chang 1969; 中國社會科學院考古硏究所 2010: 497-505).

딩스산 제4기 유존 | 광시성에 분포한다. 이 지역의 초기 신석기시대 취락은 주로 조개무지 유적과 동굴 유적인데, 이것은 수렵채집과 어로 생활방식을 보여 준다(제5장 참조). 기원전 4000년에서 기원전 2000년의 유적이 이 지역에서 몇 곳 발견되었는데, 산기슭과 하천 옆 대지의 동굴 중에 위치한다. 이들 취락 주민은 이미 도작 농업을 채택했을 것이다. 이와 같은 생업 경제상의 변화는 조개무지의 소실과 농경 도구와 같은 다양한 유형의 공구, 그리고 백도와 같은 토기가 출현하는 것에서 나타난다(中國社會科學院考古硏究所 2010: 500-502). 딩스산의 식물규산체 연구는 약 기원전 4000년 이 유적에서 재배도가 확실히 출현했음을 보여 주며, 그것은 이 지역에서 농업이 시작되었음을 나타낸다(趙志軍 등 2005). 수렵채집 경제가 농업으로 변화한 것은 다른 지역에서 전파된 도작 생산의 자극을 받은 것으로, 이 지역에서 기원한 것은 아니다. 딩스산 제4기의 토기는 양쯔강 중류의 다시문화 및 주강 삼각주의 셴터우링문화와 유사한 점이 있어, 이들 사이에 지역 내 문화적 상호관계가 있었음을 알 수 있다. 이 생업 전략의 변화가 새로운 집단이 도래함으로 인한 것인지 아니면 현지인이 새로 들어온 기술을 받아들인 것인지는 여전히 명확하지 않다. 다만 어느 정도 양쯔강 중류 도작 집단의 이주 가능성을 배제할 수는 없는데, 그것은 양쯔강 중류에서 다시문화 시기에 이미 인구압이 존재했기 때문이다.

커추터우문화 유적(약 BC 4500-BC 3000) | 해안선에서 멀리 떨어져 있지 않은 도서에 분포하며, 대표적인 유적으로는 탄하이(潭海) 커추터우 유적, 진먼(金門) 푸궈둔(富國墩), 진구이산(金龜山) 유적(그림 6.14-17) 등이 있다. 이들 유적에서는 토기와 마제석기 등 신석기적 특징이 고도로 발전했지만, 현지에서는 그 기원을 찾을 수 없다. 커추터우 유적(약 BC 4500-BC 3000)의 토기는 수제이며 소성온도가 비교적 낮다. 주요 기형에는 관, 반, 발이 있고 이 밖에 소량의 두도 보인다. 가장 일반적인 문양은 패각압인문(貝殼壓印文), 착점문(戳點文), 각획문(刻劃文)과 승문(繩文) 등이다. 석편석기와 마인소석분(磨刃小石錛)이 전형적인 석기 조합이다. 유물의 풍격에 대한 비교 연구를 통해 몇몇 고고학자는 커추터우는 허무두에서 온 이민문화라고 주장했다(Jiao 2007; 王海明, 劉淑華 2005). 푸궈둔 유적에서 출토된 토기에는 파상문(波狀文), 점선문(點線文), 패각압인문(貝殼壓印文) 등이 있다. 푸궈둔의 상대적으로 이른 단계의 연대(약 BC 4700-BC

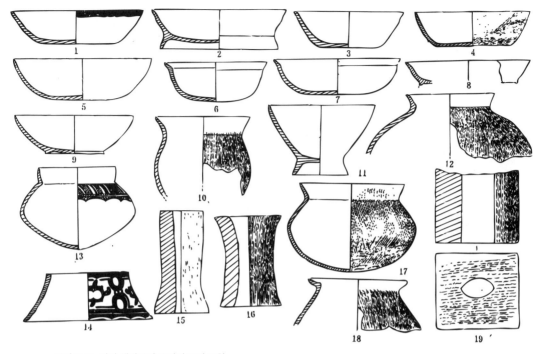

그림 6.19 선전 센터우링 유적의 토기 조합
1·2·4·5·7. 반, 3·8·9. 완, 6. 분, 10·18. 관, 11. 두, 12·13·17. 부, 14. 권족반(족부에 투각이 되어 있으며 홍채를 도포했다), 15·16·19. 지좌(支座)(彭全民 등 1990: 圖 9)

4000)와 그 토기는 타이완의 다번컹문화와 유사하다. 이로 인해 몇몇 고고학자는 이두 문화 사이에 모종의 연계가 있었다고 생각한다(Hung 2008; Jiao 2007).

　센터우링문화(약 BC 4000-BC 3000) ㅣ 이 문화는 1980년대에 발견된 전형적인 유적 선전(深圳) 센터우링에서 그 이름을 따왔다(彭全民 등 1990). 이후 홍콩과 마카오를 포함한 주강 삼각주에서 동일 유형의 유적이 대량으로 발견되었으며, 그곳에서 발견된 것이 센터우링 출토 유물의 특징과 유사하다는 점이 확인되었다. 이들 유적은 모두 사구 또는 조개무지 유적으로 아마도 계절적 야영지였을 것이다. 도구에는 타제석기와 마제석기가 포함되어 있다. 토기는 대부분 수제이며 소성온도가 낮고, 기형에는 사질의 부, 관과 소량의 분, 반, 지좌가 있다. 토기의 문양에는 홍채(紅彩), 승문, 획문과 패각압인문이 있다. 백도와 채도도 있는데(그림 6.19), 이것은 명백히 양쯔강 중류지역의 영향을 받은 것이다(中國社會科學院考古硏究所 2010: 497-500).

　동남 연해의 신석기시대 문화에는 해양성 생업의 경향이 강하게 나타나며, 강력한

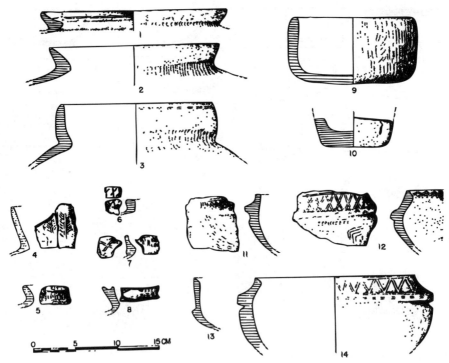

그림 6.20 타이완 다번컹문화의 승문 및 각획문 토기(Chang 1969: 圖 82)

항해 능력이 발전되었다. 학술계는 오랫동안 타이완의 가장 이른 신석기시대 유존 다
번컹문화(약 BC 4000-BC 2500)가 푸젠과 광둥성을 포함하는 대륙의 동남 연해지역에
서 기원했다고 생각했다(예컨대 Chang 1964, 1969; Jiao 2007; Tsang 2005). 타이완 해
협 양안에서 출토된 고고학적 자료가 문화 특징에서 보여 주는 유사성은 줄곧 이런 견
해를 지지해 왔다. 그 특징에는 구연부에 비획문(篦劃文) 혹은 패치문(貝齒文)을 장식한
승문 토기(그림 6.20), 탁제(琢制) 자갈 석기, 마제 석분, 중심에 천공이 있는 석모(石矛),
홈이 있는 수피포(樹皮布)[19] 방망이, 천공된 상어 이빨 장식품, 발치 습속, 사구 유적 혹
은 조개무지 유적의 모습을 띤 취락 형태 등이 포함되어 있다(Chang and Goodenough
1996; Hung 2008; Tsang 1992). 대다수의 연구자는 동남 연해의 신석기시대 집단이 오
스트로네시아어족의 조상이라고 보는 데 의견을 같이한다. 그들은 처음에 타이완으로

---

19   [역주] 뽕나무과 식물의 나무껍질[樹皮]를 물에 담그고 두들겨 무두질한 천을 말한다. 미크로네시아의 일
      부와 뉴기니 섬 일부를 제외하고 오세아니아 전역 및 동남아시아 일부에서 제작된다. 손그림, 스탬프 등으
      로 각종 무늬나 채색을 하며, 의복, 깔개 등으로 사용된다.

이주했으며, 결국에는 태평양 지역의 식민자가 되었는데 이것이 바로 이른바 남도어족의 확산이다(Bellwood 1995; Goodenough 1996). 이 인구 확산의 최초 기원은 기원전 4000년기 양쯔강 중하류지역 집단의 남천(南遷)까지 소급될 수 있다.

결론

20여 년 전 장광즈는 기원전 4000년기에 발생한 두 가지의 발전 추세를 발견했다. 첫 번째 추세는 이른바 모든 구역 문화의 분포 범위가 확대되고, 피차간의 상호관계가 강화되고 있었다는 것이다. 두 번째 추세는 각 지역의 신석기시대 문화가 더욱 복합화되어 모든 지역에서 독자적인 특징을 갖춘 문명으로 이어졌다는 점이다. 장광즈는 이처럼 상호관계를 가진 지역 문화 발전을 '중국상호작용권' 혹은 '룽산형성기'라고 불렀다. 이것의 가장 두드러진 특징은 두 종류의 전형적인 토기, 즉 정(鼎)과 두(豆)의 광범위한 분포이다(陳星燦 2013). 고고 기록에 의하면 이들 토기는 황허강 유역에서 남쪽으로 전파된 것 같다(Chang 1986a: 234-242).

20년이 지난 지금 고고 자료의 누적에 따라 기원전 5000년기에서 기원전 4000년기 사이의 사회 변화에 대해 더욱 깊이 관찰할 수 있게 되었다. 이 시기에는 세 가지 문제가 가장 중요하다. ① 의례를 장악한 지배층 권위의 출현, ② 광역에 걸친 의식 형태 체계의 형성, ③ 정주 농업의 장기 발전이 야기한 인구 확산.

혈연적 유대와 자급적 취락이 기본 사회 단위였지만 각 집단은 석제 도구와 같은 실용품의 교환을 통해 서로 연결되었다. 기원전 5000년기 대다수의 농업 집단은 본질적으로 여전히 평등사회였지만, 뒤이은 1,000년 동안 상황은 점차 변화했다. 몇몇 개인은 모종의 정치적 역할을 획득해 특수한 사회적 지위를 소유했다. 왜냐하면 그들은 천문, 의약, 농업 등의 지식을 갖추거나 의례 활동에 종사할 능력을 가졌기 때문이다. 사회 분화는 일부 지역에서 출현하기 시작했는데, 그것은 계층화된 취락 형태, 대형 공공 건축물의 건설, 상장 행위의 사회적 차별 및 지배층이 통제하는 위신재(예컨대 옥기)의 제작과 분배 등에서 나타났다.

채색 그림 혹은 각획 도상 및 기타 유형의 의례 용품을 포함하는 이 시기의 예술품은 우주에 관한 지식, 조상 숭배, 풍요신 숭배, 동물의 초자연적 힘 등과 같은 정신적 관념과 밀접한 관계를 지니고 있다. 각 지역에서 자신만의 독특한 신앙 체계가 발전되었지만 각 지역 집단의 의례 배경에는 몇몇 공통된 요소가 있다. 그것은 이를테면 용형(龍形) 도상, 거북, 새와 원형, 방형 등이다. 정신적 관념의 측면을 대표하는 예술품과 의례 용품의 교환은 이 시기 지역 간 상호관계의 가장 중요한 형식이었던 것으로 보인다. 지배층의 성원은 의례 지식을 장악했으며, 의례 용품 특히 옥기의 생산과 분배를 장악했다. 고고학적 기록에서도 볼 수 있듯이 지역 간의 의례 지식 교류는 아마도 그들에 의해 완성되었을 것인데, 이것은 넓은 범위 내에서의 몇몇 공동 신앙 형성으로 이어졌다(李新偉 2004).

인구의 확산은 중국 남북에서 일종의 보편적인 현상이었다. 양사오문화는 먼저 북으로 내몽골까지 전파되었으며, 이후 서북으로 황허강 상류지역까지 도달했다. 다시문화와 허무두문화는 남쪽으로 확산되어 주강 유역과 동남 연해지역에 도달했다. 이들 신석기시대 농경인은 그들의 농업 기술과 지식을 지닌 채 새로운 강토로 이주했는데, 이것은 명백히 농사를 지을 수 있는 토지를 찾기 위한 것이었다. 그러나 새로운 지역에서는 불가피하게 현지의 환경에 새로 적응해야 했다. 이러한 사실은 내몽골 다이하이 지역의 양사오문화 유적에서 잘 나타나는데, 이 유적에서는 수렵채집 경제가 매우 큰 부분을 차지한다. 이것은 동남 연해 여러 유적의 어로 경제에서도 나타나는데, 이들 유적의 문화는 원래 양쯔강 유역의 농경 집단에서 기원한 것이다. 그러나 각각의 사례에 나타나는 생업방식의 변화가 이주민이 새로운 생태 체계에 적응한 결과인지 아니면 그 숫자가 매우 적다고 하더라도 토착민의 영향을 받은 것인지는 명료하지 않다.

고고학적 기록에 보이는 물질 자료의 유사성, 예컨대 토기 유형, 장식 도안, 문양, 옥기 기형 등과 같은 것은 사람들 사이에서 이루어진 다양한 교류와 상호관계에서 비롯되었다. 이러한 추세는 기원전 3000년기에도 계속 발전하는데, 이것에 대해서는 다음 장에서 다루고자 한다.

제7장 초기 복합사회의 흥기와 쇠락: 신석기시대 후기(BC 3000-BC 2000)

우(禹) 임금이 도산(塗山)에 제후를 모이게 하였는데, 만국(萬國)이 옥백(玉帛)을 가지고 참가하였다.

　　　　　　　　　　　　　　　　　　　　　　　　　－『좌전』 애공(哀公) 7년

　　기원전 3000년기 집약 농업이 황허강과 양쯔강 유역에 널리 퍼지기 시작했다. 이들 지역의 고고학적 발견 역시 인구의 고도 집중과 복합사회의 출현을 증명한다. 반면 수렵 채집 사회는 때때로 낮은 수준의 식량 생산을 수반하면서 동북, 신장, 칭짱고원의 대부분 지역과 화남의 몇몇 지역 등 다른 많은 지역에서 여전히 주도적 지위를 차지했다.

　　인구가 조밀한 지역에서는 몇몇 중요한 사회 변화가 발생했다. 이들 사회의 대부분은 계층적으로 조직되었으며, 계층사회의 지배층 사이에서 위신재 교환이 일상적으로 이루어지고, 집단 간 전쟁이 지속적으로 격화되었다. 정치적 통제, 의례 권력, 물질적 재부는 소수의 지배층에게 집중되었다. 성벽을 두른 지역 중심이 빈번하게 출현했으며, 그 가운데 일부 중심지는 초기 도시의 정치, 종교와 경제적 기능을 구비했을 것이다. 중국 고대의 문헌 기록에 의하면 하대(夏代) 이전 황허강 유역은 '만국(萬國)'이 빽빽이 들어선 상태였다.

　　앞선 시기와 비교해 신석기시대 후기에는 이용할 수 있는 대량의 자료가 있지만, 여기에서 각 지역의 고고학적 발견에 대해 상세히 묘사하는 것은 불가능하다. 이 장에서는 거대한 사회적 변화를 보여 주는 지역의 고고학적 자료에 대해 개략적으로 서술할 것이다. 신석기시대 후기 문화와 그 주요 유적의 분포 상황은 〈그림 7.1〉, 〈그림 7.2〉와 〈표 7.1〉을 보기 바란다.

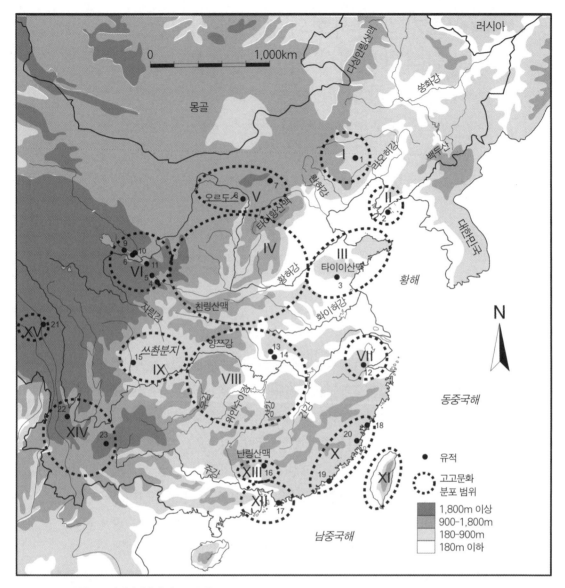

그림 7.1 신석기시대 후기 고고문화

I. 샤오허옌, II. 샤오주산상층, III. 다원커우 후기–산동룽산, IV. 룽산, V. 라오후산, VI. 마자야오, VII. 량주, VIII. 취자링–스자허,
IX. 바오둔, X. 탄스산, XI. 위안산(圓山), XII. 융랑, XIII. 스샤, XIV. 윈난성 각지 신석기시대 문화, XV. 카뤄

고고 유적 분포: 1. 샤오허옌, 2. 샤오주산, 3. 다원커우, 4. 스링샤, 5. 마자야오, 6. 마창, 7. 라오후산, 8. 다커우(大口), 9. 류완,
10. 양산, 11. 반산, 12. 량주, 13. 취자링, 14. 스자허, 15. 바오둔, 16. 스샤, 17. 융랑, 18. 황과산, 19. 다마오산, 20. 탄스산,
21. 카뤄, 22. 하이먼커우, 23. 스자이산

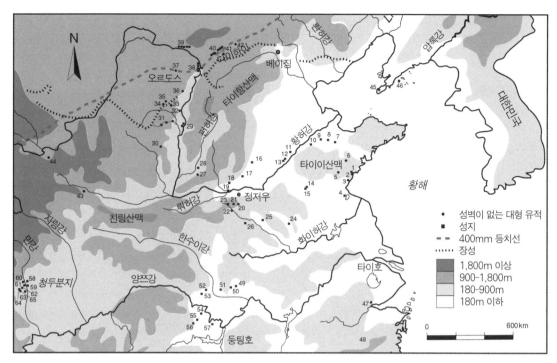

그림 7.2 제7장에서 다루는 기원전 3000년기의 주요 유적과 성지(城址)

황허강 유역과 랴오둥: 1. 단투, 2. 량청진, 3. 야오왕청(堯王城), 4. 텅화뤄(藤花落), 5. 링양허, 6. 청쯔(못子), 7. 벤셴왕, 8. 퉁린-톈왕(田旺), 9. 딩궁, 10. 청쯔야, 11. 자오창, 12. 왕좡(王莊), 13. 징양강(景陽岡), 14. 쉐구청(薛故城), 15. 시캉류(西康留), 16. 허우강, 17. 멍좡(孟莊), 18. 시진청(西金城), 19. 쉬바오촌(徐堡村), 20. 구청자이, 21. 신자이(新砦), 22. 와뎬, 23. 왕청강, 24. 웨이츠쓰, 25. 핑량타이(平糧臺), 26. 하오자타이(郝家臺), 27. 저우자좡, 28. 타오쓰, 29. 허우자이쯔마오(後寨子峁), 관후거다(關胡疙瘩), 30. 루산마오(蘆山峁), 31. 다리허강(大荔河) 유역의 석성지, 32. 스뤄뤄산(石摞摞山), 33. 스마오(石峁), 34. 훠스량, 35. 신화(新華), 36. 자이마오(寨峁), 37. 주카이거우, 38. 칭수이허강 유역의 석성지, 39. 다칭산(大青山) 이남 지역의 석성지, 40. 다이하이(岱海) 지역의 석성지, 41. 스후산, 42. 먀오쯔거우, 43. 스자촌, 시산핑, 44. 둥상(東鄉), 45. 궈자촌, 46. 샤오주산, 우자촌(吳家村)

양쯔강 유역: 47. 모자오산, 48. 하오촨, 49. 먼반완(門板灣), 50. 타오자후(陶家湖), 51. 스자허, 52. 마자위안(馬家垸), 53. 인샹청(陰湘城), 54. 지밍청(鷄鳴城), 55. 지자오청(鷄叫城), 56. 청터우산, 57. 쩌우마링(走馬嶺), 58. 구청(古城), 59. 위푸청(魚鳧城), 60. 망청(芒城), 61. 솽허(雙河), 62. 쯔주촌(紫竹村), 63. 바오둔, 64. 옌뎬(鹽店), 65. 가오산(高山)

아래에서 다루게 되는 이 시기의 주요 문제에는 생태 변화와 사회적 영향, 취락 형태, 인구 이동과 증가, 전쟁, 교환 체계, 신앙과 의례 활동, 기술, 사회적 지위의 상징물과 사회 계층 등이 있으며, 복합사회의 발전과 붕괴를 야기한 요인에 대해 중점적으로 다룰 것이다. 최근 많은 고고학자가 신석기시대 후기 문화의 성격, 즉 이들 사회가 초기국가인지 아닌지에 대해 관심을 가지고 있다. 이 문제에 대한 깊이 있는 토론은 제8장을 보기 바란다.

표 7.1 중국 신석기시대 후기 문화 연대표

지역	문화	연대표(BC)
랴오허강 유역	샤오허옌	3000-2600?
랴오둥반도	샤오주산 상층	2200-2000
황허강 하류	다원커우 후기	3000-2600
	산둥룽산	2600-1900
황허강 중류	룽산 전기	3000-2500
	룽산 후기	2500-2000/1900
황허강 상류	스링샤	3980-3264
	마자야오	3300-2500
	반산	2500-2300
	마창	2300-2000
다이하이-오르도스 지역	라오후산	2500-2300
	다커우 1기	약 2000
양쯔강 하류	량주	3300-2000
양쯔강 중류	취자링	3400-2500
	스자허	2600-2000
양쯔강 상류	바오둔	2800-2000
	샤강 서부	약 2000
시짱	카뤄	3300-2300
화남지역	광둥성 스샤	3000-2000
	주강 삼각주 융랑	3000-2000
	푸젠 탄스산	3000-2000

황허강 유역

황허강 유역은 줄곧 신석기시대 후기 문화 연구의 중심이었다. 그 이유는 주로 이 지역에서 중국에서 가장 이른 하, 상, 주 세 왕조의 흥기를 볼 수 있기 때문이다. 고고문화의 발전은 3개의 대구역으로 나눌 수 있다. 첫째는 황허강 하류의 다원커우문화 후기-산둥룽산문화이고, 둘째는 황허강 중류의 룽산문화이며, 셋째는 황허강 상류의 마자야오-반산(半山)-마창문화(馬廠文化)이다(그림 7.1 참조).

황허강 하류지역

황허강 하류가 일반적으로 가리키는 곳은 하이다이(海岱)지역으로, 오늘날의 산둥성, 허난성 동부, 안후이성 북부와 장쑤성 북부가 포함된다. 이곳에는 다원커우문화(후기, BC 3000-BC 2600)와 그 이후의 룽산문화(BC 2600-BC 1900)가 분포한다(欒豊實 1997; 山東省文物考古硏究所 2005: 126-274).

취락 형태 | 신석기시대 중기부터 후기까지의 인구 증가는 주로 산둥반도의 다원커우문화(547개 유적)부터 룽산문화(1,492개 유적)까지의 현저한 유적 수량 증가를 통해 드러난다(國家文物局 2007). 다원커우문화 후기와 룽산문화 시기의 인구 증가가 특히 급격히 이루어졌다. 이미 보고된 성지(城址)가 20여 곳에 이르며, 이 가운데 7곳이 발굴을 통해 확인되었다(그림 7.2). 가장 이른 곳은 우렌(五蓮) 단투(丹土) 유적으로, 다원커우문화 후기에 건설되기 시작해 룽산문화 중기까지 계속 사용되었다. 다른 성지는 모두 룽산문화 시기에 건설되었으며, 이 가운데 일부는 웨스문화(嶽石文化) 시기(BC 1900-BC 1500)까지 지속되었다(欒豊實 2006). 지역 중심(일부는 성벽을 갖춘) 사이의 분포 거리에는 일정한 규칙이 나타난다(30-50km). 취락 형태와 부단히 증가하는 전쟁 및 폭력을 반영하는 고고학적 증거는 구역 정치체 사이에 존재한 경쟁관계를 보여 준다(Liu, L. 2004: 192-207; Underhill 1994; Underhill et al. 2008).

최근 이루어진 산둥성 동남지역의 전면적인 구역조사는 취락 형태의 변화를 이해하는 데 상세하고 체계적인 정보를 제공한다. 인구 증가는 유적 수량의 현저한 증가를 통해 드러난다. 베이신문화 시기 이 지역에는 유적이 단 2곳만 있었지만, 다원커우문화 후기에는 27곳으로 증가했고 룽산문화 시기에는 463곳에 달했다. 룽산문화 시기 취락 분포 역시 량청진(272만 5,000m²)과 야오왕청(367만 5,000m²) 등 두 대형 취락을 중심으로 한 유적의 집합 과정을 보여 준다. 이 두 취락은 공존한 2개의 정치체를 대표한다. 각각의 중심은 모두 4개 계층의 취락을 갖춘 것을 특징으로 하지만, 두 중심의 취락 형태는 사뭇 다르다. 량청진을 중심으로 한 취락 체계는 야오왕청의 것에 비해 더욱 분명한 구심력을 가지고 있다. 이 모델은 두 정치체 각각의 통치자가 채택한 전략을 대변한다(Underhill et al. 2008).

몇몇 지역적 중심은 그곳이 수공업 생산 중심이기도 했음을 보여 주는데, 여기에서는 실용기와 사회적 지위를 나타내는 위신재도 제작되었다. 최근 량청진의 발굴을 통해서 석기 생산의 분명한 증거가 드러났다(Bennett 2001; Cunnar 2007). 옥기와 단각(蛋殼) 토기 같은 위신재도 이 유적에서 생산되었을 것이다(Liu, L. 2004: 108). 이와 같은 현상은 인구가 대형 중심으로 모인 이유가 부분적으로는 이들 지역의 수공업 전문화와 생산의 발전에서 비롯된 것임을 보여 준다.

최근의 연구는 발해만 부근의 염업(鹽業) 생산이 신석기시대까지 소급될 수 있음을 보여 주었다. 발해만 서남 해안선은 풍부한 지하 함수(鹹水)를 보유하고 있으며, 고대에 이 지역이 중요한 소금 산지였다. 기원전 4500년에서 기원전 3000년에 해안선을 따라 15개의 다원커우문화 유적이 분포되었다. 이 지역의 토양은 척박해서 농업에는 적합하지 않다. 재로 가득 찬 재구덩이와 연소 흔적 같은 유존이 보여 주는 몇몇 유구는 제염에 사용된 설비인 것 같다. 이들 유적(廣饒縣 五村)에서 출토된 석기, 옥기와 채도는 분명히 다른 지역에서 획득한 것이다. 이들 유존은 다원커우문화 시기에 이미 식염이 전문적으로 생산되었으며, 소금이 일종의 교환에 이용된 물품이었음을 나타낸다. 룽산문화 시기에 12개의 소규모 유적이 해안선 저지를 따라 분포되었는데, 이것은 지하 함수의 분포 상황과 일치한다. 청쯔야, 딩궁(丁公), 퉁린(桐林), 볜셴왕(邊線王) 등 4곳의 성지는 타이이산 북부의 충적평원에 등거리로 분포되어 있다. 연해 유적의 면적은 매우 작으므로(1만~2만m²) 아마도 소금 생산을 위한 계절적 주거지이고, 내륙의 어떤 지역 중심에 예속되었을 것이다(王靑 2006). 따라서 성벽을 두른 중심지들 사이의 경쟁 관계는 자연 자원(예컨대 식염)의 생산 및 무역과 관련이 있을 것이다.

상장 형태 ㅣ 다원커우문화는 옥기, 상아 제품, 정치한 토기, 돼지 하악골, 노루 어금니 등 정미한 부장품을 대량으로 부장한 것으로 세상에 널리 알려져 있다(高廣仁 2000; 邵望平 1984). 주기(酒器)와 성식기(盛食器)는 항상 부장품의 대다수를 차지한다. 링양허(陵陽河) 묘지의 45개 무덤에서 고병배(高柄杯) 663점이 출토되었는데, 이것은 전체 부장품 수량의 45%를 차지한다. 예컨대 남성이 매장된 M25에는 73점의 토기가 부장되었는데, 이 가운데 30여 점이 고병배(그림 7.3)이다(王樹明 1987). 무덤의 형식은 특수한 문화전통을 보여 주며, 그 가운데 향연(饗宴)이 상장 활동의 한 중요한 구성 부분이고, 사회 계층도 그 과정에서 분명하게 나타난다(Fung, C. 2000; Keightley 1985; Underhill 2000, 2002).

상장문화의 전통은 룽산문화 시기에도 계속되었다. 지배층 무덤의 풍부한 부장품 조합이 보여 주는 것처럼 주기와 성식기가 차지하는 부장품의 비중이 가장 크다. 부

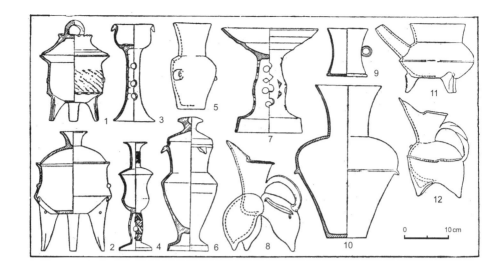

A

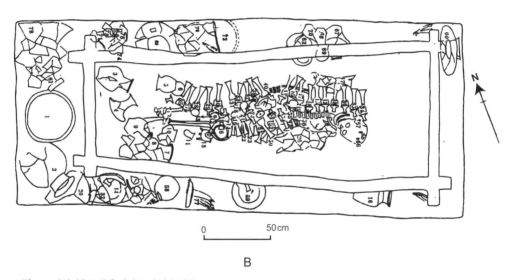

B

그림 7.3 다윈커우문화 후기의 무덤 및 부장품
A. 토기 유형: 1·2. 정, 3·4. 고병배, 5. 배호(背壺), 6. 병, 7. 두, 8·12. 규, 9. 배, 10. 호, 11. 화(邵望平 1984: 90)
B. 링양허 M25. 30여 점의 고병배가 포함된 풍부한 부장품이 대부분 유해의 위쪽에 배치(王樹明 1987: 71)

장품에는 아름다운 단각 고병배, 옥기, 악어 가죽으로 만든 북[鼉鼓], 돼지 두골과 하악
골 등이 있다. 주청(諸城)의 청쯔(呈子)와 같은 몇몇 무덤 유적에서 상장 활동 중에 조
상 숭배 의식을 거행한 규칙적 모델이 존재했음을 보여 주는 고고학적 증거가 발견되
었다. 어떤 특정한 무덤에서 하장(下葬)한 날부터 장기간에 걸쳐 지속적으로 헌제(獻

祭)가 거행된 것이 그것이다. 조상 숭배 의식도 사회적 계층 체계와 함께 교직(交織)되기 시작했다. 즉 특수한 가족과 세계(世系)의 조상은 매우 높은 사회적 지위를 가졌으며, 정치와 종교, 경제적인 측면에서의 영예를 향유했다. 조상 숭배 의식은 정치제도의 일부분으로서 혈연관계를 기초로 한 사회에서 계층화를 강화하는 작용을 했다(Liu, L. 2000a).

주거 형태 | 안후이성 멍청(蒙城)의 웨이츠쓰(尉遲寺, BC 2800-BC 2600)는 잘 보존된 다원커우문화 후기의 취락이다(張莉, 王吉懷 2004; 中國社會科學院考古硏究所 2001). 일부 주거지에서 토기가 대량으로 출토되었는데, 이것은 이곳에서 빈번한 연회가 거행되었음을 암시하는 것일 수 있다(Liu, L. 2004: 96-100). 연회는 매우 많은 복합사회에 존재하는데, 이것은 야심 있는 개인이 권력과 위신을 획득하고 유지하기 위해 채택한 일종의 지위를 다투는 행동 양식이다(Dietler and Hayden 2001). 이런 활동은 다원커우문화의 상장과 주거지 자료를 통해서 분명하게 나타난다.

부호와 상징 | 다원커우문화 후기의 대구준(大口尊)에서 20여 개의 상형 부호가 발견되었는데, 이것은 8개 유형으로 나눌 수 있다(그림 7.4-1). 대구준은 대형 용기의 일종으로, 때때로 안에서 동물 유해가 나오며 무덤과 주거지에서 자주 발견된다. 그 기능은 아마도 모종의 의례 활동과 관련이 있을 것이다. 이 밖에 산둥성 쩌우핑(鄒平) 딩궁 유적과 장쑤성 가오유(高郵) 룽추좡(龍虬莊) 유적에서 발견된 토기편에도 여러 종류의 부호가 새겨져 있다(그림 7.4-2·4). 그 연대는 대체로 기원전 2000년 전후이다. 토기 각획부호의 성격은 논란이 매우 많은 주제이다. 대구준의 상형 부호의 경우 몇몇 연구자는 그것이 갑골과 금문(金文) 가운데 문자 혹은 족휘(族徽)[20]에 유사한 문자라는 주장을 굽히지 않는 반면, 다른 일부 연구자는 단지 특정한 의미를 갖춘 부호 또는 표지일 뿐이라고 생각한다. 딩궁의 도문(陶文) 해석을 시도한 연구자도 있지만 아직 일치된 견해에 이르지는 못했다(馮時 1994; Keightley 2006; 龍虬莊遺址考古隊 1999: 圖 323; 山東省文物考古硏究所 2005: 201-204, 278; Yang, X. 2000: 68-72).

20 [역주] 상주시대의 청동기 명문에서 사용된 일종의 휘장(徽章)으로, 일반적으로 씨족을 표시하는 것이라고 이해된다. 그 형태는 대개 상형적인 기호에 가깝다. 씨족의 토템이나 직능을 표시하는 것에서 시작되었다는 견해도 있고, 지명, 관직명, 조상 또는 신의 이름에서 나온 것이라는 주장도 있다. 지금까지 약 600종이 알려져 있으며, 상말주초(商末周初)의 청동기 명문에 주로 나타나다가 그 이후에는 점차 사라진다. 궈모로(郭沫若)가 처음 족휘라는 명칭을 붙인 후 중국학계에서는 일반적으로 이 용어를 채택하고 있으나, 도상(圖象), 도상표지(圖象標識), 도상기호(圖象記號) 등의 명칭으로 불리기도 한다.

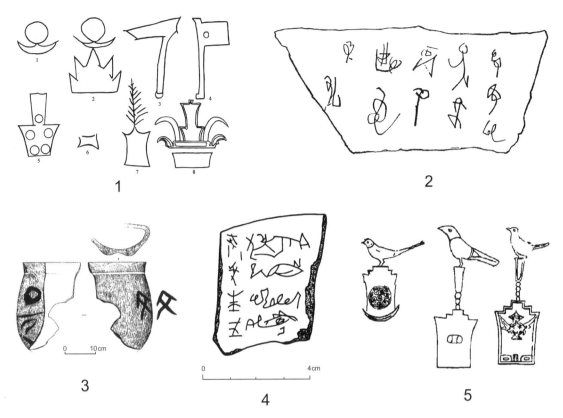

그림 7.4 신석기시대 후기의 토기와 옥기의 각획부호

1. 다윈커우문화 대구준의 각획부호, 2. 산둥성 딩궁 출토 토기 파편의 각획부호, 3. 산시성(山西省) 타오쓰 출토 토기의 문자부호, 4. 장쑤성 룽추좡 토기 파편의 각획부호, 5. 량주문화 옥기의 각획부호(1. 山東省文物考古硏究所 2005: 圖 75; 2. 馮時 1994: 圖 3; 3. 馮時 2008: 圖 1; 4. 龍虬莊遺址考古隊 1999: 圖 323; 5. 任式楠 1996: 327에서 인용)

쇠락 │ 하이다이지역의 룽산문화는 대략 기원전 2000년에 쇠락하기 시작했다. 그 표지가 되는 것은 취락 수가 급감한 것과 대부분의 지역 중심이 사라진 것이다. 이와 같은 현상은 인구밀도의 저하와 정치적 복합도의 감소를 암시한다. 룽산문화 후기에 일부 지역의 인구는 감소하기 시작했지만(예컨대 산둥성 동남의 량청진), 다른 지역의 지역 중심은 룽산문화의 뒤를 잇는 웨스문화에도 지속적으로 존재했다(예컨대 산둥성 북부 지역의 청쯔야). 다윈커우문화 시기에 인구가 서쪽으로 이동했음을 보여 주는 증거도 있다. 기원전 3000년기 초기에 해당하는 다수의 다윈커우문화 유적이 안후이성 동북부와 허난성 중부에서 발견된 것이 그것이다(陳洪波 2007; Liu, L. 2004: 185-188). 이런 변화를 일으킨 확실한 원인은 아직 분명하지 않지만 아마도 자연적이고 인위적인 이중의 재난으로 인한 일이지, 단일한 재난 사건으로 야기된 것은 아닐 것이다.

황허강 중류지역

이 광활한 지역은 다양한 지형과 식피를 가지고 있다. 허난성, 허베이성 남부, 산시성(山西省) 남부와 산시성(陝西省) 중부가 이 지역에 포함된다(그림 7.1 참조). 고고문화는 일반적으로 룽산문화 전기(먀오디거우2기)와 후기 등 두 시기로 구분된다. 토기 유형학을 기초로 하여 10개의 지역적 변이로 구분되며, 이 지역적 변이 각각은 독립된 유형으로 호칭된다.

이 시기에 이 지역의 인구밀도는 급격히 증가했다. 전국 범위의 문화재 조사 결과를 보면 허난성, 산시성(山西省)과 산시성(陝西省) 등 각 성의 유적 수량은 각각 양사오문화 시기(총수 3,556개)의 800개, 716개, 2,040개에서 룽산문화 시기(총수 4,302개)의 1,000개, 1,102개, 2,200개로 증가(國家文物局 1991, 1999, 2006)했다(그림 7.5). 양사오문화가 지속된 시간이 룽산문화의 두 배인 것을 고려하면, 양사오문화에서 룽산문화에 이르는 시기의 실제 인구 성장률은 앞에서 제시한 숫자보다 더욱 현저할 것이다.

취락의 형태를 보면 여러 지역의 취락이 세 등급으로 구분된다. 성벽을 갖춘 지역 중심 취락이 최소 9개 발견되었는데, 이들은 모두 허난성과 산시성(山西省) 남부에 위치한다(그림 7.2 참조)(Liu, L. 2004: 159-191). 중원지역의 경우 지역 중심 취락의 면적은 통상 50만m²가 되지 않으며, 서로 등거리에 가깝게 위치해 있다. 이것은 정치체 사이에 경쟁관계가 있었음을 암시한다. 그 가운데 하나의 사례는 허난성 덩펑(登封)의 왕청강(王城崗) 유적이다. 비교적 폐쇄적인 지리 구역, 예컨대 산시성(山西省) 린펀분지(臨汾盆地)에서는 타오쓰 유적이 하나의 대형 지역 중심으로 출현했으며, 수백 년 동안 전체 분지를 점거했을 것이다. 이들 유적은 훗날 초기 왕조가 흥기한 지역에 입지해 있으므로 고고학자들은 이들 성지의 발전과 역사적 귀속(歸屬)에 대해 특별한 관심을 가지고 있다.

왕청강 | 이 유적은 허난성 중부 충적평원의 대지 위에 위치한다. 유적이 연속된 시간은 매우 길어서 신석기시대 전기부터 청동기시대까지 계속해서 이어진다. 룽산문화 시기 이 지역은 여러 중심지가 경쟁하는 취락 체계를 특징으로 하며, 이 가운데 일부 중심 취락은 판축 성벽으로 스스로를 보호했다. 왕청강(약 BC 2200-BC 1835)은 그와 같은 성지의 하나인데, 이곳은 잉허강(潁河) 상류에 위치한 22개 무성벽 소형 유적의 중심이었다. 이곳에는 기원전 2200년경 먼저 소성 2기(면적은 모두 약 1만m²)가 출

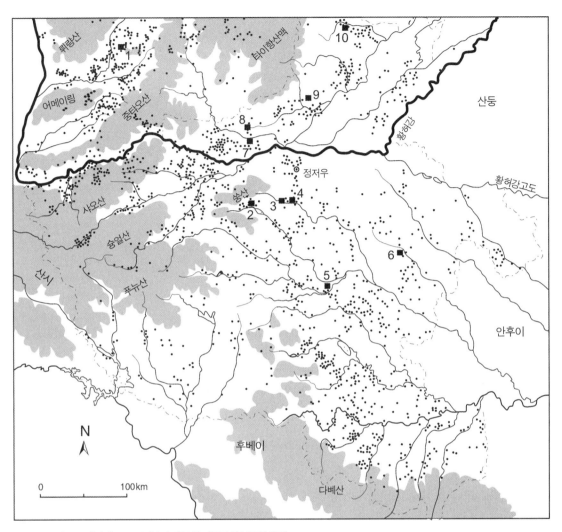

그림 7.5 산시성(山西省) 남부와 산둥성 서부의 룽산문화 유적
성지: 1. 타오쓰, 2. 왕청강, 3. 신자이, 4. 구청자이, 5. 하오자타이, 6. 핑량타이, 7. 쉬바오(徐堡), 8. 시진청, 9. 멍좡, 10. 허우강, 11. 징양강

현했으며, 이후 기원전 2100년에서 기원전 2050년에 대성 1기(35만m²)가 건설되었다. 유적에서 재구덩이가 대량으로 발견되었는데, 그 가운데 하나에서는 인간 희생 유존이 확인되었다. 발견된 석제 송곳과 석제 반가공품으로 보건대 이곳은 수공업 생산의 중심지로서 석산, 석부, 석도, 석겸 등을 제작했다(北京大學考古文博學院, 河南省文物考古研究所 2007; 河南省文物研究所 1992).

일부 연구자는 문헌 기록에 의거해 왕청강의 위치가 하 왕조를 세운 대우(大禹)가 건설한 도성인 양성(陽城)에 부합한다고 추정했다. 1977년에 소성 2기가 발견되어 이 것이 일반 민중과는 격리된 지배층의 거주지였을 가능성이 있다는 설명이 제시된 이 후부터 왕청강은 항상 하 왕조의 개창지로 인식되어 왔다(河南省文物考古硏究所 1992). 최근에 다시 대성이 발견됨에 따라 소성은 전설에서 대우의 부친인 곤(鯀)이 세운 것 이고, 대성은 대우 본인이 세운 것이라는 새로운 주장이 제기되었다(北京大學考古文博 學院, 河南省文物考古硏究所 2007: 789-791). 그러나 이와 같은 주장이 왕청강의 두 성지 가 100년의 시차를 두고 건설된 문제를 해결하지는 못한다.

타오쓰 유적(BC 2600-BC 2000) | 이 유적은 황허강 중류지역에 위치한 가장 복 합화된 지역적 중심으로, 린펀분지 중부의 충산(崇山, 일명 塔兒山) 북록에 위치하며 사 면이 산지로 둘러싸여 있다. 타오쓰(300만m²)는 룽산문화 후기의 대형 중심 취락으로 서 다수의 소형 유적으로 둘러싸여 있으며, 취락은 모두 3등급으로 구별된다(Liu, L. 1996b). 타오쓰 유적은 전기, 중기, 후기 등 세 단계로 구분할 수 있으며, 각 단계는 약 200년간 지속되었다. 소성(56만m²)은 전기에 건설되었으며, 대성(289만m²)은 중기에 건설되었다(그림 7.6). 이 유적의 고고학적 자료를 통해서는 사회 계층을 분명하게 확 인할 수 있다. 이미 발굴된 1,000여 기의 무덤은 3등급으로 구분할 수 있다. 대부분은 단지 소량의 부장품만을 갖추거나 부장품이 전혀 없는 소묘이나, 1% 미만의 소수를 차지하는 대형 무덤에서는 수백 점의 부장품이 출토되었는데, 정미한 토기, 옥기, 타 고, 석기, 목기 및 외래의 의례 용품 등이 포함되어 있다(그림 7.7). 옥기 가운데 종(琮) 과 벽(璧)은 심지어 멀리 떨어진 양쯔강 하류 량주문화의 동류품과 유사하다. 지배층 은 성벽으로 보호된 궁전에서 생활했으며, 반지하식의 수혈 주거지와 동굴에 거주한 보통 사람들과는 격리되었다(Liu, L. 1996a, 2004; 嚴志斌, 何駑 2005).

그 밖의 발견 역시 타오쓰 유적을 특별하게 보이도록 한다. 남부 소성에서는 판 축 기단 및 약간의 사각 기둥 모양으로 판축된 유존 한 무리(ⅡFJT1)가 발견되었는데, 그 시기는 타오쓰 중기에 해당된다(그림 7.6 참조). 이 판축 유존군은 중심부에 위치한 또 다른 원형 판축 기단과 함께 평면 반원형의 평면 구조를 형성한다(그림 7.7-12). 건 축물 전체 면적은 약 1만m²로, 계절의 변화를 판단하는 천문 관측대로 간주된다(何駑 2007a). 일부 고고학자는 이런 견해에 부정적인 시각을 가지고 있지만, 이 해석은 천문 학자들의 강력한 지지를 받고 있다(劉次沅 2009; 武家璧 등 2008). 대묘 1기(ⅠM22)에서 는 칠간(漆杆) 1점(길이 180cm)이 발견되었다. 이것은 타오쓰 중기(BC 2100-BC 2000)

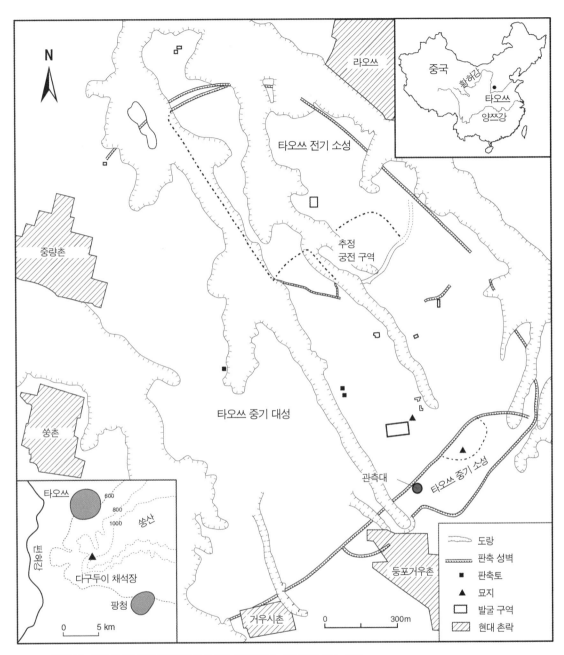

그림 7.6 신석기시대 후기 룽산문화의 타오쓰 유적(嚴志斌, 何駑 2005: 圖 1, 수정)

에 춘분, 추분, 동지의 그림자 길이를 측량하는 규표(圭表)로 간주되어(何駑 2009), 타오쓰의 권력자가 천문 관측에 참여했을 가능성을 한층 더 강하게 암시한다. 만약 이 결론을 신뢰할 수 있다면 이 건축물은 중국에서 가장 오래된 관상대(觀象臺)이다. 계절 변화가 신석기시대의 농경 사회에 매우 중요한 의미를 가지고, 관상수시(觀象授時)[21]를 통해 농경 활동을 지도할 수 있으므로 타오쓰의 권력자는 천문 지식을 장악하고, 역법을 제정함으로써 중요한 의례 권력을 소유할 수 있었을 것이다. 그러므로 이 유적의 중요성은 아마도 그것이 가지는 의례적 기능에 귀납될 수 있을 것이다.

타오쓰 유적은 중국에서 가장 일찍 동기가 발견된 신석기시대 유적 가운데 하나이다. 소형묘 1기에서 출토된 동령(銅鈴) 1점은 복합범(複合范)으로 주조된 물건일 것이다(張岱海 1984). 중형묘 1기에서는 옥벽(玉璧)에 부착된 치륜형(齒輪形) 비소 청동기가 출토되었으며(國家文物局 2002: 27), 궁전지 내에서는 아마도 분(盆)의 구연인 것으로 보이는 동기 파편이 발견되기도 했다(何駑 등 2008). 이상의 유물은 모두 타오쓰 유적 후기의 것이다. 그런데 이들 금속 제품이 현지에서 제작된 것인지 아니면 교환을 통해 획득한 것인지 현재로서는 아직 분명하게 알 수 없다. 주목할 만한 것은 이 시기의 금속 제품이 지배층 무덤에 일반적으로 부장되는 위신재 목록에는 보이지 않는다는 것이다. 수백 년 이후의 얼리터우문화 시기에 비로소 청동기를 가장 중요한 신분 상징으로 사용하는 전통이 발전하기 시작한다(Allan, S. 2007). 타오쓰 유적에서 출토된 토기에서 주사로 쓴 2개의 상형문자가 발견되었다(그림 7.4-3). 연구자들은 상형문자에 대해서 다양한 해석을 내놓았다. 허누(何駑)는 그 가운데 한 글자를 '요(堯)' 자라고 해석했는데, 요는 전설에 나오는 전(前) 왕조시대의 군주이다(何駑 2007b). 펑스(馮時)는 이 2개의 글자를 '문읍(文邑)'이라 해석하고, 이것은 하대(夏代) 도읍의 이름을 가리킨다고 주장했다(馮時 2008).

타오쓰는 석기를 제작한 유적이기도 하다. 이 유적에서 석제 반가공품과 석추(石錐)와 같은 가공 도구가 대량으로 발견되었다. 타오쓰 유적에서 남쪽으로 약 7km 떨어진 다구두이산(大崮堆山)에서는 채석장이 발견되기도 했다(그림 7.6 참조). 다구두이산 채석장에서 발견된 석기의 유형은 타오쓰 유적에서 발견된 것과 유사하며, 실용 도구(鎌, 斧, 楔子, 鑿, 刀 등)와 의례 용품(石磬)이 포함되어 있다(陶富海 1991; 王向前 등 1987). 타오쓰의 지배층은 아마도 다구두이산의 채석장을 왕래하는 통로를 장악하고 있었을 것이다. 석기 제작은 전적으로 타오쓰 성지 내의 많은 가정에서 이루어진 것 같으며,

---

21 [역주] 청대(淸代)에 필원(畢沅)이 『하소정고증(夏小正考證)』에서 처음 사용한 말로, 천상(天象)을 관측해 시간을 확정하는 것을 말한다.

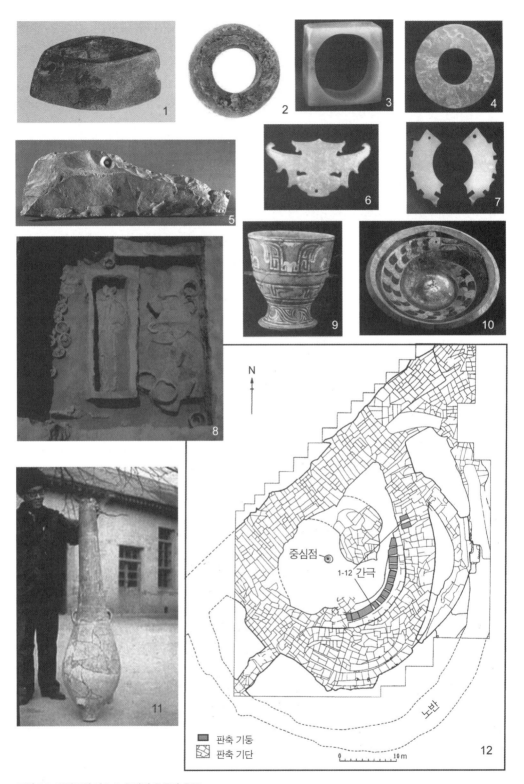

그림 7.7 룽산문화 타오쓰 유적의 유물과 유구

1. 동령, 2. 옥벽에 부착된 치륜형 동기, 3. 옥종(玉琮), 4. 옥벽, 5. 석경(石磬), 6·7. 옥 장식, 8. 지배층 무덤, 9·10. 채회토기,
11. 토제 예기, 12. 관상대 평면도(解希恭 2007: 彩版; 國家文物局 2007: 27 ; 何駑 2007a: 圖7에 의거, 재작성)

생산품은 대부분 주변 지역의 집단과 교환하는 데 사용되었다(Zhai, S. 2011).

타오쓰 유적에서 발견된 모든 것은 이곳이 해당 지역에서 가장 중요한 정치, 경제, 종교의 중심지인 동시에 수공업 생산에 참여한 곳이라는 것을 보여 주며, 지배층이 출현한 것을 입증한다. 이 유적은 초기 도시의 몇몇 특징을 나타내지만, 그 정치적 통치는 여러 산으로 둘러싸인 린펀분지에 국한되었을 것이다. 룽산문화 시기에 린펀분지이남의 윈청분지(運城盆地)에서도 빠른 속도로 취락의 집단화가 진행되었다. 그것은 장현(絳縣) 저우자좡(周家莊)에 대형 중심 취락이 출현한 것을 통해 입증할 수 있다. 이유적의 면적은 대략 200만m²에 달하며 환호로 둘러싸여 있다. 그 주변에는 소형 취락이 대량으로 분포하고 있다. 저우자좡은 타오쓰와 같은 시대의 유적으로, 산시성(山西省) 남부에 출현한 또 다른 지역적 중심이다(戴向明 등 2009; Drennan and Dai 2010).

타오쓰는 후기에 들어 정치적 동란을 겪은 듯하다. 대성은 파괴되었으며, 전기의 궁전 구역은 석기와 골기, 특히 골촉을 제작한 수공업 생산 구역으로 변화했다. 궁전 구역 부근에서 출토된 대량의 인골이 폭력적 활동이 있었음을 입증하며, 일부 지배층 무덤은 파괴되기도 하고 교란되기도 했다(Liu, L. 2004: 109-113; 嚴志斌, 何駑 2005). 이들 발견은 시간적으로 충산 남록의 팡청(方城)에 새롭게 대형 유적이 출현한 것과 일치한다(그림 7.6 참조). 그것은 분지 내부 집단 사이의 격렬한 충돌이 있었음을 드러낸다(Liu, L. 1996b). 그런데 타오쓰 후기에 이 취락이 어떤 사회조직을 가지고 있었는지는 명료하지 않다. 이 단계에는 대형묘가 없지만 취락은 여전히 밀집된 인구를 보유한 것 같으며, 석기 생산도 여전히 지속되었다.

기원전 2000년기가 시작되면서 타오쓰 유적은 폐기되었으며, 지역의 취락 체계도 고고학적 기록에서 사라졌다. 이 중심 취락이 붕괴된 과정과 원인은 지금까지 분명하지 않지만, 어떤 연구자는 타오쓰 유적이 기원전 2000년 전후의 홍수로 인해 파괴되었다고 주장하기도 한다(夏正楷, 楊小燕 2003). 타오쓰 유적이 후기에 점진적으로 쇠퇴하는 과정을 거쳤는지 아니면 4,000년 전 어떤 재앙적 사건으로 인해 돌연히 중단되었는지에 대해서는 더욱 깊은 연구가 필요하다.

일부 고고학자는 타오쓰 유적과 전설 중 '오제' 가운데 역사 이전의 두 성인, 즉 요(堯)와 순(舜)을 연결시킨다. 고대의 문헌 기록에 의하면 요와 순의 활동 지점이 바로 산시성(山西省) 남부지역이다(解希恭 2007). 타오쓰 유적에서 발견된 관상대는 고대 문헌 기록에서 요가 천문 분야에서 쌓았다고 하는 공적을 뒷받침는 증거로 해석된다

(何駑 2004). 그러나 이런 전설을 기록한 문헌은 타오쓰문화가 위치한 시대보다 1,000여 년 늦으며, 따라서 그것을 통해 타오쓰의 역사적 속성을 결정해서는 안 된다고 생각한다.

사회 조직 | 룽산문화 시기의 지역 중심은 명백히 다른 차원의 복합사회를 보여준다. 의미 있는 하나의 현상은 타오쓰와 왕청강의 취락 형태 및 상장 모델이 자못 다르다는 점이다. 타오쓰 유적이 사회적 계층과 개인의 지위가 상장 활동을 통해 분명하게 드러나는 사회를 대표한다면, 왕청강 유적은 허난성 지역에서 다수 발견되는 성곽 취락의 대표라고 할 수 있다. 그러나 후자에서는 부장품이 풍부한 지배층 무덤은 발견되지 않았다. 이처럼 주목할 만한 차이는 단순하게 고고학적 조사가 불충분하기 때문에 나타난 결과라고 간주해 무시해서는 안 된다. 그것은 룽산문화 지배층 간의 서로 다른 통치 전략과 관련이 있을 가능성이 높다(Liu, L. 2004: 249-251).

북방지역

북방지역은 산시성(山西省) 북부, 산시성(陝西省) 북부와 네이멍구 중남부를 포함한다. 이 지역의 대부분은 광의의 오르도스지역에 해당한다(그림 7.1 참조). 토기 유형학 연구에 의하면 이 지역에는 다수의 지역 문화 변이가 존재하는데, 통상적으로 라오후산문화(老虎山文化)(BC 2500-BC 2300)와 다커우문화(大口文化)를 룽산문화 시기 후기의 유존이라 일컫는다. 이 지역은 황토고원, 산맥, 호수, 사막과 황허강 오르도스지역의 충적평원 등 다양한 지모로 구성되어 있다. 북부의 건조지역과 남부의 온난지역이 교차하는 지대에 위치하기 때문에 그 환경은 기후 변화의 영향을 받기 쉬우며, 생태역시 비교적 취약하다. 전신세에 이곳에 몇 차례의 기후 파동이 있었으며(Guo, L. et al. 2007; Xiao, J. et al. 2006), 그것은 늘 이 지역의 인구 증감과 맞물려 있다(田廣金, 郭素新 2004).

생업 경제 | 기원전 5000년기 전신세 중기 기후최적기가 도래했을 때 이곳에도 가장 이른 농경인이 출현했다. 이와 같은 상황은 양사오문화가 인구가 밀집된 중원지역에서 북방으로 확장된 결과일 것이다. 이곳의 우수한 자연 조건은 양사오문화 주민들에게 강력한 유인력을 발휘했으며, 농경 취락이 이로 인해 매우 빨리 퍼져 나갔다. 고고학적 증거는 시간의 흐름에 따라 야생동물의 수량이 감소하기 시작하고 가축, 특히

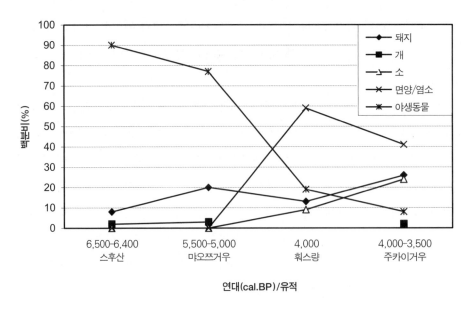

그림 7.8 북방지역 신석기시대와 청동기시대 전기 동물군 중 야생동물과 가축의 비율 변화

초식동물이 비율과 종류에서 모두 성장하는 추세를 나타내었음을 보여 준다. 예컨대 네이멍구 중남부지역의 다이하이에 가까운 스후산(石虎山) 유적(약 BC 4500)에서는 15 종의 야생동물이 발견되었으며, 이 가운데는 물소가 포함되어 있다. 돼지와 개는 모든 감정할 수 있는 동물 표본 수의 10%를 차지했을 뿐이다(黃蘊平 2001). 1,000년이 지난 후 같은 지역에 위치한 황치하이(黃旗海)의 먀오쯔거우 유적(BC 3500-BC 3000) 동물군에서는 야생동물이 7종에 불과할 뿐이며, 돼지와 개의 비례는 감정할 수 있는 표본 수의 23%에 달했다(黃蘊平 2003). 오르도스지역의 산시성(陝西省) 북부 위린 훠스량 유적(약 BC 2150-BC 1900)에서는 19종의 동물이 발견되었는데, 이 가운데 야생동물은 감정할 수 있는 표본 수의 19%를 차지하는데 불과했다. 감정할 수 있는 표본 수의 81%를 차지한 가축은 주로 면양과 염소(59.22%)이며, 그다음은 돼지(12.62%)와 소(8.74%)였다(胡松梅 등 2008). 훠스량은 이 지역에서 제일 먼저 목축 경제가 흥기한 것을 보여 주는 유적이다. 이러한 상황은 이진훠뤄기(伊金霍洛旗)의 주카이거우(朱開溝) 유적(BC 2000-BC 1500)으로 이어지는데, 이곳의 동물군에는 단지 6종류의 야생동물이 포함되어 있을 뿐이며(8%), 양(염소와 면양, 41%)과 소(24%)는 모든 감정할 수 있는 동물 표본 수에서 돼지와 개(28%)보다 훨씬 더 많다(그림 7.8).

　　다른 유물에서도 이 지역의 재미있는 변화가 나타난다. 네이멍구 중남부지역에서 양사오문화 시기에 주로 사용된 취사기는 편평한 바닥의 관(罐)이었으나, 룽산문화 시기는 삼족의 가(斝, 술통)와 언(甗, 찜통)으로 바뀌어 평저관의 전통은 완전히 바뀌었다 (田廣金 1991a, b). 이와 같은 변화는 중원지역의 문화적 영향을 반영할 뿐만 아니라 주요 식료의 변화를 암시하기도 한다. 이 밖에 기원전 3, 4000년기의 대다수 유적에서는 연마용 석기(마반, 마봉)가 매우 보편적으로 출토된다. 예를 들면 량청(凉城) 스후산 유적 1기(양사오문화 전기)에 연마용 석기(55점)는 모든 공구(157점)의 35%를 차지하며 도토리 유존도 발견되었다(田廣金, 秋山進午 2001: 71-75). 이에 비해 룽산문화 시기에 연마용 석기의 수량은 현저히 줄어들었다. 다만 몇몇 유적의 주거지에서 지구(地臼)가 발견되었는데, 이것은 아마도 목제 절굿공이[木杵]와 함께 사용되었을 것이다(田廣金, 郭素新 2004). 이들 공구의 연구에 미세 흔적 분석 또는 잔류물 분석이 아직 응용되지 않았지만, 연마용 석기 수량의 감소는 중원지역의 상황과 유사한 것 같다. 몇몇 연구(예컨대 Liu, L. et al. 2010a, b, c; Yang, X. et al. 2009)가 보여 주는 바와 같이 다른 지역의 연마용 석기는 주로 도토리를 가공하는 데 사용된 것 같다. 이에 호응해 민족지 자료 역시 절구와 절굿공이가 곡물 껍질을 제거하는 데 유효한 도구 조합임을 보여 준다(尹紹亭 1996). 북방지역의 도구가 변화한 것에 대한 간단한 해석은 채집 경제가 점차 농업 경제로 대체되었다는 것이다. 토기와 도구의 기능에 대한 심화 연구가 앞으로 이들 물질문화 측면에서의 변화를 이해하는 데 도움이 될 것이다.

이상의 모든 변화는 기원전 3000년기에 북방지역이 집약 농업과 목축업을 향해 나아가는 추세를 반영한다. 이와 같은 결과는 여러 종류의 원인에서 비롯되었을 것인데, 예를 들면 인류의 자연 자원에 대한 과도한 개발, 수렵과 집약 농업으로 야기된 야생동물의 자연 서식지 감소, 전신세 중기 기후최적기의 종결로 인한 기후 악화 등이다.

방어 공사 | 룽산 시기에 몇몇 유적은 석성(石城)을 쌓아 방어를 강화하기 시작했다. 석성이 집중 분포된 지역은 4개의 지역이다(그림 7.2). 첫째는 산시성(陝西省) 북부로 이곳에서는 20여 곳의 석성 유적이 발견되었다. 이들 유적은 주로 우바오(吳堡), 헝산(橫山), 쯔저우(子洲), 선무(神木), 자현(佳縣) 등지에 위치한다. 석성의 시대는 가장 이른 것이 양사오문화 후기까지 거슬러 올라가고, 가장 늦은 것은 늦어도 상대까지 내려가지만 대부분의 성지는 룽산문화 시기에 속한다. 이들 유적은 대부분 하류 부근의 산꼭대기에 위치하며, 자연 단애(斷崖) 위에 건설되어 취락을 보호했다(그림 7.9). 이들 석성 유적 대부분은 성곽을 두르지 않은 소형 유적들로 둘러싸여 있어서 인근 지역의 사

그림 7.9 산시성(陝西省) 북부의 석성지

A. 룽산문화 전기의 헝산현 진산자이(金山寨) 유적의 지모 경관과 석성지, B. 룽산문화 중후기 우바오현(五堡縣) 관후거다(關胡疙瘩) 유적의 지모 경관

람들에게 성지가 보호 장소를 제공했음을 암시한다. 이들 자료는 최근의 새로운 발견에 의거한 것인데 자료들이 아직 완전히 공표되지 않았다. 아직도 더 많은 유사한 성지가 발견될 것으로 생각된다(陝西省考古研究院 2005; 王煒林, 馬明志 2006). 두 번째 집중 분포된 지역은 황허강이 굽이치는 곳의 동북쪽에 해당하는 칭수이허강 유역이다. 이곳에서는 성지 5곳과 적어도 6개의 성벽이 없는 유적이 발견되었는데, 모두 룽산문화 시기의 유적이다. 세 번째는 황허강 이북의 다칭산(大靑山) 남록으로, 유적은 모두 룽산문화 전기에 속하며, 5개의 유적군(각 군 평균 2-4개 유적)에서 적어도 13곳의 성지가 발견되었다. 이들 성지는 서로 5km 떨어져 선상(線狀)으로 분포한다. 네 번째는 10개의 유적으로 구성되었으며, 다이하이지역에 분포한다. 모두 룽산문화 후기에 속한다. 이 밖에 다이하이 서쪽 만한산(蠻汗山) 이남에서도 7개의 석성지가 발견되었다(韓建業 2003; 田廣金 1993; 魏堅, 曹建恩 1999).

이들 석성지는 대체로 강수량 400mm 선 부근에 위치한다. 이 선은 중국을 두 부분으로 나누는데, 동부 계절풍 기후 지역과 서북 내륙 지역이다. 흥미로운 것은 이들 유적의 위치가 장성 부근이기도 하다는 점이다. 역사시대에 건설된 장성은 기본적으로 농업과 목축업 등 두 생태 구역의 분계선이다. 여름 계절풍의 강도 변화는 현지의 온도와 강우량에 중대한 영향을 미친다. 다이하이지역은 기원전 2450년에서 기원전 2150년에 걸쳐 한랭·건조기를 겪었다(Xiao, J. et al. 2006). 이것은 라오후산문화 시기의 석성 출현 사건과 중첩된다. 석성의 건설은 아마도 집단 사이에서 발생한 충돌의 결과일 것이며, 부분적으로는 대체로 기후 변동, 생태 체계 악화와 인구압에 의한 일이었을 것이다.

사회 조직과 위신재 | 이 지역의 사회 조직 형태에 대해 논의할 수 있을 만큼 풍부한 자료는 없다. 석성의 건설과 집단 사이의 전쟁에 관리와 지도가 필요하다는 점을 고려하면 일부 집단에는 비교적 발달한 사회 계층 분화 현상이 존재했을 것이라고 추정된다. 옌안(延安) 루산마오(蘆山峁)나 선무(新木) 신화(新華) 등과 같은 산시성(陝西省) 북부의 일부 유적에서 옥기(대부분은 연옥)가 대량으로 발견된 것은 고급 복합사회가 존재했음을 나타내는 또 다른 증거이다. 옥기의 주요한 기형에는 부(斧), 도(刀), 아장(牙璋), 종(琮), 벽(璧)과 각종 장식[墜飾] 등이 있다(楊亞長 2001). 옥기의 대부분은 현지인들이 우연하게 발견한 것으로 발굴을 통해서 획득한 것은 아니다. 그러나 최근 선무 신화 유적의 발굴은 옥기의 기능을 파악하기 위한 절호의 기회를 제공했다. 신화 유적의 99K1 제사구덩이에서 옥기 32점(원료는 주로 양기석, 투섬석과 사문암)이 발견되었다. 기형에는 월, 산(鏟), 도, 부, 환(環), 황(璜), 장(璋) 등이 있다. 이 제사구덩이에서는 새의 뼈도 발견되었다. 옥기의 상당수는 매우 얇아 일부는 두께가 2-3mm에 지나지 않으며, 날카로운 날은 보이지 않는다. 이것은 이들 옥기가 실용적인 기능을 가지고 있지 않음을 알려준다. 이 제사구덩이 주변을 12기의 무덤이 두르고 있으며, 이것은 옥기가 무덤과 관련된 의례 활동에 사용되었을 것임을 시사한다(陝西省考古硏究所, 楡林市文物保護硏究所 2005). 산시성(陝西省) 북부에서는 옥 광산이 발견되지 않았으며, 이 지역의 지질도 연옥 형성을 위한 조건을 갖추고 있지 않다(黃翠梅, 葉貴玉 2006). 그러므로 이들 옥의 원료가 어디서 왔는지, 어디에서 가공, 제작되었는지는 확실하지 않다.

이를테면 종과 벽, 아장 등 몇몇 옥기는 중국의 다른 지역에서 발견된 것과 유사하다. 이것은 이들 의례 용품에 대한 모종의 특수한 지식과 신앙 체계가 여러 지역의 귀족들에 의해 공통적으로 향유되었을 것임을 암시한다. 북방지역은 더욱 커다란 지역간 상호관계 체계의 한 구성 부분이었음이 명백하다.

황허강 상류지역

황허강 상류지역은 주로 마자야오문화(BC 3300-BC 2000)로, 간쑤성, 닝샤성(寧夏

省), 칭하이성과 쓰촨성의 일부 지역에 분포되어 있다(그림 7.1 참조). 채도가 특징인 이 문화는 안데르손이 1920년대에 처음 발견했으며, 간쑤양사오문화(甘肅仰韶文化)라고 도 불린다. 당시에 이것은 서양문화가 전래된 결과라고 간주되었으며, 중원지역 양사 오문화의 채도는 여기에서 기원했다고 여겨졌다(Andersson 1925). 나중의 고고학적 조사는 이런 결론과는 정반대로 마자야오문화는 화북지역의 양사오문화에서 기원했 고, 특히 먀오디거우유형에서 발전한 변이가 과도적 단계인 스링샤기(石嶺下期)를 거쳐 형성되었다는 것을 보여 주었다(제1장 참조). 지금까지 약 1,400여 곳의 마자야오문화 유적이 발견되었으며, 이 가운데 약 20여 곳이 발굴되었다. 마자야오문화는 대개 마자 야오기, 반산기, 마창기 등 세 단계로 구분된다. 스링샤와 마자야오 유적의 분포는 시간 의 흐름에 따라 취락이 서쪽으로 확장되어 가는 추세를 나타낸다(謝端琚 1986; 中國社會 科學院考古研究所 2010). 마자야오문화의 발전은 부분적으로 전신세 중기 기후최적기 에 양사오문화 핵심 지역의 인구압으로 인해 사람들이 주변의 인구가 희소한 지역으로 이동해 새로운 경작지를 개발한 것에 원인이 있을 것이다.

마자야오문화의 생업은 농업과 수렵, 채집을 위주로 했다. 간쑤성 둥샹(東鄕) 린자 (林家) 유적(약 BC 2900-BC 2700)에는 양사오문화와 매우 유사한 석도와 토도(土刀) 가 많았지만 세석엽을 끼워 넣은 골병석도도 발견되었는데, 이것은 통상 수렵채집 활 동과 관련된 것으로 여겨진다. 재구덩이에서는 다량의 기장과 삼씨가 발견되었다. 가 축에는 돼지와 개가 있으며, 사슴, 멧돼지, 영양과 뉴트리아 등 매우 많은 종류의 수렵 된 야생동물도 있다(郭德勇, 孟力 1984). 많은 유적에서 소와 양(염소와 면양)의 뼈가 발 견되었다. 이들은 때때로 장례와 제사에 사용되었으며 가축으로 판정되었지만(格桑本 1979; 靑海省文物管理處考古隊 1978), 이 감정은 아직 검증되지 않았다.

마자야오문화의 농경 활동은 명백히 양사오문화의 전통이 연속된 것이다. 그러나 마자야오문화에서 유행한 수렵채집 활동 및 목축 활동은 현지의 건조하고 한랭한 환 경에 적응한 결과이다. 북방지역과 랴오허강 유역의 상황과 유사하게 농업과 목축업 이 번갈아 가며 중국의 서북부지역을 주도했다.

발굴된 유적의 대부분은 모두 묘지이며, 장례와 헌제에 사용된 토기가 대량으로 출토되었다(그림 7.10-A). 매우 많은 무덤에서 부장품이 출토되고 있지만, 부장품 종류 와 수량의 차이에서의 불평등한 현상은 시간의 흐름에 따라 심해지는 추세이다. 예컨 대 칭하이성 러두(樂都)의 류완 유적에서는 마창기에 속하는 872기의 무덤에서 도합

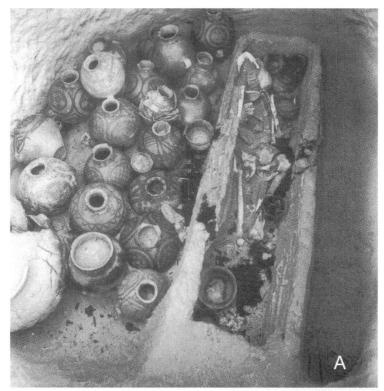

그림 7.10 마자야오문화 유존

A. 칭하이 류완 M895, 마창유형 무덤, B. 스자오촌 출토 토기의 X선 투시 풍격의 인두상, 반산기, C. 류만 채도 호에 표현된 양성(兩性) 특징의 인물 조형(A·C. 靑海省文物管理處考古隊, 中國社會科學院考古硏究所 1984: 彩版 B, 圖版 14; 2. 中國社會科學院考古硏究所 1999a: 彩版 2)

1만 1,000여 점의 토기가 발견되었다. 가장 부유한 무덤은 M564이다. 이 무덤의 묘주는 남성이며 토기 95점이 부장되었는데, 출토된 대부분의 토기에는 각종 기하형 도안이 그려져 있다(靑海省文物管理處考古隊, 中國社會科學院考古硏究所 1984). 또한 칭하이성 민허(民和) 양산(陽山)의 부유한 무덤에서는 토기를 부장했을 뿐 아니라 토고(土鼓), 대형 석부, 대리석 관(管)과 주(珠) 등 의례 권력과 사회 계층을 표시하는 물건이 출토되었다(靑海省文物考古硏究所 1990).

양산 묘지에서는 제사구덩이 12기가 발견되었으며, 그 일부에서는 동물의 뼈, 토기편 혹은 크고 작은 석괴가 출토되었는데 이 가운데 일부는 불에 그을린 흔적도 있다. 대다수의 제사구덩이(12개 가운데 10개)는 부장품이 풍부한 2기의 무덤 가까이에 있으며, 무덤에서는 의례 용품이 출토되었다(토고). 일부 제사구덩이의 시대는 무덤보다 200-300년 늦다(靑海省文物考古硏究所 1990). 이들 자료는 제사가 이 두 무덤을 위해 거행되었음을 보여 준다. 의례 활동은 토고를 부장한 무덤을 건설할 때 시작되었으며, 이 묘지의 사용이 중지된 이후에도 계속해서 진행되었다. 제사구덩이로 둘러싸인 이들 무덤의 주인은 이 집단의 수령으로, 후대의 자손들에게 오랫동안 기념되고 숭배된 조상이 되었다(Liu, L. 2000a).

마자야오문화에서 보이는 대량의 정미한 토기는 매우 흥미로운데, 이에 대한 해석은 생업의 방식에서 인류의 사상에 이르기까지 모든 측면을 포함하고 있다. 예컨대 리수이청(李水城)은 채도의 발전과 농경 인구의 분포를 연계했다(李水城 1998). 앨러드는 무덤에 부장된 채도 호(壺)는 장례에서 지위를 다투는 데 사용된 상징적 물건이라고 평가했다(Allard 2001). 키이틀리(David Keightley)는 마자야오문화를 포함하는 중국 서북지역의 모든 토기를 조형 혹은 기능이 비교적 간단한 유형으로 분류하고, 중국 동북지역의 정미한 형태 및 복잡한 공예를 갖춘 토기와 선명한 대조를 이룬다고 했다(Keightley 1987). 키이틀리의 견해에 따르면 중국 서북지역의 이들 조악한 토기는 사람들 사이의 현저하지 않은 사회적 차이를 반영한다.

토기상의 예술적 형상은 고대 신앙 체계를 탐색하는 데 풍부한 정보를 제공한다. 류만 토관에는 여성의 유방과 남성의 생식기를 가진 인상이 그려져 있다. 반산기에 속하는 간쑤성 광허(廣河) 반산 유적에서 출토된 토분(Chang 1995)과 톈수이 스자오촌(師趙村)서 출토된 토관(中國社會科學院考古硏究所 1999a)에도 인상이 장식되어 있는데, 이들의 신체는 X-레이로 투시된 풍격을 보인다(그림 7.10-B·C). 이들은 샤먼의 형상으로 해석된다(Chang 1995).

황허강 상류의 또 다른 특징은 무역의 통로로서 동양과 서양을 연결하는 역할을 가지고 있다는 점이다. 유명한 허시주랑은 후대에 실크로드의 한 부분이 되었는데, 고대에도 각지에서 온 문화의 영향이 나타났다. 간쑤성 톈수이 시산핑에서 6종의 재배 곡물이 발견된 것이 그 사례이다. 탄화된 씨앗에 대한 가속기질량분석시스템 검측을 통해 수도, 기장, 귀리가 재배된 시간은 대략 기원전 3000년 전후, 보리와 밀이 재배된 시간은 대략 기원전 4600년 전후인 것이 밝혀졌다(Li, X. et al. 2007). 이들 작물은 조와 기장을 제외하고 모두 현지에서 기원한 것이 아니다. 수도는 양쯔강 유역에서, 밀, 보리와 귀리는 서아시아에서 유래되었다. 시산핑의 발견은 일찍이 서아시아의 곡물이 중국에서 출현한 가장 이른 사례로 간주되며, 하나의 유적에서 이들 곡물이 집중적으로 발견된 최초의 사례이기도 하다(제4장 참조). 그러나 시산핑 곡물 유존의 연대 측정에는 문제가 있으며, 그 분석 결과는 고고학계에서 줄곧 의문의 대상이 되고 있다.

마자야오문화는 중국에서 가장 이른 청동기를 보유한 것으로 유명하다. 간쑤성 등샹 린자 유적에서는 주석 합금 청동도(약 BC 2900-BC 2700)가 발견되었으며, 마창기(BC 2300-BC 2000) 간쑤성의 유적에서는 더욱 많은 양의 홍동 및 청동 제품이 발견되었다(孫淑雲, 韓汝玢 1997). 청동 제련 기술이 중앙아시아에서 들어왔다면, 매우 많은 사람이 생각하듯이(예컨대 Mei 2000) 이 기술은 황허강 상류지역에 가장 먼저 전해졌을 것이다(제9장 참조).

동북지역

동북지역은 랴오닝성, 지린성, 헤이룽장성 등 3성을 포함한다. 황허강 유역에서 농업이 발달했을 때 연해지역과 더 북쪽의 건조지역에서는 수렵채집 경제가 여전히 서로 다른 정도로 지속되었다. 랴오둥반도의 도구 조합은 수렵, 어로와 채집 공구를 위주로 하지만 전형적인 수확 도구의 일종인 석도 그리고 좁쌀 유존이 기원전 3000년을 전후한 시기에 샤오주산(小珠山) 유적에서 출현했다. 랴오둥반도에서 생활한 사람들은 산둥성 룽산문화와 빈번하게 연계된 것 같다. 랴오둥반도에서 출토된 단각 토기와 옥기가 보여 주는 것처럼 두 지역에서 출토되는 이런 종류의 유물들은 매우 유사하다

(Liu, L. 1996a). 랴오둥은 중원지역과 한반도를 연결하는 하나의 중추이며, 매우 많은 공통된 문화 요소가 앞에서 언급한 두 지역에서 발견되고 있다(Nelson 1993).

랴오허강 서부지역에서 훙산문화 이후에 출현한 것이 샤오허옌문화인데, 인구밀도와 사회복합도 등의 측면에서 모두 뚜렷한 하락세를 보인다. 수확 도구가 결여되어 있으며, 화살촉과 세석엽 등 수렵채집 도구가 발견되어 이들의 생업 경제는 주로 수렵과 채집에 의존했음을 알 수 있다(Li, X. 2008: 117-131). 북방지역과 비슷하게 시랴오허강(西遼河) 지역도 기후 변화에 매우 민감하다. 훙산문화부터 샤오허옌문화까지의 변화는 농업과 수렵 및 채집으로의 생활방식 교체를 드러내는데, 이와 같은 현상은 이후의 전체 역사 시기를 통해서도 끊임없이 반복된다.

지린 창춘(長春) 지역, 쑹넌평원(松嫩平原)과 백두산 지역을 포함하는 더 북쪽의 충적평원과 산지에서는 수렵과 어로, 채집이 기원전 3000년기 내내 계속 유지되었다. 농경은 기원전 2000년 후에 비로소 이 지역에 전해졌다(Jia, W. 2007). 재미있는 것은 샤오주산과 궈자촌(郭家村) 같은 랴오둥반도의 매우 많은 조개무지 유적에서 연마석기도 출토되었다는 것인데, 이것은 견과류나 기타 야생식량을 가공하는 데 사용되었다고 추정된다(劉莉 2008). 이 밖에 샤오주산과 궈자촌에서 부선 연구를 진행할 때도 소량의 좁쌀이 발견되었다(金英熙, 賈笑冰 2008). 이런 현상은 다른 지역에 비해 동북지역에서는 광역적 생업 경제가 더욱 길게 지속되었음을 보여 준다.

양쯔강 유역

과거에는 통상 양쯔강 유역이 중국문명의 발전에 기여한 바가 대단하지 않았다고 생각했다. 그런데 최근에 이루어진 대량의 발견은 결코 그렇지 않았음을 시사한다. 황허강 유역의 고고학적 발견과 비슷하게 양쯔강 유역의 매우 많은 지역 중심에 성벽이 건설되었고, 상장제도에 사회 계층이 분명하게 나타났으며, 수공업 생산이 고도로 발달하였고 지배층 집단이 위신재 교환에 참여했다. 량주, 취자링 후기, 스자허, 바오둔(寶墩) 등의 문화는 기원전 3000년기 신석기시대 후기에 형성된 복합사회를 대표한다(그림 7.1 참조).

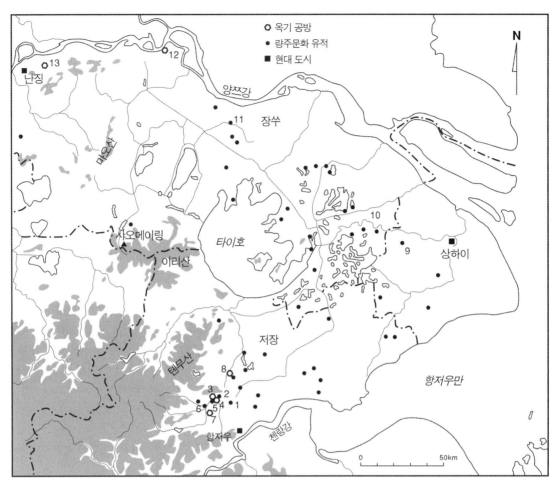

그림 7.11 옥기가 출토된 주요 량주문화 유적

1. 량주, 2. 야오산, 3. 루촌, 4. 안시, 5. 모자오산, 판산, 6. 후이관산, 7. 원자산, 8. 양둔, 9. 푸취안산, 10. 자오링산(趙陵山),
11. 쓰둔, 12. 모판둔, 13. 딩사디(徐湖平 1996: '良渚遺址分布圖'에 근거, 수정)

량주문화

량주문화(BC 3300-BC 2000)는 저장 북부와 장쑤 남부에 위치하며, 환타이호 지역
을 위주로 한다. 이 문화는 1936년 항저우 부근의 량주에서 처음 발견되었다. 흑도를
특징으로 하는 문화 유존으로, 당시에는 황허강 유역 룽산문화의 전파로 발생한 것이
라고 여겨졌다(施昕更 1938; 夏鼐 1960). 1970년대에 이르러 량주문화는 비로소 한 지
역 문화 유형으로서 룽산문화와 같은 시기이거나 더 이를 수도 있다고 생각되었다(夏

鼎 1977). 현재까지 200여 곳의 량주문화 유적이 발견되었다. 그 가운데 매우 커다란 비중을 차지하는 것은 무덤인데, 무덤에는 흔히 옥기가 부장되어 있다. 량주문화에 관해서는 많은 연구가 이루어졌으며, 옥기에 대한 연구가 특히 많다(예컨대 徐湖平 1996; 浙江省文物考古研究所 1999).

량주 유적은 왕왕 무리를 이루어 분포한다. 그 각각에는 모두 하나의 중심이 있어, 대형 공공 건축물을 갖추고 있거나 부장품이 풍부한 무덤을 보유하고 있는 것 같다. 이들 가운데는 위항(余杭) 모자오산(莫角山), 우진(武進) 쓰둔(寺墩)과 칭푸(青浦) 푸취안산(福泉山) 등(그림 7.11)이 있다(張弛 2003; 張之恒 1996).

모자오산 유적군 | 심층적 조사를 통해 하나의 복잡한 취락 체계가 드러났다. 조사와 발굴을 통해 고고학자는 톈무산(天目山) 남북으로 펼쳐진 충적평원 약 34km² 범위 내에서 135곳의 유적을 발견했다. 대부분의 유적은 면적이 매우 작아 1만-2만m²에 지나지 않는데, 아마도 주거 유적일 것이다. 그러나 몇몇 대형 유적은 분명히 특수한 기능을 가지고 있다. 주요 중심은 모자오산에 위치한 인공 퇴축(堆築) 토대인데, 높이 약 10m, 면적 약 30만m²이다. 그 위에서는 면적이 3만m²에 달하는 판축 건축 유적이 발견되었다. 이 지점은 유적군의 정치적 중심이었을 가능성이 높다. 모자오산 서북쪽에 위치한 판산(反山)은 높은 등급의 지배층 묘지이다. 이곳 역시 인공으로 영건(營建)된 토구(土丘)로서 면적은 약 2,700m²이며, 지면에서 약 5m 높이 솟아 있다. 여기에서는 무덤 11기가 발견되었으며, 옥기 1,100점이 출토되었다. 모자오산, 판산과 주변의 몇몇 소형 유적은 거대한 판축 성벽으로 둘러싸여 있다(총면적 290만m²). 성벽에서 아주 멀리 떨어진 곳에 야오산(瑤山)과 후이관산(匯觀山) 등 2개의 제단이 있는데, 모두 베이산(北山)에 인접해 있다. 이들 판축 토대 건축물은 자연 구릉 위에 있으며, 판축 토대를 굴착해 지배층 무덤을 조영하였다. 아마도 옥기 또는 토기의 수공업 생산 중심인 것으로 보이는 몇몇 지점도 있다. 루춘(盧村)과 원자산(文家山)에서는 옥료, 반제품과 옥기 제작 도구가 발견되었으며, 창펀(長墳)과 헝웨이리(橫圩里)에서는 폐기된 토기가 다량으로 발견되었다. 유적군의 북변에는 긴 담장이 있는데, 길이는 5km, 폭은 20-50m이다. 일부는 판축 건축물이며 일부는 모래와 강돌로 퇴축되었다. 이 담장은 톈무산과 평행하고 담장과 톈무산 사이에서는 유적이 발견되지 않았다. 몇몇 고고학자는 이 담장이 홍수를 방지하기 위한 기능을 가지고 있었다고 주장한다(그림 7.12). 이들 유적이 같은 시기에 속하는 것은 아니며, 연대를 확정할 수 있는 유적 대부분은 량주문화 중후기

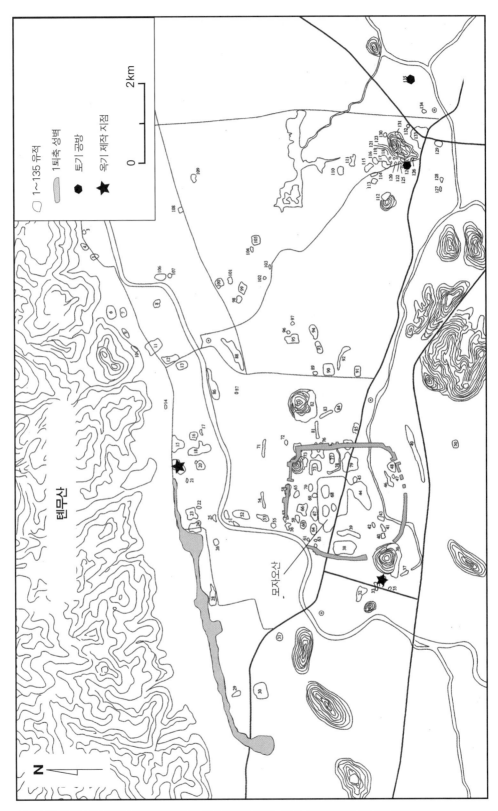

그림 7.12 량주문화 모자오산의 유적군(浙江省文物考古硏究所 2005a: 圖 10; 劉斌 2008: 圖 1에 근거, 재작성)

(BC 3000-BC 2100)에 속하고 성벽은 후기의 것이다. 모자오산 성내의 많은 지역에서 량주문화 후기 지층 위에 진흙층이 발견되어 이들 유적의 폐기가 홍수와 관련이 있었음을 암시한다(劉斌 2008; 浙江省文物考古硏究所 2005a).

사회 계층은 상장 활동에서 명확하게 나타난다. 대부분의 작은 무덤에는 부장품이 없지만 대형 무덤에는 왕왕 수백 점의 옥기와 토기가 부장되어 있다. 푸취안산 유적에는 의례의 방식에 따르지 않고 매장된 4개의 인골이 있는데, 이것은 인간 희생으로 이해된다(黃宣佩 2000). 매우 많은 유적의 지배층 무덤에서 옥기가 대량으로 출토되었다(Huang, T.-m 1992; 牟永抗, 雲希正 1992). 대부분의 옥기는 기하형이며 일부는 사람, 짐승의 형상과 비슷하게 조각된 것도 있다. 전형적인 옥기는 내원외방(內圓外方)의 종(琮)과 벽(璧)이다. 전형적인 도안은 신인수면문(神人獸面文)으로, 다양한 옥기에 늘 출현하며 옥종(그림 7.13-2)에서 특히 많이 볼 수 있다(王明達 1988). 이 도안은 일종의 반인반수(半人半獸)의 동물 형상이다. 위쪽은 사람과 닮았는데 우관(羽冠)을 착용했으며, 사람의 팔과 두 손이 표현되어 있다. 아래쪽은 동물을 닮아 둥근 눈동자와 날카로운 손톱이 묘사되어 있다. 많은 연구자가 옥종과 그 도안의 의미에 대해 각종 견해를 제기했지만(李新偉 2004), 수면문을 샤먼의 형상으로, 종은 천지를 관통하는 법기(法器)로 보는 것이 비교적 유행하는 해석이다(Chang 1989).

옥기의 재료는 샤오메이링(小梅嶺)과 같은 현지의 산지와 하안(河岸)에서 왔을 것이다(Jing, Z. and Wen 1996; 聞廣, 荊志淳 1993). 옥기 가공은 분명히 몇몇 량주문화 유적에서 진행된 것이다. 왜냐하면 위항의 루촌, 원자산과 안시(安溪), 더칭의 양둔(楊墩), 쥐룽(句容)의 딩사디(丁沙地)와 단투(丹徒)의 모판둔(磨盤墩) 등과 같은 유적에서 옥기 가공 도구와 반제품이 발견되었기 때문이다(蔣衛東 1999; 南京博物院考古硏究所 2001). 이런 대다수의 유적은 위항 경내에 위치한다. 이것은 지배층 무덤에서 발견된 옥기가 양주 현지에서 생산된 것이며, 모자오산 유적군의 발전 역시 옥기의 생산과 관련되어 있음을 나타낸다(그림 7.11 참조).

일부 지배층은 옥기 생산에 관여했을 것이다. 몇몇 지배층의 무덤에서 특수한 벽, 종, 월 등의 반제품 옥석기가 대량으로 발견되었다(蔣衛東 1999; Liu, L. 2003). 푸취안산의 지배층 무덤 1기(M60)에서는 석제 송곳이 발견되었다(黃宣佩 2000). 원자산에서는 옥월을 천공하고 난 후에 남은 공심(孔芯)이 발견되었으며, 이 유적의 지배층 무덤 1기(M1)에서 옥월 34점이 출토되었다(劉斌 2008). 이와 같은 현상은 높은 계층의 인물이

그림 7.13 량주문화의 옥기

1. 옥종, 2. 옥기상의 인수(人獸) 모티프, 3. 판산 M23에서 발견된 옥벽(浙江省文物考古硏究所 2005b: 圖 38, 彩版 137, 1076)

옥기를 제작한 예술가였을 뿐만 아니라 특수한 형식의 옥기 제작은 점차 지배층 수공업자의 고도로 전문화된 활동이 되었음을 나타낸다. 량주 옥기와 그 상징적 의의는 다른 지역의 신석기시대 문화에 중요한 영향을 미쳤다.

　량주의 옥기와 토기에서 몇몇 상형 부호가 발견되었다. 이 가운데 반복적으로 출현하는 모티프의 하나는 한 마리 새가 제단 위에 서 있는 것인데, 제단은 부호로 장식되어 있다. 그 가운데 두 개의 부호는 태양과 달(그림 7.4-5)이다(任式楠 1996; Yang, X. 2000). 이 주제는 허무두 유적에서 가장 먼저 출현한 태양-새 도안과 먼 시간차를 두고 서로 호응하는 것이다(Wu, H. 1985). 많은 연구자들은 이들 부호가 상형문자 혹은 도형

문자의 성격을 가지고 있으며, 일종의 족휘 혹은 족 표지로서 나중에 상대의 갑골문에서 더욱 발전하게 된다고 주장한다. 그러나 이들은 의식적으로 기록된 취락의 이름이 아니며, 두음(讀音)을 확정하기 매우 어려운데, 두음은 문자의 기본 요소가 된다. 따라서 다원커우문화의 대구준에 보이는 부호와 마찬가지로 이들 도문은 문자 체계의 일부분은 아니다(Boltz 1986; Keightley 2006). 량주의 몇몇 토기에서는 각획부호가 발견되었다(Yang, X. 2000: 72-73). 이들 부호는 모두 의사소통에 사용되었으며, 원시문자로 볼 수 있지만 문자의 체계로는 볼 수 없다.

량주는 명백히 계층사회였다. 고고학자들은 량주문화가 국가 수준의 사회였다고 주장한다(蘇秉琦 1997; 張忠培 2000). 그러므로 모자오산 유적군은 한 나라의 수도였을 수 있으며, 판산과 야오산의 지배층 묘지는 왕릉일 수도 있다(嚴文明 1996). 이 지역의 많은 유적군이 모자오산과 공존했는데, 취락 형태에 대한 심층적 연구는 모자오산이 전체 량주문화 지역을 통제한 주요 중심이었는지의 여부를 확인하는 데 도움이 될 것이다.

기원전 3000년기 후기 량주문화는 쇠망을 향해 나아갔다. 량주문화 풍격의 몇몇 토기와 도구는 그 이후의 마차오문화(馬橋文化)까지 계속 이어졌으나 의례 용품(특히 옥기), 지배층 무덤과 대형 토대[土墩]는 완전히 사라졌다(黃宣佩, 孫維昌 1983; 李伯謙 1989; 朱國平 1996). 량주문화의 소실은 이 고도로 발달한 복합사회에 대한 많은 생각을 불러일으켰다. 몇몇 고고학자들은 옥기 생산과 대형 무덤 건설 등에 정력을 지나치게 소모해 사회 내부에 위기가 나타났고, 이것이 량주문화 붕괴의 주요 원인이라고 주장했다(趙輝 1999). 어떤 연구자는 룽산문화의 침입이 또 다른 주요 원인이라고 주장했으며(宋建 2004), 또 다른 연구자들은 홍수나 해침과 같은 자연재해설을 제기했다(Stanley et al. 1999; 王富葆 등 1996; 吳建民 1988; 兪偉超 1993). 이상 앞에서 언급한 모든 원인이 량주문화의 사회 체계 붕괴에 작용했을 수 있다. 톈무산에 평행하게 건설된 홍수를 방지하기 위한 담장과 모자오산 유적군의 량주문화 퇴적 위에서 발견된 진흙층은 특히 홍수가설(洪水假說)을 지지하는 것 같다.

량주문화가 타이호지역에서 소실되었을 때 량주의 핵심 지역 밖에 위치한 기원전 3000년기 말의 유적이 오히려 농후한 량주문화의 특징을 드러낸다. 예를 들면 저장성 서부 난쑤이(南邃) 창현(昌縣)에 있는 하오촨(好川) 묘지에서 출토된 대부분의 옥기와 토기는 량주문화 유적의 유물에 거의 가깝다(陸文寶 1996). 하오촨의 문화 유존(위신재뿐만 아니라 실용기를 포함해)은 량주문화와 매우 비슷해서 일부 연구자는 하오촨 묘지는 량주가 붕괴되었을 때 그 인구가 남쪽으로 이주한 상황을 보여 준다고 주장한다(王明達 2004).

취자링문화(BC 3400-BC 2500)와 스자허문화(BC 2500-BC 2000)

양쯔강 중류에 위치한 장한(江漢)지역은 동쪽으로 다볘산(大別山), 남쪽으로 둥팅호, 서쪽으로 산샤(三峽), 북쪽으로 난양분지(南陽盆地)에 이르는데, 이곳에는 취자링과 스자허 두 문화가 분포되어 있다. 이 지역에서 각각 1,000곳에 가까운 두 문화의 유적이 발견되었으며, 많은 유적에서 두 문화가 선후관계에 있음을 분명하게 드러내는 증거를 찾을 수 있다. 원고시대(遠古時代)에 이 지역은 큰 물에 연몰되어 있었으므로 유적은 일반적으로 지세가 비교적 높은 곳에 위치하고 있다. 유적들은 왕왕 무리를 이루며, 몇몇 중심 유적은 성벽을 두르고 있다. 현재까지 적어도 9곳에서 이와 같은 성지를 발견했다(그림 7.2).

이들 성지는 유사한 건축방식을 가지고 있으며, 모두 고지대와 하천 혹은 호수에 가까이 있는 평탄한 충적평원 사이에 위치한다. 먼저 넓은 해자를 판 뒤 해자에서 파낸 진흙을 퇴축해 성벽을 쌓았다. 이 결과 성벽 내의 지세는 경사를 이루게 되고, 주거 구역은 통상 지세가 높은 곳에 위치하게 되었다. 많은 성지가 취자링문화 후기에 건설되기 시작했으며, 스자허문화 중기 이후에 폐기되었다. 면적은 7만 8,000m²에서 120만 m²까지 다양하며, 이 가운데 최대의 성지는 후베이성 톈먼(天門) 스자허 유적이다(馬世之 2003).

스자허문화 유적군 | 40여 곳의 유적으로 구성되어 있으며, 유적들은 동서 두 하천 사이 약 8km² 내의 크고 작은 대지에 입지해 있다. 이곳은 다시문화 시기에 작은 취락이었지만 취자링문화 후기에 들어 대형 성지로 발전했고, 스자허문화 후기에 폐기되었다. 유적군의 핵심 지역은 약 120만m²로 단속(斷續)되는 성벽으로 둘러싸여 있으며, 성내 동북 가장자리에 다시 해자(폭 약 100m)를 갖춘 소성이 있다(그림 7.14). 유적 전체는 서북쪽이 높고 동남쪽이 낮은데, 현지(縣志)의 기록에 따르면 과거에 이 자리에는 호수가 있었다(王紅星 2003; 張弛 2003).

거대한 규모의 건축물 유존은 홍수 통제와 관련이 있었던 것 같다. 왕훙싱(王紅星)은 일찍이 홍수의 위협이 통상 유적 서북쪽의 한수이강에서 왔음을 지적한 바 있다(王

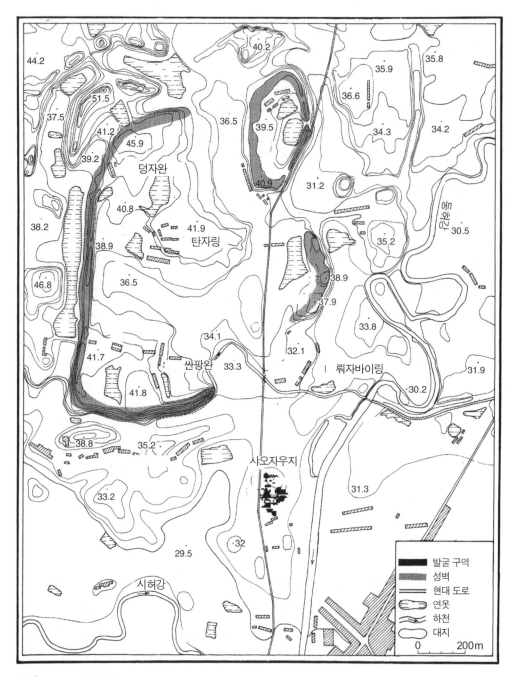

그림 7.14 스자허 유적군(石家河考古隊 1999: 圖 2, 수정)

紅星 2003). 1935년 한수이강의 제방이 터져 톈먼현(天門縣)의 1,570km² 구역이 물에 잠긴 적이 있다. 유적 동서 양쪽에 있는 하천은 최근에도 우계에 홍수가 발생하는 원인이다. 이 지역의 지리 환경은 고대에도 현재와 비슷했을 것이다. 따라서 성벽을 쌓은 것은 서북, 서남과 동쪽에서 발생하는 홍수를 방비하기 위한 것이며, 성벽이 없는 동남쪽 저지는 아마도 배수 기능을 갖추고 있었을 것이다.

이 유적의 여러 지점은 서로 다른 기능을 갖추고 있었던 것 같으며, 일부는 수공업 생산 중심지였다. 덩자완과 탄자링(譚家嶺)에서 주거지, 재구덩이, 의례 활동 구역과 100여 기의 무덤이 발견되었다. 이 밖에 2개의 구덩이에서 수천 점에 달하는 소형 점토 소조상이 발견되었는데, 소조상의 형상에는 새, 물고기, 닭, 개, 양, 거북, 돼지, 코끼리, 호랑이, 물고기를 들고 있는 사람 등이 있다(그림 7.15). 절대다수의 소조상은 폐기물로서, 발견 때 대량의 가마 찌꺼기[窯渣]와 공존해 있었으므로 생산 구역의 쓰레기였음을 알 수 있다. 싼팡완(三房灣)에서도 일찍이 홍도 배(杯) 수만 점이 발견된 바 있다(石家河考古隊 2003; 張弛 2003; 張緖球 1991). 뤄자바이링(羅家柏嶺)에서는 토제 방추차 수백 점과 옥석 공방으로 보이는 건축물 유존이 발견되었으며, 강 동쪽의 이 유적과 가까운 곳에서는 석기 반제품이 대량으로 출토되기도 했다(湖北省文物考古硏究所, 中國社會科學院考古硏究所 1994)(그림 7.14). 이 밖에 스자허문화 유적군 남부의 샤오자우지(肖家屋脊) 유적 거주민들은 전문적으로 토기를 생산한 것 같다. 스자허문화 전기의 몇몇 무덤에서 같은 유형의 토기 100여 점이 동시에 출토되었는데, 이것은 묘주가 도공이었을 것임을 드러낸다(石家河考古隊 1999).

스자허문화 후기(약 BC 2200-BC 2000)에 사람들은 옹관을 이용해 사자를 매장하고 옥기를 부장했다. 샤오자우지에서 각 무덤에 부장된 옥기의 수량은 차이가 있어, 하나도 없는 것에서부터 수십 점에 이르는 것까지 다양하다. 가장 풍부한 옹관장(W6)에는 56점의 옥기가 부장되었다. 이들 옥기는 동일한 원재료를 사용한 것 같으며, 대부분은 반성품이어서 옥기들이 이 유적에서 가공된 것임을 알 수 있다(石家河考古隊 1999; 張弛 2003).

대부분의 스자허 옥기는 몇몇 스자허문화 후기 유적에서 발견되었다. 옥기의 유형에는 인두상, 옥종, 새, 독수리, 용, 매미, 봉황 등이 있다. 이 가운데 대부분은 량주문화의 출토품과 유사해 동쪽에서 온 강렬한 문화적 영향을 보여 준다(王勁 1996). 스자허 유적군은 많은 측면에서 모자오산 유적군과 유사하다. 이들 유적군은 모두 홍수를 막

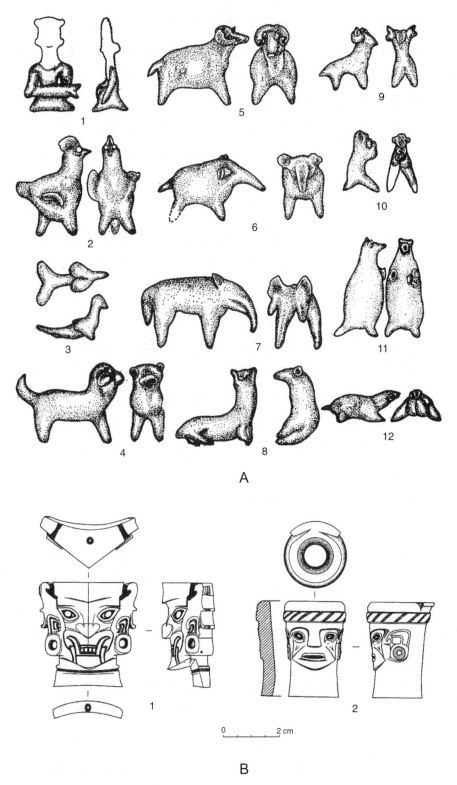

그림 7.15 스자허문화 유적 출토 예술품(A. 張緒球 1991: 56, 수정; B. 石家河考古隊, 1999: 316)

A: 소조상, 1. 물고기를 들고 있는 사람, 2. 닭, 3. 새, 4 · 8. 개, 5 · 9. 면양, 6 · 7. 코끼리, 10. 원숭이, 11. 불명(不明) 동물, 12. 거북(축척 불명)

B: 샤오자우지 출토 옥제 인두상

기 위한 것으로 보이는 외성(外城)과 중심에 세워진 소형 내성을 가지고 있고, 전문화된 각종 수공업 생산 공방이 유적군의 서로 다른 위치에 분포해 있다. 또한 옥기는 대부분 현지에서 가공되었으며, 상장 활동에서 지위를 나타내는 상징으로 옥기를 사용했다.

스자허문화는 기원전 2000년에 막을 내렸다. 이때 대형 성벽은 모두 폐기되었고 취락 면적은 축소되었으며, 수량도 감소했다. 량주문화가 완전히 사라진 것과는 달리 스자허문화는 인구가 상당한 정도로 감소되는 과정을 거쳤다. 몇몇 유적에서는 중원 지역 룽산문화의 특징이 보인다. 어떤 연구자는 스자허의 인구 감소는 룽산문화의 남방 확장과 이로 인해 야기된 서로 다른 집단 사이의 전쟁에서 비롯된 것이라고 주장했다(張弛 2003).

어쨌든 신석기시대가 종결될 때 전체 양쯔강 중류 및 하류 지역의 인구 분포는 점차 희소해지기 시작했다. 이와 같은 대규모 인구 감소는 단일한 자연재해로 인해 발생한 것 같지는 않다. 아마도 자연적·사회적 요소를 포함하는 다양한 원인이 이들 초기 복합사회의 붕괴를 이끌었을 것이다.

바오둔문화(BC 2500-BC 1700) | 이 문화는 최근에 명명된 고고문화로 청두분지(成都盆地)와 부근의 저산지대에 분포한다. 유적의 대부분은 최근에 발견되었다. 민강(岷江)을 따라 분포하는 몇몇 성지가 이 문화의 핵심 지역을 구성한다. 성지 면적은 10만m²부터 60만m²까지 다양하다(陳劍 2005; 李水城 2010; 馬世之 2003). 성벽은 모두 대지 위에 건설되었다. 평면 장방형 혹은 불규칙형이며 방향은 부근 하천의 방향에 따른다. 이와 같은 취락 배치는 홍수의 통제와 관련이 있을 것인데, 이것은 전체 역사시대에 걸쳐 청두평원의 도시 계획에서 줄곧 관심이 집중된 문제이다. 바오둔(寶墩)과 구청촌(古城村) 두 유적의 중심부에서 대형 공공 건축물 유적을 발굴했다. 공구 조합으로 판단하건대 농업과 수렵·채집이 이 지역 생산 경제의 주요한 방식이었다(江章華 등 2001). 많은 취락에 대형 성지와 공공 건축물이 건설되어 이곳에 복합사회 조직이 존재했음을 드러낸다. 하지만 취락 내부의 문화 유존에서는 사회 불평등의 흔적이 매우 적게 발견되었다. 현재 진행되고 있는 구역조사와 발굴은 앞으로 이 지역의 사회 조직을 복원하는 데 더욱 많은 정보를 제공해 줄 것임이 분명하다.

중국 남부와 서부

이 지역에 초점을 둔 연구가 부족하므로 중국 남부와 서부의 신석기시대 문화 발전에 대한 연구 성과는 황허강이나 양쯔강 유역만큼 풍부하지 않다. 최근 들어 상황에 변화가 발생하기 시작했는데, 이것은 주로 지역 연구기관의 신속한 발전과 쑤빙치가 '구계유형' 이론을 제기한 데 힘입은 바이다. 후자는 중국문명의 다원적 발전을 특별히 강조한다. 이 밖에 타이완과 대륙 고고학자 간의 학술 교류, 중국과 다른 국가 사이의 국제적 협력은 이들 지역의 문화 발전에 대한 이해, 특히 원오스트로네시아어족 인구 확산에 대한 이해에 많은 돌파구를 마련했다. 이들 고대 남방 변경지역은 중국 초기문명의 다원적 기원을 복원하는 데 매우 중요할 뿐만 아니라, 동남아시아 각 지역 간의 상호관계를 이해하는 데도 중요한 관건이 된다.

중국 동남부지역

지리 환경이 고도로 다양화된 이 지역에서 옛사람들은 각종 생존 전략을 채택해 서로 다른 생태 환경에 적응했다. 서로 다른 취락 유형은 서로 다른 형태의 신석기시대 후기 문화를 대표한다. 농경 취락 유적은 내륙지역에 위치하며, 도작 농업 유존이 매우 분명하다. 이에 비해서 사구와 조개무지 유적은 연해지역에 분포하며, 사람들은 주로 수상 자원에 의존했다. 이와 같은 생업 경제는 광둥성 북부의 스샤문화(石峽文化), 주강 삼각주의 융랑문화(涌浪文化)와 푸젠성의 탄스산문화(曇石山文化), 황과산문화(黃瓜山文化)를 대표로 한다(그림 7.1 참조). 기원전 2000년기 중국 북방지역이 청동기시대로 접어든 뒤에도 이 지역에서는 신석기시대 문화가 수백 년 계속되었다.

스샤문화(약 BC 3000-BC 2000) | 스샤문화는 명백한 농경 사회이다. 스샤 유적에서는 도립, 도각, 도경엽(稻莖葉)과 농업 생산 도구가 모두 무덤에서 발견되었다. 이 밖에도 종과 벽을 포함한 많은 옥기가 발견되었는데, 몇몇 옥기는 량주문화의 것과 유사하다. 무덤의 형태와 토기의 기형으로 보아 스샤문화는 고유한 특징을 가지고 있다. 그러나 이 물질문화는 명백히 장시성 및 양쯔강 하류지역의 신석기시대 문화와 밀접한 관계가 있다. 이들 지역의 농업은 이전부터 이미 수천 년간 경영되어 왔다(石峽發掘小組 1978; 蘇秉琦 1978b). 이와 같은 연계는 앞에서 언급한 인구밀도가 높은 농경지역

294

의 인구가 일찍이 남쪽으로 이주했음을 보여 주는데, 이런 현상은 전체 신석기시대에 항상 발생했다.

융랑문화(약 BC 3000-BC 2000) | 주강 삼각주와 홍콩 지역에 분포하며, 사구 유적이 대표적이다. 사람들이 연해지역에 거주하기 시작했을 때 해수 평면이 매우 낮아 해산(海山) 사이의 육지 범위는 현재보다 훨씬 넓었다. 주택은 대부분 산기슭 아래에 건설되었다. 해수 평면이 상승한 이후 이들 유적은 빈번하게 물난리를 겪어 사구 유적이 형성되었다. 홍콩 융랑 유적의 석기는 주로 석부, 석산, 석촉, 어망추 등이며, 토기의 유형은 간단해 대부분 관과 부이다. 토기는 승문과 각종 타날문으로 장식되었다. 무덤은 소량만 발견되었으며, 주택은 아마도 난간식이었을 것이다. 융랑의 몇몇 물질문화가 보여 주는 특징은 스샤문화(농경 사회)와 유사하다. 석기와 토기의 특징을 비교하면 양자가 교환과(혹은) 이주관계에 있었음을 알 수 있다. 그러나 융랑의 생업 경제는 명백히 수렵·채집과 어로에 의존했으며, 농경 생산의 증거는 거의 발견되지 않았다(安志敏 1997; 香港古迹古物辦事處 1997). 이와 같은 현상은 두 가지로 해석될 수 있다. 첫째는 융랑문화의 사람들이 연해지역의 환경에 성공적으로 적응해 농경인과 관계를 유지하고 있어도 농업을 발전시킬 필요가 없었다. 둘째는 이들의 조상이 되는 농경인은 해양 생태 환경으로 이주한 뒤 농경 생산 활동을 포기했다.

탄스산문화(약 BC 3000-BC 2000)와 황과산문화(약 BC 2300-BC 1500) | 푸젠성 동남 해안지역에 분포하며 조개무지 유적이 주요한 특징이다. 사람들은 주로 해양 자원과 육상동물 수렵으로 생계를 유지했다. 탄스산문화 유적에서는 농경 활동이 이루어진 증거를 발견할 수 없으나 샤푸현 황과산 유적에서는 쌀, 밀, 보리의 탄화 씨앗과 식물규산체가 발견되었다. 이와 같은 변화는 기원전 3000년기 말기 연해지역에서 농경이 해양 경제를 보완하게 되었음을 의미한다. 주요 석기는 석분으로, 다량의 유단석분(有段石錛)이 발견되었다. 이와 같은 전형적인 특징은 1,500여 년 동안 지속되었는데, 이것은 교환 네트워크가 발달했고 장기간 지속되었음을 나타낸다. 탄스산문화 유적의 수많은 석분은 현지에서 나오지 않는 화산암(火山巖)으로 제작되었다. 푸젠성 둥산현(東山縣) 다마오산(大帽山) 유적(약 BC 3000-BC 2300)에서 출토된 석분의 화학 성분 분석은 사람들이 멀리 타이완 해협 중부의 펑후(澎湖) 열도에서 원재료를 채취했을 가능성이 있음을 보여 준다. 이 밖에 다마오산에서 출토된 많은 양의 토기편과 석기는 같은 시기 펑후 열도 및 타이완 서부 유적의 출토 유물과 유사하다. 이것은 세 지역 사

이에 밀접한 문화적 연계가 있었음을 나타낸다. 이처럼 타이완 해협을 넘나드는 장거리 항행(航行)은 원오스트로네시아어족의 확산 메커니즘의 일부분을 구성했을 것이다(Jiao 2007).

원오스트로네시아어족이 중국 대륙에서 타이완으로, 다시 동남아시아로 남천(南遷)한 원동력에 대해 해석한 매우 많은 이론이 있다. 벨우드(Peter Bellwood)는 도작 농업 채택으로 인해 발생한 인구압이 이동의 주요 원인이라고 주장했다(Bellwood 1997). 장광즈와 굿이너프는 남방으로의 인구 확장은 풍부한 해양 및 열대우림 자원을 탐색하는 것에서 비롯된 일종의 반응이라고 생각했다(Chang and Goodenough 1996). 키르츠는 적장자 계승제가 유행함에 따라 가족 내부에 분가(分家)가 발생하고, 적장자가 아닌 사람은 새로운 강역을 개척해 새로운 집단의 시조가 됨으로써 존경받을 수 있는 의식 형태가 고대 오스트로네시아어족이 태평양 지역으로 확산되는 결과를 초래했다고 주장했다(Kirch 2000). 짱전화(臧振華)는 해양 생계방식에 대한 사람들의 적응력이 결정적인 작용을 했음을 지적했다(Tsang 1992; 종합적인 논의는 Jiao 2007 참조). 자오톈룽(焦天龍)은 서로 다른 시기에 서로 다른 원인이 있을 수 있다고 보았다. 그는 해양을 탐색하는 데 골몰했을 때는 해양 적응력이 주요한 역할을 했으며, 남천의 동기도 신석기시대 전기에는 새로운 자원을 찾는 데에, 신석기시대 후기 도작 농업이 발달했을 때는 더욱 많은 경작지를 확보하는 데에 있었을 것이라고 주장했다(Jiao 2007: 258-259).

중국 서남과 서부 지역

기원전 3000년기 시짱(西藏), 윈난성, 구이저우성(貴州省)을 포함하는 중국 서남부 지역의 신석기시대 문화도 진일보 발전했다. 산이 많은 지형은 이 지역의 물질문화 조합에 매우 많은 지역적 특징을 부여했는데, 그 대부분은 최근 수십 년 사이에 비로소 이해되기 시작했다. 전체적으로 보면 이 지역의 고대 사회 발전에 관한 지식은 아직도 매우 제한적이다.

칭짱고원에는 신석기시대 문화도 만연했는데, 시짱 동북부에 분포하는 카뤄문화(卡若文化)가 대표적이다. 전형적인 유적인 창두(昌都) 카뤄 유적(1만m²)은 란창강 서안의 이급대지에 위치해 있다. 이곳의 해발고도는 3,100m이며, 문화 퇴적은 2m에 가깝다. 이 취락의 방사성탄소동위원소 연대 측정은 기원전 3300년에서 기원전 2300년이다. 사람들은 주택에 거주했으며, 토기와 타제, 마제 석기를 사용했고 세석기를 가공했다. 물질문화는 쓰촨성에 더욱 가깝고 간쑤성과 칭하이성 지역과는 다르다. 보고에 의하면 생업 경제는 수렵과 채집 그리고 좁쌀 재배와 가축 사육을 특징으로 한다(Aldenderfer and Zhang 2004; 西藏自治區文物管理委員會, 四川大學歷史系 1985).

기원전 3000년 이전 윈난성 지역의 신석기시대 유적은 매우 희소하지만, 기원전 3000년기의 유적은 다음과 같은 세 종류의 지리적 환경에서 발견되었다. 그 하나는 강 옆의 대지인데, 하천에 가까운 동굴이나 호수에 가까운 조개무지 유적이 발견된다. 패각이 퇴적된 규모는 거대해서 두께가 4-6m에 달한다. 석기는 주로 석부와 석분이며, 토기에는 각종 유형의 반, 관, 배 등이 있다. 일부 토기의 태토 가운데는 도각과 이삭줄기가 섞여 있어 이 시기에 수도가 재배되었음을 알 수 있다(黃展嶽, 趙學謙 1959; 肖明華 2001). 최근에 젠촨 하이먼커우의 발굴이 진행되었는데, 젠호(劍湖)에 가까운 습기가 많은 곳에서 난간식 건축물 취락이 발견되었다. 그 신석기시대 퇴적(약 BC 3000-BC 1900)에서는 수도, 기장을 포함한 매우 풍부한 물질 유존이 발견되었다. 수도는 아마도 양쯔강 중류지역에서 도입되었을 것이며, 기장은 서북지역에서 들어왔음이 분명하다. 하이먼커우의 몇몇 석도에서는 시짱 카뤄의 석도와 유사한 특징이 나타나서 양 지역 간의 문화적 연계가 드러난다(閔銳 2009). 윈난성은 줄곧 주변 지역의 문화와 민족이 교류하고 상호작용한 요충지였다. 몇몇 대강(大江)이 서북에서 동남 방향으로 관통해 중국과 동남아시아 사이의 주요 교통로를 형성하면서 후대에는 서남 실크로드로 발전했다. 신석기시대의 인류는 이미 이 노선을 따라 이동하고 아울러 무역 활동에 종사하기 시작했을 것이다.

신짱의 청동기시대 이전 대략 기원전 2000년 이전의 고고문화는 세석기가 주요한 특징으로 보이지만 아직 정확하게 측정된 연대는 없다. 이 지역에서는 아직 분명한 신석기시대의 문화 유존이 발견되지 않았다.

요컨대 중국 남방과 서남지역의 신석기시대는 북방지역보다 그 발전이 늦었다. 이들 늦은 신석기문화는 대체로 농업 생산 기술을 가진 농경인이 남쪽으로 이주한 결과로 간주된다. 기원전 3000~4000년기에 양쯔강 중류 및 하류 지역에서 발생한 인구 이동이 몇 차례 있었으며(Zhang, C. and Hung 2008), 결국 기원전 3000년기에는 동남아 대륙으로 확산된 것으로 보인다(Bellwood 2005; Higham 2009). 동남아시아의 지역 신석기시대 사회 사이의 유사한 물질문화는 이와 같은 가설을 지지한다. 이 가운데 몇몇 문화적 특징은 양쯔강 유역에서 처음으로 발생했으며, 이후 중국 남방지역과 동남아시아에서 출현했다. 그 특징에는 상장 활동, 수도 재배, 가축 사육, 마제석기 제작과 방기(蚌器) 가공, 토기 유형 및 장식, 특히 각획문과 인문도(印文陶) 등이 포함된다(Rispoli 2007). 이와 같은 물질문화 확산은 아마도 인구와 그 언어 전파에 수반되었을 가능성이 높다(Bellwood 2006; Higham 2002).

결론

신석기시대 후기 문화의 발전은 다채롭다. 대하(大河) 수계, 특히 황허강, 양쯔강 유역을 따라 분포한 복합 농경 사회는 크게 번영했으며, 주변 지역의 대다수 소형 집단은 간단한 사회 조직 형태로 광역적 생업 경제 모델을 계속해서 유지했다. 진화의 측면에서 보면 기원전 3000년기는 과도적 시기이다. 이 사이에 신석기시대의 복합사회는 최초의 국가 사회로 발전했고, 매우 많은 문화에서 나타나는 특징, 이를테면 청동 야주, 원시문자, 명백한 사회 계층과 집단화된 지역적 취락 형태 등은 이후 문명의 기본적 요소가 되었다. 이들 신석기시대 문화(예컨대 타오쓰, 량청진, 량주 등과 같은)를 국가라고 칭할 수 있을지에 대해서는 아직 논란이 있지만, 점점 더 많은 중국의 고고학자들은 그들이 곧 국가라고 생각하고 있다. 이 문제는 다음 장에서 논의하게 될 것이다. 우리가 보기에 어떤 신석기시대 문화가 국가의 기준에 부합하는지를 판정하는 것은 절대 중요하지 않다. 그에 관련된 논단은 국가의 개념을 어떻게 정의할 것인지에 달려 있다. 고고학자에게 더욱 중요한 일은 이들 복합사회가 어떻게 발전하고, 운영되며 변화할 수 있었는지에 관한 정보를 제공하는 것이다.

이때의 고고문화는 비록 매우 많은 지역적 유형이 있지만, 적지 않은 복합사회에 몇몇 특징이 공통으로 존재했다. 즉 농업의 잉여는 사회복합화의 경제적 기초가 되었고, 지배층은 의례 권력을 통해 그 정치적 권위를 창조하고 유지했으며, 이로 인해 위신 의례 용품의 생산과 교환은 사회적 지위와 지배층 연계망의 형성에 매우 중요했다. 고도의 사회복합 정도를 나타낸 모든 지역 문화가 국가 수준의 사회 조직으로 변화하고 지속적으로 발전한 것은 아니다. 예컨대 타오쓰와 량주는 기원전 3000년기에 가장 발달한 복합사회로서 모두 고도로 계층화된 정치 체제를 형성했으며, 지배층은 의례 권력을 장악함으로써 그 정치적 지위를 획득하고 유지했다. 그러나 사람들이 주목하는 것은 그들 모두가 대략 기원전 3000년기 말기에 고고학적 기록에서 사라져 버렸다는 것이다.

타오쓰와 량주가 이 시기에 소실된 문화의 드문 사례는 아니다. 유적 수량 감소와 지역 중심 폐기는 황허강, 양쯔강 유역 등의 지역에 나타난 보편적 현상이었다. 기원전 2000년기 초기에 이르러 매우 발달한 복합사회 가운데 상당수가 고고학적 기록에서 사라졌다. 전신세 중기 기후최적기의 쇠퇴로 인해 매우 많은 지역이 기후 파동을 겪었으며, 그 때문에 늘 환경 변화가 복합사회 쇠락의 주요 원인으로 지목된다. 매우 많은 고고학자들이 이 변화는 문헌에 기록된 대홍수의 발생과 일치한다고 주장한다. 전통적으로 대우가 홍수를 다스렸다고 여겨졌으며, 전설에 의하면 대우는 4,000년 전 하왕조의 개국 군주이다. 홍수 신화가 형성된 역사적 배경은 따로 연구되어야 할 필요가 있지만(Lewis 2006), 약간의 과학적 연구를 통해 중국이 기원전 2200년에서 기원전 2000년에 기후 악화를 경험했음이 이미 입증되었다(吳文祥, 葛全勝 2005; Wu, W. and Liu 2004; 夏正楷, 楊小燕 2003). 기원전 3000년기 말 허난성 후이현(輝縣) 멍좡(孟莊) 유적(河南省文物考古研究所 2003)과 저장성 모자오산과 같은 몇몇 신석기시대 유적에서도 홍수가 발생한 증거가 나타난다. 대우의 치수설화는 근거가 확실치 않은 부분이 있다고 해도 여러 하곡지대에서 빈발한 재난적 홍수가 많은 선사 유적을 파괴했고, 이런 사건은 고대인의 집단 기억이 되어 구전을 통해 전승되었을 것이다.

결국 이러한 신석기시대 복합사회의 성장과 쇠락은 서로 다른 사회 집단 사이의 그리고 자연의 역량과 인류 사회 사이의 복잡한 각종 관계를 보여 준다. 이들 사회 체제의 성장과 쇠락은 늘 기후 파동과 서로 연계되며, 이런 대응관계는 고고학적 기록에서 기원전 2000년 전후 신석기시대 문화가 종결된 것을 해석하는 데 활용될 수 있을 것이다. 비록 그렇다고 하더라도 기후 변화는 이처럼 간단하게 해석할 수 없으며, 매우 많은 상황에서 사회의 대응과 지도자의 전략이 최종적 사회 변화를 결정한다. 고고학자가 마주한 특수한 도전은 왜 얼리터우문화와 같은 초기국가가 진화에 성공했으며, 여러 유사한 복합사회는 오히려 같은 시기에 붕괴했는지를 해석해야 하는 것이다. 이 문제는 다음 장에서 논의할 것이다.

제8장 중원지역 초기국가의 형성: 얼리터우와 얼리강(BC 1900/1800-BC 1250)

> 국가의 대사(大事)는 제사와 전쟁인데, 제사에는 집번(執膰)의 의례가 있고, 전쟁에는 수신(受脤)의 의례가 있다. 이것이 신을 섬기는 큰 예절이다.
>
> – 『좌전』 '성공(成公) 13년'

    중국은 외부의 영향을 받지 않고 독자적으로 초기국가 문명을 형성한 세계에서 몇 안 되는 지역 가운데 하나이다. 국가의 기원 문제에 대해서는 역사학적, 고고학적 방법을 통해 연구할 수 있다. 중국은 오랫동안 줄곧 역사를 기록하는 전통을 가져왔으며, 이것은 의심할 여지없이 초기국가와 문명 기원의 연구에 중요한 단서를 제공한다. 동시에 국가의 도성과 관련되었다고 여겨지는 대형 유적에 대한 발굴 또한 초기국가 출현 지역의 사회, 정치와 기술 발전을 연구하는 데 풍부한 자료를 제공한다. 중국 초기국가의 기원은 서로 관련된 4개의 문제와 연결되어 있다. 그것은 곧 국가의 형성, 도시의 발전, 문명의 출현 그리고 왕조사(王朝史)의 시작 등이다.

    현재 중국 고고학계에는 새로운 그리고 전통적인 사고방식이 병존하고 있다. 때문에 국가의 형성도 자못 논쟁이 심한 문제 가운데 하나이다. 연구자들은 이 두 가지 사고방식을 정합(整合)하기 위해 온갖 노력을 다하지만 이론적·실천적으로 두 가지 사고방식 사이의 모순이 적지 않다. 먼저 부딪치게 되는 문제는 상대 후기 은허(약 BC 1250-BC 1046)에 선행하는 초기국가에서 나타난다. 좀 더 정확하게 말하면 문자 체계가 아직 출현하지 않은 선사시대 국가에서 나타나는 것이다. 초기국가에 대한 연구는 대부분 역사 문헌 자료에서 도움을 얻을 수밖에 없지만 이들 문헌 자료는 국가가 출현한 지 대략 1000년 이후에 비로소 편찬, 완성된 것이다. 그러므로 연구자들이 이들 문헌 자료를 어떻게 고고학 연구에 사용할 것인지에 대한 논란이 끊이지 않는다. 둘째는 국가의 개념에 대해서도 통일된 그리고 엄격한 정의가 존재하지 않는 것이다. 연구자들은 서로 다른 기준을 사용해 국가 문제를 논의했으며, 이로 인해 몇몇 문제에 대한 논의에서 혼란이 야기되고 말았다. 셋째는 중국 고고학자의 글에서 '국가'와 '문명'이 늘 호환되고, '문명'이란 단어가 '국가'에 비해 더욱 보편적으로 사용되는 것이다. '문명'의 의미는 '국가'에 비해 더욱 광범위하기 때문에 연구자들 사이에서 이 두 가지 개념의 정의가 서로 달라 관련된 많은 해석이 모호해지고 말았다(張光直 2004; 陳星燦 1987).

이 밖에 초기국가 연구는 고고학, 역사학, 인류학 등 여러 학문 분야와 관련되어 있다. 이들 영역의 연구자들은 서로 다른 방법으로 서로 다른 문제를 해석하는 일이 흔하다. 따라서 초기국가 출현의 시기, 지점과 원인에 대한 해석도 천차만별이다. 이렇게 보면 초기국가의 형성 과정에 대한 연구는 서로 다른 사고와 방법을 정합하는 것부터 시작되어야 한다. 이 장에서는 먼저 초기국가에 관련된 몇몇 연구 방법을 회고한 뒤 기원전 2000년기 초기에 출현한 초기국가의 고고학적 증거에 대해 논의하고자 한다.

방법과 정의

국가의 형성을 연구하는 데에는 주로 네 가지 방법이 있다. 그리고 이 네 가지 방법은 기본적으로 국가에 대한 고고학자들의 서로 다른 정의로 볼 수 있다.

샤나이의 고전진화론 방법

'문명'과 '국가' 등 두 단어를 호환해 사용하는 것은 샤나이에 의해 맨 처음 시작되었다. 그는 이렇게 썼다. "문명이란 어휘는 하나의 사회가 씨족제도에서 벗어나서 국가 조직의 계급 사회에 진입한 단계를 가리킨다"(夏鼐 1985: 81). 샤나이는 고든 차일드(Gordon Childe)의 도시혁명(都市革命) 사상의 영향으로 고고학적 발견을 통해 검측할 수 있는 네 가지 기준으로 문명과 국가를 정의했다. ① 국가급의 정치 조직(계급 분화를 특정으로 한다), ② 정치, 경제와 문화 또는 종교 활동의 중심지, ③ 금속, ④ 금속 제련 등이다. 그는 나아가 중국문명은 얼리터우문화 시기(BC 1900-BC 1500)에 출현했으며, 얼리터우문화 혹은 적어도 얼리터우문화 후기의 중심지는 허난성의 이뤄지역에 있었다고 주장했다(夏鼐 1985: 79-106).

샤나이는 자신을 보수적인 고고학자라고 생각했다(夏鼐 1985: 96). 그가 1980년대에 중국 초기 문명 기원 문제에 관한 글을 썼을 당시 얼리터우는 국가 정의의 기준에 최대한 부합되는 유일한 유적이었다. 현재의 고고학적 자료에서 보아도 같은 시기 또는 그보다 조금 이른 시기의 어떤 고고문화도 얼리터우가 보여 주는 사회복합화 정도를 뛰어넘지는 못한다. 샤나이의 주장은 고고학적 증거를 더욱 강조했으며, 문자 자료에 대한 관심은 적었다. 이것은 중국에서는 일반적이지 않다. 왜냐하면 얼리터우에 관한 대부분의 글은 결국 이것을 왕조 사회와 연결시키려고 시도하기 때문이다(杜金鵬, 許宏 2006; 中國社會科學院考古研究所 2003b). 그런데 몇몇 새로운 연구 결과는 샤나이의 생각을 재고할 필요가 있다는 것을 보여 주었다. 각자의 방법으로 체계적인 연구를 진행하기 전에 고고학적 자료와 선사 사회에 관한 역사 문헌은 마땅히 분리해서 취급해야 한다(Liu, L. 2004: 9-10; Liu, L. and Xingcan. Chen 2003; Liu, L. and Hong. Xu 2007).

쑤빙치의 신석기시대 문명 발전 과정

쑤빙치의 문명에 대한 견해는 샤나이보다 급진적이지만, '문명'이라는 단어를 사용할 때 명확한 정의를 내리지 않았다. 그는 5,000여 년 전 몇몇 신석기시대 문화의 특징이 문명의 출현과 고국(古國)의 출현이라고 했다. 그 특징에는 성지, 용형 옥기, 대형 공공 건축물과 서로 다른 등급의 무덤이 있다. 이런 특징은 매우 많은 지역에서 출현했기 때문에 쑤빙치는 이와 같은 상황을 문명의 여명기 때 '하늘에 가득 찬 별[滿天星斗]'이라고 묘사했다. 그는 5,000여 년 전 많은 지역이 문명을 향해 나아갔다고 주장했다(蘇秉琦 1999: 119-127). 그가 인용한 사례는 다양한 유적에서 나온 유물과 유구의 형태상 변화였다. 따라서 쑤빙치가 제기한 모델은 국가 형성 과정이라기보다는 문화 진화 과정이었다.

쑤빙치의 견해는 중국의 많은 고고학자와 역사학자들에게 수용되었다. 그들은 문명 혹은 국가의 기원은 신석기시대까지 소급되어야 한다고 주장한다(예컨대 李學勤 1997a; 嚴文明 2000; 張忠培 2000). 이들이 말하는 초기 문명에는 양사오문화, 홍산문화, 다원커우문화, 취자링문화, 량주문화 및 룽산문화와 같은 다수의 고고문화가 포

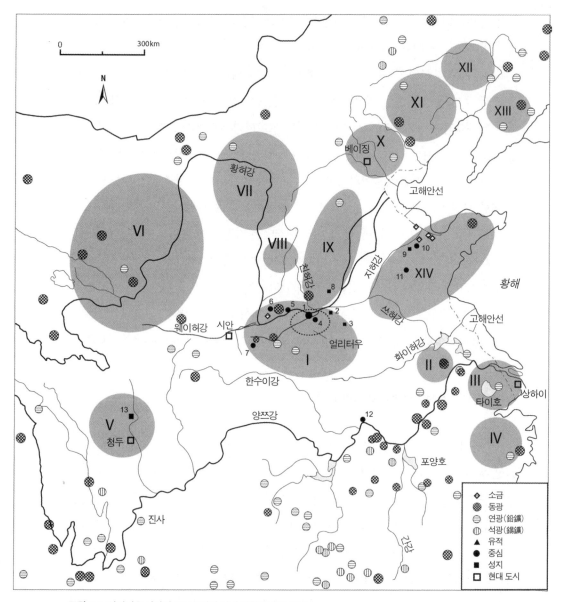

그림 8.1 얼리터우 시기의 고고문화와 자연 자원(금속과 소금)

문화: I. 얼리터우, II. 더우지타이(鬪鷄臺), III. 마차오, IV. 멘장타이(點將臺) 하층, V. 싼싱두이, VI. 치자, VII. 주카이거우, VIII. 광서(光社), IX. 샤치위안, X. 다퉈터우(大坨頭), XI. 샤자뎬하층, XII. 가오타이산(高臺山), XIII. 먀오허우산(廟後山), XIV. 웨스

유적: 1. 얼리터우, 2. 다스구, 3. 왕징러우, 4. 난와, 5. 난관, 6. 둥샤펑, 7. 둥룽산, 8. 멍좡, 9. 청쯔야, 10. 스자, 11. 인자청, 12. 판룽청, 13. 싼싱두이(문화 분포 지역은 中國社會科學院考古硏究所 2003에 의거)

함되며, 이들의 연대는 모두 기원전 4000년에서 기원전 2000년까지 올라간다(張忠培 2000). 이들 연구에서 계층사회의 출현, 공공 건축물의 건설과 취락 방어 공사 등이 빈 번하게 초기국가 출현의 표지로 인용된다(예컨대 李學勤 1997a: 7-10). 비록 이와는 다 른 주장이 일찍부터 제기되었지만(예컨대 安志敏 1993a; 陳星燦 1987) 그런 주장은 최근 수년 동안 오히려 더욱 위세를 떨치고 있다. 왜냐하면 몇몇 신석기시대 후기의 새로운 발견은 기원전 3000년기에 성벽과 같은 대형 공공 건축물이 이미 건설되었으며 고급 사회 조직도 이미 발전했음을 보여 주기 때문이다. 복합화된 신석기시대 유적은 타오 쓰, 왕청강, 량주가 대표적이다. 이 책의 앞선 몇 장에서 언급했듯이 이들 유적은 모두 대형 판축 성벽을 가지고 있다. 그러나 이들 유적에서 현재까지 발견된 고고학적 자료 는 그들이 이미 국가였음을 확정하기에는 여전히 부족하다.

역사학적 방법

현대 고고학이 출현하기 이전에 역사 문헌은 사회 발전을 해석하는 유일한 자료 였다. 이들 역사 문헌은 문명의 기원을 고사(古史) 전설의 삼황오제(三皇五帝) 시기까지 소급한다. 중국의 고고학자 스스로에 의해 전개된 현대 고고학은 1920년대에 시작하 는데, 이것은 고사의 전통, 서양의 과학적 방법 그리고 부단히 상승하는 민족주의가 서 로 영향을 준 결과이다. 이것이 가진 최초의 목표는 중국사를 재건하는 것이었다(Falk- enhausen 1993; Liu, L. and Xingcan. Chen 2001a; 제1장 참조). 역사시대 초기의 왕조, 즉 후대의 이른바 제국 이전의 '삼대(夏, 商, 周, 전체적으로 기원전 2100년에서 기원전 200 년)'는 모두 황허강 중류지역 또는 중원지역이라 불리는 곳에서 발전했다. 삼대의 국도 (國都)를 찾는 것은 줄곧 현대 중국 고고학의 목표였다. 과거 1세기의 고고학적 조사를 통해 이미 수많은 대형 유적이 발견되었고, 그 가운데 일부는 시간적·공간적으로 확 실히 문헌에서 언급하는 초기 왕조의 도성에 부합된다. 여기에는 신자이(新砦), 얼리터 우, 정저우, 옌스, 샤오쐉차오, 환베이(洹北)와 은허 등이 포함되는데, 이것은 모두 중원 에 위치하며 정치 중심지의 특징을 드러낸다(그림 8.1) 이들의 발견은 중국 고고학자들 이 중국 초기 왕조 역사를 복원하고자 하는 열정을 촉발했으며, 많은 연구가 이들 유적 과 고대 문헌에 언급된 하상(夏商) 시기의 도성을 연계했다. 종합해 보면 역사학적 방 법은 중국에서 이미 주류가 되어 있다.

그런데 역사학적 방법은 실천 과정에 문제가 있다. 고대 문헌은 간략하고 그 의미가 모호한 경우가 많다. 하물며 상대 후기 이전 초기 청동기시대 유적에서는 해당 유적의 성격을 설명할 수 있는 문자가 없다. 따라서 각종 고사 전설을 인용하는 것은 하나의 유적이 몇 개의 고대 도시 혹은 지역에 대응하는 결과를 초래할 수 있다. 갑골문이 출토되어 논쟁의 여지없이 상대 후기의 한 도성임이 입증된 안양의 은허를 제외하면, 어떤 유적이 어떤 고대 도성에 대응하는지에 대해 고고학자들은 각자 자신의 주장을 굽히지 않으며 논란이 끊이지 않고 있다.

역사학적 방법의 방법론 자체에도 자못 논란의 여지가 있다. 문헌이 완성된 시기가 매우 늦기 때문에 많은 연구자는 문헌에서 언급된 지명이 현대의 연구에서 인정된 선사시대 유적에 사용되어서는 안 된다고 생각한다. 특히 얼리터우문화에 대한 해석에 논란이 자못 많다. 얼리터우문화의 일부분은 첫 번째 왕조, 즉 하의 유존으로 간주되지만 그와 대조적으로 비판적인 의견을 가진 연구자는 이에 대해 의문을 제기한다. 왜냐하면 이 유적에서 얼리터우와 하의 관계를 지지하는 관련 문자 증거가 발견되지 않았기 때문이다. 이와 같은 논쟁은 중국 고고학의 역사학적 방법이 가진 결점을 부각시킨다. 이것은 선사시대 복합사회를 다른 방법으로 연구해야 할 필요가 있음을 의미한다.

사회고고학적 방법

이 방법은 서양의 인류학 이론과 학제적 협력 연구를 운용해 국가의 형성을 연구해야 한다고 주장한다. 최근 중국과 외국의 협력 연구 사업이 중국에서 진행됨으로써 이러한 방법이 중국 고고학에서 점차 유행하게 되었다.

산둥성 동남부와 허난성 이뤄분지에서 전개된 두 가지 중외 협력 연구는 특히 국가의 형성 문제에 관심을 가졌다. 이 연구는 전면적 구역조사와 발굴을 진행함으로써 취락고고학의 방법을 운용해 지역의 각도에서 사회 변화를 연구했다(예컨대 Adams and Jones 1981; Fish and Kowalewski 1990; Kowalewski 1989; Wright 1984). 사회고고학적 방법은 국가를 적어도 2개의 사회 계층, 즉 통치계층과 평민계층이 존재하는 사회로 정의한다. 통치계층은 집권화된 의사결정 과정을 특징으로 하며, 이 과정은 외부 혹은 내부를 막론하고 모두 전문화되어 있다. 이때 외부는 예속 지역의 관리를 가리키며, 내부는 집권화된 결정 과정이 약간의 독립된 활동으로 구분되고, 이들 독립된 활동이 서로 다른 시간과 장소에서 동시에 진행될 수 있음을 가리킨다(Marcus and Feinman 1998: 4; Wright 1977: 383). 이 밖에 국가급의 사회 조직은 늘 적어도 4개 등급의 지역 취락 체계에서 탄생하는데, 이것은 3개 혹은 그 이상의 정치적 계층이 존재하는 것에 상당한다(Earle 1991: 3; Flannery 1998: 16-21; Wright 1977: 389; Wright and Johnson 1975). 본서에서 채용하는 것은 이와 같은 정의이다.

산둥성 동남부와 이뤄분지의 지역 취락 모델은 이 두 지역의 인구가 신석기시대에 부단히 증가했음을 보여 준다. 산둥성 동남부에서 신석기시대 후기의 두 대형 취락인 량청진과 야오왕청(堯王城)이 지역 중심으로 등장했는데, 이곳은 각각 3개의 등급을 가진 취락 체계를 관할했다. 그러나 이곳은 모두 기원전 2000년기 초기에 소실되었다. 이곳이 가진 정치 조직의 본질은 더욱 많은 발굴을 통해 더욱 많은 자료를 획득하여 판단할 필요가 있다(Underhill et al. 2008).

이뤄지역의 상황은 비교적 특수하다. 기원전 2000년을 전후해 대다수 지역의 인구 증가와 사회복합화 과정은 모두 저조한 시기를 거치지만, 이뤄분지의 취락 모델은 얼리터우 시기에 오히려 인구가 빠른 속도로 응집하는 과정을 보여 준다. 커다란 도시 중심지가 얼리터우 유적(300만m²)에 출현하며, 860km² 범위 내의 조사 상황은 이뤄분지에 3등급의 정치 구조가 존재했음을 보여 준다(Liu, L. et al. 2002-2004; 許宏 등 2005). 국가 형성의 과정이 이뤄지역의 고고학 자료에서 분명하게 나타나는 것이다.

이 밖에 최근의 두 가지 연구는 국가와 문명, 이 두 가지 개념 사이의 관계를 해명하고자 시도했다. 앨런은 일반적 지배층 문화는 왕왕 일련의 특수한 종교 활동을 수반하며, 이 지배층 문화는 얼리터우 지역 중심에서 형성되었다고 주장했다(Allan 2007). 그러므로 얼리터우는 대략 기원전 2000년의 최고 정치 조직(국가)을 대표하며, 얼리터우와 관련된 일반 지배층 문화를 문명이라고 부를 수 있다. 이 두 가지의 개념에 대해 노먼 요피(Norman Yoffee)와 리민(李旻) 또한 유사한 해석을 내놓았다. 그들은 한 사회의 통치 중심으로서의 초기국가는 도시에서 출현하고, 문명으로서의 일련의 문화적 가치는 몇몇 초기의 소국(小國)에 의해 공유된다고 주장했다(葉斐, 李旻 2009). 이 두 개념의 구분은 물질문화권과 정치적 실체 사이의 일부 모호한 해석을 정리하는 데 도움이 될 것이다.

우리가 높이 평가하는 사회고고학적 방법은 초기국가 연구에서 거대한 잠재력이 있음을 보여 준다. 그것은 고고문화가 반영하는 사회복합화 정도를 평가하는 데 객관적인 표준을 제공한다. 이러한 방법은 역사 문헌을 청사진으로 하여 해석을 진행하는 것이 아니며, 최종적으로는 독립된 고고학 연구에서 획득된 결론을 문헌 자료와 비교할 수 있을 것이다.

이 장에서는 초기 청동기시대의 국가, 즉 얼리터우, 얼리강과 주변 지역의 문화에 초점을 맞출 것이다. 우리는 얼리터우와 하 왕조를 연계하지 않으며, 얼리터우의 문화적 귀속에 논란의 여지가 있다고 생각한다. 그러나 우리는 그 가능성을 배제하지도 않는다. 하는 하나의 집단 혹은 왕조로서 고대에 존재했을지도 모른다. 그렇다면 그 물질 유존은 결국 고고학적 자료에서 인식되어 나올 것이다.

하 왕조를 찾아서

얼리터우문화는 1959년 허난성 서부 옌스 얼리터우에서 발견된 대형 청동기시대 유적에서 그 이름을 따왔다. 얼리터우 유적은 쉬쉬성에 의해 발견되었는데, 당시 그는 역사 문헌에 이뤄허강 유역에 위치했다고 기록되어 있는 하의 국도를 발견하기를 기대하고 있었다(徐旭生 1959). 현재까지 황허강 중류지역에서 얼리터우문화와 같은 물질문화 특징을 나타내고 있는 300여 개의 유적이 발견되었다(그림 8.1-1 참조).

얼리터우문화의 연대는 약 기원전 1900년에서 기원전 1500년이며, 문헌에 기록된 하 왕조(BC 2070-BC 1600)와 부분적으로 중첩된다(夏商周斷代工程專家組 2000). 이 고고문화는 시간과 공간에서 고대 문헌에 기록된 하 왕조 후기에 부합되기 때문에 중국의 대다수 연구자는 얼리터우문화와 하 왕조 후기 간에는 직접적인 관계가 있으며(杜金鵬, 許宏 2006), 하 왕조 전기 문화는 얼리터우에 선행하는 문화에서 발견할 수 있다고 굳게 믿고 있다. 이런 생각은 학계에서 룽산문화 후기와 얼리터우문화 사이에 개재하는 하나의 단계, 즉 신자이기(新砦期)에 대한 연구를 촉발했다. 하 왕조의 고고 유존을 찾는 가운데 신자이와 얼리터우가 관건적인 연구 대상이 되었다.

신자이기

신자이기는 1980년대 최초로 명명되었으며, 허난성 서부의 선명한 특징을 보이며 얼리터우보다 이르고 룽산보다 늦은 토기 조합을 가리킨다. 현재까지 신자이기 토기 조합은 15곳이 넘는 유적에서 발견되었지만, 이들 유적에서 발견되는 토기 조합이 왕왕 신자이 토기 조합에만 국한되지는 않는다. 이 밖에도 더욱 많은 유적에서 신자이 토기 조합을 가지고 있을 수 있으므로, 향후 확인이 필요하다. 지금까지 발견된 신자이 유적은 주로 쑹산 주변에 분포되어 있으며, 이 지역에는 2개의 중형 중심, 즉 신미 신자이와 궁이(巩义) 화디쮀이(花地嘴)가 있다(龐小霞, 高江濤 2008).

신자이 유적 | 쑹산 동부의 충적평원, 쐉지허강(雙洎河) 북안에 위치한다(그림 8.2-A). 이 유적에서 연대가 가장 이른 유구는 룽산문화 후기의 견고한 성벽이다. 이것은 신자이 유적이 이 지역에서 중요한 위치를 차지하고 있었음을 알려 준다. 그 이후에 출현한 신자이기는 취락의 전체 발전 과정을 입증한다. 이 유적은 동심원을 그리는 2개의 환호와 판축 성벽 그리고 해자에 의해 둘러싸여 있다. 성벽 내부의 면적은 약 70만 m²이며, 외호(外壕) 내의 전체 유적 면적은 약 100만m²이다. 신자이 유적의 높은 사회적·정치적 지위는 동기, 옥기와 정미한 토기 등 신자이에서 출토되지만 일반 취락에서는 발견되지 않는 유물을 통해서 그 대강을 살펴볼 수 있다. 이 밖에도 대형 반지하식 건축물이 발견되었는데(면적 약 1,400m²), 발굴자의 분석에 따르면 이것은 의례 활동과 관련이 있을 것이다(그림 8.2-B). 이 유적에서 얼리터우문화 전기의 유구가 발견되기는 했지만 비교적 산발적이다. 그것은 이때의 인구밀도가 비교적 낮았음을 알려 준다(趙春菁 2009).

화디쮀이 유적 | 이뤄허강 동부의 황토 대지 위에 위치한다. 면적은 약 30만m²이며, 동심원을 그리는 4개의 환호로 둘러싸여 있다. 주택 기단과 토기 가마 및 재구덩이가 발견되었다. 몇몇 재구덩이는 제사에 사용된 것이 분명한데, 옥월(玉鉞), 옥산(玉鏟), 옥장(玉璋), 옥종(玉琮) 등과 같은 의례용 옥기와 곡물, 동물 뼈를 담은 토기를 포함한 유물이 대량으로 발견되었다. 토기 가운데는 복잡한 문양이 장식된 토제 항[土缸, 항아리] 2점이 있다(顧萬發, 張松林 2005; 顧問, 張松林 2006).

최근 신자이부터 얼리터우까지 일련의 ¹⁴C 가속기질량분석 연대 측정 샘플은 룽산문화 후기(약 BC 2200-BC 1855)부터 신자이기(약 BC 1870-BC 1720), 여기에 다시 얼리터우문화 시기(약 BC 1750-BC 1530)까지의 연대 서열을 제공한다(張雪蓮 등 2007). 연대 측정 수치는 이들 문화 연대가 이전에 발표된 수치보다 늦으며, 특히 얼리터우문화가 시작된 시기가 그렇다는 점을 보여 준다. 이들 새로운 수치는 더욱 많은 유

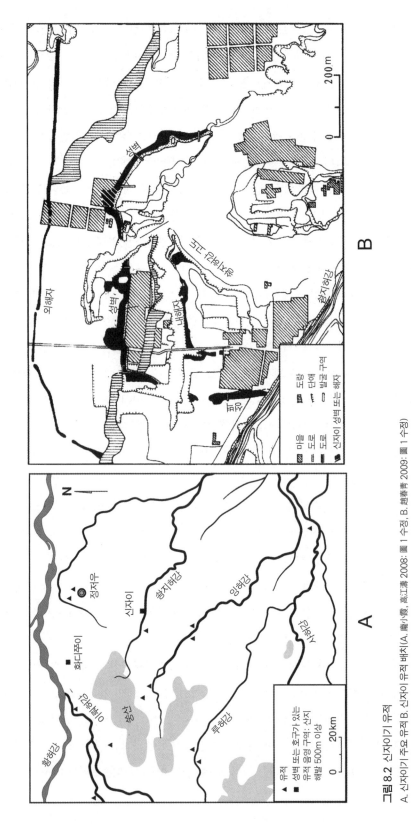

그림 8.2 신자이기 유적

A. 신자이기 주요 유적 B. 신자이 유적 배치(A. 龐小霞, 高江濤 2008: 圖 1 수정, B. 趙春青 2009: 圖 1 수정)

적에서 확보된 샘플을 통한 검증이 필요하다.

신자이 유적의 놀라운 발견은 성지의 역사적 귀속을 확인하는 새로운 논란을 일으켰다. 신자이 유적은 하 왕조의 두 번째 왕인 하계(夏啓)의 국도로 간주되기도 하고(許順湛 2004; 趙春青 2004), 또는 동쪽에서 와서 하 왕조를 대신한 후예(后羿)와 한착(寒浞)의 국도로 여겨지기도 한다(顧問 2002). 이들의 주장은 일찍이 하가 강력한 통일 왕조로서 신자이문화가 분포된 지역을 점유했으며, 신자이는 하 왕조 초기에 일련의 왕이 정도(定都)한 곳이라고 가정한다.

그런데 신자이기의 구역 취락 모델에 대해 알려진 바는 거의 없다. 왜냐하면 신자이기 유적이 그다지 많이 발견되지 않았고, 유적의 면적 또한 분명하지 않기 때문이다. 신자이와 화디쭈이의 관계도 명확하지 않은데, 이 두 유적의 직선거리는 대략 50km에 불과하지만 중간에 쑹산이 가로막고 있어 실제 통행 거리는 그보다 훨씬 멀다. 이 두 유적의 거리가 먼 것을 고려하면 이들은 아마도 서로 경쟁하는 두 지역 중심이었을 것이며, 각 중심은 쑹산 한쪽 주변의 몇몇 소형 취락을 통치했을 것이다. 신자이가 소재한 지역의 룽산문화 후기 취락 체계는 다중심을 특징으로 하고, 이들 지역적 중심(왕청강, 와뎬, 구청자이, 신자이)은 모두 성벽 혹은 환호에 의해 둘러싸여 있다(제7장과 그림 7.2 참조). 신자이기의 신자이 성지는 규모와 유존의 상황으로 볼 때 다른 룽산문화 시기의 성지와 커다란 차이가 없다. 이것은 신자이기와 이 지역 룽산문화 시기의 사회 발전 모델이 매우 비슷해 다수의 중형 정치 중심을 특징으로 하고, 이들 중심 사이에는 권력과 통치 지위를 획득하기 위한 경쟁이 있었음을 암시한다. 이와 같은 인식은 하 왕조가 통일된 집권 정치체라는 전통적인 관점과 배치된다.

얼리터우문화와 얼리터우 국가

얼리터우문화의 분포 범위는 신자이보다 훨씬 크다. 얼리터우문화 유적은 대부분 허난성 중부, 서부와 산시성(山西省) 남부를 포함하는 황허강 중류지대에 집중되어 있다. 이들 유적은 두 유형으로 구분되는데, 하나는 허난성의 얼리터우유형이고, 다른 하나는 산시성(山西省)의 둥샤펑유형(東下馮類型)이다. 얼리터우문화의 요소를 가진 유적은 남쪽으로 양쯔강 중류지역까지, 서남으로 단강(丹江)까지 분포한다. 이것은 모두

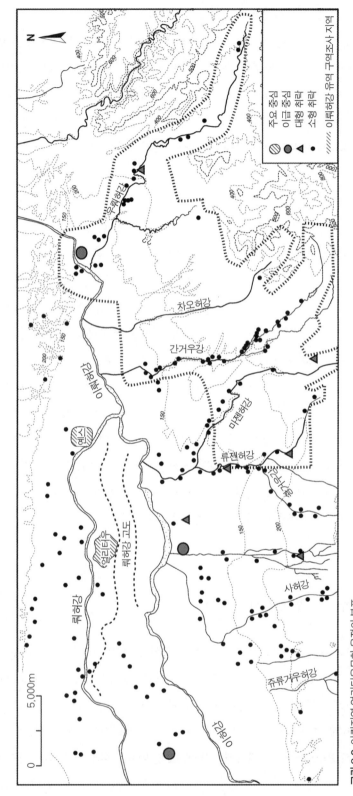

그림 8.3 이뤄지역 얼리터우문화 유적의 분포
얼리터우와 옌스상청(偃師商城)의 관계를 보여 줌

얼리터우문화가 남방으로 확장되었음을 보여 주는 증거이다. 이뤄분지와 쑹산 주위의 인근 지역은 얼리터우문화의 핵심 구역이다. 여기에서 얼리터우 유적이 주요 중심 취락이며, 그 주위의 충적평원과 황토 대지에 200여 개의 소규모 취락이 분포되어 있다(그림 8.3). 얼리터우는 그들과 함께 3층의 정치 구조를 갖춘 취락 체계를 형성했다. 뤄허강(洛河)은 역사적으로 여러 차례 물길을 바꾸었다. 얼리터우의 현재 위치는 뤄허강의 남안(南岸)이지만 고대에는 뤄허강 북안의 충적평원 위에 위치해 있었다. 얼리터우의 위치는 이뤄허강 수계가 제공하는 편리한 교통 체계를 보유하고 있었을 뿐만 아니라, 분지 주변의 산맥도 천연적인 방어 장벽이 되었다(北京大學考古文博學院, 河南省文物考古研究所 2007: 665-775; Liu, L. et al. 2002-2004; Qiao, Y. 2007; 許宏 등 2005).

이뤄분지 밖 얼리터우문화의 분포 범위 내에서 2개의 성지가 발견되었다. 하나는 얼리터우 동북 약 70km 지점의 싱양(滎陽) 다스구(大師姑) 유적(51만m²)이다. 이 유적에서는 청동 도구와 옥기(琮과 같은)가 출토되었는데, 이것은 일찍이 이곳에 지위가 높은 주민이 살았음을 보여 준다. 다른 하나의 성지는 얼리터우 동남 약 100km 지점에 위치하는 신정 왕징러우(望京樓) 유적이다(그림 8.1-3 참조). 이 두 유적은 모두 군사적인 요새로 적을 방어하는 데 사용된 것이거나 부속국의 유적이었을 것으로 해석된다(張松林, 吳倩 2010; 鄭州市文物考古研究所 2004). 어떤 해석이던 간에 얼리터우의 최고 중심 취락에서는 성벽이 발견되지 않았으며, 주위의 2급 중심취락에서는 성벽이 발견되었다. 이 사실은 룽산시대와는 다른 정치적 판도를 드러내 보인다. 룽산은 서로 경쟁하는 다 중심적 정치체를 특징으로 하고, 각각의 정치체는 하나의 상대적으로 작은 영지를 점유했다. 대조적으로 얼리터우는 넓은 지역에 걸친 단일 중심의 정치 체계였다.

얼리터우 도시 중심

얼리터우 유적에서 이루어진 발굴 중 연대가 가장 이른 것은 양사오문화 후기(약 BC 3500-BC 3000)의 소형 취락 3기이다. 이 밖에 룽산문화 전기(약 BC 3000-BC 2600)의 소형 취락 1기도 발견되었다. 룽산 취락의 폐기와 얼리터우문화 이주민의 진입 사이에는 약 500-600년의 시간 차가 있다. 그 후 얼리터우는 급속히 발전해 이 지역에서 가장 큰 도시 중심이 되었다. 고고학적 발견은 얼리터우에 분명한 사회 분화가 존재하고 있었음을 보여 준다. 한편으로는 일반적인 소형의 수혈식 주택과 소량의 부장품이

그림 8.4 얼리터우 유적의 출토 유물

1·2. 고령토로 제작한 작, 규(鬶), 3·4. 동작, 동가, 5. 녹송석을 상감한 동패식, 6. 동물 문양이 있는 토제 거푸집, 7. 옥월(玉鉞), 8. 무덤에서 출토된 녹송석 용형기(龍形器)와 동령(銅鈴), 9. 토기상의 각획부호(1·2. 中國社會科學院考古研究所 1995: 圖版 5, 54; 3·4. 馬承源 1996: 圖 63, 82; 5~8. 杜金鵬, 許宏 2005: 圖版 5, 6.3, 4, 7.1; 9. 中國社會科學院考古研究所 1999b: 圖 128)

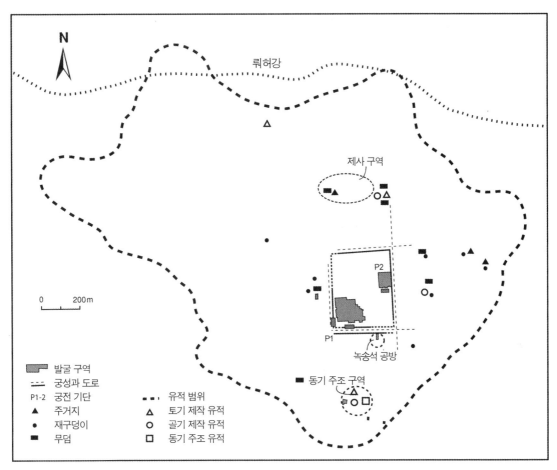

그림 8.5 얼리터우 유적 평면도 및 얼리터우 3기 유구의 위치

출토된 무덤이 있는 반면, 다른 한편으로는 지배층의 대형 판축 궁전 건축물과 풍부한 청동기, 옥기, 녹송석(綠松石), 자안패(子安貝), 상아와 백도(白陶)가 부장된 무덤이 있어서 양자가 강렬한 대비를 보인다. 이 밖에 얼리터우의 토기에서는 40여 개의 부호가 발견되었는데, 이 가운데 일부는 형식적으로 후대의 갑골문과 유사하다. 몇몇 연구자는 이 부호가 전설에서 말하는 하 왕조의 문자라고 주장하고(曹定雲 2004), 몇몇 연구자는 이것이 하나의 문자 체계를 대표할 수 없다고 주장한다(그림 8.4).

얼리터우문화의 연대 범위는 아직 논의 중이다. 2000년 이전에 검측한 얼리터우 유적에서 출토된 샘플 수십 점의 ^{14}C 수치는 기원전 1900년에서 기원전 1500년을 나타냈다. 하지만 최근 신자이와 얼리터우에서 획득한 유기 샘플의 ^{14}C 가속기질량분석 측정 연대는 기원전 1750년에서 기원전 1530년이다(張雪蓮 등 2007). 이 밖에도 얼리터우 유적에서 남쪽으로 15km 떨어진 후이쭈이(灰嘴) 유적에서 출토된 탄화 종자에서 얻은 일련의 ¹⁴C 가속기질량분석 측정 수치는 전자의 연대 범위를 뒷받침한다(Lee et al. 2007). 따라서 신자이와 얼리터우에서 얻은 가속기질량분석 측정 수치는 얼리터우문화의 전체 연대를 포괄하지 않을 수 있으므로, 더욱 많은 유적에서 출토된 샘플에 대해 연대 측정을 진행할 필요가 있다. 이런 이유로 이 책에서는 기원전 1900년에서 기원전 1500년을 얼리터우문화의 연대 범위로 삼는다.

토기 유형학 연구에 근거해 얼리터우문화는 4개의 시기로 구분할 수 있다. 그러나 각 시기의 절대연대는 확정하기 매우 어렵다. 이 장 바로 다음에서 논의하는 것처럼 얼리터우 도시 중심의 발전 과정에 대한 이해는 40여 년 간의 야외 발굴과 연구(杜金鵬, 許宏 2005, 2006; 中國社會科學院考古研究所 1999b, 2003b)를 기초로 하여 수립된 것이다(그림 8.5).

얼리터우 1기 Ⅰ 이 시기의 유적 면적은 100만m²를 넘어 이뤄지역의 최대 중심이 되었다. 이와 같은 신속한 인구 집중은 주변 지역의 인구가 얼리터우로 이주했다는 것 이외에는 설명할 방법이 없다. 이 시기에 출토된 지배층이 사용한 많은 물건에는 백도, 상아와 녹송석 및 청동 공구 등이 있다. 취락 배치는 명료하지 않은데, 그 이유는 이 시기의 퇴적이 후대의 퇴적에 의해 크게 파괴되었기 때문이다(Liu, L. and Xu 2007).

소형 청동기, 토기, 골기와 같은 수종의 수공업 생산품이 이 유적에서 생산되었다. 발견된 광재(鑛滓)에서 도(刀)밖에 발견되지 않았기 때문에 청동 주조는 소형 물건에 제한되었던 것을 알 수 있다. 공구에는 각종 농업 및 어로 도구가 있다(Liu, Li 2006). 얼리터우는 우선 다수의 수공업 공방을 가진 대형 취락으로 발전하기 시작했고, 이들 수공업 공방은 지배층의 물건뿐만 아니라 사람들의 일상 용품을 생산했다. 얼리터우의 인구는 수공업 생산에 종사하면서 농업 노동에 종사했을 것이다. 이 같은 특징은 얼리터우 유적이 존재한 대부분의 시간 동안 확인할 수 있다.

얼리터우 2기 Ⅰ 이 시기는 얼리터우의 전성시대로, 초보적인 도시 중심이 형성되었다.

유적의 면적은 이 시기에 가장 커서 300만m²에 달한다. 유적의 동남부에서 일군의 판축 기단군(12만m²)이 발견되었는데, 이 건축물군은 4개의 서로 교차하는 폭 약 20m의 도로로 구분된다. 건축물은 후대 상 왕조 시기의 궁전과 유사해 면적이 매우 크고 배치가 복잡하다. 궁전 건축물군 밖의 동북과 서남부에서 중형 판축 기단과 무덤이 발견되었다. 이 건축물군에는 2기의 판축 기단과 목제 구조의 배수 체계가 매우 가까이 붙어 있으며, 궁전의 남쪽에는 넓은 면적의 판축토가 있다. 풍부한 부장품을 가진 고급 무덤 두 그룹이 궁전 원락(院落)에서 발견되었다. 이 가운데 1기(3호)에서는 30-35세 성인 남성의 유해가 출토되었고, 청동기, 옥기, 칠기, 토기와 자안패 등의 부장품이 발견되었다. 대략 2,000조각의 녹송석과 옥료(玉料)로 구성된 용형기(그림 8.4-8)가 유해의 상부에 놓여 있어 묘주가 높은 사회적 지위를 가지고 있었음을 알 수 있다 (Liu, Li 2006; Liu, L. and Xu 2007).

얼리터우에서 토기와 골기도 계속 생산되었다. 청동기 공방은 유적의 동남부, 궁전군 남쪽 도로 이남 약 300m 지점에 위치하며, 판축 담장으로 둘러싸여 있다. 녹송석 공방과 같은 다른 공방도 판축 담장 내에 위치한다. 청동기 공방과 가까운 곳에서 주거지, 어른 및 아이의 무덤이 발견되어 수공업자들과 그들의 가족이 이 지역에 집중해 거주했음을 알 수 있다. 수공업 생산 구역, 주로 고급 물품의 생산 구역은 궁전 구역 부근에 위치해 있다. 따라서 이들 생산 활동은 국가가 통제하는 부속 수공업자들에 의해 진행되었을 가능성이 높다. 캐시 코스틴(Cathy L. Costin)은 부속 수공업자를, 고급 위신재의 생산에 종사하며, 이들 고급 위신재는 주로 찬조자, 특히 국가와 같은 복합사회 중의 지배층 혹은 통치 기구에 공급, 사용하게 한다고 정의했다(Costin 2001). 그렇다면 부속 수공업은 얼리터우 2기에 출현했을 것이다. 이 같은 수공업자들은 주로 청동기와 진기한 석제품(石製品) 생산에 종사했다(Liu, Li 2006; Liu, L. and Xu 2007).

모든 공구 가운데서 농기구가 가장 커다란 비중을 차지한다(42%). 이것은 농업 활동이 대량으로 이루어져 부단히 증가하는 인구의 수요를 충족시켰음을 의미한다.

얼리터우 3기 | 얼리터우는 도시 중심으로서 계속해서 발전했다. 매우 두꺼운 문화 퇴적과 급증하는 재구덩이, 주거지, 무덤과 가마의 수량은 인구밀도와 수공업 생산이 모두 급속히 발전했음을 보여 준다(Liu, Li 2006).

도시 중심에서 몇 가지 새로운 진전이 뚜렷하게 나타난다. 첫째, 궁전군(10.8만㎡) 주변에 대략 두께 2m의 판축 담장을 건설해 궁성(宮城)을 만들었다. 둘째, 2기의 궁전은 폐기되고 6개의 새로운 건축물이 건설되었으며, 건축 모델은 더욱 규범화되었다. 셋째, 증가하는 궁전 건축물의 수량에 비해 우물과 저장구덩이와 같은 궁성 내의 생활 시설은 그 수량이 급감했다. 이러한 변화는 궁전 구역이 특수한 구역으로 변화해 전적

으로 소수의 지배층이 거주하고 어떤 특수한 활동에 종사하는 데 제공되었음을 나타
낸다. 넷째, 담장으로 둘러싸인 수공업 공방 구역 내 북부에 면적 약 1,000m²의 구역에
다량의 녹송석 폐료가 산포되어 있는데, 이곳은 녹송석 물품이 제작된 구역임이 분명
하다. 이것은 이 시기 지배층의 무덤에서 발견된 녹송석을 상감한 소수의 청동 패식과
서로 호응한다. 이 밖에 청동기 공방에서 의례 용기가 제작되기 시작했다. 이것은 주로
주기인 작(爵, 술잔)과 가(斝, 술통)인데(그림 8.4-3·4), 이들 청동 예기는 주로 얼리터우
의 지배층 거주 구역과 무덤에서 발견되었다(Liu, L. and Xu 2007).

앞선 두 시기의 발견에 비하면 이 시기 농기구의 비율은 수공업 생산품에 비해 상
대적으로 감소했다. 이 변화는 수공업 생산 전문화의 발전에 따라 얼리터우 주민의 식
량원이 갈수록 공부(貢賦)와 교환에 의존하게 되었음을 나타낸다. 얼리터우 3기 때 화
살촉의 수량(377매)도 분명하게 증가해 2기(35매)에 비해 대략 열 배나 많아졌다(Liu,
Li 2006). 이것은 얼리터우가 중요 자원, 특히 금속과 소금을 획득하기 위해 부단히 외
부로 확장했을 때 무기에 대한 수요가 증가한 데 원인이 있을 것이다(Liu, L. and Chen
2003: 57-84).

도시 중심의 궁전 구역 주위에 청동기 공방이 집중적으로 분포된 것은 고급 위신
재 생산에서 국가의 통제가 증가한 것을 의미한다. 이에 비해 골기와 토기 공방은 유적
에서 더욱 분산, 분포되는데, 이것은 독립 수공업도 동시에 발전했음을 보여 준다(Liu,
Li 2006).

얼리터우 4기와 얼리강하층 | 이 시기의 문화 퇴적은 중심 구역에 집중되어 있지만
유적의 주변에도 분포되어 있다. 취락의 면적은 이전 시기와 동일하다(300만m²). 얼리
터우 3기에 수축된 궁전 건축물과 상호 교차하는 4개의 도로도 여전히 사용되었다. 이
밖에 이 시기에 적어도 3기의 새로운 건축물이 건설되었다. 모든 수공업 공방도 이 시
기에 계속 사용되었다. 무덤에서 출토된 청동 용기는 이전 시기에 비해서 수량과 유형
이 증가했으며 품질도 제고되었다(Liu, L. and Xu 2007). 가정의 수공업 생산에 사용되
는 도구(針, 錐와 같은)를 제외하면 도구의 수량도 모두 증가했다. 특히 화살촉의 수량
이 현저하게 증가했는데, 이것은 지역 내에서 군사 충돌이 발생했음을 의미한다(Liu,
Li 2006). 명백히, 얼리터우는 당시 이뤄지역에서 최대 도시 중심의 위치를 여전히 유
지했다.

4기 후반에 얼리터우 동북쪽 6km의 옌스에 또 다른 대형 취락이 등장했다. 고고

학자들은 이것을 '옌스상청(偃師商成)'이라고 칭한다. 옌스상청은 처음에는 단지 작은 면적의 궁전 건축물군에 불과했지만 이후 점차 발전해 방어 시설을 갖춘 대형 성곽이 되었다(200만m²). 발견된 유물은 얼리강유형(상 전기)의 특징을 가지고 있다. 명백히 옌스상청의 흥기와 얼리터우의 최후 시기는 연대적으로 중첩된다. 이 현상은 이 두 유적의 관계에 대한 연구자들의 뜨거운 논쟁을 불러일으켰다. 최근의 학계에는 옌스가 얼리터우문화의 핵심 지역에 출현한 것은 상 왕조가 하 왕조를 정복한 역사를 보여 주는 것으로 생각하는 경향이 있다(杜金鵬, 王學榮 2004; 中國社會科學院考古研究所 2003b).

얼리터우에서 얼리강하층 유존이 발견되는 사례는 매우 적다. 얼리터우 4기(약 BC 1560-BC 1520)와 얼리강하층(약 BC 1600-BC 1415)(張雪蓮 등 2007)은 연대상 중첩되는 부분이 있다. 얼리터우 주민은 얼리터우 4기 유형의 토기를 계속해서 생산하고 사용했지만, 부근의 옌스상청에서는 얼리강유형의 토기를 생산했다. 만약 상황이 이와 같다면 토기 생산과 사회 정치 조직 사이에는 매우 커다란 관계가 있다. 앞으로 토기 산지에 대한 더욱 많은 분석을 해야 할 필요가 있으며, 그렇게 함으로써 비로소 이 두 유적의 토기 생산과 그 분포를 이해할 수 있다.

얼리강상층 | 위신재의 생산, 특히 청동기의 생산은 얼리터우 4기 이후에 완전히 정지되었다. 얼리터우 유적에서 얼리강상층(약 BC 1450-BC 1300)과 관련된 문화 유존에는 소형 주거지, 재구덩이와 무덤 등이 있다. 이것은 면적 약 30만m²의 궁성 범위 내에 집중되어 있다. 이때 얼리터우는 도시 중심에서 보통 취락으로 변모한 것 같다.

얼리터우의 쇠락은 옌스상청의 흥기와 시간적으로 중첩될 뿐만 아니라 동쪽으로 약 85km 떨어진 정저우에서 나타난 또 다른 규모가 더욱 큰 성지와도 호응한다. 청동 도구, 무기, 의례 용구의 생산은 정저우상청(鄭州商城)의 주요한 특징이다(河南省文物考古研究所 2001). 정저우상청의 금속 제조 기술과 청동기 유형은 얼리터우와의 매우 강한 연속성을 보여 준다. 이것은 이 두 중심이 밀접한 상관관계에 있었음을 의미한다. 따라서 얼리터우의 몰락은 아마도 수공업자를 포함한 얼리터우 도시 인구의 정저우상청으로의 이주를 수반한 전략적 결정 때문이었을 것이다.

얼리터우의 도시 계획과 인구

얼리터우는 도시 계획의 측면에서 몇몇 규칙적 모델을 드러내며, 그것은 계층 구조의 존재를 선명하게 반영한다. 궁전군이 기본적으로 유적 중심에 위치하고, 하급 지배층의 주거지와 무덤은 궁전 구역에 가까운 동부와 동남부에 집중되어 있다. 서로 다른 계층에 속한 지배층이 거주한 구역은 범위가 가장 크고, 연속된 시간도 가장 길며, 도시 확장의 핵심 지역이기도 하다. 궁전군 북부에 위치하는 제사 구역에는 특수한 형식의 건축물 및 그 부속 무덤이 분포되어 있다. 폐쇄적인 청동기와 녹송석 공방은 궁전군 남쪽에 바짝 붙어 있는데, 이것은 지배층이 위신재의 생산을 엄격히 통제했음을 의미한다. 일반 평민의 거주 구역과 무덤은 유적의 서부와 북부의 변두리 지대에 위치해 있다(그림 8.5 참조).

얼리터우의 인구수는 판단하기 매우 어렵다. 어떤 연구는 얼리터우 전성기(3기)의 최대 인구수는 1만 8,000-3만 명, 평균 약 2만 4,000명이라고 추정했다. 얼리터우의 인구는 지배층과 수공업자뿐만 아니라 농민도 포함하고 있으며, 이런 사실은 대량으로 발견된 농기구를 통해 드러난다(Liu, Li 2006). 그러나 유적의 무덤과 주거지는 중복되는 일이 많으며, 전문적인 묘지는 없다. 만약 일정한 질서가 있는 계획이 존재하고 경계가 분명한 묘지가 혈연관계에 있는 사회 집단 구조의 존재를 나타낸다면(Goldstein 1981: 61), 얼리터우에서는 기본적으로 이와 같은 증거가 발견되지 않는다. 이것은 많은 신석기시대 유적(Liu, L. 1996a, 2000a)과 안양의 상 왕조 후기 은허 유적(Tang, J. 2004)과도 선명한 대비를 이룬다. 이들 유적에서는 모두 취락의 중요 부분을 구성하는 일정한 구조를 갖춘 친족 묘지를 볼 수 있다.

얼리터우 유적에서 동일한 구역이 거주지역과 묘지로 교체 사용된 것도 인구의 빈번한 이동을 암시하는 것일 수 있다. 이런 인구 이동의 현상은 전체 얼리터우문화 지역 내에서 모두 관찰할 수 있다. 얼리터우는 하나의 정치적 실체로서 지역적으로 급속히 확장되었으며, 이것은 인구의 이동을 수반해 얼리터우의 물질문화를 주변 지역에, 특히 자원이 풍부한 지역에 전파했다(Liu, L. and Chen 2003: 69-84).

만약 얼리터우가 처음에 주변 인구의 유입으로 형성되었을 것이라고 한다면 이들 초기의 유입 인구는 서로 다른 소형의 혈연 집단에서 왔을 것이며, 혈연적 유대관계를 가진 하나의 집단에서 오지는 않았을 것이다. 이렇게 얼리터우 인구의 최초 형성 과정을 해석하는 것이 비교적 합리적일 것이다. 즉 얼리터우 도시 중심의 최초 형성은 서로 다른 집단의 사람들이 하나의 공통적 도시 계획에 의해 제약되면서 인구 집단을 형성했고, 이런 사람들은 하 왕조 혹은 상 왕조와 같이 일찍부터 존재한 단일한 집단에서 나오지 않았다. 향후 얼리터우 국가의 출현과 도시화에 관한 연구는 전통적인 관념상의 초기 왕조와는 구별될 필요가 있다. 왜냐하면 전통 관념상의 초기 왕조는 단일한 혈연관계를 가지고 있는 집단을 항상 암시하고 있기 때문이다.

얼리터우의 청동 제련과 의례

얼리터우 유적에서는 금속 유물이 100여 점 발견되었다. 소재에는 홍동, 납·주석·구리 합금[鉛錫銅], 납·구리 합금[鉛銅], 주석·납·구리 합금[錫鉛銅]과 비소·구리 합금[砷銅] 등이 있다. 청동기시대에서 표준화된 합금 비율이 나타나지 않았지만(金正耀 2000; 梁宏剛, 孫淑雲 2006) 납과 주석은 의식적으로 함께 합금으로 제작되었다. 비소 청동은 매우 적지만(단지 1점), 이것은 얼리터우와 간쑤성 쓰바문화(四壩文化) 같은 서북지역의 어떤 멀리 떨어진 문화 사이에 관계가 있었음을 나타낸다(梅建軍 2006). 합금의 구성에는 표준적 배합이 결여되었고, 물건의 형태 또한 매우 간단하지만 얼리터우의 청동 제련 기술은 명백히 이미 원시 단계를 벗어났다. 얼리터우는 당시 중국 최대의 청동기 생산지가 되었다.

얼리터우 청동 제련의 주요 혁신은 괴범법(塊范法, piece-mold techniques)으로 위신재인 예기를 제작한 것이다. 주기와 취사기는 얼리터우 3기에 처음으로 출현했다. 이것은 조상 제사 의식에서 가장 중요한 매개체이며, 통치계층의 합법성을 강화했다. 중국의 청동기시대 통치자 모두는 이 전통을 보유했다(Chang 1983).

청동기 공방에서 예기, 무기와 소형 목공 공구의 토제 거푸집(그림 8.4-6)이 발견되었으나(中國社會科學院考古研究所 1999b) 농기구 거푸집은 발견되지 않았다. 금속 제품과 국가의 정치는 밀접하게 관련되어 있었다. '국가의 대사(大事)는 제사와 전쟁'이지, 농업은 아니었다.

같은 시대의 유적 가운데서 얼리터우는 괴범법을 이용해 청동 예기를 생산한 증거가 있는 유일한 유적이다. 따라서 이 기술은 고급 통치자에게 부속된 특수 수공업 집단에 의해 장악되었을 것이다. 비록 얼리터우 주변의 몇몇 유적, 예컨대 동광 자원이 풍부한 중탸오산(中條山) 부근의 둥샤평과 난관(南關) 유적에서도 청동기가 생산되었음이 발견되었지만, 이들 유적에서는 생산 도구와 무기만이 발견되었을 뿐 괴범법만큼 복잡하지 않은 쌍면석범법(雙面石范法)이 사용되었다(Liu, L. and Chen 2003: 69-73).

괴범 기술은 청동 예기를 전문으로 제작하는 과정에서 발명되었거나 현저하게 제고된 것이다. 청동 예기는 중국 청동기시대에서 가장 중요한 정치, 종교와 경제적 힘의 상징이었다(Chang 1983). 괴범 기술은 얼리터우와 같은 시기의 주변 지역, 심지어 세계 다른 지역의 야금 기술을 구분해 준다. 후자의 청동 제품은 대개 예기가 아닌 장식품이나 일용품이었다.

얼리터우문화의 청동 예기는 주로 얼리터우 유적에서 출토된다. 이것은 얼리터우의 통치자가 청동 예기 생산을 장악했을 뿐만 아니라 청동 예기의 분배도 장악했음을 의미한다. 예기는 가장 진귀한 물건으로, 사회적 지위가 가장 높은 통치계층에 의해 점유되었다.

작(爵), 가(斝), 화(盉, 주전자) 등과 같은 가장 이른 청동 용기는 주기이며, 이 용기들은 청동기가 출현하기 이전 지배층 무덤에서 발견되는 같은 유형의 백도와 형태가 비슷하다(그림 8.4-1·2). 이들 주기의 유형은 의례의 연회와 관련된 토기 전통을 계승한 것이며, 연회는 조상 숭배 의식의 한 부분으로서 신석기시대까지 거슬러 올라갈 수 있다(Fung 2000; Keightley 1985). 신석기시대부터 청동기시대까지 예기로서의 이들 물건은 그 풍격이 일치하므로, 그 의식이 오랜 시간에 걸쳐 지속된 것임을 알 수 있다. 일종의 새로운 물질 자료가 지배층에 의해 중용될 수 있는 것은 그 제품이 전통적 의식에서 의미를 가지며 일정하게 작용할 수 있기 때문이다. 새로운 금속 자료는 그런 잠재력을 지니기 때문에 비로소 이미 존재하는 위신재 체계에서 운용될 수 있었다. 이 변화는 얼리터우 시기에 발생했다. 이때 수공업자는 전통적인 토제 예기의 기형을 모방하고 새로운 야금 기술을 처음으로 활용해 복잡하며 비싼 청동 예기를 생산하기 시작했다(Liu, L. 2003).

괴범법 청동기 생산은 여러 개의 토제 내범과 외범을 사용한다. 이것은 명확하고 세밀한 분업과 함께 원료에 대한 효과적인 통제 및 고도로 복잡한 기술과 관리 수준을 요구한다(Bagley 1987; Barnard 1961, 1993; Chase 1983). 고도로 계층화된 사회 조직에서야 비로소 이런 조건을 충족시킬 수 있으며, 이것은 다시 사회의 복합화 진행 과정을 더욱더 촉진할 수 있다(Franklin 1983, 1992).

얼리터우 중심과 주변 지역

얼리터우의 주변은 뤄양분지(洛陽盆地)의 비옥한 충적평원으로서, 농업 발전에 이상적인 곳이다. 그런데 이 충적평원에는 도시화 발전에 어느 정도 필요한 비농업 자연 자원이 결여되어 있다. 여기에는 궁전 건축에 필요한 목재, 석기 제작에 필요한 석재, 백도 제작에 필요한 특수한 흙, 위신재 제작에 필요한 녹송석, 청동기 제작에 필요한 구리, 주석, 납, 청동합금의 제련과 토기 소성에 필요한 연료, 그리고 일상생활에 필요한 소금 등이 포함된다. 원시자기나 옥기처럼 얼리터우에서 발견된 많은 위신재는 다른 지역에서 온 것이 분명하다. 앞에서 언급한 물품들은 대부분 얼리터우에서 20~200km 범위 내에서 얻을 수 있는 것이지만, 일부는 얼리터우에서 동남쪽으로 500km 떨어진 양쯔강 중류지역에서 온 것이다. 얼리터우 중심과 주변 지역의 관계는 하나의 복잡한 정치·경제 체계에서 최고 중심이 지배권을 행사하고, 지역적 중심의 하급 지배층은 권력의 쟁취와 사회적 지위를 통해 그들의 사회 관계망을 구축했음을 보여 준다.

얼리터우 중심 지역 | 최근 얼리터우 핵심 지역에서 진행된 체계적 구역조사와 발굴을 통해 몇몇 2급 지역 중심이 발견되었다(그림 8.3 참조). 그 가운데 일부는 모종의 특수한 의례 또는 일상 용품의 생산을 통해 발전했다. 예컨대 엔스 후이쭈이는 석기 생산 중심으로, 외부로 나가는 석산이 주로 생산되었으며(陳星燦 등 2010a, b; Owen 2007; Webb et al. 2007), 덩펑의 난와(南窪)는 백도를 제작한 지역 가운데 하나이다(韓國河 등 2006, 2007; Li, B. et al. 2008). 석산은 주로 이뤄지역에서 발견되며, 백도는 더욱 넓은 범위 내에서 발견된다. 주목할 만한 것은 얼리터우가 이들 생산지역의 생산품을 받아들였음에도 불구하고 이 생산품의 생산과 분배는 얼리터우에 의해 통제된 것 같지 않다는 점이다. 이와 반대로 지역 중심 사이에는 생산품, 예컨대 백도와 석기 등의 교환이 직접적으로 이루어졌을 것이다(Liu, L. et al. 2007a).

이와 같은 상황은 얼리터우가 이 지역 최대의 정치 중심이었으나 여전히 계층적인 권력 체계가 존재하고 있었음을 나타낸다. 중심 지역의 독립 수공업자는 지배층과 피지배층이 사용하는 물건을 생산하고, 도시 지배층의 물질적 수요를 공급하는 과정에서 단지 덜 중요한 역할만 담당한 것은 아니다. 그들은 자신의 수공업 기술을 통해

극적으로 사회적 지위와 재부를 획득했다. 얼리터우 핵심 지역 국가의 형성 과정에 사회의 서로 다른 측면에서 기원해 상호 경쟁하는 이익집단이 있었으며, 비관영 수공업자는 이 권력 체계에서 중요한 역할을 담당하고 있었다(Liu, L. et al. 2007a).

얼리터우 주변 지역 | 얼리터우 정권은 그 주변에 군사적 거점을 건설하고 이에 힘입어 서북, 서남과 남부로 신속하게 확장되었다. 군사적인 거점에는 중탸오산의 둥샤평, 난관과 친링(秦嶺) 산악지대의 둥룽산(東龍山) 등이 있다. 얼리터우문화의 물건이 양쯔강 중류의 판룽청(盤龍城)에서도 발견되는 것은 더욱 먼 지역까지 개척한 야심을 보여 준다. 이들 유적은 모두 중요한 자연 자원에 인접해 있다(그림 8.1 참조).

소금은 중탸오산의 허둥(河東) 염지(鹽池)에서 획득했을 것인데, 이것이 얼리터우 문화 지역 내의 유일한 주요 소금 생산 지역이다. 후베이성 서북부의 윈현(鄖縣)은 풍부한 녹송석 자원을 가지고 있지만, 얼리터우 녹송석의 산지는 아직 확정할 수 없다. 동광은 중탸오산, 친링산맥과 양쯔강 중류지역의 매장량이 풍부하다. 중탸오산 동광의 채굴은 얼리터우 시기에 이미 시작되었다(李建西 2001). 고고학적 증거는 제련업이 난관, 둥샤평, 둥룽산 등의 지역 중심에 존재했음을 보여 주며, 이를 통해 얼리터우문화가 확장된 동력을 보여 준다(Liu, L. and X. Chen 2001b, 2003). 그런데 얼리터우 유적에서 출토된 청동기의 성분과 납동위소 분석은 얼리터우 2기와 3기의 합금이 하나의 산지에서 나온 것임을 나타내지만, 현재 그곳이 어디인지를 확정하기는 어렵다. 3기와 4기 사이에는 합금 성분에 변화가 나타나서 얼리터우 4기의 청동기 대부분은 동부 산둥성 지역에서 온 합금을 사용했을 것이다(金正耀 2000).

요컨대 얼리터우는 이미 고도로 계층화된 사회였으며, 지역 정치, 종교와 경제 등의 측면에서 중요한 역할을 담당한 도시였다. 인구는 조밀하고 계층은 분화되었으며, 거주민은 농업과 각종 수공업에 종사해 위신재와 일상 용품을 제작했다. 얼리터우 국가는 지역 국가, 즉 집권적인 지배층이 서로 다른 등급의 지방 행정 관원과 행정 중심을 통해 넓은 면적의 지역을 통제한 정치적 실체(Trigger 2003: 92-94)로 이해할 수 있다(Liu, L. and Chen 2003: 79-84).

얼리터우 국가의 이웃

얼리터우문화 유물 조합의 분포 범위 밖에서 많은 고고문화가 발견되었다(中國社會科學院考古研究所 2003b: 440-658). 각각의 문화는 독립적이며 상호작용하는 그리고 얼리터우 국가와도 상호작용하는 몇몇 정치체로 구성되었을 것이다. 이들 문화 간의 상호작용은 교환, 무역, 전쟁, 인구 이동과 같은 다양한 방식으로 존재했다. 초기국가 주변에 존재한 같은 시기의 문화에는 동쪽의 웨스문화, 북쪽의 샤치위안문화(下七垣文化), 더욱 북쪽의 샤자뎬하층문화, 서쪽의 치자문화, 서남쪽의 싼싱두이문화(三星堆文化), 동남쪽의 마차오문화 등이 있다(그림 8.1 참조). 이 장에서는 이 문화들 가운데서 얼리터우의 이웃, 즉 샤치위안문화와 웨스문화에 주목하고자 한다.

샤치위안문화

샤치위안문화(약 BC 1800-BC 1500)는 허난성 북부와 허베이성 남부에 위치한다. 토기의 유형으로 볼 때 명백히 이 지역 룽산문화 전통에서 기원했으며, 몇몇 지방 유형으로 발전했다. 학계는 샤치위안문화 지방 유형의 명명에 통일된 의견을 가지고 있지 않지만, 종합해 보면 북쪽에서 남쪽으로 각각 웨거좡(嶽各莊), 장허(漳河) 그리고 후이웨이(輝衛) 등의 유형이 있다. 고고학자들은 지금까지 80여 곳의 샤치위안문화 유적을 발견했는데, 이 유적들은 주로 타이항산맥과 황허강 옛 물길[故道] 사이의 충적평원에 분포한다(中國社會科學院考古研究所 2003b: 140-164).

샤치위안문화 유적의 대부분은 면적이 매우 작다. 예를 들면 환허강(洹河)를 따라 분포한 14개 유적의 면적은 모두 5만m²가 되지 않는다(Jing, Z. et al. 2002). 몇몇 중등 규모의 지역 중심도 등장하는데, 그 가운데 하나인 후이현 멍좡(孟莊)은 면적 12만 7,000m²의 성지이다(그림 8.1-8 참조). 이 성지의 한 판축 유구에서 발견된 인두골 3점은 전쟁과 폭력의 존재를 알려 준다(河南省文物考古研究所 2003). 성지의 기능 일부는 주변 지역의 거주민을 보호하는 것으로 추정된다.

얼리터우문화와 샤치위안문화는 친허강(沁河)와 황허강의 일부분을 경계로 하여 얼리터우문화 유적은 그 남쪽에, 샤치위안문화 유적은 그 북쪽에 분포한다(그림 8.1 참조). 이 두 문화 집단 사이에는 충돌과 폭력적 관계가 존재했던 것 같다. 싱양 다스구는 얼리터우문화 성지로, 황허강 이남 약 13km 지점에 위치한다(王文華 등 2004). 우즈(武陟) 다쓰마(大司馬)는 친허강 이남 약 5km 지점에 위치하는데, 이 유적에서 두피가 벗겨진 인골 2구가 발견되었다(陳星燦 2000; 楊貴金 등 1994). 이 두 유적은 얼리터우문화의 동북부 최전방 지역에 위치한다.

샤치위안문화는 주변 여러 문화의 영향을 받았다. 명좡의 토기는 분명히 얼리터우문화의 영향을 받았으며(河南省文物考古硏究所 2003), 환수도(環首刀), 공식촉(銎式鏃), 나팔형 귀걸이 등과 같이 허베이성에서 출토된 몇몇 청동기는 선명한 북방지역의 특징을 가진다(中國社會科學院考古硏究所 2003b: 154-155).

다수의 고고학자는 샤치위안문화의 여러 유형과 고대 문헌에서 언급되는 전왕조 시기 국가를 대응시키고자 시도했다. 예컨대 장허유형을 선상문화(先商文化)로, 후이웨이유형을 위족(韋族) 위주의 문화로 간주하는 것이 그것이다(河南省文物考古硏究所 2003; 中國社會科學院考古硏究所 2003b: 140-164). 그러나 토기 유형이 어떤 정치적 실체와 대응된다고 볼 수 없기 때문에 샤치위안문화의 분포 범위 내에 몇 개의 정치적 실체가 존재했는지는 알 수 없다. 어쨌든 취락 형태와 물질문화는 모두 샤치위안문화가 복수의 정치체로 구성되었으며, 이들이 서로 경쟁하는 한편 얼리터우 국가와 충돌했음을 시사한다. 샤치위안의 여러 정치체의 사회복합도는 얼리터우에 비하면 훨씬 간단했다.

웨스문화

웨스문화(약 BC 1900-BC 1500)는 주로 산둥성, 허난성 동부와 장쑤성 북부에 분포하며(圖 8.1 참조), 얼리터우문화 및 얼리강문화 일부분과 같은 시기이다. 그 핵심은 환타이이산(環泰沂山) 지역에 위치한다. 얼리강문화가 동쪽으로 확장될 때 웨스문화는 이미 쇠락해 자오둥반도 지역으로 물러나기 시작했다. 그러나 몇몇 웨스문화 후기 유적은 기원전 1500년 후까지 계속해서 존재했다(山東省文物考古硏究所 2005: 280-325).

웨스문화는 부분적으로 산둥룽산문화의 전통 위에서 발전했으며, 부분적으로는 주변 지역의 문화가 변용되어 형성되었다. 산둥성에서 340여 곳의 웨스문화 유적이 발견되었다(山東省文物考古硏究所 2005: 284). 이미 확인된 산둥룽산문화 유적의 수량(1,492개)에 비하면(國家文物局 2007) 룽산문화에서 웨스문화까지 인구밀도가 현저하게 감소했다. 이런 추세는 산둥성 동부가 산둥성 서부에 비해 더욱 뚜렷하다. 예컨대 동부 연해지역에서 실시된 체계적 구역조사 결과는 웨스 시기의 유적이 매우 산발적으로 분포되어 있음을 보여 주었다(Underhill et al. 2008). 이에 비해 산둥성 북부지역 웨스문화의 사회복합도는 룽산 시기와 유사했다. 장추 청쯔야에서 판축 성벽은 지속적으로 건설되었다. 쯔보(淄博) 스자에서 발견된 제사구덩이 1기에서는 토기, 도구, 장식품과 각자복골(刻字卜骨)을 포함한 355점의 유물이 출토되었다. 복골의 문자는 '육(六)'과 '복(卜)'으로 해독되는데, 글자의 구조는 상대 후기의 갑골문과 비슷하다(山東省文物考古硏究所 2005: 280-325; 張光明 등 1997).

웨스문화의 토기는 룽산문화만큼 정치하지 않으며, 갈색의 사질도와 회색의 니질도 위주이다. 후중한 이들 토기는 일찍이 문화 쇠퇴의 증거로 간주되었지만, 다른 유물은 농업 생산이 발전했음을 보여 준다. 웨스문화의 주요 농기구에는 산(鏟), 겸(鐮), 도(刀), 궐(钁, 괭이) 등이 있다(그림 8.6). 룽산문화부터 웨스문화까지의 여러 유적 가운데서 농경 도구가 전체 도구 세트에서 차지하는 비중은 점차 증가했는데, 이것은 일상의 경제생활에서 농업의 작용이 부단히 증가했음을 보여 준다(山東省文物考古硏究所 2005: 320).

금속 유물은 촉(鏃), 겸, 도, 추(錐), 찬(鑽), 환(環) 등 주로 소형 공구와 장식품인데(그림 8.6), 웨스문화의 많은 유적에서 모두 발견되었다(欒豊實 1996a: 319-322). 인자청(尹家城)에서 출토된 금속 유물 9점에 대한 분석을 보면 이들은 5종류의 합금, 즉 홍동(紅銅), 석청동(錫靑銅), 연청동(鉛靑銅), 석연청동(錫鉛靑銅), 신청동(砷靑銅)에 속한다. 주조 방법은 주로 단범(單范) 주조이지만 일부 유물의 인부(刃部)는 주조 후에 냉단(冷鍛) 또는 열단(熱鍛)을 거쳤다. 현재 쓰수이(泗水), 신타이(新泰), 라이우(萊蕪), 멍인(蒙陰) 등지에서 소수의 동연광(銅鉛礦)이 발견되었고, 리청(歷城)에서 신동광(砷鉛礦)이 발견되었는데, 일부 동광은 고대에 채굴되었던 것 같다. 따라서 웨스의 홍동과 청동기는 현지에서 제작되었을 것이다. 인자청에서 출토된 금속 유물 가운데는 수종의 기술과 합금 성분이 존재하는데, 이것은 이 지역이 야금술의 초기 단계에 있었음을 알려 준다(孫淑雲 1990).

웨스문화 유적에서는 옥기나 정미한 부장 유물과 같은 장거리 교역 위신재가 발견되지 않았다. 웨스문화는 주변 지역 특히 얼리터우와 정저우상청을 중심으로 한 초기국가와 빈번하게 교역한 듯하다. 웨스문화 유물에 속하는 토기, 석도, 석궐 등이 허

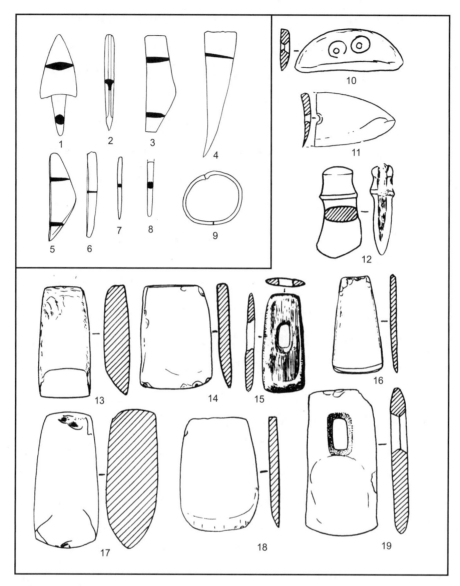

그림 8.6 웨스문화 출토 유물
1. 촉(鏃), 2·7·8. 추(錐), 3~6. 도(刀), 9. 환(環), 10·11. 도(刀), 12. 부(斧), 13. 분(錛), 14·16·18. 산(鏟), 15. 방공석기(方孔石器), 17. 부(斧), 19. 궐(钁)(1~9. 동기; 10~19. 석기, 山東省文物考古研究所 2005: 圖 96, 97)

난성의 얼리터우와 얼리강문화 유적에서 많이 발견되었다(欒豊實 1996a: 330-332). 웨스문화 범위 밖에서 이 문화의 유물이 집중적으로 발견된 지점은 정저우의 샤오쐉차오인데, 이곳은 상대 중기의 주요한 정치 중심이다. 이곳에서 40점에 가까운 석궐이 발견되었으며, 이것은 주로 사람과 동물 희생이 있는 제사 구역에서 출토되었다(宋國定

등 1996). 궐은 웨스문화의 특수한 유물로서, 장방형 혹은 방형이며 방형의 구멍과 양면 또는 삼면(三面)의 날을 가지고 있다(그림 8.6-19 참조). 이 궐은 상 왕조와 웨스문화 사이에 발생한 전쟁의 전리품이라고 주장하는 고고학자도 있다(任相宏 1997). 여러 유적에서 출토되는 웨스문화 유물은 웨스와 다른 문화 사이에 무역, 전쟁, 인구 이동 등의 관계가 있었음을 보여 준다.

상대 후기 갑골문 가운데서 '인방(人方)'은 통상 산둥성과 장쑤성 북부지역의 사람을 가리키는 용어이며, 이는 상왕(商王)이 정벌하는 대상이었다(Chang 1980: 252). 상대 후기 갑골문 가운데 '인(人)'자와 주한(周漢) 문헌에 출현하는 '이(夷)'자는 동방에 거주하는 동일 집단을 가리킨다는 견해가 널리 수용되고 있다. 따라서 동방에 거주하는 사람은 주인(周人)들에게 '동이(東夷)'라고 불렸으며, 다수의 중국 고고학자는 늘 웨스문화를 동이문화로 표현한다(欒豊實 1996a; 嚴文明 1989a). 그러나 이들 이인(夷人)이 하나의 집단에 속하지 않는 것은 명백하다. 고고학은 토기 유형학에 근거해 웨스문화를 여러 개의 지방 유형으로 구분한다. 그러나 토기 유형과 집단을 직접 연계하는 것은 그리 가능하지 않다(Cohen 2001).

얼리강문화와 얼리강 국가

얼리터우문화 4기 단계에 2개의 성지가 옌스와 정저우에 출현했다. 이와 관련된 문화 유존을 얼리강문화라고 칭한다(약 BC 1600-BC 1400). 정저우상청의 면적은 얼리터우의 네 배 이상이며, 황허강 중류지역의 주요 중심이다. 옌스상청은 정저우상청 아래의 2급 중심인 것 같다. 얼리강문화의 분포 범위는 얼리터우보다 훨씬 크며, 얼리강문화의 핵심 지역에는 적어도 3급의 정치 조직이 존재했다. 얼리터우 시기와는 다르게 얼리강 지역의 중심 대부분은 방어 공사를 시행해 전쟁이 나날이 심해진 것을 암시한다. 이런 변화는 정치적 판도를 재정립하여 화북지역에서 더욱 복합화된 그리고 군사화된 국가 사회를 형성했다(그림 8.7).

정저우상청과 옌스상청은 중국 고고학자들에 의해 늘 상대의 수도로 간주되고, 특히 옌스상청은 하상(夏商)의 경계선으로 여겨진다(高煒 등 1998). 그러나 이런 주장에는 자못 논란의 여지가 있다. 이 책에서 얼리강문화의 정치적 복합도를 다룰 때는 '얼리강

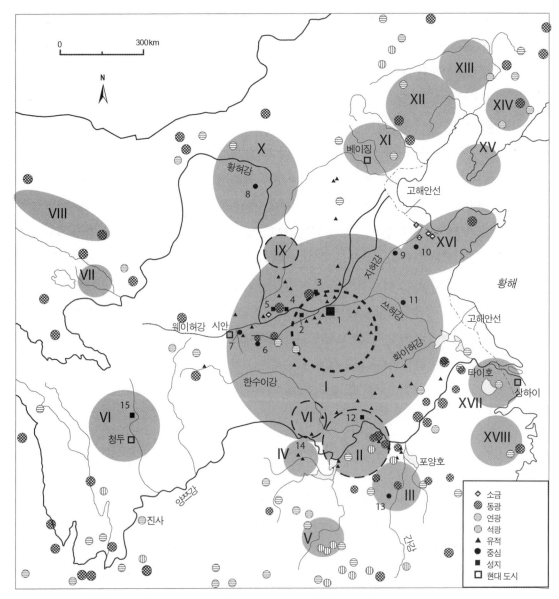

그림 8.7 상대 전기의 고고문화와 주요 유적(유적과 문화 분포는 中國社會科學院考古研究所 2003b에 의거)

고고문화: I. 얼리강, II. 판룽청, III. 우청, IV. 바오타(寶塔), V. 샹강(湘江) 지역 인문도, VI. 싼싱두이, VII. 카웨, VIII. 쓰칸(四坎), IX. 광, X. 주카이거우, XI. 다퉈터우, XII. 샤자덴하층, XIII. 가오타이산, XIV. 먀오허우산, XV. 솽퉈쯔 II, XVI. 웨스, XVII. 마차오, XVIII. 후수(湖熟)

유적: 1. 정저우, 2. 옌스, 3. 푸청(府城), 4. 난관, 5. 둥샤펑, 6. 둥룽산, 7. 라오뉴포, 8. 주카이거우, 9. 다신좡, 10. 스자, 11. 첸장다, 12. 판룽청, 13. 우청 ,14. 짜오스, 15. 싼싱두이

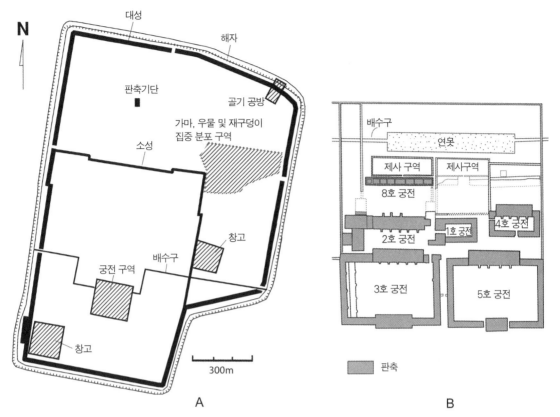

그림 8.8 옌스상청

A. 옌스상청 평면도, B. 궁전 구역의 주요 건축물과 유구(中國社會科學院考古研究所 2003b: 圖 4, 5: 杜金鵬 2006: 圖 2에 의거, 재작성)

국가'라는 용어를 사용하려고 한다. 그러나 관련된 물질 유존을 묘사할 때는 중국 고고학 문헌 가운데서 일반적으로 사용되는 '상 전기'라는 단어를 그대로 사용할 것이다.

얼리강 핵심 지역

허난성 중부와 이뤄분지는 얼리강문화의 핵심 지역이며, 정저우상청과 옌스상청 등 2기의 대형 성지는 주요 중심과 2급 중심이다.

옌스상청 | 얼리터우 4기 후반에 판축 성벽(4만m²)으로 둘러싸인 대형 궁전군이 얼리터우 동북 6km의 옌스에 건설되었다. 여기에서 궁전군이 소재한 구역은 '궁성(宮城)'이라고 불린다. 다음으로 또 하나의 판축 성벽(80만m²)이 그 주위에 건설되었는데,

이 구역은 고고학자들에게 '소성(小城)'이라고 불린다. 마지막으로 세 번째 성벽, 즉 외성 성벽(두께 17-21m)이 뒤이어 건설되었는데, 이것은 '대성(大城)'이라고 불린다. 이처럼 전체 유적은 하나의 대형 방어 도시(200만m²)를 형성한다(그림 8.8-A). 옌스상청의 전기 층위에서 출토되는 유물은 얼리터우와 과도적 유형의 문화 요소를 융합한 것인데, 이른바 과도적 유형이라고 하는 것은 샤치위안(혹은 先商[22])과 얼리강(혹은 상 전기) 유형 사이의 특수한 단계이며, 후기 지층은 주로 얼리강문화에 속한다. 성내에는 대형 저장 시설, 토기 공방, 청동기 공방, 거주 구역과 무덤이 있다. 궁성은 3개 구역으로 구분되는데, 남쪽은 궁전 구역으로 적어도 6개의 대형 건축물이 있고, 중부는 제사 구역(약 3,000m²)으로 대량의 식물(植物), 인골과 돼지, 황소, 양, 개, 사슴, 물고기의 뼈가 발견되었다. 북부는 인공 저수지로 배수 체계를 통해 성 밖의 물길(그림 8.8-B)과 연결된다(杜金鵬 2003, 2006; 王學榮 2002). 대형 방어 공사의 시행과 대규모 제사 활동의 거행으로 보아 옌스상청은 특수한 군사적·의례적 기능을 가지고 있었음이 분명하다.

정저우상청 | 정저우는 북쪽으로 황허강에 인접하며 서남쪽으로는 쑹산을 바라보고 있다. 동남쪽은 일망무제의 충적평원이다. 고대에는 정저우 동남쪽에 호수가 널리 퍼져 있었다. 전체 유적 면적은 25km²인데, 그 가운데에 2기의 판축 성벽이 있다. 하나는 장방형의 내성(약 300만m²)이며, 다른 하나는 원형에 가까운 외성(약 18km²)이다. 내성에서 수십 기의 판축 기단이 발견되었는데, 그 규모는 100-2,000m²에 이르기까지 다양하다. 이들 판축 기단은 내성의 동북부에 집중되어 있으며, 아마도 궁전과 종묘 유존일 것이다(그림 8.9). 북쪽 성벽에 인접한 동북부는 의례를 거행한 장소로 보인다. 이곳에서 세로로 세워진 큰 돌과 인골 및 수골을 매장한 제사구덩이가 발견되었기 때문이다. 건축물 기단에 인접한 한 봇도랑에서 약 100여 명의 두개골이 발견되었으며, 상당수의 두개골에는 톱질의 흔적이 남아 있다(劉彦鋒 등 2010; 袁廣闊, 曾曉敏 2004). 이 두개골들은 아마도 종묘 부근에서 제사에 사용된 인신 희생에서 나왔을 것이다(河南省文物考古研究所 2001).

묘지, 주거 구역과 수공업 공방은 대부분 외성 안쪽에 위치하며, 일부 소수는 외성 밖에 분포한다. 이들 공방에서는 의례와 일상생활에 사용되는 청동기, 토기와 골기

22   [역주] 상 왕조가 건립되기 이전 상족(商族) 또는 상족을 주체로 한 집단이 창조한 고고문화를 가리킨다. 상문화의 전신에 해당한다. 공간적으로는 주로 허난성 북부, 허베이성 남부와 허난성 동부, 산둥성 서남지역에 분포하며, 시간적으로는 룽산문화 후기에서 얼리터우문화 시기에 해당한다.

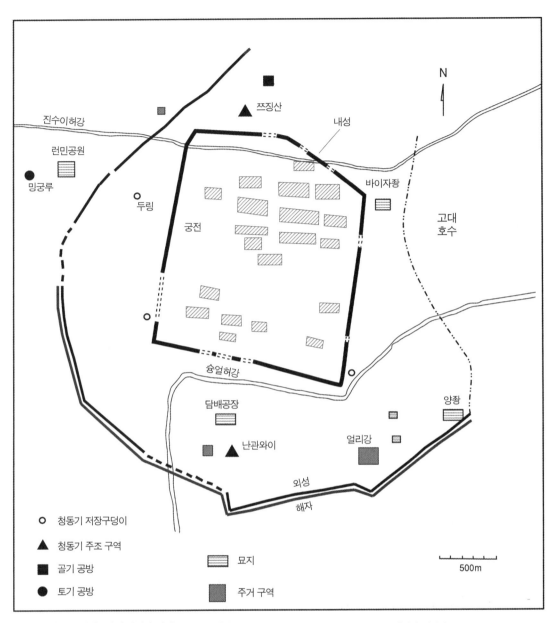

그림 8.9 정저우상청 얼리강 시기 주요 고고 유존(劉彦鋒 2010: 98; 袁廣闊, 曾曉敏 2004: 圖 1에 의거, 재작성)

가 생산되었으며, 그 일부는 특정한 생산품만 전문적으로 제작했다. 이를테면 밍궁루(銘功路)의 토기 공방은 주로 니질의 분(盆)과 증(甑, 시루) 등 두 종류의 물건을 제작했다. 난관와이(南關外)의 청동기 공방은 내성 남벽 바깥쪽 약 700m 지점에 위치하는데, 여기서는 주로 예기, 도구와 무기가 제작되었다(그림 8.10-A). 쯔징산(紫荊山) 청동기 공방은 내성 북벽 바깥쪽 약 300m 지점에 위치하며, 무기, 소형 도구 그리고 소량의 차마기(車馬器)와 예기가 제작되었다(安金槐 등 1989; 河南省文物考古硏究所 2001: 307-383). 이 두 청동기 공방은 얼리강 시기의 예기 주조에 대한 분명한 증거를 제공할 수 있는 유일한 지점이다. 얼리터우와 마찬가지로 얼리강의 청동 예기 생산은 얼리강 국가 중심의 최고 통치자 집단에 의해 장악되었음이 분명하다(Liu, L. and Chen 2003: 92-99).

정저우 얼리강에서는 글자가 새겨진 갑골 2편이 발견되었다. 그 가운데 하나에는 12자가 있으며(그림 8.10-C), 다른 하나에는 1자만이 있다. 이 글자는 은허에서 발견된 갑골문과 유사하다(河南省文化局文物工作隊 1959: 38).

정저우상청의 인구는 추산하기 어렵다. 유적의 규모가 크고, 수공업 공방이 많으며 수많은 건축물이 건설된 것으로 보아 정저우의 인구는 얼리터우에 비해서 훨씬 더 많았음이 분명하다. 얼리터우의 인구밀도를 채용한다면(60-100명/m²), 정저우의 인구는 7만 8,000-13만 명, 평균 인구는 10만 4,000명으로 추정된다. 대량의 인구는 대형 건축물(성벽과 궁전 같은) 건설에 참여했을 것이다. 몇몇 연구자의 추산에 의하면 적어도 1만 명의 사람들이 10년을 일해야 비로소 정저우상청 성벽의 판축을 완성할 수 있다(河南省文物考古硏究所 2001: 1020-1021).

정저우상청의 인구는 내성 성벽으로 격리되어 지배층과 그 부속 집단은 주로 내성에 거주하고, 수공업 생산에 종사하는 수공업자와 평민은 주로 외성에 거주했다. 얼리터우와 같이 상 전기에 청동기는 의례와 전쟁에 사용되었으며, 농업 생산에 사용되지는 않았다. 반대로 석제, 골제 그리고 조개껍데기로 제작된 도구는 정저우의 여러 지역에서 발견되었다(河南省文物考古硏究所 2001: 154-160). 따라서 정저우의 도시 인구 구조는 얼리터우와 유사하게 지배층, 수공업자, 농민을 포함했다.

사회 계층 분화는 뚜렷하며 전쟁도 더욱 보편적이었다. 군사적인 특징은 방어적 성벽의 건설, 인신 희생의 사용 그리고 골기 공방의 원료 대부분이 인골인 것에서 나타난다(河南省文物考古硏究所 2001: 460-482).

정저우상청에서 출토된 수많은 청동 예기는 얼리터우의 것과 유사한 기형이지만 방정(方鼎)과 같은 새로운 기형도 출현했다(그림 8.10-B). 정저우상청에서 출토된 가장 큰 방정(方鼎)은 높이 1m, 무게 86.4kg에 달한다(河南省文物考古硏究所 1999b). 이런 새로운 기형은 상대에 최고 등급의 왕실에서 소유한 지위의 상징이었음이 분명하

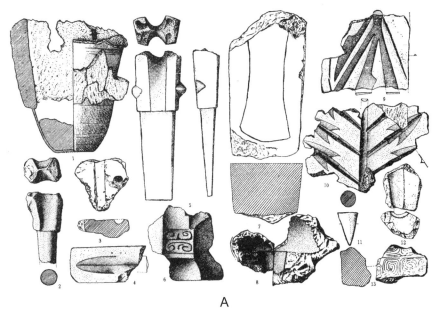

A

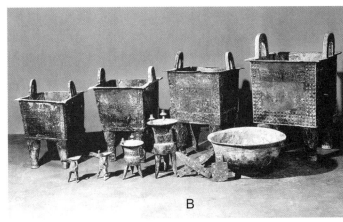

B

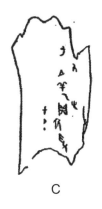

C

그림 8.10 정저우상천 얼리강문화 출토 유물

A. 난관와이 청동기 공방에서 출토된 토제 거푸집은 예기와 무기 및 도구가 대형 중심에서 주조되었음을 보여 줌, B. 난순청제 (南順城街) 저장구덩이에서 출토된 청동기 조합, 2작, 2가, 2과(戈), 1월(鉞), 1궤(簋)와 4방정이 포함되어 있음, C. 정저우 얼리 강에서 출토된 12개 문자를 가진 동물 뼈(A. 安金槐 등 1989: 圖 6; B. 河南省文物考古研究所 1999b: 彩板 2; C. 河南省文物考古研究所 1959: 圖 12)

다(楊寶成, 劉森森 1991). 정저우상청의 청동기 생산 규모는 얼리터우에 비해 훨씬 대규모였으며, 이것은 외성 안에서 발견된 3개의 청동기 저장구덩이를 통해 알 수 있다. 이 3개의 청동기 저장구덩이에서는 모두 청동기 28점이 출토되었으며, 그 총 무게는

500kg이 넘는다(河南省文物考古硏究所 1999b). 이들 유물은 단지 정저우상청에서 생산한 청동기의 작은 일부분에 지나지 않을 것이다. 왜냐하면 정저우상청에서는 지금까지 대형 무덤이 발견되지 않았는데, 대형 무덤에는 왕왕 다량의 청동기가 부장될 수 있기 때문이다.

정저우상청의 성격에 대한 많은 연구에서 정저우는 고대 문헌에 기록된 상 왕조의 도성이었음이 강조되고 있다. 이런 견해는 이 지역에서 끊임없이 이루어진 새로운 고고학적 발견과 계속해서 세분화되는 토기 유형학 및 연대 분기(分期)에 따라 복잡하게 변화했다. 중국의 고고학자들은 오늘날에 이르기까지 아직도 일치된 결론에 이르지 못하고 있는데, 일반적으로는 정저우상청이 '오'도(隞都)라 여겨지거나(예컨대 河南省文物考古硏究所 2001: 1026-1027) 또는 '박'도(亳都)로 간주된다(鄒衡 1998).

얼리강의 확장

얼리강 국가는 주변 지역에 군사적 거점을 건설하는 것을 통해 그 세력을 확장했다. 이러한 정치적 전략은 얼리터우 국가에 의해 가장 처음 사용되었다. 그런 종류의 유적 다수는 얼리터우문화가 그 주변 지역에 설치한 지역적 중심이었지만, 이제는 다시 얼리강문화의 방어 성보(城堡)가 되었다. 이런 거점은 남방의 판룽청, 서방의 둥샤평, 난관과 둥룽산 그리고 동방의 다신좡 등에서 발견되었다(그림 8.7 참조). 확장의 추세는 앞에서 언급한 얼리터우와 마찬가지로 금속자원, 소금, 옥과 원시자기[23] 등 중요한 자원과 희귀한 물품을 얻기 위한 것이었음이 분명하다. 핵심과 주변 지역 사이의 상호관계는 상호 의존적인 관계 형성으로 이어졌다. 주변 지역의 중심에서 제공하는 원재료와 희귀품은 공납품으로 핵심 지역으로 보내졌으며, 핵심 지역의 도시 발전과 수공업 생산을 지탱하고, 계층사회의 정치 구조가 공고하게 발전하는 데 이바지했다. 반대로 핵심 지역은 왕실이 감독해 생산한 수량에 제한이 있는 고급 생산품(주로 청동 예

23　[역주] 성숙기의 자기와 대비하여 원시적인 형태의 자기를 가리킨다. 고령토로 성형하고 석회유(石灰釉)를 발라 섭씨 1,200도의 온도에서 구워냈다. 대체로 기벽의 두께는 일정치 않고 흡수성이 없거나 매우 약하다. 그 표면이 청록색이나 황록색을 띠므로 원시청자(原始靑瓷)라고도 한다. 상대(商代)에 처음 출현하여 서주시대에 이르러 크게 발전하였다. 주로 양쯔강 중하류 일원에서 생산된 것으로 알려져 있다. 기형(器形)에는 준(尊), 두(豆), 관(罐), 발(鉢) 등이 있다.

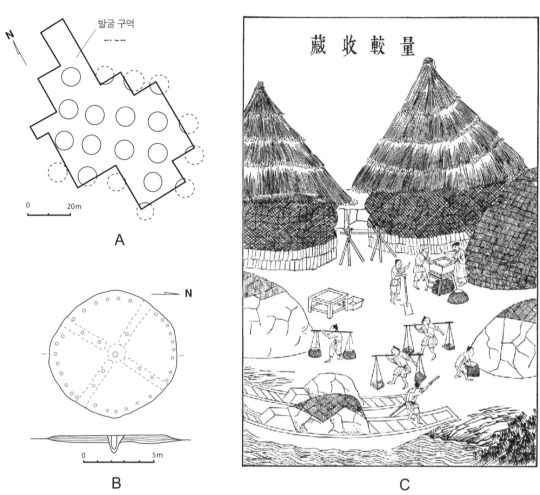

그림 8.11 샤현 둥샤펑 얼리강문화의 소금 저장 시설과 문헌에 기록된 염창(鹽倉)
A. 둥샤펑의 소금 저장 시설 유구, B. 둥샤펑 소금 저장 시설의 구조 사례, C. 『천공개물(天工開物)』에 묘사된 염창(A·B. 中國社會科學院考古研究所 등 1988: 圖 138, 139에 의거, 재작성; C. Sung 1966: 113)

기와 같은 위신재)과 소금 혹은 원시자기(이들 자기에는 고급 물품이 담겨 있었을 것이다)
같은 주변 지역에서 획득한 박래품 또는 진귀한 물품을 지역 지배층에 대한 회증(回贈)
으로 재분배했다(Liu, L. and Chen 2003: 102-130).

　　서부 확장 ❙ 얼리강의 서방으로의 확장은 얼리터우 시기의 두 지역 중심[산시성 남
부의 샤현 둥샤펑과 위안취현 난관]에 군사적 방어 공사를 건립한 것에서 나타난다. 얼리
터우 시기부터 이 두 유적은 현지의 진귀한 자원, 즉 중탸오산의 구리와 허둥 염지에서
생산된 소금을 획득하고 운송하는 데 사용되었다(Liu, L. and Chen 2001b, 2003). 둥샤

평의 저장 시설은 형태로 보아 고대 문헌에 기록된 소금의 저장과 관련이 있는 것 같다. 저장 유구의 지면에서 채취한 토양의 화학 분석은 이들 시설이 일찍이 대량의 소금을 저장하는 데 사용되었음을 입증했다. 이 소금은 얼리강 국가의 다른 지역으로 운송되었을 것이다(Chen, Xingcan et al. 2010).

동부 확장 ㅣ 지난(濟南) 다신좡과 텅저우 첸장다는 산둥성 경내에 가장 일찍 건설된 얼리강문화의 지역적 중심이다. 각 유적의 주위에는 모두 일군의 소형 유적이 있다. 이곳은 웨스문화의 핵심 지역에 설립된 식민(植民) 지점으로, 그 통치 집단은 얼리강에서 왔음이 분명하다. 물질 유존이 보여 주는 바에 따르면 유적군이 형성된 초기에 현지의 웨스문화 요소와 얼리강문화 요소가 공존했지만, 얼리강의 정치적 통제가 강화됨에 따라 웨스문화 요소는 점차 소멸되었다. 초기국가가 이 지역에 흥미를 가진 것은 명백히 해산품(예컨대 진주와 조개껍데기), 농산품(예컨대 곡식)과 금속을 포함하는 자원 때문이었다(方輝 2009). 소금이 얼리강인에 의해 개발되었는지의 여부는 아직 분명하지 않지만, 상대 후기 산둥성 북부지역에 밀집한 소금 생산 활동의 증거가 분명하다면(李水城 등 2009; 王靑 2006), 이 자원 역시 얼리강 국가의 주목을 받았을 것이다. 그러나 이 사실을 충분하게 설명할 수 있는 자료는 아직 부족하다.

남부 확장 ㅣ 양쯔강 중류지역에 도달한 얼리강문화를 대표하는 것은 후베이성 판룽청, 장시성 우청(吳城) 그리고 후난성 짜오스(皂市) 유적 등이다(Liu, L. and Chen 2003: 116-130).

판룽청은 후베이성 우한 황포(黃陂) 판룽호(盤龍湖)에 인접해 있으며, 초기국가가 양쯔강 중류지역에 건설한 최대 군사 거점이다. 이 유적은 얼리터우 시기에 건설되기 시작했는데, 현지의 풍부한 동광과 기타 자원을 개발하고 운송하기 위해 활용되었을 것이다. 이 지점을 선택한 것은 교통의 편리성에 대한 고려 때문이었음이 분명하다. 이곳은 몇몇 주요 수상 교통 노선과 매우 용이하게 연결된다. 동남쪽으로는 양쯔강에 연결될 수 있으며, 서남쪽으로는 한수이강에 도달할 수 있고, 북쪽으로는 다볘산에서 발원한 몇몇 하천을 통해 허난성 경내에 직접 진입할 수 있다(그림 8.7 참조)(Liu, L. and Chen 2003: 75-79, 116-119).

얼리터우 시기에 판룽청(약 20만m²)에는 몇 개의 소형 취락이 있었는데, 아마도 토기 생산과 청동 제련에 종사하고 있었을 것이다. 이것은 가마와 도가니의 발견으로 입증할 수 있다(그림 8.12-4). 판룽청에서는 원시자기도 출토되었다(그림 8.12-3). 현재의

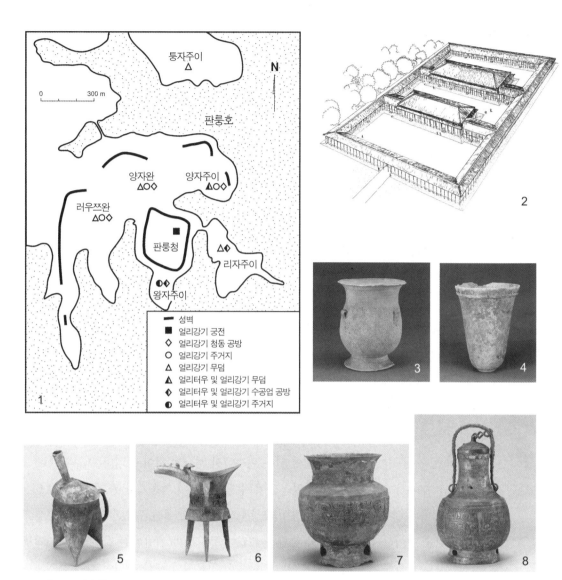

그림 8.12 판룽청

1. 판룽청 유적 궁전, 수공업 생산 중심, 거주 구역과 무덤의 분포, 2. 궁전 복원도, 3. 원시자기, 4. 도가니[坩堝], 5-8. 지배층 무덤에서 출토된 청동 예기(盃, 爵, 尊, 提梁卣)(1. 湖北省文物考古硏究所 2001a: 圖 4에 의거, 재작성; 2~8. 湖北省文物考古硏究所 2001a: 644쪽의 彩版 9-1, 10-1, 11-1, 13-1, 2, 24)

자료에 의하면 얼리터우가 그 지역의 동광을 어느 정도 직접 장악할 수 있었는지 분명하지 않고, 금속이 확실하게 북방으로 운송되었는지도 명백하지 않다(湖北省文物考古硏究所 2001a; Liu, L. and Chen 2003: 75-79).

얼리강상층 시기에 사회가 신속하게 발전해 이때의 판룽청은 동심(同心)의 판축 성벽 2개로 둘러졌다. 최근에 발견된 외성의 면적은 약 290만m²이다(劉森森 2002). 내성(7만 5,000m²)은 유적의 중심 지역에 위치하는데 이곳에는 대형 건축물을 포함한 궁성이 건설되었다. 내성과 외성 성벽 사이에서 무덤, 주거 구역과 청동기 공방이 발견되었다. 청동 제련과 관련된 도가니, 광재와 공작석이 이미 5개 지점에서 출토되었다(湖北省文物考古硏究所 2001a). 판룽청의 이중 성벽은 옌스상청과 정저우상청의 구조와 매우 비슷하며, 중원지역 상 전기 물질 유존의 몇몇 특징과도 매우 유사하다. 그 특징에는 청동기의 유형과 풍격, 대형 건축물과 성벽을 건설하는 기술 그리고 궁전 건축의 배치 등이 포함되는데, 이것은 모두 판룽청과 중원지역 간의 밀접한 의존관계를 나타낸다(예컨대 Bagley 1999; 湖北省文物考古硏究所 2001a: 493). 몇몇 지배층 무덤에서 출토된 대량의 청동기와 도가니(그림 8.12-5·6·7·8)는 판룽청 지배층이 금속 자원의 통제와 밀접한 관련이 있었음을 알려 준다(湖北省文物考古硏究所 2001a).

도가니와 광재의 발견으로 청동 제련이 판룽청에서 진행되고 있었음이 입증되었다. 많은 연구자들이 판룽청에서 출토된 청동기가 현지에서 제작된 것이라고 생각하는데, 그 이유는 부근에 풍부한 동광 자원이 있었기 때문이다. 그러나 현지에서 청동예기가 제작되었음을 입증할 만한 충분한 증거는 없다(예컨대 거푸집). 연구자들은 판룽청 청동기를 주조하는 데 사용된 금속광의 구체적인 지점을 지목하지 못한다. 구리와 주석은 같은 곳에서 온 것 같지만 납은 현지에서 생산된 것이 아니다(湖北省文物考古硏究所 2001a: 517-573). 북쪽의 얼리강 유적에서 출토된 청동기와 판룽청에서 출토된 청동기가 형태상 유사하므로 판룽청의 청동기는 정저우에서 주조된 뒤 판룽청으로 운송되었을 것이다.[24] 마찬가지의 상황은 예컨대 둥샤펑과 위안취현 같은 다른 지역 중심에서도 발생했다. 이런 현상은 얼리터우문화 청동기의 생산 조직이 갖는 특징과도 일치해 일관된 정치적 전략이 있었음을 알 수 있다. 즉 국가 최고 지배층이 예기의 생산과 분배를 장악하는 것이다.

판룽청 남쪽의 장시성 우청은 얼리강 시기에 발전한 또 다른 성지(61만m²)이다(江西省文物考古硏究所, 樟樹市博物館 2005). 판룽청과 마찬가지로 우청의 물질 유존은 얼리

---

24 [원주] 최근 판룽청 무덤에서 출토된 청동기 상의 점토 잔류물 연구에 따르면 점토는 현지의 것으로 북방에서 온 것은 아니다. 이것은 판룽청의 청동기가 현지에서 생산되었음을 의미한다(南普恒 2008). 그러나 이 결론은 논란의 여지가 있다(金正耀 2009, 개인적 교류).

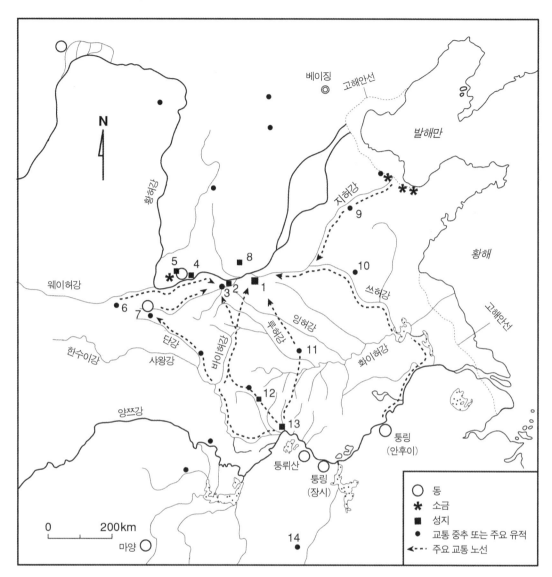

그림 8.13 초기 왕조시대의 하도(河道)

중요 자원의 위치 및 교통 중추를 통해 중원지역의 대형 중심과 남부 양쯔강 중류 및 하류, 서부 웨이허강 유역 그리고 동부 연해 지역을 연결한 4개 주요 운송 노선

1. 정저우, 2. 옌스, 3. 얼리터우, 4. 위안취현, 5. 둥사평, 6. 라오뉴포, 7. 둥룽산, 8. 푸뎬(府店), 9. 다신좡, 10. 첸장다, 11. 판 탕(繁湯), 12. 왕자산(王家山), 13. 판룽청, 14. 우청(Liu, L. and Chen 2003: 圖 10; 蔣剛 2008: 圖 8에 의거, 수정)

강문화 요소를 위주로 하지만 현지의 문화 요소도 있다. 판룽청이 얼리강 시기 이후에 쇠락했던 것과는 달리 우청은 상대 후기에 번영하기 시작해 지역 중심이 되었으며, 현지의 문화적 요소도 점차 증가했다. 이런 변화는 제10장에서 상세히 다룰 것이다.

얼리강이 양쯔강 중류지역에 관심을 가진 것은 이 지역의 풍부한 금속 자원을 연속적으로 개발한 것에서 나타난다. 이것은 초기국가 지배층이 의례 권력을 통제하고 조종한 가장 중요한 정치적 전략이었다. 얼리강의 통치자는 적어도 2개의 주요한 동광 자원, 즉 장시성 루이창(瑞昌) 퉁링(銅嶺)(劉詩中, 盧本珊 1998)과 후베이성 다예(大冶) 퉁뤼산(銅綠山)(黃石市博物館 1999)을 조준했다. 이것은 두 유적에서 발견된 얼리강문화 유물과 관련 채광 및 제련 유존을 통해 입증할 수 있다(Liu, L. and Chen 2003: 116-123).

진귀한 남방의 물자를 북쪽으로 편리하게 운송하기 위해 판룽청과 우청은 교통의 중추 역할을 했다. 이 밖에 적어도 육로 또는 수로의 4개 노선이 초기국가가 중요한 자원과 귀중한 물품을 수송하는 데 사용되었다. 이 노선을 따라 얼리강 국가는 더욱 많은 지역적 중심과 소형 군사 거점을 건립해 현지의 자원을 더욱 개발하기 편리하도록 함과 동시에 위신재와 전략 물자의 효율적인 운송을 보장했다(그림 8.13)(蔣剛 2008; Liu, L. and Chen 2003: 50-54).

요약

얼리강 국가의 중요 자원에 대한 수요는 매우 방대했다. 그것이 거두어들인 자원은 허둥 염지의 소금, 동방의 해산품, 양쯔강 유역의 원시자기와 그 주변 지역의 금속 등이 있다. 지배층의 의례 중에서 항상 제물로 희생과 식량이 제공되었음을 고려하면 곡물과 가축도 국가에서 정기적으로 필요로 한 중요한 물자였음이 분명하다.

얼리강 국가의 문화 확장은 놀라운 정도이다. 주변 지역으로 확장된 얼리강문화 요소는 청동기와 옥기 등의 위신재를 포함하고 있을 뿐만 아니라 토기, 주택 구조, 매장 습속과 도시 계획 등도 포함된다. 특징이 선명하고 조합이 안정된 얼리강 토기는 얼리강 밖의 많은 지역에서 발견되었는데, 이것은 매우 흥미로운 현상이다. 일상적으로 사용된 보통의 토기는 통상 현지에서 생산된 것인데, 토기의 양식과 공장(工匠)의 기술 전통은 매우 큰 관계가 있다. 따라서 얼리강 주변 지역의 토기는 얼리강에서 이주한 도공이 생산했을 가능성이 높다. 얼리강 물질문화의 특징은 광범위하게 분포되어 있는데, 이것은 주변 지역으로 이주해 식민한 얼리강인들에게서 직접 기원했을 것이다. 이처럼 국가에서 기획한 이민의 상황은 후대의 문헌 기록과도 일치한다. 문헌 기록에 의하면 서주시대에 도공과 같은 수공업자는 지배층과 함께 새로운 영지에 분봉(分封)되어 정착했다(Hsu and Linduff 1988: 153-154). 이와 같은 전통은 대개 역사시대 이전의 국가시대까지 소급될 수 있을 것이다.

많은 연구자들이 얼리강문화와 은허의 상대 후기 문화는 연속적으로 발전한(中商을 거쳐) 동일한 고고학 전통이라고 생각한다. 은허가 이미 갑골문에 의해 상대 후기임이 확정되었다면 얼리강은 상대 전기로 해석되어야 한다. 얼리강이 주변 지역으로 확장되면서 얼리터우문화의 정치적 판도를 뒤바꾸어 놓았다. 이것은 얼리터우 국가와 북쪽의 샤치위안문화 및 동쪽의 웨스문화 사이의 평형 관계를 깨뜨렸으며, 남쪽 양쯔강 유역을 향한 운송 노선을 개통하고 서쪽에 대한 통제를 더욱 강화했다. 모든 얼리강문화의 분포 지역을 상 전기의 판도로 볼 수는 없지만 상 전기 왕조의 발전을 통해 기원전 2000년기 중기에 얼리강 국가의 정치권력이 전성기를 맞이했다고 할 수 있다(孫華 2009).

얼리강문화 확장의 결과: 중상[25]의 분권화

얼리강은 대략 기원전 1400년에 확장을 멈췄다. 정저우상청 및 핵심 지역과 주변 지역의 많은 지역 중심이 폐기된 것은 고도로 집중된 정치, 경제 체계가 종결되었음을 의미한다. 이와 같은 변화를 야기한 원인은 아직 분명하지 않지만 사회적·정치적 충돌 및 갑작스러운 동란의 발생 때문이었을 것이다. 진귀한 청동 예기는 황망하게 정저우의 마른 우물이나 재구덩이에 매장되었다. 이 같은 사례는 세 번이 있었는데, 이들 청동기 매장 구덩이는 모두 얼리강상층이 종결되는 시기로 편년된다(그림 8.9의 매장

---

25 [역주] 전통적으로 상문화(商文化)는 전기, 즉 얼리강문화기와 후기, 즉 은허문화기로 구분되었다. 그러나 이 양대기(兩大期)의 문화 면모에는 상당한 차이점도 존재했기 때문에 그 간극을 메우려는 논의가 있어 왔다. 최근 탕지건(唐際根)은 이 중간 단계를 '중상문화(中商文化)'로 명명하고, 이것을 3기로 세분한 바 있다. 그는 기존의 얼리강상층문화 2기[즉 바이자좡기(白家莊期)]를 얼리강문화에서 독립시켜 중상문화 1기(전기)라 하고, 허난성 안양 화위안장(花園莊)의 전기 유존과 허베이성 가오청(藁城) 타이시촌(臺西村) 전기 무덤에서 발견된 문화적 특징을 개괄해 중상문화 2기(중기)로, 화위안장의 후기 유존과 타이시촌의 후기 주거지 및 무덤을 중상문화 3기(후기)로 설정했다. 중상문화에 대한 자세한 내용은 唐際根, 「中商文化硏究」, 『考古學報』 1999(4)를 참조하라.

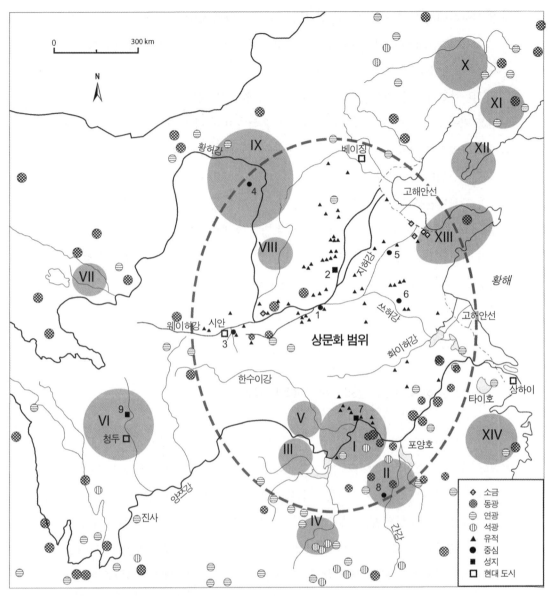

그림 8.14 중상 시기의 고고문화 분포(유적과 문화 분포는 中國社會科學院考古研究所 2003b에 의거)

고고문화: I. 판룽청, II. 우청, III. 바오타, IV. 샹강지역 인문도, V. 징난쓰, VI. 싼싱투이, VII. 카웨, VIII. 광서, IX. 주카이거우, X. 가오타이산, XI. 먀오허우산, XII. 쑹튀쯔 3기, XIII. 웨스, XIV. 후수

유적: 1. 샤오솽차오, 2. 환베이, 3. 라오뉴포, 4. 주카이거우, 5. 다신좡, 6. 첸장다, 7. 판룽청, 8. 우청, 9. 싼싱투이

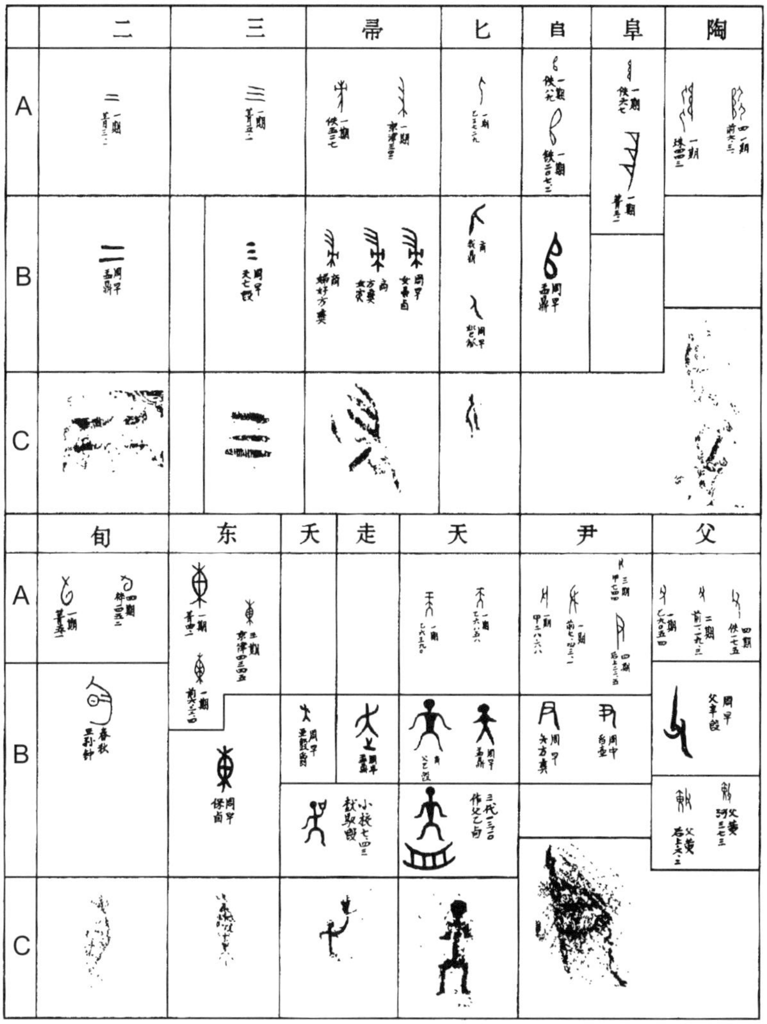

그림 8.15 샤오솽차오에서 발견된 각획부호 일부와 갑골문, 금문의 비교

A. 갑골문, B. 금문, C. 샤오솽차오 부호(宋國定 2003: 表 1)

구덩이 지점, 그림 8.10-B). 이들 청동기는 동란 당시 안전을 위해 일부러 그곳에 매장되었을 것이며, 청동기의 주인은 빠른 시간 내에 돌아올 수 있을 것이라고 생각했을 것이다(陳旭 1986; 河南省文物考古研究所 1999b). 이런 상황은 저우위안에서 발견된 청동기 매장 구덩이와 비교할 수 있는데, 후자는 서주의 지배층이 적의 공격을 피하기 위해 국도에서 도망갈 때 매장된 것으로 여겨진다(中國社會科學院考古研究所 2004: 62).

정저우가 쇠락함에 따라 거의 모든 얼리강 핵심 및 주변 지역에 원래 있었던 중심은 고고학적 기록 가운데서 사라졌다. 이와 동시에 몇몇 새로운 대형 중심이 다른 지역에서 출현했다. 샤오솽차오와 안양의 환베이 등인데, 이곳의 규모는 정저우상청의 규모에 비하면 훨씬 작다. 비교적 먼 주변 지역의 중심은 계속 발전했으며, 거기에는 비록 상문화 유존이 매우 넓게 분포되어 있기는 하지만 현지의 문화적 특징이 현저하게 증가하였다(그림 8.14). 이런 변화는 하나의 새로운 문화 단계, 즉 중상(中商, 약 BC 1400-BC 1250)이 시작되었음을 나타낸다(Tang, J. 2001). 대체로 중상은 불안정한 정치의 시기이다. 이것은 왕조의 집권이 약화되고, 정치체 사이의 상호 경쟁이 심화되며, 지방 권력이 상승하는 것으로 나타난다.

샤오솽차오 | 유적의 면적은 150만m²이며, 정저우 서북쪽 약 20km에 위치하고 있다(그림 8.14-1). 이곳에서 대형 판축 궁전 기단, 제사구덩이과 동기 주조 유구 등이 발견되었다. 제사구덩이는 궁전 부근에 위치하고 있는데, 그 안에서 인골과 동물(주로 황소와 개)의 유해가 대량으로 출토되었다. 소의 유해가 매장된 제사구덩이에서 발견된 몇몇 토항(土缸)에서 주사(朱砂)로 쓴 문자가 발견되었다. 이것은 숫자와 기하 도형 그리고 기타로 구별된다. 이것들과 100년 후 안양에서 출토된 갑골문은 형식적으로 유사하다(그림 8.15). 중국의 고고학자들은 샤오솽차오 유적의 기능에 대해 논쟁을 계속하고 있다. 어떤 연구자는 문헌에 기록된 상대의 도성 오(隞)라고 주장하고, 어떤 연구자는 정저우상청과 관련된 제사를 거행하는 장소라고 주장하고 있다(宋國定 2003; 中國社會科學院考古研究所 2003b: 274-275).

환베이상청 | 고고학자들이 은허의 상대편 환허강 북안에서 조사를 진행할 때 성지를 발견했다. 이 성은 중상 후기에 건설되었으며(제10장과 그림 10.4), '환베이상청(洹北商城)'이라 칭해진다. 성의 규모(470만m²)는 정저우상청의 내성보다 크다. 성내에는 몇 개의 판축 기단이 궁전 구역을 구성한다. 고고학자들이 그 가운데 2기의 궁전 기단(F1과 F2)에 대한 발굴을 진행했다(何毓靈, 唐際根 2010; 唐際根 등 2003a; Tang, J. et al. 2010a; 唐際根 등 2003b; 唐際根 등 2010c). F1(15만m²)은 대형의 방형 건축물로, 동쪽과 서쪽에 배전(配殿)이 있다. 주전은 정면 10칸이며, 그 양쪽에 낭도(廊道)와 몇몇 소형 부속 건물이 있다. 건축물의 배치와 사람 및 동물을 희생으로 한 40여 개의 제사구덩이로 판단하건대 이 건물은 종묘일 것이다. F2(6,000m²)는 F1 북쪽 29m에 위치한 소형 건물군이다. 주전은 정면 4칸이며, 회랑이 사주(四周)를 두르고 있다. F2는 상 왕조의 지배층이 거주한 곳인 듯한데, 이는 정원 내에서 제사구덩이가 거의 발견되지 않았기 때문이다(杜金鵬 2004; 唐際根 등 2010b).

환베이상청의 발견은 상대 최후의 도성[문헌에서는 殷이라 칭한다]의 발전을 살펴 보는 데 중요한 의의를 가진다. 현재 이것에 대한 인식은 부분적으로 과거 80여 년 동 안 진행된 환허강 남안 은허 유적의 발굴에서 온 것이다. 환베이상청의 발견은 이 유적 의 역사적 귀속에 대한 논란을 야기했다. 연대적으로 보면 환베이는 샤오솽차오와 은 허 사이에 위치한다. 이러한 정치 중심의 연이은 출현은 상인(商人)들이 부단히 천도 (遷都)한 결과로 해석되지만, 문헌에 기록된 도성과 구체적인 유적을 어떻게 대응시킬 지에 대한 일치된 의견은 없다. 환베이상청은 하단갑(河亶甲)의 거소(居所)인 상(相)이 라고 간주되기도 하고 또는 반경(盤庚)이 천도한 은(殷)이라 여겨지기도 한다(中國社會 科學院考古硏究所 2003b: 276-277).

유적과 문헌 기록의 도성을 대응시키는 연구에는 개념상의 착오가 존재한다. 이런 연구는 상 왕조 왕실의 역사가 고대 문헌에 묘사된 것처럼 연속적인 단선(單線)으로 계승되었으며, 모든 도성이 문헌에 정확하게 기록되었다고 가정한다. 그런데 우리가 보는 상 왕조의 계보는 후대의 역사학자들에 의해 수정된 것이며, 이 계보는 몇몇 정 치 중심의 존재를 포함하는 상대 역사의 모든 원소를 완전히 반영하지 못했을 것이다. 예컨대 정치권력을 위해 진행된 종족의 투쟁에서 패배한 몇몇 종족 지계(支系)는 후대 에 역사가 기록될 때 승리한 통치 집단에 의해 비합법적인 것으로 기록되고 이로 인해 소략하게 기록되었거나 누락되었을 것이다. 이런 상황에서 고고학적 자료와 현존하는 역사 문헌은 서로 대응할 수 없다.

결론

얼리터우와 얼리강 초기국가가 중원에 출현했을 때 그 사회복합화의 정도는 주 변 지역을 크게 초과했다. 이때 주변 지역에는 아직 국가 등급의 정치체가 출현하지 않 았다. 중원중심론의 관점에서 중국문명의 발전을 보려는 것은 아니지만 사회, 정치 복 합화의 핵심 지역이 중원에 가장 일찍 출현한 것은 부정하기 어렵다. 핵심 지역과 주 변 지역 사이의 상호관계는 간단하게 무역이나 평등한 동료 사이의 호혜 활동으로 해 석될 수 없다. 상호관계를 반영하는 물질은 주로 국가 핵심 지역의 통치 집단이 필요 로 한 전략적인 물자 또는 중요한 물품이기 때문이다. 이와 같은 상호관계는 지역 국가의 패권적 통치 아래에서 물질적으로 표현된 공납 체계로 해석된다(Liu, L. and Chen 2003: 131-148). 이것은 간단하게 서양의 이론을 중국 자료에 억지로 더한 것이 아니라 중국 초기국가의 성격을 개괄한 것이다. 이것은 세계 다른 문명과의 다문화적 비교 연구에 보탬이 된다(Feinman and Marcus 1998; Trigger 2003; Yoffee 2004). 앨런, 요피, 리민이 말한 것처럼 얼리터우-얼리강 핵심 지역의 정치적 통치 및 일찍이 없었던 문화 확장은 중국 국가와 문명의 형성을 이해하는 데 아주 좋은 사례를 제공한다(Allan 2007; 葉悲, 李旻 2009).

이들 초기국가가 문자 체계를 발명했는지 아직까지 분명히 알 수 없다. 그런데 얼리터우, 얼리강, 샤오솽차오 토기와 동물 뼈에서 발견된 문자는 상 후기 갑골문과 매우 유사하다. 이것은 중국의 문자 체계가 선사시대에 매우 오랜 발전 과정을 거쳤음을 암시한다.

초기국가의 지역 확장은 얼리터우에서 시작되고 얼리강 시기에 최고조에 달했다. 전체적인 추세는 몇몇 주변 지역에서 그 확장 초기에 중원문화의 물질적 조합이 절대적인 우세를 차지하다가 이후 현지의 전통과 융합하고 현지 문화의 특징이 점차 주도권을 장악하는 것이다. 이 물질문화의 변화 과정과 정치 현지화의 추세가 서로 호응해 상 후기의 다중심적 정치 경관(景觀)을 이끌어 냈다. 긴 역사적 안목에서 보면 얼리터우에서 중상까지의 이 시간적 범위는 정치적 집권과 분권의 첫 번째 순환 단계이며, 이와 같은 순환은 이후 중국 왕조의 역사에서 여러 차례 반복된다.

20여 년 전 장광즈는 중국 초기 문명의 발전 노선이 근동 및 유럽과는 자못 다르다고 주장했다. 그는 중국문명의 출현은 정치혁명이 만든 물질적 재부의 집중을 통해서 일어난 것이지 생산방식의 기술 혁신을 통해 실현된 것이 아니라고 생각했다. 그는 또 당시의 고고학적 자료에 근거해 중국의 초기 도시는 계층화된 정치적 중심으로 궁전, 묘지, 거주 구역과 수공업 공방으로 구성되었지 건축물이 빼곡히 솟아오른 대도시는 아니었다고 주장했다(Chang 1983: 124-125; 1986a: 362-364). 폴 휘틀리 역시 유사한 관점을 제시했다. 그는 중국 초기 도시 중심은 의례의 종합체라고 생각했다. 정저우와 안양을 사례로 들어 도시 중심은 의례와 행정의 영역으로 주로 왕실, 제사장과 선발된 소수의 수공업자들에 의해 점유되었으며, 농민과 대다수의 수공업자는 주변의 향촌 지역에 거주했다고 주장했다(Wheatley 1971: 30-47). 팔켄하우젠 역시 한 걸음 더 나아가 중국에서 도시화 초기 단계에 도시는 사회, 정치 통치 조직과 종교 활동의 중심으로, 거기에는 그리스 도시와 중세 유럽 도시의 특징이 결여되었다고 주장했다. 그는 또 이들 중국 초기 도시는 문화적으로 주변의 향촌 지역과 다를 바 없었다고 주장했다(Falkenhausen 2008). 모든 다문화 비교 결과는 매우 시사적이다. 그것은 중국 초기국가/문명 발생의 독특한 노선을 가리키고 있다.

새로운 고고학적 자료에 기초해 이러한 관점에 약간의 수정이 이루어질 수 있다. 도시 배치와 인구 분포에 근거해 보면 중국 초기 도시는 계층적인 계획을 분명하게 드러낸다. 특히 궁성 혹은 내성 성벽의 배치를 통해 그들이 서로 다른 집단을 격리했음을 볼 수 있다. 정치, 종교 지배층이 중심이지만, 각종 수공업도 도시 발전의 중요한 구성 요소였다. 몇몇 대규모 수공업 공방은 지배층들이 사용한 물품을 제조했으며, 도시와 주변 지역을 위해 일상생활 용품을 생산했다. 그러므로 경제적 기능 역시 중국 초기 도시의 중요한 부분이었다. 도시의 인구는 주변 지역보다 많았으며, 고고학적 자료에 의하면 도시와 향촌의 구별은 주로 취락 형태(규모)와 물질 유존(예컨대 위신재와 주거지의 집중 정도)에서 체현된다. 도시 인구는 지배층과 수공업자뿐만 아니라 농민도 포함했다. 도시의 인구 상당 부분은 이를테면 판축 궁전이나 성벽과 같은 도시 건설에 종사했다. 이러한 일은 도시가 존재하는 동안 부단히 진행될 필요가 있었다.

핵심 지역과 주변 지역의 도시는 설계상에서도 차이가 있었다. 이것은 그들이 전체 정치 체계에서 차지하는 기능이 달랐기 때문이다. 핵심 지역에서 표현된 도시화 정도는 주변 지역보다 높았다. 주변 지역의 도시는 그들의 특수한 필요(염창과 청동기 공방)에 따라 상응하는 핵심 도시를 모방해 건설되었다(예컨대 궁정 구조와 방어 시설 건설). 따라서 초기 도시의 기능은 다양했고, 초기 도시화의 특징은 그것이 위치한 초기 국가의 성격에 따라 결정되었다.

지배층의 청동 예기에 대한 몰입은 독특한 초기 중국문명이 탄생한 중요한 원인 가운데 하나이다. 그에 대한 몰입은 지배층의 의례 권력에 대한 갈망과 결합되었다. 의례 권력은 청동기를 통해 체현되었으며, 청동기는 각종 종교 의식에서 불가결한 구성 부분이었다(Chang 1983). 의례 권력은 지배층이 왕실의 조상이나 자연신을 제사하는 종교 의례를 통해 획득했으며, 국가의 통치자는 이것으로 그 정치의 합법성을 획득하고 유지했다. 주요 자원과 잉여 농산품을 통제하는 데 주안점을 둔 군사적 확장은 통치자의 가치관과 그 물질적 체현을 전파하는 데 도움이 되었으며, 이와 관련된 정치적 목표에 도달하는 데 유리했다. 이와 같은 측면에서 왜 지배층이 예기의 생산과 분배를 장악하는 것을 가장 주요한 일로 여겼는지, 왜 중국의 청동기시대에 청동 공업이 거의 예외 없이 의례와 군사적 목적에 사용되었고 농업 생산에서는 중요한 기능을 담당하지 않았는지, 왜 초기 도시가 주로 의례와 정치의 중심이고 경제적 기능은 비교적 약했는지를 이해할 수 있다. 이것은 이 장의 첫머리에서 인용한 『좌전』의 "국가의 대사(大事)는 제사와 전쟁인데"라는 글과 같은 의미이다. 국가의 정치 의례 지향은 고대 중국 국가 형성의 초기 단계에서 이미 시작되었던 것 같다.

제9장 기원전 2000년기 전기 북방 변경과 그 주변 지역의 청동기문화

> 서해의 남쪽, 유사(流沙)의 근처, 적수(赤水)의 뒤쪽, 흑수의 앞쪽에 큰 산이 있어, 이름을 곤륜(崑崙)의 언덕[丘]이라 한다. …… 사람이 있어 머리에 장식을 쓰고 호랑이의 이빨에 표범의 꼬리를 가졌으며 동굴에 거주하는데 이름을 서왕모(西王母)라 한다. 이 산에는 없는 물건이 없다.
>
> —『산해경(山海經)』「대황서경(大荒西經)」

중국 장성 이북의 대다수 지역은 농업 경제의 주변 지역으로, 역사상 과도지대에 속했다. 이곳에서 북방 목축민족과 남방 농경민족 사이에 격렬한 충돌이 발생했다. 적합한 기후의 전신세 기후최적기, 즉 장성이 건설되기 아주 오래전에 이 북방지역에서 생활한 거주민 대부분은 농민이었다. 그러나 기원전 3000년기 말기에서 기원전 2000년기 전기까지, 즉 유목 경제가 전면적으로 출현하기 이전에 북방의 일부 지역은 원시 농업에서 농목업이 병존하는 혼합 경제로의 변화를 경험하기 시작했다. 현재 확인된 이 단계는 고고문화에는 샤자뎬하층, 주카이거우, 치자, 쓰바, 톈산북로(天山北路) 등이 있다. 이들 고고문화는 중국 동북에서 서북 지역까지 죽 뻗어 있으며, 지역적으로는 랴오닝성 서부, 허베이성 북부, 네이멍구, 산시성(陝西省) 북부, 산시성(山西省) 북부, 닝샤성, 간쑤성, 칭하이성, 신장 동부를 덮고 있다(그림 9.1).

중원의 북부 주변 지역의 이들 고고문화는 청동기와 점차 증가하는 목축 경제가 두드러진 특징이다. 이들은 같은 시대 중앙아시아와 유라시아 초원지역에서 온 청동 문화의 강한 영향을 받았다. 그 고고문화에는 알타이지역과 미누신스크분지의 아파나시에보(Afanasievo)문화와 오쿠네보(Okunevo)문화, 알타이에서 예니세이강까지의 광

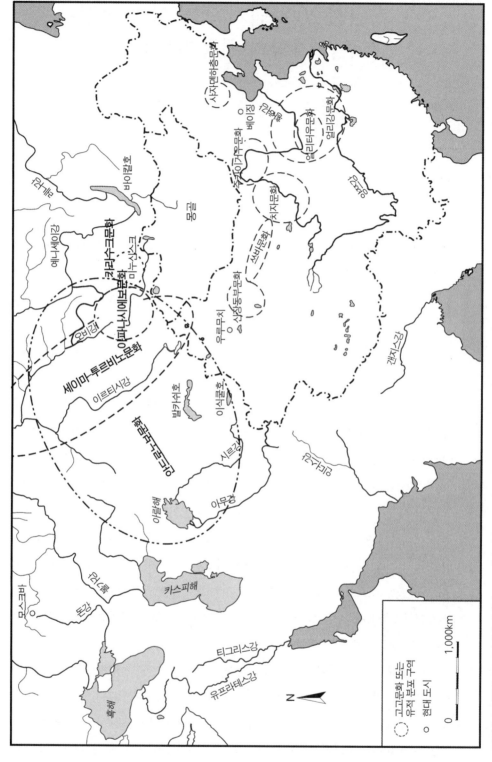

그림 9.1 기원전 3000년기 후기에서 2000년기 전기, 중앙아시아, 유라시아 초원지역 청동기시대 및 중국 북방 변경지역의 고고문화(Chernykh 1992: 圖 67, 90)

표 9.1 중국 북부 및 유라시아 초원 고고문화 연표

고고문화	연대(BC)
샤자뎬하층	2000-1400
주카이거우	2000-1400
치자	2200-1600
쓰바	1900-1500
톈산북로	2000-1550
아파나시에보	3300/3200-2600/2400
오쿠네보	2500-1600
안드로노보/세이마-투르비노	2100-1500
카라수크	1600-700

대한 지역에 걸쳐 분포한 안드로노보(Andronovo)문화(Mallory 1989: 223-227), 유라시아 초원의 세이마-투르비노(Seima-Turbino)문화, 예니세이강 중류 미누신스크분지의 카라수크(Karasuk)문화 등이 포함된다(Chernykh et al. 2004; Chernykh 1992: 215-233, 264-271)(그림 9.1; 표 9.1 참조). 북부 변경지역에서 발견된 청동 무기, 공구와 초원 풍격의 장식품은 초원지대의 동류 유물과 비견된다(Kuz'mina 2004; Mei 2000). 이들 고고문화를 중국 고고학에서는 '북방 청동문화'라고 통칭한다.

북방 변경지역의 여러 고고문화는 얼리터우 및 얼리강 초기국가와 대체로 같은 시기이며, 중원지역 집단과의 사이에 각종 차원의 교류가 존재했다. 북방지역의 몇몇 청동기문화 요소가 황허강 유역 핵심 지역에서도 발견되었다. 문화 교류는 유라시아 대륙에 걸쳐 지속되며 동서양을 연결했다. 큰 시각에서 보면 북방 변경지역의 여러 문화는 문화 교류의 매개체 역할을 담당했으며, 중원의 농업 문명과 중앙아시아 및 유라시아 초원 목축 문명 간의 지역 교류를 촉진했다.

현재 중국의 초기 문명이 어느 정도 중앙아시아 및 유라시아 초원 문명의 영향을 받았는지는 고고학자가 비교적 큰 관심을 가지고 있는 문제이다. 사실 청동 주조업이 이미 많은 관심을 불러 일으키고 있다. 학계에는 오랫동안 두 가지 상충하는 견해가 있었다. 하나는 중국 청동기가 현지에서 기원했다는 것이며, 다른 하나는 중국 청동기는 본래 유라시아 초원에서 왔다는 것이다(Kuz'mina 2004; Linduff 2004; Linduff and Mei 2009). 북방 변경지역의 문화가 이 문제 해결의 관건이 될 가능성이 높다.

기원전 2000년기에서 기원전 1000년기 북방 변경지역의 사회 형성 문제는 고고

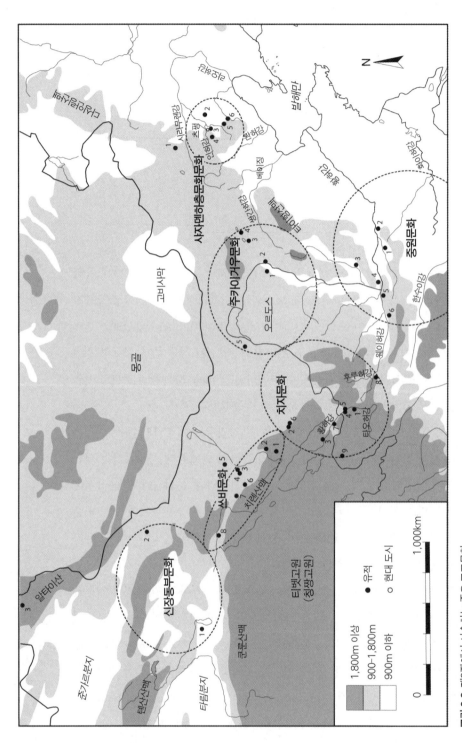

그림 9.2 제9장에서 서술하는 주요 고고문화

사자뎬하층문화: 1. 다징, 2. 디뎬쯔, 3. 윈디우정쯔, 4. 반즈뎬하강 유역 제 유적, 5. 뉴허량, 6. 둥산쭈이

주가이거우문화: 1. 주가이거우, 2. 시차, 3. 스후쯔거우, 4. 마오칭거우, 5. 훠가치

치자문화: 1. 치자핑, 2. 황냥냥타이, 3. 류완, 4. 친웨이자, 5. 다허좡, 6. 하이짱쓰, 7. 라자, 8. 스자오춘, 9. 가마타이

쓰바문화: 1. 둥후이산, 2. 쓰바탄, 3. 훠스량, 4. 강강와, 5. 바이산탕(白山堂) 동광 유적, 6. 간구야, 7. 훠사오거우, 8. 양위수

신장(新疆): 1. 구무거우(古墓溝), 샤오허(小河), 2. 톈산베이루(天山北路), 3. 거얼무치(兔爾木齊)

중원지역 제 문화: 1. 얼리터우, 2. 정저우, 3. 사진, 4. 청량쓰, 5. 헝진(橫陣), 6. 라오뉴포

학자와 역사학자들의 광범위한 관심을 받고 있다. 그 가운데 일부 연구자는 지역 역사의 재건을 위해 노력하고 있으며(예컨대 田廣金, 郭素新 2005; 楊建華 2004), 다른 일부 연구자는 변경지역 청동기시대 문화가 흥기한 동력을 탐색하기 위한 시도를 하고 있다(예컨대 Di Cosmo 1999, 2002; Linduff 1998; Mei 2009; Shelach 1999, 2009a, b).

북방 변경지역의 사회 출현과 그 독특한 문화 형성에는 사실 환경, 사회, 기술 등 여러 가지 요인이 있다. 그 요인 가운데는 전신세 기후최적기 이후의 기후 변화, 유라시아 초원과 중앙아시아 지역 이동 목축업의 출현, 홍동을 기초로 한 금속 제련 기술의 전파, 중원지역 초기국가의 정치적 확장, 북방 변경 제 지역의 사회복합화 정도 변화 등이 포함되어 있다. 이 장에서 다루고자 하는 시간의 범주는 기원전 2000년기 전반기이다. 우리는 동서양의 문화 교류 측면에서 이 지역의 고고 자료를 다시 탐구하고 사회경제적 변화를 끌어낸 몇 가지 심층적 원인에 대해 다룰 것이다. 〈그림 9.2〉는 이 장에서 다루는 주요 유적과 그 지리적 위치를 표시한 것이다.

환경 요소와 문화 배경

북방 변경지역은 동아시아 계절풍대의 북부 가장자리에 위치한다. 그렇기 때문에 늘 계절풍 파동의 영향을 받는다. 전신세 중기 기후최적기에 신석기시대 취락은 북쪽과 서북쪽으로 확장해 거의 모든 북방 변경지역이 농업 취락에 의해 점유되었다. 가장 대표적인 것이 홍산문화, 양사오문화, 마자야오문화이다(제6장 참조). 이런 상황은 기후최적기가 종결된 후인 기원전 3000년기 말에 이르러 비로소 변화하게 된다.

네이멍구 동부에 속하는 오르도스(Guo, L. et al. 2007; Li, Xiaoqiang et al. 2003)와 다이하이 지역(Xiao, J. et al. 2006; Xiao, J. et al. 2004)에서 진행한 화분 및 호심(湖心) 천공 분석 결과는 전신세 중기에 소규모의 기후 변화가 있었음을 보여 준다. 연구에 따르면 두 지역은 모두 전신세 중기의 기후최적기(8,100-3,300 cal.BP)에서 전신세 후기(약 3,300 cal.BP 이래)의 기후 악화를 경험했으며, 그 사이에 수차례의 기후 파동을 거쳤다. 샤오쥐러(肖擧樂) 등의 연구에 따르면 4,450년에서 3,950년 전의 기후는 한랭·건조했고, 3,950년에서 3,500년 전(cal.BP)의 기후는 온난하고 약간 습했으며, 3,500년에서 2,900년 전(cal.BP)의 기후는 온화하고 약간 건조했다. 이 지역의 생태 체계는 취약하고 쉽게 변화해 사람들로 하여금 부단히 새로운 전략을 채택해 환경 변화에 대응하도록 했다. 그러므로 이 지역의 생업 경제가 농업에서 목축업으로 변화한 것은 인류가 환경에 적응한 결과이다.

유라시아 초원에는 커다란 목초지가 있어 방목에 적합하다. 그러나 기원전 2000년기 전기까지 대규모의 유목 경제는 아직 형성되지 않았다. 이 새로운 생활방식이 탄생한 것은 이 지역 사회, 경제 발전의 세 가지 기본 요소와 관련이 있다. 그리고 이 기본 요소는 먼 서방에서 오랜 시간에 걸쳐 발전해 온 것이다. 첫째는 초식 가축, 즉 양과 소의 수입이며, 둘째는 말과 마차의 수입이고, 셋째는 야금술의 발전이다. 이들 변혁은 목축업의 발전을 크게 자극했으며, 인구 이동과 귀금속 및 가축의 소유를 기초로 한 사회 계층 분화를 촉진했다. 이런 새로운 사회 조직에서 새로운 목장과 광구(鑛區)의 탐색, 일용품과 위신재의 교환, 권력과 지위를 쟁탈하기 위한 전쟁 등은 모두 모종의 물질문화와 의례 행위를 전파하는 동력이 되었다(Anthony 1998). 의심할 여지없이 기원전 2000년기 전기 초원지역 사람들의 활동과 그 물질문화 및 기술은 중국 북방 변경지역 제 문화의 형성에 심원한 영향을 주었다. 이로 인해 금속기의 사용이 점차 증가하고, 방목에 적합한 초식동물이 점차 증가했으며, 서양에서 기원한 농작물, 예컨대 밀과 보리 재배가 증가했음을 이 지역에서 발견할 수 있다.

남쪽에 위치한 중원지역에서 초기국가가 형성된 것도 이웃한 북방지역 제 문화가 발전하는 데 매우 큰 영향을 주었다. 금속 지하자원과 옥돌 등의 기타 자원을 탐색하는 것은 초기국가 지배층이 넓은 변경지역으로 확장해 간 주요 동력이 되었을 것이다(제8장 참조).

이와 같은 쌍방향 교류와 상호관계는 분명히 북방 변경지역 제 문화의 형성에 영향을 주었다. 그러나 이 장에서 서술하려는 것처럼 사회의 내부 동력이야말로 이들 사회의 발전과 쇠락의 궤적을 결정하는 가장 중요한 요소였다.

샤자뎬하층문화

샤자뎬하층문화는 네이멍구 츠펑시 샤자뎬 유적의 발굴로 인해 명명되었다. 이 유적에서 지층 상 중복 관계에 있는 2개의 독특한 청동기시대 문화, 즉 샤자뎬하층문화와 샤자뎬상층문화가 발견되었다(中國社會科學院考古硏究所內蒙古工作隊 1974). 샤자뎬 하층문화(약 BC 2000-BC 1400)의 분포 범위는 비교적 넓으며, 그 중심 지역은 네이멍 구 동남부의 시랴오허강(西遼河) 유역이다. 이 문화가 분포한 지역은 주로 라오하허강 (老哈河), 다링허강(大凌河), 샤오링허강(小凌河)을 포함한다. 남부는 롼허강(灤河)을 경 계로 하는데, 이것이 이 문화와 다퉈터우문화(大坨頭文化)를 격리했다(中國社會科學院 考古硏究所 2003b: 593-605)(그림 9.2 참조).

생업 경제와 취락 형태

현재 시랴오허강 지역은 반건조 및 건조 지역에 속하며, 산맥과 고원, 하천이 분포 되어 있다. 대략 십수 처의 샤자뎬하층문화 유적이 발굴되어 그 생업 경제를 이해하기 위한 귀중한 자료를 제공하고 있다. 샤자뎬하층문화의 주택 평면은 원형 또는 방형이 며, 수혈식과 지상식 등 두 종류가 있다. 주택은 판축하거나 흙벽돌 또는 돌로 쌓아 올 려 건축했다. 연구에 의하면 그 크기는 균일하지 않아 면적이 1.5-23m²까지 다양하다 (Shelach 1999: 99). 주택 부근에는 왕왕 저장구덩이가 분포되어 있다. 토기는 주로 력 (鬲), 언(甗), 분(盆), 관(罐) 등이 있으며, 권상법, 틀찍기[模制] 및 녹로 기술로 제작되 었다. 석기 조합은 주로 석서(石鋤), 석도, 석부를 포함한다(中國社會科學院考古硏究所 2003c: 595-600). 커라친기(克拉沁旗) 다산첸(大山前) 유적에서 출토된 동물 유존은 샤 자뎬하층문화 주민이 섭취한 단백질이 주로 가축, 특히 돼지(48.2%), 소(24.3%), 면양/ 염소(15.3%), 개(10.9%)에서 나왔음을 보여 준다(王立新 2004: 256). 현재 고고학계에서 는 일반적으로 샤자뎬하층문화에서 비록 목축업이 중요하게 작용하고 있었다고 해도 주요한 생계방식은 농업이었다고 생각한다.

이 지역에서 몇몇 고고학적 조사가 전개된 바 있는데, 이를 통해서 수백 곳의 샤 자뎬하층문화 유적이 발견되었다(赤峰考古隊 2002; Linduff et al. 2002-2004; Shelach 1997; 徐光冀 1986). 샤오허옌문화(약 BC 3000-BC 2200)에서 샤자뎬하층문화까지 이 지역의 유적 밀도는 급격히 증가한다. 예컨대 반즈젠허강(半支箭河) 유역 221km² 범 위 내에서 확인된 샤오허옌문화 유적은 6곳에 불과하지만 샤자뎬하층문화 유적은 무 려 155곳에 달한다. 다수의 유적은 하천 부근의 대지에 입지하며, 일부는 하천 사이의 산꼭대기에 위치한다. 서로 다른 위치에 입지한 두 종류의 유적은 기능상 차이가 있었

그림 9.3 네이멍구 츠펑 얼다오징쯔 샤자뎬하층문화 석성지(Cao and Sun 2009)

을 것이다. 하곡 가까이에 위치한 유적은 주로 농경과 취수(取水)의 편리를 고려했을
것이다. 유적 지표의 토기 파편 밀도 분석에 따르면 이들 유적은 무리를 이루어 분포하
며 인구도 밀집되었다. 무리를 이루어 분포하는 유적은 대부분 경작지에서 가까운 낮
은 대지 위에 위치한다. 몇몇 지역에서는 3개의 등급으로 구성된 취락군이 발견되었
다. 지금까지 알려진 최대 취락은 면적이 23만m²에 달한다. 이 밖에 산꼭대기에 위치
한 취락은 비교적 인구가 적었던 것 같지만 왕왕 후중한 성벽과 출입문을 건설했으며
원형 건축물 기단과 대형 인공 평탄면을 가지고 있다(赤峰考古隊 2002). 최근 발견된
가장 대표적인 성곽 취락은 츠펑시 얼다오징쯔(二道井子) 유적(3만m²)이다. 이 유적에

는 비교적 완정한 환호와 성벽, 주택, 저장구덩이, 무덤과 도로가 보존되어 있으며(그림 9.3), 이 밖에도 대량의 인공 제품이 발견되었다(曹建恩, 孫金松 2009).

고고학자들은 이들 산꼭대기의 유적이 당시의 정치 중심, 의례 중심 또는 하곡지역의 취락 주민이 전쟁 때 피난한 장소라고 생각한다(Linduff et al. 2002-2004; Shelach 1999; 徐光冀 1986). 방어적 성격을 가진 이 유적의 석성 비율은 지역의 취락 형태에 따라 차이가 있다. 인허강(陰河) 연변 200km²의 범위 내에 있는 샤자덴하층문화 유적의 73%(51/70)는 석성 혹은 환호를 가지고 있지만(Shelach 1999: 91), 반즈젠허강 중류 221km² 범위 내의 샤자덴하층문화 유적은 8%(121/155)만이 석성 혹은 석축 건축물을 가지고 있다. 이들 유적은 모두 해발 800m 이상의 고지에 위치하고 있다(赤峰考古隊 2002).

반즈젠허강 유역에서 모두 145곳의 유적이 발견되었다. 이들 유적은 무리를 이루는 듯 보이며, 산맥과 충적평원 위에 입지해 있다. 대다수의 군집은 모두 석성 혹은 석축 건축물이 특징인 유적을 가지고 있다(그림 9.4). 3기의 유적이 가장 큰 면적을 가지고 있고(10만-20만m²), 12기의 유적이 그 뒤를 이으며(4만-6만m²), 130기의 유적은 면적이 작아(4만m² 이하) 전체적으로 3층 구조를 가진 취락군을 형성한다(그림 9.5). 가장 큰 유적(KX8)은 산 위에 위치해 주변의 낮은 지대를 조망할 수 있으며, 그 부근에 석성을 두른 유적 2기가 있다(그림 9.4 참조). KX8 유적이 소재한 위치는 그 특수한 위치와 지역 중심으로서의 기능을 뚜렷하게 나타낸다. 그런데 유적 등급 규모 곡선은 대략 철형(凸形)을 나타내어(그림 9.5 참조) 복수의 중심 사이에 경쟁관계가 있었음을 보여 준다. 이와 유사한 취락군은 츠펑의 다른 지역과 산시성(山西省) 윈청분지에서도 발견된다. 이들 취락군의 규모와 성격은 정치적 통합의 정도와 지역 정권의 집중 정도를 반영한다. 이렇게 보면 샤자덴하층문화가 보여 주는 정치적 통합의 정도는 중원지역 룽산문화 후기와 얼리터우문화보다는 낮다(Drennan and dai 2010).

반즈젠허강 유역의 취락 형태와 샤자덴하층문화의 사회 충돌 모델은 서로 합치된다. 이미 대형 중심 조직이 출현한 얼리터우문화의 취락 형태와는 다르게 샤자덴하층문화에는 중등 규모의 지역 중심이 여러 개 존재하는데, 이들 지역 중심 간의 혹은 외부의 적 사이에 경쟁관계가 있었을 가능성이 높다. 현재까지 지역 전체를 통치하는 비교적 큰 중심 혹은 정권은 하나도 발견되지 않았다.

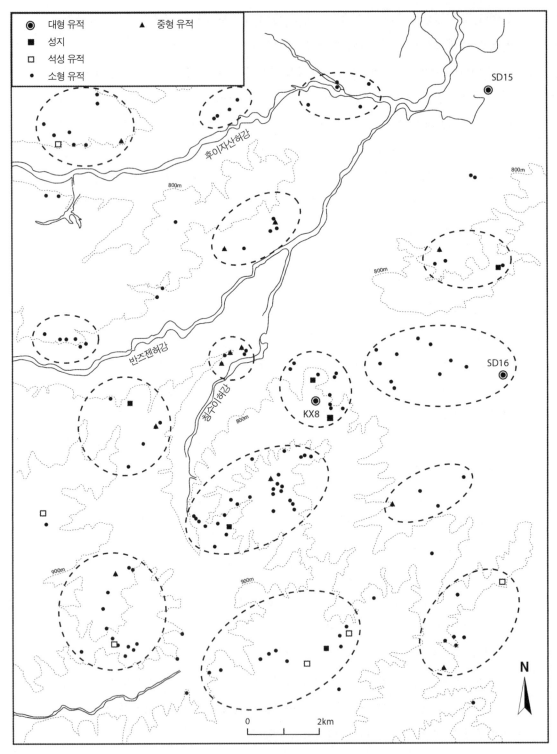

그림 9.4 반즈젠허강 유역 조사 지역 내 샤자뎬하층문화 유적(赤峰考古隊 2002: 圖 3, 재작성)

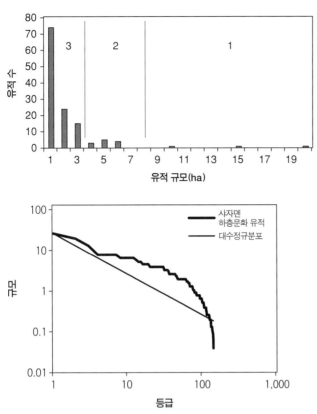

그림 9.5 반즈젠허강 유역 조사 지역 내 샤자뎬하층문화에 나타나는 철형 유적 등급 규모 곡선(赤峰考古隊 2002: 圖 3, 재작성)

매장방식과 사회 조직

츠펑지역의 다뎬쯔(大甸子) 유적은 가장 완정하게 발굴되었으며 상세하게 보고된 묘지로서, 샤자뎬하층문화의 사회 조직 구조를 이해하기 위한 진귀한 자료를 제공한다. 다뎬쯔 유적은 판축 토성을 두른 거주지(7만m²)와 함께 804기에 달하는 장방형 수혈토광묘가 조영된 묘지(1만m²)를 포함하고 있다. 전체 묘지는 3개 구역으로 구분되는데, 각 구역은 다시 몇 개의 하위 구역으로 세분할 수 있다(그림 9.6). 대다수 무덤은 단인장으로 목제 장구를 갖춘 것이 많다. 부장품에는 공구, 토기, 패각, 옥기와 소량의 금속기 등이 있다. 몇몇 토기는 소성 후에 다시 복잡한 그림을 그려 넣었는데(그림 9.7-1 · 4) 부장을 위해 전문적으로 제작된 것일 가능성이 높다(中國社會科學院考古硏究所 1996).

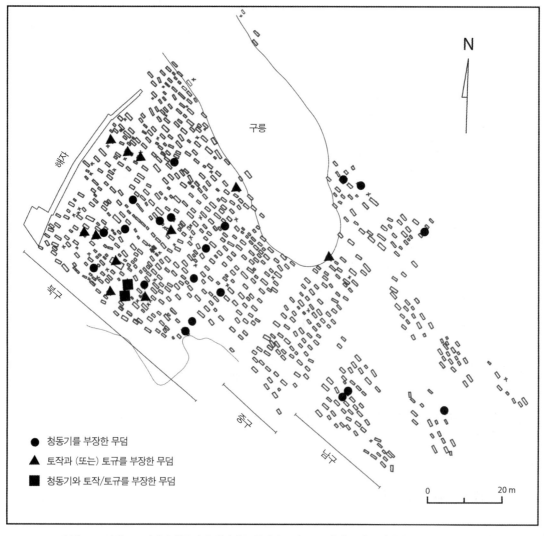

그림 9.6 다뎬쯔 묘지에서 청동기와 얼리터우 풍격의 토작, 토규가 출토된 무덤의 분포(中國社會科學院考古硏究所 1996: 圖 22에 의거, 재작성)

고고학자들은 다뎬쯔 묘지의 무덤을 대, 중, 소 세 종류로 구분한다. 이 가운데 중형 무덤이 절반 이상을 차지한다. 무덤의 배열방식과 부장품에 근거해 다뎬쯔 묘지가 혈연관계를 기초로 매장을 진행했다는 것과 상이한 가족 사이에 계층 차별이 존재한 것을 추측할 수 있다. 그리고 여성에게는 거의 모두 방추차가 부장되고, 남성에게는 대부분 석부가 부장된 조합관계를 통해서 성별 사이에 명확한 노동 분업이 있었음도 분명하게 알 수 있다(中國社會科學院考古硏究所 1996: 214-221). 무덤의 방향도 성별의 차

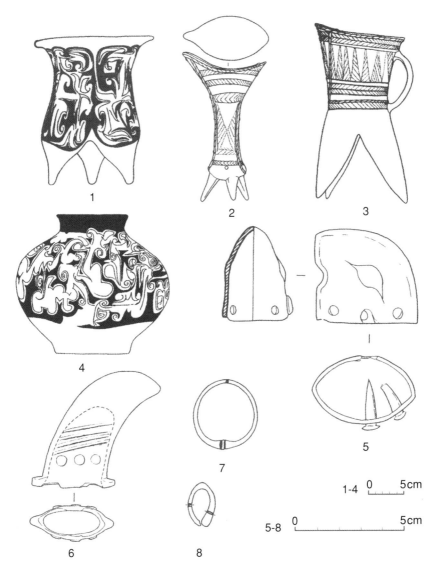

그림 9.7 다뎬쯔 묘지에서 출토된 유물

1·4. 채색 그림 토기, 2·3. 얼리터우 풍격의 토작과 토규, 5. 동모, 6. 청동 장두, 7. 청동 반지, 8. 금제 귀걸이(中國社會科學院考古研究所 1996: 圖 86, 95에 의거, 수정)

이를 반영하는데 모든 여성의 두향은 동북향이고, 모든 남성은 서남향이다. 여성은 충치 현상이 심해 탄수화물을 포함한 음식물을 남성에 비해 더 많이 섭취했음이 나타난다(潘其風 1996).

무덤 구조와 부장품에 관한 더욱 정확한 통계 분석 결과 개인의 사회적 지위는 생득적이며, 남성의 사회적 지위가 여성보다 높았지만 특정한 유형의 부장품이 사회 상위 계층에 의해 독점되는 현상은 발견되지 않았다(Shelach 2001a). 다뎬쯔 묘지에 보이는 매장 의례의 중점은 묘지가 사용된 200년간 약간의 변화를 거쳤다. 전기에는 장례의 의식적 측면에 중점이 있었다면 후기에 강조된 것은 사자의 신분, 지위를 표시하는 부장품이다(Flad 2001). 그리고 청동기와 지배층의 신분을 표시하는 2종의 토기, 즉 얼리터우의 것을 모방해서 만든 작(爵)과 규(鬹, 세발솥)는 묘지의 북구(北區)에서 널리 발견되었다(그림 9.6 참조). 이것은 사회 계층이 다뎬쯔 사회에 이미 출현했음을 보여준다.

야금술

금속제품이 출토된 샤자뎬하층문화의 유적은 약 10곳에 달한다(Shelach 1999: 106). 이 가운데 다뎬쯔 유적에서 출토된 금속기가 가장 많다. 모두 60점이 있는데 대부분은 반지[環]이다. 금속제품 가운데는 청동 및 납으로 제작한 장두[杖頭, 지팡이 머리 장식], 목제의 도끼자루 말단을 장식하는 동모(銅帽), 동귀걸이, 금귀걸이와 금반지 등이 있다(그림 9.7-5·6·7·8). 청동 제품에는 주조와 냉단(冷鍛) 등 두 가지 공예가 사용되었다(中國社會科學院考古硏究所 1996). 샤자뎬하층문화 유적에서 출토되는 금속기는 중국 서북지역, 남시베리아와 중앙아시아 지역의 동류 유물과 비슷하다. 특히 나팔구(喇叭口) 모양의 귀걸이는 샤자뎬하층문화와 중국 서북지역의 같은 시기 많은 유적에서 동시에 발견되며, 유라시아 초원지대의 세이마-투르비노문화 및 안드로노보문화 유적에서도 발견된다(Bunker 1998; 林澐 1994; Linduff 2000: 11-13). 다뎬쯔 유적의 청동 제품은 주로 동석 구리·주석과 구리·주석·납연 합금을 냉연으로 제작된 것인데(李延祥 등 2003), 이와 같은 야금 기술은 유라시아 동부지역 청동기시대 문화의 기술과 비교적 일치한다(Mei 2003).

샤자뎬문화의 분포 범위 내에는 금속 자원이 풍부하다. 다뎬쯔가 소재한 아오한치에서는 금, 구리, 주석, 납 광산이 발견되었다. 그 북쪽의 시라무룬허강(西拉木倫河)과 타오얼강(洮兒河) 사이, 다싱안링(大興安嶺) 남부 10만km² 범위 내에서는 구리, 주석 정선광이 발견되었다. 이 가운데 몇몇 매장 광물은 일찍이 고인(古人)들에 의해 채굴된 적이 있었음이 분명하다(李延祥 등 2003). 시라무룬허강 상류의 린시(林西) 다징(大井)

유적을 중심으로 일정한 수량의 고대 광산과 제련 유적이 발견되었다(그림 9.2 참조). 이들 유적의 연대는 기원전 1000년기의 샤자뎬상층문화 시기에 속한다(李延祥, 韓汝玢 1990; 李延祥 등 2006a, b). 이 지역의 채광 활동은 기원전 2000년기에 이미 시작되었을 가능성이 높지만 이와 같은 추론을 입증하기 위한 증거가 필요하다.

이에 비해 고고학자들은 청동기 주조의 증거를 이미 발견했다. 랴오닝성 링위안현(凌源縣) 뉴허량의 좐산쯔(轉山子) 유적과 샤오푸산(小福山) 유적에서 모두 도가니 파편이 출토되었으며, 화학 분석을 통해 이것이 산화동 광석을 정련하는 데 사용되었음이 밝혀졌다. 도가니 파편에 대해 진행된 열발광 연대 측정 결과는 3,494±340-3,100±310년 전(BC 2300~BC 800)으로, 샤자뎬하층문화 시기에 속한다(李延祥 등 1999). 이밖에 츠펑지역 둥산쭈이 유적의 샤자뎬하층문화 저장구덩이에서 원주형(圓珠形) 동장식품의 거푸집이 출토된 바 있다(李恭篤 1983).

이들 증거는 모두 샤자뎬하층문화 유적에서 출토된 청동기와 금기(金器) 대부분이 이 지역에서 생산되었음을 시사한다. 주목할 만한 것은 샤자뎬하층문화의 이들 금속기는 모두 장식품이며, 공구 혹은 용기가 보이지 않는다는 점이다. 중원 풍격을 가진 용기가 수 점 발견되기는 했지만 샤자뎬하층문화에서는 우연한 사례에 속한다. 중원풍의 용기는 이 지역과 상문화 사이의 교류를 반영하는 것일 뿐 현지에서 생산된 것은 아니다.

문화 교류

샤자뎬하층문화는 주변 지역 내지 더욱 먼 지역의 문화와 관계를 맺었다. 다뎬쯔 유적에서는 얼리터우문화 풍격의 토기 20여 점이 발견되었다. 작과 가(그림 9.7-2·3)는 부장품이 비교적 풍부한 13기의 무덤에서 출토되었는데, 대부분 묘지 북구에 위치한다(그림 9.6 참조). 이들 유물은 부장되기 이전 오랫동안 사용되었음이 분명한데, 이는 표면에 그을린 흔적이 남아 있기 때문이다(中國社會科學院考古研究所 1996: 219). 얼리터우문화에서 작과 가는 의례적인 기능을 갖춘 전형적인 주기(酒器)이다. 이런 얼리터우풍의 토기가 분포하는 지역의 동북쪽 경계가 바로 다뎬쯔 유적이다. 이들 유물은 현지에서 제작된 것일 가능성이 높다. 왜냐하면 그 표면 장식(음각된 기하형 도안)이 지역적인 특징을 가지고 있기 때문이다. 이것은 샤자뎬하층문화와 그 동쪽에 해당하는 중국 동북지역의 넌장평원(嫩江平原) 그리고 서쪽에 해당하는 유라시아 초원, 특히 안드로노보문화 사이의 관계를 보여 준다(林澐 1994; 王立新, 卜箕大 1998). 다뎬쯔 유적에서 이 같은 혼합적 풍격의 유물이 출현하는 것은 다양한 문화가 융합된 결과이다.

다뎬쯔 유적의 혼합적 물질문화 면모는 혼합적인 집단 구성과 자못 일치한다. 체질인류학 연구에 의하면 다뎬쯔는 형질적 특징이 다른 두 무리의 집단으로 구성되었다. 그 첫째는 황허강 유역에 분포하는 인종에 가까우며, 둘째는 동아시아 및 북아시아 몽골인종과 가깝다. 그러므로 다뎬쯔 취락 유적은 북방과 남방의 서로 다른 집단을 포함하고 있는 하나의 커다란 용광로였다고 할 수 있다. 주목할 만한 것은 황허강 유역에 가까운 첫째 인종은 주로 묘지의 북부와 중부에 위치하며, 얼리터우 풍격을 가진 용기 대다수도 북부의 무덤에서 발견된다는 점이다(그림 9.6 참조). 얼리터우 풍격의 용기가 출토되는 무덤 가운데 3기의 인골이 잘 보존되어 감정에 활용할 수 있다. 연구를 통해 두 벌의 골격은 남성으로서 첫째 집단에 속하며, 한 벌의 골격은 여성으로서 둘째 집단에 속한다는 것이 밝혀졌다(潘其風 1996). 샘플 수치가 작기는 하지만 다뎬쯔 묘지에서 중원지역의 남성과 얼리터우풍 토기 사이에는 뚜렷한 상관성이 존재한다. 이런 상관성은 얼리터우 지역의 일부 집단, 특히 남성이 랴오허강 지역으로 이주했음을 의미할 가능성이 매우 높다.

얼리터우문화의 집단이 금속 자원이 풍부한 동부지역(예컨대 다뎬쯔)에 출현한 것은 우연이 아니다. 산시성(山西省) 남부와 양쯔강 중류지역에서도 동일한 상황이 발견된다(제8장 참조; Liu, L. and Chen 2003). 샤자뎬하층문화에 풍부한 구리, 주석과 납 자원은 일찍부터 먼 지역에서 진귀한 금속 합금을 구하는 얼리터우의 지배층을 끌어들였을 것이다. 그러나 이와 같은 추론은 아직 이것을 입증할 수 있는 더 많은 자료를 필요로 한다.

샤자뎬하층문화 주민의 외래 물질문화에 대한 호감은 여기서 그치지 않았다. 금속기 이외에도 옥, 대리석, 녹송석과 마노로 만든 물건이 부장품으로 사용되었는데, 현지에서 이들의 원료는 산출되지 않는다. 다뎬쯔에서는 모두 659점의 해패(海貝)가 출토되었으며, 이것은 대부분 머리 장식이나 의복 장식에 사용되었다(中國社會科學院考古研究所 1996). 비록 정확한 전파 노선이나 무역방식은 아직 분명하지 않지만, 중국 신석기시대와 청동기시대 유적에서 출토되는 자안패(子安貝)가 대부분 인도양에서 산출되어 중앙아시아를 경유해 수입되었다고 주장하는 연구도 있다(彭柯, 朱巖石 1999).

샤자뎬하층문화와 주변 문화 사이의 교류는 쌍방향적이다. 부장품으로 사용하기 위해 제작된, 소성 후에 다시 채색 그림을 그려 넣은 토기의 문양은 그 의미를 해석하기가 매우 어렵지만, 상(商) 청동기상의 도철문(饕餮文)과 매우 유사하다(그림 9.7-1·4 참조). 샤자뎬하층문화와 옌산(燕山) 남록 다퉈터우문화의 일부 요소, 예컨대 이 두 문화에서 공히 출토되는 청동 반지와 귀걸이 등도 매우 비슷해(中國社會科學院考古硏究所 2003b: 605-608) 이들 모두가 초원문화의 영향을 받았음을 알 수 있다.

여러 가지 관찰을 통해 샤자뎬하층문화의 여러 정치체는 계층적으로 조직되었고 정권 내부의 투쟁은 격렬했으며, 지배층은 진귀한 물건의 원거리 교역을 통해 권력을 다투었음을 알 수 있다. 인구의 큰 증가와 농업 생산 증가는 자연 자원에 대한 과도한 개발을 야기했고, 이것은 이 지역 사회에 압력을 조성하는 동시에 정치체 내부의 충돌을 촉발했다. 전체적으로 보아 샤자뎬하층문화 제 정치체의 규모는 비교적 작았고, 지역 범위의 통일된 정치체를 형성하지 못했다. 그들과 중원지역의 국가 사회에는 교류가 있었지만 중원 국가의 관리 범위에는 속하지 않은 것 같다.

주카이거우문화

주카이거우문화(약 BC 2000-BC 1400)는 네이멍구 중남부지역에 주로 분포하며, 독특한 풍격을 가진 일군의 유물로 유명하다. 40여 곳의 주카이거우문화 유적이 조사되었거나 발굴되었다. 그 분포 범위는 동쪽으로 다이하이 근처까지, 서쪽으로는 허란산(賀蘭山) 지역까지, 북쪽으로는 인산(陰山)까지, 남으로는 옌허강(延河) 골짜기와 뤼량산(呂梁山) 지역까지 펼쳐지며(中國社會科學院考古硏究所 2003c: 575-584), 중심은 오르도스지역이다. 이 지역의 서, 북, 동 삼면은 황허강이 둘러싸고 있으며, 그 사이로 사막과 산맥, 충적평원이 분포하고 있다. 오르도스 이동 지역은 산이 많으며 일련의 호수와 분지가 점점이 배치되어 있다(그림 9.2 참조). 이렇게 복잡다단한 지모의 구조는 이 지역의 다양한 생업 경제—농업, 목축업, 수렵·채집—를 위한 다양한 생태 환경을 제공했다(田廣金, 史培軍 2004).

생업 경제

양사오문화 시대에 가장 이른 농업인 무리가 오르도스지역에 도착했을 때 이 지역에는 아직 풍부하고 번다한 종(種)의 야생 동식물 자원이 있어 수렵과 채집이 가장 중요한 생계방식이었다. 그러나 2000여 년을 거치면서 과도한 환경의 개발로 인해 자연 자원이 고갈될 지경에 이르렀다(제7장 참조). 기원전 2000년기 초기에 이르러 사람들은 가축과 재배 작물에 주로 의존해 생계를 영위하기 시작했으며, 목축업도 어느 정도 발전했다. 산시성(陝西省) 서북부의 훠스량 유적(약 BC 2000)에서는 면양/염소(59%)와 황소(9%)가 감정할 수 있는 동물 표본 수(NISP)의 68%를 차지한다. 유사한 상황은 이진훠뤄기의 주카이거우 유적(약 BC 2000-BC 1400)에서도 나타난다. 이 유적에서 감정할 수 있는 표본 수량(NISP) 가운데는 면양/염소가 41%, 황소가 24%를 차지한다. 반면 이 두 유적에서 야생동물은 각각 19%와 8%를 차지하는 데 불과하다(胡松梅 등 2008; 黃蘊平 1996).

이 지역의 생태 체계에 변화가 발생하는 과정에서 주카이거우문화 역시 신석기시대의 농업 경제에서 청동기시대 전기의 목축업 경제로 변화했다. 북방지역 청동기문화의 몇몇 초기적 특징도 형성되기 시작했다. 이 지역의 물질 유존에서 표현되는 주변 문화와 다른 전통의 혼합도 다양한 족군 사이에 존재한 복잡한 관계를 반영한다.

주카이거우 유적

네이멍구 이진훠뤄기 주카이거우 유적은 이 지역에서 가장 잘 발굴되고 가장 깊게 연구된 유적이다(內蒙古文物考古硏究所, 鄂爾多斯博物館 2000; 田廣金 1988). 이 유적은 오르도스고원 동부에 위치하며, 해발고도는 1,400m이다(그림 9.2 참조). 유적 부근에 주카이거우허강(朱開溝河)이 있으며, 이 강은 동북쪽에서 서남쪽으로 흘러 마지막에는 황허강으로 흘러 들어간다. 과도한 삼림 채벌로 인한 수토(水土)의 유실로 생긴 골짜기로 인해 유적의 소재지는 상대적으로 독립된 약간의 작은 대지로 구분되며, 식피도 희소하다. 유구는 동서 길이 약 2km, 남북 폭 약 1km의 낮은 경사면에 주로 분포한다. 낮은 대지상의 거주지는 3개 구역으로 구분할 수 있으며, 대다수의 무덤은 거주 구역 주변의 지세가 높은 대지 위에 위치한다. 주카이거우 유존은 다섯 단계로 구분

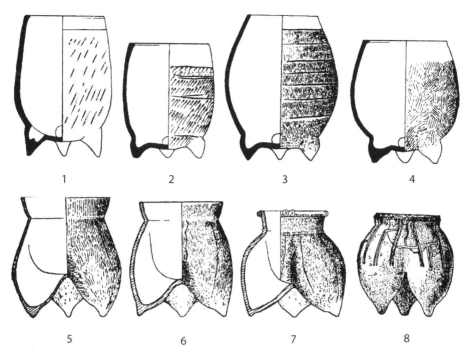

그림 9.8 주카이거우 유적에서 출토된 토기

1~4. 삼족옹(三足瓮), 2기~4기, 지역 전통, 5~7. 주카이거우문화에서 발전한 사문력, 2기~4기, 8. 바이칼호 지역의 사문력(田廣金, 郭素新 1988: 圖 6, 7, 수정)

되며 각각 룽산문화 후기(제1기, 제2기), 얼리터우문화 시기(제3기, 제4기), 상대 전기(제5기)에 대응된다. 룽산문화 시기에 그 문화적 전통이 형성되기 시작했고, 그와 아울러 웨이허강 유역과 산시성(山西省) 남부지역 문화의 강렬한 영향을 받았다. 몇몇 독특한 풍격의 토기(그림 9.8), 특히 사문력(蛇文鬲)은 이 지역에서 발전해 북방지역 문화의 전형적인 유물이 되었다(田廣金, 郭素新 1988).

얼리터우문화 시기(제3기, 제4기)에도 지역적 전통은 지속되었으며, 몇몇 토기와 매장 습속에는 서남쪽 황허강 상류지역 치자문화에서 온 영향이 강렬하게 나타난다. 치자문화의 전형적인 문화 요소에는 고령쌍이관(高領雙耳罐), 남성을 중심에 두고 주변에 여성과 아동의 유해를 배치하는 다인 합장 등이 있다. 치자문화 풍격의 토기는 무덤에서 주카이거우문화 풍격의 토기와 늘 함께 출토된다. 홍동과 청동기도 볼 수 있지만 수량이 비교적 적고 공구와 장식품에만 제한된다. 그 형태는 북방지역의 동류 물건과 매우 비슷하다(그림 9.9). 치자문화의 토기와 장속이 주카이거우문화에 출현하는 것은 일반적으로 치자문화 인구의 유입과 관련된 것으로 간주된다(Linduff 1995, 2000; 內

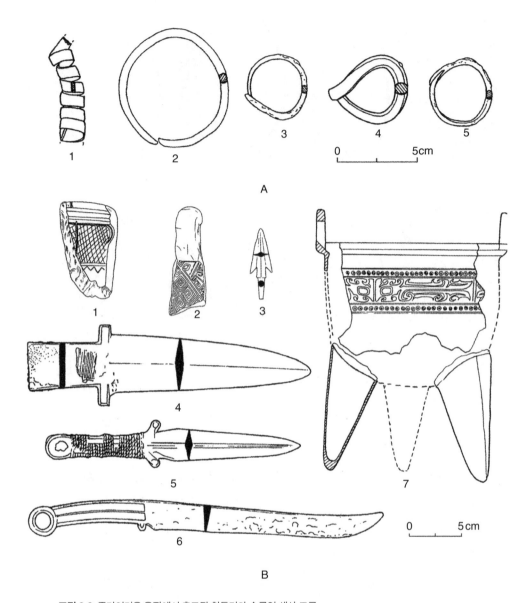

그림 9.9 주카이거우 유적에서 출토된 청동기와 수공업 생산 도구

A. 3·4기 청동기: 1. 장식품, 2. 환(環), 3·4. 반지, 5. 귀걸이

B. 5기의 생산 공구와 청동기: 1. 석제 도끼 용범, 2. 운뢰문 도박, 3. 촉, 4. 과, 5. 단검, 6. 환수도, 7. 정(鼎)(內蒙古文物考古研究所 2000: 圖 61, 87, 192, 215; 田廣金 1988: 圖 31, 수정)

蒙古文物考古研究所, 鄂爾多斯博物館 2000: 280).

제3기, 제4기의 부장품 가운데 치자문화 풍격의 토기가 15-16%를 차지하고, 치자문화 풍격의 청동기가 4%를 차지한다. 또한 치자문화 풍격의 토기와 매장 습속이

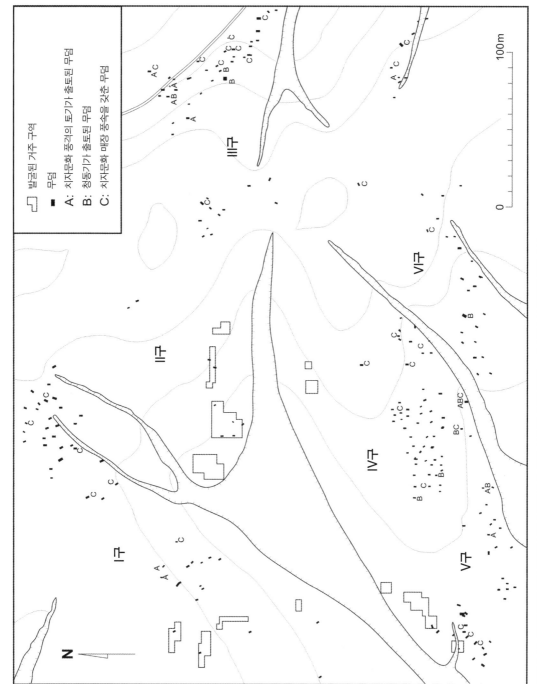

그림 9.10 주카이거우 유적 제3기, 제4기 문화 출토 청동기 및 치자문화 출토 청동기와 장속이 발견된 무덤과 장속이 발견된 무덤의 분포(內蒙古文物考古研究所, 鄂爾多斯博物館 2000: 圖2, 수정)

표 9.2 주카이거우 제3기, 제4기 무덤의 치자문화 요소 점유 비율

구분	주카이거우 무덤	치자문화 토기와 장속을 가진 무덤	청동기	무덤 총수
제3기	138(85%)	24(15%)	6(4%)	162
제4기	64(84%)	12(16%)	3(4%)	76

주카이거우 유적에서 널리 출현하는데, 청동기는 대부분 주거 구역의 동부와 남부에서 발견되고, 치자 풍격과 비(非)치자 풍격의 무덤에서 골고루 발견된다(그림 9.10). 어떤 형식의 토기와 장속은 집단의 차이를 반영하지 사회적 지위를 반영하는 것이 아니라고 믿는다면, 이들 토기의 부장 모델은 치자문화의 이주민은 이미 주카이거우 현지 집단과 하나로 융합되었음에도 불구하고 여전히 자신의 토기 생산 전통과 매장 습속을 수백 년 동안 유지했음을 보여 주는 것 같다. 이와는 달리 청동기가 제한적인 공간에 분포하는 것은 그것이 집단의 경계를 넘어 신분을 대표하는 물건이 되었음을 표명한다.

주카이거우 제5기는 얼리강문화와 대략 같은 시기이다. 사문력 및 화변구관(花邊口罐)과 같은 현지 풍격의 토기는 이 시기 토기의 주체이다. 이 밖에 환수도, 단검과 귀걸이 같은 매우 많은 청동기가 강렬한 북방지역의 특징을 보이며, 이들은 일반적으로 '북방계 청동기'라고 불린다(그림 9.9 참조).

제5기에 중원지역 얼리강문화에서 온 요소가 침투하기 시작해 얼리강 풍격의 토기와 청동기가 출현한다. 상문화의 청동 정과 작 파편이 주카이거우 5구 거주 구역의 한 재구덩이에서 발견되었으며, 과(戈, 꺽창)는 몇몇 무덤에서 발견되었다(그림 9.9 참조). 그 가운데 M1052호 무덤에서는 얼리강 풍격의 토기와 과가 함께 출토되었다(그림 9.11). 얼리강 풍격의 토기는 주거지와 무덤에서 모두 발견되었는데, 이것은 현지에서 제작되었을 가능성이 높다. 이 유적에서 운뢰문(雲雷文) 도안을 가진 도박(陶拍)을 포함한 토기 제작 도구가 발견되었는데(그림 9.9 참조), 이런 종류의 도안은 얼리강 토기의 표면에서 널리 확인된다.

제5기의 무덤 40기 가운데 19기(48%)에서 부장품이 출토되었는데, 다수는 실용기이다. 이 가운데 6기의 무덤(15%)에서만 청동기가 출토되었다. 거기에는 상문화 풍격의 과와 북방지역 풍격의 도, 단검, 귀걸이, 패식과 구슬 등이 포함되어 있다(그림 9.9

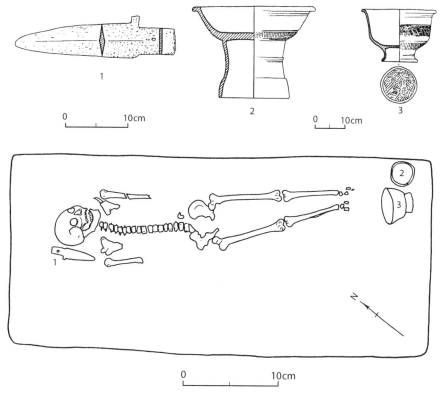

그림 9.11 주카이거우 제5기 무덤 M1052, 출토 상식 동과와 토기

1. 동과, 2. 토두(土豆), 3. 토궤(土簋)(內蒙古文物考古研究所, 鄂爾多斯博物館 2000, 圖 182)

참조). 청동기가 출토된 모든 무덤은 남성의 무덤이기 때문에 청동기는 개인의 성취와 지위를 대표하는 상징물일 가능성이 높다. 석제 도끼 용범이 출토되었기 때문에 일부 청동기는 현지에서 생산된 것으로 추정된다(그림 9.9 참조).

토기와 청동기 유형의 차이에 근거해 무덤 15기의 문화 귀속에 대해 분석할 수 있으며, 최종적으로 3종의 서로 다른 유형이 존재했음을 확인할 수 있다(표 9.3).

A: 주카이거우유형(무덤 10기, 67% 점유) 주카이거우문화 토기와 북방계 청동기만 출토된다. 이 유형의 무덤이 대다수를 차지하므로 현지인의 무덤일 것이다.

B: 혼합 유형(무덤 3기, 20% 점유) 주카이거우문화 토기, 북방계 청동기와 상문화 청동기가 출토된다. 이들은 상식 청동기를 사용함으로써 그 신분과 지위를 체현한 현지인의 무덤일 것이다.

C: 상문화 유형(무덤 2기, 13% 점유) 상문화의 토기와 청동기만이 출토되므로 상인

표 9.3 주카이거우 유적 제5기 무덤 출토 토기와 청동기가 나타내는 문화 귀속(총 15기)

무덤 번호	부장품	문화 귀속
1070	주카이거우문화 토기, 북방계 청동기	
4020	주카이거우문화 토기, 북방계 청동기	
1019	주카이거우문화 토기	
1027	주카이거우문화 토기	
1064	주카이거우문화 토기	A형
1084	주카이거우문화 토기	(*N*=10; 67%) 주카이거우 유형
2006	주카이거우문화 토기	
3016	주카이거우문화 토기	
4005	주카이거우문화 토기	
5020	주카이거우문화 토기	
1083	주카이거우문화 토기, 북방계 청동기, 상식 청동기	B형
2012	주카이거우문화 토기, 북방계 청동기, 상식 청동기	(*N*=3; 20%) 혼합 유형
1040	북방계 청동기, 상식 청동기	
1052	상식 토기, 청동기	C형
2003	상식 토기, 청동기	(*N*=2; 13%) 상문화 유형

의 무덤일 것이다.

제5기 무덤의 공간 분포 상황은 A형 무덤이 유적 전체에서 골고루 발견되는 반면 B형과 C형은 유적의 중심 구역에 집중되어 있음을 보여 준다(그림 9.12). 주목할 만한 것은 주카이거우문화 토기와 상문화 토기는 부장품으로 공존하지 않는다는 점이다. 이 밖에 주카이거우문화 토기는 2기의 무덤에서 상문화 동과와 공존하지만, 상문화 토기와 북방계 청동기가 공존하는 무덤은 1기도 발견되지 않았다.

주거 구역에서 청동기의 분포를 점검하는 것은 의미 있는 일이다. 제5기의 주거 구역 범위 내에서 주거지 4기와 재구덩이 61기가 발견되었는데, 대략 절반의 청동기(13점, 총수는 27점)가 V구(區)의 주거지 1기(F5001)와 재구덩이 2기(H5003, H5028)에서 출토되었다. 이들 청동기 가운데서 상문화 풍격을 가진 예기의 파편 3점(鼎2, 爵1), 상문화 풍격을 가진 촉 4점, 북방지역의 풍격을 가진 도 1자루가 발견되었다(郭素新 1993). 주목할 만한 것은 V구의 주거지 1기(F5002)가 중원지역의 건축 기술을 사용해

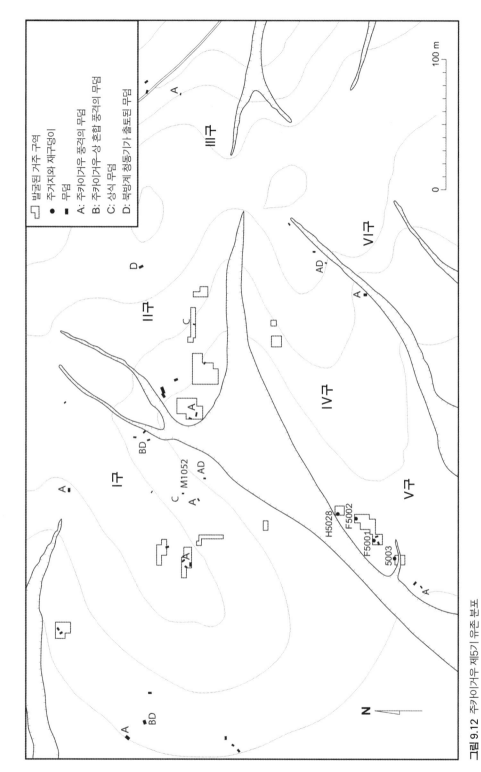

그림 9.12 주카이거우 제5기 유존 분포

상식(商式) 유물과 관련된 무덤, 주택과 제구덩이를 보여 줌(內蒙古文物考古研究所, 鄂爾多斯博物館 2000: 圖 2에 근거, 제작성)

얼리터우 유적의 주거지와 매우 흡사하다는 점이다(內蒙古文物考古硏究所, 鄂爾多斯博物館 2000: 285)(그림 9.12 참조). 이것은 Ⅴ구에 거주한 집단의 일부가 중원 국가와 밀접한 관계를 가졌으며, 상문화의 청동 예기를 독점적으로 향유하는 특권을 가지고 있었음을 나타낸다.

무덤과 주거지 자료를 통해 상문화의 유물이 유적의 대부분 지역에서 발견되는 것을 볼 수 있다. 상문화 풍격의 토기가 출토되는 무덤(C형)과 중원 풍격의 건축 기술을 가진 주거지가 출현하는 것이 그곳에 상인에 속하는 집단이 존재했음을 의미하는 것이라면, 주카이거우의 주민 일부는 상문화 전통의 일체성을 지속적으로 유지하고 있었다고 추정할 수 있다. 이와 반대로 상문화 청동 무기(격창과 같은)와 북방계 청동기 대다수는 사람들이 모두 사용할 수 있었지만, 상문화의 청동 예기는 중원의 정권과 밀접한 관계를 맺고 또 얼리강 국가의 계층적 전통을 보유한 소수 집단에서 제한적으로 사용되었다. 이런 현상은 주카이거우에서 명백한 사회 분화가 출현했으며, 이 분화는 사회적 지위에 국한되지 않고 문화와 집단도 포함하였다는 것을 보여 준다.

요컨대 주카이거우 취락은 여러 종류의 집단에 의해 형성되었고, 각각의 집단은 평화롭게 공존했다. 내부의 충돌 흔적은 보이지 않지만 서로 다른 배경을 가진 집단, 특히 지배층은 완전히 융합되지 못했다. 이것은 청동 예기의 제한적 분포를 통해서도 증명할 수 있다. 상문화 지배층은 자신의 독특한 문화적 일체감을 보존해 자신과 다른 집단을 구분한 것 같다. 상대 전기의 이와 같은 상황은 치자문화 요소가 존재한 초기 단계와는 현저히 다르다.

주카이거우는 무역 중심지로 중원의 화물과 북방 변경지역의 화물을 교환하는 매개체 역할을 담당했을 가능성이 높다(Linduff 1995, 1998). 더욱 중요한 것은 앞에서 언급한 것처럼 주카이거우는 상대 전기 국가가 특히 금속 광산을 찾기 위해 적극적으로 경영한 전초기지일 가능성이 높다는 점이다(Liu, L. and Chen 2003: 106-109). 그렇지만 상인이 주카이거우를 경영한 시간은 매우 짧았으며, 얼마 지나지 않아(상대 후기) 오르도스지역은 강렬한 초원문화 특징을 가진 지역 청동기문화로 대체되었다(제10장 참조).

야금술과 북방지역 전통의 형성

우라터허우기(烏拉特後旗) 훠거치(霍各乞) 청동기시대 동광 유적의 면적은 총

25km²(國家文物局 2003: 618)(그림 9.2 참조)이다. 이곳에서 도가니, 광석 가공 공구, 광정(礦井)과 다량의 광재(鑛滓)가 발견되었다. 이 채광 유적은 다른 금속 합금을 생산하는 유적에 금속 원료를 제공했을 것이다. 이 유적과 주카이거우 유적의 거리가 매우 먼 것을 고려하면(300km 이상) 주카이거우는 인근 지역에서 금속 자원을 채굴했을 가능성이 높지만 지금까지 그 정확한 지점은 분명하지 않다.

주카이거우 유적의 금속 제품 33점에 대한 검측 분석을 통해 제3기, 제4기의 금속 제품(13점만 분석)은 치자문화의 동류 유물과 비교적 유사하여 그 대부분이 순동과 석청동으로 제작되었음이 확인되었다(李秀輝, 韓汝玢 2000). 이런 성분의 금속 제품은 치자문화에서도 발견된다(孫淑雲, 韓汝玢 1997). 따라서 치자문화의 집단이 야금술을 오르도스지역에 전파했을 가능성이 높다.

제5기의 모든 금속 제품은 청동(구리·주석·납 합금과 구리·주석 합금)이지만, 합금의 성분 비율에 매우 큰 차이가 있다. 상식의 청동 예기 3점과 촉 4점(총 6점의 촉이 발견되었다)은 모두 대략 비슷한 비율의 주석과 납을 함유해 납의 함량이 높고(20.4-37.5%) 주석의 함량이 낮다(8.7-16.5%). 그런데 이 시기의 다른 동기는 모두 낮은 비율의 납을 함유하고 있지만(0~12.7%) 주석 함유량의 변화는(5.4-35.9%) 크다(李秀輝, 韓汝玢 2000).

납의 함량이 높은 청동 합금은 북방지역의 전통이 아니다. 이런 종류의 합금은 얼리터우, 정저우와 판룽청에서 출토된 무기와 도구 및 용기에서 보이며(郝欣, 孫淑雲 2001; 李仲達 등 1986: 表 4; 中國社會科學院考古研究所 1999b: 399), 그 연대는 주카이거우 제5기보다 다소 이르거나 비슷하다. 주카이거우에서 출토된 청동 예기와 촉은 중원지역에서 생산된 것일 가능성이 높다. 비교적 안정적인 합금 구성은 생산 전문화의 수준이 높았음을 보여 준다. 이와 반대로 주카이거우에서 출토된 다른 유물은 주카이거우 유적을 포함한 서로 다른 곳에서 생산된 것이며, 원재료도 서로 다른 지역에서 왔을 가능성이 높다. 주목할 만한 것은 상식의 과와 전형적인 북방지역 유물의 청동 합금 구성이 비교적 일치되는 점인데, 이것은 이들이 현지에서 생산되었을 가능성을 보여 준다. 주카이거우 유적에서 과는 비교적 분산적으로 분포한다. 이것은 북방계 청동기의 공간 분포 모델과 비슷하며, 현지에서 생산되었다는 결론에 방증을 제공하는 것 같다.

주카이거우에서는 다양한 형태의 청동 무기와 장식품이 출토되었다. 이것은 오르도스와 유라시아 초원지역 사이에 광범위한 문화적 상호관계가 존재했음을 보여 주는 것이다. 주카이거우 유적에서 출토된 단면인(單面刃)의 환수 청동도, 쌍면인의 청동 단검, 패식과 부(斧)를 제작한 석제 용범 등은 모두 북방계 청동기 전통의 가장 이른 실례이다(郭素新 1993; 田廣金, 郭素新 1988). 환수도는 치자문화, 쓰바문화, 신장 동부 톈산 북로 묘지 및 세이마-투르비노문화, 카라수크문화에서 발견된다(Chernykh 1992: 그림 73-76; Mei 2003: 그림 3-6). 주카이거우의 단검은 미누신스크지역 카라수크문화에서 상견(常見)되는 동류의 유물과 특히 비슷하다(Chernykh 1992: 그림 91-92). 세이마-투르비노문화와 카라수크문화는 유라시아 초원지역에서 모두 유목 경제에 속하며, 그 연대는 주카이거우문화 제5기에 해당해 대략 기원전 16세기에서 기원전 15세기이다(Chernykh 1992: 215-234, 264-269). 만약 이들 초원 주민이 유목민이자 금속 수공업자였다면 주카이거우문화에서 발견되는 몇몇 청동기는 초원지역에서 기원해 주카이거우에 상품으로서 전해졌을 가능성이 크다. 그러나 주카이거우문화와 카라수크/세이마-투르비노문화 사이의 교류가 어떻게 진행되었는지는 분명하지 않다. 왜냐하면 그 중간지대에 속하는 몽골지역에 대해 아는 바가 너무 적기 때문이다.

주카이거우문화는 대략 기원전 1500년 이후에 사라졌다. 그러나 그 몇몇 문화적 요소는 초원지역에 여전히 존재했다. 이를테면 네이멍구와 외바이칼호 지역의 몇몇 유적에서 주카이거우문화의 전형적인 유물인 사문력(그림 9.8-8 참조)이 출토된 적이 있기 때문이다. 기원전 2000년기 후반기부터 주카이거우문화와 자못 유사한 바가 많은 북방계 청동기가 넓은 초원지역과 중국 북방에 널리 분포한다(田廣金, 郭素新 1988). 북방계 청동기는 오르도스지역에서 주카이거우문화 이후에도 계속 생산되었다. 네이멍구 칭수이허현의 시차 유적(120만m²)은 양사오문화 시기부터 인류가 활동하기 시작해 룽산문화 후기와 주카이거우문화를 거쳐, 상주 시기까지 계속해서 사용되었다. 이 유적은 주카이거우에서 서쪽으로 약 100km 지점에 위치한다(그림 9.2 참조). 이 유적의 후기에는 북방계 청동기(直鑾斧, 刀와 귀걸이 등)뿐만 아니라 북방계 청동기를 주조한 토제 용범도 출토되었다(曹建恩, 孫金松 2004). 주카이거우와 시차 유적에서 출토된 청동기 주조의 증거는 오르도스지역이 북방계 청동기의 중심으로서 초원지역 전통에 가까운 풍격의 고유한 청동 공업을 발전시켰음을 보여 준다.

주카이거우 유적의 인골에 대한 관찰을 통해 시간의 추이에 따라 주카이거우의 주민에 약간의 변화가 있었음을 알 수 있다. 북방 몽골인종의 유목민에 비해 주카이거우의 주민은 황허강 유역의 농업 집단과 더욱 많은 유사점을 가지고 있다(潘其風

2000). 주카이거우의 인골 7구에 대한 미토콘드리아DNA 분석 결과에 따르면 주카이거우 집단의 모계 유전 구조는 네이멍구 후래 집단과 가까우며 몽골 및 중원지역의 현대인과 비교적 가깝다(王海晶 등 2007). 이들 연구는 모두 주카이거우 집단이 다른 지역과 상호작용을 하거나 북방 또는 남방의 다른 지역에 이주한 뒤에도 여전히 현지의 연속성을 가지고 있었음을 보여 준다. 이러한 인식과 고고학적 발굴상의 주카이거우 문화 분포 지역은 기본적으로 일치한다.

치자문화

치자문화는 간쑤성 광허현(廣河縣) 치자핑(齊家坪) 유적의 발견으로 인해 명명되었다. 1920년대 안데르손이 양사오문화 채도의 서방 기원을 탐색하기 위한 과정에서 이 문화를 발견했다. 그는 치자문화에서 금속기가 발견되지 않고 단색 토기만 발견되었기 때문에 이 문화는 그가 간쑤성과 칭하이성 지역에서 발견한 가장 이른 고고문화라고 생각했다(Andersson 1925, 1943). 고고학자들은 안데르손이 치자문화를 발견한 이래 모두 1,000여 곳의 치자문화 유적을 확인했으며, 이 가운데 20여 곳을 발굴하고 상세한 고고학적 연대 틀을 구축했다. 오늘날 치자문화는 일종의 청동기문화이며, 그 연대는 기원전 2200년에서 기원전 1600년이라는 것이 잘 알려져 있다. 치자문화 집단은 대부분 황토지역에 거주했다. 황허강 상류의 몇몇 지류가 이곳을 경유하는데 북부는 텅거리 사막이고, 남부에는 치롄산이 있다. 치자문화의 분포 중심지는 웨이허강 상류, 타오허강 중류 및 하류와 황수이강(湟水) 중류 및 하류 일대이지만, 전체 치자문화는 동서 700km, 남북 600km의 범위 내, 산시성(陝西省) 서부, 간쑤성, 닝샤성, 칭하이성 동부와 네이멍구 중남부를 포함하는 지역(그림 9.2 참조)에 분포되어 있다(張天恩, 骨琦 2003; 中國社會科學院考古研究所 2003b: 535-537).

취락 형태와 생업 경제

황허강 상류는 동아시아 계절풍의 가장자리 지대로서 기후 변화에 매우 민감하다. 치자문화가 번영한 시기는 기후가 한랭한 시기, 4,300-3,700년 전(cal.BP)이다(Wu, W.

and Liu 2004: 157). 한랭한 기후는 치자문화 사람들의 생활방식에 영향을 주었음이 분명하다.

웨이허강 상류 후루허강(葫蘆河) 지역의 신석기시대와 청동기시대 유적에 대한 고고학적 조사를 통해 시간이 흐르면서 취락 형태에 변화가 생겼음을 알 수 있게 되었다. 신석기시대의 창산하층문화(常山下層文化, 약 BC 2800-BC 2200)부터 치자문화까지 유적의 수량은 370%(80곳에서 376곳) 증가했다. 그런데 유적의 평균 규모와 문화층의 두께는 각각 61%(10만-3만 9,000m²)와 38%(1.6-1m) 체감했다. 이것은 전(前) 치자문화에서 치자문화에 이르는 단계에 이 지역의 인구는 꾸준히 증가하고 있었지만, 취락 규모는 점점 작아지고 유동성은 점차 증가되었음을 보여 준다. 농경 취락에 부단히 증가한 유동성은 기후 악화와 토지에 대한 과도한 개발 때문이었을 것이다. 이 같은 요인은 토지의 비옥도를 급속히 하강시키고 사람들로 하여금 거주지를 빈번하게 바꾸도록 했을 것이다(李非 등 1993).

치자문화의 취락은 대부분 강가에 위치한다. 유적의 면적은 1만m²가 채 되지 않는 곳부터 20만m²까지 다양하지만, 대부분 5만-7만m² 전후이다. 취락의 평면 배치에는 변화가 크다. 몇몇 유적에서는 거주 구역과 무덤이 교차 분포하고(예컨대 다허좡과 스자오촌), 다른 몇몇 유적(예컨대 러두의 류완과 융징의 친웨이자)에서는 거주 구역과 무덤이 분리되어 있다(中國社會科學院考古硏究所 2003b: 535-548)(그림 9.2 참조).

치자문화의 주요 토기 조합은 다양한 형식의 관(罐)이다. 토기는 대부분 홍채(紅彩)를 시문했으며, 쌍이(雙耳) 혹은 삼이(三耳)를 가지고 있거나 고령(高領)이다. 일부 토관의 표면에는 간단한 기하형 도안을 그려 넣었다(그림 9.13). 생업 경제는 곡물 재배와 가축(주로 돼지) 사육이 위주였으며, 보조 경제로 초식동물 목축업과 수렵의 비중이 부단히 증가했다. 예컨대 융징의 다허좡 유적에서는 장방형의 반지하식 수혈 주택이 발견되었는데, 지면에는 백회(白灰)를 깔고 주변에는 저장구덩이와 무덤을 두었다(그림 9.14). 여기에서 서로 다른 유형의 도구와 토기, 동물 뼈와 탄화미가 발견되었으며, 돼지와 면양/염소의 하악골이 무덤에서 부장품으로 출토되었다. 출토된 모든 동물의 뼈(최소 개체 수는 256개) 대부분은 희생으로 무덤에서 발견된 것인데, 이 가운데 돼지가 76%, 양이 22%, 소가 2%를 차지한다(中國科學院考古硏究所甘肅工作隊 1974). 린탄(臨潭) 모거우(磨溝)에서 발견된 사람의 치아에 대한 전분립 분석은 인류가 소비한 식물류 식량에 대한 직접적 증거를 제공한다. 분석에 의하면 주요 식량은 곡물(좁쌀과

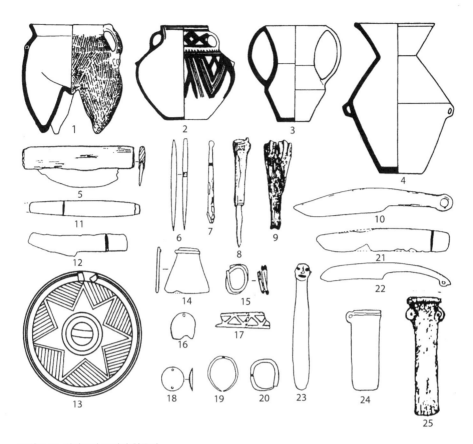

그림 9.13 치자문화 토기와 청동기

1. 력, 2. 쌍이관, 3. 쌍대이관, 4. 고령관, 5. 골병도, 6·8·9. 추(錐), 7. 찬(鑽), 10~12·21·22. 도, 13. 경(鏡), 14. 부, 15. 반지, 16. 패식, 17. 도병(刀柄), 18. 포(泡), 19. 팔찌, 20. 귀걸이, 23. 비(匕), 24·25. 부(中國社會科學院考古研究所 2003b: 圖 8-27: 1, 15, 38, 44; 李水城 2005: 圖 2에 의거, 수정)

밀/보리)이고, 그다음은 콩류와 기타 식물이었다(Li, M. et al. 2010). 세석기가 출토된 유적이 아주 많은데 특히 허시주랑의 여러 유적에서 발견된 것이 많다. 우웨이(武威) 황냥냥타이(皇娘娘臺) 유적에서는 근 900점의 세석기 도구(석촉과 긁개와 같은), 200점의 세석핵, 2,000여 점의 세석엽이 발견되었다(郭德勇 1960). 거주지역의 빈번한 교체와 목축업 및 수렵이 경제에서 차지하는 비중이 날로 증가한 것은 치자문화 시기에 사람들의 생활방식이 농업에서 농목업 병행으로 변화했음을 나타낸다.

다허좡과 친웨이자 등 두 치자문화 유적에서 지름 4m 전후의 출입구가 설치되지 않은 돌 울타리 유구가 발견되었다(謝端琚 1975b; 中國科學院考古研究所甘肅工作隊 1974). 다허좡에서는 이와 같은 돌 울타리 유구가 모두 5개 발견되었으며, 몇몇 돌 울

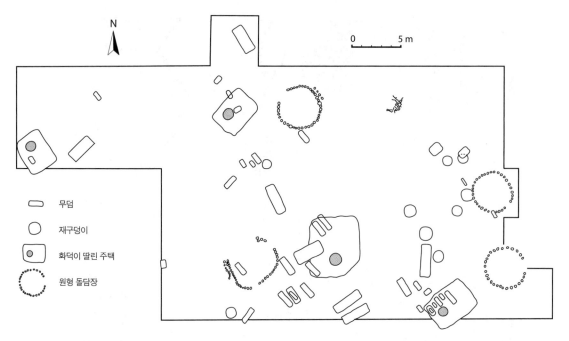

그림 9.14 치자문화 다허좡 유적 서부 발굴구역(區)(中國科學院考古研究所甘肅工作隊 1974: 圖 4에 의거, 재작성)

타리 부근에서는 동물 뼈와 복골(卜骨)이 발견되었다(그림 9.14 참조). 이 돌 울타리들은 통상 모종의 제사 유구로 해석되며, 동물은 제물로 간주된다. 그러나 이와 같은 해석은 피츠제럴드-후버의 비판에 직면했다. 그녀는 이들이 몇몇 유목문화 가운데 동류 석조 건축 유존과 매우 가깝다고 생각했는데(Fitzgerard-Huber 1995: 39), 후자는 천막을 보강하기 위한 중석(重石)으로 설치된 것이다(Cribb 1991: 171 참조). 따라서 치자문화의 돌 울타리는 초원지역의 유목 집단이 목장과 금속자원을 찾기 위해 설치한 천막 유존일 가능성이 높다(Fitzgerard-Huber 1995: 52).

이미 발표된 자료에 근거해 이들 돌 울타리가 주거지와 관련된 시설일 가능성이 높고 제사 유구가 아니라는 것을 파악할 수 있다. 첫째, 다른 장방형 반지하식 수혈 주거지와 유사하게 이 돌 울타리들도 재구덩이와 무덤에 둘러싸여 있다. 둘째, 주거지와 유사하게 이 돌 울타리들도 서로 다른 방향으로 설치되었는데, 이것은 대다수의 유목 문화에서 제사 유구가 대부분 고정된 방향으로 되어 있는 현상과 명백히 차이가 있다(Steven Rosen 2005, 개인적 교류). 셋째, 돌 울타리 부근에서 복골 3매가 출토된 것은 특수한 상황이 아니다. 왜냐하면 유적의 다른 곳에서도 11매의 복골이 발견되었기 때문이다. 넷째, 머리가 없는 소뼈 1구와 돌 울타리 F1은 7m 거리를 두고 있으며, 이것은 그것과 다른 돌 울타리 2기 및 주거지 1기와의 거리와 대체로 동일하다. 게다가 소뼈는 공지(空地)에서 출토되어 F1과의 상관관계를 확정하기 어렵다(그림 9.14 참조). 다섯째, 돌 울타리 부근에서 발견된 동물은 주로 소와 염소/면양이고, 돼지의 수량은 상대적으로 적다. 이것은 돌 울타리와 초식동물 사이의 관계가 비교적 밀접하다는 것을 보여 준다. 비록 그렇다고 해도 세계의 다른 지역에서 고고학적으로 발견된 유목민족의 석조 건축물에 비하면 다허좡 돌 울타리의 구조는 상대적으로 간단하다(Rosen, S. 1987, 1993). 그러므로 다허좡 돌 울타리의 성격은 아직 더 많은 고고학적 발견을 통해 해석해야 할 필요가 있다.

매장방식

치자문화의 무덤은 사회 계층의 존재를 분명하게 보여 준다. 동일한 가족에 속하지만 사회적 지위가 다른 사람들은 미리 계획된 동일 묘지에 매장되었다. 대다수 무덤은 장방형의 수혈토광묘이며 일부 동실묘(洞室墓)[26]도 있다. 사회적 지위에 따라 부장품의 수량과 질도 매우 큰 차이를 보인다. 가난한 사람은 어떤 부장품도 가지지 못했지만, 일부 부유한 사람들은 토기, 옥기, 보석과 동물 하악골 등 십수 점의 부장품을 가졌다.

대부분의 무덤은 단인장이며 일부 유적에서는 수차례에 걸쳐 사람을 매장한 무덤도 발견되었다(毛瑞林 등 2009). 치자문화 무덤의 가장 두드러진 특징은 치자문화 분포구역 전체에서 다인 합장묘가 보인다는 점이다. 대다수는 한 명의 남성이 자신 옆에 1명 또는 2명의 여성을 두는데, 통상적으로 남성은 대개 앙와신전장이며 여성은 대개 측신굴지(側身屈肢)한 채 얼굴을 남성 쪽으로 향하고 있다. 대부분의 경우 무덤의 부장품은 모두 남성의 신변에 놓여 있다(그림 9.15).

이와 같은 매장 습속에 대해서 다양한 해석이 제기되었다. 처음에는 부계사회에서 남편에 대한 여성의 순장으로 해석되었다(魏懷珩, 1978; 張忠培 1987). 피츠제럴드-후버는 도전적인 해석을 제시했다. 그녀는 이와 같은 매장방식이 인도-유럽어계 지역 사람

26　[역주] 무덤의 구조 형식 가운데 하나이다. 먼저 지면(地面)에서 수직 방향으로 묘도를 파고, 묘도 끝부분에서 횡향으로 다시 동굴을 파서 묘실(墓室)로 삼는 구조이다. 특히 고대 중국 서북지방에서 유행했으며, 한대(漢代)에 크게 성행했다.

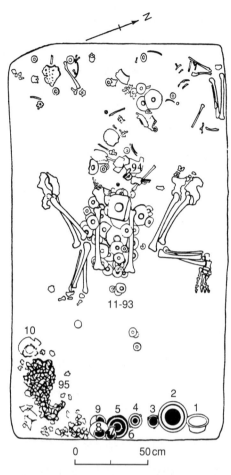

그림 9.15 치자문화 황냥냥타이(皇娘娘臺) M48호 무덤
가운데 남성이 있으며, 여성 2명이 양측에 있고, 부장품은 대
부분 남성의 신변에 놓여 있음
1-10. 토기, 11-93. 석벽(石璧), 94. 옥식(玉飾), 95. 석폐료
(魏懷珩 1978: 圖 17)

들의 독특한 순부(殉夫) 습속과 유사하다고 주장했다(Fitzgerard-Huber 1995: 38). 그녀는 치자문화를 미하일 그랴즈노프(Mikhail P. Gryaznov)가 연구한 유라시아 초원과 비교했다. 후자는 수렵에서 농목업 경제로의 변화를 겪은 후 남성의 사회적 지위가 크게 제고되었으며 다른 부락에서 여성을 약탈했다. 부락의 보호를 받을 수 없는 부녀자들은 부득불 사망한 남편을 위해 배장(陪葬)되었을 것이다(Gryaznov 1969). 피츠제럴드-후버는 한걸음 더 나아가 그랴즈노프가 묘사한 바와 같이(Gryaznov 1969: 94) 치자문화의 순부 습속은 무덤에 보이는 사자의 배열방식에서 유라시아 초원 오비강 유역의 세이마-투르비노 동부 분지의 순부 집단과 매우 가깝다고 주장했다.

그런데 최근의 치자 무덤 연구에 따르면 무덤 가운데 일부 인골은 완정하지 않기 때문에 서로 다른 시기에 사망한 일가 성원의 이차장일 가능성이 있다(葉茂林 1997). 그렇지만 모든 다인장이 이차장에 속하는 것은 아니기 때문에 이와 같은 해석은 무덤 가운데 일부에만 적용될 수 있을 것이다.

치자문화의 무덤은 확실히 순부 습속을 반영하고 있지만, 고고학자들은 아직 치자 문화 묘지에서 외래 집단을 찾아내지 못했다. 칭하이성 러두 류완의 무덤 291기에서 출토된 인골의 분석 결과는 이 유적(약 BC 2500-BC 1900) 집단은 체질 특성상 명백히 반산, 마창에서 치자문화에 이르는 연속성을 보여 준다. 이들은 몽골인종에 속하며 몽골인종 가운데서도 동아시아 유형과 가장 가깝다(潘其風, 韓康信 1998). 이에 대해서는 두 가지 해석이 있다. 그 첫째는 순부라는 새로운 매장 습속이 문화적 영향의 결과이지 집단의 유입에 의한 것이 아닐 것이라는 해석이다. 그렇다면 왜 치자문화 집단이 이 습속을 받아들였는지에 대해 해석할 방법이 없다. 둘째, 유라시아 초원의 집단은 유럽인종과 몽골인종을 포함하는데, 이 가운데 몽골인종이 치자문화 집단과 교류했을 가능성이다. 만약 초원 집단에 속하는 몽골인종과 치자문화 집단이 동일한 인종에 속하고, 이들과 유럽인종 사이에 빈번한 왕래가 이루어지지 않았다면 그 골격 형태에는 분명한 변화가 일어나지 않았을 것이다. 비록 그렇다고 하더라도 기타의 고고학적 자료는 치자문화와 먼 유라시아 대륙 문화 사이에 교류가 있었을 것이라는 점을 지지하는 것 같다. 제4장에서 언급한 것과 같이 치자문화에서 중국 최초의 사육 말이 발견되었으며, 이것은 통상 양, 황소와 함께 동물 희생으로 출현한다(Flad et al. 2007). 치자문화의 매장방식은 중원지역과 현격히 다르지만 초원지역과 유사하다. 치자문화에 대한 유라시아 초원의 가장 두드러진 영향은 야금술이다. 이 문제는 뒤에서 다시 논의할 것이다.

옥석 예기

많은 치자문화 유적에서 옥석 예기가 출토되었다. 이것은 무덤에서 자주 발견되는데, 가장 전형적인 사례는 우웨이 황냥냥타이(魏懷珩 1978), 톈수이 스자오촌(中國社會科學院考古研究所 1999a: 174, 213)과 민허 라자(喇家) 유적(任曉燕 등 2002) 등이다. 옥석기 가운데는 벽(璧)이 가장 많고, 그다음은 종(琮)과 환(環)이 차지한다(그림 9.16).

예를 들면 황냥냥타이의 무덤 62기 가운데 약 3분의 1에서 옥석 예기(모두 260점, 다수는 벽)와 폐료가 출토되었다. 부장품이 가장 많은 무덤(M48)은 1남 2녀의 합장묘로, 남성이 중앙에 위치하고 2명의 여성이 그 양측에 위치한다. 2명의 여성은 측신굴지의 형태로 얼굴은 남성을 향하고 있다. 이 무덤에서는 모두 석벽(石璧) 83점, 옥추식(玉墜飾) 1점, 소형 옥석 폐료 304점과 토기 10점이 출토되었는데, 석벽은 모두 남성 인골 부근에 놓여 있다(그림 9.15 참조). 옥석기의 대부분은 현지에서 생산된 것이다. 황냥냥타이에서 1.5km 떨어진 하이창쓰(海藏寺)에서 옥기 공방 유적이 발견된 바 있다(葉茂林 1997).

칭하이성 민허 라자 유적은 지금까지 발견된 치자문화 최대의 유적이다(20만m²). 이 유적은 황허강에 인접해 있으며, 유적 주위는 환호가 두르고 있다. 주거지 F4에서

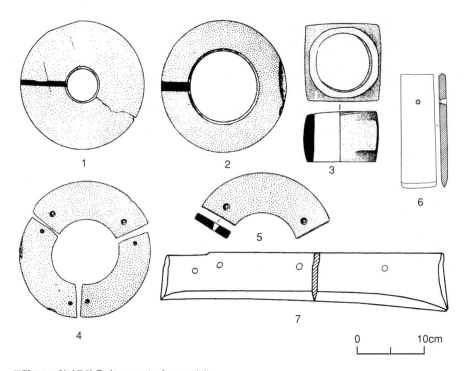

그림 9.16 치자문화 옥기(1~5. 스자오촌, 6·7. 라자)

1. 벽, 2. 환(環), 3. 종(琮), 4. 복합벽, 5. 황(璜), 6. 분, 7. 도(中國社會科學院考古研究所 2003b: 圖 8-29; 葉茂林, 何克洲 2001: 圖 1에 의거, 수정)

옥료 4점이 출토되었으며, 이 가운데 2점은 옥벽 2점과 함께 실내 바닥에 놓여 있었고, 나머지 2점은 토관 안에서 발견되었다. 이들 옥기는 채굴된 원료로 제작된 것이며, 하천에서 얻은 원료는 아니다. 라자 유적에서는 이 밖에도 벽(璧), 부(斧), 분(錛), 도(刀) 등의 옥기가 발견되었다(그림 9.16 참조). 라자는 옥기 가공 장소였을 가능성이 높다(葉茂林, 何克洲 2002).

옥벽과 옥종은 양쯔강 하류지역 량주문화의 전형적인 유물이다. 치자문화의 옥기는 량주문화의 옥기만큼 정치하지 않고 종류도 적으며, 그 연대도 늦다. 산시성(山西省) 남부 룽산문화 유적에서 옥기가 출토되는 상황이 비교적 치자문화에 가깝다(뒤의 '문화 교류' 참조). 이것은 서쪽을 향한 동쪽의 문화적 영향을 보여 준다. 치자문화 무덤에 옥석 예기가 사용된 것은 치자문화 사람들이 동쪽에서 온 모종의 의식 형태 전통을 받아들인 것과 다지역적 사회 계층 체계에서 그것을 이용해 신분 지위를 표시했음을 나타낸다.

치자문화의 옥기가 현지에서 제작된 증거는 매우 분명하지만 옥료의 산지는 불투명하다. 황허강 중상류의 치자문화와 룽산문화 옥기는 황색조와 낮은 농도의 중성 회색을 기초로 하는데, 이것은 침적 구조의 특징을 가진 연옥으로, 푸딩석(pudding stone)과 율동적 띠(rhythmic banding)를 특징으로 한다(聞廣 1998). 이런 재질의 옥은 간쑤성 린타오(臨洮)에서 산출되는 옥료와 매우 비슷하다. 양보다(楊伯達)는 치자문화 옥기 35점을 검측해 18개 유적에서 출토된 옥기가 신장의 허톈옥(和田玉)에 속한다는 사실을 발견했다(楊伯達 1997). 치자문화의 옥료는 여러 곳에서 획득되었으며, 현지의 것이 있는가 하면 장거리 무역을 통해 획득한 것도 있었을 것이다.

야금술

기원전 3000년기 황허강 상류의 홍동과 청동 제조업이 발전하기 시작했다(제7장 참조). 치자문화의 야금술도 본격적인 번영기에 접어들어 적어도 10곳의 치자문화 유적에서 100여 점의 홍동과 청동 유물이 발견되었다. 이 수량은 기원전 3000년기 같은 지역에서 치자문화에 선행한 마자야오문화나 마창문화에서 출토된 금속기의 총량을 크게 초과하는 것이다. 치자문화의 금속기는 주로 도(刀), 추(錐), 환(環), 부(斧), 경(鏡), 청동 패식, 창끝[矛頭] 등과 같은 소형 도구와 장식품이다. 초기의 유물 대다수는 순홍동으로 제작되었으며, 연청동, 석청동, 석연청동 및 신청동도 발견되었다. 단조와 주조 기술도 동시에 사용되었다(Mei 2003; 任式楠 2003; Sun, S. and Han 2000b).

치롄산에서 금속 광산 여러 곳이 발견되었다. 광석의 성분은 매우 복잡해서 상이한 비율의 홍동, 주석, 납과 비소를 포함하고 있다. 오늘날까지 간쑤성에서만 총 200여 곳, 12종 이상의 철 성분을 포함하지 않은 금속광이 발견되었다. 이들 초기 금속 제품 유적은 허시주랑에 분포하며, 광산과의 거리도 매우 가깝다(孫淑雲, 韓汝玢 1997: 圖 11; Sun, S. and Han 2000a, b). 일부 치자문화의 금속기는 현지에서 제작되었을 가능성이 매우 높은데, 그것은 황냥냥타이 유적에서 발견된 광재로 입증할 수 있다(郭德勇 1960). 이것은 금속 장인이 현지의 자원을 이용해 각종 합금 제품을 제작했음을 의미한다. 치자문화의 금속기는 매우 작으며 주로 실용 도구로 사용되었을 뿐만 아니라 지역 전체에 널리 퍼져 있었다. 이것을 고려하면 이들 금속 공방의 규모는 매우 작았지만 모두 독립적인 생산 능력을 갖추고 있었을 가능성이 높다.

문화 교류

치자문화는 주변의 여러 문화와 교류한 것 같다. 이 가운데 동쪽과의 교류가 가장 현저하다. 치자문화 요소는 산시성(陝西省) 동부지역의 얼리터우와 치자문화 시기에 해당하는 라오뉴포유형의 여러 유적에서 나타난다. 그런 요소로는 화인(華陰) 헝진(橫鎭)의 남녀 합장 습속, 시안 라오뉴포 무덤의 벽(璧)을 인골 위에 놓은 습속 그리고 다수의 라오뉴포유형 유적에서 발견되는 쌍이(雙耳) 혹은 삼이관(三耳罐) 등이 있다(張天恩 2000; 張天恩, 肖琦 2003). 라오뉴포는 치자와 얼리터우 사이에 있으므로 양자 간 교류의 매개체 역할을 담당했을 가능성이 높다.

옥종, 옥환, 삼련벽(三聯璧) 등과 같은 치자문화 옥기의 원형은 루이청(芮城) 청량쓰(淸凉寺)(山西省考古硏究所 2002), 샹펀의 타오쓰(高煒, 李健民 1983)와 샤진(下靳)(宋建忠, 薛新民 1998) 등과 같은 산시성(山西省) 남부의 룽산문화 유적까지 소급될 수 있다. 이들 유적의 연대는 모두 치자문화 시기보다 이르거나 비슷하다.

이 밖에 얼리터우문화의 유물 가운데 2종인 토화(土盉)와 녹송석을 상감한 청동 패식(그림 9.17) 또한 치자문화 유적에서 발견되었다(Fitzgerald-Huber 2003: 65-70; 李水城 2005: 266; 張天恩 2002). 얼리터우문화의 화는 연회에 사용되었을 것이다. 이런 유형의 유물이 치자문화 유적에서 출토된 것은 얼리터우문화의 예제가 이미 서쪽 이웃까지 영향을 미치게 되었음을 나타낸다. 간쑤성 톈수이에서 발견된 청동 패식은 얼리터우 유적의 동류 유물과 매우 비슷하며, 아마도 이것은 얼리터우에서 생산되었을 것이다(제8장 참조). 4개의 작은 구멍을 가진 길이 41.2cm의 치자문화 유형 옥도(그림 9.16-7 참조)가 라자 유적에서 출토되었는데(葉茂林, 何克洲 2002), 이런 유형의 옥도는 얼리터우 유적에서도 발견된다(中國社會科學院考古硏究所 1999b: 250, 342). 지금까지 얼리터우 유적에서 옥기를 생산했다는 증거가 확인되지 않았으므로, 얼리터우 옥기의 일부는 치자문화로부터 획득했을 가능성도 있다.

자료가 보여 주고 있는 것처럼 치자문화와 그 동쪽 이웃 사이의 교류는 쌍방향으로 이루어진 것이다. 여기에는 인구 이동도 있고, 물품 교환도 있을 것이다. 위신재의 생산과 사용이 신분, 지위를 나타내는 것임을 고려할 때 치자문화는 그 동쪽에서 온 문화 전통의 영향을 받았을 가능성이 높다.

치자문화에서 가장 주목되는 문화 상호관계는 서북 방향에서 전개되었다. 금속기

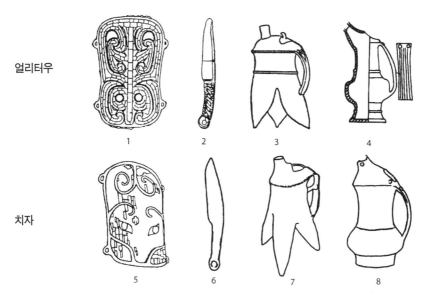

그림 9.17 얼리터우(1~4)와 치자문화 유적(5~8)에서 출토된 녹송석 상감 패식, 환수도와 토화 비교(李水城 2005: 圖 17에 의거, 수정)

의 광범위한 사용과 경제생활 중 목축업 비중의 증가가 바로 이와 같은 상호관계의 결과이다. 중국 고고학자들은 치자문화 야금술의 기원 문제에 두 가지의 견해를 가지고 있다. 몇몇 연구자는 치자문화 동기는 자체 발명된 것으로서, 현지에서 홍동부터 청동까지의 발전을 거쳤다고 주장한다(孫淑雲, 韓汝玢 1997; 張忠培 1987). 다른 연구자는 치자문화에서 돌연히 번영한 야금술은 그 원인이 서방 문화의 영향에 있다고 생각한다(安志敏 1993b). 최근 또 다른 일부 연구자들은 유라시아 초원 물질문화와의 비교 연구를 통해 후자의 관점에 더욱 상세한 해석을 더했다. 예컨대 피츠제럴드-후버와 메이젠쥔(梅建軍)은 공부(銎斧), 모(矛), 곡배도(曲背刀), 골병추(骨柄錐)와 골병도를 포함하는 치자문화의 대다수 금속기는 모두 알타이와 미누신스크분지의 오쿠네보문화, 특히 오비강 상류의 로스토프카(Rostovka)와 소프카(Sopka) 동부 세이마-투르비노문화의 동류 유물과 비슷하다는 점을 지적했다(Fitzgerald-Huber 1995: 40-52; Mei 2003). 세이마-투르비노문화는 주로 두 종류의 서로 다른 문화 집단에서 기원했다. 그것은 바로 알타이의 야금 장인, 기마 집단 및 동시베리아 침엽수림대의 수렵 집단으로서 이들은 마지막에는 무사, 유목민과 야금 장인으로 구성된 집단을 형성했다(Chernykh et al. 2004; Chernykh 1992: 215-233). 세석기, 목축업과 야금업을 포함하고 있는 세이마-투르비노문화의 여러 가지 문화적 특징은 치자문화와 매우 유사하다. 치자문화는 야금술에 뛰어난 유라시아 초원 유목민과 밀접한 관계를 가지고 있었음이 분명하다 (Fitzgerald-Huber 1995, 2003).

칭하이성 구이난(貴南) 가마타이(尕馬臺)에서 성문(星文) 장식 주변에 음각의 평행선문을 붙인 동경 1면이 발견되었다(그림 9.13-13 참조). 이것은 이 유적과 신장 및 중앙아시아 서부지역과 문화적 교류가 있었음을 의미한다. 유사한 풍격의 동경은 신장 동부 톈산북로 유적(유적의 위치는 그림 9.2 참조)에서도 1점 발견된 바 있다(Mei 2003: 36-37). 이와 같은 성문 도안은 아프가니스탄 박트리아-마르기아나(Bactria-Margiana) 지역과 투르크메니스탄 남부의 안드로노보문화 청동기에서도 발견된다 (Fitzgerald-Huber 1995: 52-53).

치자문화와 유라시아 초원 사이의 관계는 매우 의미 있는 연구 과제이다. 몇몇 연구자는 양자의 문화 교류가 간접적이며 허시주랑과 유라시아 초원 사이에 일련의 중간 고리 역할을 하고 있을 것이라고 주장한다. 허시주랑 서쪽 일대를 따라 이미 확인된 중간 고리에는 간쑤성 서부의 쓰바문화와 신장 동부 톈산북로 유적이 있다. 이들 유적은 대부분 기원전 2000년기 전반에 속해 그 연대가 치자문화와 겹친다(Li, S. 2003; Mei 2000, 2003). 최근 톈산북로에서 출토된 인골의 미토콘드리아DNA 분석 결과는 치자문화 집단과 톈산북로 집단이 실제로 밀접한 유전관계에 있었음을 보여 준다(高 詩珠 2009). 이 밖에도 유라시아 초원 문화는 다른 경로를 통해 몽골에서 허시주랑에 도달했을 가능성이 높지만, 몽골지역의 고고 발견에 대해서는 아직 이해가 부족하다 (Fitzgerald-Huber 1995: 51; Mei 2003: 38 참조).

치자문화 집단은 중원지역과 초원지역 사이의 교류에서 매개체 역할을 한 것 같다. 그러나 그들과 초원문화 사이의 교류방식은 동쪽 인근 지역과의 교류방식과 크게 다르다. 어떤 연구자는 치자문화와 초원문화 사이의 교류가 쌍방향적이며 일방적인 것은 아니었다고 주장했지만(Li, S. 2003; Mei 2003), 신장 이서의 초원지역에서 치자문화의 유물이 발견되지 않으므로 초원지역의 치자문화에 대한 영향이 주도적이었음을 알 수 있다.

주목할 만한 것은 많은 치자문화 유적에서 금속기가 발견되었지만 이들 금속기는 매장 의례를 통해 표현되는 위신재 계열에는 속하지 않는다는 점이다. 이와는 반대로 옥석 예기 심지어는 토기가 치자문화의 지배층이 신분과 지위를 표시하는 주요한 표지였다(예컨대 Fitzgerald-Huber 2003: 65; Liu, L. 2003: 14). 치자문화 집단은 중원 및 현지의 문화전통에 대한 편애를 드러냈다.

쓰바문화

쓰바문화는 1948년 간쑤성 단현(丹縣) 쓰바탄(四壩灘) 유적에서 한 무리의 토기와 석기 세트가 발견된 뒤 명명되었다(安志敏 1959). 이 문화는 남쪽으로 치롄산, 북쪽으로 바단지린(巴丹吉林) 사막, 서쪽으로 수러허강(疏勒河), 동쪽으로 간쑤성 우웨이까지 허시주랑 동서 약 800km의 좁고 긴 지대에 분포한다(그림 9.2 참조). 몇몇 방사성 탄소 연대 측정 결과는 쓰바문화의 연대가 기원전 1900년에서 기원전 1500년임을 보여 주는데, 이것은 치자문화와 대체로 같은 시대이다. 위먼(玉門) 훠사오거우(火燒溝), 민러 둥후이산, 주취안(酒泉) 간구야(幹骨崖) 등과 같은 일부 유적만이 발굴되었는데, 발굴된 유적은 모두 무덤이므로 쓰바문화의 취락 형태에 대해서 알려진 것은 매우 적다(李水城 1993; 中國社會科學院考古研究所 2003b: 558-562).

생업과 취락 분포

쓰바문화 토기의 조합은 주로 사질의 홍도관(紅陶罐)이며, 다수는 기하문 도안으로 장식되었다. 토기의 유형학 분석을 통해 쓰바문화에 다양한 문화적 연원이 있다는 것을 알 수 있다. 먼저 쓰바문화는 주로 마자야오문화 마창유형 이후 같은 지역에 분포한 '과도 유형'에서 기원했다. 다음은 동쪽 치자문화의 영향을 받았다. 셋째, 동남쪽에 위치한 카웨문화(BC 1600-BC 700)와도 교류했다.

석기에는 타제와 마제 두 종류가 있으며, 기형에는 부(斧), 도(刀), 추(錘), 반상기(盤狀器), 마반, 마봉, 절구, 서(鋤), 석구(石球) 등이 있다. 특히 위먼의 사궈량(沙鍋梁)과 훠사오거우 유적의 무덤에서 세석기가 대량으로 발견되었다(李水城 1993). 둥후이산 유적에서 출토된 동물 뼈는 주로 돼지와 사슴의 것이며, 그다음은 면양과 개의 것이다(祁國琴 1998). 여러 종류의 농작물도 출토되었는데, 수도와 밀, 보리, 호밀 등이 있다(李璠 등 1989).

쓰바문화의 유적은 생태 환경에 근거해 두 가지 유형으로 구분할 수 있다. 첫 번째 유형은 위먼 사궈량과 휘사오거우 등으로 허시주랑 북부의 초원지대에 분포한다. 이 지역의 집단은 주로 목축과 수렵으로 생계를 유지했는데, 이것은 고고학적 기록에서 늘 출토되는 가축의 뼈와 세석기로 표현된다. 두 번째 유형을 대표하는 것은 치롄산맥 북부 산록지대에 위치하는 주취안 간구야 유적이다. 산록지역은 비옥한 토양과 풍부한 수자원을 가지고 있으며, 전통적 의미의 농업지대에 속한다. 이런 지역은 주로 농경민이 점거했을 것이므로 유적의 분포 밀도가 비교적 크고 문화 퇴적이 두꺼우며 가축의 뼈나 세석기는 드물게 출토된다(李水城 1993: 116-117).

주목할 만한 것은 쓰바문화의 묘지가 비록 사용 시간이 길고 또 반복적으로 이용되었지만 지금까지 어떤 주거지도 발견되지 않았다는 점이다. 이것은 쓰바문화 주민의 유동성이 강해 주거지와 관련된 유구를 남겨 놓지 않았음을 의미할 것이다. 이 같은 상황은 유라시아 초원, 이를테면 카스피해 서부의 얌나야(Yamnaya) 유적과 같은, 유동성이 점차 증가하고 또 목축업을 주요한 생계방식으로 한 몇몇 문화와 유사하다(Anthony 1998: 102-103).

둥후이산과 휘사오거우 유적에서 출토된 인골에 대한 체질인류학 연구는 이 집단이 몽골인종에 속하고 동아시아 몽골 유형에 가장 가깝다는 것을 보여 주는데, 이런 상황은 치자문화와 대체로 동일하다(朱泓 1998). 많은 고고학자가 쓰바문화와 문헌 기록 속의 '강인(羌人)'을 함께 거론한다(李水城 1993: 119-120). 『후한서』「서강전(西羌傳)」의 기록에 따르면 허시주랑의 강인은 유목 집단으로 물과 풀을 따라 거주했으며, 유목으로 생계를 유지했다. 고고학적으로 보는 쓰바문화의 특징과 문헌 기록 속의 강족(羌族)은 자못 서로 일치된다.

매장방식

쓰바문화의 무덤은 동일한 묘지에서 비교적 일치하는 배열방식을 가지고 있으며, 거주지와 비교적 가까운 곳에 있다. 장속은 지역에 따라 다르다. 휘사오거우 묘지는 주로 편동실묘(偏洞室墓)와 수혈토광묘이고, 간구야 묘지는 다인 합장의 석관장(石棺葬)을 특징으로 한다. 둥후이산 묘지는 주로 장방형의 수혈토광묘이며, 장식은 이차장 또는 남녀 합장이다. 안시(安西)의 잉워수(鷹窩樹) 묘지에서는 인골이 발견되지 않아 화장을 한 것으로 추측된다(李水城 1993: 106).

대다수 무덤은 서로 다른 질과 양의 부장품을 가지고 있는데, 부장품에는 동물 희생, 석기, 토기, 금속 제품, 옥기와 패각 등이 포함된다. 등후이산의 무덤 249기 가운데 약 3분의 1에 달하는 무덤에서 1-20점의 부장품이 출토되었다. 휘사오거우의 무덤 312기에서는 3분의 1이 넘는 무덤에서 금속기가 출토되었으며, 이 가운데 장두(杖頭)와 같은 몇몇 금속 제품은 권력과 지위의 상징물이기도 하다(甘肅省文物考古硏究所, 吉林大學北方考古硏究室 1998). 이러한 매장 의례상의 차이는 쓰바문화에서 사회 분화가 나타났음을 보여 준다.

야금술과 문화적 상호관계

무덤에서 금속 제품이 비교적 빈번하게 발견된다. 그 종류에는 홍동, 청동, 은기와 금기 등이 있다. 270여 점의 청동과 홍동 제품이 쓰바문화 유적에서 발견되었는데, 여기에는 도(刀), 부(斧), 추(錐), 팔찌[鐲], 패식, 귀걸이, 코걸이[鼻環], 포(泡), 촉(鏃), 모(矛), 장두(杖頭) 등이 포함되어 있다(그림 9.18). 이들 유물은 유라시아 초원 및 중앙아시아 지역의 동류 유물과 매우 유사한 풍격을 지니고 있다. 청동 장두는 중앙아시아 및 근동 지역과 밀접한 관련이 있다. 금귀걸이 및 은코걸이와 동류의 유물은 중앙아시아와 그 이서 지역에서만 발견되며, 중국 동류 유물의 비조(鼻祖)가 된다. 쓰바문화의 몇몇 금속 제품은 비록 서양의 것과 비슷한 형태이지만, 기술상의 혁신을 보여 준다. 서양의 실랍법과는 다르게 휘사오거우의 장두는 괴범법(塊范法)을 이용해 주조되었다(Bunker 1998; Li, S. 2003; 李水城, 永濤 2000; Mei 2003).

주조와 단조 기술이 동시에 사용되었으며, 휘사오거우 유적에서 석제 촉범(鏃范)이 발견됨으로써 금속기가 현지에서 생산된 것을 알 수 있다(孫淑雲, 韓汝玢 1997: 그림 8). 재미있는 것은 쓰바문화 금속기의 대부분이 석청동과 신청동인 점인데, 이것은 신장 동부 톈산북로와 비교적 유사한 반면 홍동과 석청동이 많은 치자문화 금속기와는 현저히 다르다. 신청동은 서양 야금의 전통이다. 비소·구리 기술은 우랄강 유역에서 유행한 반면 석청동은 기원전 2000년기 전기 알타이와 카자흐스탄 동부지역에서 흔히 볼 수 있다. 쓰바문화와 신장 동부의 같은 시대 유적은 유라시아 초원과 치자문화 사이의 교류에서 매개 역할을 담당했을 가능성이 매우 높다(Mei 2003: 37-38). 그리고

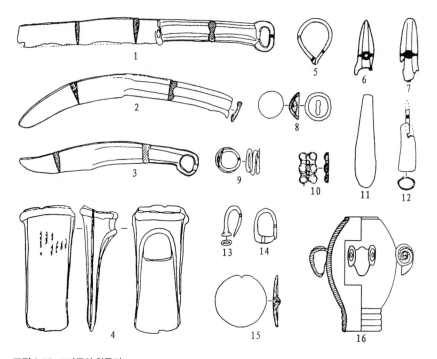

그림 9.18 쓰바문화 청동기
1~3. 도, 4. 유공부, 5·13·14. 귀걸이, 6·7. 촉, 8. 포(泡), 9. 반지, 10·15. 장식품, 11. 비(匕), 12. 골병추(骨柄錐), 16. 장두
(1~10·12~15. 幹骨崖, 11·16. 火燒溝)

이들 합금 성분의 차이는 각 금속기 생산 유적 부근의 금속 광산 성분이 서로 다른 것
에서 기인했다(李水城 2005: 262).

간쑤성 서북부의 강강와(缸缸窪)와 훠스량에서 발견된 2곳의 청동 공방 유적에서
광재, 동광석, 목탄 등이 확인되었다. 청동 생산은 아마도 기원전 2135년에 시작되었
을 것이며 대략 기원후 700년까지 지속되었다. 이 두 유적에서 출토된 청동기는 모두
신청동이며, 대부분의 동광석은 부근의 바이산탕(白山堂) 동광 유적에서 발견되었다
(그림 9.2 참조). 청동기시대의 사람들은 밀과 좁쌀류의 곡물을 경작한 농민이다(Dod-
son et al. 2009). 현재는 이들 유적과 고고문화 사이의 대응관계가 불명료한데, 이것은
토기 연구가 아직 진행되지 않았기 때문이다. 그러나 유적들은 모두 쓰바문화의 범위
내에 있다. 이와 같은 발견들은 현지에서 확실히 청동 생산이 진행되었음을 나타낸다.

쓰바문화의 유물 조합은 이 문화가 동서양 교류에서 매개체 역할을 했음을 보여
준다. 서로 다른 두 유형의 쓰바문화 유적이 서로 다른 생태 구역에 병존했으며 아울

러 유사한 토기 조합을 가지고 있다. 이것은 농업 사회와 목축-수렵 사회 사이에 긴밀한 교류 관계가 있었으며, 이 교류는 결코 협소한 지역 범위 내에서만 국한된 것이 아니라 유라시아 초원의 광대한 지역까지 확장되었음을 시사한다. 이것은 쓰바문화의 유적에서 발견되는 다량의 유라시아 초원 및 중앙아시아 풍격의 동기를 통해 입증할 수 있다. 주목할 만한 점은 쓰바문화 구역의 서부에 위치하는 수렵/목축 경제를 대표하는 훠사오거우 유적에서 금속기가 대량으로 출토된 것이다(200여 점). 이 수량은 다른 모든 쓰바문화 유적에서 출토된 청동기를 합한 것보다 많다. 이것은 수렵/목축 경제사회가 금속제품의 생산과 교환을 통해 동서양문화의 교류에서 중요하게 작용한 것을 의미한다.

신장 동부의 초기 청동기문화

중국 서북부에 위치하는 신장웨이우얼자치구는 지리학과 인류학적인 의미에서 모두 중앙아시아 동부지역에 위치하며, 파미르고원과 힌두쿠시산맥에 의해 중앙아시아 서부와 분리되어 있다. 산맥 주위의 하곡이 두 지역 간 교류의 통로가 된다. 신장지역의 지형적 특징은 '세 개의 산(崑崙山, 天山, 알타이산)이 2개의 분지를 끼고 있는 것'인데, 타림분지가 남쪽에, 준가르분지가 북쪽에 있다(그림 9.2 참조). 사막 분지의 가장자리에는 오아시스가 분산되어 있다. 오아시스지역에는 인구가 상대적으로 밀집되어 있으며 농목업 생산이 성행했다. 서쪽에서 금속기를 사용한 집단이 신장지역에 이주함에 따라 이와 같은 유형의 경제가 대략 기원전 2000년경에 흥기하기 시작해 현지의 구석기와 중석기 문화전통을 대체했다(Chen, K. and Hiebert 1995). 사막지역의 극단적으로 건조한 기후 조건으로 인해 새로운 이주민의 무덤 다수에서는 미라 같은 매우 잘 보존된 유기물이 발견된다. 이것은 고대 인류의 문화를 연구하는 데 매우 풍부한 정보를 제공한다.

기원전 2000년기 전반의 신장 동부는 중·서방 교류에서 결정적인 작용을 했다. 톈산산맥 동쪽 끝에 위치하는 신장 동부는 동쪽으로 허시주랑과 연결되고, 서쪽으로는 타림분지로 이어진다. 이 지역에서는 3개의 유적이 비교적 중요하다. 구무거우(古墓溝), 타림분지 동쪽 가장자리의 콩췌허강(孔雀河) 하곡에 위치하는 샤오허(小河) 묘지와 타림분지의 톈산북로문화(雅林辦, 雅滿蘇礦 혹은 林雅이라고도 한다.)가 그것이다.

구무거우와 톄반허 묘지

구무거우 묘지는 눕 노르 서쪽의 콩췌허강 상류 대지에 위치한다. 현재 측정된 8개 방사성 탄소연대 측정 수치의 폭은 매우 크지만 주로 기원전 2100년에서 기원전 1500년 사이에 집중되어 있다(An, Z. 1998:56-57; 中國社會科學院考古硏究所 1991: 303-304). 42기의 무덤은 두 가지 유형으로 구분할 수 있다. 첫 번째 유형은 두 번째 유형보다 연대가 이른데, 36기의 수혈토광묘가 여기에 포함된다. 관이 있고 양피나 초석(草席)으로 관을 덮었다. 장식은 모두 신전장이며, 사자는 머리에 펠트 모자를 썼고 신체는 모포로 감쌌다. 두 번째 유형은 6기의 수혈토광묘가 여기에 해당된다. 각 묘혈의 지표(地表)에는 중심에서 바깥을 향해 방사상으로 펼쳐지는 환상(環狀)의 입목(立木) 7바퀴가 있다. 두 종류의 무덤에서 출토된 유물은 유사하며, 풀, 나무, 뼈, 뿔, 돌과 금속 등 몇몇 질료의 유물 등이 있다. 무덤 1기의 시신에는 수의 흉부에 잘게 부서진 마황(麻黃) 가지를 담은 소낭(小囊)이 부착되어 있었다. 이 밖의 부장품으로는 밀과 양, 소, 낙타, 사슴, 큰 뿔 양과 닭 등의 동물 유존이 있다(그림 9.19). 금속기는 모두 홍동의 파편인데, 발굴자는 목기에 남은 흔적에 근거해 구무거우의 사람들이 이미 청동제 절단 도구를 사용하기 시작했을 가능성이 높다고 주장했다. 부장품에 의하면 구무거우인은 곡물을 경작한 동시에 야생 포유동물과 조류를 사냥하고, 주변의 하천에서 물고기를 잡았다. 그들은 피혁을 가공할 줄 알았으며, 털실을 잣고 펠트를 만들며 옥기와 석기 가공 등 수공업 생산에 종사했다(Barber 1999; Kuz'mina 1998; Mallory and Mair 2000; 王炳華 1983, 2001a: 29-48).

눕 노르의 톄반허강(鐵板河) 주위에서도 유사한 묘지가 발견되어 완정하게 보존된 3,800년 전의 여성 미라가 출토되었다(그림 9.19-3). 검측 결과 연령은 40-45세, 신장은 155.8cm이다. 그녀의 폐부에는 대량의 흑색 과립상 침전물이 있었다. 이것은 그녀가 대량의 연진과 풍사가 있는 환경에서 생활했음을 의미하며, 당시 부녀자의 주거 조건과 눕 노르의 사막 환경을 반영한 것이다(王炳華 2001a: 29-48).

무덤에서 토기가 출토되지 않았으므로 구무거우와 톄반허강 묘지 사이의 문화적 연계를 확정하기는 매우 어렵다. 두 묘지의 인골에 대한 체질인류학 분석은 이 사

그림 9.19 신장 구무거우의 고고 발견

1. 석조 여인상, 2. 밀을 담은 소형 광주리, 3. 테반허강에서 출토된 여성 미라, 4. 구무거우 발굴(王炳華 2001b: 圖 30, 33, 35, 45)

람들이 코카서스인종에 속한다는 것을 보여 주며, 학계에서는 이에 대해 이의를 재기하지 않는다. 구무거우의 인골 10구에 대한 미토콘드리아DNA 분석 결과는 이들 집단이 확실히 유럽인종에 매우 가깝다는 것을 보여 준다(崔銀秋 등 2004). 한캉신(韓康信)도 인골형태학 연구에 의거해 구무거우 제1종 유형의 무덤 주인이 아파나시에보문화 집단과 가깝고, 제2종 유형의 무덤 주인은 안드로노보문화 집단과 가깝다고 주장했다(韓康信 1986). 아파나시에보문화는 카자흐스탄 동부와 시베리아 서남부 초원지역의 가장 이른 청동기시대 문화(BC 3000년기-BC 2000년기)이며, 그 뒤를 계승하는 안드로노보문화(기원전 2000년기)는 카스피해부터 몽골에 이르는 광대한 지역에 분포(그림 9.1 참조)한다(Chen, K. and Hiebert 1995: 249). 이 두 문화의 집단은 유럽인종이며, 따라서 아파나시에보문화의 두골과 안드로노보문화의 두골을 구별하기는 매우 어렵다(Kuz'mina 1998: 68).

구무거우 묘지의 매장 의식과 그 부장품의 여러 요소는 유라시아 초원 문화 사이의 연계를 보여 준다. 특히 홍동 제품이 그러한데 아파나시에보문화의 동류 유물과 풍격 및 원재료가 매우 비슷하다. 구무거우에서 출토된 동물 종류 역시 아파나시에보문화와 일치한다. 무덤에서 출토된 방직품과 무덤의 구조 그 자체도 아파나시에보문화 및 안드로노보문화의 동류 유물과 비교적 가깝다(Kuz'mina 1998: 68-69). 그러므로 구무거우 묘지는 아파나시에보문화와 (혹은) 안드로노보문화 집단이 기원전 2000년기 초기에 신장 동부에 도달했음을 보여 주는 명확한 증거이다. 그러나 지금까지 이들 집단과 그 동쪽에 위치하는 몽골인종이 직접적인 접촉을 가졌는지에 대해서는 잘 알지 못한다. 왜냐하면 이 유적에서 그와 같은 교류와 관련이 있는 고고학적 증거가 아직 발견되지 않았기 때문이다.

샤오허

놉 노르 콩췌허강 하류에 위치한 샤오허 유적은 20세기 초 현지의 사냥꾼에 의해 발견되었다. 그 후 스웨덴의 고고학자 폴케 베리만(Folke Bergman)이 부분 발굴을 시행했다(Bergman 1939). 초기에 발견, 조사된 이미지의 대형 선사 유적에는 인골과 부장품이 완전하게 보존되어 있다. 최근 고고학자는 전체 유적에 대한 발굴을 진행해 신장지역의 잊힌 고대문화를 이해하기 위한 새로운 많은 자료를 제공했다.

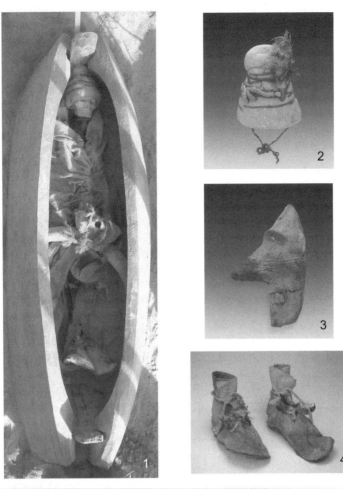

그림 9.20 신장 샤오허 묘지 및 출토 유물

1. 목관에 담긴 여성 미라, 2. 펠트 모자, 3. 목면구, 4. 신발(이상 M13 출토), 5. 샤오허 묘지(伊弟利斯 등 2007: 圖 2, 14, 20, 24, 27)

샤오허 유적(2,500m²)의 외관은 높이 약 7m의 타원형 사구이다. 아래에서 위로 중복된 여러 층의 무덤으로 구성되어 오랫동안 사용되었음을 알 수 있다(그림 9.20). 그러나 일찍이 심각하게 교란되어 절반의 무덤만이 보존되었다. 2002년부터 2005년까지 167기의 무덤이 발굴되었으며, 수천 점의 유물과 대략 30구에 달하는 완전하게 보존된 미라가 출토되었다. 지층 퇴적과 무덤 형식에 근거해 묘지는 5기로 구분되었지만 단지 위쪽 두 층(1-2층)의 무덤(BC 1690-BC 1420)만이 상세하게 보고되었다(小河考古隊 2005; 伊弟利斯 등 2004, 2007).

모든 무덤에는 목관이 있으며, 각 목관의 전면에 입목을 세웠다. 남성 무덤과 여성 무덤 전면의 입목은 형태가 다르다. 여성 무덤 전면의 입목은 남근을 상징하고, 남성 무덤 전면의 입목은 노 모양이다. 입목에는 대부분 풀 더미[草束], 소의 머리, 소형 금속환 혹은 패식 등을 달았다. 80% 이상의 무덤이 성인 묘로 앙와신전장이며 머리는 동쪽을 향하고 있다. 사자의 시신은 망토로 감쌌으며 신발을 착용했다. 펠트 모자는 깃털, 모피, 털실 등으로 장식했다. 망토 바깥쪽으로는 풀로 만든 광주리를 두었으며 밀, 좁쌀과 잘게 부서진 마황 가지를 부장했다. 무덤에는 대부분 목면구(木面具), 목우(木偶), 소의 머리뼈와 양 뼈를 부장했다.

이들 가운데 무덤 1기는 집 모양의 외관을 한 특이한 형태로서, 이것이 높은 등급의 무덤임을 시사한다. 이 무덤에는 7층으로 쌓인 두 무더기의 소머리뼈가 관 양쪽에 놓여 있다. 석제 장두 1점, 방울형 동기 1점, 금환(金環)을 단 동경 1매가 관 바닥에서 발견되었으며, 무덤 주위에서 다량의 목조인면상 그리고 소 머리와 양 머리가 발견되었다.

미라는 코카서스인종의 특징을 뚜렷하게 가지고 있지만, 토기가 출토되지 않았기 때문에 샤오허 묘지 집단의 문화 속성은 아직 명확하지 않다. 샤오허 묘지 상층 무덤의 매장 습속은 다수의 짧은 입목으로 둘러싸인 구무거우 제2유형 무덤과 유사한 것 같다. 이것은 샤오허 묘지 후기 무덤과 구무거우 무덤이 대략 같은 시기임을 의미하며, 그 연대는 대략 기원전 2000년기 전기이다. 그런데 샤오허 묘지 전기 무덤의 연대는 구무거우 무덤보다 이르다. 구무거우의 상황과 유사하게 샤오허 묘지의 집단은 아파나시에보문화, 안드로노보문화 집단과 모종의 관계를 가지고 있을 가능성이 크다. 이 묘지에서 발견된 인골 17구에 대한 미토콘드리아DNA 분석 결과는 이 집단의 유전 구조가 복잡하기는 하지만 유럽과 중앙아시아 요소를 가지고 있으며, 우즈베키스탄과 투르크메니스탄의 현대 인종과 모종의 친연관계를 가지고 있음을 보여 준다(謝承志 2007).

샤오허 묘지의 집단은 농업과 목축업을 경영했음이 분명하다. 그들은 밀과 조를 심었으며, 소와 양을 사육하고 야생동물도 사냥했다. 이 유적에서 발견된 조는 신장지역 최초의 속류 유존일 가능성이 높다. 샤오허 주민은 중앙아시아의 다른 지역에서 볼 수 없는 몇몇 특수한 풍속도 가지고 있다. 이들은 신장 오아시스지역에 거주한 청동기시대 최초의 집단 가운데 하나일 것이다. 그러나 이들의 기원 및 주변 지역 주민과의 관계에 대해서는 아직 더 많은 연구가 필요하다.

톈산북로

톈산북로 유적은 하미시(哈密市)에 인접해 있다. 1988년 이래 700여 기의 무덤이 발굴되어 수백 년 동안 연속 사용된(약 BC 2000-BC 1550) 대형 청동기시대 묘지가 드러나게 되었다(哈密墓地發掘組 1990; Li, S. 2002). 무덤은 수혈토광묘와 수혈토배묘(土坏墓) 등 두 종류가 있다. 장식은 모두 굴지장이며, 여성의 두향은 동북쪽이고 남성의 두향은 서남쪽이다. 부장품에는 토기, 청동기, 은기, 골기와 석기 등이 있다. 토기는 모두 수제이며, 회홍도(灰紅陶)와 홍도 두 종류가 있다. 몇몇 토기에는 삼각문, 지자문(之字文), 수파문(水波文), 점문(點文)과 식물도안이 장식되어 있다. 톈산북로의 토기는 두 조로 구분할 수 있다. A조는 단이 혹은 쌍이관(雙耳罐), 쌍이분(雙耳盆)을 포함하는 것으로, 쓰바문화의 동류기와 유사하다. B조는 구연에 2개의 파수가 있는 심복관 혹은 구복관(球腹罐)을 포함하는 것으로, 신장 서북부 알타이지역 커얼무치(克爾木齊) 묘지의 토기와 밀접한 관계가 있다(그림 9.21). 커얼무치 묘지의 유물 조합은 남시베리아, 몽골 서부 청동문화와 모종의 관계를 가지고 있는데(Li, S. 2002), 이들 청동기문화는 카라수크문화, 안드로노보문화와 상관관계를 가지고 있을 가능성이 높다(水濤 1993).

톈산북로 유적에서는 소형 공구와 장식품 및 은잠(銀簪) 등을 포함하고 있는 다량의 홍동과 청동 제품이 발견되었다. 여기에는 환수곡배도(環首曲背刀), 등에 2개의 작은 돌기를 가진 도, 관공부, 비수, 겸(鎌), 뒷면에 도안을 장식하거나 장식 도안이 없는 경(鏡), 환상이배(環狀耳杯), 포(泡)와 골병추(骨柄錐) 등이 있는데, 그 형상은 서쪽의 유라시아 초원 문화 및 동쪽의 쓰바, 치자문화와 유사하다(李水城 2005; Mei 2000, 2003;

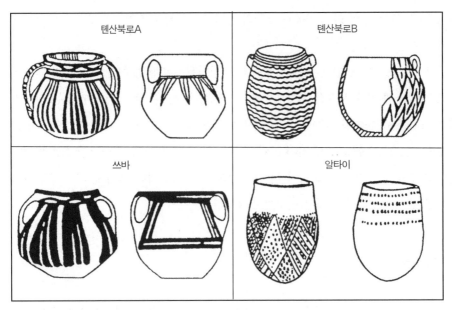

그림 9.21 톈산북로 토기와 쓰바, 알타이 커얼무치 토기 비교(李水城 2005: 圖 8에 의거, 수정)

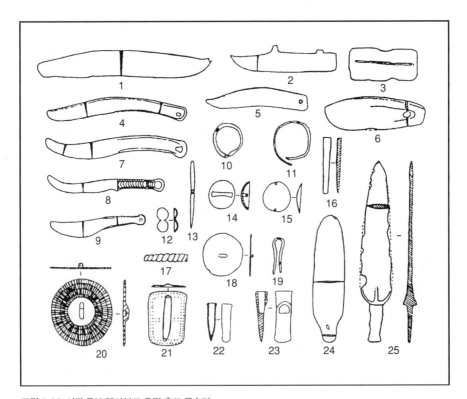

그림 9.22 신장 동부 톈산북로 유적 출토 금속기

1 · 2 · 4 · 7~9. 도, 3 · 21. 패식, 5 · 6. 겸도, 10 · 11. 귀걸이, 12. 연주식(聯珠飾), 13. 추(錐), 14. 단추[扣], 15. 포, 16. 착(鑿), 17. 관(管), 18 · 20. 경, 19. 핀[別針], 22 · 23. 투공부(透孔斧), 24. 모(矛), 25. 단검(李水城 2005: 圖 7)

36-37). 은 장식품은 유라시아 초원과 중국 북방 변경지역에서 흔히 사용된다(Bunker 1998).

검측된 금속기 19점 가운데 15점은 석청동이고 1점은 홍동 제품이며, 3점은 소량의 비소와 납을 넣은 석청동이다. 제작 공예에는 야주, 단조(鍛造), 퇴화 열처리, 냉단(冷鍛) 등의 기술이 있다. 주도적 지위를 차지하는 석청동과 신청동은 유라시아 초원 서부 및 북부의 세이마-투르비노문화 및 안드로노보문화와의 관계를 보여 준다(Mei 2000: 38-39, 2003: 36-37).

톈산북로 묘지의 물질문화가 보여 주는 다양성은 미토콘드리아DNA 분석 수치와 자못 일치한다. 이 하플로그룹에 대한 인류 군체 분석은 중국 서북지역, 시베리아 및 중앙아시아 지역의 사람들이 모두 톈산북로 집단의 미토콘드리아 DNA 풀에 공헌했음을 보여 준다. 동아시아지역 집단으로는 치자문화의 라자 그룹이 톈산북로 집단과 밀접한 친연관계를 가지고 있다(高詩珠 2009).

농목업 생산에 적합한 오아시스 옥토 이외에도 신장지역의 금속 광산은 청동기시대의 다른 지역 집단을 끌어들이는 요인이 되었을 것이다. 동, 주석과 납 등의 금속 광산은 신장지역에 널리 분포하지만, 그 생산량에는 한도가 있다. 기원전 1000년기 신장 서부 니러커현(尼勒克縣) 누라싸이(奴拉賽) 채굴·야금 유적에 대한 연구에 의하면 이 유적에서는 비소동을 생산했을 것이다. 이 발견으로 야금술이 서방에서 동방으로 전래되는 과정에서 누락되어 온 신장 부분을 보완할 수 있는 가능성이 열리게 되었다. 그러나 누라싸이 채굴·야금 유적의 연대가 매우 늦어 이들 금속 광산이 기원전 2000년기 전반기에 신장지역에 진입한 청동기시대 집단에 의해 채굴되었는지의 여부를 확인하기는 어렵다(Mei 2000: 50-57; Mei and Shell 1998).

금속을 사용한 이들 신장지역의 초기 유적은 동방과 서방 각 지역 집단 사이의 관계를 분명하게 보여 준다. 가장 전형적인 사례는 바로 서방에서 온 코카서스인종, 야금술과 밀 재배 그리고 동방에서 기원한 토기이다. 신장 동부는 기원전 3000년기 후기와 기원전 2000년기 초기에 중국 서부와 유라시아 초원 사이에 전개된 최초기 교류의 중추 역할을 담당했을 것이다. 톈산북로 유적은 특히 중요한데, 그 이유는 물질문화가 여러 지역 간 교류의 존재를 드러낼 뿐만 아니라 미토콘드리아DNA 연구도 동서 쌍방향의 유전자 교류를 입증하기 때문이다. 비록 그렇다고 하더라도 현재의 자료는 기원전 3000년기에 야금 기술이 초원지역에서 중국 서부로 전파되는 데 신장지역이 발판 역할을 했다는 견해를 지지하지는 않는다. 왜냐하면 신장지역에서 발견된 최초의 금속기(약 BC 2000)는 기원전 3000년기 후기 중국 북방지역의 룽산문화와 치자문화의 금속기보다 늦기 때문이다.

결론

오랫동안 북방 변경지역은 중국과 유라시아 초원 사이 문화 교류의 매개가 되었으며 미증유의 다 지역 간 교류 활동이 이곳에서 지속되었다. 북방 변경지역과 주변 문화 교류의 주요 물품은 신분, 지위의 상징물이다. 그것은 이와 같은 교류가 지배층이 사회적 지위를 창조하고 유지하기 위한, 연맹을 결성하기 위한, 그리고 먼 지역으로부터 재부와 권력을 구하기 위한 전략과 관련되어 있었을 것임을 보여 준다. 이런 현상은 초원지대의 청동기시대 문화를 포함해 전 세계 도처에 모두 존재한다(Hanks and Linduff 2009).

교류를 촉진한 요인에는 주로 세 가지가 있다. 첫째, 중앙아시아 및 유라시아 초원 문화의 동방 확장, 둘째, 얼리터우와 얼리강 초기국가의 북방 및 서북 지방 확장, 셋째, 북방 변경지역 문화에서 점차 증가한 사회복합화 및 그에 따라 권력, 권위 추구를 위해 전개된 각 정치체의 경쟁이 그것이다.

중앙아시아 및 유라시아 초원 문화의 동방 확장

유라시아 중부 초원과 사막지대의 식피 기록은 대략 기원전 2200년에 기후 변화로 인해 식물들이 더욱 건조한 생태 환경에 적응하기 시작했음을 보여 준다. 하곡지대의 낙엽림은 감소했으며 이를 대신한 것은 건조한 초원 지모였다. 새로운 생업 경제-목축업도 이에 따라 탄생했다. 특별히 지적해야 할 것은 환경의 변화가 말, 마차와 금속기 응용의 탄생을 재촉했고, 청동기시대 집단의 유동성 강화와 목축업 보급을 촉진했다는 점이다. 기원전 2000년에서 기원전 1800년에는 유라시아 초원의 목축 집단이 급속히 팽창했는데, 그 이유에는 지속되는 건조한 기후, 우랄산맥 동쪽 카자흐스탄에서 발견된 새로운 금속 광산, 유목(遊牧)의 동방 전파, 유목 집단과 중앙아시아 지역 정주민 사이의 문화 교류 등이 있다(Anthony 2007; Hiebert 2000).

유라시아 대륙 동부의 초원지역에서 야금술이 발전하고 유목업이 성장한 것은 명백히 경제 및 정치적 요인이 복합적으로 작동한 결과이다. 기원전 2000년기에 들어 금속기 생산은 그 신분 상징의 의미에 주목하기 시작했다. 이에 따라 야금업은 더 이상 실용기를 생산하는 것만이 아니게 되었으며, 금속기는 상이한 사회 계층과 개인이 권력을 다투는 매개체가 되기 시작했다. 금속 자원은 희소하고 또 분포가 불균형하기 때문에 중요한 금속 자원과 무역 통로를 장악하는 것은 야금업을 소유한 유목민의 최대 관심사가 되었다. 이에 따라 야금업의 발전은 사람들로 하여금 새로운 금속 광산을 찾게 만들었다. 이것은 사회 연계망과 교류의 확장으로 이어졌으며, 그 결과는 더욱더 넓은 다 지역 범위의 인구 유동이다(Frachetti 2002).

유라시아 초원의 목축문화에서 유동성이 강화됨에 따라 이 지역의 집단은 먼 남방과 동방으로 진출해 새로운 금속 광산 자원을 찾고, 중국 북방지역과 직접 혹은 간접적인 문화 교류 관계를 수립할 수 있게 되었다. 이러한 환경에서 북방 변경지역은 신속히 초원문화의 거센 흐름으로 합류하게 되었다. 그러므로 이 시기 북방 변경지역에서 금속기와 목축문화 유적이 대량으로 발견되는 것은 조금도 이상하지 않다.

전문화된 목축의 출현은 단일한 목축업 식료에 보조적인 농산품을 제공할 수 있는, 그들과 공존하는 농업 경제 집단을 필요로 한다(Cribb 1991). 이와 반대로 농업 집단 특히 지배층이 비할 수 있고 신분 지위를 상징할 수 있는 목축 생산품을 요청한다. 이와 같은 호혜관계는 북방지역의 목축 집단과 농업 집단이 교류를 진행하게 만들었으며, 이에 따라 북방 변경지역의 여러 문화가 농업에서 농목업 생산방식으로 변신하도록 촉진했다.

초원지대 문화 교류의 가장 두드러진 표현은 먼 서북지역에서 기원한 서로 다른 세 종류의 문화적 요소이다. 이것은 초원 풍격 청동 제품의 광범위한 사용(모종 형식의 도구, 무기와 장식품), 목축동물(소, 양, 드물게 말도 있다) 수량의 증가 및 희생으로서 이들 동물의 경상적 사용 그리고 밀과 보리 경작 등이다. 그런데 이 세 종류의 문화적 요소는 북방에서 동시에 출현한 것은 아니다. 이것은 서로 다른 지역에서 서로의 조합방식으로 선택적으로 출현했다. 이와 같은 현상은 그들에 대한 문화적 영향이 광활한 초원의 서로 다른 지역에서 기원했음을 의미한다. 현재 고고학자들은 이들 지역에 대한 충분한 연구를 아직 진행하지 못했다.

중원 국가의 정치적 확장

제8장에서 언급한 바와 같이 얼리터우와 얼리강 초기국가는 이전에 볼 수 없었던 속도로 정치적 집권화, 도시화 그리고 변경지역에 대한 영토 확장을 이루었으며, 그 영토 확장은 심지어 먼 북방 변경지역까지 이르렀다. 확장의 중요한 동력 가운데 하나는 위신재―예컨대 청동기와 옥기―를 제조할 수 있는 원재료를 획득하는 것이었다. 원재료에 대한 희구는 이들 초기 정권과 자원을 소유한 변두리 지역 문화 사이의 교류를 촉진했다. 변경지역의 문화에서 발견되는 이와 같은 위신재 가운데 일부는 중원에서 수입된 것이며, 또 일부분은 현지의 장인이 중원지역의 동류 물건을 모방해 제작한 것이다. 이것은 안으로부터 밖으로의 문화 이동을 반영한다. 가장 현저한 사례는 얼리터우 풍격의 작과 가가 랴오허강 유역의 다뎬쯔 묘지와 황허강 상류의 몇몇 치자문화 유적에서 출현하는 것, 그리고 상의 청동 예기가 오르도스지역의 주카이거우에서 출현하는 것이다. 이 세 지역 부근에는 모두 풍부한 광산 자원이 존재한다. 이 밖에 초원 풍격의 청동기도 얼리터우문화 유적에서 발견되는데, 이것은 위신재의 내류(內流)를 보여 준다. 중원 초기국가와 그 변경지역 사이의 교류는 인구의 이동을 포함했을 가능성이 높으며, 원거리 상품 교역도 포함했을 것이다.

얼리터우와 얼리강 초기국가의 북방 변경지역을 향한 문화 확장의 범위는 샤자뎬 하층문화, 주카이거우문화와 치자문화의 분포 지역을 넘어서지 않았다. 얼리터우와 얼리강 초기국가의 중원 문화 특징은 핵심 지역에서 서쪽으로 확장되는 과정에서 점차 감소되었지만, 변경지역과 초원지역의 문화적 교류는 부단히 강화되었다. 두 중원 초기국가의 북방 확장 시간은 상당히 짧았던 것 같다. 얼리강 이후의 상대 중기와 후기에 중원지역 국가는 분열과 재편성을 겪었으며(제8장, 제10장 참조), 북방지역과의 문화적 교류에서는 군사적 경쟁이 주요한 흐름이 되었다.

북방 변경지역의 사회복합화 과정

최근의 많은 연구는 대부분 북방 변경지역의 사회복합화 발전과 경제 형태 변화의 동력 문제에 대해 관심을 가지고 있다. 고고학자들은 주로 두 가지 방법을 채택해 이 문제를 연구한다. 첫 번째 방법은 외부 환경과 인류 사회의 상호관계를 강조하는 것으로서, 기후 변동과 인류 활동이 가져온 환경 악화가 새로운 경제방식의 탄생을 이끌어 사람들이 점차 유동적인 목축업에 의존하게 되었다고 주장한다(靳桂雲 2004; 李非 등 1993; 水濤 2001a, b; 宋豫秦 2002; 田廣金, 史培軍 2004). 두 번째 방법은 내재적 원인을 중시해 정치 체계, 지도 전략과 다 지역 간 교류가 결국 농업에서 목축업으로의 경제방식 변화를 유도했다고 주장한다(예컨대 Linduff 1998; Shelach 1999: 193-194, 232, 2009a: 68-70). 우리가 보기에 이 두 가지 견해는 동일한 사회현상의 서로 다른 측면을 강조한 것에 지나지 않으며, 이 두 가지를 결합해야만 북방 변경지역의 사회, 경제 변화를 이해하는 데 도움이 된다.

바로 이 장의 앞부분에서 언급한 것처럼 전신세 중기 기후최적기 이후의 기후에 확실히 빈번한 파동이 있었다. 최근의 고환경 연구에 따르면 약 4,000년 전(cal.BP) 전 지구에 걸쳐 기후에 돌연한 변화가 생겼다(Wu, W. and Liu 2004). 그러나 기후 변화는 중국 전체에 동일한 영향을 주지 않았으며, 각 지역에 동일한 수준의 생태 파괴를 가져오지도 않았다. 한랭하고 건조한 기후는 중국 북부와 동북 지역보다 서북지역에서 먼저 출현했다. 이것은 계절풍 체계의 변화 모델과 각 지역의 국부적 환경 변화에서 기인했을 가능성이 높다. 샤자뎬하층문화와 주카이거우문화가 여전히 농업 경제 위주였을 때 치자문화와 쓰바문화는 농목 경제에 돌입했음을 고고학적으로 관찰할 수 있다(水濤 2001b; 田廣金, 史培軍 1997).

그러나 이들 모든 지역에서 출현한 단계적인 환경 악화는 기후 파동과 인류의 과도한 개발에 그 원인이 있을 가능성이 크다. 예컨대 랴오허강 지역에서 전신세의 농업 사회는 주기적인 발전과 쇠락을 경험했다. 몇몇 문화에서 농업은 홍산문화 시기(대략 1000년), 샤자뎬하층문화 시기(대략 500년), 요대(遼代, 대략 200년), 그리고 청대 후기(수십 년)에서처럼 점차 고도로 번영했지만 그 후 급속히 쇠퇴했다. 이것은 인류 활동이 초래한 생태 악화에서 기인한 것 같다. 그 중간에 간헐적으로 출현한 목축업과 인구 감소가 비로소 자연 자원이 회복될 수 있는 계기를 부여했다(宋豫秦 2002: 31-54).

환경의 과도한 개발을 동반한 기후 악화는 전통적 농업 집단의 자연 자원 고갈로 이어졌다. 이와 같은 상황은 세 가지의 결과로 연결되었을 것이다. 각 사회 집단 사이의 경쟁 심화, 타 지역으로의 인구 이동 그리고 경제방식의 변화가 그것이다. 북방 변경지역의 고고문화에서 모두 이 같은 현상을 발견할 수 있다. 예를 들면 샤자뎬하층문화에서 방어용 석성 건축물이 널리 출현한 것이나 더욱 좋은 농경지를 찾기 위해 치자문화 집단이 주카이거우로 이주한 것, 그리고 환경이 유목에 적합하게 변했을 때 몇몇 쓰바문화 주민이 목축 생산에 종사하게 된 것 등이 그것이다.

명백히 정치 조직이 사회의 변화에서 중요하게 작용했다. 북방 변경지역의 모든 문화에서 지배층은 대부분 원거리 교환을 통해 얻은 특히 옥기, 보석, 금속기와 패각 같은 신분이나 지위를 상징하는 위신재를 사용했다. 유사한 형식의 옥기와 석기, 특히 벽이나 종과 같은 유물은 넓은 지역에 분포하는 여러 유적에서 공히 발견된다. 이것은 모종의 공통적 신앙 체계가 초보적으로 형성된 것과 여러 지역에 걸친 지배층의 네트워크가 출현한 것을 의미한다(Liu, L. 2003).

대다수의 경우 지배층이 어떻게 자원의 채취, 생산 과정과 위신재의 이익 배분을 관리했는지 명확하지 않다. 그러나 다뎬쯔, 주카이거우와 황냥냥타이 등의 유적에서는 소수의 무덤만이 위신재를 부장했다. 이것은 모든 사회 성원이 동등한 기회를 가지고 이들 자원을 획득할 수 있었던 것이 아님을 의미한다. 고고학적 자료는 위신재를 제작한 장인이 높은 사회적 지위를 가지고 있었을 것임을 보여 준다.

금속 제품의 생산과 유통도 사회복합화의 발전을 촉진했다. 청동기시대에 금속 장식품, 도구와 무기가 중시되었음은 분명하다. 이들 물품에 대한 지배층의 수요는 관련 자원과 무역 노선의 통제를 이끌었고, 더 나아가서는 다 지역 간 교류를 촉진했다. 그렇지만 북방 변경지역에서 금속 광산 자원의 생산과 분배에 집권적 통제가 이루어졌음을 보여 주는 어떤 증거도 없다. 그러므로 금속 생산은 지역적 범위 내에서 분산된 소규모 경영으로 진행되었을 것으로 보인다. 이런 상황은 중원지역 초기국가 도시 중심인 얼리터우와 정저우상청에서 보는 것과는 확연히 다르다.

북방 변경지역의 취락 자료도 다원적 모델을 보여 준다. 이것은 일군의 소형 지역 중심으로 표현된다(샤자뎬하층문화와 치자문화의 최대 유적 면적은 각각 25만m²와 20만m² 이다). 샤자뎬하층문화에서 석성이 건설된 것은 정치체들 사이에 충돌이 존재했으며, 하나의 통일된 정치적 실체가 존재하지 않았음을 의미한다. 이런 상황도 중원지역의 집권적 얼리터우 및 얼리강 초기국가와 다르다.

이상의 모든 현상은 기원전 2000년기 전반 북방 변경지역의 제 문화가 이미 매우 높은 수준의 사회복합화에 도달했음을 보여 준다. 기후 변동에 대한 대응, 위신재와 권력 쟁탈 그리고 주변 문화와의 교류 등이 결국 그 문화적·사회적 면모의 형성을 야기했다. 변경지역의 청동기시대 문화는 목축업 생산을 강화하여 경제 전략을 변경함으로써 아울러 초원지역 집단과의 밀접한 교류를 통해서 그 사회와 문화적 네트워크를 형성했다. 이들과 중원문화 사이의 교류가 있었던 것은 매우 분명하다고 해도 정치적으로는 같은 시기의 얼리터우 및 얼리강 초기국가로부터는 독립되어 있었다.

제10장 상 후기 왕조와 그 주변
(BC 1250-BC 1046)

하늘이 제비에게 명하여 내려와 상(商) 낳았으니, 끝없이 망망한 은의 땅에 거처하였다. …… 천리의 방기(邦畿)는 백성이 거주하는 곳이며, 강역은 저 사해(四海)까지 이르렀다.

-『시경(詩經)』현조(玄鳥)

기원전 2000년기 후반기에 중국의 정치 구도에 매우 커다란 변화가 일어났다. 상대 중기(약 BC 1400-BC 1250), 중원지역에는 정치적 동요가 일어나고 권력은 몰락했다. 이때 예를 들면 환허강 북안의 환베이상청과 같은 복수의 지역 중심이 출현했다(제8장 참조). 그 후에 상 왕조는 환허강 남안에 최후의 도성을 건설해 상 왕조 후기 시대(약 BC 1250-BC 1046)가 열렸다(Tang, J. 2001). 상 왕조는 신속하게 다시 그 주변 지역의 사람들에 대한 정치적인 통치와 군사적 관리의 우위를 확보했다. 이때 변경지역의 지역 문화도 급속히 발전해 국가 사회를 형성했지만, 상 왕조와의 관계는 각양각색이었다. 유라시아 초원 반농반목 사회와 중국 농업 사회 사이의 교류도 점차 강화되었다. 이들 교류는 전방위적으로 일어났는데, 이것은 북방지역의 청동제품이 남방의 광대한 지역까지(멀리는 윈난성까지) 도달하고, 말과 마차가 상의 경역(境域)에 도래했으며, 상 문화 풍격의 청동기와 옥기가 상문화의 중심에서 멀리 떨어진 외진 곳까지 도달한 것에서 나타난다.

이 장에서는 주로 〈그림 10.1〉에서 표시한 고고문화의 분포에 따라 상대 후기의 고고문화에 대한 논의를 진행할 것이다.

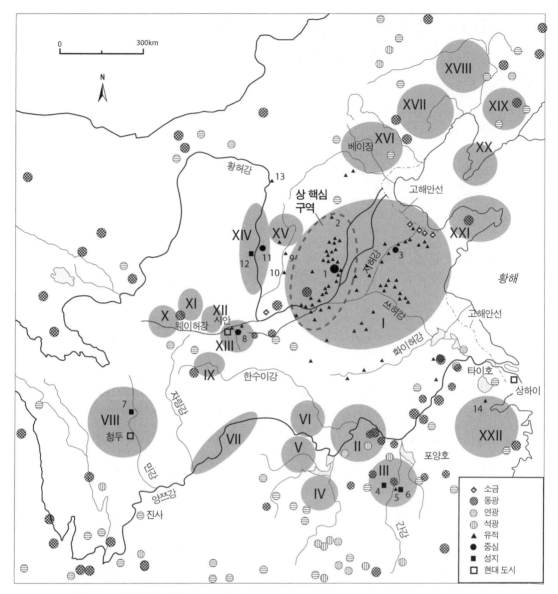

그림 10.1 상대 후기의 지역 고고문화와 주요 유적

고고문화: I. 상, II. 판룽청, III. 우청, IV. 뒤이먼산(對門山)-페이자허(費家河), V. 바오타(寶塔), VI. 저우량위차오(周梁玉橋), VII. 루자허(路家河), VIII. 싼싱두이, IX. 바오산(청양청동기군), X. 류자(劉家), XI. 선주, XII. 정자포(鄭家坡), XIII. 라오뉴포, XIV. 리자야, XV. 광서, XVI. 웨이팡 3기, XVII. 웨이잉즈, XVIII. 가오타이산, XIX. 먀오허우산, XX. 쑹튀쯔 3기, XXI. 전주먼, XXII. 후수 유적: 1. 은허, 2. 타이시, 3. 다신좡, 4. 우청, 5. 다양저우, 6. 뉴청, 7. 싼싱두이, 8. 라오뉴포, 9. 징제, 10. 차오베이, 11. 가오 훙, 12. 리자야, 13. 시차, 14. 둥탸오시강 지역 요지(中國社會科學院考古研究所 2003b)

연구 과제

1920년대 현대 고고학이 중국에 수립된 이후 상대 후기는 줄곧 초기 중국문명 연구가 주목하는 중심적 대상이었다. 중국이나 서양을 막론하고 고고 유존, 갑골문, 청동기 명문, 고대 문헌에 의거해서 상대의 사회와 사상 체계를 중건(重建)하는 많은 연구가 이루어졌다. 여러 지역에서 발견된 풍부한 유존은 모두 상이 고도로 발달한 왕조였음을 보여 준다. 안양은 대형 도시 중심이 되었고, 현저한 사회 분화, 고도로 전문화된 수공업과 문자 체계도 나타났다. 이 시기에 상 왕조는 주변의 많은 정치체를 통치했으며, 빈번하게 대외 전쟁을 일으켰다.

최근 상대 후기는 중국 초기국가의 성격과 형성 과정을 연구하는 데 중요한 대상이 되었다. 논의는 주로 상 왕조의 세력이 뻗어나간 범위, 국가의 성격 및 주변 지역 기타 정치체와의 관계 등에 집중되었다. 몇몇 연구자는 상이 광대한 영토를 가진 영토국가(territorial state)라고 주장하고(Trigger, B. 1999), 다른 일부 연구자는 상이 협소한 면적의 도시국가(city-state) 혹은 분절적 국가(segmentary state)라고 주장한다(Keightley 1999; 林澐 1998b; Yates 1997). 몇몇 고고학자는 상문화 풍격의 토기와 청동기의 분포에 근거해 상의 정치적 경계를 획분하기 위해 노력했다. 그들은 상의 판도가 상당히 커서 전체 황허강 중류와 하류 지역을 포괄하고, 남쪽으로는 양쯔강의 북안까지 도달했다고 주장했다(예컨대 宋新潮 1991). 그러나 휘틀리(Wheatley 1971: 97)는 상의 영토는 단지 황허강 중류의 상문화 핵심 지역에 제한될 뿐이라고 주장했다. 연구자들은 동일한 자료를 사용하면서도 상의 강역 문제에 대해 동일한 결론을 도출해 내지 못하고 있는 것이다. 이를테면 리보첸(李伯謙)는 상의 청동기 족휘(族徽)와 갑골문에 근거해 상 후기 정권이 어디든 도달하지 못할 곳이 없다고 하면서 그 물질문화의 분포 범위가 대략 정치적인 통치 범위라고 주장했다(李伯謙 2009). 그 범위는 북쪽으로 허베이성 북부, 남쪽으로 허난성 서부, 서쪽으로 산시성(陝西省) 중부, 동쪽으로 산둥성 동부까지에 해당한다. 그런데 키이틀리는 갑골문에 근거해 상 후기를 스위스 치즈로 형용해 중간 곳곳이 비상(非商)의 구멍으로 가득 차 있으며, 상문화를 하나의 완정한 '두부'로 보아서는 안 된다고 주장했다(Keightley 1979-80: 26). 적지 않은 중국 연구자의 견해도 키이틀리의 주장과 비슷하다. 예를 들면 쑹전하오(宋鎭豪)는 상과 비상 정치체의 판도가 톱니 형태를 이루어 한 고리 한 고리 서로 꿰어 있는 정치적 구도를 형성했다고 주장했다(宋鎭濠 1994). 왕전중(王震中)도 상의 판도는 왕기(王畿)를 중심으로 하여 주변의 사토(四土)와 속국으로 구성되었다고 이해했다. 부속국과 상 왕조의 관계는 복잡하며, 부속국과 적대적 족방방국(族邦方國)이 서로 뒤섞여 전체적으로 들쑥날쑥한 상태를 노정했다는 것이다(王震中 2007).

요컨대 개념적으로 말하면 현대의 영토 개념으로 상의 영토를 이해해서는 안 된다. 키이틀리가 관찰한 것처럼 상의 통치 전략은 중앙집권적인 관료 통치가 아니다(Keightley 1983). 게다가 방법론으로 말하면 고고학적 유존에만 의존해 상 왕조의 영토를 판단하기는 매우 어렵다. 예를 들어 의례적 기능을 가진 갑골문과 청동기 명문은 상 왕조 통치자의 활동 범위를 이해하는 데 귀중한 정보를 알려 주지만, 이런 정보는 그 자체가 불완전하며 심지어는 편견을 가진 것이다. 그러므로 이들 자료와 고고학적 증거 그리고 전통 문헌을 결합해야만 상과 그 주변의 광대한 지역에 있는 정치체 사이의 관계를 더 잘 이해할 수 있다. 이 목적을 위해 우리는 상의 중심지역과 변경지역을 서로 분리하는 방법을 채택해 이 문제를 분석할 것이다. 따라서 먼저 안양 은허 유적에서 발견된 상 중심지역의 고고문화를 다시 살펴본 뒤 상 중심지역과 변경지역 사이의 교류에 대해 중점적으로 주목할 것이다. 후자의 문제를 다룰 때는 어떻게 자원과 정보를 획득했는지의 각도에서 논의를 전개할 것이다. 이처럼 중심-변경식의 연구 방법을 채택하는 원인은 중원지역 이외의 사회, 문화 발전이 중요하지 않다고 생각해서가 아니라 그렇게 하는 것이 지역 간 관계의 성격, 특히 몇몇 물품의 지역 간 전파를 이해하는 데 효과적인 수단이라고 판단하기 때문이다.

상인의 세계

상과 그 주변 정치체 사이의 공간관계는 고고학 연구의 중요한 과제로서 주목을 받고 있다. 상 후기와 관련된 갑골문의 묘사에는 아래와 같은 3개의 범주가 있다. 첫째는 상 혹은 대읍상(大邑商)이다. 이것은 상의 최후이자 최대의 도성인 은(殷, 상의 멸망 이후에는 은허라고 불렀다)과 그 주변 지역으로, 상의 중심 지역이라고 할 수 있다. 둘째는 토(土) 또는 사토(四土)이다. 이것은 동토(東土), 북토(北土), 서토(西土), 남토(南土)를 가리키며, 상 통치하에 있는 많은 부속 정권의 영지이다. 셋째는 방(方) 또는 사방

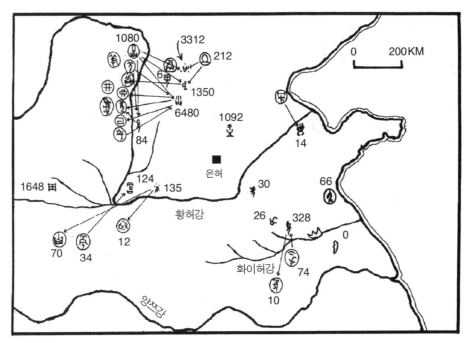

그림 10.2 시마 구니오가 갑골문에 근거해 복원한 이름이 있는 방국(方國)

도면에 표시된 숫자는 각 방국의 점수를 표시한다. 이것은 키이틀리가 계산해서 제 방국과 상의 관계밀접도를 표시한 것이다. 점수가 가장 높은 방국이 모두 서북지역에 있는 것을 주목하라(Keightley 1983: 圖 17.2)

(四方)이다. 이것은 통상 상 영토 밖의 비상(非商) 정치체를 가리키며, 토방(土方), 강방(羌方), 귀방(鬼方)과 같은 것이 해당된다. 많은 연구자가 청동기 명문과 갑골문에 근거해 이들 부속 국가와 비상 정치체의 지리적 위치를 연구하는 데 힘썼다(예컨대 Chang 1980; Keightley 1983; 李學勤 1959; 島邦男 1958; 宋新潮 1991; 宋鎭豪 1994; 王震中 2007).

대읍상, 사토와 사방의 개념은 동심원으로 표시할 수 있다. 이때 각각의 원형은 도성에서 먼 변경지역으로 확장되어 가는 경계를 표시한 것이다(王震中 2007 참조). 그러나 이와 같은 이상적인 영토 구분 모델은 오해를 낳기 쉽다. 왜냐하면 이것은 상의 통치가 미치는 경계가 매우 분명하며, 모든 부속 정치체에 대해서 패권적인 통치를 실행했다는 인상을 주기 때문이다. 그러나 앞에서 언급한 바와 같이 사실은 그렇지 않다. 상의 정치 영토에 대해서는 현재 시마 구니오(島邦男)의 견해를 많이 채택한다. 그는 갑골문에 근거해서 상의 주요한 동맹국과 적대국의 위치를 지도에 표시해 은허의 각 방향에 분포되어 있는 정치체를 발견했다(島邦男 1958). 가장 밀집되어 있는 일군의 정치체는 갑골문에 기록되어 있는 것처럼(Keightley 1983) 은허 서북쪽에서 황허강을 따라 분포되어 있는 것 같으며, 그들과 상의 관계는 밀접했다(그림 10.2). 이 지도상에 표시된 이름의 정치체와 〈그림 10.1〉에 보이는 고고문화 분포 지역을 서로 대조하면 이 두 장의 지도는 명백히 완전히 다른 유형의 정보를 우리에게 제공한다. 두 종류의 정보는 서로 보완할 수 있는 것이므로 우리의 연구에 유익하다. 매우 분명하게 고고문화의 수량은 상의 문자 기록에 나타나는 정치체의 수량보다 적다. 일반적으로 말하면 유물조합으로 명명되는 어떤 고고문화는 대부분 이 지역의 사람들이 서로 같거나 혹은 유사한 생업 모델을 채택하고 있었음을 나타낸다. 그런데 동일 지역 내에 서로 다른 이름의 집단과 정치체가 출현하는 것―상대의 문자가 기록하는 것처럼―은 곧 각 지역의 정치 조직이 분산적이었다는 것을 의미한다.

은허: 상 후기의 도성 유적

후기 상 왕조는 현재의 허난성 안양의 은허를 새로운 수도로 정했다.[27] 환베이상청 유적이 이유를 알 수 없이 폐기된 이후 은은 주로 환허강 남안을 따라 발전했다. 환허강 유역의 구역조사 결과 상 중기에서 후기까지 인구가 현저하게 증가했다. 이것은 유적의 수량과 규모에서 급격한 성장이 나타나는 것(대략 20-30개로 발전)에서 드러난다. 특히 중심 유적의 규모가 매우 빨리 성장했다는 것(5-30km²)도 입증할 수 있었다 (그림 10.3)(唐際根, 荊志淳 1998, 2009).

은허의 발견은 갑골문의 해독에서 시작되었다. 은허는 1928년 발굴되기 시작했으며, 리지가 이끄는 제1세대 중국 고고학자들에 의해 완성되었다(Li, C. 1977). 이 유적은 한편으로 중국의 고고학자들과 역사학자들에게 중국 초기 왕조의 물질문화와 사회를 인지할 수 있는 기회를 제공했으며, 다른 한편으로는 오래된 문헌 기록을 검증하는 데도 사용할 수 있었다. 여러 세대의 고고학자와 80여 년의 발굴을 거쳐 이 도시 유적의

27 [역주] 상 후기는 고고학적으로는 은허문화기로 칭한다. 80여 년에 걸친 야외 조사, 발굴과 연구에 입각해 은허문화기는 연속되는 4개의 시기로 구분된다. 즉 은허문화 제1기-은허문화 제4기가 그것이다. 은허문화 제1기와 제2기를 은허 전기, 제3기와 제4기를 은허 후기로 대별하는 연구자도 있지만, 최근에는 발굴 자료의 지속적인 증가를 토대로 제1기를 다시 전기와 후기 등 두 단계로 세분하는 경향이 있다. 은허문화의 시기 구분에 대해서는 中國社會科學院考古研究所, 『中國考古學 夏商卷』, 北京:中國大百科全書出版社, 2003, 289-295쪽을 참조하라.

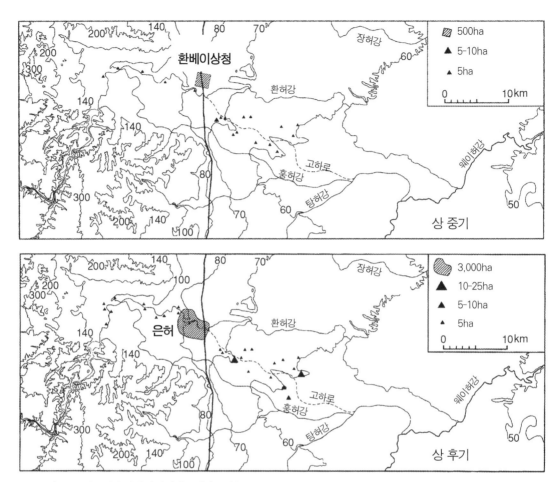

그림 10.3 상 중기와 상 후기 환허강 유역의 유적 분포(唐際根, 荊志淳 2009: 圖 1, 2에 의거, 수정)

기본적인 구조를 이해하는 데 도움이 되는 자료가 대량으로 축적되었다. 그러나 우리는 아직도 은허의 전모를 알 수 없다.

　은허의 면적은 대략 24km²이며, 상문화 유적이 상당히 밀집되어 분포하고 있다. 유적의 변두리에 듬성듬성 분포되어 있는 유적까지 계산에 넣는다면 가장 번성했을 때 이 고대 도시의 면적은 30km²에 가까울 것이다. 은허는 당시 중국 최대의 정치 중심으로서 같은 시기의 다른 유적과 구별할 수 있는 많은 특징을 지니고 있다. 환허강 남안의 샤오툰촌(小屯村)에 위치한 대형 궁전 유적은 약 70만m²의 면적을 가지고 있다. 그 가운데 3만 5,000m² 범위 내에서 모두 53기의 판축 기단이 발견되었다. 그 일부는 궁전의 기단에 속하며, 다른 일부는 동물과 인신 희생을 매장한 제사구덩이를 포함

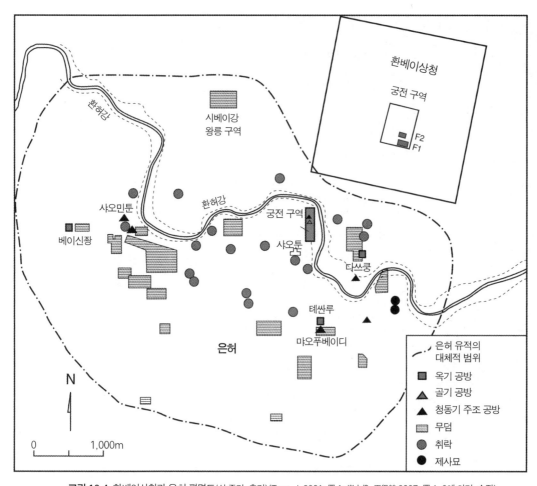

그림 10.4 환베이상청과 은허 평면도(상 중기-후기)(Tang, J. 2001: 圖 1; 嶽占偉, 王學榮 2007: 圖 1, 2에 의거, 수정)

해 왕실의 종묘 건축물에 속한다. 지배층의 무덤(가장 유명한 것은 婦好墓)과 수공업 공방 유적도 발견되었다. 환허강 북안의 시베이강(西北岡)에서는 왕릉이 발견되었는데, 이곳에서는 지배층의 무덤과 인신, 동물을 매장한 다량의 제사구덩이도 발견되었다. 청동기, 토기, 옥석기와 골기를 제작하는 매우 많은 수공업 공방이 전체 유적에 널리 퍼져 있다. 하급 지배층, 평민의 무덤과 주거지는 대부분 무리를 지어 분포하고 있다 (그림 10.4)(中國社會科學院考古研究所 1994b). 은허는 이와 같은 수십 개의 거주 구역으로 구성된 것 같다. 각각의 구역은 모두 주택, 저장구덩이, 우물, 도로, 배수 및 저수 체계 등의 요소를 갖추었다(唐際根, 荊志淳 2009). 무덤 자료와 갑골문이 보여 주는 것처럼 은허로 보면 상의 사회 조직은 혈연관계로 유지되었다(Tang, J. 2004; 朱鳳瀚 2004).

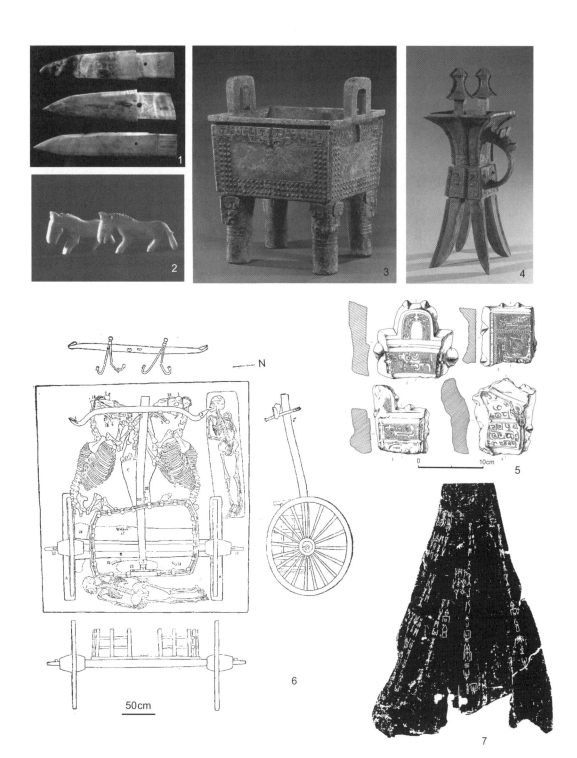

그림 10.5 상 후기 은허의 고고 유존

1. 옥과, 2. 옥마, 3. 청동 방정, 4. 청동 가), 5. 청동 예기 제작에 사용된 토제 거푸집, 6. 부장된 수레, 말과 조종수, 7. 갑골문

(1~4. 中國社會科學院考古硏究所 1980: 彩版 1, 10.1, 18.1, 30.2에서 인용; 6. 嶽占偉, 王學榮 2007: 圖 6; 7. Keightley 2000, 圖 9에서 인용)

대량의 청동기, 옥석기, 상아기, 토기와 골기가 발견된 것 이외에도 갑골문과 청동기 명문이 드러내는 문자 체계는 중국이 문자를 가진 역사시대로 접어들었음을 나타낸다(Chang 1980; Keightley 1978b; Li, C. 1977; 中國社會科學院考古硏究所 1994b)(그림 10.5). 고고학자들은 갑골문과 은허 출토의 유존이 제공하는 풍부한 정보에 근거해 이 상 후기 유적을 4개의 시기로 구분하고, 나아가 상대의 정치, 사회, 경제와 사상 체계를 고찰한다(예컨대 Bagley 1999; Chang 1980; Childs-Johnson 1998; Keightley 1999, 2000). 가장 흥미로운 사실은 갑골문을 통해 상 후기의 왕조 계보에 관한 고문헌의 기록이 사실로 확인되고(Chang 1980), 한 걸음 더 나아가 길고 긴 중국의 역사 진행 과정에서 상이 매우 독특한 시기였음에 틀림없다는 것이 입증되었다는 점이다.

상 후기 사회에는 고도의 사회 계층 분화가 있었다. 무덤의 유형은 은허에 적어도 6개의 사회 계층이 있었음을 보여 준다(Tang, J. 2004). 비록 다수의 지배층 무덤이 매우 오래전 도굴되었지만 완전하게 보존된 몇몇 무덤이 고고학자들에 의해 발굴되었다. 이들 무덤은 상 왕실의 지배층 성원이 소유한 특수한 물질 유존을 드러냈다. 예컨대 부호묘(婦好墓)에는 모두 1,928점의 부장품이 매납되었는데, 여기에는 청동기, 옥기, 토기, 석기, 방기와 상아기가 있으며, 이 밖에도 약 7,000점에 달하는 해패도 포함된다(中國社會科學院考古硏究所 1980). 최근 화위안좡(花園莊)에서 발견된 M56은 군사 수령(首領)의 무덤인데, 이곳에서는 주로 청동기와 옥기로 구성된 도합 1,600여 점의 부장품이 출토되었다(中國社會科學院考古硏究所 2007).

얼리터우와 얼리강 시기의 주요 도시와 마찬가지로 은허는 정치의 중심이었을 뿐만 아니라 수공업 생산의 중심이기도 했으며, 수공업 전문화의 정도는 이전의 어떤 시대보다 뛰어났다. 주요 생산품에는 청동기, 골기, 옥석 예기와 토기 등이 있다. 3곳의 골기 공방이 발견되었는데, 톄싼루(鐵三路) 공방 유적에서는 동물 뼈 32톤이 발굴되어(李志鵬 등 2010) 골기 생산 규모가 거대했음을 알 수 있다. 베이신좡(北辛莊)과 다쓰쿵(大司空)의 골기 공방은 아마도 주로 비녀를 생산했을 것이며, 화위안좡 남지(南地)의 토기 공방은 주로 두(豆)를 생산했을 것이다(中國社會科學院考古硏究所 1994b: 93-96, 439-441).

옥기 및 청동기와 같은 몇몇 수공업 생산은 왕실에 의해 직접 통제되었을 가능성이 높다. 고고학자들은 궁전 구역 범위 내에서 두 종류의 유구를 확인했는데, 이것은 옥석 장(璋)을 제작할 때 연마와 포광을 진행한 수공업 공방과 관련이 있을 것이다

(中國社會科學院考古研究所 1987, 1994b). 은허에서는 같은 시대의 것은 아니지만 청동기 주조 유적 6곳이 발견되었다. 청동 공방의 수량은 시간의 흐름과 함께 점차 증가해 나날이 증가하는 수요를 만족시키는 데 활용되었을 것이다. 이들 공방은 토제 거푸집의 형식으로 보아 예기, 무기, 공구를 포함한 매우 다양한 종류의 청동기를 제작했다. 궁전 구역 남쪽 약 700m 지점에 위치한 먀오푸(苗圃) 북지(北地)의 청동 공방(1만m²)은 은허 각 시기에 모두 사용되었다(Li, Y.-t. 2003; 中國社會科學院考古研究所 1994b: 42-96). 그러나 은허에서 발견된 최대 규모의 청동기 주조 유적은 안양 샤오민툰(孝民屯) 부근에 위치한다. 이 유적은 2개의 공방으로 이루어져 있다. 두 공방은 약 200m의 거리를 두고 있으며, 각각 4만m²와 1만m²의 면적을 차지한다(그림 10.4 참조). 생산품에는 각종 예기, 공구와 무기가 있으며, 이 밖에도 이전에는 발견된 적이 없었던 최대 크기의 용기 거푸집도 발견되었다(그림 10.5-5). 주요 사용 시기는 은허 제3기와 제4기이다(嶽占偉, 王學榮 2007).

중국의 고고학자들은 먀오푸 북지와 샤오민툰의 청동 공방은 모두 왕실의 직접 통제하에서 생산을 진행했을 것이라고 생각한다(嶽占偉, 王學榮 2007; 中國社會科學院考古研究所 1994b: 83-93). 주목할 것은 먀오푸 북지의 청동 공방은 은허 최초의 청동 생산지 가운데 하나로서 궁전 구역 남부에 존재한다는 점이다. 이런 공간 배치는 얼리터우와 정저우에서 보는 것과 상당히 일치한다. 그 이후에 세워진 샤오민툰 공방은 궁전 구역에서 멀리 떨어져 있고, 그 규모도 먀오푸 북지의 청동 공방보다 더 크다. 이와 같은 상황은 은허 청동기 생산의 통제권이 점차 느슨해졌다는 점을 설명하는 것일 수 있다.

상대 후기의 청동 합금에 대한 수요는 거대했다. 이를테면 부호묘에서는 468점의 청동기가 발견되었는데, 그 무게는 총 1,625kg에 달한다(中國社會科學院考古研究所 1980: 15). 이 숫자는 상대 전기 정저우의 3개 저장구덩이에서 출토된 청동기 총 중량(대략 510kg)의 세 배이다(河南省文物考古研究所 1999b). 부호는 상왕 무정(武丁)의 배우자로, 그녀의 무덤(22m²)은 중형에 속하며 시베이강의 왕릉 11기(107-192m²)보다 훨씬 작다. 이들 발견에서 은허 청동기의 생산 규모를 상상하기 어렵지 않다(Chang 1991).

상대 전기와 마찬가지로 은허에서 청동기를 제작할 때 사용한 금속 원료(구리, 주석, 납)의 대부분은 양쯔강 유역에서 왔을 것이다. 고고학자들은 장시성 퉁링(江西省文物考古研究所, 瑞昌市博物館 1997)과 후베이성 퉁뤼산(黃石市博物館 1999)에서 상대 후기의 동광 채굴 유구를 발견했는데, 이 두 유적은 모두 양쯔강 중류지역에 위치해 있다. 이 밖에 은허에서 출토된 청동기에 대한 납 동위원소 분석 결과에 의하면 많은 청동기가 일종의 특수한 고방사성 납(high-radiogenic lead)을 함유하고 있다. 고방사성납 청동기는 대부분 은허 제1기와 제2기에서 발견되며(각각 78%와 81%), 제4기에 들어서는 기본적으로 사라진다(金正耀 등 1998). 고방사성 납은 중국에서 매우 드물게 발견되기 때문에 이것은 윈난성 동북의 융산(永善) 진사창(金沙廠) 부근 지역에서 왔을 가능성이 높다. 이 지역(그림 10.1 참조)에는 납, 주석, 동광이 풍부하다(金正耀 2003; 金正耀 등 1995).

다른 지역에서 획득한 자원은 금속만이 아니다. 이 밖에도 상 왕조의 지배층이 변경지역에서 얻고자 시도한 위신재와 중요 자원에는 해패, 옥, 보석, 소금, 원시자기, 점복에 사용하는 귀갑(龜甲), 대량의 동물(예컨대 소, 면양/염소, 개, 말 등), 그리고 제사에 사용된 인신 희생 등이 있다. 문제는 상 왕조가 어떻게 이들 물품을 획득했느냐이다.

후기 상 국가가 통제한 영토 범위는 전기보다 작았던 것 같다(Tang, J. 2001: 그림 5). 이것은 왕조의 쇠락을 반영한다. 수도로서 크게 번성한 은허와 함께 상 왕조의 통치 지역 주위에 몇 개의 대형 지역 중심이 출현하는데, 이들 지역에서는 각각 다른 풍격의 청동기가 발견되고, 어떤 경우에는 현지에서 주조된 복잡한 청동 예기가 출토되기도 한다. 이와 같은 새로운 정치적 국면―점차 쇠약해지는 중심이 주변의 점차 강해지는 정치체에 둘러싸인―은 당시의 권력관계를 새롭게 규정했다. 상 후기에 상 왕조는 다시 상 전기처럼 변경지역에 거점을 건설해 자원을 약탈할 수 없었다. 그러므로 자원을 획득하는 다른 메커니즘이 이로 인해 형성되었다.

상과 그 주변

갑골문과 청동기 명문이 보여 주는 것처럼 은허와 기타 지역 정치체 사이의 관계는 형세의 변화에 따라 부단히 달라졌다. 상왕은 자신의 수요를 만족시키기 위해 무역, 상사(賞賜), 공납품 요구, 혼인, 연맹과 전쟁 등 각종 수단으로 주변 정치체와 교섭했다(Chang 1980: 248-259; Keightley 1979-80; 李伯謙 2009). 이상의 사항은 모두 고고학적 자료에서 그 단서를 찾을 수 있다. 교류의 본질을 이해하기 위해서는 주변 지역의 물질문화에 대한 관찰은 물론 중심 및 변경 지역 간 각종 물품의 교류 상황에 대한 고찰이 필요하다. 아래에서 북방의 타이시(臺西), 동방의 산둥, 남방의 우청, 서남방의 싼싱두이, 서방의 라오뉴포, 서북방의 황토고원(특히 오르도스지역) 등 6개 지역을 집중적으로 살펴볼 것이다.

북방의 타이시 유적

은허 북쪽에는 상문화 유적이 허베이성의 대부분 지역에 분포되어 있다. 하이허강(海河) 유역에서만도 100여 곳의 상문화 유적이 발견되었다. 스자좡(石家莊) 지역의 유적은 더욱 밀집 분포되어 있으며, 족휘를 가진 청동 예기도 다수 출토되었다. 이 지역은 상문화 핵심 지역의 구성 부분이었을 가능성이 높다. 이들 가운데 가장 중요한 유적의 하나가 가오청(藁城) 타이시 유적이다. 이 유적의 연대는 상 중기부터 은허 초기까지이다. 유적에서는 주택, 우물, 무덤과 대량의 토기, 공구와 청동기가 발견되었다(河北省文物研究所 1985).

타이시 유적에서는 모두 원시자기 파편 172점과 인문경도(印紋硬陶)[28] 파편 106점이 발견되었는데, 그 기형은 남방지역(이를테면 장시성 우청)에서 출토된 동류 유물과 유사하다(그림 10.6-1 · 2 · 3). 원시자기와 인문경도는 모두 특수한 도토(陶土)를 사용해 제작한 고급 토기로서 소성온도가 매우 높다. 이 기술은 중국의 남방지역에서 기원했다(彭適凡 1987). 이 종류의 토기는 중국 북방지역에서는 소량만이 발견되었을 뿐이며, 그 대부분은 지배층의 무덤과 대형 지역적 중심 유적에서 출토되었다. 중국 북방지역의 비도시 유적인 타이시에서 출토된 이 종류의 토기로서는 그 수량이 비정상적으로 많다.

고고학자들은 최근 수십 년 동안 상대 원시자기의 기원 문제에 대해 계속 논쟁을 벌여 왔다. 몇몇 연구자는 미량 원소 분석에 의거해 중국 남방에서 기원했다고 주장했

---

28 [역주] 표면에 기하학적 문양을 타날한 일상용의 경질 토기이다. 청동기시대부터 한대(漢代)까지 양쯔강 중하류와 동남 연해안 지역에서 주로 생산되었다. 태토는 일반 토기보다 곱고, 철분의 함량이 비교적 높으며, 소성온도 역시 일반 토기에 비해 높다. 표면은 자갈(紫褐), 홍갈(紅褐), 황갈(黃褐), 회갈(灰褐), 청회(青灰) 등의 색깔을 띤다. 태토의 일부 성분은 원시자기와 유사하고, 제작된 지역도 대체로 같다. 주로 권상법을 채택하여 성형하였지만 물레를 이용하기도 하였다. 성형 후에는 문양이 있는 박자(拍子)로 두드려 기벽을 더욱 치밀하게 하였다. 인문경도는 황허강 중하류지역에서도 발견되나 그 수량은 매우 적다.

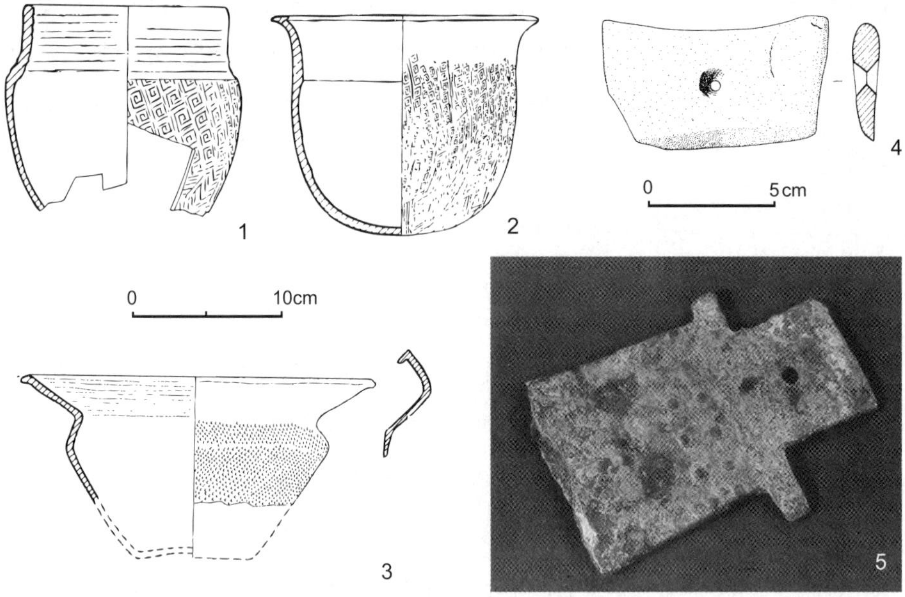

그림 10.6 허베이성 가오청 유적 출토 유물

1·2. 기하문 인문경도 준(尊), 3. 원시자기 준, 4. 마안형 석도, 5. 철인동월(길이 11cm)(河北省文物研究所 1985: 彩版 1; 圖 42-5, 44-1, 2, 46-1)

으며(羅宏杰 등 1996), 다른 일부 연구자는 남방과 북방에 여러 개의 생산 중심이 있었다고 주장했다(朱劍 등 2008). 최근 저장성 둥탸오시강(東苕溪) 중류지역에서 진행된 조사와 발굴을 통해 원시자기와 인문경도를 생산한 상대 요지가 30여 곳 발견되었다. 이 지역에서 생산된 많은 원시자기는 상문화 중심 지역, 특히 은허에서 발견된 동류 유물과 매우 가깝다. 이 발견은 이들 토기가 중국 남방에서 생산되었다는 견해를 지지한다(鄭建明 등 2011). 그런데 일부 연구자는 북방지역 몇몇 상문화 유적(예컨대 정저우, 샤오솽차오, 안양)에서 발견된 몇몇 원시자기 파손품이 북방지역에서 원시자기를 생산한 증거라고 주장했다(安金槐 1960; 孫新民, 孫綿 2008). 그리고 최근 산둥성 다신좡의 원시자기에 대한 미량 원소 분석은 그 구성 원소가 명백히 장시성 우청과는 다르다. 따라서 상대 원시자기에는 여러 개의 생산 중심이 있었을 것이라는 견해가 지지를 얻게 되었다.

타이시 유적의 원시자기와 인문경도는 모두 주거지에서 출토되었으며 무덤에서는 보이지 않는다. 이것은 이들 유물이 주민의 일상생활을 위해 제공된 것이며 그것은 생산 지역의 경관에 부합된다. 원시자기의 폐편(廢片) 1점은 이것이 현지에서 제조된 것임을 보여 준다. 이 밖에 타이시 유적에서는 마안형(馬鞍形) 석도도 발견되었는데(그림 10.6-4), 그 형태는 장시성 우청에서 토기 제작 공구로 사용된 석도, 토도와 매우 유사하다(이 장의 '우청' 부분 참조). 우청은 상대 원시자기와 경도의 생산 중심이었다(江西省文物考古硏究所, 樟樹市博物館 2005).

비록 이들 진귀한 토기의 주요 생산 중심이 중국 남방지역에 있었음을 보여 주는 충분한 증거가 있지만 북방지역의 상인들도 남방 풍격의 원시자기를 모방 제작하려 시도했을 가능성을 배제할 수는 없다(Chen, T. et al. 1999). 타이시 유적은 상 왕조의 장인이 남방 전통의 토기와 원시자기를 모방 제작해 이들 물건에 대한 현지 집단의 수요를 충족시킨 유적의 하나일 가능성이 높다.

타이시 유적은 모종의 군사적 중요성을 갖춘 유적일 것이다. 청동기가 발견된 19기의 무덤 가운데 14기에서 무기가 출토되었으며, 이 가운데는 이 시기에 드물게 보이는 철인동월(鐵刃銅鉞)이 포함되어 있다(그림 10.6-5). 타이시는 그 북방에 분포한 웨이팡3기문화 및 웨이잉쯔문화로 대표되는 북방지역 문화와 모종의 관계에 있었음이 분명하다(그림 10.1 참조). 왜냐하면 타이시 유적에서는 북방지역 풍격의 유공촉(有銎鏃), 유공모(有銎矛)와 양수단검(羊首短劍)을 포함하는 공구와 무기가 출토되었기 때문이다(河北省文物考古硏究所 1985: 81-83). 그러므로 어떤 연구자는 타이시 유적은 요충지로서 상대에 중요한 전략적 위치에 있었다고 주장했다(宋新潮 1991: 72-75).

동방의 산둥성

얼리터우와 얼리강하층문화 시기에 산둥성 지역 전체는 토착 웨스문화에 의해 점거되었다. 그런데 얼리강상층문화 전기에 전형적인 얼리강 유물 조합을 갖춘 취락이 산둥성 북부의 지난 다신좡 유적에 출현했다. 이 유적은 상 전기 집단이 산둥성 지역에 침투해 들어간 첫 번째 지점이다. 상대 중기, 허난성 지역이 정치적 혼란과 권력의 분산을 맞이하고 있었을 때 산둥성 지역의 상대 취락은 그 수량이 급격히 늘어났다. 특히 두 지역에서 이런 현상이 가장 두드러지게 나타났는데, 그곳은 지허강(濟河) 유역의 다신좡 취락군과 텅저우 쉐허강(薛河) 유역의 첸장다 취락군이다. 이들 새로운 취락에서 발견된 지배층의 유물 조합은 모두 전형적인 상문화 풍격의 청동기와 옥기이며, 현지의 웨스문화에서 신분 지위를 상징하던 채회도(彩繪陶)는 완전히 사라졌다. 이것은 상

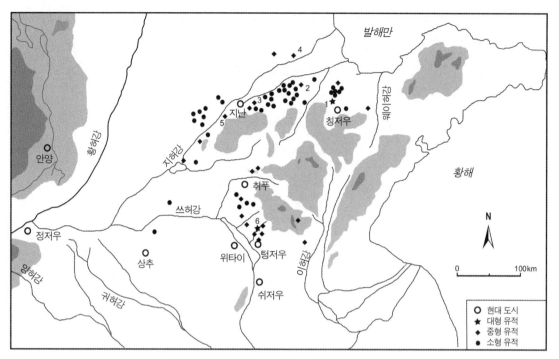

그림 10.7 산둥성 지역 상대 후기 취락군 분포

유적: 1. 쑤부툰(蘇埠屯), 2. 스자(史家), 3. 다신좡(大辛莊), 4. 란자(蘭家), 5. 샤오툰(小屯), 6. 첸장다(前掌大)(유적의 위치는 陳雪香 2007: 圖 4, 5에 의거)

왕조가 이 지역에 식민을 성공적으로 실행했으며, 상인의 지배층으로 현지의 지배층을 대신했음을 나타낸다(陳雪香 2007; 方輝 2009).

은허 시기에 상인은 산둥성 대부분 지역으로 확장해 갔다. 토착 집단은 자오둥반도로 쫓기어 갔는데, 이것은 고고학적으로는 전주먼문화(珍珠門文化)를 대표로 한다(그림 10.1 참조). 대형 중심을 보유한 몇몇 상인 취락군이 타이이산맥 부근과 연해안 지역에 분포한다(그림 10.7). 몇몇 대형 유적은 초기국가의 정치적 중심이었을 것이다. 이들 정치체는 상 왕조의 중심 지역과 긴밀하게 연계된 것 같다. 예컨대 그들의 물질문화는 은허와 매우 유사하다. 다수의 연구자들은 산둥성 역시 상 왕조의 통치 아래에 있었을 것이라고 생각하는데, 문헌 기록 가운데 '동토(東土)'가 바로 그것이다(陳雪香 2007; 方輝 2009).

상인의 동방 확장은 명백히 금속, 소금, 각종 담수와 해양 수산품과 같은 자연 자원을 더욱 풍부하게 획득하기 위해서임과 동시에 운송 노선을 장악하기 위한 것이었

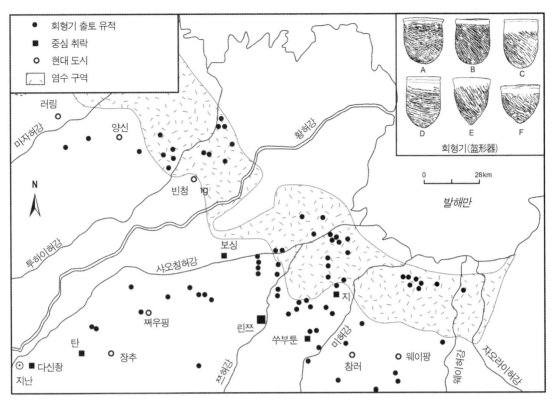

그림 10.8 산둥성 북부 회형기 및 지하 노수(鹵水) 자원의 분포

회형기: A·B. 상 후기, C. 상주(商周), D~F. 서주(王青, 周繼平 2006: 圖 2와 李水城 등 2009: 圖 7에 의거, 재작성)

다. 예컨대 지난의 다신좡은 옛 지허강 남쪽에 위치하며, 지허강은 발해만과 황허강을
연결하는 통로이다. 그러므로 이 지역 중심은 주요 교통 노선의 요충지에 위치해 산둥
성 북부에서 획득한 물자는 바로 이를 통해 상 왕조의 중심 지역으로 운송될 수 있었
다. 마찬가지로 첸장다 취락군은 옛 쓰허강(泗河)에 가깝고, 쓰허강은 화이허강(淮河)
을 중원지역과 연결한다. 상인이 이 지역으로 확장해 간 것은 동남지역에서 상 왕조 중
심 지역을 향한 물자 유통을 편리하게 하기 위한 것이었다(方輝 2009; Liu, L. and Chen
2003: 113-116).

고고학적으로 산둥성 연해지역에서 소금 생산에 관한 대량의 증거를 이미 확보했
다. '회형기(盔形器)'는 산둥성 북부의 80여 개 유적에서 발견되는데, 이들은 발해만 연
안에 주로 분포하며, 이것은 지하 노수(鹵水)의 분포대와 서로 일치한다. 회형기의 잔
류물에 대한 화학 분석은 이것에 제염이 사용되었음을 보여 준다. 소금 생산은 계절적

인 활동이었던 것으로 보이며, 내륙지역의 주민에 의해 시행되었다. 회형기는 내륙 주민에 의해 제작되어 제염 유적까지 운송되었고, 소금과 해산품은 다시 내륙지역으로 운송되었다(그림 10.8). 이들 유적의 연대는 모두 상대 후기와 주대(周代)에 속하여, 지역에서 대규모로 소금이 생산된 것이 은허 시기였음을 알 수 있다(李水城 등 2009; 王靑, 周繼平 2009). 회형기는 몇 종류의 유형으로 구분할 수 있으며, 동일한 형태의 유물은 그 크기가 유사해 이들 유물이 소금 무역과 분배 때 사용된 표준 양기(量器)였음을 알 수 있다(方輝 2004).

은허에서 출토된 갑골문에 의하면 상 왕조에는 '노소신(鹵小臣)'이라는 관원이 있었는데, 이는 '소금을 관장하는 소관(小官)'이라는 의미이다. 이것은 그가 소금 생산과 분배에서 지배적인 지위를 차지하고 있었음을 나타낸다. 흥미로운 것은 산둥성 북부 빈저우(濱州)의 상문화 무덤에서 2개의 '노(鹵, 즉 소금)' 자가 있는 청동기가 발견된 점이다(그림 10.9-2). 이 유적은 소금 생산지역인 란자(蘭家) 취락군에 속해 있다. 이 무덤의 묘주(墓主)는 염관인 '노소신', 즉 상 왕조에서 파견해 소금 생산을 관리한 관원이었을 것이다. 산둥성 북부 취락군에서 여러 개의 지역 중심이 출현했을 가능성도 있는데, 그 기능의 하나는 곧 식염을 수집하고 분배하는 것이다(方輝 2004, 2009).

첸장다 지배층 무덤과 안양의 왕릉에서 모두 패각을 상감한 칠기가 발견되었다(그림 10.9-3). 첸장다는「우공(禹貢)」에서 '서주(徐州)'땅(산둥성 남부와 장쑤성 북부를 포함)이라 불리는 지역에 속하는데,「우공」에는 각 지역에서 중원 왕조에게 바친 조공의 상황이 기록되어 있다. 이 문헌에 의하면 서주에 바친 주요한 공납품에는 진주, 패각, 오동나무 등이 있다. 이 가운데 뒤의 두 가지는 칠기를 제작하는 원료로 사용할 수 있다. 사실 장쑤성 북부 추완(丘灣) 퉁산(銅山) 유적에서 패각이 대량으로 발견되었는데, 식별할 수 있는 담수 패류에는 7종이 있고 이 7종의 패류는 모두 진주를 생산할 수 있는 것이다. 이것은「우공」의 기록과 완전히 부합된다(方輝 2009).「우공」의 성서(成書) 연대는 매우 늦지만(약 기원전 5세기) 그 이전 1,000년 전후의 시점에 성숙된 고대 조공제도를 기록하고 있다.「우공」을 상대 경제제도를 복원하는 증거로 삼을 수는 없지만 매우 많은 고고학적 발견은 확실히「우공」의 기록과 호응한다. 이것은 이 문헌이 고대 중국 몇몇 지역의 자연 자원을 이해하는 데 효과적인 단서를 제공할 수 있음을 보여 준다(邵望平 1989).

산둥성에는 구리광산, 납광산도 있다(孫淑雲 1990). 산둥성 북부에 있는 스자 유적

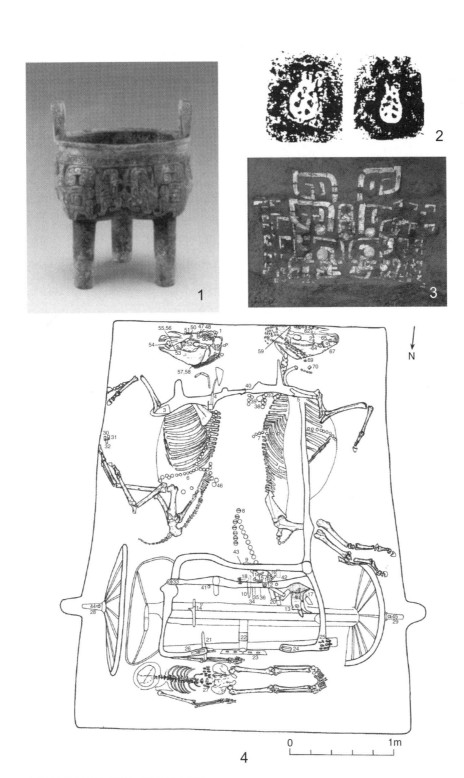

그림 10.9 상 후기 산둥성 지역의 고고 유존

1. 전형적인 상식의 청동 정, 2. 빈저우 란자촌 출토 청동기에 보이는 '노(卤)' 자 명문, 3. 패각을 상감한 칠기, 4. 첸장다 묘지

M40 차마갱(1·3·4. 中國社會科學院考古硏究所 2005: 彩版 5, 33, 圖 95; 2. 方輝 2004: 圖 7)

군은 산둥성 최대의 동광인 백두산 동광과 매우 가까운 곳에 위치해 있다. 쩌우핑현(鄒平縣) 랑쥔(郎君) 유적에서는 청동 공구를 제작한 토제 거푸집이 발견되어 현지에 금속 공업이 존재했던 것을 알 수 있다(方輝 2009: 78). 그러나 산둥성 지역 청동 예기의 풍격은 은허와 고도로 일치하며(그림 10.9-1), 따라서 산둥성 지역에서 청동 용기를 생산했음을 입증할 수 있는 신뢰할 만한 증거는 없다. 산둥성에서 출토된 청동 예기의 절대 다수는 은허에서 왔을 가능성이 매우 높다.

상인은 매우 긴 시간 동안 동부 변경지역을 통제하고자 시도했다. 그들과 각 지역 토착 웨스문화 집단과의 관계도 모두 같지 않았다. 다신좡 유적군에서 상 전기 문화는 웨스문화 전통의 토기와 공존했다. 이것은 일정한 시간 동안 이 지역에 두 종류의 서로 다른 집단이 공존하고 있었음을 나타낸다. 그런데 쳰장다 유적군에서는 상 전기 문화가 이 지역에 진입했을 때 그 물질문화가 순수한 상문화의 형태로 나타나는 것 같다. 이런 상황은 쳰장다 유적의 장속(葬俗)에서 가장 분명하게 나타난다. 이를테면 전형적인 상문화 풍격의 청동기를 부장한 것과 차마갱(車馬坑)이 배장된 것 등이 그것이다(그림 10.9-4). 상 후기에 산둥성 지역에 대한 상 왕조의 영향력은 갈수록 강렬해졌다. 상인의 이름을 가진 유물이 산둥성 지역에서 누차 발견된 것은 이 지역이 많든 적든 은허 지배층의 직접적인 통제 아래에 있었던 것을 나타낸다. 그러나 이 지역의 국가는 줄곧 상 왕조에 예속되어 있지는 않았다. 상은 때때로 그들에 대한 전쟁을 감행했다. 갑골문 중에 기록된 산둥성 남부에 위치한 설국(薛國)이 바로 그 사례이다(方輝 2009). 어떤 특정 지역의 '상화(商化)' 과정은 지고무상한 권력을 가진 상 왕조와 다양한 형태의 상화 아래에 놓인 지방 사이의 갈등을 해결하는 과정으로 이해될 수 있다(Li, M. 2008).

토기, 청동기, 옥기, 갑골문과 매장방식 등을 포함하는 산둥성 지역의 물질문화는 기본적으로 상문화 중심 지역과 일치성을 유지하였다(그림 10.9 참조). 그러므로 산둥성 대부분 지역은 모두 상인의 통치 아래에 있었을 가능성이 매우 높다.

남방의 우청 유적

양쯔강 중류에 위치한 판룽청은 전기 상 왕조의 가장 중요한 거점이었지만 상 후기에는 사라졌다. 이와 반대로 장시성 장수(樟樹)의 우청이 지역적 중심이 되었다. 우청 유적은 간강 지류인 샤오허강(蕭河) 남안에 위치하며 구리 광산에서 매우 가깝다(그

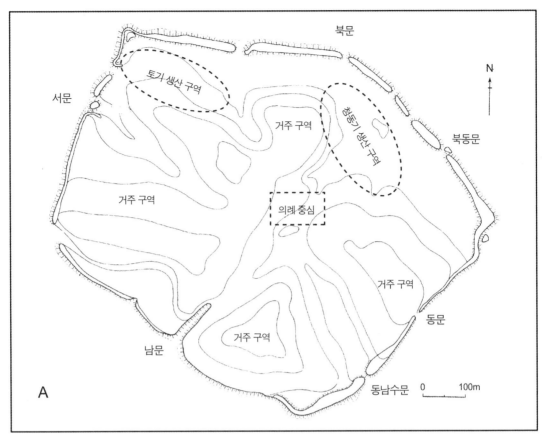

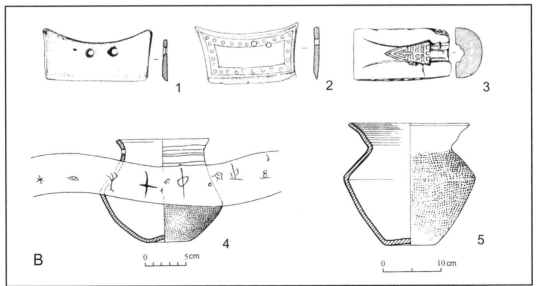

그림 10.10 장시성 우청 유적과 출토 유물

A. 우청 성지 평면도

B. 출토 유물: 1·2. 토기 제작 공구(마안형 석도와 토도), 3. 분(錛)을 주조한 석제 거푸집, 4. 12개의 문자부호가 있는 원시자기 관, 5. 인문경도 준(江西省文物考古研究所, 樟樹市博物館 2005: 圖 20, 69-9, 137-1, 150B-1, 210-4에 의거, 수정)

림 10.1 참조). 이 지역에 중원 문화의 유존이 처음 나타나는 것은 얼리강문화 시기부터이다. 우청문화 유존은 3개의 시기로 구분할 수 있는데, 중원지역 편년 체계의 얼리강문화 상층, 은허 전기, 은허 후기에 해당한다. 면적 약 61만m²의 판축 성지는 얼리강문화 상층 시기에 처음 건설되고 은허 시기에 이르러 400만m²로 확장되었다. 유물 조합은 중원문화의 특징을 강렬하게 나타내지만 현지의 문화전통과 공존했다(江西省文物考古硏究所, 樟樹市 博物館 2005).

성지 내에서 모두 고지(高地) 위에 건설된 4개의 생활 구역이 발견되었으며, 이곳에서 주택, 우물, 재구덩이, 저장갱 등이 발굴되었다. 유적의 중심에서는 제사 구역이 발견되었는데, 그 안에는 홍토(紅土) 기단, 규칙적 도로, 대형 건축물 기단과 다수의 주동(100여 개)이 있다. 몇몇 주동은 건축물과 관련이 있을 것이다. 성지의 동북부에서는 인문경도와 원시자기 등 고품질의 토기를 생산하는 요지가 몇 곳 발견되었고, 이 밖에도 공구와 무기를 주조하는 청동 공방도 확인되었다. 출토 유물에는 청동 공구 및 무기와 예기, 원시자기와 경도, 마안형 석도, 토도(土刀)와 같은 토기 제작 도구 그리고 공구와 무기를 제작한 석제 거푸집 등이 있다. 그러나 청동 예기가 현지에서 주조되었다는 증거는 없다. 토제 거푸집과 석제 거푸집 표면에서 120개의 문자부호가 발견되었는데, 이 가운데 적잖은 수가 갑골문과 유사하다. 대다수는 1-2개의 부호이지만 12개에 달하는 것(그림 10.10-4)도 있다(江西省文物考古硏究所, 樟樹市博物館 2005). 우청의 문자부호는 갑골문과 유사해 우청문화의 일부 집단, 특히 관리 직무를 담당한 식자(識字) 장인은 중원지역에서 왔을 가능성이 높다.

우청의 기능은 주로 금속 및 원시자기의 생산과 관련이 있는 것 같다. 이 두 종류의 물건은 상 왕조 핵심 지역의 지배층이 희구한 대상이다. 장시성은 풍부한 동광 자원을 가지고 있는데, 그 가운데 가장 유명한 곳은 퉁링 동광으로 이곳은 얼리강 시기부터 채굴되기 시작했다(江西省文物考古硏究所, 樟樹市博物館 2005). 매우 많은 지점에서 청동기 주조 유구가 발견되었다. 장시성의 12개 지점에서 공구와 무기를 주조한 석제 거푸집이 발견되었다(彭明瀚 2005: 123, 129-131).

우청의 원시자기와 경도는 중원지역에서 출토된 동류의 유물과 그 풍격이 가깝다. 몇몇 상대 유적(예컨대 우청, 판룽청, 정저우, 후베이성 징난쓰, 후난성 퉁구산)에서 출토된 원시자기의 산지에 대한 연구에 따르면 우청은 상대 원시자기의 생산 중심이며, 다른 유적에서 발견된 원시자기는 이곳에서 수입되었다(Chen, T. et al. 1999). 그러나 또 다른 연구에 따르면 중국 북방지역 유적에서 출토된 원시자기의 미량 원소 분석 결과는 우청지역과 모두 동일하지 않아 중국 남방과 북방 지역이 모두 여러 개의 원시자기 생산 중심을 가지고 있었음을 알 수 있다(朱劍 등 2008; 朱劍 등 2005). 앞에서 언급한 바와 같이 저장성에서 많은 요지가 발견된 것도 이 결론을 지지한다. 어쨌든 생산 규모가 거대한 것을 고려하면 우청은 명백히 원시자기의 주요 생산 중심 가운데 한 곳이며, 몇몇 생산품은 북방지역으로 수송되었을 것이다.

우청은 전기 상 국가가 자원을 구하기 위해 건립한 거점이었을 것인데 이후 하나의 강대한 지역적 중심이 되었다(Liu, L. and Chen 2003: 119-123). 상 후기에 우청이 빠르게 발전한 것은 의심할 여지없이 중원지역의 자극을 받은 것이다. 마찬가지로 중요한 하나의 원인은 현지 정치 역량의 성장이다. 장시성 지역에서 발견된 상 후기의 유적은 67곳에 달하며, 이 가운데는 적어도 2곳의 성지—우청과 뉴청(牛城)—가 포함되어 있다. 뉴청(50만m²)은 간강 동쪽에 위치하며 우청과 23km 떨어져 있다(그림 10.1 참조). 동시에 병존한 이 두 성지는 이 지역에 모종의 경쟁적인 정치적 구도가 존재했음을 알려 주는데, 이것이 아마도 우청의 쇠락을 이끈 원인일 것이다(江西省文物考古研究所, 樟樹市博物館 2005: 422; 彭明瀚 2005: 22-23).

우청에서 20km, 뉴청에서 수km 떨어진 신간(新幹) 다양저우(大洋洲) 대묘에서 이들 지방 정권의 성격을 대체로 이해할 수 있다(그림 10.1 참조). 이 무덤에서는 상대 후기 청동기 480점이 출토되었다(江西省文物考古研究所 1997). 그러나 다양저우가 우청 또는 뉴청 가운데 어느 곳과 더욱 밀접한 관계에 있었는지는 분명하지 않다. 다양저우의 청동기는 우청문화 제2기의 동류 유물과 비슷하지만(江西省文物考古研究所, 樟樹市博物館 2005), 뉴청은 아직 충분하게 발굴되지 않았다.

다양저우 무덤에서 출토된 청동기에는 예기, 무기와 공구가 포함되어 있으며, 이것은 네 종류로 분류할 수 있다(그림 10.11). 그것은 곧 전통 상식, 토착식, 혼합식, 선주식(先周式)이다(江西省文物考古研究所, 樟樹市博物館 2005). 부장품 가운데는 고령토로 만든 분(錛) 용범이 포함되어 있는데, 이것은 지방 지배층이 일찍이 청동기 주조업에 참여했음을 의미한다. 우청에서 아직 청동 예기를 주조한 토제 거푸집이 발견되지는 않았지만 토착식의 청동 공구와 용기는 그것이 현지에서 주조된 증거로 늘 받아들여지고 있다.

토착 풍격의 청동기가 드러내는 사상과 가치관은 상 중심 지역의 전통 문화가 체

상식   혼합식   토착식

그림 10.11 장시성 신간의 다양저우 대묘 출토 유물

서로 다른 문화전통을 보여 줌

1~3. 상식 투구, 정과 옥과, 4~6. 혼합 풍격의 월, 정과 옥인(玉人), 7~9. 토착 풍격의 리(犁), 인면구와 원시자기 준, 3·6·9를
제외한 나머지는 모두 청동기(江西省文物考古研究所 1997: 彩版 6; 圖 7-1, 30-1, 37, 45-1, 41-2, 3, 46, 48-3)

현하는 정신적인 풍모와는 완전히 다르다. 예를 들면 청동 인면구는 남방에서 의례용 도구로 사용되었을 것이다. 정미하게 설계된 몇 점의 청동 농구는 명백히 예기로 제작된 것인데, 이것은 상문화 중심 지역의 전통과는 확연히 구별되는 것이다. 왜냐하면 농구는 상 중심 지역에서는 기본적으로 청동으로 제작되지 않았다(Chang 1980: 223-225). 다양저우 무덤은 중원과 판연히 다른 지역적인 특징을 분명하게 가진 문화 발전 단계를 보여 준다. 그러나 다양저우에서 출토된 옥기, 특히 과(戈), 종(琮), 원(瑗), 황(璜) 등(그림 10.11)은 형식과 재질 두 측면에서 모두 안양의 상문화 옥기와 명백한 유사성을 보인다(江西省文物考古研究所, 樟樹市博物館 2005). 장시성에는 옥료의 산지가 없고, 우청에도 옥기 생산의 증거가 없다. 따라서 이들 옥기는 모두 은허에서 왔을 가능성이 높다. 남방의 동, 원시자기와 기타 물품은 우청이 상 왕조와의 조공이나 호혜관계를 통해 북방지역의 옥기와 교환하는 데 사용되었을 것이다.

다양저우의 청동기 11점에 대한 납 동위원소 분석에 의하면 모든 유물은 고방사성 납을 함유하고 있으며, 이 금속은 윈난성 동북부지역에서 왔을 것이다(金正耀 등 1994). 앞에서 언급한 바와 같이 이와 같은 상황은 은허에서 출토된 청동기와 자못 유사하다(金正耀 등 1998). 장시성에 동광 자원이 풍부하고, 상대에 이미 채굴되었음이 분명한 것을 고려하면 다양저우 청동기의 구리가 윈난성에서 왔을 가능성은 낮다. 그러나 고방사성 납을 포함하는 주석이 윈난성에서 직접 또는 간접적으로 상문화 중심 지역을 통해 이 지역으로 온 것은 아닌지 분명히 해야 할 필요가 있다. 만약 그럴 가능성이 있다면 그것은 곧 더욱 큰 범위 그리고 더욱 복잡한 상호작용권 및 더욱 집중적인 재분배 체계가 존재하고 있었음을 의미한다. 우청과 상의 관계는 매우 밀접했음이 분명하다. 우청의 최초기 통치자는 상 왕조의 지배층에서 왔을 가능성이 높다. 그러나 우청 후기의 물질문화는 더욱더 현저해져 가는 지방적 특징을 가지고 있다. 이때의 우청은 상 왕조의 통치를 받았을 가능성이 높지 않다. 하나의 독립 정권으로서 안양에 대한 공납은 어느 정도는 기꺼운 일이 아니었을 것이다. 갑골문에 기록된 것처럼 상왕은 일찍이 남방의 여러 집단과 전쟁을 일으켰다(江鴻 1976). 이 전쟁은 막힘없는 공납품 운송을 확보하기 위한 것이었을 가능성이 높으며, 그 가운데는 장시성에서 온 금속과 진귀한 토기가 포함되었을 것이다.

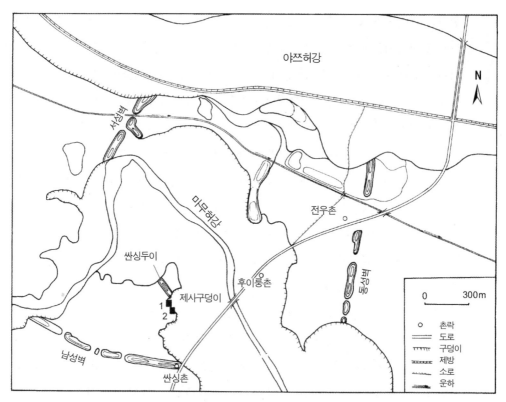

그림 10.12 쓰촨성 광한(廣漢) 싼싱두이 유적 평면도(四川省文物考古研究所 1999: 圖 3에 의거, 수정)

서남방의 싼싱두이 유적

상 왕조의 서남쪽 쓰촨성의 싼싱두이문화는 당시의 가장 강대한 국가 수준의 정치체 가운데 하나를 대표한다. 쓰촨성의 지형은 그 중간이 비옥한 분지이고, 주변은 고산과 고원으로 둘러싸여 있다. 쓰촨성은 줄곧 물자가 풍부한 지역이었지만 근대 이전에는 외계(外界)와의 교통이 매우 곤란했다. 수계(水系)가 운송 통로를 구성해, 자링강(嘉陵江)과 민강은 북방으로 연결되었고, 양쯔강은 동방과 서방, 남방으로 연결되었다(그림 10.1 참조). 이와 같이 상대적으로 폐쇄적인 환경 속에서 발전한 고고문화는 강한 토착적 특징과 전통을 보여 주지만 그렇다고 해서 외계와 완전히 격리된 것은 아니다.

싼싱두이는 청두(成都)에서 북쪽으로 약 40km 떨어진 곳에 위치한다(그림 10.12). 야쯔허강(鴨子河)과 마무허강(馬牧河) 유역에 같은 시기 유적 13개가 위치하고 있으며, 싼싱두이가 그 중심이 된다. 싼싱두이 유적의 연대는 기원전 2800년에서 기원전 1000

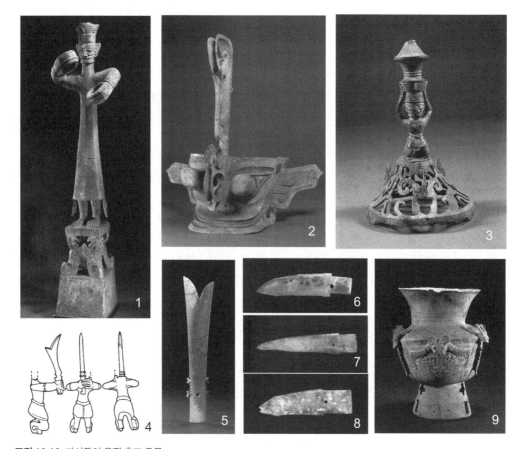

그림 10.13 싼싱두이 유적 출토 유물

1. 청동 입인상, 2. 청동 면구, 3. 청동 받침대, 머리 위에 준을 얹은 모양, 4. 청동 인쌍수지장(人雙手持璋), 5. 석장, 6~8. 석과, B, C, D형, 9. 청동 준(유물 기고[器高]는 각 260.8cm, 82.5cm, 15.6cm, 4.7cm, 30.5cm, 24.3cm, 35.8cm, 29.5cm, 43.3cm)(四川省文物考古研究所 1999: 圖版 8-1, 58, 60, 70, 140-3, 157-4; 彩版 27, 102; 圖 133)

년으로 4기로 구분된다. 대략 중국 북방의 룽산, 얼리터우, 얼리강과 은허 등 4개의 단계에 해당한다. 얼리터우문화 시기(BC 1700-BC 1500)에 점유 면적 260만m²의 판축성지가 싼싱두이에 출현했으며, 기원전 1000년 전후 이 성지는 폐기되었다. 고고학자들은 성내에서 기원전 2000년에서 기원전 1400년의 대형 건축물 기단을 여러 곳 발견했다. 그 가운데 일부는 여러 차례에 걸쳐 중수(重修)되었다. 최대 건축물의 면적은 200m²에 달하며 여러 칸의 방으로 구성되어 있다. 이들 기단은 궁전 또는 종묘의 건축일 가능성이 높다(四川省文物考古研究所 1999; 王有鵬 등 1987; Xu, J. 2001b; Zhao, D. 1996).

밀집 배열된 건축물은 이 번화한 도시의 인구밀도가 상당히 높았음을 보여 준다. 수공업 공방, 요지와 대량의 옥석기, 청동기와 금기(金器)가 발견되어 수공업의 전문화 수준이 매우 높았음을 알 수 있다. 예기가 발견됨으로써 이 유적이 의례의 중심지 심지어는 한 왕조의 성지일 수 있다는 점이 밝혀졌다. 1930년대 이래 성 내외에서 6개 이상의 제사구덩이가 발견되어 수천 점의 유물이 출토되었다. 여기에는 상아, 금기, 청동기, 옥기 및 석기와 해패 등이 포함되어 있다. 사람들을 가장 흥분시킨 발견은 1986년에 발굴된 1호와 2호 제사구덩이인데, 이를 통해 고도로 발달한 청동기문화가 드러나게 되었다(四川省文物考古研究所 1999; Xu, J. 2001b).

현지에서 생산된 대부분의 청동기는 모두 토착적 풍격을 지니고 있다. 이를테면 실제 사람 크기의 청동 입인상(立人像)과 인두상(人頭像), 청동 면구, 청동 능형기(菱形器), 구형기(鉤形器)와 비조(飛鳥)가 장식된 청동 나무[樹] 등이다. 그러나 청동 예기(준과 뢰)는 전형적인 상문화의 특징을 가지고 있다(그림 10.13). 청동기 제작 기술은 중원 지역의 영향을 받은 괴범 주조 기술과 현지에서 발전한 용접 기술의 조합이었을 가능성이 높다. 청동기의 수량이 사람들을 놀라게 한 것은 분명하지만 공예가 조악해 황허 강 유역의 청동기와 함께 논할 수는 없다(四川省文物考古研究所 1999; Xu, J. 2001a).

신간의 다양저우와 마찬가지로 싼싱두이에서 발견된 과(戈), 장(璋), 벽(璧), 환(環), 원(瑗) 등의 옥·석 예기는 현지의 석재와 소량의 외래 옥료(연옥)를 주로 사용해 제작되었다고 해도 중원지역의 강렬한 영향을 받았음을 알 수 있다. 이 가운데 일부는 중원에서 왔을 것이며, 다른 일부분은 중원 풍격을 모방해 현지에서 제조된 것이지만 대다수의 경우는 지방적 색채를 띠고 있다(So 2001). 예컨대 2기의 제사구덩이에서 발견된 약 100점의 옥·석과(戈)는 그 풍격에 근거해 7종의 형식으로 구분된다. A, B형은 중원지역의 동류기와 유사하고, C-G형은 현지의 변이체이다. 3점의 과만 연옥으로 제작되었으며, A형과 B형에 속한다. 중원 풍격의 예기는 이미 현지의 의례 활동에 편입된 것 같다. 이것은 2구의 청동 인상에 표현되어 있다(그림 10.13-3·4 참조). 그 하나는 두 손으로 장(璋)을 들고 꿇어앉은 인상이며, 다른 하나는 머리 위에 준(尊)을 이고 꿇어앉은 인상이다(四川省文物考古研究所 1999).

싼싱두이와 중원의 교류는 얼리터우 시기까지 거슬러 올라간다. 싼싱두이 유적에서 출토된 토화(土盉), 옥·석 과, 장과 녹송석을 상감한 청동 패식은 얼리터우의 동류 유물과 매우 비슷하다. 싼싱두이의 청동 기술은 중원문화의 영향 아래 탄생했을 것이다.

상대의 싼싱두이는 독립된 정치체(국가일 가능성이 높은)의 정치와 의례의 중심이다. 고대 문헌에 의하면 파인(巴人)과 촉인(蜀人)이 쓰촨성의 두 주요 족군이었다. 이 두 이름은 모두 갑골문에 나타난다. 그러나 촉과 상인의 교류가 더욱 빈번했던 것 같다(童恩正 2004). 많은 연구자들은 싼싱두이가 고대 촉국(蜀國)의 정치 중심이었다고 믿는다(林向 1989; 四川省文物考古硏究所 1999; Xu, J. 2001a).

싼싱두이 유적 출토 청동기 53점에 대한 납 동위원소 분석에 의하면 대다수의 청동기가 고방사성 납을 함유하고 있어 그 원료가 윈난성 동북부지역에서 왔을 것으로 추측된다. 싼싱두이에서 이미 대규모로 청동기가 제작된 증거가 발견된 것을 고려하면 이 지역의 금속 자원에 접근하는 지름길을 확보하고 있었을 가능성이 높은데, 여기에는 부근에 위치한 윈난성 지역도 포함되었을 것이다(金正耀 등 1995).

고방사성 납은 싼싱두이와 정저우, 은허의 청동기 가운데 존재한다. 구리, 납, 주석 가운데 어떤 금속인지는 분명하지 않지만, 이것은 싼싱두이도 일찍이 상 왕조에 금속을 제공한 적이 있었음을 나타내는 것일 가능성이 높다(金正耀 1995). 어쨌든 씬싱두이의 사회복합화가 발전한 것은 그곳의 지리적 위치와 관련이 있을 것이다. 북쪽에는 고도로 발달한 청동 공업을 갖춘 북방 국가가 있고, 서남쪽은 금속 광산을 풍부하게 가진 지역이며 싼싱두이는 공교롭게도 그 중간 지대에 위치한다.

싼싱두이도 금속 개발 연계망에 속한다면 광석과 생산품은 양쯔강과 한중평원(漢中平原) 및 중원지역을 연결하는 남북 방향의 수계를 통해서 운송되었을 것이다. 이 가설은 한수이강(漢水) 및 그 지류인 쉬허강(滑河) 연안의 19개 지점에서 발견된 청동기 710점에 의해 증명된다. 출토 지점이 산시성(陝西省) 남부의 청구(城固)와 양현(洋縣)에 위치하기 때문에 이들 청동기는 '청양(城洋) 청동기'라고 불린다. 청동기의 연대는 상대 중기 및 후기이며, 예기, 무기, 공기와 투구 등이 포함되어 있다. 이들 유물은 대부분 현지 주민이 경작 때 우연히 발견한 것이다. 유형학적 분석에 의하면 세 가지 요소가 포함되어 있는데, 이는 상문화 요소, 싼싱두이 또는 쓰촨문화 요소 그리고 현지 문화 요소 등이다. 대부분의 예기는 상문화 전통에 속해 상 중심 지역에서 주조되었을 가능성이 높다. 이것은 주로 준과 뢰(그림 10.14) 같은 용기인데, 이와 같은 유물은 싼싱두이에서도 볼 수 있다(趙叢蒼 2006). 세 종류의 풍격을 가진 5개 지점, 31점의 청동기에 대한 납 동위원소 분석 결과 3점을 제외한 나머지 청동기들은 모두 독특한 고방사성

그림 10.14 산시성 남부 청구현(城固縣)과 양현(洋縣) 출토 청동기

1. 준, 2. 장형기(璋形器), 3. 사문삼각형과(蛇文三角形戈), 4. 인면구, 5. 물소 면구, 6. 와문월(蛙文鉞)(1~5 유물 기고(器高)는 각 46cm, 21.2cm, 24.1cm, 16.1cm, 19.1cm, 6의 기장(器長)은 14.5cm)(趙叢蒼 2006: 圖版 27, 98, 114, 129, 167, 261)

납을 포함하고 있다(金正耀 등 2006). 흥미로운 것은 고방사성 납을 함유한 청동기가 정저우와 은허 문화(제1기-제3기)에서 출현하는 시간은 청양과 대체로 같다는 점이다. 이것은 얼리강상층부터 은허문화 제3기까지 두 지역 사이에 청동 생산품의 교환 네트 워크가 존재했음을 의미한다.

청양 청동기와 같은 시기의 취락도 한중분지(漢中盆地)에서 발견되어 '바오산문화 (寶山文化)'라고 불린다(그림 10.1 참조). 청구 바오산 유적의 발굴 자료는 그 문화에 농 후한 지방적 색채가 있으며(이를테면 불에 탄 구덩이), 쓰촨분지(四川盆地)와 샤장지역의 영향을 받았음을 보여 준다. 이상의 현상은 한중지역과 양쯔강 유역 사이에 빈번한 교류가 있었음을 다시 한번 입증한다(西北大學文博學院 2002).

청양 청동기에 3종의 문화전통이 공존하는 것은 한중분지가 쓰촨과 중원지역의 문화 교류에서 매개체 역할을 담당했음을 보여 준다. 교류는 쌍방향적인 것으로, 남북의 의식 형태와 물질문화가 이를 경유해 교통했다. 바오산과 싼싱두이의 제사 의례에서 상식의 예기를 사용한 것은 이 지역에 대한 상의 영향력이 주로 사상, 의식의 측면에서 체현되었음을 나타낸다. 그리고 은허, 청양과 싼싱두이 청동기가 모두 고방사성납을 함유하고 있는 것은 이 세 지역 간에 물질적 측면의 밀접한 관계가 있음을 보여 준다. 이런 연계는 그들이 모두 먼 서남지역—윈난에서 금속 광산을 찾은 것과 관련 있을 가능성이 높다(金正耀 등 2006). 상과 같은 시기 남방의 주요 청동기 사용 지역(싼싱두이와 우청을 포함하는) 사이의 관계는 이와 같은 정보, 기술과 원재료의 교류 모델로 구체화되었다.

서방의 라오뉴포

라오뉴포 유적은 웨이허강 지류 바허강(灞河) 북안에 위치한다. 면적은 약 50만m²이며, 신석기시대의 양사오문화부터 상문화까지 계속 이어진 유적이다. 얼리강 시기에 유적의 면적은 매우 작았으며, 문화의 면모는 정저우지역의 동류 유존과 매우 유사했다. 청동 촉, 추(錐), 토제 거푸집과 광재가 얼리강문화 상층 퇴적 가운데서 발견되어 이 유적에 청동 주조업이 존재했음을 알 수 있다(劉士莪 2001). 라오뉴포는 상대 후기에 대형 지역적 중심으로 성장했으며, 많은 소형 유적으로 주변을 둘러싸게 되었다(그림 10.15)(國家文物局 1999: 57). 요지, 청동 제련의 주조 공방, 청동 예기가 출토되는 대형 무덤, 차마갱, 주거지와 대형 판축 기단 등 이 유적에서 발견된 대다수의 유존은 상대 후기에 속한다(劉士莪 2001).

라오뉴포는 북방의 웨이허강과 남방의 단강(丹江), 한수이강을 연결하는 교통 요지의 접점에 위치해 있다. 역사적으로 보면 뤄난(洛南)의 친링(秦嶺) 산지는 풍부한 동광을 보유하고 있으며(霍有光 1993), 고고학자들은 라오뉴포에서 14km 떨어진 곳에서 얼리강 시기의 동광, 제련 유적을 발견한 바 있다(西安半坡博物館 1981). 라오뉴포는 얼리강 국가가 이 지역의 금속 광산과 다른 자원을 개발하기 위해 건립한 거점이었을 가능성이 높다(Liu, L. and Chen 2003: 110-113).

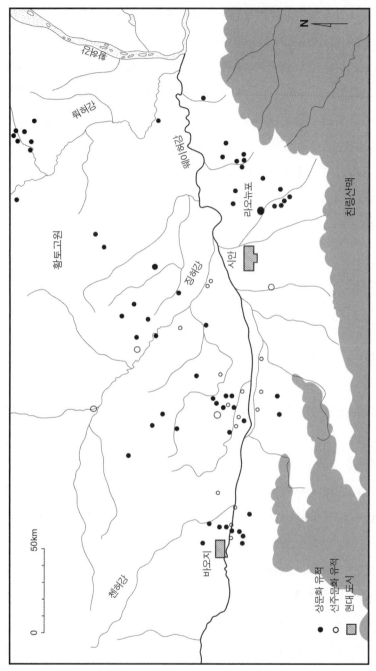

그림 10.15 훼이허강 유역 상과 선주문화 유적 분포(國家文物局 1999: 57에 의거하여 재작성)

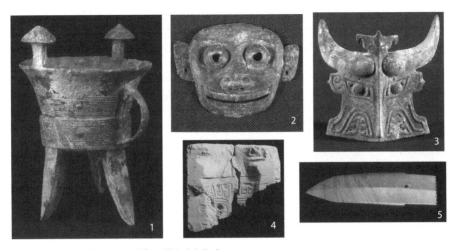

그림 10.16 시안 라오뉴포 유적 출토 청동기와 옥기
1. 청동 가, 2. 청동 인면구, 3. 청동 물소면구, 4. 상식 청동 용기를 주조한 토제 거푸집, 5. 옥과(1~3 유물 기고(器高)는 각 23cm, 6.5cm, 16cm)(劉土莪 2001: 彩版 5, 8, 10-1, 2, 圖版 111)

상대 후기에 라오뉴포는 웨이허강 유역의 강대한 지방 정권으로 성장했으며, 은허와 밀접한 관계를 유지했다. 라오뉴포에서 출토된 청동 예기의 풍격은 은허의 동류 유물과 매우 유사한데 이런 종류의 유물 대부분은 안양에서 제작되었을 것이다. 몇몇 청동기는 청양의 동류 유물과 유사하지만(인면구, 물소면구), 이것은 라오뉴포에서 생산되었을 것이다. 왜냐하면 이런 종류의 청동기를 제작한 토제 거푸집이 일찍이 이 유적에서 발견된 바 있기 때문이다. 라오뉴포는 제4기(은허 제4기에 해당)에 들어 상식 청동예기를 생산하기 시작했다. 이것은 출토된 력(鬲), 언(甗)과 다른 용기를 제작하는 데 사용된 토제 거푸집(그림 10.16)을 통해 입증할 수 있다(劉土莪 2001). 현재의 고고학적 자료에 의하면 이 청동 공방은 은허 이외에서 상식 청동 예기를 제작했다는 확실한 증거를 갖추고 있는 유일한 곳이다. 앞에서 언급한 것과 같이 이와 같은 현상은 은허 단계에서 청동 생산이 다원화를 향해 나아가고 있었다는 추론을 입증한다.

라오뉴포에서 출토된 옥기와 은허의 동류 기물은 자못 유사한데, 옥과가 특히 그러하다(그림 10.16-5). 현재 이들 옥기가 어디에서 제작된 것인지는 아직 분명하지 않으며, 라오뉴포에서 옥기를 생산했다는 증거도 없다. 우청의 경우와 유사하게 라오뉴포의 옥기는 은허에서 왔을 가능성이 높다.

라오뉴포(제4기) 상대 후기 무덤에서 순장된 사람이 대량으로 발견되었다. 중형과 소형 무덤 38기 가운데 20기에서 97명이 확인되었으며, 각 무덤당 1-12명까지 그 숫자는 다양하다(劉士莪 2001). 이와 같은 대규모 순장은 은허의 지배층 무덤과 비교된다. 갑골문의 기록에 의하면 상왕은 모두 적어도 1만 4,197명의 순인(殉人)을 사용했으며 이 가운데 7,426명이 강인(羌人)이었다(胡厚宣 1974). 상 왕조는 두 가지 경로로 강인을 획득했다. 그 하나는 전리품이고, 다른 하나는 다른 국가로부터의 공납품이다(Keightley 1979-80). 많은 연구자는 강인이 상의 서쪽에 거주했다고 믿는데, 확실한 위치에 대해서는 아직 논란의 여지가 있지만 대략 산시성(山西省) 남부에서 허난성 서부(李學勤 1959; Shelach 1996)의, 웨이허강 유역을 따라 서쪽으로 뻗은 지역에 분포했을 것이다(陳夢家 1956: 281-282; 牛世山 2006; 王明珂 2001: 227-232; 張天恩 2004: 277-343). 고고학적 조사는 산시성(山西省) 남부와 허난성 서부 지역에서 상대 후기 유적이 매우 적게 발견된다는 사실을 알려 준다(Liu, L. et al. 2002-2004; 張岱海 등 1989). 따라서 강인은 웨이허강 유역에 거주한 주민이었을 가능성이 높다. 이 지역의 취락 형태는 상대 후기에 라오뉴포 유적군과 선주(先周) 유적군을 포함하는 몇몇 유적군이 존재했음을 나타낸다(國家文物局 1999: 57). 이들은 서로 경쟁한 몇몇 정치체를 대변할 것이다. 이들 정치체는 복잡하고 다양한 문화 전통을 드러내며, 고고학적 유존에만 근거해서는 그 족속을 판단하기 매우 어렵다. '강'이라는 이 명사는 상인들이 웨이허강 유역에 거주하는 비상인(非商人)을 포괄적으로 지칭하는 술어였을 것이다.

몇몇 고고학자는 라오뉴포 유적이 숭국(崇國)과 관련 있다고 주장한다. 고대 문헌 기록에 따르면 숭은 상의 부속국이었다(劉士莪 2001). 문제는 숭국이 상에게 어떤 공납품을 제공했느냐이다. 라오뉴포의 인신 순장은 그와 다른 지역의 정권 사이에 적대관계가 존재했음을 보여 준다. 라오뉴포의 순인이 강인이었는지의 여부는 현재 알 수 없지만 그들의 위치가 강인과 비교적 가까이에 있었고, 의례 활동 특히 인신 순장이 상의 전통적인 습속과 가까운 것을 감안하면 그들은 상문화의 중심 지역과 밀접한 관계를 가지고 있었음을 알 수 있다. 그렇다면 라오뉴포는 은허의 상왕이 제사 활동을 거행할 때 강인 포로를 공납품으로 제공한 지방 정권일 가능성이 있다. 그러나 이런 가설은 심층적인 고고학적 발견을 통해 입증되어야 한다.

라오뉴포와 은허가 밀접한 관계를 유지했으며, 특히 지배층 문화의 측면에서 그러했다고 해도 토기의 유형과 일부 매장 습속은 토착적인 풍격을 보인다. 북방지역의 청동기(有銎斧와 管銎戈) 및 인면구, 물소면구 등 청양 풍격의 청동기(劉士莪 2001)가 보여 주는 것처럼 라오뉴포와 주변 지역 문화 사이에도 관계가 있었다(그림 10.16-2 · 3 참조). 시간의 추이에 따라 라오뉴포는 점차 상 중심지역에서 이탈해 갔다. 이것은 은허 후기에 스스로 청동 예기를 주조할 수 있었던 사실을 통해 알 수 있다. 이것 또한 상과 부속 정권 사이의 정치적 관계에서 모종의 변화가 생겼으며, 지방 정치체가 상 왕조의 주변 지역에서 나날이 강대하게 성장하고 있었음을 의미한다. 그러나 라오뉴포는 지방 정치체로서 매우 짧은 시간 동안 유지되었을 뿐 제4기 이후에는 급격히 쇠락했다. 이것은 주인(周人)이 상을 멸망시킨 사건과 관련이 있을 것이다(劉士莪 2001).

서북의 황토고원 지역

갑골문과 초기 문헌 기록에 의하면 상인의 서북 변경지역은 공방(舌方)과 귀방(鬼方)으로 칭해지는 적대 부족이 점거한 곳이었다(그림 10.2 참조). 그들은 늘 상인의 취락을 침략했으며, 상왕도 늘 그들과 전쟁을 일으켰다(胡厚宣 2002; Keightley 2000: 66-67; 李毅夫 1985). 문헌 기록은 상과 비상(非商)의 집단(또는 정치체)이 가까이 거주하고 있었다고 하지만, 지금 이들 정치체의 영토 경계를 확정하기는 매우 어렵다. 그러나 장광즈가 지적한 것처럼 갑골문의 기록에 의거해 이들 비상의 집단과 상에 부속된 정치체의 위치를 지도에 표시하면 그 분포가 약간 중첩되는 것을 발견할 수 있다(Chang 1980: 219-222). 장광즈의 주장에 따르면 이와 같은 현상은 서로 다른 시기 이 지역에 대한 상의 통제 정도가 동일하지 않았음을 의미한다.

상대 후기의 유적은 산시성(陝西省) 북부, 산시성(山西省) 서부, 네이멍구 중부 및 남부 지역 내 황허강 동서 양안 지역에서 발견된다. 이 지역은 오르도스지역이라고도 불린다. 이들 유적의 문화적 면모는 상문화와 일치되는 부분도 있고 상당한 차이도 있다. 가장 대표적인 유적에는 산시성(山西省) 링스(靈石) 징제(旌介) 묘지, 산시성(山西省) 푸산(浮山) 차오베이 묘지, 리자야문화(李家崖文化)와 시차문화(西岔文化)—그 공간 분포는 아직 분명하지 않다—등이 있다(그림 10.1, 10.17 참조).

징제 유적 | 펀허강 중류에 위치하며, 상식의 지배층 무덤 3기가 있다. 무덤에는 모두 목관, 목곽, 순인과 순생(殉牲)이 있다. 부장품으로는 청동기, 옥기, 패식(貝飾), 토기, 석기 및 악어가죽으로 만든 북 등이 대량으로 출토되었다(그림 10.18). 금속기에는 상식 청동기와 북방지역 청동기 등 주로 두 가지 유형이 있다. 42점의 청동기에 족휘

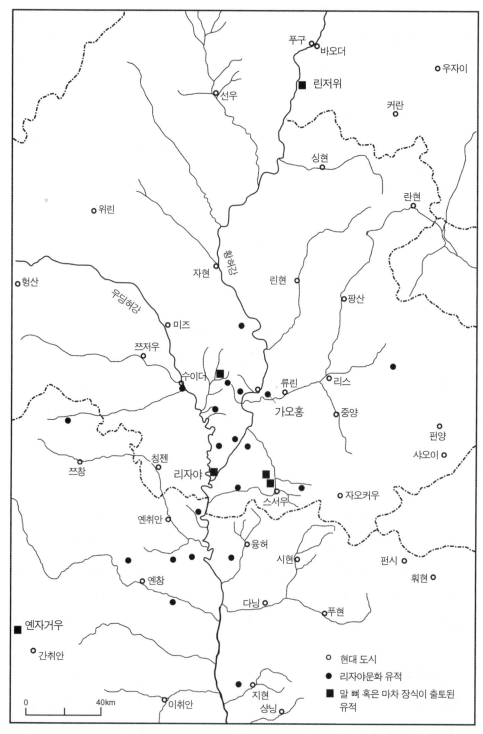

그림 10.17 상대 후기 산시성(陝西省) 북부와 산시성(山西省) 남부 리자야문화 주요 유적(유적 위치 일부는 戴應新 1993: 圖 1에 의거)

(族徽)가 있는데, 그 가운데 34점이 1개의 문자만을 가지고 있으며, 이 문자는 '병(丙)'으로 해석된다(山西省考古硏究所 2006). '병'은 족휘로서 다른 지역에서 출토된 청동기 100여 점에도 나타난다. 그 일부에는 '병'인이 일찍이 군사 정벌 중에 상왕을 도운 적이 있으며, 아울러 상사(賞賜)를 받은 일이 기록되어 있다. 명백히 징제 묘지는 상왕과 연맹을 결성한 어떤 정치체의 지배층을 매장하고 있으며, 그들은 펀허강 중류지역에서 생활했다(李伯謙 1988).

차오베이 유적 | 린펀분지의 동쪽 경계에 위치하며, 30여 기의 무덤이 있다. 그 연대는 상대 후기부터 동주시대까지 계속 이어진다. 이 유적은 일찍이 심각하게 도굴되었지만 일부 무덤은 전형적인 상식 풍격을 가지고 있는 것으로 판단된다. 이는 도굴되지 않은 청동기, 옥기와 무덤 구조 및 상식의 지배층 매장 습속 등을 통해서 입증할 수 있다. 말과 전차(戰車)는 사회 계층 신분 체계를 체현하는 구성 부분으로 M1과 같은 경우에는 차 1량, 말 2필과 마부 1명, 그리고 차마기를 포함한 청동기가 대량으로 부장되었다. 유적에서 출토된 일부 청동기에는 '선(先)' 자가 새겨져 있으며, 이것은 '선'이라는 정치체를 대표하는 족휘일 것이다(國家文物局 2005a). 따라서 이들 무덤은 징제 무덤과 마찬가지로 상과 연맹을 맺은 어떤 정치체에 속할 것이다.

리자야문화 | 산시성(陝西省) 북부와 산시성(山西省) 남부에 위치한 40여 개의 유적을 말하며, 이 유적은 대부분 황허강 동서 양안, 약 300km의 남북으로 좁고 긴 지역에 밀집 분포되어 있다(그림 10.17 참조). 무덤, 저장구덩이에서 출토되거나 우연히 채집된 청동기의 총계는 이미 500점이 넘었다. 청동기는 세 가지 유형으로 구분할 수 있다. A형은 전형적인 상식 청동기로, 예기 위주이며, 일부는 명문이 있다. B형은 혼합적 풍격의 것으로, 상문화 요소와 토착문화 요소가 혼합된 것이다. C형은 토착 풍격의 것으로, 북방지역의 전통(이를테면 동물 머리 모양 또는 방울 머리 장식의 도, 관공부, 관공과와 황금 장식품)에 가깝다(呂智榮 1987)(그림 10.18-5). 대부분의 유적은 수종의 문화적 요소를 동시에 포함하고 있다. 이를테면 리자야문화 유적 21개 가운데 3분의 2의 유적은 여러 종류의 문화 요소를 가지고 있다. 즉 14개 유적에서 상식, 토착식 그리고 상식과 토착식이 결합된 청동기가 발견되었으며, 2개의 유적에서만 순수한 상식 청동기가 출토되었고, 5개 유적에서는 순수한 북방계 청동기가 발견되었다(烏恩嶽斯圖 2007: 142-144).

이미 발굴된 소수의 리자야문화 유적 가운데서 산시성(陝西省) 북부의 칭젠(淸澗) 유적은 풍부한 자료를 제공한다. 이곳은 성지로(성내 면적은 6만 7,000m²) 우딩허강(無

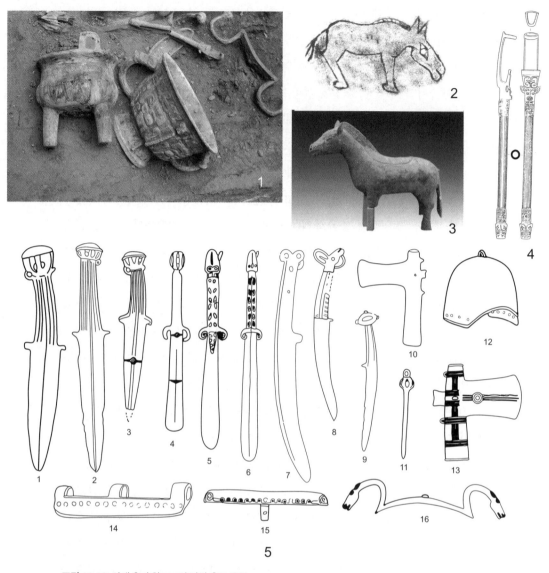

그림 10.18 상대 후기 황토고원 지역 출토 유물

1. 징제(旌介) M1 출토 청동기, 궁형기(弓形器) 1점과 마편(馬鞭) 1점 포함. 2. 징제 청동기 상의 말 형상. 3. 옌자거우 출토 말 조각. 4. 징제 출토 마편. 5. 오르도스지역 출토 북방계 청동기(1·2·4. 山西省考古研究所 2006: 圖 11, 32, 93; 3. 王永剛 등 2007; 5. 烏恩嶽斯圖 2007: 圖 68)

定河) 동안의 높은 대지에 입지해 있다. 황허강에서 동쪽으로 4.5km에 떨어진 곳에 위치한다. 성지의 동서 양측은 모두 석성과 판축된 토성으로 보호되어 있으며, 나머지 두 방향은 단애이다. 고고학자들은 이곳에서 주거지, 저장구덩이와 무덤을 발굴했다. 출

토 유물은 대부분 토기와 석기, 골기이다. 칭젠 유적의 가장 높은 곳에서 건축물 3기와 대형 원락(院落) 1곳이 발견되었는데, 판축된 담장으로 둘러싸여 있다. 원락의 재구덩이 1기에서 해골 형상이 새겨진 돌 1점이 발견되기도 했다. 이 건축물 그룹은 의례 활동이 거행된 장소이고, 인형 조각은 현지의 의례 전통을 대표할 것이다. 이 사실만으로도 이들이 상문화 전통과 분명한 차이를 지니고 있었음을 알 수 있다. 저장구덩이 1기에서는 매우 두꺼운 퇴적을 이루고 있는 좁쌀과 말, 소, 면양/염소, 돼지, 개, 멧돼지와 사슴 등의 동물이 발견되었다(呂智榮 1993, 1998; 張映文, 呂智榮 1988). 리자야 주민은 농업에 종사하는 한편 일정한 정도의 목축업(이를테면 말을 사육하는)에도 종사했음이 분명하다.

리자야문화의 사회복합화 정도는 황허강에서 동쪽으로 5km 떨어진 류린(柳林) 가오훙(高紅) 유적에서 나타난다(그림 10.17 참조). 이 유적의 약 20여 개 지점에서 판축 기단이 발견되었으며 총 면적은 4,000m²에 달한다. 최대의 기단은 길이 46.8m, 폭 11m이다. 이들 기단은 대형 건축물의 기초로서 이 지역에 고도로 발달한 사회 조직이 있었음을 시사한다. 이 유적에서는 원시자기 파편이 출토되었다(國家文物局 2005b). 다른 리자야문화 유적과 마찬가지로 이곳의 지배층도 상과의 위신재 교환에 참여했던 것 같다. 가오훙 유적이 소재한 곳의 지리적 위치는 그것이 리자야문화가 소재한 지역 정치체의 중심일 것임을 나타낸다.

시차문화ㅣ 최근 네이멍구 칭수이허현의 두이주거우(碓臼溝)와 시차에서 전개된 조사와 발굴을 통해서 농업 생산 도구와 북방지역 청동기(예컨대 관공부와 귀걸이)를 포함한 취락 유적이 발견되었다. 연대는 상대 후기이다(曹建恩 2001; 曹建恩, 胡曉農 2001). 시차 유적(120만m²)은 장기간 사용되어 신석기시대부터 청동기시대까지 계속

표 10.1 네이멍구 칭수이허현 시차 유적 출토 동물 유존

연대(BC)	돼지	개	소	면양/염소	말	야생동물	총수
룽산 2500–2000	17 (46%)	4 (11%)	2 (5%)	6 (16%)	4 (11%)	4 (11%)	37
주카이거우 1600–1300	1 (10%)	4 (40%)	4 (40%)	– –	– –	1 (10%)	10
상-주 1300–1000	2,509 (43%)	457 (8%)	712 (12%)	1,410 (24%)	531 (9%)	216 (4%)	5,835

이어졌다. 대부분의 유존은 '시차문화' 시기에 속하는데, 대략 상대 후기부터 서주 전기까지에 해당한다. 주거지, 재구덩이, 무덤 등이 대량으로 발굴되어 정주 취락이었음을 알 수 있다. 동물 유존에는 가축(감정할 수 있는 표본 수는 5,619개)과 야생동물(감정할 수 있는 표본 수는 216개)이 포함되어 있다. 전자에는 돼지, 개, 면양/염소, 소와 말 등이 있다. 목축동물((감정할 수 있는 표본 수는 2,653개)이 전체 동물 뼈의 45%를 차지해 돼지 뼈의 수량(43%, 감정할 수 있는 표본 수는 2,509개)보다 조금 많다(표 10.1). 시차 유적의 생업방식은 반농반목이었으며, 여기에 수렵을 보충으로 했음이 분명하다. 시차에서 북방계 청동기를 제작한 토제 거푸집(예컨대 단검과 관공부)도 발견되었는데 그 형태가 유적에서 출토된 청동기와 일치한다. 북방계 청동기는 현지에서 제조되었음이 분명하다(曹建恩, 孫金松 2004).

청동 제련·주조 | 황토고원 지역에서 발견된 청동기는 연구자의 많은 관심을 불러일으켰으며, 그 제작 지점도 주목받고 있다. 다수의 연구자는 상식 청동기는 주로 은허에서 주조되었고, 혼합식과 토착식 청동기만 현지에서 주조되었다고 생각한다. 시차에서 발견된 토제 거푸집은 적어도 북방식 청동 무기와 공구 일부분은 현지에서 제작되었음을 입증한다. 그러나 정미한 상식, 혼합식 용기가 현지에서 주조되었다는 확실한 증거는 없다. 최근 징제 묘지의 청동기 14점에 대한 금상(金相) 분석은 그 야금 기술이 상문화의 전통과 일치하는 것을 보여 주었다. 대다수 청동기는 석청동 혹은 석연청동 합금이며, 1점만이 순동 제품이다. 이들 청동기는 일반적으로 비교적 낮은 비율의 주석과 납을 함유하고 있는데, 이것은 명백한 지방적 특징으로 은허 청동기와 구별되는 점이다. 그러므로 징제 유적의 청동기는 다양한 내원(來源)을 가지고 있었을 것이다(陳坤龍, 梅建軍 2006). 그러나 이 분석이 이들 청동기의 구체적인 내원 문제는 해결하지 못한다.

말과 마차 | 황토고원 지역 특히 오르도스 부근은 구석기시대부터 청동기시대까지 매우 오랫동안 말의 개발과 이용을 거쳐 왔다(제4장 참조). 상대 후기의 이 지역 사람들은 말과 수레를 상 왕조에 가져다주는 역할을 담당했을 것이다. 이는 은허 이외의 중국의 다른 지역과 비교해 오르도스지역에서 말과 전차(戰車)가 발견되는 비율이 가장 높기 때문이다. 이런 견해를 뒷받침하는 증거들은 유물, 문자 그리고 동물 유존 등 다양하다.

유물 증거: 산시성(陝西省) 북부 간취안현(甘泉縣) 샤쓰완(下寺灣) 옌자거우(閻家溝)

의 무덤 1기에서 거의 동일한 형태의 청동제 말 소조상 2점과 기타 청동기 55점(산식과 북방식 청동기를 포함하는)이 발견되었다. 말은 몸통과 다리가 비교적 짧고 목은 굵으며 갈기는 직립해 있다. 말의 등 중앙에 허리부터 꼬리까지 분계선 1조(條)가 있는데, 이것은 아마도 말 등의 흑색 줄무늬를 표시하고 있을 것이다. 이것은 명백히 중국 서북부의 토착 프셰발스키 야생마의 특징이다. 그러나 말의 등에 안장일 가능성이 높은 타원형의 물체 하나가 새겨져 있는데, 이것은 순화된 프셰발스키 야생마를 표시한 것으로 보인다(그림 10.18-3 참조). 유물의 연대는 은허 제2기에 속하며, 중국 최초의 청동제 말 소조상이다(王永剛 등 2007). 이것은 부호묘에서 출토된 옥마(玉馬) 한 쌍과 비교할 수 있는데, 후자에도 프셰발스키 야생마의 특징이 나타나 있다(그림 10.5-2 참조).

산시성(山西省) 북부 바오더(保德) 린저위(林遮峪)의 무덤 1기에서 차마기 19점, 상식 예기 5점, 북방계 공구와 무기가 출토되었다. 말과 전차의 방울 외에도 9점의 다른 유물이 방울과 함께 출토되었는데, 이 유물들의 특징은 모두 말-수레 문화와 관련이 있다. 이 밖에도 부장품 가운데는 112점의 해패와 109점의 해패를 모방한 청동 패(貝)가 있는데, 모두 차마기와 함께 출토되었다. 이것은 이들 유물이 마구상의 장식품이었을 것임을 나타낸다(吳振錄 1972).

리자야문화에서는 적어도 7개 유적(그림 10.17)에서 부장품으로 사용된 동포(銅泡)가 출토되었다(烏恩嶽斯圖 2007: 142-144). 이들 유물은 은허와 첸장다에서 항상 마구의 일부분으로 출토되는 것이다. 예컨대 이들은 부호묘에서 다른 마기(馬器)들과 함께 출토될 때 재갈 형태를 이루고 있었다(中國社會科學院考古研究所 1980: 9-11). 이들 마구가 무덤에서 출토된 것은 묘주가 생전에 말(기능적인 측면 또는 상징적인 측면)과 밀접한 관계에 있었음을 나타낸다.

징제의 무덤 2기(M1과 M2) 모두에서 궁형기와 관상기(管狀器)가 출토되었다(山西省考古研究所 2006). 궁형기는 대부분 전차와 관련이 있는 것으로서 말고삐 걸이로 사용되었으며(林澐 1998a), 관상기는 채찍이다(烏恩嶽斯圖 2007: 129). 이 밖에 M1에서 출토된 청동 궤 1점에는 말의 형상이 새겨져 있는데(그림 10.18-2), 그 모습이 프셰발스키 야생마의 특징과 매우 비슷하다(Linduff 2003). 이 무덤에서 출토된 차마기를 고려하면 이 말이 묘사하고 있는 것은 순화된 프셰발스키 야생마일 가능성이 매우 높다. 명백히 징제 무덤을 대표는 '병'씨 가족은 말 및 전차와 모종의 특수한 관계에 있었다.

명문 증거: '말[馬]'의 상형문자는 갑골문에 여러 차례 출현한다(Mair, V. 2003). 이

상형문자는 매우 형상적인데, 긴 갈기털과 짧은 다리를 가진 동물의 형상으로 프셰발스키 야생마를 생생하게 묘사한 것이다(Linduff 2003). 그러나 형태상 야생 상태와 순화된 프셰발스키 야생마의 차이는 크지 않으므로(제4장 참조), 그 상형문자 역시 은허의 상인이 익히 알고 있는 순화된 프셰발스키 야생마를 묘사한 것일 가능성도 있다. 은허의 말은 다른 지역에서 기원한 것이기 때문에 말과 관련된 유존이 집중되어 있는 지역이 은허 말의 내원지일 가능성이 높다. 현재의 고고학적 자료가 보여 주는 황토고원 지역이 바로 그와 같은 곳 가운데 하나이다.

'마(馬)'는 '마방(馬方)'처럼 자주 '방(方)'과 함께 사용되는데, 방은 상 왕조 통치 범위 밖의 정치체 혹은 집단을 가리키는 것이다. 쇼너시(Shaughnessy)의 주장에 따르면 마방은 몇몇 집단으로 구성되었으며, 이 마방은 모두 말과 밀접한 관계를 가지고 있었다. 아울러 일반적으로 그들이 황허강 동부의 산시성(山西省) 남부지역에 거주했다고 생각한다(Shaughnessy 1988). 이와 유사하게 린환(林歡)도 복사와 고대 문헌에 근거해 몇몇 부락 또는 정치체가 양마(養馬)를 잘 했으며, 이 가운데 펀허강 서안에 분포하는 '마방' 또는 '병'씨 가족이 포함되어 있었다고 주장했다(林歡 2003). 최근 차오베이 유적에서의 발견도 펀허강 유역에 분포한 그러한 정치체 가운데 하나와 관련된 것일 수도 있다.

동물고고학적 증거: 가장 중요한 증거는 동물 유존에 속하는 것이다. 제4장에서 언급한 것과 같이 서북지방, 특히 오르도스 일대에서 말과 관련된 유적이 가장 밀집되어 있는 것이 발견되었으며, 그 연대는 구석기시대부터 초기 청동기시대까지 계속 이어진다. 양사오문화 후기 유적(먀오쯔거우와 다바거우)에서 출토된 마골은 프셰발스키 야생마로 감정되었다(黃蘊平 2003). 이것은 후기 유적에서 출토된 말도 마찬가지로 프셰발스키 야생마에 속하는 것임을 의미한다. 주목해야 할 것은 시차 유적에서 출토된 목축동물의 비율이 매우 높고 말, 소, 면양/염소 등이 포함되어 있다는 점이다. 이 유적에서 말은 식용으로도 사용되었고, 제사의 희생으로도 사용되었다. 마골은 공구를 제작하는 재료로 사용되기도 했다. 명백히 말은 반농반목 경제의 구성 부분이었다.

결국 생물학의 분류 표준을 채택해 판단할 때 신석기시대부터 청동기시대까지의 유적에서 출토되는 중국의 마골은 모두 프셰발스키 야생마로 판정되었다. 모든 예술적 형상과 문자가 묘사하는 말이 표현하는 것도 프셰발스키 야생마의 특징인 것 같다. 많은 상황에서 몇몇 유물(차마기)은 명백히 사육된 말과 관련이 있다. 중국 서북지역,

452

특히 오르도스 일대는 선사시대에 아시아 야생말의 순화가 시작되었을 가능성이 있는 광대한 유라시아 초원지역의 일부에 속한다. 서북지역에서 말은 생업 경제의 주요한 구성 부분이었다. 무덤 속의 청동기가 보여 주는 것처럼 말과 전차는 지역의 등급제도에서 신분 지위를 나타내는 기호이다. 오르도스지역은 반농반목과 반유목의 초원문화와 중원지역 상 문명 사이의 교류에서 매개체 역할을 했음이 분명하다. 상인의 수도에서 오르도스인의 장기인 말 및 전차와 관련된 문화 그리고 기술은 높이 존중되었다.

족속 | 황토고원 지역의 고고 유적은 갑골문에 기록된 것과 같이 은허 서북부에 분포하면서 은허와 연맹을 결성하거나 또는 적대관계를 형성한 여러 정치체와 공간적으로 완전히 일치한다(그림 10.2 참조). 많은 고고학자들은 징제와 차오베이는 상과 연맹을 맺은 정치체에 속하며, 리자야문화와 시차문화는 상과 적대적인 정치체를 대표한다고 믿는다(李伯謙 1988; 呂智榮 1990). 리자야 유적에서 출토된 토기의 명문이 '귀(鬼)' 자로 보이므로, 리자야문화의 족속이 상대의 '귀방(鬼方)'임이 확인되었다. 그러나 이런 견해가 보편적으로 수용되는 것은 아니다(烏恩嶽斯圖 2007: 168). 황토고원의 많은 정치체나 부락은 특히 청동기를 비롯해 유사한 풍격의 물건을 사용했을 것이며, 유사한 반농반목의 경제방식을 채택했을 것이다. 그러나 단지 갑골문에 의거해 그 족속을 확정하기는 어렵다.

요약 | 생업방식이나 지배층 문화를 막론하고 황토고원 지역과 말 및 전차 사이에는 밀접한 관계가 있는데, 이것은 같은 시기 중국의 다른 고고문화가 필적할 수 없는 것이다. 야금 전통과 농목 병행의 경제를 고려하면 황토고원 문화는 남시베리아 초원 미누신스크분지의 카라수크문화(BC 1400-BC 1000)와 매우 유사한데, 이들은 나중에 정주 생활방식, 목축업, 소와 말을 채택했으며 사슴과 멧돼지를 사냥했다(Legrand 2004). 초원지역에서 발전한 말-전차 문화 체계는 황토고원을 통해서 상 왕조에 전파된 것이다.

갑골문에 기록된 것처럼 상과 그 서북부 여러 정치체의 빈번한 상호작용은 부분적으로는 말과 전차 그리고 관련 기술을 획득할 목적으로 추동된 것이다. 마찬가지로 이러한 목적을 위해 상은 인근의 정치체, 이를테면 산시성(山西省) 중부의 징제 및 차오베이와 관계를 구축했을 가능성이 높다. 왜냐하면 그들은 상 중심 지역과 더욱 북방의 리자야문화 및 시차문화의 중간지대에 위치하고 있었기 때문이다. 오르도스지역의 비상(非商) 지배층은 상과 연맹을 맺은 인근 정치체를 통해 상식 청동기와 원시자기를 획득했다. 그 방식은 다양했는데 무역, 선물 교환, 전쟁 등이 그것이다. 이런 모든 현상은 상의 문화 가치관과 유라시아 초원에서 기원한 목축업문화 전통이 현지 문화, 특히 지배층의 문화전통에 융합되었음을 나타낸다. 앞서 언급한 것과 같이 각종 문화가 교류하고 융합된 상황은 다른 변경지역에서도 나타난다.

토의와 결론

상 전기부터 상 후기까지 발생한 변화는 점진적이며 집권적인 정치, 경제 체제가 분권적 체제로 변화한 것이라고 볼 수 있다. 얼리터우와 얼리강 국가가 건립되었을 때 주변의 여러 정치체는 상대적으로 약한 위치에 있었기 때문에 중원의 초기국가는 빠르게 확장해 주변 지역을 통치 범위에 넣을 수 있었다. 이와 같은 정치적·문화적 확장의 결과 가운데 하나는 주변 변경지역의 정치 세력이 발전하도록 자극한 것이다. 상 중기부터 다원적인 정치적 형세가 점차 형성되었다. 상대 후기의 정치적 통치는 얼리강 또는 상 전기의 수준으로 다시 돌아갈 수 없었다.

고고학적 자료는 얼리터우와 상 전기 국가의 통치자들이 얻은 영토 확장과 자원 통제 사이의 긴밀한 관계를 분명하게 드러낸다. 그들은 주로 군사적 수단과 식민지 확장을 통해 이와 같은 목적을 달성했다(제8장 참조). 상대 후기 지역 정권이 더욱 강대해졌을 때 상 왕조의 자원 탐색은 이제 다시 무력에만 의존해 실현될 수 없었다. 상과 주변 간의 교류방식은 더욱 다양해졌다. 이것은 이 장에서 언급한 것과 같이 자원 탐색에서 상 왕조의 국가 전략이 변화한 것이다.

상 왕조를 중심으로 보면 중심-주변 사이의 교류 모델은 연속적인 것이다. 상이 주변 지역에 전파한 것은 주로 옥기와 청동 예기를 포함한 의례 용구였다. 상은 청동기 주조와 옥기 제작 기술 측면에서의 우세를 통해 주변 정치체에 영향력을 행사했다. 이들 재부와 지위를 대표하는 상징적 물건은 지역 정치체의 등급제도를 구성하는 요소가 되었다. 어떤 연구자가 지적했듯이 상 후기 물질 유존 분포 범위는 문화적 팽창의 범위를 나타내는 것이지 정치적 통제 지역을 반영하는 것은 아니다(徐良高 1998). 이것은 상 문명이 영향을 미친 구역으로 볼 수 있으며, 이 지역의 집단이 공동의 문화 가치관을 가지고 있었음을 나타낸다.

한편 상은 주변 지역에서 원자재, 이국적 정서의 상품과 기타 유형의 자원을 수입했다. 이 같은 수입품에는 금속, 옥료, 원시자기, 소금, 말과 전차, 인신 희생과 동물 희생 등이 있다. 곡물과 동물도 은허에 수입된 물품 목록에 포함될 것이다. 이들 물건은 신분, 지위의 상징으로 상 왕조 지배층이 그 정치적 권위와 합법성을 유지하는 데 도움을 주었을 것이며 혹은 생활필수품으로 나날이 증가하는 도시 인구의 수요를 만족시켰을 것이다. 이러한 물건은 주로 조공, 교환 또는 전쟁 등의 방식으로 획득되었다. 상 왕조의 영토는 마치 키이틀리가 말한 '스위스 치즈'처럼 구멍으로 가득했을 것이다. 왜냐하면 상 왕조는 다양한 각종 수단을 통한 자원 획득을 더욱 선호했으며, 그 지역을 점령하는 것을 좋아하지 않았다(Keightley 1979-80: 26).

주변 지역을 중심으로 보면 전형적인 상식 풍격의 유물을 포함하고 있는 지역 고고문화가 상 왕조의 직접적인 통제 아래에 있었던 것은 아니다. 부분적으로 상 왕조의 통제를 받은 정치체부터 자치적인 정치체에 이르기까지 서로 다른 정도로 상문화의 영향을 받은 것을 알 수 있다. 각 지역에서 보유하고 있는 자원의 양과 상 왕조가 필요로 한 것 사이의 차이도 지역 정치체와 상 왕조 사이의 쌍방향적 교류가 가지는 다양한 성격을 결정했다. 동시에 상과의 관계도 상당한 정도로 지역 정치체가 상 문화의 요소를 어느 정도까지 그들의 토착문화 전통에 수용할 것인지를 결정함에 따라 정해졌다. 많은 경우 지역 지배층은 높은 사회적 지위의 표지로서 표면상 상의 의례제도를 수용했으며, 그 본래의 의례 개념은 상실되었다. 그들은 상인과는 다른 방식으로 상식의 예기를 사용했다. 예컨대 리자야문화에서 지배층 무덤의 상식 청동기는 주로 식기(食器)이며, 이것은 일반적인 상인의 예기 조합과는 분명히 다르다. 후자의 경우 수량이 가장 많은 청동기는 주기(酒器)이다(王永剛 등 2007). 마찬가지로 싼싱두이 유적에서 출토된 머리에 준을 이고 있는 청동 인상(그림 10.13-3)은 상식의 식기가 싼싱두이 유적의 조묘(祖廟)에서는 식기로 전시되지 않았음을 보여 주는데, 이것 역시 상 왕조의 습속과는 다르다. 상문화의 물건은 현지의 사회적 등급을 표시하는 의례 체계로 융합되었지만, 이들 물건이 대변하는 원래의 종교적 함의가 그대로 담겨져 있었는지의 여부는 분명하지 않다.

은허 시기에 상 왕조가 정치적으로 쇠락한 것도 청동기 생산에 나타난다. 예기의 생산과 분배를 장악하는 것은 초기국가의 정치적 전략이었다. 제9장에서 언급한 것처럼 얼리터우와 얼리강 시기에는 얼리터우와 정저우상청 같은 최고층의 정치 중심에서만 의례 용기가 생산된 증거를 볼 수 있다. 그러나 상대 후기에는 이와 같은 상황에 변화가 나타나서 소수의 지역 중심도 용기와 기타 유형의 청동기를 스스로 생산하고 이로써 이미 성립된 등급제도를 강화하기 시작했다. 싼싱두이와 라오뉴포가 그러했으며, 신간의 다양저우와 오르도스지역에서도 마찬가지였을 가능성이 높다.

비록 그렇다고 하더라도 질과 양에서 다른 지역 정치체의 청동기 생산은 은허를 초월하지 못했다. 상인의 청동 주조 기술은 원심적인 방식으로 주변의 다른 지역에 영향을 주었다. 상문화와 현지 문화전통을 혼합한 정미한 청동기가 간혹 후난성의 닝샹(寧鄕)지역에서 발견되었고, 이런 물건은 일찍부터 상 후기 남방의 전통으로 간주되었다. 그러나 최근 닝샹 탄허리(炭河里)의 발굴을 통해 청동기 주조 증거가 있는 서주(西周)의 성지가 발견되었다. 닝샹과 그 주변 지역에서 발견된 상식 청동기는 명백히 서주 시기에 탄허리에서 주조된 것이며, 이것들은 대개 주가 상에게 승리를 거두고 나서 북방에서 이곳으로 이주해 온 상 장인의 작품일 것이다(向桃初 2008).

중국 상 후기의 사회적·정치적 구도는 서로 교차하는 다수의 지역 체계, 그리고 다수의 중심-변경 관계를 형성하는 모자이크식 분포 모델로 묘사할 수 있다. 상문명은 상 왕조 지배층의 문화 가치관 확장으로, 아울러 외래의 물질문화 및 기술이 수용되고 모든 주변 지역의 전통이 융합됨으로써 구성된 하나의 복잡한 종합체로 규정할 수 있다.

제11장 비교적 관점하의 중국문명

우리는 지금 중국 고고학의 황금시대에 있다. 전체 인류의 4분의 1에 해당하는 사람들의 선사시대 역사에 관한 완전히 새로운 지식 체계의 창조를 증언할 수 있는 기회를 우리가 가지고 있기 때문이다.

－장광즈,『고대중국고고학(古代中國考古學)』(Chang 1986a: 412)

이 책의 내용을 통해 중국 각 지역의 문화전통은 뚜렷한 다양성을 가지고 있었음을 알 수 있었다. 그런데 전(全) 지구적 시각에서 보았을 때 초기 중국문화에는 세계 다른 지역과 분명하게 구분되는 특징이 있을까? 마지막 장에서는 시야를 넓혀 세계 다른 지역의 고대 문명들과 비교함으로써 중국문명을 이해해 보고자 한다.

중국성(Chineseness)의 의미

다양한 지식 배경을 가진 모든 연구자들이 다음과 같은 문제에 흥미를 가지고 있다. 중국문명과 세계의 다른 문명은 얼마나 다른가? 무엇이 중국을 '중국'으로 만드는가? 어떤 이유로 중국은 오랫동안 통일을 유지했는가? 인류학자, 고고학자, 역사학자들은 일찍부터 이와 같은 중요한 문제를 제기하고 각 분야의 방법을 운용해 분석, 연구했으며, 서로 다른 결론을 얻었다.

일반적으로 도시, 궁전 건축, 신전, 야금술, 문자, 제도화된 사회 계층 등과 같은 세계 다른 문명의 몇몇 특징이 기원전 2000년기의 중국에서도 출현했음을 모든 사람이 인정한다. 그러나 일부 특징은 사실상 단지 표면적인 유사성을 가질 뿐이다. 만약 세세한 내용을 깊이 들어가 살펴보면 그들 사이에 현저한 차이가 있음을 발견할 수 있다. 장광즈가 여러 저작에서 개괄한 것처럼 고대 중국에서 청동 기술은 예기와 무기의 형식으로 정치적인 목적에 사용되었으며 식량 생산에 사용되지 않았다. 신석기시대부터 청동기시대까지 농업 생산 도구는 줄곧 석기였다. 중국에 현존하는 가장 오래된 문자, 즉 상 후기의 갑골문은 주로 점복과 관련되어 있다. 최초의 도시는 정치 중심이며 경제 중심이 아니다. 이런 특징은 고대 메소포타미아 문명과는 판연히 다르다. 후자의 두드러진 특징은 경제와 기술의 발전이다. 이를테면 관개 체계를 건설하고, 금속 도구를 사용해 농업 생산에 종사했으며, 경제와 무역 활동을 위해 문자를 창조했고, 교역 장소를 중시해 점차 도시가 형성되었다(Chang 1983, 1984, 1986a). 장광즈는 한 걸음 더 나아가 기술과 무역이 아닌 정치가 중국문명의 형성으로 귀결된 사회 변혁을 추진한 주요 원동력이 되었으며, 상 왕조는 하나의 두드러진 사례라고 강조했다(Chang 1984). 이와 같은 이론적 배경하에서 그는 고대 중국문명이 일어나게 된 주요한 원인은 정치적 지도자와 샤머니즘의 밀접한 관계에 있고, 이와 같은 종교적 전통은 신석기시대까지 올라갈 수 있다고 지적했다. 장광즈의 논의에서 샤먼은 종교를 장악한 자이다. 이들은 사람과 하늘 간의 소통하는 권력을 소유했는데, 이와 같은 사람을 중국 고대 전적(典籍)에서는 '무(巫, 여성 샤먼)'와 '격(覡, 남성 샤먼)'이라고 불렀다(Chang 1983: 44-55). 샤먼의 활동을 통해 통치자와 신령이 소통하고 죽은 자들로부터 지혜를 얻었다. 따라서 장광즈는 샤머니즘의 핵심적인 작용이 바로 중국 초기 문명이 메소포타니아 문명과 다른 가장 두드러진 특징이라고 했다. 그러나 샤머니즘은 중앙아메리카 마야 문명의 특징이기도 하다. 따라서 장광즈는 정신 관념(ideology)상에서 중국-마야 문화 연속체가 존재하며, 이것은 구대륙과 구석기시대 후기의 문화적 잠류(潛流)에 깊이 뿌리내리고 있었다고 믿었다. 바꾸어 말하면 근동의 문명만이 더욱 이른 원시문화 모델에서 배제되는 것이다(Chang 1984).

중국-마야 연속체와 근동 문명 단열설(斷裂說)에 관한 장광즈의 서술은 하버드대학 인류학 연구자들 사이에서 일련의 논쟁을 불러일으켰다(Lamberg-Karlovsky, C. C. 2000; Maybury-Lewis 2000; Willey 2000). 이 논쟁은 문명의 기원에서 정신 관념의 작용에 중점을 둔 것이었는데, 이것은 1980년대 신고고학자들에 의해 강조된 생태적·물질적 해석으로부터의 전반적인 이탈을 나타낸다(Lamberg-Karlovsky, M. 2000: xi).

이외에도 이들 연구의 분석 방법에는 하나의 공통점이 있다. 그것은 곧 신진화론의 방법을 채택해 일종의 보편적인 해석을 찾고자 혹은 과거의 역사를 창조한 일종의 원동력을 찾고자 시도한 것이다.

장광즈의 논문은 고대 중국에서 무-샤먼의 활동에 주목했다. 특히 그의 상대 청동기 문양에 나타나는 샤머니즘적 함의에 관한 주장은 국제 중국학계에서도 많은 논쟁을 불러일으켰다. 몇몇 연구자는 장광즈와 마찬가지로 청동기 문양이 신화와 직접적으로 연관되어 있으며, 그것은 상인의 종교적 관념을 대변한다고 믿었다(예컨대 Allan 1993; Childs-Johnson 1998). 몇몇 연구자는 이들 문양은 단지 장식을 위한 것이며, 이것으로 상의 종교를 탐색하는 실마리로 삼기는 어렵다고 주장했다(예컨대 Bagley 1993).

키이틀리는 인류학의 방법(개념적 일반화에 초점을 두는)과는 다르게 다른 시각, 즉 역사학적 방법으로 특정한 역사적 사건과 상황을 탐색했으며, 일반화된 해석을 찾고자 하지는 않았다. 그는 선사시대 자연환경과 인류의 사상 및 행위에 나타나는 특징을 찾고, 이것들이 바로 상 문명이 시작된 전략적인 요인이 될 것이라고 주장했다. 그 특징에는 자연환경, 물건 제작, 의례 활동 그리고 인류의 사상이 포함된다(Keightley 1978a, 1987, 2004). 키이틀리에 따르면 중국 고대의 지리적 환경 특징은 문화 발전의 형태를 해석하는 데 도움이 된다. 초기 중국문화의 뿌리는 농경이며, 따라서 시장의 작용은 크게 중요하지 않았던 것 같다. 이 밖에 중국 경내의 주요 대하(大河)는 동쪽에서 서쪽으로 흐르는데, 이런 자연환경은 지역 간 무역의 발전을 촉발하기 어려웠다. 왜냐하면 주요 하천이 흐르는 위도가 같아서 자연 자원이 기본적으로 유사했기 때문이다. 광역적 무역 네트워크의 결여 역시 자연 자원이 광범위하게 분포된 것을 통해 해석할 수 있다. 각지의 일상생활은 모두 자급자족이 가능해서 굳이 무역을 할 필요가 없었다. 메소포타미아의 자연환경은 이와는 완전히 달랐다. 사회 발전에 필요한 금속 광석, 단단한 석재와 질 좋은 목재가 매우 부족했으므로 원거리 무역 네트워크를 통해 입수해야 했다(Keightley 2004). 키이틀리는 초기 중국문명에서 상업 시장이 발달하지 않은 것은 명백히 종교 행위, 정치적 정책과는 관련이 없으며 객관적인 환경에 의해 조성된 것이라고 생각했다.

키이틀리가 말한 것과 같이 중국이 왜 '중국'이 되었는지를 완전히 이해할 수는 없다. 그러나 사람들이 선택한 사회 메커니즘, 문화적 결정과 자연환경을 가능한 한 인식함으로써 어떤 것이 역사 진행에 영향을 준 요소인지에 대해 더욱 깊이 이해할 수 있다. 바로 이것들이 중국문명의 독자성을 만들어 냈다(Keightley 2004).

중국문명과 세계 기타 지역

세계 다른 지역과는 다른 중국문화의 특징이 조성된 원인은 확실히 중국의 지리적 환경과 깊은 관계를 가지고 있다. 제2장에서 논의한 것처럼 전통적으로 중국의 문화 전통 및 국가는 기본적으로 모두 독자적 기원을 가지고 있다고 생각해 왔다. 왜냐하면 중국은 인더스강 유역, 메소포타미아 등 다른 초기 문명의 중심지와 매우 멀리 떨어져 있어서 서로 도달하기 어렵고, 이들 사이의 연계도 매우 적었기 때문이다(Murphey 1972). 그렇지만 이 책을 통해 중국과 세계 다른 지역은 선사시대에 서로 연결되어 있었으며, 이와 같은 연계는 사서에 기록된 한(漢) 왕조의 서북 무역로 개척 이전부터 시작되었음을 입증할 수 있었다. 북방 노선을 통한 교류는 구석기시대 후기부터 이미 존재했다. 그 증거로는 유라시아 초원과 중국 북방에 세석기 기술이 광범위하게 분포되어 있었던 것을 들 수 있다. 그러므로 이와 같은 북방 노선을 통한 교류가 그 이후에 존재하지 않았다고 생각할 이유가 없다.

고고학적 자료는 만약 중국 밖에서 온 아주 많은 신기술을 흡수하지 않았다면 중국문명이 이렇게 높은 수준의 복합화 정도에 도달할 수는 없었을 것임을 보여 준다. 청동 기술이나 마차, 밀, 보리, 말, 소, 염소/면양과 같은 가장 두드러진 발명은 모두 중앙아시아에서 중국으로 전래되었다(제4장, 제10장 참조). 중국과 유라시아 초원 사이의 교류는 북방과 서북방의 광대한 지역에 펼쳐진 여러 노선을 통해 진행되었을 것이지만, 직접적인 교류는 북방 변경의 주민에 의해 완성되었을 것이다. 그들은 두 지역 사이에서 매개체의 역할을 했다.

고대에 중국 서남부와 남아시아 사이에도 하나 또는 몇 개의, 사람들에게 잘 알려지지 않은 노선을 통해 교류가 진행되었으며, 그 시간은 기원전 1000년기 후반까지 소급될 수 있다. 이 고대의 무역로는 쓰촨성과 (중간에 윈난성과 베트남을 경유해) 인도를 연결했으며, 한 걸음 더 나아가 중앙아시아와 유럽까지 확장되었다. 이 무역로의 화물에는 쓰촨성과 윈난성의 방직품, 대나무 제품, 소금 및 남아시아와 중앙아시아에서 온

자안패(子安貝), 유리구슬, 마노구슬과 다른 귀중품 등이 포함된다(江玉祥 1995; 張學君 1995). 이와 같은 교류는 선사시대에 이미 시작되었는데, 쓰촨성 싼싱두이 유적에서 발견된 대량의 해패가 그 증거이다(四川省文物考古硏究所 1999).

항해 기술을 이용해 진행된 해상 교류는 신석기시대에 이미 뚜렷하게 발전되었다. 이 능력은 동남 연해안의 신석기시대 집단이 해협을 건너 타이완에 도달할 수 있게 했는데, 기원전 4500년까지 올라가는 다번컹문화가 그것을 대표한다(Chang and Goodenough 1996). 산둥반도의 연해 유적에서는 양쯔강 하류 량주문화(BC 3300-BC 2000)풍의 토기가 발견되었다(欒豊實 1996b: 57). 동남 연해의 푸젠성 황과산 유적(약 BC 2000)에서는 북방 작물에 속하는 보리 씨앗이 발견되었다(Jiao 2007). 당시의 항해 기술로 어디까지 갈 수 있었는지 지금은 알 수 없지만 선사시대의 선박이 중국과 일본 사이를 왕래할 수 있었다고 해도 그리 놀라운 일은 아니다. 안즈민(安志敏)의 연구가 보여 준 것처럼 일본에서는 결(玦), 난간식 건축물과 도작 농기구 등 양쯔강 유역의 전형적인 신석기시대 문화 유존이 출토되었다(安志敏 1984, 1990).

중요한 것은 외부 세계와의 교류가 중국 사회의 정치와 기술 발전에 자극을 주었다는 것이다. 외래 기술이 중원의 주민에 의해 개조되고 본토의 정치와 정신 관념 체계에 수용되었다. 그러므로 앞으로 연구해야 할 문제는 초원에서 중국으로 들어온 독특한 문화적 요소에 어떤 것이 있는지를 탐구하는 것뿐만 아니라 이것이 수용된 방식 그리고 이것이 중국문명의 형성 과정에서 발휘한 역할이다. 중국에 수입된 새로운 기술이 하나의 묶음으로 들어온 것인지 아니면 하나씩 들어온 것인지 지금은 분명하지 않다. 이것은 일단 중국에서 채택된 뒤 점차 광범위하게 전파되어 나갔던 것 같다. 국가 형성기, 즉 얼리터우부터 상에 이르기까지 이들 기술이 운용된 밀집도와 강도는 모두 최고 수준에 달했다. 밀, 보리, 면양/염소와 황소와 같이 외부에서 들어와 순화된 동식물은 신석기시대 후기에 처음 출현해 얼리터우와 상대에 이르러서는 점차 일상적인 것이 되고 새로운 식량 공급원이 되었다. 이들은 도시의 인구가 급속히 증가하도록 했으며 동시에 초기국가의 영토 확장을 촉진했다. 이런 시각에서 선진 농업 기술이 중국문명의 형성 과정에서 발휘한 역할은 생산 도구의 효율을 제고한 것(석기를 대신한 청동기)에 있지 않고 더욱 풍부한 영양소를 함유한 식량원을 제공했다는 데 있다.

야금술, 말과 마차와 같은 기타 외래 기술은 또 다른 목적, 즉 사회 계층을 구축하고 강화하는 데 사용된 것 같다. 그러나 국가가 형성되기 이전까지 이 기능은 아직 발휘되지 않았다. 중국 북방 각지의 몇몇 신석기시대 후기 문화에서 모두 소형 청동 공구(刀와 같은)와 장식품이 사용되었지만, 이것이 사회 계층을 나타내는 규범화된 기호 체계로 편입되지는 않았다. 얼리터우 시기에 이르러 비로소 청동 예기가 주조되기 시작했다. 백도 주기(酒器)를 모방해 제작한 청동기는 당시의 의례제도와 결합되었다. 마찬가지로 말은 상대 후기 이전 수백 년 동안 치자문화에서 단백질을 풍부하게 함유한 식량으로 소비되었지만 은허에 이르러서야 비로소 왕실 지배층이 말과 마차를 이용해 새로운 신분 표지를 창조해 냈다. 이들 기술은 수용되고 재창조되는 과정에서 중국 초기 문명이 새로운 문화 가치를 만드는 데 도움을 주었으며, 사회 발전의 새로운 시대를 열었다.

중국문명과 문화적 동질감의 형성

많은 연구자들이 지적하는 것처럼 고대 중국문명이 메소포타미아 문명과 다른 점은 후자가 대외 무역에 의존해 생활필수품과 위신재를 획득함으로써 무역이 경제에서 매우 중요한 의미를 지녔으며, 정치 체제 형성에 필수적이었던 것(예컨대 Pollock 1999)에 비해 고대 중국인은 주로 풍부한 현지 자원에 의존해 생활 수요를 충족시켰다는 데 있다. 그러나 이처럼 상대적으로 자급자족적인 지역적 경제방식은 적극적인 장거리 교환을 통해 비로소 획득할 수 있는 위신재와 희소 자료로 보완되어야 할 필요가 있다. 선사시대와 초기 역사시대에는 모두 그러했다. 무역 활동과 의례 행위는 밀접한 관련이 있었으며, 의례 행위는 늘 몇몇 종류의 위신재, 특히 옥기, 청동기 같은 것을 사용했다. 이와 같은 의례 형태는 중국문명 형성기에 광역에 걸쳐 공통의 신앙 체계, 제사방식과 상징적 기호를 형성하는 데 도움이 되었다.

신석기시대의 의례 활동과 몇몇 예기를 통해 표현되는 각 집단 사이의 관계는 분산적이었지만 동시에 상이한 지역 전통 사이에는 일종의 상호 융합의 추세도 존재했다. 이런 과정은 모종의 공통 가치관을 형성하는 데 도움이 되었으며, 이것은 예술품의 형식으로 표현되었다. 그러나 중원지역에 초기 왕조의 도성이 건설됨에 따라 분명한 변화를 볼 수 있게 되었다. 이것은 바로 위신재와 자원이 공납품으로서 주변 지역에서 정치 중심으로 흘러들게 된 것이다. 이러한 변화가 '중국(中國)', 즉 중심 국가의 개념을 만들어 내는 데 도움이 되었을 것이다. 이것은 중원지역의 주민이 그들의 고향을 세계의 중심으로 보게 되었음을 나타낸다. '중국'이라는 단어는 서주 전기의 동기 '하준(何尊)' 명문에 처음으로 나타난다. 이 명문은 주 성왕(成王)이 '중국'에서 성주(成周)를 건설한 사건을 기록하고 있는데, 여기에 나오는 '중국'은 이뤄허강 지역을 가리킨다. 이 잠재적 정치지리 개념은 상 왕조 때 이미 존재했을 것이다(Hsu and Linduff 1988: 96-101). 다만 자신을 중심으로 하는 이 개념은 중원 밖의 지역 정치체들에게 인정을 받지 못했을 것이다. 그러나 지역 정치체들의 생각을 알기는 매우 어렵다. 왜냐하면 이들 지역 문화의 동 시대 문자기록이 전해지지 않기 때문이다.

초기 왕조 시기의 새로운 민족의 자아의식 형성은 특히 상과 서주 시대에 중원지역의 집단과 변경지역의 집단, 특히 북방 변경 및 더욱 먼 지역에 있던 목축 민족의 교류가 점점 더 활발해진 것과 밀접한 관계에 있을 것이다.

복합사회의 흥쇠

과거 수십 년간 문명의 기원에 대한 논의가 매우 많이 이루어졌다. 최근 들어서는 복합사회와 문명의 붕괴라는 새로운 문제도 비교적 많은 관심을 받고 있다(예컨대 Diamond 2005; McAnany and Yoffee 2010; Tainter 1988; Yoffeeand Cowgill 1991). 흔히 볼 수 있는 연구 방법에는 두 가지가 있다. 하나(기후론)는 기후 변화와 복합사회 체계의 급변 간 시공 대응관계를 찾아 기후 악화를 문명 쇠망의 주요한 원인으로 간주한다(예컨대 Diamond 2005; Weiss and Raymond 2001; Wu, W. and Liu 2004). 다른 하나(대응론)는 압력에 대응하는 인류의 대응 능력을 강조해 사회를 외부 도전을 처리하는 내재적 능력의 메커니즘으로 간주한다. 사회 변화는 끊임없이 발생하며, 자연 자본이 점진적으로 축적되는 과정은 불시에 찾아오는 압력으로 단절되어 남아 있는 사회 체계의 재건으로 이어진다(Redman 2005; Redman and Kinzig 2003). 이 두 가지 가운데서 후자가 더 큰 지지를 받는다. 사회는 항상 자신의 행위를 수정함으로써 눈앞의 위기에 대응하지만, 부단히 발생하는 단기적 위기에 대응하는 방법들은 장기적으로 존재하는 몇몇 엄중한 문제를 해결하지 못한다는 것을 매우 많은 연구 사례가 보여 주었다(McAnany and Yoffee 2010; Rosen 2007b). 우리는 과거 인류와 환경의 관계를 이해하는 데 두 가지 방법 모두 가치 있다고 생각한다. 우리는 환경 영향의 정도를 이해할 필요가 있으며, 사회가 외부의 도전에 대응하는 전략도 평가할 필요가 있다. 이들 대응 전략은 성공할 수도 있고 실패할 수도 있다.

붕괴는 인류 역사에서 부단히 반복되었다. 중요한 것은 국가(정치 조직)의 붕괴와 문명(문화대전통)의 붕괴를 구별하는 것이다. 요피가 말한 것처럼 이 두 가지의 술어는 서로 다른 개념에 속하며, 이 양자의 붕괴 과정은 사회 변화의 서로 다른 궤적을 보여준다(Yoffee 1991). 문명의 붕괴는 드물게 나타난다. 오직 메소포타미아만이 하나의 전형적인 사례이다. 반대로 국가의 붕괴, 즉 대형 정치체의 해체는 오히려 매우 보편적이다. 마야 문명과 하라파 문명에서 그 사례를 찾아볼 수 있다.

앞의 장과 절에서 언급한 것과 같이 신석기시대에 중국 각지에서 초기 복합사회의 흥쇠 사건이 여러 차례 발생했다. 예를 들면 홍산문화, 량주문화, 스자허문화가 이에 해당한다. 이들 사례 가운데서 정치 조직은 문화대전통과 함께 붕괴한 것 같다. 이것은 지역 범위 내에서 고고 물질문화가 소실되고, 인구가 급격히 감소한 것으로 나타난다. 이들 붕괴 사건의 원인은 잦은 기후 악화, 생태 재난 또는 외부 압력에 대한 대응의 실패로 귀결된다.

청동기시대의 중국도 여러 차례 환경 악화를 경험했지만 붕괴로 이어지지는 않았다. 예를 들면 얼리터우는 기후 파동 시기에 지역적 강대국이 되었지만 이때 다른 많은 지역의 인구는 감소하고 있었다. 얼리터우의 흥기는 대응론의 매우 좋은 사례인 것 같다. 그러나 이 변화의 잠재적인 메커니즘은 아직 확실하지 않다. 왕웨이(王巍)는 일찍이 환경과 경제적인 요소로 초기국가의 흥기를 해석한 바 있다(王巍 2004). 얼리터우문화 유적은 쑹산 일대에 상대적으로 해발이 높은 지역에 분포한다. 이와 같은 입지 전략은 의심할 여지없이 대규모 홍수를 막을 수 있었지만, 특히 양쯔강 유역을 비롯한 저 해발 지역의 많은 신석기시대 취락은 홍수로 파괴되었다. 다음으로 황허강 중류의 농업에는 여러 종류의 작물, 이를테면 좁쌀, 콩, 수도, 밀 등을 경작하는 것이 유행했다. 이것은 다른 지역의 수도 단일 농업 체계에 비해 사회의 생존을 더 잘 유지하기 쉽다. 왕웨이는 좁쌀이 수도에 비해 기후 파동에 더욱 잘 적응할 수 있으며, 여러 종류의 작물을 재배하는 농업방식이 흉작의 위험을 피하는 데 도움이 된다고 주장했다.

이 견해는 쑹산지역이 룽산부터 얼리터우 시기까지 분명한 문화적 연속성을 보이는 것을 해석하는 데 유용하지만, 이 시기에 왜 국가 수준의 사회 조직을 만들었는지를 설명하지 못하며 또 얼리터우문화의 다종 작물 농업 체계가 발휘한 작용은 무엇이 었는지를 밝히지도 못했다. 왜냐하면 고고학적으로 발견된 식물 유존 가운데에서 콩, 수도, 밀은 매우 적은 비례밖에 차지하지 않고 있기 때문이다(Lee, G. and Bestel 2007; Lee, G. et al. 2007; 趙志軍 2009b). 이전의 연구는 이미 얼리터우문화 핵심 지역의 인구 가 급속히 증가하는 과정에 있었음을 증명했다(Liu, L. 2006: 182~186; Liu, L. et al. 2002~ 2004; 許宏 등 2005). 따라서 기후가 불안정한 시기에 이뤄분지의 인구가 증가한 원인 에 대해서는 여전히 다른 해석이 필요하다. 이것이 국가 형성 문제의 한 중요한 구성 부분이다.

지리정보시스템(GIS) 모델의 분석 결과에 의하면 이뤄분지 얼리터우문화의 인 구는 최대 수용량의 78%에 도달했는데, 이것은 가장 이상적인 비율을 초과한 것이다 (Qiao 2007). 얼리터우인은 이전에 비해 더욱 많은 식량을 생산했지만 여전히 룽산 후 기의 농업 기술을 사용했다. 이런 상황에서 가장 중요한 사회적 원인은 지도 전략이었 다. 얼리터우 국가의 통치자들은 그것이 강압적인 것이든 아니면 회유적인 것이든 더 욱 많은 사람이 더욱 열심히 노동하게 만들 수 있었다. 그렇게 하기 위해서 지배층은 의례와 정치권력을 반드시 가져야 했다. 이것 역시 깊이 연구해야 할 문제이다.

이른바 중상(中商) 시기, 즉 정저우상청에서 안양 은허로의 과도기에 여러 차례에 걸쳐 쇠락과 부흥 사건이 일어났다. 이 기간에 정저우에 있던 주요 중심은 쇠망하고 각 지에서 많은 소중심(小中心)이 출현했다. 이런 변화에 대한 전통적인 해석은 도성의 이 동이었다. 그러나 당시에는 명백히 여러 개의 '도성'이 병존했지만 후대의 문헌에 기 록된 것처럼 왕실 일계(一系)가 단선적으로 이어진 것은 아니다. 이런 현상은 산둥성 지역에서 특히 분명하게 나타난다. 이곳에서는 상 전기부터 후기까지 여러 개의 지역 적 중심이 지속적으로 출현했다(方輝 2009). 이 발전 과정은 다음과 같이 해석할 수 있 다. 일종의 사회 조직(단중심적 얼리강 국가)이 붕괴하고, 다른 일종의 사회 조직(다중심 적 국가 체계)이 그것을 대신했으며, 그 이후에 다시 재집권의 새로운 시기(안양에 도읍 을 둔 상 후기)로 이행했다. 이 변화 중에서 문화대전통, 즉 고고학상의 상문화는 시종 변하지 않았다. 그러므로 청동기시대 전기의 상문화는 하나의 문명이 부흥한 사례이 며, 이 과정에서 정치 체계는 붕괴했어도 문화적 전통은 유지되었다. 1000여 년 후의 한 왕조도 마찬가지로 해석할 수 있다. 비록 정치제도는 해체되었어도 이것은 절대 고 유한 문화 가치관도 함께 붕괴되었음을 의미하지 않는다(Hsu 1991).

결론

일반적으로 중국은 수천 년 동안 끊임없이 이어진 문명사를 가지고 있으며, 인구가 많고 민족이 복잡해도 하나로 단결할 수 있었다고 설명한다. 이것은 정권이 꿋꿋하게 유지되어 무너지지 않을 수 있었다는 말이 아니라, 깊게 뿌리내린 문화적 가치가 중국문명이 대대로 이어질 수 있게 했다는 의미이다.

우리가 이 책에서 언급한 것처럼 중국이 문명을 향해 나아간 길은 길고 평탄치 않으며 복잡다단한 하나의 과정이었다. 이 문명은 급변하는 환경의 도전, 복합사회의 흥쇠, 사회적 충돌과 정치적 분쟁, 생각지 못한 사회 변형과 외래의 영향을 경험했다. 우리는 영원히 '중국성'이 도대체 어떻게 형성된 것이었는지를 분명히 알지 못할 수도 있고, 고대 '중국성'의 모든 상세한 상황을 철저하게 이해하기 어려울 수도 있다. 그리고 연구해야 할 문제가 해답보다 영원히 많을 것이다. 이 책이 우리로 하여금 8000여 년에 걸친 사회 진보 과정을 더욱 분명하게 이해할 수 있게 하고, 이 과정에서 수많은 작은 취락이 우리가 중국이라고 부르는 하나의 위대한 문명 체계로 한 걸음 한 걸음 변화한 것을 인식할 수 있는 창을 여는 데 도움이 되기를 바란다.

부록

중국 북방 신석기시대와 청동기시대 전기 유존에서 출토된 말 뼈

유적	연대(BC)	말의 감정 가능한 표본 수(NISP) (동물 유존 전체 감정 가능한 표본 수와의 백분비)	동물 유존 전체의 감정 가능한 표본 수	참고문헌
신석기시대				
산시성 시안 반포 陝西省 西安 半坡	양사오 5000-3000	4 프세발스키 야생마 유사종 (*E. Cf. Przewalskii*)	불명	李有恒, 韓德芬 1963
산시성 린펀 가오두이 山西省 臨汾 高堆	양사오 3000-3000	있음	불명	張德光 1956
산시성 바오지 관타오위안 陝西省 寶鷄 關桃園	양사오 후기 3500-3000	1(4%) 프세발스키 야생마(*E. Przewalskii*)	70	胡松梅 2007
네이멍구 차유첸치 먀오쯔거우 內蒙古 察右前旗廟子溝	양사오 후기 3800-3000	12(5.13%) 프세발스키 야생마 유사종 (*E. Cf. Przewalskii*)	234	黃蘊平 2003
네이멍구 차유첸치 다바거우 內蒙古 察右前旗 大壩溝	양사오 후기 3800-3000	2(0.88%) 프세발스키 야생마 유사종 (*E. Cf. Przewalskii*)	227	黃蘊平 2003
네이멍구 바오터우 좐룽짱 內蒙古 包頭 轉龍藏	중석기시대	있음	미상	王宇平 1957
산시성 징볜 우좡궈량 陝西省 靖邊 伍莊果墚	양사오 후기 3500-3000	2(최소 개체수 1) 말속(*Equus* sp.)	미상 (최소 개체수 149)	胡松梅, 孫周勇 2005
간쑤성 융징 마자완 甘肅省 永靖 馬家灣	마자야오 3000-2500	있음	–	謝端琚 1975a
네이멍구 칭수이허현 시차 內蒙古 淸水河縣 西岔	룽산	4(10.81%) 말속(*Equus* sp.)	37	楊春 2007
간쑤성 톈수이 스자오촌 甘肅省 天水 師趙村	마자야오 3000-2500	1(0.08%)	1,202	周本雄 1999
간쑤성 톈수이 시산핑 甘肅省 天水 西山坪	마자야오 3000-2500	1(0.4%)	245	周本雄 1999
산시성 위린 훠스량, 위안시하이쯔 陝西省 楡林 火石梁, 園西海子	룽산-얼리터우 2100-1900	3(0.2%) 말속(*Equus* sp.)	1,111	胡松梅 등 2008

라오닝성 다롄 베이우툰 遼寧省 大連 北吳屯	샤오주산 4500-3500	1	–	傳仁義 1994
산둥성 리청 청쯔야 山東省 歷城 城子崖	룽산 2500-2000	있음	–	梁思永 등 1934

청동기시대

간쑤성 융징 다허좡 甘肅省 永靖 大河莊	치자 2300-1900	5	–	中國社會科學院 考古研究所 甘肅工作隊 1974
간쑤성 융징 친웨이자 甘肅省 永靖 秦魏家	치자 2300-1900	있음	–	謝端琚 1975b
간수성 융징 지자촨 甘肅省 永靖 姬家川	신뎬 1600-600	있음	–	謝端琚 1980
간쑤성 융징 장자쭈이 甘肅省 永靖 張家咀	치자 2300-1900	3	–	謝端琚 1980
네이멍구 칭수이허현 시차 內蒙古 清水河縣 西岔	상대 후기- 서주 전기	531(9.1%)	5,835	楊春 2007
산시성 칭젠 리자야 陝西省 清澗 李家崖	상대 후기- 서주 전기	있음	불명 1988	張映文, 呂智榮
산시성 푸산 차오베이 山西省 浮山 橋北	상대 후기	완정한 뼈 2구와 마차 1량	–	國家文物局 2005a
산시성 시안 라오뉴포 陝西省 西安 老牛坡	상대 후기	완정한 뼈 5구, 그 가운데 말 2필과 마차 1량 포함	–	劉士莪 2001
산시성 화현 난사촌 陝西省 華縣 南沙村	상대(추정)	구덩이 1개에 완정한 뼈 2구	–	王志俊, 宋澎 2001
허난성 안양 은허 河南省 安陽 殷墟	상대 후기	치아 2매: 프셰발스키 야생마 (*E. Przewalskii*); 순마(殉馬) 300여 필	–	Teilhard De Chardin and Young 1936; Linduff 2003: 표 11.2
산둥성 텅저우 첸장다 山東省 滕州 前掌大	상대 후기	차마갱 5기에서 말 10필; 구덩기 4기에서 5필	–	中國社會科學院 考古研究所 2008
산시성 바오지 관타오위안 陝西省 寶鷄 關桃園	서주	9(32.1%) 프셰발스키 야생마 (*E. Przewalskii*)	28	胡松梅 2007
간쑤성 위먼 훠사오거우 甘肅省 玉門 火燒溝	쓰바 2000-1600	있음	–	甘肅省博物館 1979
간쑤성 진타 강강와, 훠스량 甘肅省 金塔 缸缸窪, 火石梁	2000 BC~ AD 700	있음	–	Dodson et al. 2009

賈蘭坡, 1991, 關于周口店北京人遺址的若干問題. 考古 1: 77-84, 62.

賈蘭坡, 蓋培, 尤玉柱, 1972, 山西峙峪舊石器時代遺址發掘報告. 考古學報 1: 39-58.

葛威, 2010, 澱粉粒分析在考古學中的應用. 博士論文, 合肥, 中國科學技術大學.

甘肅省文物考古研究所, 2006, 秦安大地灣. 北京, 文物出版社.

甘肅省文物考古研究所, 吉林大學北方考古研究室(編), 1998, 民樂東灰山考古. 北京, 科學出版社.

甘肅省博物館, 1979, 甘肅省文物考古工作三十年. 文物考古工作三十年, 文物編輯委員會(編), 北京, 文物出版社: 139-153.

江西省文物考古研究所(編), 1997, 新幹商代大墓. 北京, 文物出版社.

江西省文物考古研究所, 瑞昌市博物館(編), 1997, 銅嶺古銅礦遺址發現與研究. 南昌, 江西科學技術出版社.

江西省文物考古研究所, 樟樹市博物館(編), 2005, 吳城-1973-2002年發掘報告. 北京, 科學出版社.

江玉祥, 1995, 古代中國西南絲綢之路. 古代中國西南絲綢之路研究, 江玉祥(編), 成都, 四川大學出版社: 42-63.

江章華, 王毅, 張擎, 2001, 成都平原早期城址及其考古學文化初論. 蘇秉琦與當代中國考古學, 宿白(編), 北京, 科學出版社: 699-721.

江鴻, 1976, 盤龍城與商朝的南土. 文物 2: 42-46.

凱斯·道伯涅(Keith Dobney), 袁靖, 安東·歐富恩克(Anton Ervynck), 安波托·奧巴萊拉(Umberto Albarella), 皮特·羅萊-康威(Peter Rowley-Conwy), 楊夢菲, 羅運兵, 2006, 家猪起源研究的新視角. 考古 11: 74-80.

蓋瑞·克勞福德, 陳雪香, 王建華, 2006, 山東濟南長清區月莊遺址發現後李文化時期的炭化稻. 東方考

古(第3集), 山東大學東方考古研究中心(編), 北京, 科學出版社: 274-289.

格桑本, 1979, 青海民和核桃莊馬家窯類型第一號墓葬. 文物 9: 29-32.

景可, 盧金發, 梁季陽, 1997, 黃河中游侵蝕環境特徵和變化趨勢. 鄭州, 黃河水利出版社.

高廣仁, 2000, 大汶口文化的葬俗. 海岱地區先秦考古論集, 高廣仁(編), 北京, 科學出版社: 125-143.

高廣仁, 邵望平, 1986, 中國史前時代的龜靈與犬牲. 中國考古學研究, 中國考古學研究編委會(編), 北京, 文物出版社: 57-70.

顧萬發, 張松林, 2005, 河南鞏義市花地嘴遺址"新砦期"遺存. 考古 6: 3-6.

顧問, 2002, 新砦期研究. 殷都學刊 4: 26-40.

顧問, 張松林, 2006, 花地嘴遺址所出"新砦期"朱砂繪陶瓷研究. 中國歷史研究 1: 19-37.

高星, 侯亞梅(編), 2002, 二十世紀舊石器時代考古研究. 北京, 科學出版社.

高詩珠, 2009, 中國西北地區三個古代人群的線粒體DNA研究. 博士論文, 長春, 吉林大學.

高煒, 楊錫璋, 王巍, 杜金鵬, 1998, 偃師商城與夏商文化分界. 考古 10: 66-79.

高煒, 李健民, 1983, 1978-1980年山西襄汾陶寺墓地發掘簡報. 考古 1: 30-42.

孔昭宸, 杜乃秋, 1985, 內蒙古敖漢旗興隆窪遺址植物的初步報告. 考古 10: 873-874.

孔昭宸, 杜乃秋, 許清海, 童國榜, 1992, 中國北方全新世大暖期植物群的古氣候波動. 中國全新世大暖期氣候與環境, 施雅風, 孔昭宸(編), 北京, 海洋出版社: 48-65.

孔昭宸, 劉長江, 張居中, 1999b, 澠池班村新石器時代遺址植物遺存及其在人類環境學上的意義. 人類學學報 18(4): 291-295.

孔昭宸, 劉長江, 趙福生, 2011, 北京老山漢墓植物遺存

及相關問題. 中原文物 3: 103-108.

孔昭宸, 劉長江, 何德亮, 1999a, 山東滕州市莊里西遺址植物遺存及其在環境考古學上的意義. 考古 7: 59-62.

龔勝生, 1994, ≪禹貢≫中的秦嶺淮河地理界限. 湖北大學學報(哲學社會科學版) 6: 93-97.

郭大順, 1997, 中華五千年文明的象徵-牛河梁紅山文化壇廟塚. 牛河梁紅山文化遺址與玉器精髓, 遼寧省文物考古研究所(編), 北京, 文物出版社: 1-48.

郭大順, 張克舉, 1984, 遼寧喀左東山嘴紅山文化建築群址發掘簡報. 文物 11: 1-11.

郭德勇, 1960, 甘肅武威皇娘娘臺遺址發掘報告. 考古學報 2: 53-71.

郭德勇, 孟力, 1984, 甘肅東鄉林家遺址發掘報告. 考古學刊(4), 考古編輯部(編), 北京, 中國社會科學出版社: 111-161.

郭沫若, 1930, 中國古代社會研究. 上海, 三聯書店.

郭文韜, 1996, 試論中國栽培大豆起源問題. 自然科學史研究 15(4): 326-333.

_____, 2004, 略論中國栽培大豆的起源. 南京農業大學學報(社會科學版) 4: 60-69.

郭素新, 1993, 再論鄂爾多斯式青銅器的淵源. 內蒙古文物考古 1-2: 89-96.

郭遠謂, 李家和, 1963, 江西萬年大源仙人洞洞穴遺址試掘. 考古學報 1: 1-16.

霍有光, 1993, 試探洛南紅崖山古銅礦采冶址. 考古與文物 1: 94-97.

國家文物局(編), 1991, 中國文物地圖集河南分冊. 北京, 文物出版社.

_____, 1992, 中華人民共和國考古涉外工作管理辦法. 中華人民共和國文物法規選編, 國家文物局(編), 北京, 文物出版社: 337-341.

_____, 1999, 中國文物地圖集陝西分冊. 北京, 文物出版社.

_____, 2002, 山西襄汾陶寺文化城址. 2001中國重要考古發現, 國家文物局(編), 北京, 文物出版社: 24-27.

_____, 2003, 中國文物地圖集內蒙古自治區分冊. 西安, 西安地圖出版社.

_____, 2004a, 山西吉縣柿子灘舊石器時代遺址群.

2003中國重要考古發現, 國家文物局(編), 北京, 文物出版社: 5-9.

_____, 2004b, 牛河梁紅山文化遺址群. 2003中國重要考古發現, 國家文物局(編), 北京, 文物出版社: 5-9.

_____, 2005a, 山西浮山橋北商周墓. 2004中國重要考古發現, 國家文物局(編), 北京, 文物出版社: 61-64.

_____, 2005b, 山西柳林高紅商代夯土基址. 2004中國重要考古發現, 國家文物局(編), 北京, 文物出版社: 57-60.

_____, 2006, 中國文物地圖集山西分冊. 北京, 中國地圖出版社.

_____, 2007, 中國文物地圖集山東分冊. 北京, 中國地圖出版社.

靳桂雲, 2004, 燕山南北長城地帶中全新世氣候環境的演化及影響. 考古學報 4: 485-505.

_____, 2007, 中國早期小麥的考古發現與研究. 農業考古 4: 11-20.

祁國琴, 1988, 姜寨新石器時代遺址動物群的分析. 姜寨, 西安半坡博物館, 陝西省考古研究所, 臨潼縣博物館(編), 北京, 文物出版社: 504-539.

_____, 1989, 中國北方第四紀哺乳動物群兼論原始人類生活環境. 中國遠古人類, 吳汝康, 吳新智. 張森水(編), 北京, 科學出版社: 277-308.

祁國琴, 林鐘雨, 安家瑗, 2006, 大地灣遺址動物遺存鑑定報告. 秦安大地灣, 甘肅省文物考古研究所(編), 北京, 文物出版社.

紀南城鳳凰山一六八號漢墓發掘整理組, 1975, 紀南城鳳凰山一六八號漢墓發掘簡報. 文物 9: 1-8, 22.

金英熙, 賈笑冰, 2008, 遼寧省大連市長海縣廣鹿島小珠山遺址和吳家村遺址發掘. 中國社會科學院古代文明研究中心通訊 16: 38-45.

金正耀, 2000, 二里頭青銅器的自然科學研究與夏文明探索. 文物 1: 56-64.

_____, 2003, 鉛同位素示踪方法應用于考古研究的進展. 地球學報 24(6): 548-551.

金正耀, 馬淵久夫, 齊思, 陳德安, 三輪嘉六, 平尾良光, 趙殿增, 1995, 廣漢三星堆遺物坑青銅器的鉛同位素比值研究. 文物 2: 80-85.

金正耀, 齊思, 平尾良光, 馬淵久夫, 楊錫璋, 三輪嘉六,

1998, 中國兩河流域青銅文明之間的聯系. 中國
商文化國際學術討論會論文集, 中國社會科學
院考古研究所(編), 北京, 中國大百科全書出版
社: 425-433.

金正耀, 齊思, 平尾良光, 彭適凡, 馬淵久夫, 三輪嘉六,
詹開遜, 1994, 江西新幹大洋洲商墓青銅器的鉛
同位素比值研究. 考古 8: 744-747.

金正耀, 趙叢蒼, 陳福坤, 朱炳泉, 常向陽, 王秀麗,
2006, 寶山遺址和城洋部分銅器的鉛同位素組
成與相關問題. 城洋青銅器, 趙叢蒼(編), 北京,
科學出版社: 250-259.

南京博物院考古研究所, 2001, 江蘇句容丁沙地遺址第
二次發掘簡報. 文物 5: 22-36.

南普恒, 秦穎, 李桃元, 董亞巍, 2008, 湖北盤龍城出土
部分商代青銅器鑄造地的分析. 文物 8: 77-82.

內蒙古文物考古研究所, 鄂爾多斯博物館(編), 2000,
朱開溝-青銅時代早期遺址發掘報告. 北京, 文
物出版社.

寧蔭棠, 王方, 1994, 山東章丘縣小荊山遺址調查簡報.
考古 6: 490-494.

段宏振(編), 2007, 北福地. 北京, 文物出版社.

端木炘, 1995, 我國青岡屬資源的綜合利用. 北京林業
大學學報 17(2): 100-110.

_____, 1997, 中國石櫟資源綜合利用. 林產化工通訊 6:
33-35.

譚其驤, 1981, 西漢以前的黃河下游河道. 歷史地理 1:
48-64.

唐際根, 嶽洪彬, 何毓靈, 嶽占偉, 2003a, 河南安陽市洹
北商城宮殿區 1號基址發掘簡報. 考古 5: 17-23.

唐際根, 荊志淳, 1998, 洹河流域區域考古研究初步報
告. 考古 10: 13-22.

_____, 2009, 安陽的"商邑"與"大邑商". 考古 9: 70-80.

唐際根, 荊志淳, 劉忠伏, 2010c, 河南安陽市洹北商城
遺址2005-2007年勘察簡報. 考古 1: 3-8.

唐際根, 荊志淳, 劉忠伏, 嶽占偉, 2003b, 河南安陽市洹
北商城的勘察與試掘. 考古 5: 3-16.

唐際根, 荊志淳, 何毓靈, 2010b, 洹北商城宮殿區T一,
二號基址建築復原. 考古 1: 23-25.

戴應新, 1993, 陝北和晉北黃河兩岸出土的殷商銅器及
其有關問題的探索. ≪考古學研究≫編委會(編),
西安, 三秦出版社: 219-235.

戴向明, 1998, 黃河流域新石器時代文化格局之演變.
考古學報 4: 389-418.

戴向明, 王月前, 莊麗娜, 2009, 2007-2008年山西絳縣
周家莊遺址鑽探與發掘. 2008中國重要考古發
現, 國家文物局(編), 北京, 文物出版社: 6-11.

島邦男, 1958, 殷墟卜辭研究. 東京, 汲古書院.

陶富海, 1991, 山西襄汾縣大崮堆山史前石器製造場新
材料及其再研究. 考古 1: 1-7.

童恩正, 1990, 試論我國從東北到西南的邊地半月形
文化傳播帶. 中國西南民族考古論文集, 童恩正
(編), 北京, 文物出版社: 253-272.

_____, 1998, 人類與文化. 重慶, 重慶出版社.

_____, 2004, 古代的巴蜀. 重慶, 重慶出版社.

杜金鵬, 2003, 偃師商城初探. 北京, 中國社會科學出版
社.

_____, 2004, 洹北商城一號宮殿基址初步研究. 文物
5: 50-64.

_____, 2006, 偃師商城第八號宮殿基址初步研究. 考
古 6: 43-52.

杜金鵬, 王學榮(編), 2004, 偃師商城遺址研究. 北京,
科學出版社.

杜金鵬, 許宏(編), 2005, 偃師二里頭遺址研究. 北京,
科學出版社.

_____, 2006, 二里頭遺址與二里頭文化研究. 北京, 科
學出版社.

杜在忠, 1980, 山東諸城呈子遺址發掘報告. 考古學報
3: 329-385.

鄧聰(Tang, Chung), 2007, 從東亞考古學談澳門黑沙
遺址. 東亞考古(B卷), 南京師範大學文博系(編),
北京, 文物出版社: 67-81.

羅宏杰, 李家治, 高力明, 1996, 北方地區原始瓷燒造地
區的研究. 硅酸鹽學報 24(3): 297-302.

羅運兵, 2007, 中國古代家豬研究. 博士論文, 北京, 中
國社會科學院.

洛陽市文物工作隊(編), 2002, 洛陽皂角樹. 北京, 科學
出版社.

欒豐實, 1996a, 東夷考古. 濟南, 山東大學出版社.

_____, 1996b, 良渚文化的北漸. 中原文物 3: 51-58,
31.

_____, 1997, 海岱地區考古研究. 濟南, 山東大學出版
社.

_____, 2006, 關于海岱地區史前城址的幾個問題. 東方考古, 山東大學東方考古研究中心(編), 北京, 科學出版社: 66-78.

駱承政, 樂嘉祥, 1996, 中國大洪水-災害性洪水述要. 北京, 中國書店.

郎樹德, 1986, 甘肅秦安大地灣901號房址發掘簡報. 文物 2: 1-12.

郎樹德, 許永杰, 水濤, 1983, 甘肅秦安大地灣第九區發掘簡報. 文物 11: 1-14.

來茵, 張居中, 尹若春, 2009, 舞陽賈湖遺址生產工具及其所反映的經濟形態分析. 中原文物 2: 22-28.

梁宏剛, 孫淑雲, 2006, 二里頭遺址出土銅器研究綜述. 中國冶金史論文集(第四輯), 北京科技大學冶金與材料史研究所, 北京科技大學科學技術與文明研究中心, 北京, 科學出版社: 99-116.

呂鵬, 2010, 試論中國家養黃牛的起源. 動物考古(第一輯), 河南省文物考古研究所(編), 北京, 文物出版社: 152-176.

呂遵諤, 2004a, 20世紀中國舊石器時代考古的回顧與展望. 中國考古學研究的世紀回顧, 呂遵諤(編), 北京, 科學出版社: 3-26.

_____(編), 2004b, 中國考古學研究的世紀回顧. 北京, 科學出版社.

呂智榮, 1987, 試論陝晉北部黃河兩岸地區出土商代青銅器及有關問題. 中國考古學研究論集, 中國考古學研究論集編委會(編), 西安, 三秦出版社: 214-225.

_____, 1990, 鬼方文化及相關問題初探. 文博 1: 32-37.

_____, 1993, 李家崖文化社會經濟形態及發展. 考古學研究, 石興邦(編), 西安, 三秦出版社: 356-359, 117.

_____, 李家崖古城址AF1建築遺址初探. 周秦文化研究, 石興邦, 管東貴, 張豫生, 王文清, 蔣雲飛(編), 西安, 陝西人民出版社: 116-123.

廖永民, 劉洪森, 1997, 瓦窯嘴裴李崗文化遺存試析. 中原文物 1: 53-57.

遼寧省文物考古研究所(編), 1997, 牛河梁紅山文化遺址與玉器精髓. 北京, 文物出版社.

龍虬莊遺址考古隊(編), 1999, 龍虬莊. 北京, 科學出版社.

劉慶柱(編), 2010, 中國考古發現與研究(1949-2009). 北京, 人民出版社.

劉國祥, 2001, 興隆窪文化聚落形態初探. 考古與文物 6: 58-67.

_____, 2004, 趙寶溝文化經濟形態及相關問題討論. 東北文物考古論集, 劉國祥(編), 北京, 科學出版社: 87-109.

_____, 2006, 紅山文化與西遼河流域文明起源探索. 紅山文化研究, 席永杰, 劉國祥(編), 北京, 文物出版社: 62-104.

劉莉, 2006, 植物質陶器, 石煮法及陶器的起源: 跨文化的比較. 西部考古-紀念西北大學考古專業成立五十周年專刊, 西北大學考古系(編), 西安, 三秦出版社: 34-42.

_____, 2008, 中國史前的碾磨石器, 堅果采集, 定居及農業起源. 何炳棣先生九十華誕文集, ≪何炳棣先生九十華誕文集≫編輯委員會(編), 西安, 三秦出版社: 105-132.

劉莉, 蓋瑞·克勞福德, 李炅娥, 陳星燦, 馬蕭林, 李建和, 張建華, 2012, 鄭州大河村仰韶文化糧食遺存的再研究. 考古 1: 91-96.

劉莉, 楊東亞, 陳星燦, 2006, 中國家養水牛的起源. 考古學報 2: 141-178.

劉莉, 閻毓民, 秦小麗, 2001, 陝西臨潼康家龍山文化遺址1990年發掘動物遺存. 華夏考古 1: 3-24.

劉森淼, 2002, 盤龍城外緣帶狀夯土遺迹的初步認識. 武漢文博 1: 12-15.

劉斌, 2008, 杭州市余杭區良渚古城遺址2006-2007年的發掘. 考古 7: 3-40.

劉緒, 2001, 有關夏代年代和夏文化測年的幾點看法. 中原文物 2: 32-33.

劉世民, 舒世珍, 李福山, 1987, 吉林永吉出土大豆炭化種子種字的初步鑑定. 考古 4: 365-369.

劉詩中, 盧本珊, 1998, 江西銅嶺銅礦遺址的發掘與研究. 考古學報 4: 465-496.

劉彥鋒, 吳倩, 薛冰, 2010, 鄭州商城布局及外廓城墻走向新探. 鄭州大學學報(社會科學版) 3: 164-168.

劉延常, 蘭玉富, 佟佩華, 2000, 山東章丘西河新石器時代遺址1997年的發掘. 考古 10: 15-28.

劉長江, 2006, 大地灣遺址植物遺存鑑定報告. 秦安大地灣, 甘肅省文物考古研究所(編), 北京, 文物出版社: 914-916.

劉次沅, 2009, 陶寺觀象臺遺址的天文學分析. 天文學報 50(1): 1-10.

劉昶, 方燕明, 2010, 河南禹州瓦店遺址出土植物遺存分析. 南方文物 4: 55-64.

陸文寶, 1996, 浙江余杭橫山良渚文化墓葬清理簡報. 東方文明之光, 徐湖平(編), 海口, 海南國際新聞出版中心: 69-77.

凌純聲, 1934, 松花江下游的赫哲族. 南京, 中央研究院歷史語言研究所.

李家和, 1976, 江西省萬年大源仙人洞遺址第二次發掘. 文物 12: 23-35.

李建西, 2011, 晉南早期銅礦冶遺址考察研究. 博士論文, 北京, 北京科技大學.

李恭篤, 1983, 內蒙古赤峰縣四分地東山咀遺址試掘簡報. 考古 5: 420-429.

李珺, 喬倩, 任雪巖, 2010, 1997年河北徐水南莊頭遺址發掘報告. 考古學報 3: 361-385.

李璠, 2001, 大河村遺址出土糧食標本的鑑定. 鄭州大河村, 鄭州市文物考古研究所(編), 北京, 科學出版社: 671.

李璠, 李敬儀, 盧曄, 白晶, 程華芳, 1989, 甘肅省民樂縣東灰山新石器遺址古農業遺存新發現. 農業考古 1: 56-69, 73-74.

李伯謙, 1988, 從靈石旌介商墓的發現看晉陝高原青銅文化的歸屬. 北京大學學報 2: 17-31.

_____, 1989, 馬橋文化的源流. 中國原始文化論集. 田昌五, 石興邦(編), 北京, 文物出版社: 222-228.

_____, 2009, 從殷墟青銅器族徽所代表族氏的地理分布看商王朝的統治範圍與統轄措施. 多維視域-商王朝與中國早期文明研究, 荊志淳, 唐際根, 高嶋謙一(編), 北京, 科學出版社: 139-151.

李非, 李水城, 水濤, 1993, 葫蘆河流域的古文化與古環境. 考古 9: 822-842.

李水城, 1993, 四壩文化研究. 考古學文化論集, 蘇秉琦(編), 北京, 文物出版社.

_____, 1998, 半山與馬廠彩陶研究. 北京, 北京大學出版社.

_____, 2005, 西北與中原早期冶銅業的區域特徵及交互作用. 考古學報 3: 239-278.

_____, 2010, 成都平原社會複雜化進程區域調查. 中國聚落考古的理論與實踐(第一輯), 中國社會科學院考古研究所, 鄭州市文物考古研究院(編), 北京, 科學出版社: 95-101.

李水城, 蘭玉富, 王輝, 2009, 魯北-膠東鹽業考古調查記. 華夏考古 1: 11-25.

李水城, 水濤, 2000, 四壩文化銅器研究. 文物 3: 36-43.

李秀輝, 韓汝玢, 2000, 朱開溝遺址出土銅器的金相學研究. 朱開溝, 內蒙古文物考古研究所(編), 北京, 文物出版社: 422-446.

李新偉, 2004, 中國史前玉器反映的宇宙觀. 東南文化 3: 66-71.

李延祥, 賈海新, 朱延平, 2003, 大甸子墓地出土銅器初步研究. 文物 7: 78-84.

李延祥, 朱延平, 賈海新, 韓汝玢, 寶文博, 陳鐵梅, 2006a, 西遼河流域的早期冶金技術. 中國冶金史論文集(第四輯), 北京科技大學冶金與材料史研究所, 北京科技大學科學技術與文明研究中心, 北京, 科學出版社: 39-52.

李延祥, 陳建立, 朱延平, 2006b, 西拉木倫河上游地區2005年度古礦冶遺址考察報告. 中國冶金史論文集(第四輯), 北京科技大學冶金與材料史研究所, 北京科技大學科學技術與文明研究中心, 北京, 科學出版社: 335-346.

李延祥, 韓汝玢, 1990, 林西縣大井古銅礦冶遺址冶煉技術研究. 自然科學史研究 2: 151-160.

李延祥, 韓汝玢, 寶文博, 陳鐵梅, 1999, 牛河梁冶銅爐壁殘片研究. 文物 12: 44-51.

李友謀, 1980, 河南鞏縣鐵生溝新石器早期遺址試掘簡報. 文物 5: 16-19.

李月叢, 王開發, 張玉蘭, 2000, 南莊頭遺址的古植被和古環境演變與人類的關系. 海洋地質與第四期地質 20(3): 23-30.

李有恒, 韓德芬, 1963, 半坡新石器時代遺址中之獸類骨骼. 西安半坡, 中國科學院(編), 北京, 文物出版社: 255-269.

_____, 1978, 廣西桂林甑皮巖遺址動物群. 古脊椎動物與古人類 16(4): 244-254.

李毅夫, 1985, 鬼方工方考. 齊魯學刊 6: 12-15, 47.

李濟, 1990[orig. 1934], 城子崖發掘報告序. 李濟考古

論文集, 張光直, 李光謨(編), 北京, 文物出版社:
222-228.

李濟, 1990[orig. 1968], 安陽發掘與中國古史問題. 李
濟考古論文集, 張光直, 李光謨(編), 北京, 文物
出版社: 796-822.

李學勤, 1959, 殷代地理簡論. 北京, 科學出版社.

＿＿＿＿(編), 1997a, 中國古代文明與國家形成研究. 昆
明, 雲南人民出版社.

＿＿＿＿, 1997b, 走出疑古時代. 瀋陽, 遼寧大學出版社.

林澐, 1994, 早期北方系青銅器的幾個年代問題. 內蒙
古文物考古文集, 李逸友, 魏堅(編), 北京, 中國
大百科全書出版社: 291-295.

＿＿＿＿, 1998a, 關於青銅弓形器的若干問題. 林澐學
術文集, 林澐(編), 北京, 中國大百科全書出版社:
251-261.

＿＿＿＿, 1998b, 甲骨文中的商代方國聯盟. 林澐學術文
集, 林澐(編), 北京, 中國大百科全書出版社: 69-
84.

林向, 1989, 三星堆遺址與殷商的西土. 四川文物 1:
23-30.

馬世之, 2003, 中國史前古城. 武漢, 湖北教育出版社.

馬蕭林, 陳星燦, 楊肇清, 張居中, 張懷銀, 李新偉, 黃衛
東, 1999, 河南靈寶鑄鼎塬及其周圍考古調查報
告. 華夏考古 3: 19-42.

馬承源(編), 1996, 中國青銅器全集: 夏商. 北京, 文物出
版社.

梅建軍, 2006, 關于中國冶金起源暨早期銅器研究的
幾個問題. 中國冶金史論文集(第四輯), 北京科
技大學冶金與材料史研究所, 北京科技大學科學
技術與文明研究中心(編), 北京, 科學出版社: 11-
23.

毛瑞林, 錢耀鵬, 謝焱, 朱芸芸, 周靜, 2009, 甘肅臨潭磨
溝齊家文化墓地發掘簡報. 文物 10: 4-24.

牟永抗, 雲希正(編), 1992, 中國玉器全集. 石家莊, 河北
美術出版社.

武家璧, 陳美東, 劉次沅, 2008, 陶寺觀象臺遺址的天
文功能與年代. 中國科學(G集: 物理學, 力學, 天
文學) 9: 1-8.

聞廣, 1998, 中國大陸史前古玉若干特徵. 東亞考古(第
二卷), 鄧聰(編), 香港, 香港中文大學中國考古與
藝術研究中心: 217-221.

聞廣, 荊志淳, 1993, 福泉山與崧澤玉器地質考古學研
究. 考古 7: 627-644.

閔銳, 2009, 雲南劍川縣海門口遺址第三次發掘. 考古
8: 3-22.

潘其風, 1996, 大甸子墓葬出土人骨的研究. 大甸子, 中
國社會科學院考古研究所(編), 北京, 科學出版
社: 224-322.

＿＿＿＿, 2000, 朱開溝墓地人骨的研究. 朱開溝, 內蒙古
文物考古研究所, 鄂爾多斯博物館(編), 北京, 文
物出版社: 340-399.

潘其風, 韓康信, 1998, 柳灣墓地的人骨研究. 青海柳灣,
青海省文物管理處考古隊, 中國社會科學院考
古研究所(編), 北京, 文物出版社: 261-303.

方殿春, 魏凡, 1986, 遼寧牛河梁紅山文化"女神廟"與積
石塚群發掘簡報. 文物 8: 1-17.

方輝, 2004, 商周時期魯北地區海鹽業的考古學研究.
考古 4: 53-67.

＿＿＿＿, 商王朝經略東方的考古學觀察. 多維視域-商
王朝與中國早期文化研究, 荊志淳, 唐際根, 高嶋
謙一(編), 北京, 科學出版社: 70-84.

裴安平, 1996, 彭頭山文化初論. 長江中游史前文化暨第
二屆亞洲文明學術討論會論文集, 湖南省文物考
古研究所(編), 長沙, 嶽麓書社: 81-104.

＿＿＿＿, 2004, 澧陽平原史前聚落形態的研究與思考.
慶祝張忠培先生七十歲論文集, 吉林大學邊疆
考古研究中心(編), 北京, 科學出版社: 192-242.

白坤, 趙智星, 景曉輝, 2000, 橡子資源的開發和商品加
工技術. 中國商辦工業 5: 50-51.

卜工, 1999, 環珠江口新石器時代晚期考古學遺存的編
年與譜系. 文物 11: 48-56.

傅斯年, 1934, 序一. 城子崖, 李濟(編), 南京, 中央研究
院歷史語言研究所: 293-296.

＿＿＿＿, 1996, 考古學的新方法. 傅斯年選集, 嶽玉璽,
李泉, 馬亮寬(編), 天津, 天津人民出版社: 184-
191(史學 1930.1. 重印).

傅永魁, 1980, 鞏縣鐵生溝發現裴李崗文化遺址. 河南
文博通訊 2: 28-29.

傅仁義, 1994, 大連市北吳屯遺址出土獸骨的鑑定. 考
古學報 3: 377-379.

傅憲國, 李新偉, 李珍, 張龍, 陳超, 1998, 廣西邕寧縣頂
螄山遺址的發掘. 考古 11: 11-33.

傅憲國, 賀戰武, 熊昭明, 王浩天, 2001, 桂林地區史前
　　文化面貌輪廓初現. 中國文物報. 4月 4日 1面.

北京大學考古文博學院, 河南省文物考古研究所
　　(編), 2007, 登封王城崗考古發現與研究(2002-
　　2005). 大象出版社. 鄭州.

不具名, 1975, 橡子的採集與儲藏. 生命世界 3: 31.

費孝通, 1989, 中華民族多元一體格局. 中華民族多元
　　一體格局, 費孝通(編), 北京, 中央民族大學出版
　　社: 1-36.

謝端琚, 1975a, 甘肅永靖馬家灣新石器時代遺址的發
　　掘. 考古 2: 90-96, 101.

＿＿＿, 1975b, 甘肅永靖秦魏家齊家文化墓地. 考古學
　　報 2: 57-95.

＿＿＿, 1980, 甘肅永靖張家咀與姬家川遺址的發掘.
　　考古學報 2: 187-219.

＿＿＿, 1986, 馬家窯文化淵源試探. 中國考古學研究-
　　夏鼐先生考古五十年紀念論文集, 中國考古學研
　　究編委會(編), 北京, 文物出版社: 19-32.

謝承志, 2007, 新疆塔里木盆地周邊地區古代人群及山
　　西虞弘墓主人DNA分析. 博士論文, 長春, 吉林
　　大學.

四川省文物考古研究所(編), 1999, 三星堆祭祀坑. 北
　　京, 文物出版社.

山東省文物考古研究所(編), 2005, 山東20世紀的考古
　　發現和研究. 北京, 科學出版社.

山西省考古研究所, 2002, 山西芮城清凉寺墓地玉器.
　　考古與文物 5: 3-6.

＿＿＿(編), 2006, 靈石旌介商墓, 北京, 科學出版社.

徐光冀, 1985, 赤峰英金河, 陰河流域石城遺址. 中國
　　考古學研究-夏鼐先生考古五十年紀念論文集,
　　中國考古學研究編委會(編), 北京, 文物出版社:
　　82-93.

徐良高, 1998, 文化因素定性分析與商代"青銅禮器文化
　　圈"研究. 中國商文化國際學術討論會論文集, 中
　　國社會科學院考古研究所(編), 北京, 中國大百
　　科全書出版社: 227-236.

西北大學文博學院(編), 2000, 扶風案板遺址發掘報告,
　　北京, 科學出版社.

＿＿＿, 2002, 城固寶山. 北京, 文物出版社.

徐新民, 程杰, 2005, 浙江平湖市莊橋墳良渚文化遺址
　　及墓地. 考古 7: 10-14.

西安半坡博物館, 1981, 陝西藍田懷珍坊商代遺址試掘
　　簡報. 考古與文物 3: 48-53.

西安半坡博物館, 陝西省考古研究所, 臨潼縣博物館
　　(編), 1988, 姜寨-新石器時代遺址發掘報告. 北
　　京, 文物出版社.

徐旭生, 1959, 1959年夏豫西調查"夏墟"的初步報告.
　　考古 11: 592-600.

西藏自治區文物管理委員會, 四川大學歷史系(編),
　　1985, 昌都卡若. 北京, 文物出版社.

徐浩生, 金家廣, 楊永賀, 1992, 河北徐水縣南莊頭遺址
　　試掘簡報. 考古 11: 961-970.

徐湖平(編), 1996, 東方文明之光. 海口, 海南國際新聞
　　出版中心.

石家河考古隊(編), 1999, 肖家屋脊. 北京, 文物出版社.

＿＿＿, 2003, 鄧家灣. 北京, 文物出版社.

石金鳴, 宋艷花, 2010, 山西吉縣柿子灘第九地點發掘
　　簡報. 考古 10: 7-17.

席永杰, 劉國祥(編), 2006, 紅山文化研究. 北京, 文物
　　出版社.

石璋如, 1953, 河南安陽小屯殷墓中的動物遺骸. 文史
　　哲學報 5: 1-14.

石峽發掘小組, 1978, 廣東曲江石峽墓葬發掘簡報. 文
　　物 7: 1-15.

薛祥熙, 李曉晨, 2000, 陝西水牛化石及中國化石水牛
　　的地理分布和種系發生. 古脊椎動物學報 38(3):
　　218-231.

陝西省考古研究所(編), 2005, 考古年報. 西安, 陝西省
　　考古研究所.

陝西省考古研究所, 陝西省安康水電站庫區考古隊(編),
　　1994, 陝南考古報告集. 西安, 三秦出版社.

陝西省考古研究所, 榆林市文物保護研究所(編), 2005,
　　神木新華. 北京, 科學出版社.

邵望平, 1984, 新發現的大汶口文化. 新中國的考古發
　　現和研究, 中國社會科學院考古研究所(編), 北
　　京, 文物出版社: 86-96.

＿＿＿, 1989, 禹貢九州的考古學研究. 考古學文化研
　　究, 蘇秉琦(編), 北京, 文物出版社: 11-30.

蘇秉琦, 1948, 鬪鷄臺溝東區墓葬. 北平, 國立北平研究
　　院史學研究所.

＿＿＿, 1978a, 略論我國東南沿海地區的新石器時代
　　考古. 文物 3: 40-42.

_____, 1978b, 石峽文化初論. 文物 7: 16-28.

_____, 1988, 中華文明的新曙光. 東南文化 5: 1-7.

_____, 1991, 關于重建中國史前史的思考. 考古 12: 1109-1118.

_____, 1994, 華人, 龍的傳人, 中國人-考古尋根記. 瀋陽, 遼寧大學出版社.

_____, 1997, 中國文明起源新探. 香港, 商務印書館.

_____, 1999, 中國文明起源新探. 北京, 三聯書店.

蘇秉琦, 殷瑋璋, 1981, 關于考古學文化的區系類型問題. 文物 5: 10-17.

小河考古隊, 2005, 新疆羅布泊小河墓地墓地全面發掘圓滿結束. 中國文物報, 4月 13日 1面.

孫國平, 黃渭金, 2007, 浙江余姚田螺山新石器時代遺址2004年發掘簡報. 文物 11: 4-24.

孫德海, 劉勇, 陳光唐, 1981, 河北武安磁山遺址. 考古學報 3: 303-338.

孫德萱, 丁清賢, 趙連生, 張相梅, 1988, 河南濮陽西水坡遺址發掘簡報. 文物 3: 1-6.

孫淑雲, 1990, 山東泗水縣尹家城遺址出土嶽石文化銅器鑑定報告. 泗水尹家城, 山東大學考古系(編), 北京, 文物出版社: 353-359.

孫淑雲, 韓汝玢, 1997, 甘肅早期銅器的發現與冶煉, 製造技術的研究. 文物 7: 75-84.

孫新民, 孫錦, 2008, 河南地區出土原始瓷的初步研究. 東方文博 4: 97-101.

孫傳清, 王象坤, 才宏偉, 吉村淳, 土井一行, 巖田伸夫, 1997, 中國普通野生稻和亞洲栽培稻核基因組的遺傳分化. 中國農業大學學報 2(5): 65-71.

孫波, 2005, 後李文化聚落的初步分析. 東方考古(第2集), 山東大學東方考古研究中心(編), 北京, 科學出版社: 104-118.

孫波, 崔聖寬, 2008, 試論山東地區新石器早期遺存. 中原文物 3: 23-28.

孫華, 2009, 商代前期的國家政體-從二里崗文化城址和宮殿建築址的角度. 多維視域-商王朝與中國早期文明研究, 荊志淳, 唐際根, 高嶋謙一(編), 北京, 科學出版社: 171-197.

宋建, 2004, 從廣福林遺存看環太湖地區早期文明的衰變. 長江下游地區文明化進程研討會, 上海博物館(編), 上海, 上海書畫出版社: 214-228.

宋建忠, 薛新民, 1998, 山西臨汾下靳墓地發掘簡報. 文物 12: 4-13.

宋國定, 2003, 鄭州小雙橋遺址出土陶器上的朱書. 文物 5: 35-44.

宋國定, 陳旭, 李素婷, 張國碩, 曾曉敏, 謝巍, 李鋒, 1996, 1995年鄭州小雙橋遺址的發掘. 華夏考古 3: 1-56.

宋新潮, 1991, 殷商文化區域研究. 西安, 陝西人民出版社.

宋豫秦, 2002, 中國文明起源的人地關系簡論. 北京, 科學出版社.

宋兆麟, 1998, 原始的烹調技術. 史前研究, 西安半坡博物館(編), 西安, 三秦出版社: 107-114.

宋鎮豪, 1994, 商代的王畿, 四土與四至. 南方文物 1: 55-59, 48.

水濤, 1993, 新疆青銅時代諸文化的比較研究. 國學研究 1: 447-490.

_____, 2001a, 甘青地區青銅時代的文化結構和經濟形態研究. 中國西北地區青銅時代考古論集, 水濤(編), 北京, 科學出版社: 193-327.

_____(編), 2001b, 甘青地區早期文明興衰的人地關系. 北京, 科學出版社.

施雅風, 孔昭宸, 王蘇民, 1992, 中國全新世大暖期氣候與環境的基本特徵. 中國全新世大暖期氣候與環境, 施雅風, 孔昭宸(編), 北京, 科學出版社, 1-18.

施昕更, 1938, 良渚. 杭州, 浙江省教育廳.

沈軍山, 1994, 河北省灤平縣後臺子遺址發掘簡報. 文物 3: 53-74.

諶世龍, 1999, 桂林甑皮巖洞穴遺址的發掘與研究. 中石器文化及有關問題研討會論文集. 廣州, 廣東人民出版社.

岳占偉, 王學榮, 2007, 河南安陽市孝民屯商代鑄銅遺址2003-2004年的發掘. 考古 1: 14-25.

安金槐, 裴明相, 趙世綱, 楊育彬, 1989, 鄭州商代二里崗期鑄銅基址. 考古學集刊 6: 100-122.

安金槐, 1960, 淡淡鄭州商代幾何印紋硬陶. 考古 8: 26-28.

安志敏, 1959, 甘肅山丹四壩灘湘新石器時代遺址. 考古學報 3: 7-16.

_____, 1984, 長江下游史前文化對海東的影響. 考古 5: 439-448.

_____, 1990, 江南文化和古代の日本. 考古 4: 375-380.

_____, 1993a, 論環渤海の史前文化-兼評"區系"觀點. 考古 7: 609-615.

_____, 1993b, 試論中國の早期銅器. 考古 12: 1110-1119.

_____, 1997, 香港考古の回顧與展望. 考古 6: 1-10.

安徽省文物考古研究所(編), 2000, 凌家灘玉器. 文物出版社, 北京.

_____, 2006, 凌家灘. 文物出版社, 北京.

楊建華, 2004, 春秋戰國史前中國北方文化帶の形成. 北京, 文物出版社.

梁啓超, 1992, 中國積弱溯源論. 梁啓超文選(上集), 夏曉虹(編), 北京, 中央研究院歷史語言研究所: 90-91.

楊權喜, 1991, 試論城背溪文化. 東南文化 5: 206-212.

楊貴金, 張立東, 毋建莊, 1994, 河南武陟大司馬遺址調查簡報. 考古 4: 289-300.

楊伯達, 1997, 甘肅齊家玉器文化初談. 隴右文博 1: 10-18.

楊寶成, 劉森森, 1991, 商周方鼎初論. 考古 6: 533-545.

楊亞長, 2001, 陝西史前玉器の發現與初步研究. 考古與文物 6: 46-52.

楊直民, 1995, 中國の畜力糧. 農業考古 1: 183-189.

楊春, 2007, 內蒙古西岔遺址動物遺存研究. 碩士論文, 長春, 吉林大學.

楊澤蒙, 2001, 石虎山遺址發掘報告. 岱海考古(二), 田廣金, 秋山進午(編), 北京, 科學出版社: 18-145.

楊萍, 張傳軍, 鄧開野, 2005, 橡子米酒の生產工藝研究. 工藝技術 26(11): 93-96.

楊虎, 劉國祥, 1997, 內蒙古敖漢旗興隆窪聚落遺址1992年發掘簡報. 考古 1: 1-26.

楊虎, 朱延平, 1985, 內蒙古敖漢旗興隆窪遺址發掘簡報. 考古 10: 865-872.

嚴文明, 1982, 中國稻作農業の起源. 農業考古 1: 19-31, 151.

_____, 1984, 座談東山嘴遺址. 文物 11: 13-14.

_____, 1987, 中國史前文化の統一性與多樣性. 文物 3: 38-50.

_____, 1989a, 東夷文化の探索. 文物 9: 1-12.

_____, 1989b, 姜寨早期の村落布局. 仰韶文化研究, 嚴文明(編), 北京, 文物出版社: 166-179.

_____, 1989c, 仰韶文化研究. 北京, 文物出版社.

_____, 1996, 良渚隨筆. 文物 3: 28-35.

_____, 2000, 稻作陶器和都市の起源. 嚴文明, 安田喜憲(編), 北京, 文物出版社: 3-15.

_____, 2001, 序. 宜都城背溪, 湖北省文物考古研究所(編), 北京, 文物出版社: 1-2.

嚴志斌, 何駑, 2005, 山西襄汾陶寺城址2002年發掘報告. 考古學報 3: 307-346.

葉茂林, 1997, 齊家文化の玉石器. 考古求知集, 中國社會科學院考古研究所(編), 北京, 科學出版社: 251-261.

葉茂林, 何克洲, 2002, 青海民和縣喇家遺址出土齊家文化玉器. 考古 12: 89-90.

葉斐(Norman Yoffee), 李旻, 2009, 王權, 城市與國際: 比較考古學視野中の中國早期城市. 多維視域-商王朝與中國早期文明研究, 荊志淳, 唐際根, 高嶋謙一(編), 北京, 科學出版社: 276-290.

吳加安, 1989, 略論黃河流域前仰韶文化時期農業. 農業考古 2: 118-125.

吳建民, 1988, 長江三角洲史前遺址の分布與環境變遷. 東南文化 6: 16-36.

_____, 1990, 蘇北史前遺址の分布與海岸線變遷. 東南文化 5: 239-251.

吳文祥, 葛全勝, 2005, 夏朝前夕洪水發生の可能性及大禹治水眞相. 第四紀研究 6: 742-749.

吳新智, 1999, 20世紀の中國人類古生物學研究與展望. 人類學學報 18(3): 165-175.

烏恩嶽斯圖, 2007, 北方草原考古學文化研究. 北京, 科學出版社.

吳振錄, 1972, 保德縣新發現の殷代靑銅器. 文物 4: 62-66.

王强, 2008, 海岱地區史前時期磨盤, 磨棒研究. 博士論文, 濟南, 山東大學.

王建, 王向前, 陳哲英, 1978, 下川文化-山西下川遺址調查報告. 考古學報 3: 259-288.

王建華, 盧建英, 蘭玉富, 郭俊峰, 2006, 山東濟南長清區月莊遺址2003年度發掘報告. 東方考古(第2集), 山東大學東方考古研究中心(編), 北京, 科學出版社: 365-456.

王劲, 1996, 石家河文化玉器與江漢文明. 長江中游史前文化, 湖南省考古學會(編), 長沙, 嶽麓書社: 231-242.

王吉懷, 1983, 河南新鄭沙窩李新石器時代遺址. 考古 12: 1057-1065.

汪寧生, 1983, 中國考古發現中的"大房子". 考古學報 3: 271-294.

＿＿＿, 1985, 雲南滄源巖畫的發現與研究. 北京, 文物出版社.

王立新, 2004, 遼西區夏至戰國時期文化格局與經濟形態的演進. 考古學報 3: 243-270.

王立新, 卜箕大, 1998, 對夏家店下層文化源流及與其他文化關系的再認識. 青果集, 吉林大學考古系(編), 北京, 知識出版社: 179-185.

王明珂, 2001, 華夏邊緣: 歷史記憶與族群認同. 臺北, 允晨叢刊.

王明達, 1988, 浙江余杭反山良渚墓地發掘簡報. 文物 1: 1-31.

＿＿＿, 2004, 良渚文化的去向. 長江下游地區文明化進程研討會, 上海博物館(編), 上海, 上海書畫出版社: 205-213.

王文建, 張春龍, 1993, 湖南臨澧縣胡家屋場新石器時代遺址. 考古學報 2: 171-202.

王文楚, 1996, 古代交通地理叢考. 北京, 中華書局.

王文華, 陳萍, 丁蘭坡, 2004, 河南滎陽大師姑遺址2002年度發掘簡報. 文物 11: 1-18.

王炳華, 1983, 孔雀河古墓溝發掘及其初步研究. 新疆社會科學 1: 117-130.

＿＿＿, 2001a, 新疆古尸. 王炳華(編), 烏魯木齊, 新疆人民出版社: 28-48.

＿＿＿(編), 2001b, 新疆古尸. 烏魯木齊, 新疆人民出版社.

王富葆, 曹琼英, 韓輝友, 李民昌, 谷建祥, 1996, 太湖流域良渚文化時期的自然環境. 東方文明之光, 徐湖平(編), 海口, 海南國際文化出版中心: 300-305.

王小慶, 2008, 石器使用痕迹顯微觀察的研究. 北京, 文物出版社.

王守功, 寧蔭棠, 1996, 山東章丘市小荊山遺址調查, 發掘報告. 華夏考古 2: 1-23.

＿＿＿, 2003, 山東章丘市小荊山後李文化環壕聚落勘探報告. 華夏考古 3: 3-11.

王樹明, 1987, 山東莒縣陵陽河大汶口文化墓葬發掘簡報. 史前研究 3: 62-82.

王時麒, 趙朝洪, 于洸, 員雪梅, 段體玉, 2007, 中國岫巖玉. 北京, 科學出版社.

王安安, 2006,《夏小正》曆法考釋. 蘭州學刊 5: 23-24.

王永剛, 崔風光, 李延麗, 2007, 陝西甘泉縣出土晚商青銅器. 考古與文物 3: 11-22.

王巍, 2004, 公元前2000年前後我國大範圍文化變化原因探討. 考古 1: 67-77.

王巍, 趙輝, 2010, 中華文明探源工程的主要收穫. 光明日報, 11月 23日 12面.

王宇平, 1957, 內蒙古自治區發現的細石器文化遺址. 考古學報 1: 9-19.

王煒林, 馬明志, 2006, 陝北新石器時代石城聚落的發現與初步研究. 中國社會科學院古代文明研究中心通訊 11: 34-44.

王有鵬, 陳德安, 陳顯丹, 莫洪貴, 1987, 廣漢三星堆遺址. 考古學報 2: 227-254.

王幼平, 1997, 更新世環境與中國南方舊石器文化發展, 北京, 北京大學出版社.

＿＿＿, 2005, 中國遠古人類文化的源流. 北京, 科學出版社.

王幼平, 張松林, 何嘉寧, 王松枝, 趙靜芳, 曲彤麗, 王佳音, 高霄旭, 2011, 河南新密市李家溝遺址發掘簡報. 考古 4: 3-9.

王銀峰, 1988, 秦嶺淮河線在中國綜合自然區劃中的地位. 河南大學學報 1: 67-70.

王子今, 1994, 秦漢交通史稿. 北京, 中共中央黨校出版社.

王志俊, 宋澎, 2001, 中國北方家馬起源問題探討. 考古與文物 2: 26-30.

王震中, 2007, 商代的王畿與四土. 殷都學刊 4: 1-13.

王青, 1993, 試論史前黃河下游的改道與古文化的發展. 中原文物 4: 63-72.

＿＿＿, 2006, 山東北部沿海先秦時期海岸變遷與聚落功能研究. 東方考古(第3集), 山東大學東方考古研究中心(編), 北京, 科學出版社: 282-297.

王青, 李慧竹, 1992, 環渤海環境考古探討. 遼海文物學刊 1: 87-95, 146.

王青, 周繼平, 2006, 山東北部商周盉形器的用途與産地再論. 考古 4: 61-68.

王學榮, 2002, 河南偃師商城商代早期王室祭祀遺址.
　　考古 7: 6-8.

王海明, 劉淑華, 2005, 河姆渡文化的擴散與傳播. 南方
　　文物 3: 114-118, 113.

王海晶, 常娥, 蔡大偉, 張全超, 周慧, 朱泓, 2007, 內蒙
　　古朱開溝遺址古代居民線粒體DNA分析. 吉林
　　大學學報(醫學版) 33(1): 5-8.

王向前, 李占揚, 陶富海, 1987, 山西襄汾大崮堆山史前
　　石器製造場初步研究. 人類學學報 6(2): 87-95.

王紅星, 2003, 從門板灣城壕聚落看長江中游地區城
　　壕聚落的起源與功用. 考古 9: 61-75.

于薇, 2010, 淮漢政治區域的形成與淮河作爲南北政治
　　分界線的起源. 古代文明 4(1): 38-52.

牛世山, 2006, 商代的舌方. 三代考古, 中國社會科學院
　　考古研究所(編), 北京, 科學出版社: 459-471.

郁金城, 李超榮, 楊學林, 李建華, 1998, 北京轉年新石
　　器時代早期遺址的發現. 北京文博 3: 彩版 2-4.

袁廣闊, 曾曉敏, 2004, 論鄭州商城內城和外城的關系.
　　考古 3: 59-67.

原思訓, 陳鐵梅, 周昆叔, 1992, 南莊頭遺址碳十四年代
　　測定與文化層孢粉分析. 考古 11: 967-970.

袁靖, 楊夢菲, 2003, 水陸生動物遺存研究. 桂林甑皮
　　巖, 中國社會科學院考古研究所, 廣西壯族自治
　　區文物工作隊, 桂林甑皮巖遺址博物館, 桂林市
　　文物工作隊(編), 北京, 文物出版社: 279-340.

_____, 2004, 動物研究. 跨湖橋, 浙江省文物考古研究
　　所, 蕭山博物館(編), 北京, 文物出版社: 241-269.

_____, 待刊, 內蒙古赤峰興隆窪遺址出土動物骨骼研
　　究報告.

袁靖, 李珺, 2010, 河北徐水南莊頭遺址出土動物遺存
　　研究報告. 考古學報 3: 385-391.

魏堅, 曹建恩, 1999, 內蒙古中南部新石器時代石城初
　　步研究. 文物 2: 57-62.

魏豐, 吳維棠, 張明華, 韓德芬, 1990, 浙江余姚河姆渡
　　新石器時代遺址動物群. 北京, 海洋出版社.

魏懷珩, 1978, 武威皇娘娘臺遺址第四次發掘. 考古學
　　報 4: 421-447.

魏興濤, 孔昭宸, 劉長江, 2000, 三門峽南交口遺址仰韶
　　文化稻作遺存的發現及其意義. 農業考古 3: 77-
　　79.

魏興濤, 李勝利, 2003, 河南靈寶西坡遺址105號仰韶
　　文化房址. 文物 8: 4-17.

魏興濤, 馬蕭林, 李永强, 史智民, 張應橋, 李勝利, 陳星
　　燦, 2002, 河南靈寶市西坡遺址2001年春發掘
　　簡報. 華夏考古 2: 31-52, 92.

劉起釪, 2003, 古史辨與恩格斯的唯物史觀. 考古學研
　　究(5), 北京大學考古文博學院(編), 北京, 科學出
　　版社: 820-850.

劉士莪(編), 2001, 老牛坡. 西安, 陝西人民出版社.

兪偉超, 1993, 龍山文化與良渚文化衰變的奧秘. 紀念
　　城子崖遺址發掘60周年國際學術討論會文集,
　　張學海(編), 濟南, 齊魯書社: 9-11.

尹檢順, 1996, 淺析湖南洞庭湖地區皂市下層文化的分
　　期及其文化屬性. 長江中游史前文化暨第二屆亞
　　洲文明學術討論會論文集, 湖南省文物考古研
　　究所(編), 長沙, 嶽麓書社: 105-125.

_____, 1999, 湘鄂兩省早期新石器文化研究中的幾個
　　問題. 考古耕耘錄, 何介鈞(編), 長沙, 嶽麓書社:
　　11-26.

尹紹亭, 1996, 雲南物質文化: 農耕卷(下). 昆明, 雲南教
　　育出版社.

尹申平, 王小慶, 2007, 陝西省宜川縣龍王辿遺址. 考古
　　7: 3-8.

伊弟利斯, 劉國瑞, 李文英, 2004, 新疆羅布泊小河墓
　　地全面發掘獲階段性重要成果. 中國文物報 9月
　　17日 第1面.

伊弟利斯, 李文英, 胡興軍, 2007, 新疆羅布泊小河墓地
　　2003年發掘簡報. 文物 10: 4-42.

李仲達, 華覺明, 張宏禮, 1986, 商周青銅器容器合金成
　　分的考察. 中國冶鑄史論集, 華覺明(編), 北京,
　　文物出版社: 149-165.

李志鵬, 江雨德, 何毓靈, 袁靖, 2010, 殷墟鐵三路製骨
　　作房遺址出土製骨遺存的分析與初步認識. 中國
　　文物報, 9月 17日 7面.

任相宏, 1997, 鄭州小雙橋出土的嶽石文化石器與仲丁
　　征藍夷. 中原文物 3: 111-115.

任式楠, 1996, 良渚文化圖像玉璧的探討. 東方文明之
　　光, 徐湖平(編), 海口, 湖南國際新聞出版中心:
　　324-330.

_____, 2003, 中國史前銅器綜述. 中國史前考古學研
　　究, 陝西省文物局, 陝西省考古研究所, 西安半坡

博物館(編), 西安, 三秦出版社: 384-393.

任式楠, 吳耀利, 1999, 中國新石器時代考古學五十年. 考古 9: 11-22.

林歡, 2003, 夏商時期晉南地區考古學文化與汾洮間古駒族. 商承祚教授百年誕辰紀念文集, 中國文物學會(編), 北京, 文物出版社: 189-196.

任曉燕, 王國道, 蔡林海, 何克洲, 葉茂林, 2002, 青海民和縣喇家遺址2000年發掘簡報. 考古 12: 12-28.

蔣剛, 2008, 盤龍城遺址群出土商代遺存的幾個問題. 考古與文物 1: 35-46.

張居中, 潘偉彬, 2002, 河南舞陽賈湖遺址2001年春發掘簡報. 華夏考古 2: 14-30.

張居中, 王象坤, 1998, 賈湖彭頭山稻作文化比較研究. 農業考古 1: 108-117.

張居中, 王象坤, 崔宗鈞, 許文會, 1996, 也論中國栽培稻的起源與東傳. 中國栽培稻起源與演化研究專集, 王象坤, 孫傳清(編), 北京, 中國農業大學出版社: 14-21.

張敬國(編), 2006, 凌家灘文化研究. 北京, 文物出版社.

_____, 2008, 安徽省含山縣凌家灘遺址第五次發掘的新發現. 考古 3: 7-17.

張光明, 徐龍國, 張連利, 許志光, 1997, 山東桓臺縣史家遺址嶽石文化木構架祭祀器物坑的發掘. 考古 11: 1-18.

張光直(Chang, Kwang-chih), 1988, 濮陽三蹻與中國古代美術上的人獸母題. 文物 11: 36-39.

_____, 1998, 二十世紀後半的中國考古學. 古今論衡 1: 40-41.

_____, 1999, 考古學與"如何建設具有中國特色的人類學". 中國考古學論文集, 張光直(編), 北京, 三聯書店: 1-9.

_____, 2004, 論"中國文明的起源". 文物 1: 73-82

張岱海, 1984, 山西襄汾陶寺遺址首次發現銅器. 考古 12: 1069-1071.

張岱海, 張彥煌, 高煒, 徐殿魁, 1989, 晉南考古調查報告. 考古學集刊 6: 1-51.

張德光, 1956, 晉南五縣古代人類文化遺址初步調查簡報. 文物參考資料 9: 53-56.

蔣樂平, 2007, 浙江浦江縣上山遺址發掘簡報. 考古 9: 7-18.

_____, 2008, 跨湖橋維持"解讀"的若干問題. 中國文物報, 1月 18日 7面.

張龍, 2003, 廣西南寧豹子頭貝丘遺址的發掘. 考古 10: 22-34.

張莉, 王吉懷, 2004, 安徽蒙城縣尉遲寺遺址2003年度發掘的新收獲. 考古 3: 3-6.

張文緒, 王輝, 2000, 甘肅慶陽遺址古栽培稻的研究. 農業考古 3: 80-85.

張森水, 1990, 中國北方舊石器工業的區域漸進與文化交流. 人類學學報 9(4): 322-333.

_____, 1998, 東灰山墓地獸骨鑑定報告. 民樂東灰山考古, 甘肅省文物考古研究所, 吉林大學北方考古研究室(編), 北京, 科學出版社: 184-185.

張緒球, 1991, 石家河文化的陶塑品. 江漢考古 3: 55-60.

張雪蓮, 仇士華, 蔡蓮珍, 薄官成, 王金霞, 鐘建, 2007, 新砦-二里頭文化考古年代序列的建立與完善. 考古 8: 74-89.

張雪蓮, 王金霞, 洗自強, 仇士華, 2003, 古人類食物結構研究. 考古 2: 62-75.

張松林, 信應君, 胡亞毅, 閆付海, 2008, 河南新鄭市唐戶遺址裴李崗文化遺存發掘簡報. 考古 5: 3-20.

張松林, 吳倩, 2010, 新鄭望京樓發現: 二里頭文化和二里崗文化城址. 中國文物報, 12月 28日 4面.

張映文, 呂智榮, 1988, 陝西清澗縣李家崖古城址發掘簡報. 考古與文物 1: 47-56.

張玉石, 趙新平, 喬梁, 1999, 鄭州西山仰韶時代城址的發掘. 文物 7: 4-15.

蔣衛東, 1999, 良渚玉器的原料和製作. 良渚文化研究, 浙江省文物考古研究所(編), 北京, 科學出版社: 177-186.

張弛, 2003, 長江中下游地區史前聚落研究. 北京, 文物出版社.

蔣祖棣, 2002, 西周年代研究之疑問-對"夏商周斷代工程"方法論的批評. 宿白先生八十華誕紀念文集, 《宿白先生八十華誕紀念文集》編輯委員會(編), 北京, 文物出版社: 89-108.

張增祺, 1998, 晉寧石寨山. 昆明, 雲南美術出版社.

張之恒, 1996, 良渚文化聚落群研究. 東方文明之光, 徐湖平(編), 海口, 海南國際新聞出版中心: 238-244.

張震, 2009, 賈湖遺址墓葬初步研究-試論賈湖的社會分工與分化. 華夏考古 2: 42-62.

張天恩, 2000, 關中東部夏時期文化遺存分析. 文博 3: 3-10.

_____, 2002, 天水出土的獸面銅牌飾及有關問題. 中原文物 1: 43-46.

_____, 2004, 關中商代文化研究. 北京, 文物出版社.

張天恩, 肖琦, 2003, 川口河齊家文化陶器的新審視. 中國史前考古學研究, 張廷皓(編), 西安, 三秦出版社: 361-367.

張忠培, 1987, 齊家文化研究(下). 考古學報 2: 153-175.

_____, 2000, 中國古代文明形成的考古學研究. 故宮博物院院刊 2: 5-27.

張學君, 1995, 南方絲綢之路上的食鹽貿易. 古代西南絲綢之路研究, 江玉祥(編), 成都, 四川大學出版社: 140-150.

張恒, 王海明, 2005, 浙江嵊州小黃山遺址發現新石器時代早期遺存. 中國文物報, 9月 30日 第1面.

張興永, 1987, 雲南新石器時代的家畜. 農業考古 1: 370-377.

赤峰考古隊, 2002, 半支箭河中游先秦時期遺址. 北京, 科學出版社.

田廣金, 1988, 內蒙古朱開溝遺址. 考古學報 3: 301-331.

_____, 1991a, 內蒙古中南部龍山時代文化遺存研究. 內蒙古中南部原始文化研究文集, 內蒙古考古研究所(編), 北京, 海洋出版社: 140-160.

_____, 1991b, 內蒙古中南部仰韶時代文化遺存研究. 內蒙古中南部原始文化研究文集, 內蒙古考古研究所(編), 北京, 海洋出版社: 55-85.

_____, 1993, 內蒙古長城地帶石城聚落址及相關諸問題. 紀念城子崖發掘60周年國際學術討論會文集, 張學海(編), 濟南, 齊魯書社: 119-135.

田廣金, 郭素新, 1988, 鄂爾多斯式青銅器的淵源. 考古學報 3: 257-275.

_____, 2004, 環岱海史前聚落形態研究. 北方考古論文集, 田廣金, 郭素新(編), 北京, 科學出版社: 287-327.

_____, 2005, 北方文化與匈奴文明. 南京, 江蘇教育出版社.

田廣金, 唐曉峰, 2001, 岱海地區距今7000-2000年間人地關系研究. 岱海考古(二), 田廣金, 秋山進午(編), 北京, 科學出版社: 328-343.

田廣金, 史培軍, 1997, 中國北方長城地帶環境考古學的初步研究. 內蒙古文物考古 2: 44-51.

_____, 內蒙古中南部原始文化的環境考古研究. 北方考古論文集, 田廣金, 郭素新(編), 北京, 科學出版社: 350-363.

田廣金, 秋山進午(編), 2011, 岱海考古(二). 北京, 科學出版社.

錢小康, 2002a, 犁. 農業考古 1: 170-181.

_____, 2002b, 犁(續). 農業考古 3: 183-206.

浙江省文物考古研究所(編), 1999, 良渚文化研究-紀念良渚文化發現六十周年國際學術討論會文集. 北京, 科學出版社.

_____, 2003, 河姆渡. 北京, 文物出版社.

_____, 良渚遺址群. 北京, 文物出版社.

浙江省文物考古研究所, 蕭山博物館(編), 2004, 跨湖橋. 北京, 文物出版社.

鄭建明, 陳元甫, 沈嶽明, 陳雲, 朱建明, 俞友良, 2011, 浙江東苕溪中游商代原始瓷窯址群. 考古 7: 3-8.

丁金龍, 張鐵軍, 2004, 澄湖遺址發現崧澤時期水稻田. 中國文化遺產 1: 70-71.

鄭乃武, 1984, 1979年裴李崗遺址發掘報告. 考古學報 1: 23-51.

_____, 1986, 1984年河南鞏縣考古調查與試掘. 考古 3: 193-196.

鄭雲飛, 孫國平, 陳旭高, 2007, 7000年前考古遺址出土稻穀的小穗軸特徵. 科學通報 52(9): 1037-1041.

鄭雲飛, 蔣樂平, 2007, 上山遺址出土的古稻遺存及其意義. 考古 9: 19-25.

鄭州市文物考古研究所(編), 2001, 鄭州大河村. 北京, 科學出版社.

_____, 2004, 鄭州大師姑. 北京, 科學出版社.

丁清賢, 張相梅, 1989, 1988年河南濮陽西水坡遺址發掘簡報. 考古 12: 1057-1066.

趙建龍, 1990, 從高寺頭大房基看大地灣大型房基的含意. 西北史地 3: 64-68, 27.

_____, 2003, 甘肅秦安大地灣遺址仰韶文化早期聚落發掘簡報. 考古 6: 19-31.

曹建恩, 2001. 清水河縣碓臼溝遺址調查簡報. 萬家寨
水利樞紐工程考古報告集, 曹建恩(編), 呼和浩
特, 遠方出版社: 81-87.

曹建恩, 孫金松, 2004, 內蒙古清水河縣西岔遺址發掘
取得重要成果. 中國文物報. 11月 19日 1面.

_____, 2009, 赤峰市二道井子夏家店下層文化聚落遺
址獲重大發現. 中國文物報, 12月 25日 5面.

曹建恩, 胡曉農, 2001, 清水河縣西岔遺址發掘簡報. 曹
建恩(編), 萬家寨水利樞紐工程考古報告集, 呼
和浩特, 遠方出版社: 60-78.

趙團結, 蓋鈞鎰, 2004, 栽培大豆起源與演化研究進展.
中國農業科學 37(7): 945-962.

趙玉安, 1992, 鞏義市塢羅河流域裴李崗文化遺存調
查. 中原文物 4: 1-7.

曹定雲, 2004. 夏代文字求證-二里頭文化陶文. 考古
12: 76-83.

趙朝洪, 2006, 北京市門頭溝東胡林史前遺址. 考古 7:
3-8.

趙志軍, 2004a, 從興隆溝遺址浮選結果談中國北方旱
作農業起源問題. 東亞考古(A卷), 南京師範大學
文博系 (編), 北京, 文物出版社: 188-199.

_____, 2004b, 兩城鎮與教場鋪龍山時代農業生產特
點的對比分析. 東方考古(第1集), 山東大學東方
考古研究中心(編), 北京, 科學出版社: 210-216.

_____, 2004c, 青海互助豐臺卡約文化遺址浮選結果
分析報告. 考古與文物 2: 85-91.

_____, 2004d, 植物考古學的田野工作方法-浮選法.
考古 3: 80-87.

_____, 2005a, 有關中國農業起源的新資料和新思考.
新世紀的中國考古學-王仲殊先生八十華誕紀念
論文集, 中國社會科學院考古研究所(編), 北京,
科學出版社: 86-101.

_____, 2005b, 植物考古學及其新進展. 考古 7: 42-
49.

_____, 2006, 海岱地區南部新石器時代晚期的稻旱混
作農業經濟. 東方考古(第3集), 山東大學東方考
古研究中心(編), 北京, 科學出版社: 253-258.

_____, 2009a, 小麥東傳與歐亞草原通道. 三代考古
(三), 北京, 科學出版社: 456-459.

_____, 2009b, 公元前2500-公元前1500年中原地區

農業經濟研究. 中華文明探源工程文集: 技術與
經濟卷(I), 科技部社會發展科技司, 國家文物局
與社會文物司(編), 北京, 科學出版社: 123-135.

趙志軍, 徐良高, 2004, 周原遺址(王家嘴地點)嘗試性
浮選的結果及初步分析. 文物 10: 89-96.

趙志軍, 呂烈丹, 傅憲國, 2005, 廣西邕寧縣頂螄山遺址
出土植硅石的分析與研究. 考古 11: 76-84.

趙志軍, 張居中, 2009, 賈湖遺址2001年度浮選結果分
析報告. 考古 8: 84-93.

趙叢蒼(編), 2006, 城洋青銅器. 北京, 科學出版社.

趙春青, 1995, 姜寨一期墓地再談. 華夏考古 4: 26-46.

_____, 1998, 也談姜寨一期村落的房屋與人. 考古與
文物 5: 49-55.

_____, 2004, 新密新砦城址與夏啓之居. 中原文物 3:
12-16.

_____, 2009, 新砦聚落考古的實踐與方法. 考古 2:
48-54.

趙輝, 1999, 良渚文化的若干特殊性. 良渚文化研究,
浙江省文物考古研究所(編), 北京, 科學出版社:
104-119.

趙希濤, 1984, 中國海洋演變研究. 福州, 福建科學技術
出版社.

_____(編), 1996, 中國海面變化. 濟南, 山東科學技術
出版社.

宗冠福, 黃學詩, 1985, 雲南保山蒲縹全新世早期文化
及哺乳動物的遺存. 史前研究 4: 46-50.

朱劍, 方輝, 樊昌生, 周廣明, 王昌燧, 2008, 大辛莊遺址
出土原始瓷的INAA研究. 東方考古(第5集), 山
東大學東方考古研究中心(編), 北京, 科學出版
社: 139-144.

朱劍, 王昌燧, 王妍, 毛振偉, 周廣明, 樊昌生, 曾曉敏,
沈嶽明, 宮希成, 2005, 商周原始瓷產地的再分
析. 吳城-1973-2002年發掘報告, 江西省文物
考古研究所, 樟樹市博物館, 北京, 科學出版社:
518-524.

朱國平, 1996, 良渚文化去向分析. 東方文明之光, 徐湖
平(編), 海口, 海南國際新聞出版公司: 285-290.

周國興, 尤玉柱, 1972, 北京東胡林的新石器時代墓葬.
考古 6: 12-15.

周本雄, 1981, 河北武安磁山遺址的動物骨骼. 考古學
報 3: 339-347.

_____, 1984, 中國新石器時代的家畜. 新中國的考古
發現和研究, 中國社會科學院考古研究所(編),
北京, 文物出版社: 196-210.

_____, 1992, 河北省徐水縣南莊頭遺址的動物骨骸.
考古 11: 966-967.

_____, 1999, 師趙村與西山坪的動物遺存. 師趙村與
西山坪, 中國社會科學院考古研究所(編), 北京,
文物出版社: 335-339.

朱鳳瀚, 2004, 商周家族形態研究. 天津, 天津古籍出版
社.

周潤墾, 錢峻, 肖向紅, 張永泉, 2010, 江蘇張家港市東
山村新石器時代遺址. 考古 8: 3-12.

朱泓, 1998, 東灰山墓地人骨的研究. 民樂東灰山考古,
甘肅省文物考古研究所, 吉林大學北方考古研究
室(編), 北京, 科學出版社: 172-183.

朱曉倫, 2003, ≪夏小正≫分句語譯注釋. 農業考古 3:
266-270.

中國科學院考古研究所(編), 1959, 廟底溝與三里橋. 北
京, 科學出版社.

_____, 1963, 西安半坡. 北京, 文物出版社.

中國科學院考古研究所甘肅工作隊, 1974, 甘肅永靖大
何莊遺址發掘報告. 考古學報 2: 29-61.

中國科學院考古研究所內蒙古工作隊, 1974, 赤峰藥王
廟, 夏家店遺址試掘報告. 考古學報 1: 115-148,
198-211.

中國社會科學院考古研究所(編), 1980, 殷墟婦好墓.
北京, 文物出版社.

_____, 1983, 寶鷄北首嶺. 北京, 文物出版社.

_____, 1984, 新中國的考古發現和研究. 北京, 文物出
版社.

_____, 1987, 殷墟發掘報告. 北京, 文物出版社.

_____, 1991, 中國考古學中碳十四年代數據集. 北京,
文物出版社.

_____, 1994a, 臨潼白家村. 成都, 巴蜀書社.

_____, 1994b, 殷墟的發現和研究. 北京, 科學出版社.

_____, 1995, 二里頭陶器集粹. 北京, 中國社會科學出
版社.

_____, 1996, 大甸子. 北京, 科學出版社.

_____, 1999a, 師趙村與西山坪. 北京, 中國大百科全
書出版社.

_____, 1999b, 偃師二里頭. 北京, 文物出版社.

_____, 2001, 蒙城尉遲寺. 北京, 科學出版社.

_____, 2003a, 桂林甑皮巖. 北京, 文物出版社.

_____, 2003b, 中國考古學: 夏商卷. 北京, 中國社會科
學出版社.

_____, 2004, 中國考古學: 兩周卷. 北京, 中國社會科
學出版社.

_____, 2005, 滕州前掌大墓地. 北京, 文物出版社.

_____, 2007, 安陽殷墟花園莊東地商代墓葬. 北京, 科
學出版社.

_____, 2010, 中國考古學: 新石器卷. 北京, 中國社會
科學出版社.

中國社會科學院考古研究所, 中國歷史博物館, 山西省
文物工作委員會(編), 1988, 夏縣東下馮. 北京,
文物出版社.

中國社會科學院考古研究所, 河南省文物考古研究所
(編), 2010, 靈寶西坡墓地. 北京, 文物出版社.

中國豬品種志編委會(編), 1986, 中國豬品種志. 上海,
上海科技出版社.

陳劍, 2005, 大邑縣鹽店和高山新石器時代古城遺址.
中國考古學年鑑(2004), 中國考古學會(編), 北
京, 文物出版社, 353-354.

陳坤龍, 梅建軍, 2006, 山西靈石縣旌介村出土銅器
的科學分析. 靈石旌介商墓, 山西省考古研究所
(編), 北京, 科學出版社: 209-228.

陳公柔, 1995, "曾伯霥簠"銘中的"金道錫行"及相關問
題. 中國考古學論叢, 中國社會科學院考古研究
所(編), 北京, 科學出版社: 331-338.

陳久恒, 葉小燕, 1963, 洛陽西郊漢墓發掘報告. 考古學
報 2: 1-58.

陳連開, 1989, 中國, 華夷, 蕃漢, 中華, 中華民族. 中華
民族多元一體格局, 費孝通(編), 中央民族大學
出版社: 72-113.

陳夢家, 1956, 殷墟卜辭綜述. 北京, 科學出版社.

陳文華, 1991, 中國古代農業科技史圖譜. 北京, 農業出
版社.

_____, 1994, 中國農業考古圖錄. 南昌. 江西科學技術
出版社.

陳雪香, 2007, 山東地區商文化聚落形態演變初探. 華
夏考古 1: 102-112, 139.

陳雪香, 方輝, 2008, 從濟南大辛莊遺址浮選結果看商
代農業經濟. 東方考古(第4集), 山東大學東方考

古研究中心(編). 北京, 科學出版社: 43-64.

陳雪香, 王良智, 王青, 2010, 河南博愛縣西金城遺址 2006-2007年浮選結果分析. 華夏考古 3: 67-76.

陳星燦, 1987, 文明諸因素的起源與文明時代. 考古 5: 458-461, 437.

_____, 1990, 豐産巫術與祖先崇拜-紅山文化出土女性塑像試探. 華夏考古 3: 92-98.

_____, 1997, 中國史前考古學史研究(1895-1949). 北京, 三聯書店.

_____, 2000, 中國古代的剝頭皮風俗及其他. 文物 1: 48-55.

_____, 2009, 中國考古學史研究論叢. 北京, 文物出版社.

_____, 2013, 從"龍山形成期"到"相互作用圈"-張光直先生對中國文明起源研究的認識和貢獻. 東亞考古學的再思-張光直先生逝世十周年紀念論文集, 陳光祖(編), 臺北, 中央研究院: 219-227.

陳星燦, 李潤權, 2004, 申論中國史前的龜甲響器. 桃李成蹊集-慶祝安志敏先生八十壽辰, 鄧聰, 陳星燦(編), 香港中文大學出版社: 72-97.

陳星燦, 李永强, 劉莉, 2010a, 2002-2003年河南偃師灰嘴遺址的發掘. 考古學報 3: 393-422.

_____, 2010b, 河南偃師市灰嘴遺址西址2004年發掘簡報. 考古 2: 36-46.

陳旭, 1986, 鄭州杜嶺和回民食品廠出土青銅器的分析. 中原文物 4: 65-71.

陳遠璋, 2003, 廣西考古的世紀回顧與展望. 考古 10: 7-21.

陳哲英, 1996, 下川遺址的新材料. 中原文物 4: 1-22.

陳洪波, 2007, 魯豫皖古文化區的聚落分布與環境變遷. 考古 2: 48-60.

蔡保全, 2006, 河姆渡文化"耜耕農業"說質疑. 廈門大學學報(哲學社會科學版) 1: 49-55.

青海省文物考古研究所(編), 1990, 民和陽山. 北京, 文物出版社.

青海省文物管理處考古隊, 1978, 青海大通縣上孫家寨出土的舞蹈紋彩陶盆. 文物 3: 48-49.

青海省文物管理處考古隊, 中國社會科學院考古研究所(編), 1984, 青海柳灣. 北京, 文物出版社.

肖明華, 2001, 雲南考古述略. 考古 12: 3-15.

焦天龍, 1994, 更新世末至全新世初嶺南地區的史前文化. 考古學報 1: 1-24.

_____, 2006, 論跨湖橋文化的來源. 江西省文物考古研究所學刊, 江西省文物考古研究所(編), 北京, 科學出版社: 372-379.

崔德卿, 2004, 大豆栽培的起源和朝鮮半島. 農業考古 3: 225-240, 285.

崔巖勤, 2006, 紅山文化玉器造型初析. 紅山文化研究, 席永杰, 劉國祥(編), 北京, 文物出版社: 274-289.

崔銀秋, 許月, 楊亦代, 謝承志, 朱泓, 周慧, 2004, 新疆羅布諾爾地區銅器時代居民mtDNA多樣態性分析. 吉林大學學報(醫學版) 4: 650-652.

鄒逸麟, 1990, 千古黃河. 香港, 中華書局.

鄒衡, 1998, 綜述早商亳都之地望. 中國商文化國際學術討論會論文集, 中國社會科學院考古研究所(編), 北京, 中國大百科全書出版社: 85-87.

鄒厚本, 谷建祥, 李民昌, 湯陵華, 丁金龍, 姚勤德, 2000, 江蘇草鞋山馬家浜文化水田的發現. 稻作陶器和都市的起源, 嚴文明, 安田喜憲(編), 北京, 文物出版社: 97-113.

湯卓煒, 郭治中, 索秀芬, 2004b, 白音長汗遺址出土的動物遺存. 白音長汗, 內蒙古自治區文物考古研究所(編), 北京, 科學出版社: 546-575.

湯卓煒, 曹建恩, 張淑芹, 2004a, 內蒙古清水河縣西岔遺址孢粉分析. 邊疆考古研究(3), 吉林大學邊疆考古中心, 北京, 科學出版社: 274-283.

佟偉華, 1984, 磁山遺址的原始農業遺存及其相關問題. 農業考古 1: 194-207.

彭柯, 朱巖石, 1999, 中國古代所用海貝來源新探. 考古學集刊 12: 119-147.

彭明瀚, 2005, 吳城文化研究. 北京, 文物出版社.

彭適凡, 1987, 中國古代南方印紋陶. 北京, 文物出版社.

彭全民, 黃文明, 黃小宏, 馮永驅, 1990, 深圳市大鵬咸頭嶺沙丘遺址發掘簡報. 文物 11: 1-11.

馮時, 1990, 河南濮陽西水坡45號墓的天文學研究. 文物 3: 52-60.

_____, 1994, 山東丁公龍山時代文字解讀. 考古 1: 37-54.

_____, 2008, "文邑"考. 考古學報 3: 273-290.

馮祚建, 蔡桂全, 鄭昌琳, 1986, 西藏哺乳類. 北京, 科學出版社.

何介鈞, 1996, 環珠江口的史前彩陶與大溪文化. 湖南
　　先秦考古學研究, 何介鈞(編), 長沙, 嶽麓書社:
　　79-84.

＿＿＿, 1999, 澧縣城頭山古城址1997-1998年度發掘
　　簡報. 文物 6: 4-17.

夏鼐, 1959, 關于考古學上文化的定名問題. 考古 4:
　　169-172.

＿＿＿, 1960, 長江流域考古問題. 考古 2: 1-3.

＿＿＿, 1973, 巴黎倫敦展出的新中國出土文物展覽巡
　　禮. 考古 3: 171-177, 150.

＿＿＿, 1977, 碳-14測定年代和中國史前考古學. 考古
　　4: 217-232.

＿＿＿, 1979, 五四運動和中國近代考古學的興起. 考
　　古 3: 193-196.

＿＿＿, 1985, 中國文明的起源. 北京, 文物出版社.

＿＿＿, 2000(orig. 1946), 齊家期墓葬的新發現及其
　　年代的改訂. 夏鼐文集, 中國社會科學院考古研
　　究所(編), 北京, 社會科學文獻出版社: 257-268.

何駑, 2004, 山西襄汾縣陶寺城址發現陶寺文化大型建
　　築基址. 考古 2: 3-6.

＿＿＿, 2007a, 山西襄汾縣陶寺中期城址大型建築Ⅱ
　　FJT1基址2004-2005年發掘簡報. 考古 4: 3-25.

＿＿＿, 2007b, 陶寺遺址扁壺朱書“文字”新探. 襄汾
　　陶寺遺址研究, 解希恭(編), 北京, 科學出版社:
　　633-636.

＿＿＿, 2009, 山西襄汾陶寺城址中期王級大墓Ⅰ
　　M22出土漆杆“圭尺”功能試探. 自然科學史研究
　　28(3): 261-276.

河南省文物研究所(編), 1992, 登封王城崗與陽城. 北
　　京, 文物出版社.

河南省文物考古研究所(編), 1999a, 舞陽賈湖. 北京,
　　科學出版社.

＿＿＿, 1999b, 鄭州商代銅器窖藏. 北京, 科學出版社.

＿＿＿, 2001, 鄭州商城. 北京, 文物出版社.

＿＿＿, 2003, 輝縣孟莊. 鄭州, 中州古籍出版社.

河南省文化局文物工作隊(編), 1959, 鄭州二里崗. 北京,
　　科學出版社.

夏鼐, 王仲殊, 1986, 中國大百科全書: 考古學, 夏鼐(編),
　　北京, 中國大百科全書出版社: 1-21.

何駑, 高江濤, 王曉毅, 2008, 山西襄汾縣陶寺城址發現
陶寺文化中期大型夯土建築基址. 考古 3: 3-6.

河北省文物研究所(編), 1985, 藁城臺西商代遺址. 北
　　京, 文物出版社.

夏商周斷代工程專家組(編), 2000, 夏商周斷代工程
　　1996-2000年階段成果報告. 北京, 世界圖書出
　　版公司.

何毓靈, 唐際根, 2010, 河南安陽市洹北商城宮殿區二
　　號基址發掘簡報. 考古 1: 9-18.

夏正楷, 楊小燕, 2003, 我國北方4kaB.P.前後異常洪水
　　事件的初步研究. 第四紀研究 6: 84-91.

郝守剛, 馬學平, 夏正楷, 趙朝洪, 原思訓, 郁金城, 2002,
　　北京齋堂東胡林全新世早期遺址的黃土剖面.
　　地質學報 3: 420-428.

郝守剛, 薛進莊, 崔海亭, 2008, 東胡林四號人墓葬中的
　　果核. 人類學學報 27(3): 249-255.

郝欣, 孫淑雲, 2001, 盤龍城商代青銅器的檢驗與初步
　　研究. 盤龍城, 湖北省文物考古研究所(編), 北
　　京, 文物出版社: 517-538.

韓康信, 1986, 新疆孔雀河古墓溝墓地人骨研究. 考古
　　學報 3: 361-384.

韓建業, 2003, 中國北方地區新石器時代文化研究, 北
　　京, 文物出版社.

韓國河, 張繼華, 許俊平, 2006, 河南登封南窪遺址
　　2004年春發掘簡報. 中原文物 3: 4-12, 22.

韓國河, 趙維娟, 張繼華, 朱君孝, 2007, 用中子活化分
　　析研究南窪白陶的原料產地. 中原文物 6: 83-
　　86.

哈密墓地發掘組, 1990, 哈密林場辦事處, 雅滿蘇礦采
　　購站墓地. 中國考古學年鑑, 中國考古學會(編),
　　北京, 文物出版社: 330-331.

解希恭(主編), 2007, 襄汾陶寺遺址研究. 北京, 科學出
　　版社.

解希恭, 閻金鑄, 陶富海, 1989, 山西吉縣柿子灘中石器
　　文化遺址. 考古學報 3: 305-323.

向桃初, 2008, 湘江流域商周青銅文化研究, 北京, 線裝
　　書局.

香港古物古迹辦事處, 1997, 香港涌浪新石器時代遺址
　　發掘簡報. 考古 6: 35-53.

許宏, 陳國梁, 趙海濤, 2005, 河南洛陽盆地2001-2003
　　年考古調查簡報. 考古 5: 18-37.

許順湛, 2004, 尋找夏啓之居. 中原文物 4: 46-50.

英恒龍, 周瑞芳, 1991, 橡子澱粉的開發和利用. 鄭州粮食學院學報 2: 74-78.

湖南省文物考古研究所(編), 1999, 湖南考古漫步. 長沙, 湖南美術出版社.

_____, 2006, 彭頭山與八十壋. 北京, 科學出版社.

_____, 2007, 澧縣城頭山: 新石器時代遺址發掘報告. 北京, 文物出版社.

湖南省文物考古研究所, 國際日本文化研究中心(編), 2007, 澧縣城頭山-中日合作澧陽平原環境考古與有關綜合研究. 北京, 文物出版社.

湖北省文物考古研究所(編), 2001a, 盤龍城. 北京, 文物出版社.

_____, 2001b, 宜都城背溪. 北京, 文物出版社.

湖北省文物考古研究所, 中國社會科學院考古研究所, 1994, 湖北石家河羅家柏嶺新石器時代遺址. 考古學報 2: 191-229.

胡松梅, 2007, 遺址出土動物遺存. 寶鷄關桃園, 陝西省考古研究所, 寶鷄市考古工作隊(編), 北京, 文物出版社: 283-318.

胡松梅, 孫周勇, 2005, 陝西靖邊五莊果墚動物遺存及古環境分析. 考古與文物 6: 72-84.

胡松梅, 張鵬程, 袁明, 2008, 榆林火石梁遺址動物遺存研究. 人類學學報 3: 232-248.

胡厚宣, 1974, 中國奴隸社會的人殉和人祭. 文物 8: 56-72.

_____, 2002, 殷代舌方考. 甲骨學商史論叢初集, 胡厚宣(編), 石家莊, 河北教育出版社: 158-205.

黃其煦, 1982, "灰像法"在考古學中的運用. 考古 4: 418-420.

黃石市博物館(編), 1999, 銅綠山古礦冶遺址. 北京, 文物出版社.

黃宣佩(編), 2000, 福泉山. 北京, 文物出版社.

黃宣佩, 張維昌, 1983, 馬橋類型文化分析. 考古與文物 3: 58-61.

黃蘊平, 1996, 內蒙古朱開溝遺址獸骨的鑑定與研究. 考古學報 4: 515-536.

_____, 2001, 石虎山 I 遺址動物骨骼鑑定與研究. 海岱考古(二), 田廣金, 秋山進午(編), 北京, 科學出版社: 489-513.

_____, 2003, 廟子溝與大壩溝遺址動物遺骸鑑定報告. 廟子溝與大壩溝, 內蒙古文物考古研究所(編), 北京, 中國大百科全書出版社: 599-611.

黃渭金, 1998, 河姆渡稻作農業剖析. 農業考古 1: 124-130.

黃展嶽, 趙學謙, 1959, 雲南滇池東岸新石器時代遺址調查記. 考古 4: 173-175, 184.

黃翠梅, 葉貴玉, 2006, 自然環境與玉礦資源. 新世紀的考古學, 許倬雲, 張忠培(編), 北京, 紫禁城出版社: 442-470.

Adams, R. E. W. and Richard C. Jones, 1981, Spatial patterns and regional growth among Classic Maya cities. *American Antiquity* 46(2): 301-322.

Aikens, C. Melvin and Takeru Akazawa, 1996, The Pleistocene-Holocene transition in Japan and adjacent northeast Asia. In *Humans at the End of the Ice Age: The Archaeology of the Pleistocene-Holocene Transition*, edited by Lawrence G. Straus, Berit V. Eriksen, Jon M. Erlandson, and David R. Yesner. Plenum Press, New York, pp. 215-227.

Albarella, Umberto, Keith Dobney, and Peter Rowley-Conway, 2006, The domestication of the pig (*Sus scrofa*): New challenges and approaches. In *Documenting Domestication: New Genetic and Archaeological Paradigms*, edited by M. A. Zeder, D. G. Bradley, E. Emshwiller, and B. D. Smith. University of California Press, Berkeley, pp. 209-227.

Aldenderfer, Mark and Yinong Zhang, 2004, The prehistory of the Tibetan Plateau to the seventh century A.D.: Perspectives and research from China and the west since 1950. *Journal of World Prehistory* 18(1): 1-55.

Allan, Sarah, 1993, Art and meaning. In *The Problem of Meaning in Early Chinese Ritual Bronzes*, edited by Roderick Whitfield. University of London, London, pp. 9-33.

486

_____, 2007, Erlitou and the formation of Chinese civilization: Toward a new paradigm. *The Journal of Asian Studies* 66: 461–96.

Allard, Francis, 2001, Mortuary ceramics and social organization in the Dawenkou and Majiayao cultures. *Journal of East Asian Archaeology* 3(3–4):1–22.

An, Cheng-Bang, Zhao-Dong Feng, and Loukas Barton, 2006, Dry or humid? Mid-Holocene humidity changes in arid and semi-arid China. *Quaternary Science Reviews* 25: 351–361.

An, Z., S. C. Porter, J. E. Kutzbach, X. Wu, S. Wang, X. Liu, X. Li, and W. Zhou, 2000, Asynchronous Holocene optimum of the East Asian monsoon. *Quaternary Science Reviews* 19: 743-762.

An, Zhimin, 1989, Prehistoric agriculture in China. In *Foraging and Farming: The Evolution of Plant Exploitation*, edited by David R. Harris and Gordon C. Hillman. Unwin Hyman, London, pp. 643-650.

_____, 1998, Cultural complexes of the Bronze Age in the Tarim basin and surrounding areas. In *The Bronze Age and Early Iron Age Peoples of Eastern Central Asia*, edited by Victor Mair. The University of Pennsylvania Museum, Philadelphia, pp. 45–62.

An, Zhisheng, Stephen C. Porter, John E. Kutzbach, Wu Xihao, Wang Suming, Liu Xiaodong, Li Xiaoqiang, and Zhou Weijian, 2000, Asynchronous Holocene optimum of the East Asian monsoon. *Quaternary Science Reviews* 19: 743–762.

Andersson, J. Gunnar, 1923, An early Chinese culture. *Bulletin of the Geological Survey of China* 5: 1–68.

_____, 1925, Preliminary report on archaeological research in Kansu. *Memoirs of the Geological Survey of China Series* A(5).

_____, 1943, Researches into the prehistory of the Chinese. *The Museum of Far Eastern Antiquities* 15.

_____, 1973[orig. 1934], *Children of the Yellow Earth*. The MIT Press, Cambridge, Mass.

Anthony, David W., 1998, The opening of the Eurasian steppe at 2000 BCE. In *The Bronze Age and Early Iron Age Peoples of Eastern Central Asia*, edited by Victor Mair. The University of Pennsylvania Museum, Philadelphia, pp. 94–113.

_____, 2007, *The Horse, the Wheel and Language: How Bronze-Age Riders from the Eurasian Steppes Shaped the Modern World*. Princeton University Press, Princeton.

Arnold, Philip J., 1999, Tecomates, residential mobility, and Early Formative occupation in coastal lowland Mesoamerica. In *Pottery and People*, edited by James M. Skibo and Gary M. Feinman. The University of Utah Press, Salt Lake City, pp. 157–170.

Atahan, P., F. Itzstein-Davey, D. Taylor, J. Dodson, J. Qin, H. Zheng, and A. Brooks, 2008, Holocene-aged sedimentary records of environmental changes and early agriculture in the lower Yangtze, China. *Quaternary Science Reviews* 27: 556–570.

Bagley, Robert W., 1987, *Shang ritual bronzes in the Arthur M. Sackler collections*. Harvard University Press, Cambridge, MA.

_____, 1993, Meaning and explanation. In *The Problem of Meaning in Early Chinese Ritual Bronzes*, edited by Roderick Whitfield. University of London, London.

_____, 1999, Shang Archaeology, In *The Cambridge History of Ancient China*, edited by Michael Loewe and Edward Shaughnessy. Cambridge University Press, Cambridge, pp. 124–231.

Bar-Yosef, Ofer, 2002, The role of the Younger Dryas in the origin of agriculture in West

Asia. In *The Origins of Pottery and Agriculture*, edited by Yoshinori Yasuda. Roli Books, New Delhi, pp. 39–54.

Barber, Elizabeth, 1999, *The Mummies of Urumchi*. Norton, New York.

Barnard, Noel, 1961, *Bronze Casting and Bronze Alloys in Ancient China*. Australia National University and Monumenta Serica, Canberra.

_____, 1993, Thoughts on the emergence of Metallurgy in pre–Shang and early Shang China, and a technical appraisal of relevant bronze artifacts of the time. *Bulletin of the Metals Museum* 19: 3–48.

Barnes, Gina, and Dashun Guo, 1996, The ritual landscape of "Boar Mountain" basin: The Niuheliang site complex of north–eastern China. *World Archaeology* 28(2): 209–219.

Barton, Loukas, Seth D. Newsome, Fa–Hu Chen, Hui Wang, Thomas P. Guilderson, and Robert L. Bettinger, 2009, Agricultural origins and the isotopic identity of domestication in northern China. *PNAS* 106(14): 5523–5528.

Belfer–Cohen, Anna, and Ofer Bar–Yosef, 2000, Early sedentism in the Near East: A bumpy ride to village life. In *Life in Neolithic Farming Communities: Social Organization, Identity, and Differentiation*, edited by Ian Kuijt. Kluwer Academic/Plenum Publishers, New York. pp. 19–37.

Bellwood, Peter, 1995, Austronesian prehistory in Southeast Asia: Homeland, expansion and transformation. In *The Austronesians: Historical and Comparative Perspectives*, edited by Peter Bellwood, James J. Fox, and Darrel Tryon. Australian National University, Canberra, pp. 96–111.

_____, 1997, *Prehistory of the Indo-Malaysian Archipelago*. University of Hawaii Press, Honolulu.

_____, 2005, *First Farmers: The Origins of Agricultural Societies*. Blackwell Publishing, Oxford.

_____, 2006, Asian farming diasporas? Agriculture, languages, and genes in China and Southeast Asia. In *Archaeology of Asia*, edited by Miriam Stark. Blackwell Publishing, Malden, Oxford, Carlton, pp. 96–118.

Bender, B., 1978, Gatherer–hunter to farmer: A social perspective. *World Archaeology* 10: 204–222.

Bennett, Gwen, 2001, *Longshan Period Lithic Production in Southeastern Shandong*. Paper presented at SAA Symposium on Early State Formation in East Asia, New Orland, April 20, 2001.

Bergman, Folke, 1939, *Archaeological Research in Sinkiang, Especially the Lop-nor Region*. Bokforlags Aktiebolaget Thule, Stockholm.

Bettinger, Robert L., 2001, Holocene hunter–gatherers. In *Archaeology at the Millennium: A Sourcebook*, edited by Gary M. Feinman and T. Douglas Price. Kluwer Academic/Plenum Publishers, New York, pp. 137–195.

Bettinger, Robert L., David B. Madsen, and Robert G. Elston, 1994, Prehistoric settlement categories and settlement systems in the Alashan Desert of Inner Mongolia, PRC. *Journal of Anthropological Archaeology* 13: 74–101.

Bettinger, Robert L., R. Malhi, and H. McCarthy, 1997, Central Place Models of acorn and mussel processing. *Journal of Archaeological Science* 24: 887–899.

Binford, Lewis R., 1980, Willow smoke and dogs' tails: Hunter–gatherer settlement systems and archaeological site formation. *American Antiquity* 45: 4–20.

Binford, Lewis R. and Chuan Kun Ho, 1985, Taphonomy at a distance: Zhoukoudian, "the cave home of Beijing Man"? *Current*

Anthropology 26(4): 413-442.

Boaretto, Elisabetta, Xiaohong Wu, Jiarong Yuan, Ofer Bar-Yosef, Vikki Chu, Yan Pan, Kexin Liu, David Cohen, Tianlong Jiao, Shuicheng Li, Haibin Gu, Paul Goldberg, and Steve Weiner, 2009, Radiocarbon dating of charcoal and bone collagen associated with early pottery at Yuchanyan Cave, Hunan Province, China. *PNAS* 106(24): 9595-9600.

Boltz, William G., 1986, Early Chinese writing. *World Archaeology* 17(3): 420-436.

Bond, Gerard, William Showers, Maziet Cheseby, Rusty Lotti, Peter Almasi, Peter deMenocal, Paul Priore, Heidi Cullen, Irka Hajdas, and Georges Bonani, 1997, A pervasive millennial-scale cycle in north Atlantic Holocene and glacial climates. *Science* 278(14): 1257-1266.

Boyd, Brian, 2006, On "sedentism" in the later Epipalaeolithic (Natufian) Levant. *World Archaeology* 38(2): 164-178.

Bradley, Daniel G. and David A. Magee, 2006, Genetics and the origins of domestic cattle. In *Documenting Domestication: New Genetic and Archaeological Paradigms*, edited by Melinda A. Zeder, Daniel G. Bradley, Eve Emshwiller, and Bruce D. Smith. University of California Press, Berkeley.

Brunson, Katherine, 2008, *Shifting animal exploitation strategies in Late Neolithic China: A zooarchaeological analysis of the Longshan culture site of Taosi, Shanxi Province*. BA thesis, Harvard University, Cambridge, MA.

Brysac, Shareen B., 1997, Last of the "Foreign Devils." *Archaeology* (November/December): 53-59.

Bunker, Emma, 1998, Cultural diversity in the Tarim basin vicinity and its impact on ancient Chinese culture. In *The Bronze Age and Early Iron Age Peoples of Eastern Central Asia*, edited by Victor Mair. The University of Pennsylvania Museum, Philadelphia, pp. 604-618.

Butler, Ann, 1989, Cryptic anatomical characters as evidence of early cultivation in the grain legumes(pulses). In *Foraging and Farming: The Evolution of Plant Exploitation*, edited by D. R. Harris and G. C. Hillman. Unwin Hyman, London, pp. 390-405.

Cai, Da-Wei, Lu Han, Xiao-Lei Zhang, Hui Zhou, and Hong Zhu, 2007, DNA analysis of archaeological sheep remains from China. *Journal of Archaeological Science* 34: 1347-1355.

Cai, Dawei, Zhuowei Tang, Lu Han, Camilla F. Speller, Dongya Y. Yang, Xiaolin Ma, Jian'en Cao, Hong Zhu, and Hui Zhou, 2009, Ancient DNA provides new insights into the origin of the Chinese domestic horse. *Journal of Archaeological Science* 36: 835-842.

Cai, Dawei, Zhuowei Tang, Huixin Yu, Lu Han, Xiaoyan Ren, Xingbo Zhao, Hong Zhu, and Hui Zhou, 2011, Early history of Chinese domestic sheep indicated by ancient DNA analysis of Bronze Age individuals. *Journal of Archaeological Science* 38: 896-902.

Cai, Xin, Hong Chen, Chuzhao Lei, Shan Wang, Kai Xue, and Bao Zhang, 2007, MtDNA diversity and genetic lineages of eighteen cattle breeds from *Bos taurus* and *Bos indicus* in China. *Genetica* 131: 175-183.

Chang, Kwang-chih, 1963, *Archaeology of Ancient China*. Yale University Press, New Haven.

_____, 1964, Prehistoric and early historic culture horizons and traditions in South China. *Current Anthropology* 5(5): 359-375.

_____, 1969, *Fengpitou, Tapenkeng and the Prehistory of Taiwan*. Yale University Press, New Haven.

_____, 1977, Chinese archaeology since 1949. *Journal of Asian Studies* 36(4): 623–646.

_____, 1980, *Shang Civilization*. Yale University Press, New Haven.

_____, 1981a, The affluent foragers in the coastal areas of China: Extrapolation from evidence on the transition to agriculture. In *Senri Ethnological Studies*. National Museum of Ethnology, Suita, Osaka, pp. 177–186.

_____, 1981b, Archaeology and Chinese historiography. *World Archaeology* 13(2): 156–169.

_____, 1983, *Art, Myth, and Ritual*. Harvard University Press, Cambridge, MA.

_____, 1984, Ancient China and its anthropological significance. *Symbols* Spring/Fall: 2–4, pp. 20–22.

_____, 1986a, *Archaeology of Ancient China*. Yale University Press, New Haven.

_____, 1986b, Xia Nai (1910–1985). *American Anthropologist* 88: 442–444.

_____, 1989, An essay on cong. *Orientations* 20(6): 37–43.

_____, 1991, Introduction: The importance of bronzes in ancient China. In *Ancient Chinese Bronze Art: Casting the Precious Sacral Vessel*, edited by W. Thomas Chase. China House Gallery, China Institute America, New York, pp. 15–18.

_____, 1995, Ritual and power. In *China: Ancient Culture, Modern Land*, edited by Robert Murowchick. University of Oklahoma Press, Norman, pp. 61–69.

Chang, Kwang-chih and Ward H. Goodenough, 1996, Archaeology of southeastern China and its bearing on the Austronesian homeland. In *Prehistoric Settlement of the Pacifc*, edited by Ward H. Goodenough. American Philosophical Society, Philadelphia, pp. 36–56.

Chang, Te-tzu, 1976, The origin, evolution, cultivation, dissemination, and diversification of Asian and African rice. *Euphytica* 25: 431–41.

Chase, Thomas W. 1983, Bronze casting in China: A short technical history. In *The Great Bronze Age of China: A Symposium*, edited by George Kuwayama. Los Angeles County Museum of Art, Los Angeles, pp. 100–123.

Chen, Kwang-tzuu and Fredrik Hiebert, 1995, The late prehistory of Xinjiang in relation to its neighbors. *Journal of World Prehistory* 9(2): 243–300.

Chen, Shan-Yuan, Yan-Hua Su, Shi-Fang Wu, Tao Sha, and Ya-Ping Zhang, 2005, Mitochondrial diversity and phylogeographic structure of Chinese domestic goats. *Molecular Phylogenetics and Evolution* 37(3): 804–814.

Chen, Tiemei, George Rapp, and Zhichun Jing, 1999, Provenance studies of the earliest Chinese protoporcelain using instrumental neutron activation analysis. *Journal of Archaeological Science* 26: 1003–1015.

Chen, Xingcan, Li Liu, and Chunyan Zhao, 2010, Salt from southern Shanxi and the development of early states in China. In *Salt Production in China in a Comparative Perspective, Salt Archaeology in China*, vol. 2, edited by Shuicheng Li and Lothar von Falkenhausen. Science Press, Beijing, pp. 42–65.

Chen, Y. G., and T. K. Liu, 1996, Sea level changes in the last several thousand years, Penghu Islands, Taiwan Strait. *Quaternary Research* 45: 254–262.

Chen, Y. S., and X. H. Li, 1989, New evidence of the origin and domestication of the Chinese swamp buffalo (*Bubalus bubalis*). *Buffalo Journal* 5(1): 51–55.

Chernykh, Evgenii, Evgenii V. Kuz'minykh, and

L. B. Orlovskaia, 2004, Ancient metallurgy of northeast Asia: From the Urals to the Saiano-Altai. In *Metallurgy in Ancient Eastern Eurasia from the Urals to the Yellow River*, edited by Katheryn M. Linduff. Edwin Mellen Press, Lewiston, pp. 15-36.

Chernykh, Evgenii Nikolaevich, 1992, *Ancient Metallurgy in the USSR: The Early Metal Age*. Cambridge University Press, New York.

Chiang, Kai-shek, 1947, *China's Destiny and Chinese Economic Theory*. Dennis Dobson Ltd., London.

The Chifeng International Collaborative Archaeological Research Project(editor), 2003, *Regional Archeology in Eastern Inner Mongolia: A Methodological Exploration*. Science Press, Beijing.

Childs-Johnson, Elizabeth, 1998, The metamorhic image: A predominant theme in the ritual art of Shang China. *Bulletin of the Museum of Far Eastern Antiquities* 70: 5-171.

Clark, John E. and Michael Blake, 1994, The power of prestige: Competitive generosity and the emergence of rank societies in lowland Mesoamerica. In *Factional Competition and Political Development in the New World*, edited by Elizabeth M. Brumfiel and John Fox. Cambridge University Press, Cambridge, pp. 17-30.

Cockrill, W. Ross, 1981, The water buffalo: A review. *British Veterinary* 137: 8-16.

Cohen, David J., 2001, *The Yueshi culture, the Dong Yi, and the archaeology of ethnicity in early Bronze Age China*. Ph.D dissertation, Harvard University, Cambridge, MA.

_____, 2002, New perspectives on the transition to agriculture in China. In *The Origins of Pottery and Agriculture*, edited by Yoshinori Yasuda. Roli Books, New Delhi. pp.

217-227.

Costin, Cathy L., 2001, Craft production systems. In *Archaeology at the Millennium: A Sourcebook*, edited by Gary M. Feinman and T. Douglas Price. Kluwer Academic/Plenum Publishers, New York. pp. 273-328.

Crawford, Gary W., 1997, Anthropogenesis in prehistoric northeastern Japan. In *People, Plants, and Landscapes*, edited by Kristen Gremillion. The University of Alabama Press, Tuscaloosa and London, pp. 86-103.

_____, 2006, East Asian plant domestication. In *Archaeology of Asia*, edited by Miriam Stark. Blackwell Publishing, Malden, Oxford, Carlton, pp. 77-95.

_____, 2008, The Jomon in early agriculture discourse: Issues arising from Matsui, Kanehara and Pearson. *World Archaeology* 40(4): 445-465.

_____, 2011, Early rice exploitation in the lower Yangzi valley: What are we missing? The Holocene. DOI: 10.1177/0959 683611424177. Available online http:// hol.sagepub.com/ content/early/2011/11/18/0959683611424177.

Crawford, Gary W. and Gyoung-Ah Lee, 2003, Agricultural origins in the Korean Peninsula. *Antiquity* 77(295): 87-95.

Crawford, Gary W. and Chen Shen, 1998, The origins of rice agriculture: Recent progress in East Asia. *Antiquity* 72: 858-866.

Crawford, Gary W., Anne Underhill, Zhijun Zhao, Gyoung-Ah Lee, Gary Feinman, Linda Nicholas, Fengshi Luan, Haiguang Yu, Hui Fang, and Fengshu Cai, 2005, Late Neolithic plant remains from northern China: Preliminary results from Liangchengzhen, Shandong. *Current Anthropology* 46(2): 309-317.

Cribb, Roger, 1991, *Nomads in Archaeology*. Cambridge University Press, Cambridge.

Cunnar, Geoffrey, 2007, *The production and use of stone tools at the Longshan period site of Liangchengzhen, China*, Ph.D dissertation, Yale University, New Haven.

Daniel, Glyn, 1981, *A Short History of Archaeology*. Thames and Hudson, London.

Davis, Simon L. M., 1987, *The Archaeology of Animals*. Yale University Press, New Haven and London.

Denham, Tim, 2004, The roots of agriculture and arboriculture in New Guinea: Looking beyond Austronesian expansion, Neolithic package and indigenous origins. *World Archaeology* 36(4): 610-620.

Di Cosmo, Nicola, 1999, The northern frontier in pre-imperial China. In *The Cambridge History of Ancient China: From the Origins of Civilization to 221 B.C.*, edited by Michael Loewe and Edward L. Shaughnessy. Cambridge University Press, Cambridge. pp. 885-966.

_____, 2002, *Ancient China and Its Enemies*. Cambridge University Press, Cambridge.

Diamond, Jared, 2005, *Collapse: How Societies Choose to Fail or Succeed*. Viking, New York.

Diaz-Andreu, Margarita, 2001, Nationalism and archaeology. *Nations and Nationalism* 7(4): 429-440.

Dietler, Michael and Brian Hayden (editors), 2001, *Feasts: Archaeological and Ethnographic Perspectives on Food, Politics, and Power*. Smithsonian Institution Press, Washington.

Dikotter, Frank, 1992, *The Discourse of Race in Modern China*. Stanford University Press, Stanford.

Dodson, John, Xiaoqiang Li, Ming Ji, Keliang Zhao, Xinying Zhou, and Vladimir Levchenko, 2009, Early bronze in two Holocene archaeological sites in Gansu, NW China. *Quaternary Research* 72: 309-314.

Drennan, Robert D. and Xiangming Dai, 2010, Chiefdoms and states in the Yuncheng Basin and the Chifeng region: A comparative analysis of settlement systems in North China. *Journal of Anthropological Archaeology* 29: 455-468.

Driver, Harold, 1961, *Indians of North America*. The University of Chicago Press, Chicago & London.

Earle, Timothy K., 1991, The evolution of chiefdom. In *Chiefdoms: Power, Economy, and Ideology*, edited by Timothy Earle. Cambridge University Press, Cambridge, pp. 1-15.

Engels, Friedrich, 1972[orig. 1884], *The Origin of the Family, Private Property and the State*. International Publishers, New York.

Fagan, Brian M., 2000, *Ancient North America: The Archaeology of a Continent*. Thames & Hudson, New York.

Falkenhausen, Lothar von, 1992, Serials on Chinese archaeology published in the People's Republic of China. *Early China* 17: 247-296.

_____, 1993, On the historiographical orientation of Chinese archaeology. *Antiquity* 67(257): 839-849.

_____, 1995, The regionalist paradigm in Chinese archaeology. In *Nationalism, Politics, and the Practice of Archaeology*, edited by Philip L. Kohl and Clare Fawcett. Cambridge University Press, Cambridge, pp. 198-217.

_____, 1999a, Su Bingqi. In *Encyclopedia of Archaeology: The Great Archaeologists*, edited by Tim Murray. ABC-CLIO, Santa Barbara, pp. 601-613.

_____, 1999b, Xia Nai. In *Encyclopedia of Archaeology: The Great Archaeologists*, edited by Tim Murray. ABC-CLIO, Santa Barbara, pp. 601-614.

_____, 2006, *Chinese Society in the Age of Confucius (1000-250 BC): The Archaeological Evidence*. Cotsen Institute of Archaeology, University of California, Los Angeles.

_____, 2008, Stages in the development of "cities" in pre-imperial China. In *The Ancient City: New Perspectives on Urbanism in the Old and New World*, edited by Joyce Marcus and Jeremy A. Sablof. A School for Advanced Research Resident Scholar Book, Santa Fe, pp. 209-228.

Feinman, Gary and Joyce Marcus(editors), 1998, *Archaic States*. School of American Research Press, Santa Fe.

Feng, Z.-D., C. B. An, L. Y. Tang, and A. J. T. Jull, 2004, Stratigraphic evidence of a Megahumid climate between 10,000 and 4000 years B.P. in the western part of the Chinese Loess Plateau. *Global and Planetary Change* 43: 145-155.

Feng, Z.-D., C. B. An, and H. B. Wang, 2006, Holocene climatic and environmental changes in the arid and semi-arid areas of China: A review. *The Holocene* 16(1): 119-130.

Fish, Suzanne K. and Stephen A. Kowalewski (editors), 1990, *The Archaeology of Regions: A Case for Full-Coverage Survey*. Smithsonian Institution Press, Washington, DC.

Fiskesjo, Magnus and Xingcan Chen, 2004, *China Before China*. Museum of Far Eastern Antiquities monograph series, No. 15, Stockholm.

Fitzgerald-Huber, Louisa, 1995, Qijia and Erlitou: The question of contacts with distant cultures. *Early China* 20: 17-68.

_____, 2003, The Qijia culture: Paths East and West. *The Museum of Far Eastern Antiquities* 75: 55-78.

Fitzgerald, John, 1996, The nationless state: The search for a nation in modern Chinese nationalism. In *Chinese Nationalism*, edited by Jonathan Unger. M. E. Sharpe, Armonk, pp. 56-85.

Flad, Rowan, 2001, Ritual or structure? Analysis of burial elaboration at Dadianzi, Inner Mongolia. *Journal of East Asian Archaeology* 3(3-4): 23-51.

Flad, Rowan, Jing Yuan, and Shuicheng Li, 2007, Zooarchaeological evidence of animal domestication in northwest China. In *Late Quaternary Climate Change and Human Adaptation in Arid China*, edited by David B. Madsen, Fa-Hu Chen, and Xing Gao. Elsevier, Amsterdam. pp. 167-203.

Flannery, Kent V., 1998, The ground plans of archaic states. In *Archaic States*, edited by Gary M. Feinman and Joyce Marcus. School of American Research Press, Santa Fe, pp. 15-58.

Frachetti, Michael, 2002, Bronze Age exploitation and political dynamics of the eastern Eurasian steppe zone. In *Ancient Interactions: East and West in Eurasia*, edited by Katie Boyle, Colin Renfrew, and Marsha Levine. McDonald Institute for Archaeological Research, Cambridge, pp. 161-170.

Franklin, Ursula M., 1983, The beginnings of metallurgy in China: A comparative approach. In *The Great Bronze Age of China*, edited by G. Kuwayama. Los Angeles County Museum, Los Angeles.

_____, 1992, *The Real World of Technology*. Anansi, Ontario.

Fullagar, R., Liu, L., Bestel, S., Jones, D., Ge, W., Wilson, A., & Zhai, S. 2012, Stone tool-use experiments to determine the function of grinding stones and denticulate sickles. *Bulletin of the Indo-Pacific Prehistory Association*, 32: 29-44.

Fuller, Dorian, Emma Harvey, and Ling Qin, 2007, Presumed domestication? Evidence for wild rice cultivation and domestication in the 5th millennium BC of the lower Yangtze region. *Antiquity* 81: 316-331.

Fuller, Dorian Q, Ling Qin, Yunfei Zheng, Zhijun Zhao, Xugao Chen, Leo Aoi Hosoya, and Guo-Ping Sun, 2009, The domestication process and domestication rate in rice: spikelet bases from the Lower Yangtze. *Science* 323(5921): 1607-1610.

Fuller, Dorian Q., and Ling Qin, 2009, Water management and labour in the origins and dispersal of Asian rice. *World Archaeology* 41: 88-111.

Fung, Christopher, 2000, The drinks are on us: Ritual, social status, and practice in Dawenkou burials, North China. *Journal of East Asian Archaeology* 2(1-2): 67-92.

Gao, Ming-jun and Jiaju Chen, 1988, Isozymic studies on the origin of cultivated foxtail millet. *ACTA Agronomica Sinica* 14(2): 131-136.

Gao, Qiang and Yun Kuen Lee, 1993, A biological perspective on Yangshao kinship. *Journal of Anthropological Archaeology* 12: 266-298.

Gao, Xing, 2010, Revisiting the origin of modern humans in China and its implications for global human evolution. *Science China: Earth Sciences* 53(12): 1927-1940.

Gao, Xing, and Chunxue Wang, 2010, In search of the ancestors of Chinese people. *Paleoanthropology* 24(2): 111-114.

Gardner, Paul S., 1997, The ecological structure and behavioral implications of mast exploitation strategies. In *People, Plants, and Landscapes: Studies in Paleoethnobotany*, edited by Kristen J. Gremillion. The University of Alabama Press, Tuscaloosa and London, pp. 161-178.

Germonpré, Mietje, Mikhail V. Sablin, Rhiannon E. Stevens, Robert E.M. Hedges, Michael Ho-

freiter, Mathias Stiller, and Viviane R. Després, 2009, Fossil dogs and wolves from Palaeolithic sites in Belgium, the Ukraine and Russia: osteometry, ancient DNA and stable isotopes. *Journal of Archaeological Science* 36(2): 473-490.

Goldstein, Lynne G., 1981, One-dimensional archaeology and multi-dimensional people: Spatial organisation and mortuary analysis. In *The Archaeology of Death*, edited by Robert Chapman, Ian Kinnes, and Klavs Randsborg. Cambridge University Press, Cambridge. pp. 53-69.

Goodenough, Ward H.(editor), 1996, *Prehistoric Settlement of the Pacific*. American Philosophical Society, Philadelphia.

Gryaznov, Mikhail P., 1969, *The Ancient Civilization of Southern Siberia*, translated from the Russian by James Hogarth. Cowles Book Co., New York.

Guo, J., L.-X. Du, Y.-H. Ma, W.-J. Guan, H.-B. Li, Q.-J. Zhao, X. Li, and S.-Q. Rao, 2005, A novel maternal lineage revealed in sheep(*Ovis aries*). *Animal Genetics* 36(4): 331-336.

Guo, Lanlan, Zaodong Feng, Xinqing Li, Lianyou Liu, and Lixia Wang, 2007, Holocene climatic and environmental changes recorded in Baahar Nuur Lake core in the Ordos Plateau, Inner Mongolia of China. *Chinese Science Bulletin* 52(7): 959-966.

Guo, Ruihai and Jun Li, 2002, The Nanzhuangtou and Hutouliang sites: Exploring the beginnings of agriculture and pottery in North China. In *The Origins of Pottery and Agriculture*, edited by Yoshinori Yasuda. Roli Boods, New Delhi.

Habu, Junko, 2004, *Ancient Jomon of Japan*. Cambridge University Press, Cambridge.

Han, Defen, 1988, The fauna from the Neolithic site of Hemudu, Zhejiang. In *The Palaeoenvironment of East Asia from the Mid-*

Tertiary: Proceedings of the Second Conference, edited by Pauline Whyte. Centre of Asian Studies, University of Hong Kong, Hong Kong, pp. 868-872.

Hancock, James F., 1992, *Plant Evolution and the Origin of Crop Species*. Prentice Hall, Englewood Cliffs, New Jersey.

Hanks, Bryan K. and Katheryn M. Linduff (editors), 2009, *Social Complexity in Prehistoric Eurasia*. Cambridge University Press, Cambridge.

Hardy-Smith, T. and P. C. Edwards, 2004, The garbage crisis in prehistory: Artefact discard patterns at the Early Natufian site of Wadi Hammeh 27 and the origins of household refuse disposal strategies. *Journal of Anthropological Archaeology* 23: 253-289.

Harris, David, 2010, *Origins of Agriculture in Western Central Asia: An Environmental-Archaeological Study*. University of Pennsylvania Museum of Archaeology and Anthropology, Philadelphia.

Harrison, Richard J., 1996, Arboriculture in Southwest Europe: *Dehesas* as managed woodlands. In *The Origins and Spread of Agriculture and Pastoralism in Eurasia*, edited by David R. Harris. UCL Press, London, pp. 363-367.

Hayden, Brian, 1995, A new overview of domestication. In *Last Hunters-First Farmers*, edited by T. Douglas Price and Anne B. Gebauer. School of American Research Press, Santa Fe, pp. 273-299.

_____, 2003, Were luxury foods the first domesticates? Ethnoarchaeological perspectives from Southeast Asia. *World Archaeology* 34(3): 458-469.

_____, 2011, Rice: The first Asian luxury food? In *Why Cultivate? Anthropological and Archaeological Approaches to Foraging-Farming Transitions in Southeast Asia*, edited by Graeme Barker and Monica Janowski. McDonald Institute Monographs, Cambridge, pp. 73-91.

He, Y., W. H. Theakstone, Zhonglin Zhang, Dian Zhang, Tandong Yao, Tuo Chen, Yongping Shen, and Hongxi Pang, 2004, Asynchronous Holocene climate change across China. *Quaternary Research* 61: 52-63.

Hiebert, Fredrik, 2000, Bronze Age Central Eurasian cultures in their steppe and desert environments. In *Environmental Disaster and the Archaeology of Human Response*, edited by Garth Bawden and Richard Reycraft. Maxwell Museum of Anthropology, Albuquerque, pp. 51-62.

Higham, Charles, 1995, The transition to rice cultivation in Southeast Asia. In *Last Hunters-First Farmers: New Perspectives on the Prehistoric Transition to Agriculture*, edited by Douglas T. Price and Anne B. Gebauer. School of American Research Press, Santa Fe, pp. 127-155.

_____, 2002, Languages and farming dispersals: Austroasiatic languages and rice cultivation. In *Examining the Farming/Language Dispersal Hypothesis*, edited by Peter Bellwood and Colin Renfrew. McDonald Institute for Archaeological Research, University of Cambridge, Cambridge, pp. 223-232.

_____, 2009, A new chronological framework for prehistoric Southeast Asia, based on a Bayesian model from Ban Non Wat. *Antiquity* 83: 125-144.

Higham, Charles and Tracey L.-D. Lu, 1998, The origins and dispersal of rice cultivation. *Antiquity* 72: 867-877.

Higham, Charles, B. Manly, A. Kihingam, and S. J. E. Moore, 1981, The Bovid third phalanx and prehistoric ploughing. *Journal of Archaeological Science* 8(4): 353-365.

Hillman, Gordon C. and M. Stuart Davies, 1999, Domestication rate in wild wheats and barley under primitive cultivation. In *Prehistory of Agriculture*, edited by Patricia C. Anderson. The Institute of Archaeology, University of California, Los Angeles, pp. 70-102.

Hitchcock, Robert K., 1987, Sedentism and site structure: Organizational changes in Kalahari Basarwa residential locations. In *Method and Theory for Activity Area Research: An Ethnoarchaeological Approach*, edited by Susan Kent. Columbia University Press, New York, pp. 374-423.

Ho, Ping-ti, 1975, *The Cradle of the East*. The Chinese University of Hong Kong, Hong Kong.

Hongo, Hitomi and Richard Meadow, 1998, Pig exploitation at Neolithic Cayonu Tepesi (Southeastern Anatolia). In *Ancestors for the Pigs in Prehistory*, edited by Sarah Nelson. University of Pennsylvania Museum of Archaeology & Anthropology, Philadelphia, pp. 77-88.

Hopkerk, Peter, 1980, *Foreign Devils on the Silk Road: The Search for the Lost Cities and Treasures of Chinese Central Asia*. John Murray, London.

Hsu, Cho-yun, 1991, The roles of the literati and of regionalism in the fall of the Han dynasty. In *The Collapse of Ancient States and Civilizations*, edited by Norman Yoffee and George L. Cowgill. The University of Arizona Press, Tucson, pp. 176-195.

Hsu, Cho-yun and Katheryn Linduff, 1988, *Western Chou Civilization*. Yale University Press, New Haven.

Hu, Yaowu, Stanley H. Ambrose, and Changsui Wang, 2006, Stable isotopic analysis of human bones from Jiahu site, Henan, China: Implications for the transition to agriculture. *Journal of Archaeological Science* 33: 1319-1330.

Huang, Tsui-mei, 1992, Liangzhu-a late Neolithic jade-yielding culture in southeastern coastal China. *Antiquity* 66: 75-83.

Huang, Wei-wen and Ya-mei Hou, 1998, A perspective on the archaeology of the Pleistocene-Holocene transition in north China and the Qinghai-Tibetan Plateau. *Quaternary International* 49/50: 117-127.

Hung, Hsiao-chun, 2008, *Migration and cultural Interaction in southern coastal China, Taiwan and the northern Philippines, 3000 BC to AD 1: The early history of the Austronesian-speaking populations*. Ph.D dissertation, The Australian National University, Canberra.

Hymowitz, T., 1970, On the domestication of the soybean. *Economoc Botany* 24: 408-421.

Hymowitz, T. and R.J. Singh, 1986, Taxonomy and speciation. In *Soybeans: Improvement, Production, and Uses*, edited by J. R. Wilcox. American Society of Agronomy, Madison, pp. 23-48.

Ikawa-Smith, Fumiko, 1986, Late Pleistocene and early Holocene technologies. In *Windows on the Japanese Past: Studies in Archaeology and Prehistory*, edited by Richard J. Pearson, Gina L. Barnes, and Karl L. Hutterer. Center for Japanese Studies, The University of Michigan, Ann Arbor, pp. 199-216.

Jansen, T., P. Forster, M.A. Levine, H. Oelke, M. Hurles, C. Renfrew, J. Weber, and K. Olek, 2002, Mitochondrial DNA and the origins of the domestic horse. *Proceedings of the National Academy of Sciences of the United States of America* 99: 10905-10910.

Jia, Lanpo and Weiwen Huang, 1990, *The Story of Peking Man*. Foreign Language Press, Beijing.

Jia, Weiming, 2007, *Transition from Foraging to Farming in Northeast China*. BAR International Series, Oxford.

Jiang, Leping and Li Liu, 2005, The discovery of an 8000-year old dugout canoe at Kuahuqiao in the Lower Yangzi River, China. *Antiquity* 79(305): (Project Gallery) http://antiquity.ac.uk/projgall/liu/index.html.

_____, 2006, New evidence for the origins of sedentism and rice domestication in the Lower Yangzi River, China. *Antiquity* 80: 1-7.

Jiang, Qinhua and Dolores R. Piperno, 1999, Environmental and archaeological implications of a late Quaternary palynological sequence, Poyang Lake, southern China. *Quaternary Research* 52(2): 250-258.

Jiao, Tianlong, 2007, *The Neolithic of Southeast China*. Cambria Press, Youngstown, NY.

Jin, ChangZhu, Pan WenShi, Zhang YingQi, Cai YanJun, Xu QinQi, Tang ZhiLu, Wang Wei, Wang Yuan, Liu JinYi, Qin DaGong, R. Lawrence Edwards, and Cheng Hai, 2009, The *Homo sapiens* Cave hominin site of Mulan Mountain, Jiangzhou District, Chongzuo, Guangxi with emphasis on its age. *Chinese Science Bulletin* 54(21): 3848-3856.

Jin, Li and Bing Su, 2000, Native or immigrants: Modern human origin in East Asia. *Nature Reviews* 1: 126-133.

Jing, Zhichun and Guang Wen, 1996, Mineralogical inquiries into Chinese Neolithic jade. In *The Chinese Journal of Jade*, edited by Sam Bernstein. S. Bernstein and Co., San Francisco, pp. 135-151.

Jing, Zhichun, Jigen Tang, George(Rip) Rapp, and James Stoltman, 2002, Co-Evolution of Human Societies and Landscapes in the Core Territory of Late Shang State-An Interdisciplinary Regional Archaeological Investigation in Anyang, China. Unpublished Interim Report submitted to the National Science Foundation, National Geographic Society, Malcom H. Wiener Foundation, University of Minnesota Foundation, and The Henry Luce Foundation.

Karega-Munene, 2003, The East African Neolithic: A historical perspective. In *East African Archaeology: Foragers, Potters, Smiths, and Traders*, edited by Chapurukha Kusimba and Sibel Kusimba. University of Pennsylvania Museum of Archaeology and Anthropology, Philadelphia, pp. 17-32.

Ke, Yuehai, Bing Su, Xiufeng Song, Daru Lu, Lifeng Chen, Hongyu Li, Chunjian Qi, Sangkot Marzuki, Ranjan Deka, Peter Underhill, Chunjie Xiao, Mark Shriver, Jeff Lell, Douglas Wallace, R Spencer Wells, Mark Seielstad, Peter Oefner, Dingliang Zhu, Jianzhong Jin, Wei Huang, Ranajit Chakraborty, Zhu Chen, and Li Jin, 2001, African Origin of Modern Humans in East Asia: A Tale of 12,000 Y Chromosomes. *Science* 292: 1151-1153.

Keally, Charles T., Y. Taniguchi, and Y. V. Kuzmin, 2003, Understanding the beginnings of pottery technology in Japan and neighboring East Asia. *The Review of Archaeology* 24(2): 3-14.

Keightley, David N., 1978a, The religious commitment: Shang theology and the genesis of Chinese political culture. *History of Religion* 17: 212-214.

_____, 1978b, *Sources of Shang History: The Oracle-Bone Inscriptions of Bronze Age China*. University California Press, Berkeley.

_____, 1979-80, The Shang state as seen in the oracle-bone inscriptions. *Early China* 5: 25-34.

_____, 1983, The late Shang state: When, where, and what? In *The Origins of Chinese Civili-*

zation, edited by David Keightley. University of California Press, Berkeley, pp. 523–564.

———, 1985, *Dead but not Gone: Cultural Implications of Mortuary Practice in Neolithic and Early Bronze Age China ca. 8000 to 1000 B.C.*, Paper presented at the Ritual and Social Significance of Death in Chinese Society, Oracle, Arizona.

———, 1987, Archaeology and mentality: The making of China. *Representations* 18: 91–128.

———, 1999, The Shang: China's first historical dynasty. In *The Cambridge History of Ancient China: From the Origins of Civilization to 221 B.C.*, edited by Michael Loewe and Edward L. Shaughnessy. Cambridge University Press, Cambridge.

———, 2000, *The Ancestral Landscape: Time, Space, and Community in Late Shang China (ca. 1200-1045 B.C.).* Institute of East Asian Studies, Berkeley.

———, 2004, What Did Make the Chinese "Chinese"? Some Geographical Perspectives. *Education About Asia* 9(2): 17–23.

———, 2006, Marks and Labels: Early Writing in Neolithic and Shang China. In *Archaeology of Asia*, edited by Miriam T. Stark. Blackwell, Malden, MA, pp. 177–201.

Kelly, Robert L., 1992, Mobility/sedentism: Concepts, archaeological measures, and effects. *Annual Review of Anthropology* 21: 43–66.

Kidder, Edward, 1957, *The Jomon Pottery of Japan.* Switzerland Artibus Asiae, Ascona.

Kirch, Patrick V., 2000, *On the Road of the Wind: An Archaeological History of the Pacific Islands before European Contact.* University of California Press, Berkeley and Los Angeles.

Kobayashi, Tatsou, 2004, *Jomon Refections.* Ox-bow Books, Oxford.

Kohl, Philip L. and Clare Fawcett(editors), 1995, *Nationalism, Politics, and the Practice of Archaeology.* Cambridge University Press, Cambridge.

Kowalewski, Stephen A., 1989, *Prehispanic Settlement Patterns in Tlacolula, Etla, and Ocotlan, the Valley of Oaxaca, Mexico.* Regents of the University of Michigan, Museum of Anthropology, Ann Arbor.

Kumar, S., M. Nagarajan, J. S. Sandhu, N. Kumar, V. Behl, and G. Nishanth, 2007, Mitochondrial DNA analyses of Indian water buffalo support a distinct genetic origin of river and swamp buffalo. *Animal Genetics* 38(3): 227–232.

Kuz'mina, Elena E., 1998, Cultural connections of the Tarim basin people and pastoralists of the Asian steppes in the Bronze Age. In *The Bronze Age and Early Iron Age Peoples of Eastern Central Asia*, edited by Victor Mair. The University of Pennsylvania Museum, Philadelphia, pp. 63–93.

———, 2004, Historical perspectives on the Andronovo and metal use in Eastern Asia. In *Metallurgy in Ancient Eastern Eurasia from the Urals to the Yellow River*, edited by Katheryn M. Linduff. Edwin Mellen Press, Lewiston, pp. 37–84.

Kuzmin, Yaroslav, 2003a, Introduction: Changing the paradigm. *The Review of Archaeology* 24(2): 1–3.

———, 2003b, The Paleolithic-to-Neolithic transition and the origin of pottery production in the Russian Far East: A geoarchaeological approach. *Archaeology, Ethnology & Anthropology of Eurasia* 3(15): 16–26.

Kuzmin, Yaroslav and Lyubov Orlova, 2000, The Neolithization of Siberia and Russian Far East: Radiocarbon evidence. *Antiquity* 74: 356–364.

Lamberg-Karlovsky, C. C., 2000, The Near Eastern "breakout" and the Mesopotamian social contract. In *The Breakout: The Origins of Cvilization*, edited by Martha Lamberg-Karlovsky. Peabody Museum Monographs, Cambridge, Mass. pp. 13-23.

Lamberg-Karlovsky, Martha(editor), 2000, *The Breakout: The Origins of Civilization*. Peabody Museum Monographs, Cambridge, Mass.

Larson, Greger, Keith Dobney, Umberto Albarella, Meiying Fang, Elizabeth Matisoo-Smith, Judith Robins, Stewart Lowden, Heather Finlayson, Tina Brand, Eske Willerslev, Peter Rowley-Conwy, Leif Andersson, and Alan Cooper, 2005, Worldwide phylogeography of wild boar reveals multiple centers of pig domestication. *Science* 307(5715): 1618-1622.

Lee, Gyoung-Ah, 2003, *Changes in subsistence systems in southern Korea from the Chulmun to Mumun periods: Archaeobotanical investigation*. Ph,D dissertation, University of Toronto, Toronto.

Lee, Gyoung-Ah and Sheahan Bestel, 2007, Contextual analysis of plant remains at the Erlitou-period Huizui site, Henan, China. *Bulletin of the Indo-Pacifc Prehistory Association* 27: 49-60.

Lee, Gyoung-Ah, Gary W. Crawford, Li Liu, and Xingcan Chen, 2007, Plants and people from the early Neolithic to Shang periods in North China. *PNAS* 104(3): 1087-1092.

Lee, Gyoung-Ah, Gary W. Crawford, Li Liu, Yuka Sasaki, and Xuexiang Chen, 2011, Archaeological Soybean(Glycine max) in East Asia: Does size matter? *PLoS ONE* 6(11) e26720. Available online at: http://dx.plos.org/10.1371/journal.pone.0026720.

Lee, Yun Kuen, 1993, *Spatial Expression of Segmentary Organization: A Case Study of a Yangshao Settlement Site*. Paper presented at the 58th Annual Meeting of Society of American Archaeology, Saint Louis, April 14-18.

_____, 2002, Building the chronology of early Chinese history. *Asian Perspectives* 41(1): 15-42.

Lee, Yun Kuen and Naicheng Zhu, 2002, Social integration of religion and ritual in prehistoric China. *Antiquity*(76): 715-723.

Legrand, Sophie, 2004, Karasuk metallurgy: Technological development and regional influence. In *Metallurgy in Ancient Eastern Eurasia from the Urals to the Yellow River*, edited by Katheryn M. Linduff. Edwin Mellen Press, Lewiston, pp. 139-155.

Lei, C. Z., X. B. Wang, M. A ,Bower, C. J. Edwards, R. Su, S. Weining, L. Liu, W. M. Xie, F. Li, R. Y. Liu, Y. S. Zhang, C. M. Zhang, and H. Chen, 2009, Multiple maternal origins of Chinese modern horse and ancient horse. *Animal Genetics* 4: 933-944.

Lei, C. Z., W. Zhang, H. Chen, F. Lu, R. Y. Liu, X. Y. Yang, H. C. Zhang, Z. G. Liu, L. B. Yao, Z. F. Lu, and Z. L. Zhao, 2007, Independent maternal origin of Chinese swamp buffalo (*Bubalus bubalis*). *Animal Genetics* 38(2): 97-102.

Leibold, James, 2006, Competing narratives of racial unity in Republican China: From the Yellow Emperor to Peking Man. *Modern China* 32: 181-220.

Levine, Marsha, 2006, MtDNA and horse domestication: The archaeologist's cut. In *Equids in Time and Space*, edited by Marjan Mashkour. Oxbow Books, Oxford, pp. 192-201.

Levine, Marsha, Colin Renfrew, and Katie Boyle(editors), 2003, *Prehistoric Steppe Adaptation and the Horse*. McDonald Institute for Archaeological Research, Cambridge.

Lewis, Mark E., 2006, *The Flood Myths of Early China*. State University of New York Press, New York.

Li, Baoping, Li Liu, Jianxin Zhao, Xingcan Chen, Yuexing Feng, Guohe Han, and Junxiao Zhu, 2008, Chemical fingerprinting of whitewares from Nanwa site of the Chinese Erlitou state: Comparison with Gongxian and Ding kilns. *Nuclear Instruments and Methods in Physics Research B* 266: 2614-2622.

Li, Chi, 1977, *Anyang*. University of Washington Press, Seattle.

Li, Chun-Hai, Gang-Ya Zhang, Lin-Zhang Yang, Xian-Gui Lin, Zheng-Yi Hu, Yuan-Hua Dong, Zhi-Hong Cao, Yun-Gei Zheng, and Jin-Long Ding, 2007, Pollen and phytolith analyses of ancient paddy fields at Chuodun site, the Yangtze River Delta. *Pedosphere* 17(2): 209-218.

Li, Feng, 2006, *Landscape and Power in Early China: The Crisis and Fall of the Western Zhou 1045-771 BC*. Cambridge University Press, Cambridge.

_____, 2008, *Bureaucracy and the State in Early China: Governing the Western Zhou*. Cambridge University Press, Cambridge.

Li, Min, 2008, *Conquest, concord, and consumption: Becoming Shang in eastern China*. Ph.D dissertation, The University of Michigan, Ann Arbor.

Li, Mingqi, Yang Xiaoyan, Wang Hui, Wang Qiang, Jia Xin, and Ge Quansheng, 2010, Starch grains from dental calculus reveal ancient plant foodstuffs at Chenqimogou site, Gansu Province. *Science China: Earth Sciences* 53(5): 694-699.

Li, Shuicheng, 2002, The interaction between northwest China and Central Asia during the second millennium BC: An archaeo-

logical perspective. In *Ancient Interactions: East and West in Eurasia*, edited by Katie Boyle and Colin Renfrew. McDonald Institute for Archaeological Research, Cambridge, pp. 171-182.

_____, 2003, Ancient interactions in Eurasia and northwest China: Revisiting J. G. Andersson's legacy. *Bulletin of The Museum of Far Eastern Antiquities* 75: 9-30.

Li, Xiaoqiang, John Dodson, Xinying Zhou, Hongbin Zhang, and Ryo Masutomoto, 2007, Early cultivated wheat and broadening of agriculture in Neolithic China. *The Holocene* 17(5): 555-560.

Li, Xiaoqiang, Zhou Weijian, An Zhisheng, and John Dodson, 2003, The vegetation and monsoon variations at the desert-loess transition belt at Midiwan in northern China for the last 13 ka. *The Holocene* 13(5): 779-784.

Li, Xinwei, 2008, *Development of Social Complexity in the Liaoxi Area, Northeast China*. BAR International Series 1821, Archaeopress, Oxford.

Li, Xueqin, Garman Harbottle, Juzhong Zhang, and Changsui Wang, 2003, The earliest writing? Sign use in the seventh millennium BC at Jiahu, Henan Province, China. *Antiquity* 77(295): 31-44.

Li, Yung-ti, 2003, *The Anyang bronze foundries: Archaeological remains, casting technology, and production organization*. Ph.D dissertation, Harvard University, Cambridge.

Linduff, Katheryn M., 1995, Zhukaigou, steppe culture and the rise of Chinese civilization. *Antiquity* 69(262): 133-145.

_____, 1998, The emergence and demise of bronze-producing cultures outside the Central Plain of China. In *The Bronze Age and Early Iron Age Peoples of Eastern Cen-*

tral Asia, edited by Victor H. Mair. Institute for the Study of Man Inc., Washington D. C., pp. 619-646.

_____, 2000, Introduction. Metallurgists in ancient East Asia: The Chinese and who else? In *The Beginnings of Metallurgy in China*, edited by Katheryn M. Linduff, Rubin Han, and Shuyun Sun. The Edwin Mellen Press, Lewiston, NY, pp. 1-28.

_____, 2003, A walk on the wild side: Late Shang appropriation of horses in China. In *Prehistoric Steppe Adaptation and the Horse*, edited by Marcha Levine, Colin Renfrew, and Katie Boyle. McDonald Institute Monographs, Cambridge, pp. 139-162.

_____, 2004, How far does the Eurasian metallurgical tradition extend? In *Metallurgy in Ancient Eastern Eurasia from the Urals to the Yellow River*, edited by Katheryn M. Linduff. Edwin Mellen Press, Lewiston, NY, pp. 1-14.

Linduff, Katheryn M., Robert Drennan, and Gideon Shelach, 2002-2004, Early complex societies in NE China: The Chifeng international collaborative archaeological research project. *Journal of Field Archaeology* 29(1-2): 45-74.

Linduff, Katheryn M., and Jianjun Mei, 2009, Metallurgy in Ancient Eastern Asia: Retrospect and prospects. *Journal of World Prehistory* 22: 265-281.

Lippold, Sebastian, Michael Knapp, Tatyana Kuznetsova, Jennifer A. Leonard, Norbert Benecke, Arne Ludwig, Morten Rasmussen, Alan Cooper, Jaco Weinstock, Eske Willerslev, Beth Shapiro, and Michael Hofreiter, 2011, Discovery of lost diversity of paternal horse lineages using ancient DNA. *Nature Communications* 23 Aug. Available online at: DOI: 10.1038/ncomms1447.

Liu, Kam-biu, 1988, Quaternary history of the temperate forests of China. *Quaternary Science Reviews* 7: 1-20.

Liu, Li, 1996a, Mortuary ritual and social hierarchy in the Longshan culture. *Early China* 21: 1-46.

_____, 1996b, Settlement patterns, chiefdom variability, and the development of early states in north China. *Journal of Anthropological Archaeology* 15: 237-288.

_____, 1999, Who were the ancestors? The origins of Chinese ancestral cult and racial myths. *Antiquity* 73: 602-613.

_____, 2000a, Ancestor worship: An archaeological investigation of ritual activities in Neolithic North China. *Journal of East Asian Archaeology* 2(1-2): 129-164.

_____, 2000b, The development and decline of social complexity in China: Some environmental and social factors. *Indo-Pacifc Prehistory Association Bulletin (Maelaka Papers)* 20(4): 14-33.

_____, 2003, "The products of minds as well as of hands": Production of prestige goods in the Neolithic and early state periods of China. *Asian Perspectives* 42(1): 1-40.

_____, 2004, *The Chinese Neolithic: Trajectories to Early States*. Cambridge University Press, Cambridge.

_____, 2006, Urbanization in China: Erlitou and its hinterland. In *Urbanism in the Preindustrial World: Cross-Cultural Approaches*, edited by Glenn Storey. University of Alabama Press, Tuscaloosa, pp. 161-189.

_____, 2007, Early figurations in China: Ideological, social and ecological implications. In *Image and Imagination: A Global Prehistory of Figurative Representation*, edited by C. Renfrew and I. Morley. The McDonald Institute for Archaeological Research, Cambridge University, Cambridge, pp. 271-286.

Liu, Li and Xingcan Chen, 2001a, China. In *Encyclopedia of Archaeology: History and Discoveries*, edited by TimMurray. ABC-CLIO, Santa Barbara, pp. 315-333.

_____, 2001b, Cities and towns: The control of natural resources in early states, China. *Bulletin of the Museum of Far Eastern Antiquities* 73: 5-47.

_____, 2001c, Settlement archaeology and the study of social complexity in China. *The Review of Archaeology* 22(2): 4-21.

_____, 2003, *State Formation in Early China*. Duckworth, London.

_____, 2011, Were Neolithic rice paddies ploughed? - Usewear analysis of plough-shaped tools from Pishan (4000-3300 BC), Zhejiang. Poster presented at *The International Symposium, Rice and Language Across Asia: Crops, Movement, and Social Change*, ILR, Cornell University, September 22-25.

Liu, Li, Xingcan Chen, and Leping Jiang, 2004, A study of Neolithic water buffalo remains from Zhejiang, China. *Bulletin of the Indo-Pacifc Prehistory Association: The Taipei Papers* 24(2): 113-120.

Liu, Li, Xingcan Chen, Yun Kuen Lee, Henry Wright, and Arlene Rosen, 2002-2004, Settlement patterns and development of social complexity in the Yiluo region, north China. *Journal of Field Archaeology* 29(1-2): 75-100.

Liu, Li, Xingcan Chen, and Baoping Li, 2007a, Non-state crafts in the early Chinese state: An archaeological view from the Erlitou hinterland. *Bulletin of the Indo-Pacifc Prehistory Association* 27: 93-102.

Liu, Li, Judith Field, Richard Fullagar, Sheahan Bestel, Xiaolin Ma, and Xingcan Chen, 2010a, What did grinding stones grind? New light on Early Neolithic subsistence economy in the Middle Yellow River Valley, China. *Antiquity* 84: 816-833.

Liu, Li, Judith Field, Richard Fullagar, Chaohong Zhao, Xingcan Chen, and Jincheng Yu, 2010b, A functional analysis of grinding stones from an early Holocene site at Donghulin, north China. *Journal of Archaeological Science* 37: 2630-2639.

Liu, Li, Judith Field, Alison Weisskopf, John Webb, Leping Jiang, Haiming Wang, and Xingcan Chen, 2010c, The exploitation of acorn and rice in early Holocene Lower Yangzi River, China. *Acta Anthropologica Sinica* 29: 317-336.

Liu, Li, Wei Ge, Sheahan Bestel, Duncan Jones, Jingming Shi, Yanhua Song, and Xingcan Chen, 2011, Plant exploitation of the last foragers at Shizitan in the Middle Yellow River Valley China: evidence from grinding stones. *Journal of Archaeological Science* 38: 3524-3532.

Liu, Li, Gyoung-Ah Lee, Leping Jiang, and Juzhong Zhang, 2007b, Evidence for the early beginning(c. 9000 cal.BP) of rice domestication in China: A response. *The Holocene* 17(8): 1059-1068.

Liu, Li and Hong Xu, 2007, Rethinking Erlitou: Legend, history and Chinese archaeology. *Antiquity* 81: 886-901.

Liu, L., Duncan, N. A., Chen, X., Liu, G., & Zhao, H. 2015, Plant domestication, cultivation, and foraging by the first farmers in early Neolithic China: Evidence from microbotanical remains. *The Holocene* 25(12), 1965-1978.

Liu, Yi-Ping, Gui-Sheng Wu, Yong-Gang Yao, Yong-Wang Miao, Gordon Luikart, Mumtaz Baig, Albano Beja-Pereira, Zhao-Li Ding, Malliya Gounder Palanichamy, and Ya-Ping Zhang, 2006, Multiple maternal origins of chickens: Out of the Asian jungles. *Molecular Phylogenetics and Evolution* 38:

12-19.

Loewe, Michael, 1993, Shih ching. In *Early Chinese Texts: A Bibliographical Guide*, edited by Michael Loewe. The Society for the Study of Early China, Berkeley, pp. 415-423.

Lu, Houyuan, Jianping Zhang, Kam-biu Liu, Naiqin Wu, Yumei Li, Kunshu Zhou, Maolin Ye, Tianyu Zhang, Haijiang Zhang, Xiaoyan Yang, Licheng Shen, Deke Xu, and Quan Li, 2009, Earliest domestication of common millet (Panicum miliaceum) in East Asia extended to 10,000 years ago. *Proceedings of the National Academy of Sciences of the United States of America* 106: 6425-6426.

Lu, Tracey L.-D., 1998, Some botanical characteristics of green foxtail(*Setaria viridis*) and harvesting experiments on the grass. *Antiquity* 72: 902-907.

_____, 1999, *The transition from foraging to farming and the origin of agriculture in China*. British Archaeological Report International Series 774. Hadrian Books, Oxford.

_____, 2002, A green foxtail(*Setaria viridis*) cultivation experiment in the middle Yellow River valley and some related issues. *Asian Perspectives* 41(1): 1-14.

_____, 2006, The occurrence of cereal cultivation in China. *Asian Perspectives* 45(2): 129-158.

_____, 2010, Early pottery in South China. *Asian Perspectives* 49(1): 1-42.

Ma, Xiaolin, 2005, *Emergent Social Complexity in the Yangshao Culture: Analyses of Settlement Patterns and Faunal Remains from Lingbao, Western Henan, China(c. 4900-3000 BC)*. BAR International Series, Oxford.

MacNeish, Richard S., and Jane G. Libby(editors), 1995, *Origins of Rice Agriculture: The Preliminary Report of the Sino-American Jiangxi(PRC) Project(SAJOR)*. The University of Texas, El Paso.

MacNeish, Richard. S., Geoffrey Cunnar, Zhijun Zhao, and Jane Libby, 1998, *Revised Second Annual Report of the Sino-American Jiangxi(PRC) Origin of Rice Project(SAJOR)*. Andover Foundation, Amherst, MA.

Madsen, David B., Robert G. Elston, Robert L. Bettinger, Xu Cheng, and Zhong Kan, 1996, Settlement patterns reflected in assemblages from the Pleistocene/Holocene transition of North Central China. *Journal of Archaeological Science* 23(2): 217-231.

Mair, Victor, 2003, The horse in late Prehistoric China: Wresting culture and control from the "Barbarians." In *Prehistoric Steppe Adaptation and the Horse*, edited by Marsha Levine, Colin Renfrew, and Katie Boyle. McDonald Institute for Archaeological Research, Cambridge, pp. 163-187.

Mallory, J. P., 1989, *In Search of the Indo-Europeans: Language, Archaeology and Myth*. Thames and Hudson, London.

Mallory, J. P. and Victor Mair, 2000, *The Tarim Mummies: Ancient China and the Mystery of the Earliest Peoples from the West*. Thames & Hudson, London.

Mao, Longjiang, Duowen Mo, Leping Jiang, Yaofeng Jia, Xiaoyan Liu, Minglin Li, Kunshu Zhou, and Chenxi Shi, 2008, Environmental change since mid-Pleistocene recorded in Shangshan archaeological site of Zhejiang. *Journal of Geographical Science* 18: 247-256.

Marcus, Joyce and Gary Feinman, 1998, Introduction. In *Archaic States*, edited by Gary Feinman and Joyce Marcus. School of American Research Press, Santa Fe, pp. 3-14.

Marshall, Yvonne, 2006, Introduction: Adopting a sedentary lifeway. *World Archaeology* 38(2): 153-163.

Mashkour, M., 2006, *Equids in Time and Space: Papers in Honour of Vera Eisenmann*. Oxbow, Oxford.

Mashkour, Marjan, 2003, Equids in the northern part of the Iranian central plateau from the Neolithic to Iron Age: New zoogeographic evidence. In *Prehistoric Steppe Adaptation and the Horse*, edited by Marcha Levine, Colin Renfrew, and Katie Boyle. McDonald Institute Monographs, Cambridge, pp. 129-138.

Mason, Sarah L. R., 1992, *Acorns in Human Subsistence*. Unpublished Ph.D thesis, University College London, London.

_____, 1996, Acornutopia? Determining the role of acorns in past human subsistence. In *Food in Antiquity*, edited by John Wilkins, David Harvey, and Mike Dobson. University of Exeter Press, Exeter, pp. 12-24.

Maybury-Lewis, David H., 2000, On theories of order and justice in the development of civilization. In *The Breakout: The Origins of Civilization*, edited by Martha lanberg-Karlovsky. Peabody Museum Monographs, Cambridge, pp. 39-43.

McAnany, Patricia A. and Norman Yoffee (editors), 2010, *Questioning Collapse: Human Resilience, Ecological Vulnerability, and the Aftermath of Empire*. Cambridge University Press, Cambridge.

McGahern, A., M. A. M. Bower, C. J. Edwards, P. O. Brophy, G. Sulimova, I. Zakharov, M. Vizuete-Forster, M. Levine, S. Li, D. E. MacHugh, and E. W. Hill, 2006, Evidence for biogeographic patterning of mitochondrial DNA sequences in Eastern horse populations. *Animal Genetics* 37: 494-497.

McGovern, Patrick, Anne Underhill, Hui Fang, Fengshi Luan, Gretchen Hall, Haiguang Yu, Chen-shan Wang, Fengshu Cai, Zhijun Zhao, and Gary Feinman, 2005, Chemical identification and cultural implications of a mixed fermented beverage from late prehistoric China. *Asian Perspectives* 44(2): 249-275.

McGovern, Patrick, Juzhong Zhang, Jigen Tang, Zhiqing Zhang, Gretchen Hall, Robert Moreau, Alberto Nunez, Eric Butrym, Michael Richards, Chen-shan Wang, Guangsheng Cheng, and Zhijun Zhao, 2004, Fermented beverages of pre-and proto-historic China. *PNAS* 101(51): 17593-17598.

Mei, Jianjun, 2000, *Copper and Bronze Metallurgy in Late Prehistoric Xinjiang*. BAR, Oxford.

_____, 2003, Qijia and Seima-Turbino: The question of early contacts between northwest China and the Eurasian steppe. *Bulletin of the Museum of Far Eastern Antiquities* 75: 31-54.

Mei, Jianjun, 2009, Early metallurgy and sociocultural complexity: Arcaeologicai discoveries in Northwest China. In *Social complexity in Prehistoric Eurasia*, edited by Bryan K. Hanks and Katheryn M. Linduff. Cambridge University Press, Cambridge, pp. 215-232.

Mei, Jianjun and Colin Shell, 1998, Copper and bronze metallurgy in the prehistoric Xinjiang. In *The Bronze Age and Early Iron Age Peoples of Eastern Central Asia*, edited by Victor Mair. Institute for the Study of Man in Collaboration with the University of Pennsylvania Museum Publications, Washington, DC, pp. 581-603.

Mudar, Karen and Douglas Anderson, 2007, New evidence for Southeast Asian Pleistocene foraging economies: Faunal remains from the early levels of Lang Rongrien rock-shelter, Krabi, Thailand. *Asian Perspectives* 46(2): 298-334.

Murowchick, Robert and David Cohen, 2001, Searching for Shang's beginnings: Great City Shang, city Song, and collaborative archaeology in Shangqiu, Henan. *The Review of Archaeology* 22(2): 47-60.

Murphey, Rhoads, 1972, A geographical view of China. In *An Introduction to Chinese Civilization*, edited by J. Meskill. D. C. Heath, Lexington, pp. 515-550.

Nelson, Sarah M., 1993, *The Archaeology of Korea*. Cambridge University Press, Cambridge.

_____, 1995, Ritualized pigs and the origins of complex society: Hypotheses regarding the Hongshan culture. *Early China* 20: 1-16.

Oka, Hikoichi and Hiroko Morishima, 1971, The dynamics of plant domestication: Cultivation experiments with *Oryza perennis* and its hybrid with *O. sativa*. *Evolution* 25: 356-364.

Olsen, Sandra L., 2006, Early horse domestication: Weighing the evidence. In *Horses and Humans: The Evolution of Human-Equine Relationships*, edited by Sandra L. Olsen, Susan Grant, Alice M. Choyke, and Laszlo Bartosiewicz. BAR International Series 1560, Oxford. pp. 81-113.

Olsen, Stanley J., 1988, The horse in ancient China and its cultural influence in some other areas. *Proceedings of the Academy of Natural Sciences of Philadelphia* 140: 151-189.

Olsen, Stanley J. and John W. Olsen, 1977, The Chinese wolf, ancestor of New World dogs. *Science* 197: 533-535.

_____, 1980, 中國猪類的馴養. *Vertebrata PalAsiatica* 18: 169-175.

Ortiz, Beverly R., 1991, *It Will Live Forever: Traditional Yosemite Indian Acorn Preparation*. Heyday Books, Berkeley.

Ovodov, Nikolai D., Susan J. Crockford, Yaroslav V. Kuzmin, Thomas F. G. Higham, Gregory W. L. Hodgins, and Johannes van der Plicht, 2011, A 33,000-Year-Old Incipient Dog from the Altai Mountains of Siberia: Evidence of the Earliest Domestication Disrupted by the Last Glacial Maximum. *PLoS ONE* 6(7): e22821. doi:10.1371/journal.pone.0022821.

Owen, Dale, 2007, An Exercise in Experimental Archaeology on Chinese Stone Spades. *Bulletin of the Indo-Pacifc Prehistory Association* 27: 87-92.

Patel, Ajita, 1997, The pastoral economy of Dholavira: A first look at animals and urban life in third millennium Kutch. In *South Asian Archaeology 1995: Proceedings of the 13th Conference of the European Association of South Asian Archaeologists*, edited by Raymond Allchin and Bridget Allchin. Science Publishers, New Delhi, pp. 101-113.

Patel, Ajita and Richard Meadow, 1998, The exploitation of wild and domestic water buffalo in prehistoric northwestern South Asia. In *Archaeozoology of the Near East III*, edited by H. Buitenhuis, L. Bartosiewicz, and A. M. Choyke. ARC-Publicaties 18, Groningen, pp. 180-198.

Payne, Sebastian and Gail Bull, 1988, Components of variation in measurements of pig bones and teeth, and the use of measurements to distinguish wild from domestic pig remains. *Archaeozoologia* II(1, 2): 27-66.

Pearson, Richard J., 1988, Chinese Neolithic burial patterns: Problems of method and interpretation. *Early China* 13: 1-45.

_____, 2006, Jomon hot spot: Increasing sedentism in south-western Japan in the Incipient Jomon (14,000–9250 ca. bc) and Earliest Jomon (9250–5300 cal.bc) periods. *World Archaeology* 38(2): 239–258.

Pechenkina, Ekaterina, Stanley H. Ambrose, Ma Xiaolin, and Robert A. Benfer Jr., 2005, Reconstructing northern Chinese Neolithic subsistence practices by isotopic analysis. *Journal of Archaeological Science* 32: 1176–1189.

Pedley, Helen, 1992, *Aboriginal Life in the Rainforest*. Ron Bastow Printing, Cairns, Queensland, Australia.

Pei, Anping, 1998, Notes on new advancements and revelations in the agricultural archaeology of early rice domestication in the Dongting Lake region. *Antiquity* 72: 878–885.

_____, 2002, Rice paddy agriculture and pottery from the middle reaches of the Yangtze River. In *The Origins of Pottery and Agriculture*, edited by Yoshinori Yasuda. Roli Books, New Delhi, pp. 167–184.

Pollock, Susan, 1999, *Ancient Mesopotamia*. Cambridge University Press, Cambridge.

Price, Douglas T. and Anne B. Gebauer, 1995, *Last Hunters-First Farmers*. School of American Research Press, Santa Fe.

Qiao, Yu, 2007, Development of complex societies in the Yiluo region: A GIS based population and agricultural area analysis. *Indo-Pacifc Prehistory Association Bulletin* 27: 61–75.

Quine, T. A., D. Walling, and X. Zhang, 1999, Slope and gully response to agricultural activity in the rolling loess plateau, China. In *Fluvial Processes and Environmental Change*, edited by A. G. Brown and T. A. Quine. Wiley & Sons, New York, pp. 71–90.

Redman, Charles L., 2005, Resilience theory in archaeology. *American Anthropologist* 107(1): 70–77.

Redman, Charles L. and Ann P. Kinzig, 2003, Resilience of past landscapes: Resilience theory, society, and the longue durée. *Conservation Ecology* 7(1): 14. [online] http://www.consecol.org/vol7/ iss1/art14.

Reid, Kenneth C., 1989, A materials science perspective on hunter-gatherer pottery. In *Pottery Technology: Ideas and Approaches*, edited by Gordon Bronitsky. Westview Press, Boulder, San Francisco, and London. pp. 167–180.

Ren, Guoyu and Hans-Juergen Beug, 2002, Mapping Holocene pollen data and vegetation of China. *Quaternary Science Reviews* 21: 1395–1422.

Rhode, David, Haiying Zhang, David B. Madsen, Xing Gao, P. Jeffrey Brantingham, Haizhou Ma, and John W. Olsen, 2007, Epipaleolithic/early Neolithic settlements at Qinghai Lake, western China. *Journal of Archaeological Science* 34: 600–612.

Rice, Prudence M., 1999, On the origins of pottery. *Journal of Archaeological Method and Theory* 6(1): 1–51.

Rickett, W. Allyn, 1993, Kuan tzu. In *Early Chinese Texts: A Bibliographical Guide*, edited by Michael Loewe. The Society for the Study of Early China, Berkeley, pp. 244–251.

Riegel, Jeffrey K., 1993, Ta Tai Li chi. In *Early Chinese Texts: A Bibliographical Guide*, edited by Michael Loewe. The Society for the Study of Early China, Berkeley. pp. 456–459.

Rind, D., D. Peteet, W. Broecker, A. McIntyre, and W. Ruddiman, 1986, The impact of cold North Atlantic sea surface temperatures on climate: Implications for the Younger Dryas cooling(11.10K). *Climate Dynamics* 1: 3–33.

Rindos, David, 1980, Symbiosis, instability, and

the origins and spread of agriculture: A new model. *Current Anthropology* 21(6): 751-772.

_____, 1984, *The Origins of Agriculture: An Evolutionary Perspective*. Academic Press, Orlando, Florida.

_____, 1989, Domestication. In *Foraging and Farming: The Evolution of Plant Exploitation*, edited by D. R. Harris and G. C. Hillman. Unwin Hyman, London, pp. 27-41.

Rispoli, Fiorella, 2007, The incised & impressed pottery style of Mainland Southeast Asia: Following the paths of Neolithization. *East and West* 57(1-4): 235-304.

Rolett, Barry V., Tianlong Jiao, and Gongwu Lin, 2002, Early seafaring in the Taiwan Strait. *Journal of East Asian Archaeology* 4(1-4): 307-320.

Rosen, Arlene M., 2007a, The role of environmental change in the development of complex societies in China: A study from the Huizui site. *Bulletin of the Indo-Pacifc Prehistory Association* 27: 39-48.

_____, 2007b, *Civilizing Climate: Social Responses to Climate Change in the Ancient Near East*. Rowman & Littlefield Publishers, Lanham.

Rosen, Steven, 1987, Byzantine nomadism in the Negev: Results from the emergency survey. *Journal of Field Archaeology* 14(1): 29-42.

_____, 1993, A Roman-Period pastoral tent camp in the Negev, Israel. *Journal of Field Archaeology* 20(4): 441-451.

Rosenswig, Robert M., 2006, Sedentism and food production in early complex societies of the Soconusco, Mexico. *World Archaeology* 38(2): 330-355.

Ryder, Oliver A., 1993, Przewalski's horse: Prospects for reintroduction into the wild. *International Conservation News* 7(1): 13-15.

Sassaman, Kenneth, 1993, *Early Pottery in the Southeast: Tradition and Innovation in Cooking Technology*. The University of Alabama Press, Tuscaloosa and London.

Sato, Yoichiro, 2002, Origin of rice cultivation in the Yangtze River Basin. In *The Origins of Pottery and Agriculture*, edited by Yoshinori Yasuda. Roli Books Pvt. Ltd, New Delhi, pp. 143-150.

Schettler, G., Qiang Liu, Jens Mingram, Martina Stebich, and Peter Dulski, 2006, East-Asian monsoon variability between 15000 and 2000 cal. yr BP recorded in varved sediments of Lake Sihailongwan(northeastern China, Long Gang volcanic field). *The Holocene* 16(8): 1043-1057.

Schiffer, Michael B., 1976, *Behavioral Archaeology*. Academic Press, New York.

Schiffer, Michael B. and James M. Skibo, 1987, Theory and experiment in the study of technological change. *Current Anthropology* 28(5): 595-622.

Schneider, Laurence A., 1971, *Ku Chieh-kang and China's New History: Nationalism and the Quest for Alternative Traditions*. University of California Press, Berkeley.

Shang, Hong, Haowen Tong, Shuangquan Zhang, Fuyou Chen, and Erik Trinkaus, 2007, An early modern human from Tianyuan Cave, Zhoukoudian, China. *Proceedings of the National Academy of Sciences* 104: 6573-6578.

Shaughnessy, Edward L., 1988, Historical perspectives on the introduction of the chariot in China. *Harvard Journal of Asiatic Studies* 48(1): 189-237.

_____, 1993, I Chou shu. In *Early Chinese Texts: A Bibliographical Guide*, edited by Michael Loewe. The Society for the Study of Early China, Berkeley, pp. 229-233.

_____, 2008, Chronologies of ancient China: Acritique of the "Xia-Shang-Zhou Chronology Project." In *Windows on the Chinese World: Refections by Five Historians*, edited by Clara Ho. Lexington Books, London, pp. 15-28.

Shelach, Gideon, 1996, The Qiang and the question of human sacrifice in the late Shang period. *Asian Perspectives* 35(1): 1-26.

_____, 1997, A settlement pattern study in northeast China: Results and potential contributions of western theory and methods to Chinese archaeology. *Antiquity* 71: 114-127.

_____, 1999, *Leadership Strategies, Economic Activity, and Interregional Interaction: Social Complexity in Northeast China*. Kluwer Academic/Plenum, New York.

_____, 2001a, Apples and oranges? A cross-cultural comparison of burial data from northeast China. *Journal of East Asian Archaeology* 3(3-4): 53-90.

_____, 2001b, Interaction spheres and the development of social complexity in northeast China. *The Review of Archaeology* 22(2): 22-34.

_____, 2006, Economic adaptation, community structure, and sharing strategies of households at early sedentary communities in northeast China. *Journal of Anthropological Archaeology* 25: 318-345.

_____, 2009a, *Prehistoric Societies on the Northern Frontiers of China: Archaeological Perspectives on Identity Formation and Economic Change during the First Millennium BCE*. Equinox, London, Oakville.

_____, 2009b, Violence on the frontiers? Sources of power and socio-political change at the easternmost parts of the Eurasian steppe during the late second and early first millennia BCE. In *Social Complexity in Prehistoric Eurasia*, edited by Bryan K. Hanks

and Katheryn M. Linduff. Cambridge University Press, Cambridge, pp. 241-271.

Sherratt, Andrew, 1981, Plough and pastoralism: Aspects of the secondary products revolution. In *Pattern of the Past: Studies in Honour of David Clarke*, edited by Ian Hodder, Glynn Isaac, and Norman Hammond. Cambridge University Press, Cambridge. pp. 261-305.

Shi, Xingbang, 1992, The discovery of the pre-Yangshao culture and its significance. In *Pacifc Northeast Asia in Prehistory: Hunter-Fisher-Gatherers, Farmers, and Sociopolitical Elites*, edited by C. Melvin Aikens and Song Nai Rhee. Washington State University Press, Pullman, pp. 125-132.

Shi, Y., Z. Kong, S. Wang, L. Tang, F. Wang, T. Yao, X. Zhao, P. Zhang, and S. Shi, 1993, Mid-Holocene climates and environments in China. *Global and Planetary Change* 7: 219-233.

Shipek, Florence C., 1989, An example of intensive plant husbandry: The Kumeyaay of southern California. In *Foraging and Farming: The Evolution of Plant Exploitation*, edited by David R. Harris and Gordon C. Hillman. Unwin Hyman, London, pp. 159-170.

Skibo, James M., Michael B. Schiffer, and Kenneth C. Reid, 1989, Organic tempered pottery: An experimental study. *American Antiquity* 54(1): 122-146.

Smith, Anthony D., 2001, Authenticity, antiquity and archaeology. *Nations and Nationalism* 7(4): 441-449.

Smith, Barbara L., 2005, *Diet, health, and lifestyle in Neolithic North China*. Unpublished Ph.D dissertation, Harvard University, Cambridge.

Smith, Bruce D., 1995, *The Emergence of Agriculture*. Scientific American Library, New York.

_____, 1998, *The Emergence of Agriculture*. Scientific American Library, New York.

_____, 2001a, Low-level food production. *Journal of Archaeological Research* 9(1): 1-43.

_____, 2001b, The transition to food production. In *Archaeology at the Millennium: A Sourcebook*, edited by Gary M. Feinman and T. Douglas Price. Kluwer Academic/Plenum Publishers, New York, pp. 199-230.

So, Jenny F., 2001, Jade and stone at Sanxingdui. In *Ancient Sichuan: Treasures From A Lost Civilization*, edited by Robert Bagley. Seattle Art Museum, Seattle, pp. 153-175.

Soffer, Olga, 1989, Storage, sedentism and the Eurasian Palaeolithic record. *Antiquity* 63: 719-732.

Stanley, Daniel J. and Zhongyuan Chen, 1996, Neolithic settlement distributions as a function of sea level-controlled topography in the Yangtze delta, China. *Geology* 24: 1083-1086.

Stanley, Daniel J., Zhongyuan Chen, and Jian Song, 1999, Inundation, sea-level rise and transition from Neolithic to Bronze Age cultures, Yangtze delta, China. *Geoarchaeology* 14(1): 15-26.

Sun, Shuyun and Rubin Han, 2000a, A preliminary study of early Chinese copper and bronze artifacts. In *The Beginnings of Metallurgy in China*, edited by Katheryn Linduff, Han Rubin, and Sun Shuyun. The Edwin Mellen Press, Lewiston, pp. 129-153.

_____, 2000b, A study of casting and manufacturing techniques of early copper and bronze artifacts found in Gansu. In *The Beginnings of Metallurgy in China*, edited by Katheryn Linduff, Han Rubin, and Sun Shuyun. The Edwin Mellen Press, Lewiston, pp. 175-193.

Sun, Yat-sen, 1943, *San Min Chu I, The Three Principles of the People*. Ministry of Information(Frank W. Price, translate), Chungking.

Sung, Ying-hsing, 1966(orig. 1637), *T'ien-kung k'ai-wu: Chinese Technology in the Seventeenth Century*. The Pennsylvania State University Press, University Park and London.

Tainter, Joseph A., 1988, *The Collapse of Complex Societies*. Cambridge University Press, Cambridge.

Tang, Jigen, 2001, The construction of an archaeological chronology for the history of the Shang dynasty of early Bronze Age China. *The Review of Archaeology* 22(2): 35-47.

_____, 2004, *The Social organization of Late Shang China: A mortuary perspective*. unpublished Ph.D dissertation, University of London.

Tang, Jigen, Jing Zhichun and Mayke Wagner, 2010a, New discoveries in Yinsu/Anyang and their contribution to the chronology of Shang capitals in Bronze Age China. In *Bridging Eurasia*, edited by Mayke Wagner and Wang Wei. Verlag Philipp von Zabern, Mainz, pp. 125-144.

Tao, D., Wu, Y., Guo, Z., Hill, D. V., and Wang, C., 2011, Starch grain analysis for ground stone tools from Neolithic Baiyinchanghan site: implications for their function in Northeast China. *Journal of Archaeological Science* 38(12), pp. 3577-3583.

Teilhard de Chardin, Pierre and C. C. Young, 1936, On the mammalian remains from the archaeological site of Anyang. *Palaeontologia Sinica series* C. 12(fasc 1).

Testart, Alain, 1982, The significance of food storage among hunter-gatherers: Residence patterns, population densities, and social inequalities. *Current Anthropology* 23(5): 523-537.

Thomas, Julian, 1999, *Understanding the Neo-*

lithic. Routledge, London and New York.

Townsend, James, 1996, Chinese nationalism. In *Chinese Nationalism*, edited by Jonathan Unger. M. E. Sharpe, Armonk(NY), pp. 1-30.

Tregear, T. R., 1965, *A Geography of China*. University of London Press, London.

————, 1980, *China: A Geographical Survey*. Hodder and Stoughton, London.

Trigger, Bruce G., 1984, Alternative archaeologies: Nationalist, colonialist, imperialist. *Man New Series*, 19(3): 335-370.

————, 1999, Shang political organization: A comparative approach. *Journal of East Asian Archaeology* 1(1-4): 43-62.

————, 2003, *Understanding Early Civilizations - A Comparative Study*. Cambridge University Press, Cambridge.

Tsang, Cheng-hwa, 1992, *Archaeology of the Penghu Islands*. Academia Sinica Press, Taipei.

————, 2005, Recent discoveries at the Tapenkeng culture sites in Taiwan: Implications for the problem of Austronesian origins. In *The Peopling of East Asia*, edited by L. Sagart, R. Blench, and A. Sanchez-Mazas. Routledge Curzon, London, pp. 63-73.

Tsutsumi, Takashi, 2002, Origins of pottery and human strategies for adaptation during the Termination of the Last-glacial period in the Japanese Archipelago. In *The Origins of Pottery and Agriculture*, edited by Yoshinori Yasuda. Roli Books, New Delhi, pp. 241-262.

Underhill, Anne P., 1994, Variation in settlements during the Longshan period of northern China. *Asian Perspectives* 33(2): 197-228.

————, 2000, An analysis of mortuary ritual at the Dawenkou site, Shandong, China. *Journal of East Asian Archaeology* 2(1-2): 93-128.

————, 2002, *Craft Production and Social Change in Northern China*. Kluwer Aca-demic/Plenum Publishers, New York.

Underhill, Anne P., Gary M. Feinman, Linda M. Nicholas, Hui Fang, Fengshi Luan, Haiguang Yu, and Fengshu Cai, 2008, Changes in regional settlement patterns and the development of complex societies in southeastern Shandong, China. *Journal of Anthropological Archaeology* 27: 1-29.

Vila, Carles, Jennifer A. Leonard, Anders Götherström, Stefan Marklund, Kaj Sandberg, Kerstin Lidén, Robert K. Wayne, and Hans Ellegren, 2001, Widespread origins of domestic horse lineages. *Science* 291: 474-477.

Vila, Carles, Peter Savolainen, Jesus E. Maldonado, Isabel R. Amorim, John E. Rice, Rodney L. Honeycutt, Keith A. Crandall, Joakim Lundeberg, and Robert K. Wayne, 1997, Multiple and ancient origins of the domestic dog. *Science* 276(13): 1687-1689.

Wang, Ningsheng, 1987, Yangshao burial customs and social organization: A comment on the theory of Yangshao Matrilineal Society and its methodology. In *Early China*, pp. 6-32.

Wang, Tao, 1997, The Chinese archaeological school: Su Bingqi and contemporary Chinese archaeology. *Antiquity* 71: 31-39.

Watanabe, Hitoshi, 1986, Community habitation and food gathering in prehistoric Japan: An ethnographic interpretation of the archaeological evidence. In *Windows on the Japanese Past: Studies in Archaeology and Prehistory*, edited by Richard J. Pearson, Gina L. Barnes, and Karl L. Hutterer. Center for Japanese Studies, The University of Michigan, Ann Arbor, pp. 229-253.

Watson, Patty J., 1995, Explaining the transition to agriculture. In *Last Hunters - First Farmers: New Perspectives on the Prehistoric Transition to Agriculture*, edited by T. D.

Price and A. B. Gebauer. School of American Research Press, Santa Fe, NM, pp. 21–37.

Webb, John, Anne Ford, and Justin Gorton, 2007, Influences on selection of lithic raw material sources at Huizui, a Neolithic/Early Bronze Age site in northern China. *Bulletin of the Indo-Pacifc Prehistory Association* 27: 76–86.

Weidenreich, Franz, 1943, The skull of Sinanthropus Pekinensis. In *Palaeontologia Sinica, New Series D, No. 10, Whole Series 127*. The Geological Survey of China, Chung-king.

Weiss, Harvey, 2000, Beyond the Younger Dryas: Collapse as adaptation to abrupt climate change in ancient West Asia and the Eastern Mediterranean. In *Environmental Disaster and the Archaeology of Human Response*, edited by Garth Bawden and Richard M. Reycraft. Maxwell Museum of Anthropology, Albuquerque. pp. 75–98.

Weiss, Harvey, and Raymond S. Bradley, 2001, What drives societal collapse? *Science* 291: 609–610.

Wheatley, Paul, 1971, *The Pivot of the Four Quarters: A Preliminary Enquiry into the Origins and Character of the Ancient Chinese City*. Aldine Publishing Company, Chicago.

Willey, Gordon R., 2000, Ancient Chinese, New World, and Near Eastern ideological traditions: Some observations. In *The Breakout: The Origins of Civilization*, edited by Martha lanberg-Karlovsky. Peabody Museum Monographs, Cambridge, Mass, pp. 25–36.

Winkler, Minkler and Pao K. Wang, 1993, The Late-Quaternary vegetation and climate of China. In *Global Climates Since the Last Glacial Maximum*, edited by H. E. Wright, Jr., J. E. Kutzbach, T. Webb III, W. F. Ruddiman, F. A. Street-Perrott, and P. J. Bartlein.

University of Minnesota Press, Minnesota, pp. 221–264.

Wright, Henry T., 1977, Recent research on the origin of the state. *Annual Review of Anthropology* 6: 379–397.

_____, 1984, Prestate political formations. In *On the Evolution of Complex Societies: Essays in Honor of Harry Hoijer*, edited by T. Earle. Undena Publication, Malibu, pp. 41–77.

Wright, Henry T. and Gregory Johnson, 1975, Population, exchange, and early state formation in southwestern Iran. *American Anthropologist* 77: 267–289.

Wu, Chin-ting, 1938, *Prehistoric Pottery in China*. Kegan Paul, Trench, and Trubner, London.

Wu, Hung, 1985, Bird motif in Eastern Yi art. *Orientations* 16(10): 30–41.

Wu, Rukang and Shenglong Lin, 1983, Peking Man. *Scientifc American* 248(6): 78–86.

Wu, Rukang and John W. Olsen(editors), 1985, *Palaeoanthropology and Palaeolithic Archaeology in the People's Republic of China*. Academic Press, New York.

Wu, Wenxiang and Tungsheng Liu, 2004, Possible role of the "Holocene Event 3" on the collapse of Neolithic cultures around the Central Plain of China. *Quaternary International* 117: 153–166.

Wu, Xiaohong and Chaohong Zhao, 2003, Chronology of the transition from Palaeolithic to Neolithic in China. *The Review of Archaeology* 24(2): 15–20.

Wu, Xinzhi, 1997, On the descent of modern humans in East Asia. In *Conceptual Issues in Modern Human Origins Research*, edited by G. A. Clark and C. M. Willermet. Aldone De Gruyter, New York.

_____, 2004, On the origin of modern humans in China. *Quaternary International* 117:

131–140.

Xia, Zhengkai, Chen Ge, Zheng Gongwang, Chen Fuyou, and Han Junqing, 2002, Climate background of the evolution from Paleolithic to Neolithic cultural transition during the last deglaciation in the middle reaches of the Yellow River. *Chinese Science Bulletin* 47(1): 71–75.

Xiao, Jule, Jintao Wu, Bin Si, Wendong Liang, Toshio Nakamura, Baolin Liu, and Yoshio Inouchi, 2006, Holocene climate changes in the monsoon/arid transition reflected by carbon concentration in Daihai Lake of Inner Mongolia. *The Holocene* 16(4): 551–560.

Xiao, Jule, Qinghai Xu, Toshio Nakamura, Xiaolan Yang, and Wendong Liang, 2004, Holocene vegetation variation in the Daihai Lake region of north-central China: A direct indication of the Asian Monsoon climatic history. *Quaternary Science Reviews* 23: 1669–1679.

Xu, Jay, 2001a, Bronze at Sanxingdui. In *Ancient Sichuan: Treasures From A Lost Civilization*, edited by Robert Bagley. Seattle Art Museum, Seattle, pp. 59–152.

———, 2001b, Sichuan before the Warring States Period. In *Ancient Sichuan: Treasures From A Lost Civilization*, edited by Robert Bagley. Seattle Art Museum, Seattle, pp. 21–37.

Yan, Wenming, 1992, Origins of agriculture and animal husbandry in China. In *Pacifc Northeast Asia in Prehistory: Hunter-Fisher-Gatherers, Farmers, and Sociopolitical Elites*, edited by C. Melvin Aikens and Song Nai Rhee. Washington State University Press, Pullman, pp. 113–124.

———, 2002, The origins of rice agriculture, pottery and cities. In *The Origins of Pottery and Agriculture*, edited by Yoshinori

Yasuda. Roli Books, New Delhi, pp. 151–156.

Yang, Dongya, Li Liu, Xingcan Chen, and Camilla F. Speller, 2008, Wild or domesticated: Ancient DNA examination of water buffalo remains from north China. *Journal of Archaeological Science* 35 : 2778–2285.

Yang, Xiaoneng, 2000, *Refections of Early China: Decor, Pictographs, and Pictorial Inscriptions*. The Nelson-Atkins Museum of Art in Association with the University of Washington Press, Seattle and London.

Yang, Xiaoyan, Yu Jincheng, Lü Houyuan, Cui Tianxing, Guo Jingning, Diao Xianmin, Kong Zhaochen, Liu Changjiang, and Ge Quansheng, 2009, Starch grain analysis reveals function of grinding stone tools at Shangzhai site, Beijing. *Science in China Series D: Earth Sciences* 52(8): 1039–1222.

Yang, Xiaoyan, Jianping Zhang, Linda Perry, Zhikun Ma, Zhiwei Wan, Mingqi Li, Xianmin Diao, and Houyuan Lu, 2012, From the modern to the archaeological: starch grains from millets and their wild relatives in China. *Journal of Archaeological Science* 39: 247–254.

Yao, Ling, 2009, Plant microfossils analysis of prehistoric milling tools from Xiaohuangshan archaeological site in Zhejiang, China. In *The 19th Congress of the Indo-Pacifc Prehistory Association*, Hanoi, Vietnam.

Yasuda, Yoshinori, 2002, Origins of pottery and agriculture in East Asia. In *The Origins of Pottery and Agriculture*, edited by Yoshinori Yasuda. Roli Books, New Delhi, pp. 119–142.

Yates, Robin, 1997, The city-state in ancient China. In *The Archaeology of City-states: Cross-Cultural Approaches*, edited by Deborah Nichols and Thomas Charlton. Smithsonian Institution Press, Washington

DC, pp. 71-90.

Yi, Sangheon, and Yoshiki Saito, 2004, Latest Pleistocene climate variation of the East Asian monsoon from pollen records of two East China regions. *Quaternary International* 121: 75-87.

Yi, Sangheon, Yoshiki Saito, Hideaki Oshima, Yongqing Zhou, and Helong Wei, 2003a, Holocene environmental history inferred from pollen assemblages in the Huanghe delta, China: Climatic change and human impact. *Quaternary Science Reviews* 22: 609-628.

Yi, Sangheon, Yoshiki Saito, Quanhong Zhao, and Pinxian Wang, 2003b, Vegetation and climate changes in the Changjiang(Yangtze River) Delta, China, during the past 13,000 years inferred from pollen records. *Quaternary Science Reviews* 22: 1501-1519.

Yoffee, Norman, 1991, Orienting collapse. In *The Collapse of Ancient States and Civilizations*, edited by Norman Yoffee and George L. Cowgill. The University of Arizona Press, Tucson, pp. 1-19.

_____, 2004, *Myths of the Archaic State: Evolution of the Earliest Cities, States, and Civilizations*. Cambridge University Press, Cambridge.

Yoffee, Norman and George L. Cowgill(editors), 1991, *The Collapse of Ancient States and Civilizations*. The University of Arizona Press, Tucson.

Yuan, Jiarong, 2002, Rice and pottery 10,000yrs. BP at Yuchanyan, Dao county, Hunan province. In *The Origins of Pottery and Agriculture*, edited by Yoshinori Yasuda. Roli Books, New Delhi, pp. 157-166.

Yuan, Jing, 2002, The formation and development of Chinese zooarchaeology: A preliminary review. *Archaeofauna* 11: 205-212.

Yuan, Jing and Rod Campbell, 2008, Recent archaeometric research on "the origins of Chinese civilization." *Antiquity* 83: 96-109.

Yuan, Jing and Rowan Flad, 2002, Pig domestication in ancient China. *Antiquity* 76: 724-732.

_____, 2003, Two issues concerning ancient domesticated horses in China. *Bulletin of the Museum of Far Eastern Antiquities* 75: 110-126.

_____, 2005, New zooarchaeological evidence for changes in Shang dynasty animal sacrifice. *Journal of Anthropological Archaeology* 24: 252-270.

_____, 2006, Research on early horse domestication in China. In *Equids in Time and Space*, edited by Marjan Mashkour. Oxbow Books, Oxford, pp. 124-131.

Zeder, Melinda A., Eve Emshwiller, Bruce D. Smith, and Daniel G. Bradley, 2006, Documenting domestication: The intersection of genetics and archaeology. *Trends in Genetics* 22(3): 139-156.

Zhai, Shaodong, 2011, *Lithic production and early urbanism in China - A case study of the lithic production at the Neolithic Taosi site (C. 2500-1900 BCE)*. Ph.D dissertation, La Trobe University, Melbourne.

Zhang, Chi and Hsiao-chun Hung, 2008, The Neolithic of Southern China-Origin, development, and dispersal. *Asian Perspectives* 47(2): 299-329.

Zhang, H. C., Y. Z. Ma, B. Wunnemann, and H. J. Pachur, 2000, A Holocene climatic record from arid northwestern China. *Palaeogeography, Palaeoclimatology, Palaeoecology* 162: 389-401.

Zhang, Juzhong, Xinghua Xiao, and Yun Kuen Lee, 2004, The early development of music: Analysis of the Jiahu bone flutes. *Antiquity* 78(302): 769-778.

Zhang, Senshui, 2000, The Epipaleolithc in China. *Journal of East Asian Archaeology* 2(1-2): 51-66.

Zhang, Wenxu, 2002, The bi-peak-tubercle of rice, the character of ancient rice and the origin of cultivated rice. In *The Origins of Pottery and Agriculture*, edited by Yoshinori Yasuda. Roli Books, New Delhi, pp. 205-216.

Zhao, Dianzeng, 1996, The sacrificial pits at Sanxingdui. In *Mysteries of Ancient China: New Discoveries from the Early Dynasties*, edited by Jessica Rawson. George Braziller, New York, pp. 232-239.

Zhao, Songqiao, 1994, *Geography of China: Environment, Resources, Population and Development*. John Wiley & Sons, New York.

Zhao, Xitao, 1993, *Holocene Coastal Evolution and Sea-level Changes in China*. Haiyang Press, Beijing.

Zhao, Zhijun, 1998, The middle Yangtze region in China is one place where rice was domesticated: Phytolith evidence from the Diaotonghuan cave, northern Jiangxi. *Antiquity* 72: 885-897.

_____, 2009a, Eastward spread of wheat into China-new data and new issues. *Chinese Archaeology* 9: 1-9.

Zheng, Yunfei, Sun Guoping, Qin Ling, Li Chunhai, Wu Xiaohong, and Chen Xugao, 2009, Rice fields and modes of rice cultivation between 5000 and 2500 BC in east China. *Journal of Archaeological Science* 36: 2609-2616.

Zheng, Zhou and Qianyu Li, 2000, Vegetation, climate, and sea level in the past 55,000 years, Hanjiang Delta, Southeastern China. *Quaternary Research* 53: 330-340.

Zhou, S. Z., F. H. Chen, B. T. Pan, J. X. Cao, J. J. Li, and Edward Derbyshire, 1991, Environmental change during the Holocene in western China on a millennial timescale. *The Holocene* 1(2): 151-156.

Zhou, Weijian, Xuefeng Yu, Timothy Jull, G. Burr, J. Y. Xiao, Xuefeng Lu, and Feng Xian, 2004, High-resolution evidence from southern China of an early Holocene optimum and a mid-Holocene dry event during the past 18,000 years. *Quaternary Research* 62: 39-48.

Zhushchikhovskaya, Irina, 1997, On early pottery-making in the Russian Far East. *Asian Perspectives* 36(2): 159-174.

_____, 2005, *Prehistoric Pottery-Making of the Russian Far East*. BAR, Oxford.

Zong, Y., Z. Chen, J. B. Innes, C. Chen, Z. Wang, and H. Wang, 2007, Fire and flood management of coastal swamp enabled first rice paddy cultivation in east China. *Nature* 449(27): 459-462.

중국어판 후기

이 책은 2012년 케임브리지대학 출판사에서 출판된 같은 이름의 책을 중국어로 번역한 것이다. 원서는 '케임브리지 세계고고학총서'의 하나로, 원래 서양 독자들을 위해 저술한 것이다. 서양 독자를 대상으로 한 중국 고고학 저작 가운데 가장 유명한 것은 1986년 출판된 장광즈(張光直) 선생의 『고대중국고고학』(제4판)이다. 그러나 이 책은 출판된 지 이미 한 세대가 지났다. 장광즈 선생도 만년에 수정해 재판을 출판하고자 했지만 불행히도 2001년에 세상을 떠나 그 소원을 이루지 못했다.

우리의 이 책은 구석기시대 후기부터 청동기시대 전기까지를 다루었다. 이 책은 인류학적·비교적·종합적 시각에서 쓴 중국 고고학이다. 그리고 이 책은 중국의 고고학적 자료에 대한 체계적 해석을 담고 있어, 서양 독자들에게 크게 환영받을 만하다. 국내에 '중국고고학'이라는 제목을 가진 책들이 적지 않게 출판되었지만, 이 책과 같은 시각과 해석을 보이는 것은 찾아볼 수 없다. 따라서 이 책을 중국 독자에게 소개하는 것도 의미가 있겠다.

이 책은 영문판에 비해 5년 늦게 출판되었다. 이 5년 동안 새로운 고고학적 자료와 해석이 크게 증가했다. 그렇지만 이 책을 여전히 최신의 중국 고고학 혹은 중국 선사시대사로 참고할 수 있을 것이다. 설명해 두어야 할 것은 이 책의 기본 참고 자료는 2011년까지의 것이며, 그 이후의 새로운 자료는 포함되지 않았다는 점이다. 따라서 이 책의 몇몇 결론은 이미 옛것이 되었거나 잘못된 부분도 있을 것이다. 이후 재판을 출판할 때에는 이러한 결함을 수정할 수 있기를 기대한다.

번역은 매우 번거롭고 힘든 일이다. 몇몇 젊은 동학들이 이 책을 중국어로 번역해 주었기에 특별히 감사의 뜻을 표한다. 이 책의 번역을 담당한 사람들은 광시사범대학

(廣西師範大學)의 천훙보(陳洪波) 박사(제5, 6, 11장), 둥베이사범대학(東北師範大學)의 위징(余靜) 박사(제9, 10장), 중국사회과학원 고고연구소의 차오위(喬玉) 여사(제3, 4장), 푸융쉬(付永旭) 선생(전언, 제1, 7장), 디샤오둥(翟少東) 박사(제8장), 리신웨이(李新偉) 박사(제2장) 등이다. 초고가 완성된 후 우리가 다시 일일이 수정 작업을 했다. 이 책의 중문 번역판은 싼롄서점(三聯書店)이 출판하기를 희망했다. 이 자리를 빌려 싼롄서점 및 편집자 차오밍밍(曹明明) 여사에게 감사의 뜻을 표한다.

류리(劉莉) · 천싱찬(陳星燦)

2016년 12월

역자 후기

2018년 1월 중국 방문길에 들른 한 서점에서 이제 막 출판된 『中國考古學—舊石器時代晚期到早期青銅時代』(三聯書店, 2017)를 발견하고 무척 기뻤다. 학부와 대학원 과정에서 중국 고고학을 강의해 오면서 오랫동안 느껴 온 여러 가지 어려움을 이 책이 상당한 정도로 해소해 줄 수 있겠다는 생각이 들었기 때문이다. 그해 봄, 중국 고고학에 관련된 최신 연구 성과를 우리 학계에 소개하고 싶다는 한강문화재연구원 신숙정 원장님의 요청에 선뜻 이 책을 떠올린 것에는 그런 이유가 크게 작용했다.

번역에 착수하고 나서야 이 책은 '케임브리지 세계고고학총서'의 하나로, 2012년에 영문판으로 처음 출판되었으며 2017년에 다시 중국어 번역본이 출판되었다는 사실을 알게 되었다. 한국어판은 처음 출판된 영문판을 참고하면서도 중국어판을 저본으로 하여 번역한 것이다. 영어보다 중국어가 편하다는 개인적 이유가 크게 작용했지만, 그것이 전부는 아니다. 이 책의 공저자인 류리 교수와 천싱찬 소장이 모두 중국어를 모국어로 하는 연구자들이어서 중국어판에서도 저자들의 생각이 언어의 제약 없이 전달되었으리라는 기대가 그 하나였다면, 천 소장과의 교류 과정에서 중국어판에서는 먼저 출판된 영문판의 몇 가지 오류가 정정되었다는 사실을 확인한 것이 또 다른 하나의 계기였다.

중국 고고학이 다루고 있는 시공의 범위는 대단히 길고 넓다. 이 책에서 다루는 구석기시대 후기부터 청동기시대 전기까지만 해도 대략 1만 년의 시간 폭을 가지고 있으며, 대상으로 하는 공간 범위는 어림잡아도 우리나라의 100배에 가깝다. 이와 같은 장구하고 광활한 대륙의 문명사는 서구 고고학이 중국에 도입된 이래 약 100년 동안 중국은 물론 전 세계 연구자들의 지대한 관심을 끌어온 연구 대상의 하나였다.

그러므로 지금의 중국 고고학이 광대무변한 지식 체계를 구축하고 있는 것은 그리 놀라운 일은 아니다. 그리고 그것을 제한된 지면 안에 요령 있게 정리해 내는 작업이 결코 용이하지 않을 것임은 너끈히 짐작하고도 남음이 있다. 그럼에도 불구하고 이 책은 그처럼 어려운 작업을 훌륭하게 완수했다. 그렇게 생각하는 데에는, 이 책이 최근까지의 고고학적 정보를 빠짐없이 수용하고 있을 뿐만 아니라 최신의 자연과학적 지견(知見)까지 동원한 선진적 방법론을 구축하고 있다는 것 이외에도 크게 두 가지의 이유가 있다.

첫째, 이 책은 최근까지 중국 고고학이 쌓아 온 조사와 연구 성과를 두루 섭렵하면서도 뚜렷한 지향점을 가지고 있다. 저자들이 말한 것처럼, 이 책은 현대 중국이라는 대지에서 농업과 국가가 어떻게 성립, 발전하였는지를 탐구함으로써, 인류문명사에서 그것이 차지하는 위치를 밝히는 것을 목표로 하였다. 그로 말미암아 대상으로 하는 시공은 방대하고 다루어야 할 내용에는 빠짐이 없되, 그 전체가 백과사전처럼 나열된 것이 아니라 체계적이며 일관된 맥락하에 조직될 수 있었다. 이 책에서 우리는 중국문명의 성립과 발전의 궤적을 파노라마처럼 한눈에 그려 보고, 그것이 인류문명사에서 가지는 고유한 가치 또한 이해할 수 있는 통로를 얻게 되었다.

둘째, 이 책이 다루는 직접적인 대상은 물론 중국이지만, 논의의 범위는 중국으로 제한되지 않았다. 저자들이 보기에 중국문명은, 대부분의 연구자가 주장했던 것처럼 고립적이며 폐쇄적인 토양에서 발전한 것이 아니라 외부 세계와의 끊임없는 접촉과 교류 위에서 성장했다. 그 접촉과 교류는 중국 사회의 정치와 기술 발전에 자극을 주었으며 외래의 기술은 중국의 초기 문명이 새로운 가치를 창조하고 새로운 시대를 여는 데 동력이 되었다고 저자들은 평가한다. 이런 통찰력은 모든 문화적 성취에 자생적 요인만을 강조하는 국수주의적 논자들에게 반성을 촉구하고, 좀 더 넓은 시각에서 문명의 발전을 포착할 필요가 있다는, 오래되었지만 여전히 가치 있는 화두를 다시 한번 떠올리게 한다.

가치 있는 책을 제대로 번역하여 독자들에게 소개하는 일 또한 연구자의 즐거움 가운데 하나겠지만, 거기에는 부족한 지식이 장애가 되는 고통을 맛보아야 하는 일이 수반된다는 것을 새삼 느꼈다. 적지 않은 시간과 정력을 투여했지만 막상 출판을 앞둔 지금에는 한편으로 걱정도 적지 않다. 부디 이 책의 수준 높고 정교히 다듬어진, 그리고 흥미로운 이야기가 독자들에게 잘 전달되기를, 이 분야에 관한 지식과 자극이 필요한 연구자와 학생들에게 조금이라도 보탬이 되기를 소망할 따름이다.

번역에 대한 책임은 물론 오롯이 나의 몫이지만, 이 역서는 여러 사람의 협력으로 독자들 앞에 설 수 있었다. 나와 함께 이 역서를 만든 모든 이들의 노고를 기억한다. 이 책의 가치를 알아보고 번역에서 출판까지 모든 지원을 아끼지 않은 한강문화재연구원의 신숙정 원장님, 번역 초고를 꼼꼼히 읽고 유용한 조언을 아끼지 않은 박정신 박사와 이후석 박사, 번역 용어의 선택과 해설에 도움을 준 중국사회과학원 고고연구소의 웨훙빈(嶽洪彬) 연구원, 동료 송만영 교수와 고일홍 박사 그리고 편집과 출판의 전 과정을 같이해 준 나의 아내 권도희 선생과 사회평론아카데미의 관계자 여러분 모두가 이 역서를 함께 만들었다. 그들이 없었다면 이 역서는 출판되지 못했을 것이다. 충심으로 감사의 뜻을 전한다.

2019년 10월

김정열

찾아보기